方 鹏 刑 法 宝 典

方鹏 编著

北京理工大学出版社
BEIJING INSTITUTE OF TECHNOLOGY PRESS

图书在版编目（CIP）数据

方鹏刑法宝典／方鹏编著．—北京：北京理工大学出版社，2017.2
ISBN 978 - 7 - 5682 - 3535 - 8

Ⅰ.①方…　Ⅱ.①方…　Ⅲ.①刑法 - 中国 - 资格考试 - 自学参考资料
Ⅳ.①D924

中国版本图书馆 CIP 数据核字（2016）第 325056 号

出版发行／北京理工大学出版社有限责任公司
社　　址／北京市海淀区中关村南大街 5 号
邮　　编／100081
电　　话／（010）68914775（总编室）
　　　　　（010）82562903（教材售后服务热线）
　　　　　（010）68948351（其他图书服务热线）
网　　址／http://www.bitpress.com.cn
经　　销／全国各地新华书店
印　　刷／北京合众伟业印刷有限公司
开　　本／787 毫米 × 1092 毫米　1/16
印　　张／35　　　　　　　　　　　　　　　　责任编辑／张慧峰
字　　数／785 千字　　　　　　　　　　　　　文案编辑／张慧峰
版　　次／2017 年 2 月第 1 版　2017 年 2 月第 1 次印刷　责任校对／周瑞红
定　　价／78.00 元　　　　　　　　　　　　　责任印制／王美丽

宝典在手，高分不愁

好书终生受用，坏书毁人一生。要备考司法考试，特别是要备考最难的刑法科目，选对一套好的备考书籍尤其重要。法律的关键在于判断正误，司法的核心在于裁决对错。在混乱的司考市场中，好书坏书良莠不齐、鱼龙混杂。有些教材不以官方观点为准，而是胡编乱造、哗众取宠。考生如果选错了书籍，听错了观点，误入歧途，走火入魔，基本上不可能通过司法考试。显例就是 2015 年卷一第 57 题，问捡到信用卡以后到 ATM 机上去使用如何定性？之前无数教材写得云里雾里（"听我的盗窃罪绝对没错"），忽悠得考生一愣一愣，最终官方仍以司法解释规定（信用卡诈骗罪）作为标准答案。这类教材空耗考生大量精力，在结局上还不如不看。

一本好的刑法教材，首先必须确保观点正确。在刑法司法考试中，官方坚持的观点和立场是温和的刑法新理论，本《刑法宝典》正是以此为观点和立场，以确保考生百分之百做对答案。其一，坚持新理论（实际上是德日刑法理论），反对旧理论（前苏联刑法理论）。在犯罪构成理论上，坚持客观不法－主观责任、先客观后主观的阶层体系；在共同犯罪中，认为"不法是共同的，责任是分别的"。其二，强调温和的新理论即司法实践堪为实用的新观点，注重实用性，以法条规定、经典观点、权威判例、司法部给定的司考真题答案为基础，反对毫无依据的瞎讲乱讲、自编自话的所谓偏激学说。

然后，一本好的刑法教材，需要考点突出、内容全面。本《刑法宝典》是基于"一书在手，刑法学透"的理念编写，以刑法必考的 80 个考点为核心框架（见后文表格），囊括了司法考试的所有知识内容。包括刑法思维方法、理论知识，法条规定（包括最新法条、立法解释、司法解释），权威判例，典型事例和案例，经典真题及解析，拓展习题及解析，思考题，面面俱到，无一疏漏。已往和未来的司考真题的事例、判断标准、结论，均可在本宝典中查找得到。

其次，一本好的刑法教材，需要具有一定深度和难度。司法考试是选拔法律职业精英的考试，刑法试题一向以"细致入微""刁钻古怪""深奥玄妙"、具有高超的难度而闻名于司考界。考生只有为自己设定较为高阶层的学习目标，具备了"十时挑一"的高端水平，才能过关。本《刑法宝典》对每个考点知识进行讲解时，都将其知识构成由浅到深、由易到难地分为三个阶层，第一阶层是基本知识，第二阶层是进阶知识，第三阶层是司考重点难点知识。以帮助考生逐级提升能力水平，达到司考标准。

再次，一本好的刑法教材，还需要深入浅出，把问题讲清楚、弄明白。本《刑法宝典》在讲解具有一定难度的理论问题时，采用"夹叙夹议"的方式，先讲观点，再举事例予以说明。对于以往真题，也是分别编排在各个细节性的知识之下。对于疑难问题，配以图示、表格、公式，以使考生更为容易地理解和运用。同时，为了应对近年来出现的"多观点"题型，即在考查争议观点时要求考生答出不同观点的题型，本教程特别设置"观点辨析"内容。在讲解到争议问题时，均采用先叙述通说，再提示性叙述少数观点，叙述不同观点，标明何为通说、何为少数观点，并相应配以事例。

最后，最为关键和重要的是，一本好的刑法教材，需要教会考生刑法的思维方式、推理方法。授之与鱼，不如授之与渔。作为法律职业者，需要逻辑缜密、独立聪慧的头脑。刑法命题之所以事例奇怪、剑走偏锋，也是为了考查考生的思维方法、分析能力、推理能力和理论基本功。本《刑法宝典》在讲解知识的同时，更重要的是传授刑法思维方法、推理方法。本宝典以犯罪构成理论为骨架，教习先客观（不法）后主观（责任），客观、主观相统一的犯罪认定思维方式；以及对具体条文字词进行解释的刑法解释方法，比较案例异同进行类比适用的类比方法。以使考生锻炼思维，注重推理。

很多备考考生经常问：学好刑法、通过司考的最简要途径是什么，我的回答是：把本《刑法宝典》读透、学透、参透即可。本《刑法宝典》是当前最好的刑法司考辅导书，宝典在手，高分不愁。对于没有法学基础知识的新入门者而言，本宝典需读三遍：第一遍，基础准备，将书读厚，主要任务是读讲义，做真题。了解"刑法讲些什么""考试考些什么"。第二遍，"择其精要"地精读，将书读薄，主要任务是习考点，练习题。按照80个考点的顺序，重点突破难点、疑点。第三遍，把书读成自己的，活学活用，查缺补漏。对于本教程中真题、扩展习题，结合所学知识进行演练，弄懂原理，能够引申发挥。多做练习，将所学知识转化为做题、定案的能力。使自己的水平提升至把握司考疑难点、以堪解释实务疑难案件的水平，距离司考通关也就不远了。

读书有三重境界：第一重境界，昨夜西风凋碧树，独上高楼，望尽天涯路。第二重境界，衣带渐宽终不悔，为伊消得人憔悴。第三重境界，众里寻她千百度，蓦然回首，那人却在灯火阑珊处。学习刑法也有三重境界：第一重境界时貌似清晰，第二重境界时难得糊涂，第三重境界时洞若观火。只要参透本宝典，答好2017年司考刑法科目、取得高分就不在话下。

学在于勤，业在于精。希望这部以精细明确、浅入深出、文例并举见长的《刑法宝典》，能为各位法律学人学好刑法、顺利通过司法考试助上一臂之力。也希望本教程为诸位打开一扇步入法律殿堂的大门，开辟一条通往成功的锦绣之路。

2017 年 1 月 1 日

方　鹏

目　录

下编 刑法分论

司法考试常考的 80 个重点考点

	章节名		80 个考点
刑法总论	刑法概说		（1）刑法解释：扩大解释，类推解释，当然解释，体系解释，文理解释；（2）罪刑法定原则；（3）空间效力，时间效力；（4）犯罪构成理论：客观不法 – 主观责任，先客观后主观判断顺序；（5）构成要件要素的分类
	客观不法（客观要件）		（6）危害行为，实行行为；（7）不作为；（8）因果关系
	主观责任（主观要件）	责任能力	（9）刑事责任年龄；（10）刑事责任能力（精神病），原因自由行为
		责任形式	（11）故意的认识要素；（12）故意、过失的区分；（13）事实认识错误的处理
	犯罪排除事由		（14）正当防卫，紧急避险；被害人承诺；（15）违法性认识错误
	犯罪的未完成形态		（16）犯罪预备，犯罪未遂，犯罪中止；（17）未遂与不能犯
	共同犯罪		（18）共同犯罪：共同犯罪的概念，共同犯罪的成立，承继共犯，间接正犯，共犯从属说，教唆犯，帮助犯，共犯与身份，部分中止，共犯脱离，共犯认识错误
	单位犯罪		（19）单位犯罪
	罪数形态		（20）想象竞合犯，结果加重犯，牵连犯，吸收犯，事后不可罚；（21）分则规定
	刑罚体系		（22）禁止令，社区矫正；（23）死刑；（24）剥夺政治权利，财产刑，职业禁止
	刑罚裁量		（25）累犯；（26）自首；（27）立功；（28）数罪并罚
	刑罚执行		（29）缓刑，减刑，假释
	刑罚消灭		（30）追诉时效

续表

章节名	80 个考点
分论概说	（31）法条竞合
第2章危害公共安全罪	（32）公共安全的含义；（33）放火罪，投放危险物质罪，以危险方法危害公共安全罪；（34）破坏公用设施犯罪；（35）涉枪犯罪；（36）交通肇事罪，危险驾驶罪；重大责任事故罪（补充：恐怖犯罪）
第3章破坏社会主义市场经济秩序罪	（37）生产销售伪劣产品罪（生产销售假药罪，生产销售有毒、有害食品罪）；（38）走私犯罪；（39）非国家工作人员受贿罪，为亲友非法牟利罪；（40）假币犯罪，洗钱罪；（41）集资诈骗罪，贷款诈骗罪；信用卡诈骗罪；保险诈骗罪；（42）逃税罪，骗取出口退税罪；（43）知识产权犯罪；（44）非法经营罪，强迫交易罪
第4章侵犯公民人身权利、民主权利罪	（45）故意杀人罪，故意伤害罪；（46）强奸罪，猥亵犯罪；（47）非法拘禁罪；（48）绑架罪；（49）拐卖妇女、儿童罪；（50）诬告陷害罪，诽谤罪，侮辱罪；（51）刑讯逼供罪，暴力取证罪；（52）遗弃罪，虐待罪，虐待被监护、看护人罪；（53）人体器官类犯罪；（54）重婚罪，强迫劳动罪
第5章侵犯财产罪	（55）他人占有的财物，非法占有目的；（56）抢劫罪（转化型抢劫，抢劫致人死亡），抢夺罪；（57）敲诈勒索罪；（58）盗窃罪（五种形式）；（59）诈骗罪（与盗窃区分）；（60）侵占罪（与盗窃区分）；（61）故意毁坏财物罪，拒不支付劳动报酬罪
第6章妨害社会管理秩序罪	（62）妨害公务罪，伪造证章犯罪；（63）寻衅滋事罪，聚众斗殴罪，虚假信息犯罪；（64）妨害司法犯罪；（65）组织、运送他人偷越国（边）境犯罪；（66）文物犯罪；（67）非法行医罪，医疗事故罪；（68）林木，环境犯罪；（69）毒品犯罪；（70）组织卖淫罪，强迫卖淫罪；（71）淫秽物品犯罪
第8章贪污贿赂罪	（72）国家工作人员；（73）贪污罪；（74）挪用公款罪；（75）受贿罪，利用影响力受贿罪，行贿罪；（76）私分国有资产罪，巨额财产来源不明罪
第9章渎职罪	（77）本章法条竞合，罪名认定，罪数；（78）滥用职权罪，玩忽职守罪；（79）徇私枉法罪，司法工作人员犯罪；（80）本章其他罪名

（刑法分论）

刑法宝典

上编

刑法总论

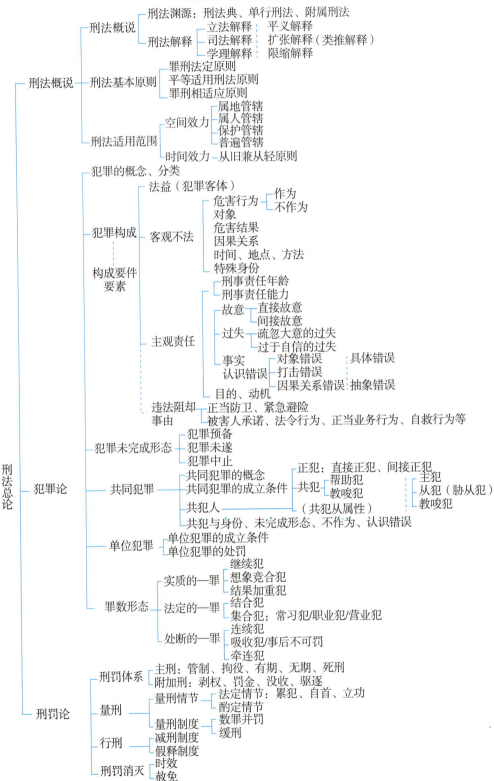

刑法总论的知识体系

第一章 刑法概说

第一节 刑法的概念

一、刑法的概念与分类

刑法是以国家名义颁布的，规定犯罪及其法律后果（主要是刑罚）的法律规范的总和。即：刑法 = 犯罪 + 刑罚。

（一）我国当前刑法渊源（即来源形式）：刑法典 + 单行刑法

渊源	序号	施行日期	名称
	9	2015.11.01	中华人民共和国刑法修正案（九）
刑法典及修正案	8	2011.05.01	中华人民共和国刑法修正案（八）
	7	2009.02.28	中华人民共和国刑法修正案（七）
	6	2006.06.29	中华人民共和国刑法修正案（六）
	5	2005.02.28	中华人民共和国刑法修正案（五）
	4	2002.12.28	中华人民共和国刑法修正案（四）
	3	2001.12.29	中华人民共和国刑法修正案（三）
	2	2001.08.31	中华人民共和国刑法修正案（二）
	1	1999.12.25	中华人民共和国刑法修正案（一）
	新	1997.10.01	中华人民共和国刑法（现行 1997 年新刑法）
	旧	1980.01.01	中华人民共和国刑法（1979 年旧刑法，已失效）
单行刑法	单	1998.12.29	《全国人大常委会关于惩治骗购外汇、逃汇和非法买卖外汇犯罪的决定》（骗购外汇罪）

我国第一部刑法典（1979 年旧刑法典）于 1979 年 7 月 1 日通过，于 1980 年 1 月 1 日起施行。后于 1997 年 3 月 14 日对旧刑法典进行了修订，形成了新的刑法典（现行 1997 年新刑法典），

并于 1997 年 10 月 1 日起施行。后又经九次修正（九个刑法修正案）。最近一次修正即《刑法修正案（九）》自 2015 年 11 月 1 日起施行。此外，全国人大常委会于 1998 年 12 月 29 日颁布了《关于惩治骗购外汇、逃汇和非法买卖外汇犯罪的决定》，新设骗购外汇罪 1 个罪名，此为单行刑法。

（二）刑法的分类

"刑法"：（1）狭义的刑法，指刑法典；（2）广义的刑法，包括刑法典、单行刑法与附属刑法。附属刑法，是指附带规定于经济法、行政法等非刑事法律中的罪刑规范；我国当前经济法、行政法等非刑事法律中的相关规定，一般只是重申刑法典的内容，没有规定特别的罪刑内容，不存在严格意义上的附属刑法。当前，我国刑法指称的就是刑法典（《中华人民共和国刑法》）和单行刑法（现仅有全国人大常委会《关于惩治骗购外汇、逃汇和非法买卖外汇犯罪的决定》一部）。

★ 第二节　刑法解释

考点说明

本考点之下需要掌握的知识点主要有：（1）刑法解释方法的分类和判断；（2）扩大解释与类推解释的区分；（3）当然解释（入罪则举轻以明重，出罪则举重以明轻）的运用；（4）刑法解释的规则。

知识点讲解

刑法解释是对刑法规定的真实意义的解说和说明。刑法规范（刑法典和单行刑法）是以字句文字书写，对于刑法规范条文的字句的含义需要进行解释。事实上，司法实务中的刑法适用就是将案件事实与刑法规范相对应，看是否可以对应得上；在对应的过程中，往往需要对刑法规范进行解释，看是否能够包摄案情事实。例如，行为人盗砍树枝非法据为己有，问是否构成盗伐林木罪？就需要对《刑法》第 345 条（盗伐林木罪）中的"林木"一词进行解释，看是否可包括"树枝"。刑法适用的关键就是结合案情对刑法条文进行解释。司法考试的核心内容就是以案件认定为形式，考查刑法条文和字句的解释。

一、有权解释（立法解释、司法解释）与学理解释

有权解释 （正式解释）	立法解释	立法机关（通常是全国人大常委会）	立法解释效力 高于司法解释
	司法解释	司法机关（最高人民法院、最高人民检察院）	
学理解释 （非正式解释）		未经国家授权的机关、团体、社会组织、学术机构以及公民个人	没有法律效力

按解释效力区分，法律解释可分为有权解释（立法解释、司法解释）与学理解释。

1. 有权解释（也称正式解释），指有权机关作出的解释，包括：（1）立法解释，即由立法机关（通常是全国人大常委会）所作的解释；（2）司法解释，即由最高司法机关（最高人民法院和最高人民检察院）就审判和检察工作中如何具体应用法律的问题所作的解释。立法解释、司法解释对于司法实务中的案件具有普遍适用的强制效力。

2. 学理解释（也称非正式解释），指未经国家授权的机关、团体、社会组织、学术机构以及公民个人对刑法所作的解释。学理解释没有强制效力，对于法律适用具有参考价值。

就解释效力层级而言：（1）立法解释的效力高于司法解释。对于同一条文的解释，立法解释与司法解释有冲突时，适用立法解释。（2）同级司法解释效力相同。最高人民法院（或最高人民检察院）先后颁布的新旧解释存在冲突，新解释废除旧解释的，适用新解释；旧解释未被废除的，适用从旧兼从轻原则。最高人民法院颁布的解释与最高人民检察院颁布的解释效力相同，相冲突的，可提请全国人大常委会解决。（3）无论是立法解释还是司法解释，都必须遵循一般的刑法解释规则，例如，禁止（不利于被告人的）类推解释。

二、刑法解释方法（解释理由［解释依据］+ 解释技巧［解释结论大小］）

解释理由	文理解释	根据用语含义、语法等解释	盗伐"林木"罪：长在一片土地上的许多树木（词典）	文理
	目的解释	根据条文目的解释	侵犯"通信"自由罪：不包括公文	论理
	体系解释	根据前后文解释。同类解释规则；但并不一定要求相同词语相同含义	放火、决水、爆炸以及投放毒害性、放射性、传染病病原体等物质或者以"其他危险方法"	
	当然解释	将"属"的解释到"种"中去（种属逻辑）	故意杀"人"罪：男子	
		出罪举重以明轻（轻重逻辑）	"抢劫"近亲属不为罪：抢夺近亲属	
		入罪举轻以明重（轻重逻辑）	"抢夺"国有档案罪：抢劫国有档案	
	类推解释	解释结论超出用语可能的文义、公民预测可能性　禁止不利于被告人	拐卖"妇女"罪：拐卖男子	
		允许有利于被告人	因被勒索给予非国家工作人员以财物，没有获得不正当利益（行贿罪的出罪条款）：对非国家工作人员行贿	
解释理由	比较解释	对比国外刑法解释我国刑法	中国刑法侵占罪：日本刑法侵占罪	论理
	历史解释	按法条的历史沿革解释	现刑法寻衅滋事罪：旧刑法流氓罪（流氓动机）	
解释技巧	平义解释	解释结论等于一般文义	盗窃"公私财物"：他人的财物	文理
	缩小解释	解释结论小于一般含义	为境外非法提供"情报"罪：国家事项	论理
	扩大解释	解释结论大于一般文义	"审判的时候"怀孕的妇女：羁押	
	反对解释	据正面表述推导反面含义	死缓二年期满后减：不满二年则不减	
	补正解释	补正刑法表述文字的错误	《刑法》第191条（侵占罪）中的"没收"犯罪所得	

对刑法进行解释，需要辨明解释的方法。最基本的刑法解释是围绕字句含义进行的，称为文理解释（或文义解释）；按照一般日常生活用语中字句的含义（一般文义）来解释刑法中字句的含义，称为平义解释。但是，应当认识到，在解释理由上，刑法解释的依据并不是仅有文义一种，还可根据逻辑、目的、前后文进行推导；在解释结论大小上，刑法中字句的含义与日常生活用语的含义并不完全相同。由此，需要对刑法解释的方法进行讲解。刑法的解释方法，大体上分为解释理由（解释依据）、解释技巧（结论大小）两个方面。所谓解释理由，就是"为何这样解释"，包括文理解释、体系解释、历史解释、比较解释、目的（论）解释等；所谓解释技巧（结论大小），就是"解释结论与一般文义相比是大还是小"，有平义解释、扩大解释、缩小解释等情况。

（一）解释理由（解释依据）：文理解释、目的（论）解释、体系解释、当然解释、类推解释、历史解释、比较解释等

1. 文理解释

指根据刑法用语本身的含义（文义）进行解释。包括：根据用语本来具有的含义进行解释，或者用语有多义时选择其中一种进行解释，或者根据语法、标点符号、用语顺序等产生或决定的含义进行解释。

▶ **事例**：根据词典中的含义来解释《刑法》第273条（强制猥亵、侮辱罪）法条中"猥亵"的含义，将其解释为"作下流的动作"。根据词典中的含义来解释《刑法》第345条（盗伐林木罪）中"林木"的含义，可以解释为活的树木、成片的树林（长在一片土地上的许多树木）。

2. 目的解释（或目的论解释）

是指根据刑法规范的目的（法条的保护目的、制订该法条的原因和理由），阐明刑法条文真实含义的解释方法。

▶ **事例**：解释《刑法》第252条（侵犯通信自由罪）的对象"信件"时，根据侵犯通信自由罪保护的法益（规范目的）是公民个人的通信自由权利，从而认为"信件"只包括个人信件（包括书信、电子邮件等），而不包括国家机关之间的公文。

3. 体系解释

是指根据刑法条文在整个刑法中的地位，联系相关法条的含义，阐明其规范意旨的解释方法。通俗地讲，即结合前后文来解释。包括以下的含义：

（1）一般需要遵守同类解释规则，亦即，对于并列、同位、同类的概念，进行相同性质的解释。

▶ **例如**：对《刑法》第114条（以危险方法危害公共安全罪）中的"其他危险方法"进行解释时，比照前文的"放火、决水、爆炸、投放危险物质方法"，将其解释为与放火、决水、爆炸、投放危险物质性质相当的危险方法（亦即一次行为能够造成大规模人员死伤的方法），即是体系解释。

（2）有时也需要重视特别用语的特殊性，注重前后法条的协调，避免价值矛盾冲突。体系解释的含义并不是相同的字词都要作相同的解释，而是要求前后协调；故而，当相同的字词处于不同法条中时，不一定都会作出相同的解释。

▶ **例如**：《刑法》第236条（强奸罪）第3款（加重犯）第2项规定"强奸妇女、奸淫幼女多人的"，第3项规定"在公共场所当众强奸妇女的"，需处十年以上有期徒刑、无期徒刑或者死刑；不能认为，

第 2 项规定的是"强奸妇女、奸淫幼女"，第 3 项规定的是"强奸妇女"，故而第 3 项中的"妇女"应与第 2 项一样解释为"成年妇女"。正确的是解释是，第 3 项中的"妇女"指"女性"，既包括成年妇女，也包括幼女，否则，就会得出"在公共场所当众奸淫幼女的不是加重犯"的错误结论。

★ 4. 当然解释

根据当然逻辑进行推理解释，主要运用的是概念"种""属"相包含的逻辑，以及"轻""重"比较的逻辑。

（1）将"属"的概念解释到刑法规定的"种"的概念中，可认为是当然解释。

📍 **事例：**将"男人"解释到"人"中，将公然侮辱男子贬损其名誉，认定为《刑法》第 246 条（侮辱罪）的公然侮辱"他人"。

（2）运用"轻""重"比较的逻辑，根据出罪时举重以明轻、入罪时举轻以明重的当然道理解释刑法。

①出罪时举重以明轻。亦即，如果刑法规定某种重的行为不构成犯罪（举重），则当出现比该重行为更轻的行为时（明轻），也应不构成犯罪（出罪）。

📍 **事例：**因被勒索给予国家工作人员以财物，没有获得不正当利益的，不成立行贿罪（《刑法》第 389 条第 3 款）；那么，对非国家工作人员行贿的行为比对国家工作人员行贿的行为性质要轻；则因被勒索给予非国家工作人员以财物，没有获得不正当利益的，就更不应当成立对非国家工作人员行贿罪。

因罪刑法定原则允许有利于被告人的类推解释，故而，在适用举重以明轻的原理得出有利于被告人的解释（出罪）结论时，即使是类推解释，只要符合类推的原理，在没有法条明文规定的情况下，也可出罪（出罪可以类推）。

②入罪时举轻以明重。亦即，如果刑法规定某种轻的行为构成犯罪（举轻），则当出现比该轻行为更重的行为时（明重），也应构成犯罪（入罪）。

📍 **事例：**甲未经许可经营香烟买卖业务，构成非法经营罪。那么，乙未经许可经营香烟买卖业务，所销售的均为假冒他人注册商标的香烟，但乙误以为自己销售的是真品。则既然未经允许经营合格香烟的成立非法经营罪，那么，未经允许经营伪劣香烟的更应成立非法经营罪。

因罪刑法定原则禁止不利于被告人的类推解释，故而，在适用举轻以明重的原理得出不利于被告人的解释（入罪）结论后，还要求案件事实符合刑法规范（入罪不能类推）。

📍 **正例：**《刑法》第 329 条第 1 款规定抢夺国有档案的，构成抢夺国有档案罪；现有人实施抢劫国有档案的行为，因抢劫行为性质要重于抢夺行为，从而认为抢劫国有档案的行为也应受到处罚。此推导运用了"入罪举轻以明重"的原理；另外，抢劫行为可分为"抢"和"劫"两部分，可以将"劫"的行为即当场强取财物解释到"抢夺"中去，认定抢劫国有档案的行为构成抢夺国有档案罪，符合现行刑法的规定，解释结论正确。

📍 **反例：**《刑法》第 17 条第 2 款规定 14 ~ 16 周岁的人对贩卖毒品的行为承担刑事责任；而制造毒品的行为比贩卖毒品更为严重，因此认为 14 ~ 16 周岁的人对制造毒品的行为也理应承担刑事责任。这确实适用了"入罪举轻以明重"的原理，但由于将"制造"解释到"贩卖"中，属于类推解释，刑法禁止不利于被告人的类推解释，故解释结论错误。

这也就是说，入罪举轻以明重需看两步：第一步比较轻重，第二步判断是否属于类推，以确定解释结论是否正确。

种属当然逻辑	将"属"解释进入"种"中	将婴儿解释到"人"中
轻重当然逻辑	出罪时举重以明轻	刑法允许有利于被告人的类推解释，结论一般正确
	入罪时举轻以明重	★**特别提示**：因罪刑法定原则禁止不利于被告人的类推解释，故而，在适用举轻以明重的原理得出不利于被告人的解释（入罪、罪重）结论后，还要求案件事实符合刑法规范（不属类推）

📋 **拓展习题**

关于当然解释以及解释结论，以下说法正确的有（　　）①

A.在日常生活中人们习惯于将"拐骗"解释为"欺骗"，但在发生行为人以自己收养为目的而使用暴力夺取儿童的案件时，可以认为既然使用非暴力手段拐走儿童成立犯罪（拐骗儿童罪），使用暴力手段夺走儿童的行为更应当成立犯罪，这是当然解释所提供的理由；从而，《刑法》第262条中的"拐骗"可以解释为包括暴力、胁迫等强制方法使儿童脱离监护人，这是扩大解释的结论

B.因为购买行为的法益侵害程度要轻于出卖行为，如果刑法规定只处罚出卖行为，则不能处罚对应的购买行为；例如，刑法只处罚贩卖毒品、淫秽物品，销售侵权复制品、间谍专用器材和窃听窃照专用器材的行为，即不能将单纯购买毒品、淫秽物品、侵权复制品、间谍专用器材和窃听窃照专用器材的行为认定为犯罪

C.既然刑事被告人本人对自己的罪行作虚假供述或者亲手毁灭自己的犯罪证据的，不成立伪证罪、帮助毁灭证据罪；那么，举重以明轻，当刑事被告人以通常说情的方法教唆他人为自己作伪证或者毁灭证据时，就更不应当受处罚

D.既然《刑法》第133条第1款第2项规定在道路上"醉酒驾驶机动车的"构成危险驾驶罪；那么，举轻以明重，醉酒驾驶飞机的，比醉酒驾驶机动车性质更为严重，也理应认定构成危险驾驶罪

解析：A选项，属举轻以明重以入罪的当然解释；并且在解释结论是否属于类推解释的判断上，待解释的抢劫、抢夺行为，在被解释的字词"拐"的最大文义范围（脱离监护人）之内，不属类推，故解释结论正确。D选项，也属举轻以明重以入罪的当然解释；在解释结论是否属类推解释的判断上，"机动车"的最大文义不能包括飞机，故而系类推解释，刑法禁止不利于被告人的解释，解释结论错误（当然此行为如果性质极其恶劣有可能涉嫌以危险方法危害公共安全罪）。

B选项，C选项，属举重以明轻的当然解释，虽也系类推解释，但刑法不禁止有利于被告人的解释，可以出罪。

5.类推解释

对刑法条文没有明确规定的事项，比照最相类似的刑法条文规定的相关事项，作超出该规定含义范围而推论适用的解释。刑法禁止不利于被告人（入罪、重罪方向的解释）的类推解释，但允许有利于被告人（出罪、轻罪方向的解释）的类推解释。类推的结局是创设出新的法条（造法），所谓"出释则入造"。类推解释既是解释理由，也是解释结论。

类推解释与当然解释的关系：事实上，前述当然解释中的轻重类比，也是一种特殊的当然解释。

---

① **参考答案：ABC**

▶事例：将"长期通奸"解释到《刑法》第 259 条（破坏军婚罪）的"同居"概念之中，因通奸和同居是两类性质不同的行为，仅因为两种行为类似就定罪，是不利于被告人的类推解释，为刑法所禁止。

6. 比较解释

将刑法的相关规定或外国立法与判例作为参考资料，借以阐明刑法规定的真实含义。即根据外国刑法来解释中国刑法。

▶事例：按照日本刑法对侵占罪的规定（侵占委托保管物、侵占遗忘物、埋藏物），解释中国《刑法》第 270 条规定的侵占罪的含义，即是比较解释。

7. 历史解释

根据制定刑法时的历史背景以及刑法发展的源流，阐明刑法条文真实含义的解释方法。进行历史解释，并不意味着仅仅考查现行刑法制定时的历史背景，相反，在必要情况下，还可能需要考虑某个概念、某个法条的发展史，注意立法背景和法条的变化。

▶事例：认为现行《刑法》第 292 条、第 293 条规定的寻衅滋事罪、聚众斗殴罪来源于 1979 年《刑法》第 160 条规定的流氓罪，而原流氓罪的成立需有流氓动机，从而认为现寻衅滋事罪、聚众斗殴罪的成立需有流氓动机，这就是历史解释。

（二）解释技巧（解释结论的大小）：平义解释、扩大解释、缩小解释

根据解释结论与一般文义的范围大小的对比以及关系，可将刑法解释区分为平义解释、扩大解释、缩小解释、反对解释、补正解释等。

1. 平义解释。即按照该用语最平白的字义、日常生活中的通常含义（一般文义）进行解释，解释结论与一般字面含义（一般文义）相同。

▶事例：将《刑法》第 232 条故意杀人罪中的"人"的概念，按照日常用语的含义做出解释，认为包括所有有生命的人，就是平义解释。

2. 缩小解释（限缩解释、限制解释）。是指刑法条文的字面通常含义比刑法的真实含义宽泛，从而对刑法条文字句作出比一般字面含义（一般文义）要狭小的解释，以缩小刑法字句含义的范围，使其符合刑法的真实含义。即解释结论比一般字面含义（一般文义）要狭小。

▶事例：将《刑法》第 111 条为境外非法提供情报罪中的"情报"，解释为"关系国家安全和利益、尚未公开或者依照有关规定不应公开的事项"，比"情报"的字面通常含义（有价值的信息）狭小。

3. 扩大解释。是指刑法条文的字面通常含义比刑法的真实含义窄小，从而对刑法条文字句作出比一般字面含义（一般文义）要宽泛的解释，以扩张刑法字句含义的范围，使其符合刑法的真实含义。扩大解释的结论虽比一般文义要宽泛，但不能突破字词的最大文义（公民可以预测的可能含义）。

▶事例：将《刑法》第 341 条（非法出售珍贵、濒危野生动物罪）中的"出售"，解释为"包括出卖和以营利为目的的加工利用行为"，至少是一种扩大解释。

🔍 特别提示：平义解释、缩小解释、扩大解释的识别法

第一步，弄清被解释字词的一般文义（日常生活含义）；

第二步，看被解释字词的解释结论；

第三步，比较解释结论与一般文义的大小。

★经常涉及的问题是：如何区分扩大解释与类推解释。

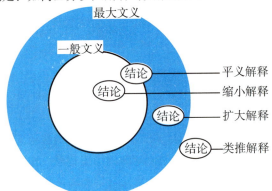

在理论上，区分点在于解释结论是否超出字词的最大文义。解释结论大于一般文义，但是未超过最大文义的（在公民预测可能性范围之内），系扩大解释；解释结论超过了最大文义的（超出公民预测可能性范围），系类推解释。

🚩事例：将"男子"解释到"妇女"一词中来，就超出了"妇女"一词的最大文义，系类推解释。而将"偏向女性的两性人"解释到"妇女"一词中来，虽超过了"妇女"一词的一般文义（典型女性），但没有超出"妇女"一词的最大文义（女性特征更多的人），系扩大解释。

务实的区分方法：待判断的事例与刑法规定的字词之间是包容关系（勉强可以包容进来）则为扩大解释；是并列关系（两概念地位平等）则为类推解释。

还是上例，"妇女"与"偏向女性的两性人"是包容关系，故为扩大解释；而"妇女"与"男子"是并列关系，故为类推解释。

🔍 区分扩大解释与类推解释的方法

区分扩大解释与类推解释的方法：

（1）理论上区分：在于是否超过字词的最大文义、超出一般公众的预测可能性；

（2）务实的区分方法：看待判断的事例与刑法字词之间的关系。是并列关系（两概念地位平等）则为类推解释；是包容关系（勉强可以包容进来）则为扩大解释。

4. 反面解释（或反对解释、反向推论、反面推论）。是指据刑法条文的正面表述，推导其反面含义。只有采用"只有……才……"形式的法条，才能进行反对解释。

🚩事例：《刑法》第257条（暴力干涉婚姻自由罪）第3款规定了"第一款罪，告诉的才处理"，据此，可以得出如下反义解释的推论：如果没有告诉的，不得处理。还有，《刑法》第86条第2款（考验期内发现漏罪撤销假释）规定了"在假释考验期限内，发现被假释的犯罪分子在判决宣告以前还有其他罪没有判决的，应当撤销假释，依照本法第七十条的规定实行数罪并罚"，可以得出以下反义解释的推论：如果考验期满才发现漏罪，不撤销假释。

5. 补正解释。是指在刑法文字发生错误时，统观刑法全文加以补正，以阐明刑法真实含义。

🚩事例：根据《刑法》第59条（没收财产）、第64条（犯罪相关物品处理）的规定，将《刑法》第191条（洗钱罪）中的"没收"补正解释为"没收或者返还被害人"。

（三）刑法解释的规则

（1）在解释形式上：禁止不利于被告人的类推解释，允许有利于被告人的类推解释。允许扩大解释、缩小解释等。

（2）在解释技巧（解释结论的大小）上：对一个刑法条文或者一个刑法用语的解释，只能采用一种解释技巧。要么是平义解释，要么是缩小解释，要么是扩大解释。

（3）在解释理由上：如得出同一解释结论的，可采用多种不同的解释理由。

（4）解释技巧与解释结论的正确与否无关。无论是采用扩大解释、缩小解释，还是平义解释的解释技巧，结论都不一定正确。

（5）在解释结论正确性判断上：目的解释、文理解释具有决定性。正确的解释结论既需符合法条的目的，一般也不能突破字词的最大文义（而成为不利于被告人的类推解释）。

（四）文理解释与论理解释

1. **文理解释**，就是对法律条文的文字，包括单词、概念、术语，从文理上所作的解释。

2. **论理解释**，就是参酌刑法产生的原因、理由、沿革及其他相关事项，按照立法精神，从逻辑上所作的解释。上述刑法解释方法中，目的解释、当然解释、体系解释、历史解释、缩小解释、扩大解释等，都被认为是论理解释。

🔖 考点归纳

1. 文理解释看字面；目的解释依法益。

2. 体系解释（依）前后文，同类概念同类释，相同字词（可）不同义。

3. 当然解释比轻重，入罪解释禁类推。

当然解释与解释结论的正确与否：（1）出罪的当然解释（举重以明轻），结论一般正确；（2）入罪的当然解释（举轻以明重），结论是否正确需看两步，一比较轻重，二看是否符合刑法规范（须不属类推）。

4. 平义、缩小与扩大，对比基准是常义（字词的一般日常生活含义）。

区分平义、缩小、扩大解释三步：第一步，弄清被解释字词的一般文义（日常生活含义）；第二步，看被解释字词的解释结论；第三步，比较解释结论与一般文义的大小。

5. 并列关系是类推，包容关系是扩大。

扩大解释与类推解释的区分方法：看待判断的事例与刑法字词之间的关系。是包容关系（勉强可以包容进来）则为扩大解释；是并列关系（两概念地位平等）则为类推解释。

6. 解释结论只一种，解释理由可多样；目的、文义都符合，解释结论才正确。

刑法解释规则：对一个刑法用语的解释，只能采用一种解释技巧（即解释结论只能是平义解释、扩大解释、缩小解释中的一种）；但是在结论相同的情况下，可以同时采用多种解释理由（即可同时采用文理解释、体系解释、历史解释、比较解释、目的解释）。正确的解释结论，既需符合法条的目的，一般也不能突破可能的文义（禁止不利于被告人的类推解释）。

经典考题

【1】关于刑法解释，下列哪些选项是错误的？① (2015-2-51)

A.《刑法》规定"以暴力、胁迫或者其他手段强奸妇女的"构成强奸罪。按照文理解释，可将丈夫强行与妻子性交的行为解释为"强奸妇女"

B.《刑法》对抢劫罪与强奸罪的手段行为均使用了"暴力、胁迫"的表述，且二罪的法定刑相同，故对二罪中的"暴力、胁迫"应作相同解释

C.既然将为了自己饲养而抢劫他人宠物的行为认定为抢劫罪，那么，根据当然解释，对为了自己收养而抢劫他人婴儿的行为更应认定为抢劫罪，否则会导致罪刑不均衡

D.对中止犯中的"自动有效地防止犯罪结果发生"，既可解释为自动采取措施使得犯罪结果未发生；也可解释为自动采取防止犯罪结果发生的有效措施，而不管犯罪结果是否发生

【2】关于罪刑法定原则与刑法解释，下列哪些选项是正确的？② (2016-2-51)

A.对甲法条中的"暴力"作扩大解释时，就不可能同时再作限制解释，但这并不意味着对乙法条中的"暴力"也须作扩大解释

B.《刑法》第237条规定的强制猥亵、侮辱罪中的"侮辱"，与《刑法》第246条规定的侮辱罪中的"侮辱"，客观内容相同、主观内容不同

C.当然解释是使刑法条文之间保持协调的解释方法，只要符合当然解释的原理，其解释结论就不会违反罪刑法定原则

D.对刑法分则条文的解释，必须同时符合两个要求：一是不能超出刑法用语可能具有的含义，二是必须符合分则条文的目的

拓展习题

有关刑法解释，有以下说法：①将《刑法》第341条（非法收购、运输、出售珍贵濒危野生动物、珍贵、濒危野生动物制品罪）中的"出售"，解释为"包括出卖和以营利为目的的加工利用行为"，是类推解释。②行为人甲杀害被害人乙后，为了伪造遭抢劫的假象，故意将乙的手机、黄金戒指置于公共场所以使其被人拿走。将甲的该行为解释为"毁坏财物行为"，属于扩大解释。③对一个刑法条文或者一个刑法用语的解释，只能采用平义解释、扩大解释、缩小解释等解释技巧中的一种；但解释理由可以是多种多样的，可以是文理解释、体系解释、历史解释、比较解释、目的解释等中的一种或多种。④在适用举轻以明重的解释原理进行当然解释时，也要求案件事实符合刑法规定的犯罪构成，而不能简单地以案件事实严重为由以犯罪论处。例如，不能因为吸毒驾驶机动车的比醉酒驾驶机动车性质更为严重，就认定其构成危险驾驶罪。⑤文理解释和目的解释具有决定性，所有的刑法解释，都要从法条的文理开始，而且不能超出刑法用语可能具有的含义，在对一个法条可以做出两种以上的解释结论时，只能采纳符合法条目的的解释结论。则以上说法正确的有（　　）③

A.①②③④⑤　　　　　　　　　　B.②③④

C.②③④⑤　　　　　　　　　　D.①②④

---

① **参考答案：BCD**

② **参考答案：AD**

③ **参考答案：D**

解析：①是扩大解释，"出售"（卖）的最大文义可以包容为"以出卖为目的的加工利用"。②将"毁坏"解释为"使物主人不能利用（功用丧失说）"，是扩大解释。③④⑤参见前文"刑法解释的规则"部分的内容。

第三节　刑法的基本原则

★一、罪刑法定原则

考点说明

本考点之下需要掌握的知识点主要有：（1）罪刑法定原则的思想基础、适用范围；（2）罪刑法定原则的具体内容（六项派生原则），特别是其中禁止类推原则的理解和适用；（3）罪刑法定原则的司法适用。

相关法条

第3条【罪刑法定原则】法律明文规定为犯罪行为的，依照法律定罪处刑；法律没有明文规定为犯罪行为的，不得定罪处刑。

知识点讲解

通常表述："法无明文规定不为罪，法无明文规定不处罚"。这里的"法"指刑法	
思想基础：民主主义与保障人权	
派生原则（具体内容）：	
（1）禁止（不利于被告人的）溯及既往[事前的罪刑法定]	新法不利于被告人，不可溯及既往适用新法。新法有利于被告人，则可溯及既往适用新法
（2）排斥习惯法[成文的罪刑法定]	不能适用习惯法定罪量刑（入罪）。当存在有利于行为人的习惯法，可能以行为人缺乏违法性认识的可能性为由，排除犯罪的成立
（3）禁止（不利于被告人的）类推解释[严格的罪刑法定]	允许有利于被告人的类推解释；允许扩大解释、缩小解释
（4）禁止不确定刑[确定的罪刑法定]	允许相对确定的法定刑
（5）刑法明确性原则	对犯罪的构成要件的规定必须明确；对法律后果的规定必须明确
（6）禁止处罚不当罚的行为；禁止不均衡的、残虐的刑罚	只能将值得科处刑罚的行为规定为犯罪；禁止以不必要的精神、肉体的痛苦为内容的、非人道的刑罚
罪刑法定原则的司法运用：定罪量刑须有法可依。能够解释进刑法（包括扩大解释、将"属"解释进"种"），即可定罪；不能解释进刑法（例如类推解释），即使危害性很大，也不能定罪	

1. 罪刑法定原则的思想基础主要是民主主义与尊重人权，或者说是民主与自由。最为核心的理念是保障人权，限制公权力。

2. 罪刑法定原则适用于立法、司法、执法整个过程，立法者、司法者、执法者均须遵从。

3. 罪刑法定原则的经典表述是，"法无明文规定不为罪，法无明文规定不处罚"。

其中的"法律"指刑法（刑法典、单行刑法），而不包括行政法、民商经济法及其他法律。立法解释、司法解释、指导性案件只是对刑法的解释，而不是刑法本身，不能超越刑法条文进行类推解释。

罪刑法定原则的通俗含义是：刑法规定了468个罪名，只有行为符合刑法规定的这468个罪名的构成要件的，才能定罪处刑；不符合任何一个构成要件的，即使社会危害性再严重，也不能定罪处刑。

注意：我国《刑法》第3条，后半句的表述才是罪刑法定原则的内容，旨在突出刑法的人权保障机能，防止司法人员随意入罪；前半句的表述不是罪刑法定原则的内容，而旨在突出刑法的法益保护机能，防止司法人员随意出罪。

★ 4. 罪刑法定原则的具体内容（派生原则）如下：

（1）排斥习惯法［成文的罪刑法定］。习惯法虽能体现民意，但因不成文、缺乏明确表达，不能成为定罪的依据。但当存在有利于行为人的习惯法，行为人以习惯法为根据实施行为时，可能以行为人缺乏违法性认识的可能性为由，而排除犯罪的成立。即将遵从习惯作为认定不具违法性认识可能性的依据，在犯罪论体系中出罪（不法但阻却责任）。

（2）禁止（不利于被告人的）溯及既往［事前的罪刑法定］。只有行为当时有刑法规定该行为是犯罪，才能认定构成犯罪；若行为当时没有刑法规定该行为是犯罪，行为之后才有新法将其规定为犯罪，则不能适用行为之后刑法（事后法）认定其事前行为构成犯罪。亦即，禁止不利于被告人的事后法。但是，如果新法有利于被告人，则可以溯及既往适用新法。亦即，允许有利于被告人的事后法。

（3）禁止（不利于被告人的）类推解释［严格的罪刑法定］。类推解释由于超越了刑法条文的最大文义，超出了公民的预测可能性，而造设既有条文之外新的法律，故而不能依所类推解释的结论对行为定罪。但是，允许有利于被告人的类推解释，允许运用类推解释对行为出罪。此外，对于扩大解释、缩小解释，即使解释结论不利于被告人，也不被禁止。

禁止溯及既往、禁止类推解释，是禁止不利于被告人的溯及既往、类推解释，但允许有利于被告人的溯及既往、类推解释。当然，如司考考试题中出现"禁止溯及既往""禁止类推解释"字句，其实为"禁止不利于被告人的溯及既往""禁止不利于被告人类推解释"的简略说法，应当认为说法正确；如果出现"禁止一切溯及既往""禁止一切类推解释"，应当认为说法错误。

另外，刑法解释中不存在"有利于被告人的解释原则"。只有依据证据证明事实存疑时，才适用"存疑有利于被告人原则"。在法律解释结论存疑时，并不一定要适用有利于被告人的解释结论。

（4）禁止不确定刑［确定的罪刑法定］。法定刑必须有特定的刑种与刑度，如果刑法分则条文宣布禁止某种行为，但没有对该行为规定刑罚后果，也不能适用该法条认为该行为构成犯罪，禁止绝对的不定（期）刑。现代各国刑法规定的都是相对确定的法定刑，我国刑法也是如此，当然也存在少数规定绝对确定刑（绝对死刑）的情形。

（5）**明确性原则**。要求刑法对犯罪及其法律后果的规定必须明确：对犯罪构成要件的规定必须明确；对法律后果的规定必须明确。

（6）**禁止处罚不当罚的行为；禁止不均衡的、残虐的刑罚（刑罚法规的内容适正）**。只能将值得科处刑罚的行为规定为犯罪，刑法的处罚范围与处罚程度必须具有合理性；禁止以不必要的精神、肉体的痛苦为内容的、非人道的刑罚。

5. 罪刑法定原则的运用，需结合刑法解释来理解：定罪量刑须有法可依；因此，能解释进刑法（包括扩大解释、将"属"解释进"种"的当然解释），即可定罪；不能解释进刑法（例如类推解释），就不能定罪。

（1）"假的漏洞"可定罪：不符合 A 罪构成，但符合 B 罪构成，可认定构成 B 罪。例如，对于毁灭武装部队公文的行为，虽不存在毁灭武装部队公文罪，但可以认定构成毁灭国家机关公文罪。

（2）"真的漏洞"不为罪：不符合刑法所有 468 个罪名的构成要件，即使危害再大，也不能认定为犯罪。例如，吸毒驾驶汽车如未对公共安全造成具体危险的，则不能构成犯罪。

考点归纳

1. 罪刑法定原则有 6 项派生原则，其中排斥习惯法、禁止溯及既往、禁止类推解释原则最为重要。

2. 禁止（不利于被告人的）类推解释的原则适用于一切刑法解释，无论是司法解释，还是立法解释，均须禁止（不利于被告人的）类推解释。

3. 罪刑法定原则的运用：定罪必须依刑法，能解释进来可定罪，不能解释进来不为罪。扩大解释可定罪，类推解释不为罪。

经典考题

【1】关于罪刑法定原则，下列哪一选项是正确的？① （2006-2-1）

A. 罪刑法定原则的思想基础之一是民主主义，而习惯最能反映民意，所以，将习惯作为刑法的渊源并不违反罪刑法定原则

B. 罪刑法定原则中的"法"不仅包括国家立法机关制定的法，而且包括国家最高行政机关制定的法

C. 罪刑法定原则禁止不利于行为人的溯及既往，但允许有利于行为人的溯及既往

D. 刑法分则的部分条文对犯罪的状况不作具体描述，只是表述该罪的罪名。这种立法体例违反罪刑法定原则

【2】下列哪些选项不违反罪刑法定原则？② （2014-2-51）

A. 将明知是痴呆女而与之发生性关系导致被害人怀孕的情形，认定为强奸"造成其他严重后果"

B. 将卡拉 OK 厅未经著作权人许可大量播放其音像制品的行为，认定为侵犯著作权罪中的"发行"

C. 将重度醉酒后在高速公路超速驾驶机动车的行为，认定为以危险方法危害公共安全罪

D.《刑法》规定了盗窃武装部队印章罪，未规定毁灭武装部队印章罪。为弥补处罚漏洞，将毁灭武装部队印章的行为认定为毁灭"国家机关"印章

---

① 参考答案：C
② 参考答案：ACD

📝 拓展习题

关于罪刑法定原则，有以下观点：

①罪刑法定原则只是对司法者的限制，对于立法者，在立法时不受该条规范的限制。

②根据《刑法》第3条前半句的规定："法律明文规定为犯罪行为的，依照法律定罪处刑"，只要行为符合刑法规定的犯罪构成，就一律应以犯罪论处，而绝对不能不认定为犯罪，这也是罪刑法定原则的必然内容。

③保障人权是罪刑法定原则的理论基础之一，故而，应当禁止一切不利于被告人的解释，扩大解释如果不利于被告人，也应当予以禁止。例如，将签发与预留签名、密码不符的支票骗取钱财的行为，解释为《刑法》第194条第1款（票据诈骗罪）签发与预留"印鉴"不符的支票骗取钱财，是不利于被告人的扩大解释，应当禁止。

④罪刑法定原则要求严格适用刑法，例如，因为我国刑法没有明文规定溺婴罪，故而不能将父母实施的溺婴行为，认定为犯罪。

⑤《刑法》第385条所规定的受贿罪，并没有将收受、索取贿赂限制为给自己。所以，将国家工作人员甲要求请托人乙向第三者丙提供贿赂的行为认定为受贿罪，这并不违反罪刑法定原则。

⑥有利于被告人是罪刑法定原则的应有之义，在遇到法律疑问时，应当坚持将有利于被告人作为解释原则。例如，甲为泄私愤，侵入他人的股票委托交易账户并篡改密码，在他人账户内高价买进后低价卖出，造成他人财产损失的行为，因为将其认定为"毁坏""财物"存疑，故不能认定甲成立故意毁坏财物罪。

⑦犯罪的本质是社会危害性，只要社会危害性严重，即使没有刑法规定，也可定罪处罚。例如，教唆他人自伤身体的，比教唆他人吸食注射毒品的更为严重，具有更大的社会危害性，也理应认定为犯罪。

则关于以上观点（　　）①

A. 观点①②③④⑤⑥⑦均正确　　　　B. 观点②③⑤⑥正确；①④⑦错误

C. 观点②⑤正确；①③④⑥⑦错误　　D. 观点⑤正确；①②③④⑥⑦错误

解析： ①罪刑法定原则适用于立法、司法、执法整个过程。②罪刑法定原则只是对"入罪"即认定有罪的限制，"出罪"宣告被告人无罪不一定要求有法律明文规定，符合犯罪构成要件仍可以特殊原因而出罪。③⑥存疑有利于被告人原则只适用于事实存疑，法律解释存疑时不适用该原则。④严格适用刑法并不意味着不能对刑法进行解释。⑤刑法没有规定受贿罪必须将收受、索取贿赂限制为给自己，此适用情况当然不违反刑法规定。⑦罪刑法定原则的基本含义是法有明文规定才能定罪，而不是社会危害性严重就定罪。

【思考题】（1）2015年7月，余某（女）与李某（男）在某购衣店里购物时初次邂逅，二人即商量到试衣间里"干点刺激的事儿"。进入试衣间后，二人遂发生性关系。李某一边与余某发生关系，一边拿出手机将性爱全过程拍录下来，余某并未制止。（2）之后，李某将该性爱视频传给自己的好友何某，何某又将其上传至A社交媒体网站（负责人为张某），导致该性爱视频被大面积传播。（3）余某知情此事后，曾一度想让何某删除视频；但何某对余某说这样可以使她成名，余某遂放任何某传播。（4）A社交媒

---

① **参考答案：D**

体网站为了赚取点击率，将该视频放在网页推荐显著位置，经监管部门通知采取改正措施而拒绝执行，情节严重。

【问题】对于余某（女）、李某（男）、何某、张某的行为性质如何认定？

二、平等适用刑法原则

📖 **相关法条**

第4条【平等适用刑法原则】对任何人犯罪，在适用法律上一律平等。不允许任何人有超越法律的特权。

💡 **知识点讲解**

平等适用刑法原则，是宪法规定的法律面前人人平等原则在刑法中的体现。

平等适用刑法的具体要求是：对刑法所保护的合法权益予以平等的保护（法益平等保护）；对于实施犯罪的任何人，都必须严格依照法律认定犯罪，对于任何犯罪人，都必须根据其犯罪事实与法律规定量刑（定罪、量刑平等）；对于被判处刑罚的任何人，都必须严格按照法律的规定执行刑罚（行刑平等）。

三、罪刑相适应原则

📖 **相关法条**

第5条【罪刑相适应原则】刑罚的轻重，应当与犯罪分子所犯罪行和承担的刑事责任相适应。

💡 **知识点讲解**

罪刑相适应的基本含义是，刑罚的轻重与罪行和刑事责任相适应，重罪重判，轻罪轻判。

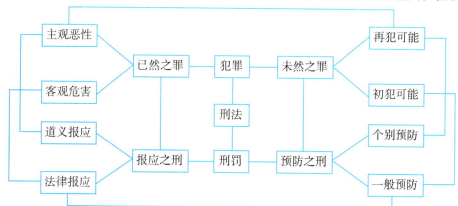

1. "罪行"：已然之罪（已经发生的犯罪事实），即有责的违法性。包括客观侵害（违法性）、主观非难（有责性）两方面。罪行的轻重是由犯罪的客观、主观事实本身决定的，表征为犯罪性质、犯罪情节等。

2. "刑事责任"：未然之罪（再犯罪的可能性）即人身危险性，即犯罪人所应承担的法律后果。包括初犯可能、再犯可能。刑事责任的轻重虽主要由犯罪的主客观事实决定（罪中情节），但也包括许多案件外的表明犯罪人再犯罪可能性大小的事实或情节（罪外情节）。体现刑罚与刑事责任相适应的制度有对未成年犯、老年犯从宽处刑，立功、自首从宽处刑，累犯从重处刑等。

罪刑相适应，要求在不超出罪行程度的前提下，根据预防的必要性大小科处刑罚。亦即，不能以行为人人身危险性严重为由，超出法定最高刑对其量刑。

第四节　刑法的适用范围

一、刑法的空间效力

> **考点说明**
>
> 本考点之下需要掌握的知识点主要有：（1）属地管辖、属人管辖、保护管辖、普遍管辖的适用条件；（2）管辖权冲突与保留。
>
> 刑法的空间效力所解决的是一国刑法在什么地域、对什么人适用的问题。涉及对国内犯（发生在本国领域内的犯罪）与国外犯（发生在本国领域外的犯罪）的效力。
>
> | 国内犯 | 属地管辖 | 地（领域） | 领陆、领水和领空；其他管辖领域 | 法律有特别规定除外 |
> |---|---|---|---|---|
> | | | | 船舶、航空器；使领馆 | |
> | 国外犯 | 属人管辖 | 人（公民） | 民：最高刑三年以下可不追究 | 最高刑三年以下（可以不） |
> | | | | 官：均追究 | |
> | | 保护管辖 | 我国利益（国家、公民）：最低刑三年以上 | | 犯罪地不受处罚除外 |
> | | 普遍管辖 | 国际公约中的犯罪→立即逮捕，或起诉或引渡 | | |

（一）对国内犯的适用原则

属地管辖：对发生在本国领域内的犯罪，适用本国刑法。

> **相关法条**
>
> 第6条【属地管辖】凡在中华人民共和国领域内犯罪的，除法律有特别规定的以外，都适用本法。
>
> 凡在中华人民共和国船舶或者航空器内犯罪的，也适用本法。
>
> 犯罪的行为或者结果有一项发生在中华人民共和国领域内的，就认为是在中华人民共和国领域内犯罪。

> **知识点讲解**

（1）"领域"：包括领陆、领水和领空，以及其他管辖领域。领陆，指国境线以内的陆地以及陆地以下的底土；领水包括内水、领海及其领水的水床及底土；领空，指领陆、领水之上的空气空间（不包括外层空间）。例如，在我国领空里飞行的外国飞机中发生的刑事案件，属我国领域内犯罪，可适用我国刑法。

其他管辖领域例如我国管辖海域，包括我国毗连区、专属经济区、大陆架等。中国公民或者外国人在我国管辖海域实施非法猎捕、杀害珍贵濒危野生动物或者非法捕捞水产品等犯罪的，依照我国刑法追究刑事责任（《最高人民法院关于审理发生在我国管辖海域相关案件若干问题的规定（一）》第 1 条、第 3 条）。

（2）"法律有特别规定"除外，包括：

①不适用中国刑法。享有外交特权和豁免权的外国人的刑事责任问题，通过外交途径解决（《刑法》第 11 条）。

②不适用内地刑法典及普遍效力刑法。香港、澳门与台湾地区适用其本地刑法（《宪法》第 31 条、基本法）。

③不适用刑法典。刑法典颁布后国家立法机关制定了特别刑法，适用特别刑法。

④不适用刑法典的部分条文。民族自治地方不能全部适用刑法典规定的，可以由自治区或者省的人民代表大会根据当地民族的政治、经济、文化的特点和本法规定的基本原则，制定变通或者补充的规定，报请全国人民代表大会常务委员会批准施行。在当地适用变通或补充规定，而不适用刑法典的相应条文（《刑法》第 90 条、《宪法》第 116 条、《立法法》第 75 条）。

（3）所谓"浮动领土"：

①在中国船舶或者航空器内犯罪的，适用中国刑法（旗国主义）。

包括在我国登记的船舶、航空器，和悬挂了中华人民共和国国旗、国徽等表明中国标志的船舶、航空器，以及事实上属于中国国家、法人或者国民所有的船舶、航空器。钻井平台可以扩张解释到船舶中，飞艇、热气球等属于航空器。

但是，船舶、航空器不能包括国际列车和国际汽车。在国际列车上的犯罪，根据我国与相关国家签订的协定确定管辖；没有协定的，由该列车最初停靠的中国车站所在地或者目的地的铁路运输法院管辖（《刑诉法解释》第 6 条）。

②在中国驻外使馆、领馆内犯罪的，也适用中国刑法。中国公民在中国驻外使、领馆内的犯罪，由其主管单位所在地或者原户籍地的人民法院管辖（《刑诉法解释》第 7 条）。

（4）犯罪地的确定：行为或者结果有一项发生在中国领域内的，都适用中国刑法。行为的一部分（如预备阶段、实行阶段行为）或结果的一部分发生在我国领域内；共同犯罪中的任一共犯行为或者共同犯罪的结果有一部分发生在我国领域内，都适用中国刑法。

▶ 事例：甲以杀害中国境内的乙为目的，从国外寄送毒药到中国，乙在中国饮用此毒药受伤后，前往美国死亡。由于在中国发生了伤害结果，所以，能够适用中国刑法。

（5）针对或者利用计算机网络实施的犯罪，犯罪地包括犯罪行为发生地的网站服务器所在地、网络接入地、网站建立者、管理者所在地，被侵害的计算机信息系统及其管理者所在地、被告人、被害人使用的计算机信息系统所在地，以及被害人财产遭受损失地（《刑诉法解释》第 2 条）。

（二）对国外犯的适用原则

1. 属人管辖：对于本国公民在国外犯罪的，适用本国刑法。

📖 相关法条

第 7 条【属人管辖】中华人民共和国公民在中华人民共和国领域外犯本法规定之罪的，适用本法，但是按本法规定的最高刑为三年以下有期徒刑的，可以不予追究。

中华人民共和国国家工作人员和军人在中华人民共和国领域外犯本法规定之罪的，适用本法。

💡 **知识点讲解**

普通公民（民）	法定最高刑 3 年以下有期徒刑	"可以"不予追究	反义解释：也可以追究	注意：虽未规定"双重犯罪"要件，但仍适用法益保护原则
国家工作人员和军人(官、军)	无论应处何刑罚	均应适用我国刑法		

（1）对于普通公民：我国有管辖权；但法定最高刑3年以下有期徒刑的，"可以"不予追究。反义解释即是，3 年以下的，原则上不追究，但也可以追究。

（2）国家工作人员和军人：无论应处何刑罚，一律均应适用我国刑法。

（3）对于中国公民在国外犯罪适用中国刑法，并没有"双重犯罪"的要求，亦即，只要求中国公民实施的行为可被中国刑法认定为犯罪，并不要求在行为地也被认为是犯罪。但是，根据法益保护的原理，中国公民在国外实施的行为，没有触犯所在地国的刑法，如也未侵犯我国的国家与公民的法益，就不宜适用我国刑法；如侵犯了我国法益，就可适用我国刑法。

📢 **例如**：我国刑法规定未满 14 周岁的女性系幼女，而日本刑法规定未满 13 周岁的女性系幼女。中国公民甲男在日本境内，经 13 周岁半的乙女同意，与之发生性关系。若乙女为日本人，则甲男的行为不宜适用我国刑法定罪；若乙女为中国人，则甲男的行为可适用我国刑法定罪。

2. 保护管辖：对于外国人在外国实施的侵犯本国国家或公民权益的行为，适用本国刑法。

📖 **相关法条**

第 8 条【保护管辖】外国人在中华人民共和国领域外对中华人民共和国国家或者公民犯罪，而按本法规定的最低刑为三年以上有期徒刑的，可以适用本法，但是按照犯罪地的法律不受处罚的除外。

💡 **知识点讲解**

适用保护管辖，有三个条件：

（1）侵害我国利益：所犯之罪必须侵犯了我国国家或者公民的利益。

（2）3 年以上：法定最低刑为 3 年以上有期徒刑。

（3）双重犯罪：所犯之罪按照犯罪地的法律也受处罚。所实施的行为，按犯罪地的法律不认为是犯罪的，不适用我国刑法。但如果犯罪地没有法律，当然可适用我国刑法，例如，外国人在南极杀害了中国人。

3. 普遍管辖：对于国际公约或者条约所规定的犯罪，不管犯罪人的国籍、犯罪地、侵害对象，缔约国或参加国可行使刑事管辖权。

📖 **相关法条**

第 9 条【普遍管辖】对于中华人民共和国缔结或者参加的国际条约所规定的罪行，中华人民共和国在所承担条约义务的范围内行使刑事管辖权的，适用本法。

🔆 **知识点讲解**

（1）对象：我国缔结和参加的国际公约规定的犯罪（危害人类社会共同利益的犯罪）。通常有海盗犯罪、毒品犯罪、劫机（劫持民用航空器罪）犯罪、恐怖主义、酷刑、反人类、战争罪、灭种罪等。

（2）后果：立即逮捕；或起诉或引渡。

（3）我国定罪量刑的法律根据：是国内刑法（"本法"），而非国际条约。

（三）对外国刑事判决的承认（管辖权冲突与保留）

📖 **相关法条**

第10条【对外国刑事判决的消极承认】凡在中华人民共和国领域外犯罪，依照本法应当负刑事责任的，虽然经过外国审判，仍然可以依照本法追究，但是在外国已经受过刑罚处罚的，可以免除或者减轻处罚。

🔆 **知识点讲解**

对于一起案件，如果可适用我国刑法进行管辖，外国刑法规定也可管辖，就会出现管辖权冲突的情形。例如，日本人在美国杀害中国人，三国均可管辖。对此，如不能确定管辖的，应当通过国际司法协商确定管辖；在它国审判之后，出于主权原则，我国仍可追究。

（1）保留追诉权：仍然可以依照本法追究。亦即"消极承认"，不适用一事不再理原则。

（2）在外国已受处罚是从宽事由：可以免除或者减轻处罚。

（3）注意：不能将该条规定的"凡"字替换为"只有"，从而进行所谓的"反义解释"得出错误结论：在中国领域内犯罪的，经外国审判，不可依照本法追究。事实上，在中国领域内犯罪的，虽经外国审判，也仍可依照本法追究。

🔲 **考点归纳**

1.属地管辖：中国领域内包括领陆、领水、领空；在中国船舶、航空器内犯罪，在中国驻外使领馆内犯罪，也适用中国刑法。行为或者结果有一项或一部分发生在中国，就可适用属地管辖。

2.属人管辖：区分"官"（国家工作人员、军人）和"民"（一般公民）。"民"在境外犯罪，3年以下可不追究；"官"在境外犯罪，均需追究。

3.保护管辖：有三个条件，我国利益、3年以上、双重犯罪。

4.普遍管辖：我国加入的国际公约中的国际犯罪（劫机、贩毒等），适用我国刑法。

5.我国有管辖权的案件，虽经外国审判，我国仍能再次审判。

📋 **经典考题**

关于刑事管辖权，下列哪些选项是正确的？[①]（2007-2-51）

A.甲在国外教唆陈某到中国境内实施绑架行为，中国司法机关对甲的教唆犯罪有刑事管辖权

B.隶属于中国某边境城市旅游公司的长途汽车在从中国进入E国境内之后，因争抢座位，F国的

[①] **参考答案：ABD**

汤姆一怒之下杀死了 G 国的杰瑞。对汤姆的杀人行为不适用中国刑法

C.中国法院适用普遍管辖原则对劫持航空器的丙行使管辖权时，定罪量刑的依据是中国缔结或者参加的国际条约

D.外国人丁在中国领域外对中国公民犯罪的，即使按照中国刑法的规定，该罪的最低刑为 3 年以上有期徒刑，也可能不适用中国刑法

📋 拓展习题

以下关于刑法的空间效力，说法正确的有（　　）[①]

A. A 国公民甲在我国购买了杀人用的绳子、刀具，到 A 国境内杀害了另一 A 国公民乙，则对于甲的杀人行为可以适用我国刑法进行追究

B. A 国公民甲乘坐中国籍游轮旅游，当该轮船停泊于 B 国港口后，甲因与同船 C 国公民乙争吵而在船上将其杀害，B 国虽已对甲定罪判刑，我国仍对该案有管辖权

C.我国公民张三在泰缅边境贩卖毒品，发财后放弃中国国籍归化为越南人，回中国省亲，可以适用我国刑法对其贩毒行为进行追究

D.我国退役军人甲去加拿大探亲期间，在加拿大肆意诽谤他人，情节严重，按照我国刑法应当处三年以下有期徒刑，适用我国刑法，必须进行追究

解析：A 选项，预备行为发生在我国，属地管辖。

B 选项，案件发生在我国船舶上，我国有属地管辖权；既然发生在境外的案件经外国审判我国都能追究，发生在境内的案件我国同样能追究。

C 选项，至少适用普遍管辖，实际上适用属人管辖；因行为时或审判时行为人是中国公民的，都可适用属人管辖。

D 选项，退役军人不是"军人"，故而是"可以不予追究"。

★二、刑法的时间效力（溯及力：从旧兼从轻）

🔧 考点说明

本考点之下需要掌握的知识点主要有：（1）从旧兼从轻原则的理解和适用；（2）司法解释、立法解释的效力。

📖 相关法条

第 12 条【从旧兼从轻】中华人民共和国成立以后本法施行以前的行为，如果当时的法律不认为是犯罪的，适用当时的法律；如果当时的法律认为是犯罪的，依照本法总则第四章第八节的规定应当追诉的，按照当时的法律追究刑事责任，但是如果本法不认为是犯罪或者处刑较轻的，适用本法。

本法施行以前，依照当时的法律已经作出的生效判决，继续有效。

💡 知识点讲解

刑法的时间效力所解决的是，刑法何时起至何时止具有适用效力。主要涉及生效时间、失效时间与溯及力（溯及既往的效力）三个问题，其中最重要的是溯及力问题。刑法的溯及力，

---

① **参考答案：ABC**

是指刑法生效之后，对它生效前未经审判、判决未确定或者未裁定的行为是否具有追溯适用效力。我国《刑法》第 12 条关于溯及力的规定采取了"从旧兼从轻"的原则。这里的"旧法"指行为时有效的刑法（不是专指 1979 年刑法），"新法"指审判时有效的刑法。

（一）从旧兼从轻的通常情形

1．"从旧兼从轻"的基本含义是：对于一行为适用刑法时，原则上应当适用行为时有效的刑法（旧法）；但是，当适用审判时有效的刑法（新法），对被告人更有利时（轻法），应当适用审判时有效的刑法（轻法）。

（1）行为时的法律不认为是犯罪，而审判时的刑法认为是犯罪的，适用行为时的法律，即不追究刑事责任，审判时的刑法没有溯及力。

（2）行为时的法律认为是犯罪，而审判时的刑法不认为是犯罪的，适用审判时的刑法，即不追究刑事责任，审判时的刑法具有溯及力。

（3）行为时的法律与审判时的刑法都认为是犯罪，并且按照审判时的刑法规定应当追诉的，按照行为时的法律追究刑事责任，即审判时的刑法没有溯及力；但是，如果审判时的刑法处刑比行为时的刑法处刑轻，则应当适用审判时的刑法，即刑法具有溯及力。

（4）审判时的刑法施行前，依照行为时的法律已经作出的生效判决（二审已终审、再审、一审上诉期满），继续有效。

2．数行为组成一个制度（如累犯、数罪并罚）的，以最后一次犯罪行为时有效的刑法为行为时法（"旧法"）。

3．重法、轻法的比较：（1）法定刑最高刑高者为重法。（2）法定最高刑相同，则起刑点高者为重法。（3）有不同档法定刑幅度的，比较行为对应的法定刑幅度。（4）改变犯罪的构成要件，使犯罪成立更为容易的，为重法。📌例如：《刑法修正案（八）》对叛逃罪进行修正时，删减了原有的"危害中华人民共和国国家安全的"要素，使犯罪成立更容易，则修正后的刑法为重法。（5）改变证据规则，使犯罪证明更为容易的，也为重法。

★ 4．适用"从旧兼从轻"原则的一般步骤：

第一步，判断案件依"旧法"（行为之时的刑法）如何定罪量刑；

第二步，判断案件依"新法"（审判之时的刑法）如何定罪量刑；

第三步，比较两种结果的轻重。谁轻就适用谁，结果一样就适用旧法。

5．对跨越修订刑法施行日期的继续犯罪、连续犯罪以及其他同种数罪的，适用行为终了时、最后一次犯罪行为时的法。如果之前的刑法是轻法，则可酌情从轻。

（二）《刑法修正案（九）》的时间效力［2015 年 11 月 1 日生效］

1．对于行为人在《刑法修正案（九）》生效［2015 年 11 月 1 日生效］之前实施犯罪行为，

而在生效之后审判的案件

是适用新修正案还是修正之前的刑法，原则上按前述"从旧兼从轻"的一般步骤按三步判断：先看行为时刑法如何定罪量刑，再看审判时刑法如何定罪量刑，最后比较轻重。

2.《最高人民法院关于〈中华人民共和国刑法修正案（九）〉时间效力问题的解释》

情形	修正前	修正后	适用规则
职业禁止令	未规定（轻）	可适用职业禁止令（重）其他法律法规另有规定从其规定	不适用新法，可适用法律法规
死缓期间内故意犯罪	报最高院核准执行死刑（重）	（1）情节恶劣的，报最高院核准执行死刑；（2）情节不恶劣的，死缓期重新计算，报最高院备案（轻）	适用新法
有期徒刑和拘役，有期徒刑和管制，或者拘役和管制并罚	没有明文规定	有期徒刑吸收拘役，其他情况并科	适用新法
行为人通过信息网络实施侮辱、诽谤行为，被害人自诉提供证据确有困难	没有明文规定	人民法院可以要求公安机关提供协助	适用新法
虐待罪基本犯，被害人没有能力告诉，或者因受到强制、威吓无法告诉的	亲告	非亲告	★适用新法
组织考试作弊，为他人组织考试作弊提供作弊器材或者其他帮助，非法向他人出售或者提供考试题、答案	如可定：非法获取国家秘密罪，非法生产、销售间谍专用器材罪，故意泄露国家秘密罪	组织考试作弊罪，非法出售、提供试题、答案罪	从旧兼从轻
以捏造的事实提起民事诉讼	如可定：伪造公司、企业、事业单位、人民团体印章罪，或者妨害作证罪	虚假诉讼罪	从旧兼从轻
	如可定：诈骗罪，职务侵占罪，贪污罪	依照处罚较重的规定定罪从重处罚	从旧
贪污、受贿判死缓可否适用终身监禁	不能终身监禁	可以终身监禁	★罚不当其罪，可适用新法

以上司法解释，多数情况还是符合"从旧兼从轻"原则的。只是有两种情况较为特殊：

（1）贪污、受贿判死缓可否适用终身监禁。前述司法解释第8条规定："对于2015年10月31日以前实施贪污、受贿行为，罪行极其严重，根据修正前刑法判处死刑缓期执行不能体现罪刑相适应原则，而根据修正后刑法判处死刑缓期执行同时决定在其死刑缓期执行二年期满依法减为无期徒刑后，终身监禁，不得减刑、假释可以罚当其罪的，适用修正后刑法第383条第4款的规定。根据修正前刑法判处死刑缓期执行足以罚当其罪的，不适用修正后刑法第383条第4款的规定。"

按理说，《刑法修正案（九）》规定的死缓终身监禁是加重了被告人的处遇，系"重法"，对于《刑法修正案（九）》生效之前实施的行为，不能适用才对。但是，从立法本意上讲，《刑法修正案（九）》生效之后的死缓终身监禁所针对的案件，在没有终身监禁规定时，可能是会判处死刑立即执行的案件（判一般死缓罚不当其罪）。故而，判处终身监禁也是符合有利于被告人原则的。白恩培、魏鹏远、于铁义均因此而被判死缓终身监禁。

（2）对于虐待罪基本犯的亲告问题。前述司法解释第5条规定："对于2015年10月31日以前实施的刑法第260条第1款规定的虐待行为（基本犯），被害人没有能力告诉，或者因受到强制、威吓无法告诉的，适用修正后刑法第260条第3款的规定。"亦即无需告诉的才处理，不是亲告罪。

按理说，《刑法修正案（九）》将原亲告情形改为非亲告情形，使追究更容易，也应视为"重法"。但是，如果将告诉之时作为行为之时，则按行为之时（新法）来处理，也并不违反从旧兼从轻原则。

（三）司法解释、立法解释的效力（《关于适用刑事司法解释时间效力问题的规定》）

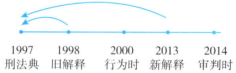

| 1997 | 1998 | 2000 | 2013 | 2014 |
| 刑法典 | 旧解释 | 行为时 | 新解释 | 审判时 |

1. 司法解释（立法解释）的效力与被解释的刑法条款同步（有权解释的时间效力与被解释的刑法条文一样）。司法解释自发布或者规定之日起施行，效力适用于法律的施行期间；对于司法解释实施前发生的行为，行为时没有相关司法解释，司法解释施行后尚未处理或者正在处理的案件，依照司法解释的规定办理（溯及至被解释的刑法条文生效之日）。亦即，司法解释可以溯及既往。

2. 新的司法解释明文规定从新的，从新（常态）。审理案件时仅新解释有效，旧解释被废止。

3. 如果旧解释未被废止，先后（同级）两个司法解释同时有效：从旧兼从轻。

4. 已决案（二审已终审、再审、一审上诉期满，提起再审）不再变动。对于在司法解释施行前已办结的案件，按照当时的法律和司法解释，认定事实和适用法律没有错误的，不再变动。

▶ 事例：1997年刑法规定了滥用职权罪（刑法典）。2000年甲某在受国家机关委托的某组织中从事公务（无国家机关工作人员编制），故意违反办事规定办理公务，造成重大损失（行为时）。2002年12月28日，全国人大常委会颁布施行《关于中华人民共和国刑法第九章渎职罪主体适用问题的解释》，扩大了渎职罪主体的范围，将受国家机关委托组织中从事公务的人员规定为国家机关工作人员（立法解释），2003年某法院对甲某进行审理（审判时）。则可适用前述立法解释，认定甲某构成滥用职权罪。因为定罪量刑的依据是刑法典规定的滥用职权罪（1997年生效），在行为人实施行为时（2000年），该刑法典已生效；2002年的立法解释是对1997年刑法典的解释。

🔲 考点归纳

1. 从旧兼从轻，判断分三段。先依旧法（行为时的法）判，再依新法（审判时的法）判；谁轻适用谁，同重用旧法。

2.《刑法修正案（九）》的时间效力：原则上从旧兼从轻，终身监禁、虐待非亲告可从新。

3.立法解释、司法解释的效力，及于被解释的刑法条款生效时。

拓展习题

关于《刑法修正案（九）》修正内容的时间效力，以下说法不正确的有（　　）①

A.甲在《刑法修正案（九）》生效之前使用暴力猥亵 A 男（未造成其他结果），在《刑法修正案（九）》生效之后对甲进行审判，则应当依照修正之后的刑法条文认定甲构成犯罪

B.乙在《刑法修正案（九）》生效之前强奸 B 女（一般情节）后强迫其卖淫，在《刑法修正案（九）》生效之后对甲进行审判，则应当适用修正之前的刑法条文，可以判处乙死刑

C.丙在《刑法修正案(九)》生效之前实施集资诈骗犯罪数额特别巨大，一审以集资诈骗罪判处死刑，丙不服提起上诉，在《刑法修正案(九)》生效之后对丙进行二审，则二审可以适用修正之前的刑法条文，维持死刑判决

D.丁于 2010-2014 年间受贿数额特别巨大，罪行极其严重，法院于 2015 年 11 月 2 日进行审判，认为根据修正前刑法判处死刑缓期执行不能体现罪刑相适应原则，遂根据修正之后的《刑法》第 383 条第 4 款判处死刑缓期执行同时决定在其死刑缓期执行二年期满依法减为无期徒刑后，终身监禁，不得减刑、假释，法院的判决正确

解析：A 选项，《刑法修正案（九）》生效之前，强制猥亵男子的行为无罪，生效之后构成强制猥亵、侮辱罪。"旧法"（行为时法）是轻法，应依旧法认定甲无罪。

B 选项，《刑法修正案（九）》生效之前，强奸妇女后强迫卖淫构成强迫卖淫罪一罪，最高刑为死刑，生效之后构成强迫卖淫罪、强奸罪（一般情节）两罪，最高刑是无期。"新法"（审判时法）是轻法，应依新法认定乙构成强迫卖淫罪、强奸罪两罪，数罪并罚。

C 选项，《刑法修正案（九）》生效之前，集资诈骗罪最高刑为死刑，生效之前最高刑为无期；因二审时属"审判时"，故应依新法不能判处死刑。

D 选项，根据《最高人民法院关于〈中华人民共和国刑法修正案（九）〉时间效力问题的解释》第 8 条的规定，对于 2015 年 10 月 31 日以前实施贪污、受贿行为，罪行极其严重，根据修正前刑法判处死刑缓期执行不能体现罪刑相适应原则，而根据修正后刑法判处死刑缓期执行同时决定在其死刑缓期执行二年期满依法减为无期徒刑后，终身监禁，不得减刑、假释可以罚当其罪的，适用修正后刑法第 383 条第 4 款的规定。根据修正前刑法判处死刑缓期执行足以罚当其罪的，不适用修正后刑法第 383 条第 4 款的规定。故而，法院的判决正确。

---

① **参考答案：**ABC

第二章 犯罪构成理论
（客观不法—主观责任）

 ★第一节　犯罪构成和犯罪认定方法

 考点说明

本考点之下需要掌握的知识点主要有：（1）犯罪＝客观不法＋主观责任；（2）先客观（不法）后主观（责任）的犯罪判断顺序；（3）客观（不法）与主观（责任）相统一，重合之处认定罪名。

💡 **知识点讲解**

在刑事司法（规范刑法）层面上，犯罪是符合犯罪构成的行为。刑法的核心，是认定行为是否构成犯罪，亦即围绕犯罪构成进行判断，看行为（事实）是否符合刑法规定的具体罪名的构成要件（规范）。犯罪构成理论（犯罪论体系）是对犯罪的一般成立要件进行分析、体系化的理论。刑法初学者可以从以下两个层面理解犯罪构成理论。

第一个层面是从刑法典规定的具体犯罪的成立条件（构成要件要素）上进行理解。

	客体（法益）	他人的生命权
客观不法	客观方面	1.行为：杀人行为（非法剥夺生命）
		2.行为对象：他人
		3.（既遂）结果：死亡
		4.行为与死亡结果之间具有因果关系
主观责任	主体要件	责任年龄：已满14周岁 具有责任能力
	主观方面	杀人故意

🚩**例如**，对于故意杀人罪，刑法典规定（《刑法》第232条以及总则）其构成要件为：客观上有杀人行为，对象是人（他人），既遂结果是死亡，有因果关系；要求行为人已满14周岁、精神正

常具有刑事责任能力，主观上有杀人故意。推而广之，全部468个罪名的成立条件具有大体相似的框架体系，都可认为具备客观要件（行为、对象、结果、因果关系、时间、地点、方法、数额、次数、情节）和主观要件（责任年龄、能力、故意、过失、目的、动机）两个方面的要件。

第二个层面可从认定犯罪（案情事实对应于刑法规范）的逻辑思考体系上进行理解。

案情事实		刑法规范 （故意杀人罪的犯罪构成要件）
用斧子砍		行为：杀
李四		对象：他人
致其死亡	对应于	结果：死亡
15周岁 精神正常		达到14周岁刑事责任年龄 有刑事责任能力
报仇		杀人故意

▶例如，案情事实是张三（15周岁）为了报仇，而用斧子砍死了李四。认定其是否构成故意杀人罪，裁判者需要判断案情事实是否能够"靠上"（符合）刑法典规定的故意杀人罪的全部条件，其认定顺序是：先看用斧子砍的行为是否是"杀"的行为，再看李四是否"他人"，有无死亡的结果（既遂）；然后再看张三是否达到了责任年龄、有无责任能力，主观上有无杀人故意。是按照行为、对象、结果、责任能力（年龄、精神状况）、罪过形式的顺序分别进行对应判断。以下拟从这两个层面对构成要件理论的要点分别进行讲解。

一、犯罪 = 客观不法 + 主观责任

所有犯罪的成立条件可区分为"客观不法—主观责任"两个要件。"客观不法"即是犯罪成立的客观要件（围绕造成结果的行为展开），"主观责任"即是犯罪成立的主观要件（围绕行为人展开，实为"主体责任"）。转换成刑法术语：

（1）将客观要件称为"不法"要件，指行为客观上违反刑法规定、造成法益侵害的结果。客观不法要件又可细分为积极层面（即"构成要件该当性"）与消极层面（即"违法阻却事由"或"正当化事由"）。不法的积极层面即"构成要件该当性"，指案件符合刑法典分则规定的犯罪客观方面成立条件（即罪状），包括行为、对象、结果、因果关系、时间、地点、方法、数额、次数、情节、身份等要素；不法的消极层面即"违法阻却事由"，指案件属于正当防卫、紧急避险、被害人承诺情形，不具有法益侵害，尽管形式上符合分则罪状，但不认为是不法行为，而应认定为正当行为。

（2）将主观要件称为"责任"要件，指行为人达到刑事责任年龄、具有责任能力（精神状况），主观上具有故意、过失的过错，可以对其归咎非难，追究刑事责任。主观责任也可细分为积极层面与消极层面两个层面：积极层面包括责任年龄、责任能力（精神状况）、故意、过失、目的、动机等要素，具备这些要素，行为人即可承担刑事责任；消极层面即"责任阻却事由"，包括不具认识可能性的违法性认识错误、欠缺期待可能性。

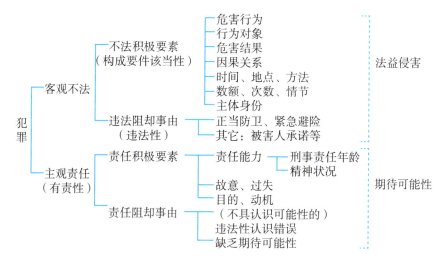

即，"不法（法益侵害性）"指客观上发生了值得科处刑罚的法益侵害事实；"责任（非难可能性）"指行为人有责任，能够就法益侵害事实对行为人进行非难。

客观不法	构成要件该当性	案件符合刑法典分则规定的犯罪客观方面成立条件（行为、对象、结果、因果、时地方、数次情、身份）	该当杀人罪罪状（构成要件）：甲砍死乙	本质是法益侵害
	违法阻却事由	正当化事由（正当防卫、紧急避险、被害人承诺等）	该当罪状但不违法：甲正当防卫杀死正在实施抢劫的歹徒乙	
主观责任	积极责任要素	责任年龄、责任能力、故意、过失、目的、动机	不法但不具责任：13周岁的甲杀死无辜者乙	本质是期待可能性
	责任阻却事由	不具认识可能性的违法性认识错误、欠缺期待可能性	有故意但无责任：甲女明知自己有配偶，因流落失所、迫于生计被迫重婚	

通俗地理解可以认为：任何犯罪的成立都需具备"客观要件"（不法）与"主观要件"（责任）两方面的要件。犯罪即是"客观、主观相统一"，亦即，犯罪是"不法""有责任"的行为。

有些考生受传统四要件学说的影响，认为犯罪成立需要具备犯罪客体、犯罪客观要件、犯罪主体、犯罪主观要件四个要件（四要件说），其实可以很简单地在此理解的基础上变化为客观不法、主观责任的体系（两阶层说）。亦即，将犯罪客观要件（行为、对象、结果、因果关系、时间、地点、方法、数额、次数、情节）和犯罪客体（法益）合并理解为"客观不法"要件；将犯罪主体（责任年龄、责任能力）和犯罪主观要件（故意、过失、目的、动机）合并理解为"主观责任"要件即可。只不过，犯罪主体中的"特殊身份"应是"客观不法"要件中的要素。参见以下图示：

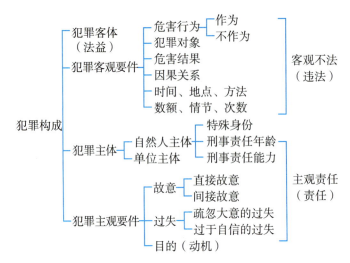

四要件体系转换为"客观不法 – 主观责任"两阶层体系

二、"客观不法—主观责任"是进行刑法推理的思维基础

"客观不法—主观责任"的体系，是犯罪构成的基本结构，也是认定案件性质、进行刑法推理的思维基础。

▶ 事例1：11岁的甲将1岁的婴儿丁从高楼扔下致死。对其行为如何处理？

▶ 事例2：11岁的甲与15岁的乙共同将1岁的婴儿丁从高楼扔下致死。甲、乙二人是否构成共同犯罪？

▶ 事例3：11岁的甲要将1岁的婴儿丁从高楼扔下致死，丙发现后为制止甲而将甲打死。丙是否属于正当防卫？

1. 在犯罪认定中可递进判断"不法"和"构成犯罪（分则之罪）"

只有具备客观不法、主观责任两个方面的条件，犯罪（分则之罪）才能成立。认定犯罪之时，也是先判断行为是否属于"不法"，然后判断行为人是否具有"责任"，只有两方面的条件都具备，才能认为"构成犯罪（分则之罪）"。

需要注意的是：刑法典的"犯罪"一词具有多义性。刑法典总则中"犯罪"，大部分情况是指"客观不法（犯罪行为）"，而不考虑责任要素；而刑法典分则中的犯罪即具体罪名的成立，才需具备客观不法、主观责任两个要件。

▶ 事例：11岁的甲将1岁的婴儿乙从高楼扔下致死，其行为属于不法行为，只不过因未达刑事责任年龄而不能承担刑事责任，故不能宣告其构成故意杀人罪。但其不法行为显然是应当受到谴责的，有可能导致其承担刑事责任之外的其他责任，如收容教养等。

2. 正当防卫（《刑法》第20条）的对象是"不法侵害"，其含义大体与前述"客观不法"相当。因此，对于未成年人、精神病人正在实施的杀人行为，都可进行正当防卫。

3. 共同犯罪（《刑法》第25条）中"犯罪"的含义也是指"客观不法"，共同犯罪就是"共同不法"的意思。

▶ 事例：13周岁的甲与17周岁的乙一起合意盗窃，二人共同实施了不法行为，构成共同犯罪；只不过甲因未达刑事责任年龄而不承担刑事责任，乙需承担盗窃罪的刑事责任。

4. "犯罪分子" "违法所得"（《刑法》第64条），指的是不法行为人、不法所得。

▶事例：13周岁的甲实施抢劫行为之后，乙对其进行窝藏，丙帮助其销售赃物；该不法所得，也属于《刑法》第64条规定的"犯罪分子的违法所得"，应当追缴或者责任退赔。乙可构成窝藏罪，丙可构成掩饰、隐瞒犯罪所得罪。

5. 故意的成立需行为人主观上对不法构成要素有所认识。行为人没有认识到不法构成要素（行为、对象、结果、身份、不具正当化事由），就不能认定其具有故意。例如，行为人没有认识到自己的身份，就不能认为其具有故意。严重性病患者因嫖娼而传播了性病，如其没有认识到自己患有严重性病，则其虽实施了客观不法行为，但因无故意，而不能构成传播性病罪。还有，假想防卫、假想避险、假想承诺的情况，行为人虽认识到了实际损害结果，但因认为存在不法的消极要素（正当化事由），对于不存在正当化事由的情形没有认识，故而也不认为具有故意，而一般只认为具有过失。

三、犯罪判断的逻辑顺序：先客观判断（不法）后主观判断（责任）

所有犯罪（分则罪名）的成立都需具备"客观不法—主观责任"两个要件，并且，犯罪判断的逻辑顺序也是阶层性的：先判断行为是否客观不法，再判断行为人是否具有主观责任。在客观不法层面，先判断案情是否符合罪状（形式违法性），再判断其是否侵害法益（实质违法性）。从而形成了先客观判断（不法）后主观判断（有责）、先形式判断（是否符合分则条文）后实质判断（是否有法益侵害）的逻辑顺序。

（一）先客观判断（不法）后主观判断（有责）

将案件事实对应于刑法规范，判断其是否构成犯罪、构成何罪时，应当先判断案件是否符合具体罪名构成要件的客观要件，然后再判断行为人是否具有责任、具有罪过。

1. 尤其是：应当首先判断行为客观上是否具有危害性（是否是危害行为），然后判断行为人主观上有无过错。而不能相反，认为行为人主观上具有过错（故意、过失），就顺其自然地认定其行为是危害行为，即不能在不单独进行客观判断的情况下，就认为其行为构成犯罪。

▶事例：甲见一楼上掉下一砖头，要是砸在乙头上会砸死乙，就以伤害的故意，推了乙一把，想让砖头砸在乙肩膀上从而砸伤乙，结果如其所愿，砖头果然将乙砸成重伤。如果按照先主观后客观的判断顺序，就会认为：甲主观上具有伤害的故意，客观上推人的行为就是伤害行为，从而认定甲构成故意伤害罪（致人重伤），这种认定结论是错误的。应当按照先客观后主观的正确判断顺序进行认定：先不考虑甲主观上的心态，而从客观方面判断甲推乙的行为是否属于危害行为。如果甲不推乙，乙会被砸死，甲推乙而使其砸成重伤，甲的行为降低了风险而非创设、升高风险，故其推人的行为不能认定为危害行为。故而，甲在客观上并未实施危害行为，尽管其主观上有伤害故意，也不能认定其构成故意伤害罪，应当认定其无罪。

2. 按照先客观后主观的认定顺序，首先需要对行为危害性（客观危险性）进行判断。所谓行为危害性，指依照社会公众的立场，判断行为当时是否具有造成危害结果的可能性。

（1）危害行为的本质在于创设、增加了风险；没有增加风险、甚至降低风险的行为就不是危害行为；

（2）不具结果发生可能性的行为、日常生活行为、发生结果概率极低的行为，不具有刑法关注的重大风险，均不属危害行为。

▶ 事例1：邻居看见6楼儿童马上要从阳台摔下，遂伸手去接，因未能接牢，儿童摔成重伤；接儿童的行为就是降低风险的行为，不是危害行为。

▶ 事例2：甲希望乙死，就给乙供给香烟给其吸食，结果乙得癌症死亡；提供香烟的行为是日常生活行为，不是危害行为。

▶ 事例3：甲希望乙死于航空事故而劝乙乘坐飞机，即使乙碰巧在航空事故中死亡，因航空事故发生结果的概率极低，故甲的劝说行为也不能认为是杀人行为。

（二）先形式判断（是否符合分则条文）后实质判断（是否法益侵害）

认定行为是否构成犯罪时，应当首先看其是否符合刑法分则条文规定的构成要件，然后再看是否符合犯罪的本质特征具有法益侵害。

1.尤其是，即使行为实质上具有社会危害性但并不符合刑法明文规定，也不能认定其构成犯罪。

▶ 事例1：吸毒后在道路上驾驶机动车辆没有造成伤亡后果的行为，尽管具有危害性，但由于吸毒行为不属于《刑法》第133条规定的"醉酒"，故不能认定构成危险驾驶罪（当然还需判断其是否符合以危险方法危害公共安全罪的构成要件）。

▶ 事例2：在《刑法修正案（九）》生效之前，幼儿园老师对幼儿园小朋友实施虐待行为（没有造成伤害后果），尽管其行为性质恶劣（具有实质危害），但由于不符合《刑法》第260条虐待罪的对象条件"家庭成员"（不符合形式规定），也不能认定其构成虐待罪。如果其是在《刑法修正案（九）》生效之后实施该虐待行为，则符合《刑法修正案（九）》规定的"虐待被监护、看护人"的规定（符合形式规定），可构成虐待被监护、看护人罪。

2.另外，行为尽管形式上符合刑法分则条文规定的构成要件，但如不具法益侵害的实质，也不能认定其构成该罪。

▶ 事例：根据《刑法》第267条第2款的规定，携带凶器抢夺的，定抢劫罪。若甲随身带有匕首抢夺，但深藏最内层的内裤之中而不能随时取用，则其行为虽符合前述条文"携带"的形式规定，但因不具备抢劫罪侵害人身法益的实质（可能侵害人身的具有使用可能性的携带），即不能认定为抢劫罪，而应认定为抢夺。

四、客观不法与主观责任相统一

客观不法与主观责任相统一，亦即常常听到的"主客观相统一"原则。基本含义是：构成分则罪名需具备客观不法、主观责任两方面条件（两阶层都具备）；要求实施不法行为当时具备相应的责任要素（同时性原则）；当客观不法与主观责任要素并不完全重合时，应当在重合的范围内认定罪名（主客观相统一）。

（1）两阶层都具备：构成分则罪名需具备客观不法、主观责任两方面条件（刑法规定的所有构成要件要素），缺一不能认定构成分则之罪。例如，刑法规定盗窃罪的成立条件要求客观上有盗窃行为、对象是他人占有的财物；主观上具有盗窃故意、非法占有目的。甲盗用乙的汽车用后归还，虽具备客观不法要件，主观上也有盗窃故意，但因不具备责任要件的目的要素，不能构成盗窃罪。

（2）**行为与责任同时性原则**：要求行为人实施不法行为当时具备相应的责任要素。

🚩**例如**：甲超速驾驶过失将乙撞死，下车一看死亡的是乙，心想早知是乙撞死活该。由于其实施撞人行为时对于死亡结果是过失心态，故而应当认定其构成交通肇事罪（过失致人死亡），而不能认定为故意杀人罪。

（3）**主客观相统一**：当客观不法与主观责任要素并不完全重合时，**应当在重合的范围内认定罪名。**

🚩**事例1**：甲以为乙皮包里装的是钱，偷走后才发现其中装有手枪一把。甲客观上实施的是盗窃枪支的行为，主观上仅有盗窃故意。盗窃手枪的行为可评价为盗窃特别财物的行为，故主客观统一于盗窃（财物）罪。

🚩**事例2**：甲误认为自己销售的是假药，实际上销售的是劣药。客观上实施了销售劣药的行为，而主观上有销售假药故意。因销售假药故意内含销售劣药故意，故主客观统一于销售劣药罪。

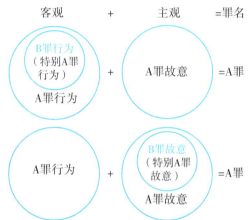

客观　　　　　+　　　　　主观　　　=罪名

B罪行为（特别A罪行为）A罪行为　+　A罪故意　=A罪

A罪行为　+　B罪故意（特别A罪故意）A罪故意　=A罪

（A罪与B罪 = 低度与高度；或一般法与特别法；或部分法与整体法）

五、观点辨析：关于"不法"的观点和立场

关于"不法"的观点和立场	
主流立场：客观不法论（结果无价值）	少数立场：主观不法论（行为无价值）
行为客观上造成了危害结果或有造成危害结果的可能性，无需考虑行为人主观要素，行为即可认定为"不法"	行为人主观上有恶意（造成危害结果的规范目的）时，行为才能被评定为"不法"

（1）**主流观点**：**客观不法论（结果无价值）**。上文以及本书界定"不法"时，均是单从客观方面进行界定的，认为是"客观不法"。这种观点是当前我国刑法、司法考试的主流观点，称为"结果无价值论（结果负价值）"。亦即，认为行为客观上造成了危害结果或有造成危害结果危险的可能性，即是"不法"行为，而无需考虑行为人的责任年龄、能力、故意、过失、目的、动机等主观要素。

（2）**少数观点**：**主观不法论（行为无价值）**。理论界另有少数观点认为，只有行为客观上有危害（造成危害结果或危险），并且最重要的是要求行为人主观上有恶意（造成危害结果的规范目的）时，行为才能被评定为"不法"。此观点被称为"主观不法"或"行为无价值论（行为负价值）"。由此，认定"不法"，不仅要看客观危害，还需考虑行为人的目的等主观要素。

▶ **事例1：**甲误将乙放在书店里的雨伞当作是自己的雨伞而拿走，按主流的客观不法论，是盗窃不法行为（但因无故意不构成盗窃罪）；按少数的主观不法论，不是不法行为。

▶ **事例2：**完全无认识能力的精神病人的杀人行为，按主流的客观不法论，是不法行为，可以进行正当防卫；按少数的主观不法论，不是不法行为，不能进行正当防卫，只能进行紧急避险。

考点归纳

1. 犯罪的成立条件可区分为两个要件：客观不法、主观责任。刑法总则中的"不法侵害"、共同犯罪中的"犯罪"都是指客观不法的含义；刑法分则中构成某具体罪名需客观不法、主观责任。

2. 犯罪的判断需要遵从"先客观（不法）后主观（有责）"的判断顺序。尤其是，应当先判断行为客观上有无危害性，再判断行为人有无过错。不能因为行为人主观上有故意，就一律认定构成犯罪。

3. 罪名的认定需客观不法与主观责任相统一，在重合的范围内认定罪名。

经典考题

【1】甲女得知男友乙移情，怨恨中送其一双滚轴旱冰鞋，企盼其运动时摔伤。乙穿此鞋运动时，果真摔成重伤。关于本案的分析，下列哪一选项是正确的？① （2013-2-5）

A. 甲的行为属于作为的危害行为

B. 甲的行为与乙的重伤之间存在刑法上的因果关系

C. 甲具有伤害乙的故意，但不构成故意伤害罪

D. 甲的行为构成过失致人重伤罪

【2】关于故意杀人罪，下列哪一选项是正确的？② （2006-2-13）

A. 甲意欲使乙在跑步时被车撞死，便劝乙清晨在马路上跑步，乙果真在马路上跑步被车撞死，甲的行为构成故意杀人罪

B. 甲意欲使乙遭雷击死亡，便劝乙雨天到树林散步，因为下雨时在树林中行走容易遭雷击。乙果真雨天在树林中散步时遭雷击身亡。甲的行为构成故意杀人罪

C. 甲对乙有仇，意图致乙死亡。甲仿照乙的模样捏小面人，写上乙的姓名，在小面人身上扎针并诅咒49天。到第50天，乙因车祸身亡。甲的行为不可能致人死亡，所以不构成故意杀人罪

D. 甲以为杀害妻子后，乙可以升天，在此念头支配下将乙杀死。后经法医鉴定，甲具有辨认与控制能力。但由于甲的行为出于愚昧无知，所以不构成故意杀人罪

拓展习题

关于犯罪成立的判断，以下说法错误的有（ ）③

A. 甲希望乙死于航空事故，就极力劝说乙乘坐飞机；果然乙乘坐的飞机出现航空事故，乙在空难中死亡；则甲的劝说行为是杀人行为，其构成故意杀人罪既遂

---

① 参考答案：C
② 参考答案：C
③ 参考答案：ABCD

B. 甲欲图杀害丙，将想法告诉乙，乙听说后让甲不要太极端，将丙打残就行；甲接受乙的建议将丙打成重伤。则乙构成故意伤害罪的教唆犯

C. 甲因生活到了走投无路的地步，想进监狱，便用外衣把报纸包起来，做成炸药包的形状带到某银行储蓄所，把东西放在银行柜台上，递给储蓄员一张储蓄凭条，上面写着："打劫，我手里是1.5公斤矿场高爆炸药，给我10万元现金"，警察赶来后甲马上投案，要求进监狱，则甲构成抢劫罪

D. 甲以虚假身份证明到某服装公司应聘驾驶员，上班后在某次出车途中，临时起意将车开回占为己有，后私自出卖获利10万元，则甲构成诈骗罪

解析： A选项，考查危害行为的判断，飞机掉下来的概率极小，不能认为劝人坐飞机的行为是危害行为；尽管主观上有故意，也不认为构成犯罪。

B选项，考查危害行为的判断，甲原有杀人故意，乙的劝说行为使其改变为伤害故意，因杀人故意本身就可包容伤害故意，乙没有创设新风险，反而降低了风险，不是危害行为（教唆行为），不构成教唆犯。

C选项，考查客观不法与主观责任相统一（主客观相统一），客观上实施了抢劫行为，但主观上无抢劫故意，构成投放虚假的危险物质罪。

D选项，考查行为与责任同时性原则，行为人实施客观诈骗行为时主观上没有非法占有目的，骗得的是工作机会而不是财物，不构成诈骗罪；主观上具有非法占有目的时，客观上财物因利用工作便利职务侵占行为获取，而未实施诈骗行为，主客观统一构成职务侵占罪。

【思考题】 甲怀有杀害乙的意图，认为红糖（蔗糖）可以杀人，遂将红糖投入乙的水杯中；一般人饮此红糖水本不至死。(1)假设情况一：正常体质的乙喝后毫无反应。(2)假设情况二：丙见此情形，偷偷将红糖调换为毒药，甲不知情仍然递给乙喝，乙喝后死亡。（3）假设情况三：乙患有非常奇怪的病症（红糖过敏），喝下红糖水后死亡。对甲的行为如何认定？

❄ 第二节　构成要件要素及其分类

🔖 考点说明

本考点之下需要掌握的知识点主要有：(1)记述的构成要件要素与规范的构成要件要素；（2）积极的构成要件要素与消极的构成要件要素；（3）客观的构成要件要素与主观的构成要件要素。

💡 知识点讲解

构成要件要素指构成犯罪的具体要素（条件），主要包括有行为、对象、结果、因果关系、身份（不法要素），以及刑事责任年龄及能力、故意、过失、目的、动机（责任要素）等。这些要素可以依据不同的标准进行分类。

客观的构成要件要素	说明行为外部的、客观方面的要素	行为、结果、对象、身份
主观的构成要件要素	表明行为人内心的、主观方面的要素	仅有故意、过失、目的、动机
记述的构成要件要素	无需裁判者评价性、价值性判断	毒品、妇女、贩卖
规范的构成要件要素	需裁判者评价性、价值性判断：（1）价值相关概念；（2）社会意义概念；（3）纯粹法律概念；（4）伴随经验事实判断	淫秽物品、猥亵、不正当利益公文、住宅；非法、国家工作人员、司法工作人员、公私财物；危险、情节严重
积极的构成要件要素	积极地、正面地表明成立犯罪的要素	为谋取不正当利益而……，是行贿
消极的构成要件要素	否定犯罪性的构成要件要素	没有获得不正当利益，不是行贿
成文的构成要件要素	刑法明文规定的构成要件要素	贷款诈骗罪中的非法占有目的
不成文的构成要件要素	刑法条文表面上没有明文规定，但可推断出来系构成犯罪所必须的要素	抢劫罪中的非法占有目的
共同的构成要件要素	任何犯罪的成立所必须具备的要素	行为、结果（实害及危险）
非共同构成要件要素	部分犯罪的成立所必须具备的要素	目的、动机

1. 客观的构成要件要素与主观的构成要件要素。说明行为外部的、客观方面的要素即为客观的构成要件要素，如行为、结果、行为对象、主体身份等；表明行为人内心的、主观方面的要素即为主观的构成要件要素，如故意、过失、目的、动机（仅有此四要素为主观要素）。刑事责任年龄、能力虽属责任要素，但其认定是客观的，系客观的构成要件要素。

★ 2. 记述的构成要件要素与规范的构成要件要素。从裁判者（法官）的立场来看，对于与构成要件要素相对应的事实，只需要进行事实判断、知觉地、认识地活动即可确定的要素，是记述的构成要件要素。与此相对，为了确定构成要件要素，需要裁判者的评价的要素，或者说需要裁判者的规范的评价活动、需要裁判者的补充的价值判断要素，就是规范的构成要件要素。规范的构成要件要素包括以下四类：

（1）与价值有关的概念（好坏评价）。如"淫秽物品""虐待""猥亵""泄愤报复"等。对于这类概念，需先由裁判者（法官）进行价值判断（好与坏的判断），才能得出认定结论。

（2）具有社会意义的概念（社会的评价要素，需要根据社会一般人的价值观念对事物的社会功能进行评价）。如"文书""住宅"等。对于这类概念，需先由裁判者（法官）进行结合社会公众的认知、理解和评价进行判断，才能得出认定结论。

（3）纯粹的法律概念（法律的评价要素，需要根据法律、法规的标准进行评价）。如妨害公务罪中的公务的"合法性""国家工作人员""司法工作人员""公私财物"。对于这类概念，需由裁判者（法官）对比法律规定的该概念的构成条件进行认定。

（4）伴随经验事实判断的概念（经验法则的评价要素，即需要根据经验法则进行评价的要素），如"危险""情节严重"。这类概念，由于涉及模糊的程度轻重认定，需由裁判者（法官）先作出程度轻重的判断，才以得出认定结论。

☆ 3. 积极的构成要件要素与消极的构成要件要素。积极地、正面地表明成立犯罪必须具备的要素，是积极的构成要件要素。否定犯罪性的构成要件要素，是消极的构成要件要素。例如，行贿行为即是行贿罪的积极要素，而《刑法》第389条第3款规定"因被勒索给予国家工作人员以财物，没有获得不正当利益的，不是行贿"，此为行贿罪的消极要素。

注意： 消极的构成要件要素是在具备犯罪全部积极的构成要件要素之后，对犯罪构成的"整体否定"。与积极的构成要件要素的反义解释（对"单个"积极构成要件要素的否定）有所不同。

▶**事例：**《刑法》第243条（诬告陷害罪）第3款规定"不是有意诬陷，而是错告，或者检举失实的，不适用前两款的规定"，这是对积极要素"故意"的否定，是对积极的构成要件要素的反义解释，而不是消极的构成要件要素。

4.成文的构成要件要素与不成文的构成要件要素。 刑法明文规定的构成要件要素，是成文的构成要件要素。刑法条文表面上没有明文规定，但根据刑法条文之间的相互关系、刑法条文对相关要素的描述所确定的，成立犯罪所必须具备的要素，是不成文的构成要件要素。例如，集资诈骗罪、保险诈骗罪都需具备非法占有目的的要素。《刑法》第192条（集资诈骗罪）明文规定了非法占有目的，此为成文要素；而《刑法》第198条（保险诈骗罪）并非明文规定非法占有目的，该要素系为不成文要素。

5.共同的构成要件要素与非共同的构成要件要素。 共同的构成要件要素，是指为任何犯罪的成立所必须具备的要素。行为（有造成危害结果风险的行为）是客观要件的要素，也是任何犯罪的成立都必须具备的要素。非共同的构成要件要素，是指部分犯罪的成立所必须具备的要素，例如，目的要素就是只是目的犯成立所必需的要素，而不是所有犯罪成立所必需的要素。

🔖 **考点归纳**

1.故意、过失、目的、动机是主观要素，其他（包括身份、年龄、责任能力）均为客观要素。

2.规范的构成要件要素包括四类：价值相关概念（好坏）、社会意义概念（社会功能）、法律概念（法律规定）、经验概念（模糊的程度轻重等）。

3.消极的构成要件要素，是在构成要件之外规定，否定犯罪成立的要素；注意其与对积极构成要件要素的否定（例如没有故意等）有所不同。

📝 **经典考题**

关于构成要件要素，下列哪一选项是错误的？① （2014-2-4）

A.传播淫秽物品罪中的"淫秽物品"是规范的构成要件要素、客观的构成要件要素

B.签订、履行合同失职被骗罪中的"签订、履行"是记述的构成要件要素、积极的构成要件要素

C."被害人基于认识错误处分财产"是诈骗罪中的客观的构成要件要素、不成文的构成要件要素

D."国家工作人员"是受贿罪的主体要素、规范的构成要件要素、主观的构成要件要素

📝 **拓展习题**

关于构成要件要素的分类，说法正确的有（　　）②

A.依法从事公务中的"依法"、滥伐林木中的"滥伐"、以危险方法危害公共安全中的"危险方法"、

---

① **参考答案：**D
② **参考答案：**ABC

恶劣影响中的"恶劣""特别残忍"均为规范的构成要件要素；毒品、幼女为记述的构成要件要素

    B. 非法占有目的在贷款诈骗罪（《刑法》第 193 条）中是成文的构成要件要素，但在诈骗罪（《刑法》第 266 条）是不成文的构成要件要素

    C.《刑法》第 401 条（徇私舞弊减刑、假释、暂予监外执行罪）规定"司法工作人员徇私舞弊，对不符合减刑、假释、暂予监外执行条件的罪犯，予以减刑、假释或者暂予监外执行的，处三年以下有期徒刑或者拘役；情节严重的，处三年以上七年以下有期徒刑"。其中的"徇私"是主观的构成要件要素，"舞弊"是客观的构成要件要素

    D.《刑法》第 306 条（辩护人、诉讼代理人毁灭证据、伪造证据、妨害作证罪）第 2 款规定"辩护人、诉讼代理人提供、出示、引用的证人证言或者其他证据失实，不是有意伪造的，不属于伪造证据"，属于消极构成要件要素

    解析： A 选项，"依法"需依法律判断，"滥伐"是社会意义概念，"危险方法"是经验事实判断，"恶劣""残忍"价值相关概念，均为规范要素。毒品、幼女，大众判断一致，为记述要素。

    B 选项，贷款诈骗罪（《刑法》第 193 条）明文规定了"非法占有目的"，是成文要素；而诈骗罪（《刑法》第 266 条）没有明文规定，是不成文要素。

    C 选项，"徇私"是主观动机要素，是主观要素；"舞弊"一词是对该客观具体渎职行为的归纳和概括，是客观要素。

    D 选项，"不是有意"说明行为是过失，此项是对积极要素"故意"的提示（即反面解释：不具备故意要素的不构成本罪），不属于消极要素。

第三章 法益（犯罪客体）

法益（也被称为犯罪客体）是刑法保护的权益，从犯罪角度来讲，法益亦是犯罪行为所侵害的权益。例如，盗窃罪的法益是财产权，抢劫罪的法益是人身权和财产占有，强奸罪的法益是女性的性自由，等等。法益是客观的，法益侵害是犯罪成立客观方面条件即不法的本质。亦即，只有存在法益侵害，行为才能被认定为不法。对应的，主观责任的本质是期待可能性；亦即行为人具有实施合法行为不实施犯罪行为的可能性，才可以被归咎、追究刑事责任。

（一）法益的分类

通常，可以将法益区分为三大类别：个人法益、社会法益、国家法益。我国刑法分则十章罪名中：（1）侵害个人法益的犯罪，系第四章侵犯公民人身权利、民主权利罪，第五章侵犯财产罪；（2）侵害社会法益的犯罪，系第二章危害公共安全罪，第三章破坏社会主义市场经济秩序罪，第六章妨害社会管理秩序罪；（3）侵害国家法益的犯罪，系第一章危害国家安全罪，第七章危害国防利益罪，第八章贪污贿赂罪，第九章渎职罪，第十章军人违反职责罪。

当然，这三类法益还可以进一步具体区分，使得每个具体罪名都有自己的法益，例如，人身权利法益可区分为生命、身体健康、性、自由、名誉；故意杀人罪的法益即是他人的生命权，故意伤害罪的法益是生理机能健全，强奸罪的法益是女性的性自由，非法拘禁罪的法益是身体自由，诽谤罪的法益是名誉。

有些罪名的法益是相同的，例如故意杀人罪、过失致人死亡罪的法益均为他人的生命权，只不过行为人责任形式（故意、过失）不同；盗窃罪、诈骗罪、抢夺罪、敲诈勒索罪的法益都是他人对财产效力更高的占有，只不过转移占有的手段不同。

大部分罪名只有一个法益；但有些罪名有数个法益，例如，抢劫罪的法益是人身权和财产占有，贪污罪的法益是职务行为的廉洁性和公共财产所有权。还有些罪名只有一个法益，但有时会附带侵害第二个法益（非必需法益），例如，绑架罪的法益是被绑架人的身体安全与行动自由（人身权），有时候会附带侵犯他人财产权（勒赎）；诬告陷害罪的法益是公民的人身权利，有时会附带侵害司法秩序。是否侵害这种附带法益，不会影响该罪的成立。

（二）具体罪名保护的法益的确定

确定具体罪名的法益内容，应以刑法规定为依据。法益是由刑事立法确定的，确定法益主要是一个寻找过程，而不是一个解释过程。

1. 根据具体犯罪所属的类罪（章节罪名）确定该罪法益的大体内容。▶例如，强制猥亵、侮辱罪（《刑法》第237条），规定在刑法分则第4章侵犯公民人身权利罪之中。该罪保护的法益即应当是公民人身权利，具体应当认定为（妇女和男性的）涉及性尊严（羞耻心）的身体权，而不是社会管理秩序。诬告陷害罪（《刑法》第243条）也规定在该章中，故该罪的法益，应是公民的人身权利，而不是司法机关的正常活动。而盗窃、侮辱、故意毁坏尸体、尸骨、骨灰罪（《刑法》第302条）规定在刑法分则第6章第1节即扰乱公共秩序罪中，该罪的法益是公众对尸体、尸骨、骨灰的尊敬情感（社会法益），而不是死者家属的名誉（个人法益），也不是死者的人格、名誉。

2. 根据刑法对具体犯罪的具体规定确定该罪法益的内容。▶例如，《刑法》第252条（侵犯通信自由罪）规定："隐匿、毁弃或者非法开拆他人信件，侵犯公民通信自由权利，情节严重的，处一年以下有期徒刑或者拘役。"该条明文规定了该罪的法益为"公民的通信自由权利"。还有，《刑法》第226条（强迫交易罪）规定："以暴力、威胁手段，实施强买强卖商品、强迫他人提供服务或者强迫他人接受服务，强迫他人参与或者退出投标、拍卖，强迫他人转让或者收购公司、企业的股份、债券或者其他资产，强迫他人参与或者退出特定的经营活动，情节严重的，构成强迫交易罪。"从行为特征和内容就可以看出，该罪的法益是平等竞争、自由交易的市场秩序。此外，还可以根据刑法对行为对象、结果、违反的法规内容、犯罪孳生之物、供犯罪行为使用之物的性质来确定该罪名的法益。

（三）法益对于刑事司法认定犯罪的作用

1. 法益的解释指导功用：目的解释的依据

确定具体罪名的法益之后，可以依据该罪的法益对分则罪状规定的构成要件的具体内容、含义和范围进行解释。根据罪名规范保护的目的来解释字词的具体含义，这就是目的解释。法益就是目的解释的依据。

▶**事例1：** 根据《刑法》第252条（侵犯通信自由罪）的明文规定，侵犯通信自由罪的法益是公民的通信自由权利，亦即保护个人法益。由此，对其罪状"隐匿、毁弃或者非法开拆他人信件，侵犯公民通信自由权利，情节严重的"中的"信件"一词进行解释时，就应当认为该"信件"专指个人通信信件，而不包括单位之间的公函（当然，个人与单位之间通信的信件，也应认定为个人信件）。隐匿、毁弃、非法开拆单位公函的，不构成侵犯通信自由罪。而删除个人之间的电子邮件，会使公民的通信自由权利受到侵害，故而，"信件"也应当包括个人通信的电子邮件。

▶**事例2：** 抢劫罪的法益是人身权和财产占有，故而，解释《刑法》第267条第2款（携带凶器抢夺定抢劫罪）"携带凶器抢夺的"的"携带"一词时，就应当认为是对人身权有侵害可能性的携带，具有随时使用或当场及时使用的可能性的携带。"凶器"也应当解释为对人身具有杀伤性、威胁性的器械，而不是单纯针对财物的器械。

根据法益进行解释的目的解释，是使解释结论正确的标准之一（另一标准是不能超过最大文义成为类推）。

2. 法益的不法判断功能：没有侵害法益，就不属于不法行为，就不能构成犯罪

（1）法益侵害是犯罪成立客观方面条件即不法的本质，因此，如果一个行为没有侵害到具体罪名的法益，就不属此类不法行为，不能构成此罪。

▶**例如：** 诬告陷害罪的法益，是公民的人身权利，而不是司法机关的正常活动。以下二事例：

▶事例1：甲在外国向外国司法机关诬告中国公民A某，使A某被外国司法机关讯问。甲的行为侵害了乙的人身权利，虽未扰乱我国司法机关的秩序，但已侵害了诬告陷害罪的法益（人身权利），可成立诬告陷害罪。

▶事例2：B想坐牢，故让乙去向我国司法机关诬告自己杀人，乙依B的请求而诬告，我国司法机关对此案进行了立案。乙的行为扰乱我国司法机关的秩序，但因有被害人B的承诺，并非侵害B的权益，没有侵害诬告陷害罪的法益（人身权利），被害人承诺有效，乙不成立诬告陷害罪。

（2）不法（违法）的本质是法益侵害，违法阻却事由（正当化事由）之所以不属于不法行为，也是因为不存在法益侵害，故而，法益侵害也是理解和判断法益侵害的依据。

▶例如：违法阻却事由中的被害人承诺，阻却违法的原理是因被害人个人放弃了刑法对其个人权益的保护。从而，有效的被害人承诺（阻却违法），要求涉及的罪名是个人法益犯罪，被害人对该法益有处分的权力。对于侵害社会法益的犯罪、侵害国家法益的犯罪，公民个人没有处分权限，作出的承诺无效。

▶事例1：甲让乙将自己关押起来，乙依照去做了，乙的行为表面上符合非法拘禁罪的构成要件，但非法拘禁罪的法益是个人自由权，甲有处分权限。故乙因被害人承诺而没有侵害甲的自由权，不构成犯罪。

▶事例2：甲女允许乙男、丙男一起与自己同时发生淫乱关系，符合聚众淫乱罪的构成要件，尽管有甲女的承诺，但聚众淫乱罪保护的法益是社会秩序，甲女不能处分该法益，故而甲女的承诺无效，甲女、乙男、丙男仍然侵害聚众淫乱罪的法益，可构成该罪。

（3）民法上的合法行为，没有侵犯任何法益，也不能认定为刑法上的犯罪。

民法上的合法行为（指实质合法，不包括以合法形式掩盖非法目的）受到民法保护，自然没有侵害法益，因此也不能认定为刑法上的犯罪。

▶事例：甲向乙借出巨额款项，收取四倍利息以牟利，获利甚多。由于甲的个人借款行为受到民法保护，故而不能以甲有获利为由，认定甲构成非法经营罪。还有，个人独资公司A公司的老板甲，决定以A公司的名义将A公司的资金100万借给B公司使用，收取B公司给予的利息，符合个人独资公司的决策程序，在民法上合法，即不能认定甲构成挪用资金罪。

第四章　客观不法要件
（犯罪的客观要件）

犯罪构成客观方面的条件称为不法要件，包括积极层面即构成要件、消极层面即违法阻却事由（正当化事由）两个方面。本章讲解不法的积极层面即构成要件的要素。构成要件中的核心要素是行为、对象、结果、因果关系，其他要素还包括时间、地点、方法（客观附随情状）、数额、次数、情节（客观超过要素）、身份等。行为具备了具体犯罪的构成要件（客观方面）的条件，且不属违法阻却事由，就可认定其为不法行为。

 第一节　危害行为

一、危害行为

危害行为，是指在人的意识支配下实施的可造成法益侵害实质结果或危险的身体活动。构成犯罪的行为（"犯罪行为"或"危害行为"）要求具备有体性（举止性）、有意性、有害性三个特征。由此，不受意识支配的行为如反射动作、机械动作、本能动作，不是危害行为；而自动化动作、冲动行为、受精神胁迫的行为（胁从犯）、忘却行为（忘却犯）、原因上的自由行为，都认为是危害行为。

危害行为		
有体性：思想不是犯罪	实行行为（分则规定）	非实行行为(总论推导)
有意性：在人的意思支配之下	形式：分则规定 本质：直接侵害法益的危险达到紧迫程度的行为	预备行为	帮助行为
有害性（客观危险性）：依照社会公众的立场，判断行为当时是否具有造成危害结果的可能性（创设、增加了风险）。 危害行为的本质在于创设、增加了风险；没有增加风险、甚至降低风险的行为就不是危害行为；不具结果发生可能性的行为、日常生活行为、发生结果概率极低的行为，均不属危害行为。		教唆行为
	区分功用：（1）区分犯罪预备、犯罪未遂。（2）认定犯罪既遂。（3）区分正犯与共犯（帮助犯、教唆犯）。（4）认定罪数。	

（一）危害行为有害性（客观危害性）的认定

危害行为的本质在于创设、增加了风险；没有增加风险、甚至降低风险的行为就不是危害行为；不具结果发生可能性的行为、日常生活行为、发生结果概率极低的行为，均不属危害行为（参见前章"先客观判断后主观判断"）。如由结果发生之后进行事后的回溯性判断，危害行为是造成了实际的法益侵害结果（实害结果）或者造成了法益侵害危险（危险，包括具体危险和抽象危险）的行为。

（二）危害行为的分类：实行行为与非实行行为（预备行为、教唆行为、帮助行为）

按照危害行为是被刑法分则规定还是根据总则推导，危害行为可被区分为实行行为、非实行行为（预备行为、教唆行为、帮助行为）。实行行为指刑法分则规定的构成要件行为，本质是紧迫地侵害法益（直接侵害法益的危险达到紧迫程度的行为）。非实行行为包括预备行为、教唆行为、帮助行为等，其并非刑法分则构成要件规定，而是根据刑法总论对分则构成要件行为进行的修正。刑法分则规定的典型的犯罪情形是一人实行既遂，犯罪预备、未遂、中止，以及帮助犯、教唆犯，都是对这种典型情形的修正。

▶事例：刑法分则规定的故意杀人罪的行为，是用刀砍、用枪杀等直接侵害他人生命的行为。甲实施用刀砍杀乙的行为，实施的即是杀人的实行行为；如甲为了杀乙而仅实施了购买刀具的行为，则其实施的是预备行为；丙明知甲杀人而帮助甲购买杀人用的刀具，实施的是帮助行为；丁制造甲杀人的犯意，实施的是教唆行为。预备行为、帮助行为、教唆行为均是非实行行为。

区分实行行为与非实行行为的意义在于：

（1）区分犯罪预备、犯罪未遂。在实施预备行为之后着手实行之前出于意志以外原因而停顿是犯罪预备，在着手实行之后既遂之前出于意志以外原因而停顿是犯罪未遂。

（2）认定犯罪既遂。犯罪既遂是实行行为导致结果。要求行为人实施和实行行为，并且实行行为与结果之间具有因果关系，预备行为导致结果不能认定为既遂。

（3）区分正犯与共犯（帮助犯、教唆犯）。在共同犯罪中，实施实行行为、能够承担该罪刑事责任的人是正犯；未实施实行行为的是共犯（帮助犯、教唆犯）。

（4）认定罪数。通常，一个实行行为（自然行为）同时触犯数罪（有可能被认为是另一罪的预备行为），是想象竞合犯。数个实行行为触犯数罪，可能是连续犯、牵连犯、吸收犯、事后不可罚，或数罪。

📋 拓展习题

以下关于实行行为及犯罪罪名、犯罪形态，说法正确的有（　　）[①]

A.甲以毁坏为目的而盗取乙的手机，在准备毁坏时发现手机不错，继而改变犯意自己使用，则甲构成故意毁坏财物罪（预备阶段的中止）、侵占罪

B.甲尾随乙，欲图到偏僻处打昏乙后取走其财物，在甲实施暴力之前，乙心情不宁自行解下财物置于路上离开，乙走之后甲又发现路上有财物而取走，则甲构成抢劫罪既遂

C.甲上午购买枪支意图下午去杀害乙，在擦拭枪支时不小心将一路人打死，该路人碰巧为乙，则甲构成触犯故意杀人罪（预备）、过失致人死亡罪

_____

① 参考答案：ACD

D. 甲为了诈骗民营保险公司 A 公司而伪造了 A 公司的印章，尚未向 A 公司申请理赔即被抓获，因甲只实施了一个实行行为，故而也只能以一罪论处，系伪造公司印章罪（既遂）与保险诈骗罪（预备）的想象竞合犯

解析： A 选项，行为人客观上实施盗窃行为（同时可认定为毁坏的预备行为）时主观上无非法占有目的只有毁坏故意，主观上有非法占有目的时客观上又无盗窃行为只有侵占行为。

B 选项，还未实施对人暴力，没有抢劫的实行行为；跟踪系抢劫预备。构成抢劫罪预备、侵占罪。

C 选项，致死行为系故意杀人罪的预备行为导致，不是实行行为导致，不是既遂。故而触犯杀人罪（预备）、过失致人死亡罪。

D 选项，数个实行行为触犯数罪，有手段与目的的关系，构成牵连犯；一个实行行为触犯数罪，构成想象竞合犯。

（三）危害行为的形式：作为与不作为

刑法中的行为可分为作为、不作为两种行为形式。（1）作为（"不当为而为之"），是指行为人以积极的身体活动实施刑法所禁止的行为。作为表现形式多样，如利用自己的四肢等实施的作为，利用工具实施的作为，利用动物实施的作为，利用自然力实施的作为，利用他人实施的作为，等等。（2）不作为（"当为而不为"），是指行为人在能够履行自己应尽义务的情况下不履行该义务。

	表现形式	违反法律规范的性质	精确表达	例子
作为	以积极的身体活动	违反了禁止性的罪刑规范	创设法不容许的风险	拿刀砍人
不作为	以消极的身体动作	违反法律、法规义务性规范或命令性规范（不做）；从而违反禁止性罪刑规范（不准不做）	负有消除风险的义务而不履行	遗弃；不作为放火

区分作为与不作为，关键不在于身体有无动静，而在于造成结果的关键行为有无违反义务规范。▶**例如：** 锅炉工在当班时，负有给锅炉加水的义务，但他没有加水，而是外出游玩，造成锅炉爆炸事故。值得刑法关注的不是其外出游玩的积极身体活动，而是其不看锅炉、不加水的违反义务规范的行为。故而锅炉工的行为系不作为行为，可成立不作为犯罪。

我国刑法中有一种特殊的行为形式，是持有。持有是对特定物品占有控制的事实状态。我国刑法规定有三种典型的持有型罪名，一是持有违禁物，如枪支弹药、假币、毒品、毒品原植物幼苗、宣扬恐怖主义、极端主义的物品、图书、音频视频资料、（携带）管制刀具等；二是持有国家绝密、机密文件资料等涉密物品；三是持有赃物、赃款等犯罪所得物或收益物等，如掩饰、隐瞒犯罪所得、犯罪所得收益罪、窝藏毒赃罪。一般认为，持有型犯罪是作为犯，而不是不作为犯。

★二、不作为行为与不作为犯

 考点说明

本考点之下需要掌握的知识点主要有：（1）作为义务的四种形式义务根据、三种实质义务依据；（2）"先前行为引起的义务"中先前行为的本质；（3）先前行为是作为行为（犯罪行为、正当行为）时，不作为行为可否单独成罪。

📘 **知识点讲解**

（一）成立不作为犯的一般条件

不作为，是指行为人在能够履行自己应尽义务的情况下不履行该义务，即不履行命令性规范。不作为犯，指实施不作为行为而构成犯罪。

不作为犯	三个客观条件	行为人负有实施特定积极行为的、具有法律性质的义务（具有"保证人"的身份）	四种形式根据	法律、法规规定的义务	三种实质根据	基于对危险源支配产生的监督义务
				职务或者业务要求的义务		基于与法益无助状态的特殊关系产生的保护义务
				法律行为引起的义务		基于对法益危险发生领域的支配产生的阻止义务
				先前行为引起的义务		
		行为人能够履行特定义务（具有履行义务的能力和条件）				
		行为人不履行特定义务，造成或者可能造成危害结果（因果关系，支配力）				
	主观	既可以是故意，也可以是过失				

成立不作为犯在客观上一般需要具备三个条件：

（1）行为人负有实施特定积极行为的、具有法律性质的义务（作为义务）。

（2）行为人能够履行特定义务。指行为人具有履行义务的能力和条件。

（3）因果关系。行为人不履行特定义务，造成或者可能造成危害结果。亦即，结果是由不作为行为导致的，如果即使行为人履行了义务结果仍然发生，就不能将结果归因于不作为行为。

成立不作为犯在主观上要求行为人具有故意、过失，不作为犯既可以是故意犯罪，也可以是过失犯罪。

（二）不作为犯的作为义务来源

判断行为人实施的消极不履行、不救助的行为，是否属于刑法上的不作为行为，首先要看行为人是否负有特定的积极作为义务，需要寻找积极作为义务的依据。在此，可以将不作为犯理解为一种身份犯，只有行为人负有履行积极义务的"保证人"身份，其消极不履行、不救助的行为才属刑法上的不作为行为。

🚩 **事例：** 小孩丙溺水，其父亲甲不救助，在场围观的路人乙也不救助，导致丙死亡。父亲甲负有对丙进行救助的法律义务，其不救助行为是刑法上的不作为行为；而路人乙并不负有对丙进行救助的法律义务，其不救助行为只是道德上的不作为行为，而不是刑法上的不作为行为。也就是说，不能认为所有不救助的行为都是刑法上的不作为行为，而应首先判断行为人是否有作为的依据、具有刑法层面上的作为义务。

不作为积极义务的来源和依据（认定行为人是否具有"保证人"身份），可从形式和实质两个层面上寻找。

1. 形式的义务根据（形式四分法）

四种形式根据	法律、法规规定的义务	亲属间的扶养义务	"法律、法规"既包括刑法，也包括民商法、经济法、行政法、宪法等。只有符合刑法规定的构成要件（刑法将此种不作为行为规定为犯罪），才能构成不作为犯罪
	职务或者业务要求的义务	值勤的消防人员有灭火义务	需要具体考查其职责范围
	法律行为引起的义务	保姆看护小孩	合同行为，自愿接受行为（单方法律行为）
	先前行为引起的义务	带邻居家小孩去游泳，负有救助因游泳而陷入危险的义务	只有创设、增加风险的先前行为才产生作为义务

作为义务根据在形式上可分为四种（形式四分法）：

（1）法律、法规规定的义务。这里的"法律、法规"（平义解释）既包括刑法，也包括民商法、经济法、行政法、宪法等。不履行其他法律、法规规定的积极义务的行为系不作为行为，但需符合刑法规定的构成要件（刑法将此种不作为行为规定为犯罪），才能构成不作为犯罪。

▶正例：成年子女对丧失生活能力的父母不扶养而将其遗弃，违背了婚姻家庭法规定的扶养义务，同时也符合刑法对于遗弃罪的构成要件，可构成遗弃罪。

▶反例：一般公民发现火情后并不报警，虽然违反了《消防法》（行政法）第44条"任何人发现火灾都应当立即报警"的明文规定，但刑法没有规定不报告火灾罪，故除非负有其他义务，则单纯的不报警行为难以构成不作为犯罪。

（2）职务或者业务要求的义务。▶例如：值勤的消防人员有消除火灾的义务，人民警察有救助危难的义务。职务、业务要求的义务与职务、业务的职责范围有关，不能概括地认为只要是公职人员就一律有救助他人的义务，还需要具体考查其职责范围。例如，财政局局长就不具有救助百姓危难的法律义务。

（3）法律行为引起的义务。

①包括合同行为（双方法律行为）引起的义务。▶例如：保姆根据与雇主签订的合同，负有保护其照看婴幼儿安全的义务。

②还包括自愿接受行为（单方法律行为）引起的义务。▶例如：在路边捡拾到弃婴之后抱回家抚养多日，即形成了临时监护关系，在找到下一个抚养人之前，负有对婴儿进行抚养的义务。

③切断他人的监护或保护责任而自愿以自己取代之，也认为负有因自愿接受行为而引起的义务。▶例如：小孩丙在河中游泳，乙在一旁看护，行为人甲对乙说："你走吧，我替你看护他，溺水时我救他"；乙离开后，丙腿抽筋，但甲有能力救助而不救助致丙死亡，甲也可构成不作为犯。

（4）先前行为引起的义务。指行为人的先前行为创设、增加了风险，使他人法益处于危险状态时，行为人负有的排除危险或者防止危害结果发生的特定积极义务。▶例如：成年人带着邻居家儿童游泳时，因儿童到水中的风险系成年人创设，成年人就负有保护儿童生命安全的义务。

以上四种作为义务，因行为人可能同时具备多重身份，从而同时具备不同来源的义务，这种情形称为"作为义务的竞合"（或身份的竞合）。▶例如：警察甲见妻子乙被歹徒丙追杀，能救助而故意不救助致丙杀害了乙。甲因警察身份而负有职务上的救助义务，单独评价是滥用职权罪；同时因丈夫身份而负有法律规定的救助义务，单独评价是不作为的故意杀人罪。此时应当以较重的身份、较重的犯罪对其认定为一罪，前案甲可认定为不作为的故意杀人罪。

经典考题

关于不作为犯罪，下列哪些选项是正确的？① （2015-2-52）

A.儿童在公共游泳池溺水时，其父甲、救生员乙均故意不救助。甲、乙均成立不作为犯罪

B.在离婚诉讼期间，丈夫误认为自己无义务救助落水的妻子，致妻子溺水身亡的，成立过失的不作为犯罪

C.甲在火灾之际，能救出母亲，但为救出女友而未救出母亲。如无排除犯罪的事由，甲构成不作为犯罪

D.甲向乙的咖啡投毒，看到乙喝了几口后将咖啡递给丙，因担心罪行败露，甲未阻止丙喝咖啡，导致乙、丙均死亡。甲对乙是作为犯罪，对丙是不作为犯罪

2.实质的义务根据（实质三分法）

实质的义务根据，是为了说明了具备何种实质条件时，行为人才具有作为义务。包括基于对危险源的支配产生的监督义务、基于与法益的无助（脆弱）状态的特殊关系产生的保护义务、基于对法益的危险发生领域的支配产生的阻止义务（实质三分法）。实质的义务根据（实质三分法）与形式义务来源（形式四分法）在具体内容上是一致的，是从不同角度来说明作为义务。在认定行为人是否具有作为义务时，如运用形式四分法难以认定，就可动用实质三分法进行认定。

三种实质根据	基于对危险源支配产生的监督义务	谁监管风险，谁救助风险	对危险物的管理义务	动物管理员阻止动物咬人
			对本人监督的他人危险行为的监督义务	父母阻止年幼子女侵害他人
			对自己的先前行为引起的法益侵害危险的防止义务	意外使他人中毒后的救治
	基于特殊关系（"稳定的危险共同体"）产生的保护义务	谁是被害人保护人，谁负有保护责任	基于法规范产生的保护义务	交警对交通事故的救助
			基于制度或体制产生的保护义务	游泳教练对习泳者的救助
			基于自愿（合同与自愿接受）而产生的保护义务	将遗弃女婴抱回家的抚养
	基于对法益危险发生领域的支配产生的阻止义务	谁支配领域，谁阻止风险	对自己支配的建筑物、汽车等场所内的危险的阻止义务	演出场所管理者阻止淫秽表演
			对发生在自己身上的危险的阻止	男子对幼女猥亵其时的阻止

（1）**基于对危险源的支配产生的监督义务**：谁监管风险，谁救助风险

基于对危险源的支配产生的监督义务，是因行为人是危险源的监管者或者制造者，由此对危险的发生负有监管义务。

①对危险物的管理义务。

事例：动物园的管理者在动物咬人时具有阻止义务；宠物的饲养者在宠物侵害他人时，具有阻止义务；矿山的负责人，对矿山的安全负有管理义务；广告牌的设置人，在广告牌有倒塌危险时，负有防止砸伤路人的义务；机动车的所有人负有阻止没有驾驶资格的人或者醉酒的人驾驶其机动车的义务。

---

① 　**参考答案：ACD**

②监管者、监护人对其监管、监护的他人危险行为的监督义务。一般来说，他人的危险行为造成了法益侵害时，由其本人承担刑事责任。但是，在他人不可能承担刑事责任，而行为人基于法律规定、职业或者法律行为对他人负有监管、监护等义务时，要求行为人对他人的危险行为予以监督、阻止。

🚩**正例**：父母、监护人有义务制止年幼子女、被监护人的法益侵害行为。作为监护人的丈夫有制止被监护的精神病妻子杀人的义务。

🚩**反例**：夫妻之间、成年的兄弟姐妹之间，因系平等主体，并不具有这样的监督义务。例如，妻子明知丈夫受贿而不制止的，并不成立受贿罪的帮助犯。

③对自己的先前行为引起的法益侵害危险的防止义务。在行为人的先前行为引起了法益侵害的危险时，行为人具有保证人地位，即"谁创设风险，谁消除风险"。

🚩**正例**：意外提供了有毒食物，导致他人中毒后，提供者有救助义务。销售了危险产品的行为人，具有召回产品的义务。黑夜里将机动车停在高速公路上，却不采取措施防止后面的车辆"追尾"，导致车辆相撞，引起他人死亡的，停车者要对该死亡结果负责。

🚩**反例**：甲男与乙女谈恋爱，后来甲男提出分手，乙女声称如分手就自杀；尽管如此，甲男依然要与乙女分手。即使甲男看着乙女自杀而不制止，也不能认定他有作为义务，因刑法上认为自杀风险是乙女本人创设的。

（2）基于与法益的无助状态的特殊关系（"稳定的危险共同体"）**产生的保护义务**：谁是被害人保护人，谁负有保护责任

基于与法益的无助（脆弱）状态的特殊关系产生的保护义务，是因行为人与被害人之间具有特殊人身关系，由此对被害人负有保护义务，而无论风险由谁创设。这种特殊人身关系有的是法律明文规定的，有的是判例确认的；最基础的关系被限定为"稳定的危险共同体"关系（稳定+危险共同体），以家庭关系为基本模型。

①基于法规范产生的保护义务。在法规范（法律规定）将法益保护托付给特定行为人时，行为人的不保护就成为结果发生的原因。

🚩**事例**：母亲对婴儿有哺乳义务；交通警察对交通事故中的被害人具有救助义务；父母见幼女被人猥亵时具有制止他人猥亵行为的义务。

②基于制度或者体制产生的保护义务。当具体的制度、体制将法益保护义务托付给了特定行为人时，行为人负有保护义务。例如，强者在教习初学者进行危险行为时，具有保护义务。

🚩**事例**：游泳教练对游泳学习者具有保护义务。国家机关工作人员在其职责范围内对无助（脆弱）的法益负有相应的保护义务。

③基于自愿（合同与自愿接受等）而产生的保护义务。在法益处于无助或者脆弱状态时，行为人自愿承担保护义务，使法益的保护依存于行为人时，行为人应当继续承担保护义务。

🚩**事例1**：将他人遗弃的女婴抱回家之后抚养一段时间，形成了稳定的抚养关系，成为其临时监护人的，在找到下一个监护人之前，应当负抚养义务。

🚩**事例2**：数人组成的常年登山的登山队是稳定的，形成了危险共同体（意味着相互关照），只要没有除外的约定，就意味着各人自愿接受了保护他人的义务。但是，数人各签生死状（在自己遇险时，他人不必救助），则意味着各人没有自愿承担法益保护义务。

（3）基于对法益危险发生领域的支配产生的阻止义务：谁支配领域，谁救助风险

基于对法益的危险发生领域的支配产生的阻止义务，是因危险发生在行为人支配的领域中。对于私人空间，如相对隔离的非公共建筑物、汽车内，在没有他人可以救助被害人的情况下，空间的支配人即负有阻止危险的义务；对于公共空间，管制者具有管理义务。

①对自己支配的建筑物、汽车等场所内的危险的阻止义务。

▶事例1：自家的封闭庭院里突然闯入一个危重病人或者生活不能自理的儿童，他人不能发现和救助的，庭院的支配者有义务救助。

▶事例2：演出场所的管理者在他人表演淫秽节目时，负有制止义务。

②对发生在自己身体上的危险行为的阻止义务，通常是成年人对无辨识能力的人以自己身体为对象的自害行为有阻止义务。

▶事例：男子任由幼女对自己实施猥亵行为时，因为该危险发生在男子身体上，男子负有制止幼女的义务。

经典考题

关于不作为犯罪的判断，下列哪一选项是错误的？[①]（2014-2-5）

A.小偷翻墙入院行窃，被护院的藏獒围攻。主人甲认为小偷活该，任凭藏獒撕咬，小偷被咬死。甲成立不作为犯罪

B.乙杀丙，见丙痛苦不堪，心生悔意，欲将丙送医。路人甲劝阻乙救助丙，乙遂离开，丙死亡。甲成立不作为犯罪的教唆犯

C.甲看见儿子乙（8周岁）正掐住丙（3周岁）的脖子，因忙于炒菜，便未理会。等炒完菜，甲发现丙已窒息死亡。甲不成立不作为犯罪

D.甲见有人掉入偏僻之地的深井，找来绳子救人，将绳子的一头扔至井底后，发现井下的是仇人乙，便放弃拉绳子，乙因无人救助死亡。甲不成立不作为犯罪

（三）关于"先前行为引起的义务"

先前行为引起的义务是作为义务的根据之一（形式四分法的之四，实质三分法之一），也是司法考试重点考查的内容，在此需详细分析：

1.什么样的先前行为才能引起作为义务（实质）：创设、增加风险的先前行为。

并非所有先前行为都能产生作为义务，只有风险是由先前行为创设、增加的，而使法益陷入危险状态时，行为人才负有排除危险或者防止危害结果发生的特定积极义务，这可谓是先前行为引起作为义务的实质要求，即"谁创设风险，谁消除风险"。亦即，要求先前行为与危险的造成具有刑法上的因果关系。

先前行为是否造成了危险的判断，应当以下一节刑法因果关系的认定为参考。不仅要求先前行为"诱发"了危险，而且要求先前行为是危险的产生、提高的最主要原因和最重要因素（最重要条件）。

▶事例1：甲邀请邻居乙（成年人）游泳，因乙是成年人，尽管其下水游泳是受甲所邀，但其有自主意识和自决能力，可决定下水也可以决定不下水，因此该风险只能认为是乙自己创设的，而不

能认为是甲的邀请行为创设的。如果乙在游泳时腿抽筋，甲也没有法律上的救助义务。

🚩**事例2**：相同的原理，因轻微过错诱发他人自杀，自杀也应认定为自杀者本人的自决行为，危险系由自杀人本人制造，行为人没有法律上的救助义务。

2. 先前行为可否包括犯罪行为、正当行为：都可以包括。

只要创设、增加风险的先前行为，都可引起作为义务，无论该先前行为的性质本身如何。

（1）先前行为既可以是正当行为。如带儿童游泳见其溺水就有救助义务，正当防卫、紧急避险而使他人陷入危险也有救助义务。

（2）先前行为也可以是违法犯罪行为。如盗伐林木而压倒他人有救助义务。

（3）先前行为也可以是无过错行为。例如司机未违章而行人违章，司机撞倒行人后，也有救助义务。

📘**经典考题**

下列哪一选项构成不作为犯罪？①（2012-2-4）

A.甲到湖中游泳，见武某也在游泳。武某突然腿抽筋，向唯一在场的甲呼救。甲未予理睬，武某溺亡

B.乙女拒绝周某求爱，周某说"如不答应，我就跳河自杀"。乙明知周某可能跳河，仍不同意。周某跳河后，乙未呼救，周某溺亡

C.丙与贺某到水库游泳。丙为显示泳技，将不善游泳的贺某拉到深水区教其游泳。贺某忽然沉没，丙有点害怕，忙游上岸，贺某溺亡

D.丁邀秦某到风景区漂流，在漂流筏转弯时，秦某的安全带突然松开致其摔落河中。丁未下河救人，秦某溺亡

（四）不作为行为能否"单独成罪（不作为犯）"的问题

当先前行为是创设、增加风险的作为行为（犯罪行为、正当行为）时，自然会引起作为义务而导致不作为行为。在理论上，不作为行为与作为行为并不是对立关系，有风险的作为行为都会顺接不作为行为。

"不作为犯是作为犯的补充"。由于所有先前危害性的作为行为，使他人法益陷入危之后，在理论上都能产生后续的救助义务；但不救助而导致结果的，并不一定都可将后行为单独评价为不作为犯。还需看后续不作为导致的结果是否可被先前的作为行为包括评价，可包括则应整体认定为作为犯；只有不可包括时才有成立不作为犯的可能。

🚩**事例**：甲以杀害为故意开枪杀乙（作为行为），致乙受重伤；明知不救助乙必死无疑而离去（理论上的不作为行为），乙果然死亡。因后续的死亡结果可被前杀人行为包容，故应整体上评价为作为犯（故意杀人罪既遂），不救助行为不能单独评价为不作为犯。

由此，这就会涉及不作为行为能否"单独成罪"（成立不作为犯）的问题。

如果危害结果出现在不作为行为之后，到底是认定为"作为犯＋不作为犯"两罪，还是认为"作为犯＋不作为行为"一罪，或者"作为行为＋不作为犯"一罪？这涉及两个层面的情形：

1. 先判断因果关系，看结果可否归因于不作为行为

当行为人实施的行为可被区分为作为、不作为两个阶段，但最终只造成了一个结果时，整

---

① 参考答案：C

体上认定构成作为犯还是不作为犯，首先要关注因果关系。亦即，判断造成结果的原因行为（最重要条件）是作为还是不作为。当结果归因于作为行为的，只构成作为犯一罪（作为犯＋不作为行为）；只有结果可归因于不作为行为时，理论上才有可能构成不作为犯，不作为才有可能"单独成罪（不作为犯）"。

（1）如果不作为行为与结果没有因果关系，即，即使行为人履行了作为、救助义务，结果仍然发生，则应当认为结果由作为导致，系作为犯。不作为行为不能"单独成罪（不作为犯）"。

▶例如：甲用猎枪打鸟时不小心击中乙的心脏，甲没有立即将乙送往医院而是逃往外地。医院证明，即使将乙送往医院，乙也不可能得到救治。因为乙的死亡与甲的不救治行为没有因果关系，故甲不构成不作为犯，而构成作为犯。

（2）如果不作为行为与结果有因果关系，即，作为行为只是诱发结果的次要因素，行为人的不作为、不救助才是导致结果的重要、关键因素，则应当认为结果由不作为导致，可能构成不作为犯。此时不作为行为才有可能"单独成罪（不作为犯）"。

▶例如：甲盗窃时用打火机照明，不小心把遮盖货物的帆布烧着了一个小洞，引起货物小面积着火；甲害怕被发现，没有扑灭而逃离，小火越烧越大，火势蔓延导致火灾。则火灾结果主要还是由不扑火的行为引起的，甲构成故意的不作为犯（放火罪）。

2. 当结果可归因于不作为时，还需看刑法规定的罪数规则

当结果可归因于不作为行为时，理论上不作为可评价成立不作为犯；但是，对于整体罪名是一罪还是数罪，不作为行为能否"单独成罪（不作为犯）"，还需要结合刑法规定的罪数规则来判断。如果在罪数方面存在"作为犯＋不作为犯（或作为犯2）＝作为犯一罪"（例如结果加重犯）的规定，则仍然只能评价为作为犯一罪，不作为仍然不能"单独成罪（不作为犯）"；只有没有这样的罪数规定时，才能评价为"作为犯＋不作为犯"两罪，不作为才能"单独成罪（不作为犯）"。

（1）当先前行为是犯罪行为时，需要注意整体上犯罪个数的认定（"三步法"）：

第一步先单独对先前犯罪行为（及造成结果）进行认定；第二步再单独对后续的不作为犯罪（及造成结果）进行认定；第三步看不作为造成的结果可否被先前犯罪所包容，以决定合并为一罪（先前犯罪可包容后续不作为的结果，或可合并评价）还是数罪并罚（先前犯罪不能包容后续不作为的结果）。

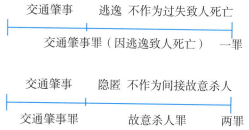

①不作为行为导致的结果可包含在先前行为的结果评价之中时，对后续的不作为行为不再单独定罪，而认定为一罪（多数为结果加重犯）。

②不作为行为导致的结果不能包含在先前行为的结果评价之中时，则需单独定罪，而认定为数罪。

（2）如果先前行为是防卫、避险等正当行为，整体认定行为性质和罪名、罪数时，也应采用前述"三步法"。只不过，可先不考虑先前行为的防卫、避险性质；而直接将先前作为行为评价为伤害、杀害行为，再看后续的不作为行为造成的结果，看作为与不作为合并评价的结论及结果；最后考虑先前行为的防卫、避险性质，看造成的结果可否被先前正当行为所包容（合并评价结果是否过限），以判断结果是否过当，决定行为的定性。

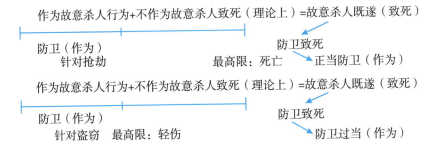

①先前正当行为可包容后续不作为造成的结果时，仍认定为先前正当行为。
②先前正当行为不能包容后续不作为造成的结果时，应当结合先前正当行为合并评价。

📖 经典考题

关于不作为犯罪，下列哪些选项是正确的？ [①]（2010-2-52）

A.甲在车间工作时，不小心使一根铁钻刺入乙的心脏，甲没有立即将乙送往医院而是逃往外地。医院证明，即使将乙送往医院，乙也不可能得到救治。甲不送乙就医的行为构成不作为犯罪

B.甲盗伐树木时砸中他人，明知不立即救治将致人死亡，仍有意不救。甲不救助伤者的行为构成不作为犯罪

C.甲带邻居小孩出门，小孩失足跌入粪塘，甲嫌脏不愿施救，就大声呼救，待乙闻声赶来救出小孩时，小孩死亡。甲不及时救助的行为构成不作为犯罪

D.甲乱扔烟头导致所看仓库起火，能够扑救而不救，迅速逃离现场，导致火势蔓延财产损失巨大。甲不扑救的行为构成不作为犯罪

（五）纯正的不作为犯（刑法罪名）与不纯正的不作为犯（行为形式）

纯正的不作为犯，即刑法明文规定只能由不作为构成的犯罪。通常有：遗弃罪，丢失枪支不报罪，不报安全事故罪，拒不执行判决、裁定罪，不解救被拐卖、绑架的妇女、儿童罪，拒不支付劳动报酬罪，拒不履行信息网络安全管理义务罪，拒绝提供间谍犯罪、恐怖主义犯罪、极端主义犯罪证据罪，战时拒绝军事征收、征用罪，拒传军令罪，遗弃伤员罪，拒不救援友邻部队罪等。纯正的不作为犯由刑法明文规定，其数量较少，限于有限的十几个罪名。

不纯正的不作为犯，即行为人以不作为形式实施的通常为作为形式的犯罪。刑法典规定的468个罪名，除前述十几个纯正的不作为犯，其他450个左右的罪名，通常都是作为形式的犯

[①] **参考答案：BCD**

罪。这些通常由作为行为形式实施的犯罪也可以由不作为行为形式实施。▶**例如**：放火罪，通常由作为形式实施，不作为行为也有可能构成放火罪。

区分纯正的不作为犯与不纯正的不作为犯的意义在于：纯正的不作为犯的构成要件（特别是不作为的行为形式的定型）是由刑法明文规定的，裁判者只需依照刑法明文规定进行认定即可。而对于不纯正不作为犯，刑法只在形式上规定了该罪作为的行为形式，未定型不作为的行为形式。故而，要成立不纯正不作为犯，需要首先认定该不作为行为的性质是否与通常的作为行为的性质相当（等值性），如果性质相当，就可将其评价为该不纯正不作为犯的实行行为，从而认定构成该罪名。否则，在性质不相当时，就不能认定构成该不纯正不作为犯的罪名。等值性的要求，是为了限制不纯正不作为犯成立的范围。

▶**事例**：甲将双目失明、残疾的母亲乙扔到深山老林里不予以扶养，由于此举会大概率地导致母亲死亡，故与"杀人"的性质相当，可认定为不作为的故意杀人罪。而如甲将乙扔在民政局门口，由于此举一般情况下不会导致母亲死亡，不与"杀人"的性质相当，不能认定为不作为的故意杀人罪，而应认定为遗弃罪。

🔖 **经典考题**

关于不作为犯罪，下列哪一选项是正确的？[①]（2016-2-1）

A."法无明文规定不为罪"的原则当然适用于不作为犯罪，不真正不作为犯的作为义务必须源于法律的明文规定

B.在特殊情况下，不真正不作为犯的成立不需要行为人具有作为可能性

C.不真正不作为犯属于行为犯，危害结果并非不真正不作为犯的构成要件要素

D.危害公共安全罪、侵犯公民人身权利罪、侵犯财产罪中均存在不作为犯

🔖 **考点归纳**

1. 不作为犯的义务来源。形式义务分四种：法律法规、职务业务、法律行为、先前行为。实质义务分三类：监督义务（谁监管风险，谁救助风险）、保护义务（谁是被害人保护人，谁负有保护责任）、特定领域的阻止义务（谁支配领域，谁阻止风险）。

2. 有创设、增加风险的先前行为（有因果关系），才产生救助义务。既可是正当行为，也可是违法（犯罪）行为。

3. 不作为行为可否单独成罪（不作为犯），一看因果关系，二看罪数规则。结果归因于不作为行为（因果关系），不作为造成的结果不被先前作为犯罪所包容（罪数），不作为行为才可单独成罪（不作为犯）。

🔖 **拓展习题**

以下有关不作为说法正确的有（　　）[②]

A.甲盗掘古墓葬时，将张某的农舍挖垮，并将房主张某埋在瓦砾中，在张某呼救，甲救助又比较容易时，为逃避追究，其逃离现场，致房主亡的，应当认定为盗掘古墓葬罪，并和不作为的故意杀人罪并罚

B.李某为抢劫乙的财物而在某偏僻场所对后者持刀威胁，乙奋力反击，当场将李某打成重伤，乙径直离开现场没有对李某实施救助行为，4小时后，李某死亡，则乙的行为构成故意伤害罪（致人死亡）

C.王某气势汹汹地到丙的店里买酒，声称喝完酒后"要干点惊天动地的大事"，丙应王某的要求将高度酒卖给王某，王某喝完酒后在街上杀死2人，则丙因没有阻止王某作恶而构成不作为的故意杀人罪

D.甲邀约乙到野外狩猎，其间，乙遭到猛兽袭击，身负重伤。但甲没有救助乙，而是立即跑回家，乙因无人救助而死亡。甲负有救助乙的义务。反之，如果是乙邀约甲狩猎，则甲不负有救助乙的义务

解析：A选项，后面的不作为故意杀人罪，不能被之前的盗掘古墓葬罪包容，故数罪并罚。

B选项，对于抢劫的正当防卫可以包括故意杀人结果，之后的不作为故意杀人能被之前的正当防卫所包容，故构成正当防卫。注意本题与2013年真题的差异。

C选项，危险系王某的喝酒行为创设，而非丙的卖酒行为创设，丙没有制止义务。

D选项，风险均认为系由乙本人创设，甲都不负有救助乙的义务。

【思考题】（1）A某在乙某的网店购得匕首一把（管制刀具），携刀回家，路上与C女发生口角，A某遂举起匕首追砍C女；（2）此时，恰好C女的丈夫甲某（当地派出所副所长，正下班回家）、乙某（卖匕首的网店老板）、路人丙某、丁某（当地县委书记）都经过此处；（3）C女向乙某、丁某二人救助，二人均不救助；（4）甲某欲上前制止A某，路人丙某劝止甲说："别去，歹徒有刀，你上前会被砍死的。"甲害怕被砍死，知难而退，在一旁眼睁睁地看着C女被A某砍成重伤。

【问题】本案中甲某、乙某、丙某、丁某是否构成不作为犯？如何定性？说明理由。

第二节　行为对象

行为对象是危害行为所作用的法益的主体（人）、物质表现（财物、信息等）。多数罪名以特定对象作为其必要构成要件要素，例如抢劫罪的行为对象是人身和财物；有些罪名没有行为对象，例如脱逃罪。

行为对象在危害行为实施之时即已存在，危害行为实施完毕之后才出现的犯罪产物不是行为对象。例如，伪造货币罪中的假币，是伪造行为的产物，不是该罪的行为对象；伪造货币罪的行为对象（保护对象）是对应的真的货币。

在司法考试中，对于行为对象需要注意的问题有：

（1）行为只有作用于特定的对象时，才能构成特定罪名。例如，只有当行为人拐骗的是不满14周岁的儿童时，才可能成立拐骗儿童罪；如其拐骗的对象是15周岁的智障男童，就不能构成拐骗儿童罪，而构成它罪如非法拘禁罪。

（2）行为对象不同，则罪名可能不同。例如，盗窃财物的，构成盗窃罪；盗窃特种财物枪支的，构成盗窃枪支罪；盗窃尸体的，构成盗窃尸体罪；盗窃商业秘密的，构成侵犯商业秘密罪。

（3）在学习具体罪名时，应当掌握对行为对象的具体范围的解释。例如，盗窃罪的对象明文规定为"公私财物"，具体应当解释为"他人占有的财物"（效力更高的占有），则行为人本人所有、他人合法占有的财物，例如出借的财物，也可成为盗窃罪的对象。

第三节　危害结果

危害结果是危害行为给法益所造成的具体侵害事实（实害）与危险状态（危险）。司法考试中经常涉及结果的问题有：

危害结果（法益侵害）	实害结果		有结果则既遂：结果犯（实害结果犯）	有些罪名没有未遂犯形态；因此无实害结果，则不成立犯罪：（1）过失犯；（2）少数故意犯罪（丢失枪支不报罪、滥用职权罪等）；（3）通说认为间接故意犯罪也无未遂
	危险	具体危险	有危险则既遂：危险犯（具体危险犯）	
		抽象危险	行为完成则既遂：抽象危险犯（也称行为犯）	

1.广义的危害结果指法益侵害，包括实害、危险（包括具体危险、抽象危险）。只有行为造成了实害结果或具有危险，才能认为是危害行为，才能构成犯罪。反言之，构成犯罪的行为，都已造成了危害结果即法益侵害，要么是造成了实害，要么是具有危险（包括具体危险、抽象危险）。例如：甲故意杀乙，将乙杀死，则甲造成了实害结果，是故意杀人罪既遂（实害犯）；如甲虽实施了杀人行为，但未将乙杀死，则甲造成了具体危险结果，是故意杀人罪未遂（具体危险犯）；如甲未实施杀人实行行为，而只是为杀人而购买了匕首，则甲造成了抽象危险结果，是故意杀人罪预备（抽象危险犯）。没有造成实害，也无危险（具体危险、抽象危险）的行为，不构成犯罪。

例如：甲故意持无法伤人的塑料水枪射击乙，不可能造成乙死亡的结果，也不具此种危险，就不能认定甲的行为是杀人行为，也不能构成故意杀人罪。

2.按照刑法分则对于具体罪名既遂标准规定的不同，可将犯罪区分为结果犯（实害结果犯）、危险犯（具体危险犯）、抽象危险犯（行为犯）。以发生实害结果为犯罪既遂标准的罪名是结果犯（实害结果犯），例如故意杀人罪，以造成人员死亡为犯罪既遂的标准。以发生具体危险为犯罪既遂标准的罪名是危险犯（具体危险犯），例如放火罪的危险犯，造成足以烧毁的危险，则构成放火罪危险犯既遂。不以发生具体危险、只需行为实施完毕、造成立法者认为的抽象危险，即认为犯罪既遂的犯罪是抽象危险犯（行为犯），例如非法持有枪支罪，只要非法持有行为实施，一般即认为对于公共安全具有抽象危险，构成犯罪既遂。

3.刑法中有些罪名没有未遂犯形态，故而，如果行为没有造成实害结果，则不能成立犯罪；此时，实害结果的有无，就成为了犯罪成立与否的标准。（1）我国刑法中的过失犯没有未遂形态，故而，只有发生实害结果，才能成立过失犯罪；仅有过失行为，没有实害结果，不构成犯罪，例如交通肇事罪、玩忽职守罪、医疗事故罪等。（2）少数故意犯罪也无未遂形态，故而，只有发生实害结果，才能成立过失犯罪。这些罪名通常有：丢失枪支不报罪、滥用职权罪、侵犯商业秘密罪、挪用特定款物罪、寻衅滋事罪等。（3）通说认为间接故意犯罪也无未遂形态，其成立也需要特定结果。但这种观点现今受到动摇。

4.罪数中的结果加重犯实际上涉及的也是实害结果的问题。实现基本犯结果的是基本犯，实现基本犯结果以外、刑法规定的加重结果的，是结果加重犯。应当注意一些典型罪名的加重结果，如故意伤害罪、非法拘禁罪、非法行医罪、侮辱罪、诽谤罪、虐待罪等。应当将属于构成要件要素的结果与加重结果区分开来。

★第四节　因果关系

📊 **考点说明**

本考点之下需要掌握的知识点主要有：（1）判断因果关系有无的理论：相当因果关系说（条件说＋相当性）；（2）四种基本因果关系定式模型（特殊体质、介入因果、同时犯因果、重叠因果）的判断规则；（3）因果关系与犯罪成立的关系。

💡 **知识点讲解**

刑法上的因果关系，指危害行为与危害结果之间存在的引起和被引起的关系。亦即，从客观方面（社会公众认可的角度）判断危害结果是否由某一特定行为导致，是由哪一个行为导致，是否应当由此行为承担结果的责任。

一、刑法上因果关系的作用

结果犯1（必需特定结果才能构成的犯罪）	过失犯罪、滥用职权罪	行为与结果之间有无因果关系	是否成立犯罪
结果犯2（以特定结果作为既遂条件的犯罪）	故意杀人罪	实行行为与结果之间有无因果关系	犯罪是否既遂
结果加重犯	抢劫致人死亡	基本犯行为与结果之间有无因果关系	是否适用加重刑
共同犯罪	正犯、帮助犯、教唆犯	共犯人行为（实行、帮助、教唆）与结果之间有无因果关系	共犯人是否对结果负责（客观归责）

1. 对于必需特定结果的实现才能构成的犯罪（例如过失犯罪、滥用职权罪等），判断行为与结果之间有无因果关系，可确定是否成立犯罪。

2. 对于以特定结果实现作为既遂条件的结果犯（例如故意杀人罪），判断行为与结果之间有无因果关系，可确定犯罪是否成立既遂。

3. 对于结果加重犯（例如抢劫致人死亡），判断行为与结果之间有无因果关系，可确定是否适用加重刑。

4. 对于共同犯罪，判断共同犯罪人的行为（实行、帮助、教唆）与结果之间有无因果关系，可确定共犯人是否对结果负责。

二、判断因果关系有无的理论：相当因果关系说（相当因果关系说＝条件说＋相当性）

我国当前司法考试、司法实务对于因果关系的判断，采用相当因果关系说的观点。相当因果关系说是指，在判断条件关系的基础上，对造成结果的数个条件进行筛选，挑选出数个条件中具有"相当性"的条件，作为造成结果的原因。亦即，对于因果关系有无的判断，一般需按两个步骤进行双层次判断：首先根据"无 A 即无 B"的标准，将造成结果的所有条件列举出来；然后根据"相当性"，从数个条件中挑选出具有"相当性"的条件，作为造成结果的原因。

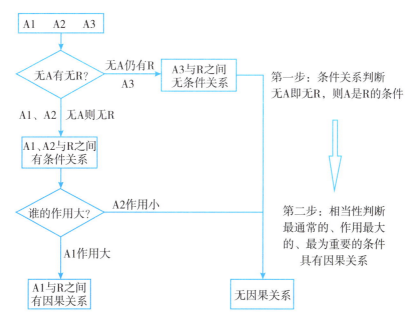

【最高法案例：陈全安被控交通肇事案】 陈全安驾驶悬挂假号牌的大货车，至某路口时违章靠边停车等人。期间张某驾驶小型客车（车上搭载关某）同向行驶，追尾碰撞陈全安驾驶的大货车尾部，导致小客车损坏、关某受重伤、张某当场死亡。事故发生后，陈全安驾车逃逸。

【问题】 陈全安是否应对损失结果负责，构成交通肇事罪？

1. 第一步，判断条件关系：无 A 即无 R，则 A 是 R 的条件

条件关系是指，当 A 行为与 R 结果之间存在着"有 A 就有 R，无 A 就无 R"的关系时，A 行为就是 R 结果的条件。亦即，当出现有 A 行为就有 R 结果的客观事实（有 A 即有 R）时，要判断 A 行为是否是 R 结果的条件，需反向思维进行排除法的判断：如果没有 A 行为，也就没有 R 结果，则 A 行为就是 R 结果的条件；如果没有 A 行为，仍然出现 R 结果，则 A 行为不是 R 结果的条件。例如，甲开车逆行，撞上了无照驾驶的乙。如无甲的逆行行为，就不会出现撞车事故，故甲的逆行行为，是造成事故的条件；但是，即使乙有照驾驶，也仍然会出现撞车事故，故乙的无照驾驶行为，就不是造成事故的条件。

2. 第二步，判断相当性：最通常的、作用最大的、最为重要的条件

"相当性"是指以一般人的认识为标准，该行为产生该结果在日常生活中是一般的、正常的，而不是特殊的、异常的。（1）在当时的客观条件下造成结果的可能性很大；（2）造成结果并不出乎一般人的意料（并不异常）。

简言之,相当因果关系说即是从数个条件中筛选出最通常的、作用最大的、最为重要的(具有"相当性"的条件),作为造成结果的原因。排除数个条件中异常的、不相当的情况,从而限定刑法上的因果关系范围。当然,如果数个条件都不具异常性、无法判明重要性大小的,则均认为具有相当性,而都与结果具有因果关系。

经典考题

甲、乙打人后驾车逃走,司机谢某见甲、乙打人后驾车逃离,对乙车紧追。甲让乙提高车速并走"蛇形",以防谢某超车。汽车开出2公里后,乙慌乱中操作不当,车辆失控撞向路中间的水泥隔离墩。谢某刹车不及撞上乙车受重伤。赶来的警察将甲、乙抓获。(2013年试卷四第2题事实三)

【问题】就事实三,甲、乙是否应当对谢某重伤的结果负责?理由是什么?

解析:

(1)在被告人高速驾车走蛇形和被害人重伤之间,介入被害人的过失行为(谢某刹车不及)。

(2)根据条件说,甲乙的行为、谢某的追尾行为,都是导致谢某重伤结果的条件。

(3)根据一般常识,追尾者对于造成事故负有全部或主要责任。故而根据相当因果关系说的观点,追尾者谢某负有全部或主要责任者的行为,与结果具有因果关系。

(4)故而,从规范判断(相当因果关系说)的角度看,谢某的重伤结果与甲乙的行为之间,仅有条件关系,而没有因果关系;谢某的重伤与谢某本人的追尾行为之间,具有因果关系。该结果在刑法上不应当由甲、乙负责。

★三、判断因果关系有无的四种基本定式模型

对于司法考试而言,对于因果关系有无进行判断,应当注意以下四种常考的因果关系定式模型(特殊体质因果关系、介入因果关系、同时犯因果关系、重叠因果关系)及其判断规则。在做题时,先看题目所述事实属哪种定式模型,然后运用各自规则进行判断。

(一)被害人的特殊体质与因果关系(A+特殊体质→R)的认定:有因果关系

行为人实施了的通常情形下不足以致人死亡的暴力,但由于被害人存在某种疾病或属于特殊体质,而导致了被害人死亡的。因被害人的特殊体质,是在行为时就已经存在的特定条件,并不是介入因素。因此:

(1)应当肯定行为人的行为与死亡结果之间,在客观上存在因果关系。

(2)至于行为人是否认识到或者是否应当预见被害人存在疾病或者具有特殊体质,只是行为人主观上有无故意、过失的问题,而不影响客观因果关系的判断。

(3)行为人是否构成犯罪、构成何罪,应当将客观与主观结合进行判断。

🚩事例1:甲对乙实施殴打行为,虽然殴打行为不足以致乙死亡,但乙患有脾脏肿大的病症,因脾脏破裂而死。A刺伤B,伤势并不严重,但B因为患血友病而不治身亡。都应当承认存在因果关系。

🚩事例2:甲踢了乙屁股一脚,导致乙心脏病发作而死。无论甲是否知情乙有病,都应承认客观方面甲的行为与乙的死亡结果之间有因果关系;只不过如甲不知乙会死伤,则在主观上系意外事件,甲没有责任而不构成犯罪。

经典考题

甲与素不相识的崔某发生口角,推了他肩部一下,踢了他屁股一脚。崔某忽觉胸部不适继而倒地,在医院就医时死亡。经鉴定,崔某因患冠状粥样硬化性心脏病,致急性心力衰竭死亡。关于本案,下

列哪一选项是正确的？^①（2012-2-6）

A.甲成立故意伤害罪，属于故意伤害致人死亡

B.甲的行为既不能认定为故意犯罪，也不能认定为意外事件

C.甲的行为与崔某死亡结果之间有因果关系，这是客观事实

D.甲主观上对崔某死亡具有预见可能性，成立过失致人死亡罪

（二）介入因素与因果关系的认定（介入因果）：A1（因）→B+A2（因）→R（果）

因果关系的介入，指在最初行为（A1）因果流程发展的过程中，中途介入另外因素（A2）的情形。介入因素可以是被害人自己的行为、行为人的行为、第三人的行为、自然力等。

因果关系介入的情形之下，需判断结果（R）与最初行为（A1）有因果关系，还是与介入因素（A2）有因果关系。总体上需判断介入因素是异常还是通常，基本判断方法是"三步法"：①首先最初出现的实行行为（A1）导致最后结果（R）发生的可能性高低（是否通常包括此种危险）；②然后判断介入因素（A2）与最初行为（A1）有无关联、关联大小（是否大概率导致、依附出现、异常性）；③最后判断最初行为（A1）、介入因素（A2）对结果发生的影响力（作用力）大小。

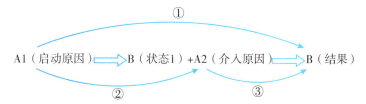

1.最初行为（A1）导致最后结果（R）发生的可能性高低（是否包括此种危险）？

如果最初行为（A1）包含了造成最终结果（R）的危险，则可能存在因果关系。

例如： 甲的持刀砍乙导致乙重伤濒临死亡，医生丙轻微过失引起乙死亡。因最初重伤行为包含着致死的可能性，故最初重伤行为与死亡结果之间可能存在因果关系。

如果最早出现的行为（A1）不包含造成最终结果（R）的危险，则可直接认为最初行为与结果之间无因果关系。**例如：** 甲的行为只是导致被害人乙轻伤，医生丙重大过失引起被害人死亡。因一般情况下轻伤不足以致死，最初轻伤行为一般不包含着致死的可能性，最初轻伤行为与死亡结果之间不存在因果关系，死亡结果系其他原因导致。

2.最初行为（A1）是否可大概率的导致介入因素（A2）、具有通常性？

大体上，如果最初行为（A1）大概率的导致介入因素（A2），则介入因素是正常的，不会中断因果关系链，最初行为（A1）与最终结果（R）之间具有因果关系。反之，如果最初行为（A1）不会大概率地导致介入因素（A2），则介入因素是异常的，中断因果关系链，最初行为（A1）与最终结果（R）之间不具有因果关系，介入因素（A2）与最终结果（R）之间不具有因果关系。以下细述：

（1）行为人实施的行为（A1），导致被害人不得不或者几乎必然实施介入行为（A2）的，或者被害人实施的介入行为（A2）具有通常性的，即使该介入行为（A2）具有高度危险，也应当肯定行为人的行为（A1）与结果之间（R）具有因果关系。例如，以下情形认为甲实施的最初行为（A1）与最终结果（R）之间存在因果关系：

① **参考答案：** C

▶ **事例1：** 甲点燃乙身穿的衣服，乙跳入水中溺死或者心脏麻痹死亡的。

▶ **事例2：** 甲对乙的住宅放火，乙为了抢救婴儿而进入住宅内被烧死的。

▶ **事例3：** 甲在楼梯上对乙实施严重暴力，乙在急速往楼下逃跑时摔倒，头部受伤死亡的。

▶ **事例4：** 甲欲杀乙，在山崖边导致乙重伤昏迷后离去。乙苏醒过来后，刚迈了两步即跌下山崖摔死的。

▶ **事例5：** 甲将一枚即将爆炸的物品扔到乙的身边，乙立即将物品踢开，由于踢到了丙的身边，将丙炸死。

▶ **事例6：** 甲突然将乙推倒在高速公路上，或者在道路上将乙推下车，导致乙被其他车辆轧死。

（2）行为人实施的行为（A1），导致被害人介入了异常行为（A2），造成了结果，但考虑到了被害人的心理恐惧或者精神紧张等情形，其介入行为（A2）仍然认为具有通常性时，应当肯定行为人的行为（A1）与结果之间（R）具有因果关系。例如，以下情形认为甲实施的最初行为（A1）与最终结果（R）之间存在因果关系：

▶ **事例1：** 甲追杀被害人乙，被害人乙无路可逃跳入水库溺死，或者逃入高速公路被车撞死的。

▶ **事例2：** 甲向站在悬崖边的乙开枪，乙听到枪声后坠崖身亡。

▶ **事例3：** 甲瞄准湖中的小船开枪打乙，船上的乙为躲避而落入水中溺死。

3. 最初行为（A1）、介入因素（A2）对结果的作用力大小判断。

最初行为（A1）、介入因素（A2），对于结果的发生，如果能够明显地区分作用力大小的，应当认为作用力大的因素与结果之间具有因果关系。以下细述：

（1）介入因素（A2）直接导致了结果（R）的，发挥了直接、重大的作用，应当认为介入因素（A2）与结果（R）之间具有因果关系。

▶ **事例1：** 甲将丙砍成重伤，在被害人丙受伤后数小时，乙故意开枪杀死丙的。则应否认先前甲的伤害行为与被害人丙死亡之间的因果关系，而认为乙的杀害行为与丙的死亡结果之间具有因果关系。

▶ **事例2：** 甲打伤丙后，丙在去医院的途中被肇事司机乙驾驶的汽车轧死。应当认为乙的行为与丙的死亡具有因果关系。

（2）行为人实施行为（A1）后，被害人介入的行为（A2）对造成结果（R）仅起轻微作用的，应当肯定行为人的行为（A1）与结果（R）之间具有因果关系。

▶ **事例：** 甲伤害乙后，乙在医院治疗期间，没有好好卧床休息，因伤情恶化而死亡的，应当认为甲的伤害行为与乙的死亡结果之间具有因果关系。

（3）被害人介入了对结果起决定性作用的异常行为（A2），则不能将结果（R）归属于行为人的行为（A1）。

▶ **事例1：** 甲杀乙，乙仅受轻伤，但乙因迷信鬼神，而以香灰涂抹伤口，致毒菌侵入体内死亡，则认为乙的行为与死亡结果有因果关系。

▶ **事例2：** 甲损坏了乙的容貌后，乙自杀身亡。因为自杀都是自决性行为，故认为乙的行为与死亡结果有因果关系。

▶ **事例3：** 生气的妻子甲在寒冷的晚上不让丈夫乙进屋，丈夫乙原本可以找到安全场合，但为了表示悔意一直在门外站着，结果被冻死。因为丈夫乙具有完全的自主决定权，故认为乙的行为与死亡结果有因果关系。

（4）被害人虽然介入了不适当的行为（A2），造成了结果（R），但如果该行为是依照处于优势地位的行为人的指示（A1）而实施的，应当将结果（R）归属于行为人的行为（A1）。

🚩**事例**：非法行医的甲让身患肺炎的被害人乙到药店购买感冒药治疗疾病，导致被害人乙没有得到正常治疗而死亡的。乙的死亡系甲导致。

但如果行为人（A1）并不处于优势地位，被害人自我冒险（A2）导致结果（R）发生的，则不能将结果（R）归属于行为人（A1）。🚩**事例**：在寒冷的冬天，甲为了取乐将 100 元扔入湖中，乙为了得到 100 元跳入湖中而死亡的。死亡结果应当归因于乙。

☆ 4. 一些经验法则：

（1）实施介入行为（A2）的行为人具有重大过错（故意、重大过失），则会中断因果；结果（R）与启动原因（A1）之间不具有因果关系。如实施介入行为（A2）的行为人只具有轻微过失或无过错，则不会中断因果；结果（R）与启动原因（A1）之间具有因果关系。

（2）行为人致被害人严重受伤（A1）后，将被害人置于本来就存在的危险境地，后被害人因危险境地的危险原因（A2）而死亡，介入因素不中断因果；结果（R）与启动原因（A1）之间具有因果关系。

（3）介入因素（A2）是行为之后突发的自然力原因，如行为人没有利用该自然力，则突发自然力中断因果；结果（R）与启动原因（A1）之间不具有因果关系。

📖**经典考题**

关于因果关系的认定，下列哪一选项是正确的？①（2016-2-2）

A. 甲重伤王某致其昏迷。乞丐目睹一切，在甲离开后取走王某财物。甲的行为与王某的财产损失有因果关系

B. 乙纠集他人持凶器砍杀李某，将李某逼至江边，李某无奈跳江被淹死。乙的行为与李某的死亡无因果关系

C. 丙酒后开车被查。交警指挥丙停车不当，致石某的车撞上丙车，石某身亡。丙的行为与石某死亡无因果关系

D. 丁敲诈勒索陈某。陈某给丁汇款时，误将 3 万元汇到另一诈骗犯账户中。丁的行为与陈某的财产损失无因果关系

（三）同时犯因果（多重的因果关系，择一的竞合）：

$$A1 \searrow$$
$$ R$$
$$A2 \nearrow$$

两个以上的行为分别都能导致结果的发生，但在行为人没有意思联络的情况下，同时竞合在一起导致了结果的发生，这就涉及同时犯因果关系。例如，甲与乙没有意思联络，都意欲杀丙，并同时向丙开枪，且均打中了丙的心脏。再如，A 与 B 没有意思联络，都分别向 C 的食物中投放了都能致死的量的毒药。

同时犯因果关系，由于没法查明具体的因果流程，往往会与刑事诉讼中的证据证明纠葛在一起。对于以下事实：甲与乙没有意思联络，都意欲杀丙，并同时向丙开枪的同时犯情形，注意以下四种不同具体情形的区别（以事实查明程度为序）：

（1）所有事实均可查明。丙身上有两个弹孔，可证明致死的一枪是甲命中的，乙击中但未造成致死伤。证明大概因果流程的基本事实可查清，证明具体细节的事实也能查明。则直接按照已经查明的事实和因果关系，认定甲的行为与死亡有因果关系，甲为故意杀人罪既遂；乙

的行为与死亡无因果关系，乙为故意杀人罪未遂。

（2）二人均击中，基本事实可以查清。丙身上有两个弹孔，均为致命伤。亦即，可证明甲、乙二人均击中，且单独均可致死，但不能证明击中的先后、具体谁致死。证明大概因果流程的基本事实可查清，只是证明具体不重要细节的事实不能查明，则认为甲、乙二人行为与结果都有因果关系，从而认为甲、乙二人均为故意杀人罪既遂。

（3）二人均击中，基本事实可以查清。丙身上有两个弹孔，一处是致命伤、一处是非致命伤。可证明甲、乙二人均击中，但不能证明谁致死、谁所起作用较大。在中国刑法中，因证明大概因果流程的基本事实可查清，只是甲、乙二人的作用力大小不能分清，故应认为二人都有因果关系，均为故意杀人罪既遂。

在日本刑法中，适用刑法明文规定的"特殊同时犯"的归责原则，也会得出相同的结论，认为甲、乙二人行为与死亡结果之间均有因果关系。日本刑法典第207条［同时伤害之特例］规定："二人以上实施暴行伤害他人的，在不能辨别各人暴行所造成的伤害的轻重或者不能辨别何人造成了伤害时，即使不是共同实行的，也比照共犯的规定处断（认为均有因果关系）"。

（4）谁击中谁未击中不能查明。丙身上只有一个弹孔，可证明甲、乙二人一人击中、一人未击中。亦即，可证明射击，但不能证明谁击中。证明大概因果流程的基本事实未查清，适用刑事诉讼的"疑罪有利于被告人"规则，认为甲、乙二人行为与结果都无因果关系（无法查明），从而认为甲、乙二人均为故意杀人罪未遂。

一般所称同时犯因果关系的判断规则，即除去一行为结果会发生，除去全部行为结果不会发生，数行为均与结果有因果关系（修正条件说），是指前述四种情形中的第二种情形。

经典考题

甲、乙上山去打猎，在一茅屋旁的草丛中，见有动静，以为是兔子，于是一起开枪，不料将在此玩耍的小孩打死。在小孩身上，只有一个弹孔，甲、乙所使用的枪支、弹药型号完全一样，无法区分到底是谁所为。对于甲、乙的行为，应当如何定性？[①]（2008年四川延期试卷二第6题）

  A. 甲、乙分别构成过失致人死亡罪   B. 甲、乙构成过失致人死亡罪的共同犯罪

  C. 甲、乙构成故意杀人罪的共同犯罪 D. 甲、乙不构成犯罪

（四）重叠因果关系：A1+A2 → R

两个以上相互独立的行为，单独不能导致结果的发生（但具有导致结果发生的危险），但合并在一起造成了结果时，就是所谓重叠的因果关系；如果二行为对结果造成的作用一样大（或都超过50%），或者无法区分作用大小，则一般认为二行为均与结果之间具有因果关系。例如：

▶ **事例1：** 甲、乙二人没有意思联络，分别向丙的食物中投放了致死量50%的毒药，二人行为的重叠达到了致死量，丙吃食物后死亡。在这种情况下，由于甲、乙二人的行为分别都对丙的死亡起作用（可谓多因一果），并且无法具体查明二人谁的作用显著较大，故应肯定二人的行为均与结果具有因果关系。

▶ **事例2：** 甲与乙分别向丙开枪，都没有击中要害部位，但由于两个伤口同时出血，导致丙失

---

① **参考答案：**D

血过多死亡。甲、乙二人行为均与丙的死亡有因果关系。

🚩事例3：甲刺杀了儿童丙后逃离，丙的母亲乙发现后能够救助而不救助，导致丙因失血过多而死亡。甲、乙二人行为均与丙的死亡有因果关系。

事实上，重叠的因果关系是前述介入因果关系的变型。在能够显著区分二行为对结果的作用大小时，适用介入因果关系的判断法则，认为作用大的行为与结果之间具有因果关系。在不能区分二行为对结果的作用大小时，适用重叠因果关系的判断法则，认为二行为与结果之间均具有因果关系。

（五）因果关系是客观的（所谓"假定因果关系"的问题）

因果关系是客观方面的要素（不法要素），应当以客观事实为基础。当客观上出现某个现有行为（B）导致结果（R）发生，但即使没有该行为（B），由于其他情况（A）也会产生同样结果（R）的情形时，应当根据现在行为是否改变了原有具体流程，来判断现在行为（B）与结果（R）之间是否具有条件关系以及因果关系。

1. 现有行为改变流程，认为现有行为与结果有因果关系。即，如果现有行为（B）导致同样结果（R）的具体流程（B→R），与原有情况（A）导致结果（R）的具体流程（A→R）并不相同，则仍认为现有行为（B）与结果（R）之间具有条件关系、因果关系。

🚩事例：在执行人乙对死刑犯丙执行死刑时，在执行人乙正在扣动扳机的瞬间，被害人的父亲甲推开执行人，自己扣动扳机击毙了死刑犯丙。尽管甲不开枪的话，丙也会被乙击毙。但原有流程（乙击毙丙）是合法流程，而现有流程（甲击毙丙）是非法流程，现有行为改变了原有流程。故丙的死亡结果与甲的开枪行为之间存在条件关系，也存在因果关系。此之谓"假定的因果关系"的情形。

2. 现有行为未改变流程，认为现有行为与结果无因果关系。即，如果现有行为（B）导致同样结果（R）的具体流程（B→R），与原有情况（A）导致结果（R）的具体流程（A→R）完全相同，则仍认为现有行为（B）与结果（R）之间不具有条件关系、因果关系。

🚩事例：甲是调整铁道岔的扳道工，当乙开着火车经过时，甲将道岔从左边调整到右边。因一段因山崩而掉落的岩石横着堵塞在左边、右边两条轨道上，乙刹车不及撞上右边轨道上的岩石而死亡。即使甲不将道岔从左边调整到右边，乙也会在左车道撞上岩石而死亡。并且，现有流程（右道撞死）与原有流程（左道撞死）是性质相同的同样流程，甲的行为使乙的死亡地点有所改变，但并没有因此使乙撞上岩石的机会增加，因此甲的扳道行为与乙的死亡结果之间不具条件关系、因果关系。

3. 由此得出的推论和经验法则是：因果关系是客观的，当出现结果时，首先应当根据客观事实流程认定造成结果的直接原因为何，然后分析直接原因者是否负最主要责任，以判断因果关系。例如：

🚩事例1：甲投毒杀乙，乙喝下毒药10小时之后必定会死亡，但其喝下毒药后2小时因地震被压死。因乙的客观死因是压死而不是毒死，故甲的投毒行为与乙的死亡结果无因果关系。

🚩事例2：A想杀死C，便在C准备进行穿越沙漠长途旅行的前夜，悄悄地溜进C的房间，把C水壶里的水换成无色无味的毒药。B也想杀死C，于同一夜里的晚些时候，溜进了C的房间，在C的水壶底部钻了一个小洞。次日晨，C出发了，他没有发现水壶上的小洞。两小时之后，C在沙漠中想喝水，但水壶是空的。由于没有其他水源，C在沙漠中脱水而死。因C客观上的死因是渴死，而不是毒死，故C的死亡结果与B有因果关系，而与A无因果关系。

（六）共同犯罪与因果关系

在共同犯罪中，当正犯的实行行为与结果有因果关系，且共犯人（共同正犯、帮助犯、教唆犯）的共犯行为（共同实行、帮助、教唆）与正犯的实行行为有因果关系时，共犯人对结果负责。

1. 对于共同正犯：一人既遂、全体既遂。🚩例如：甲、乙共谋伤害丙，进而共同对丙实施伤害行为，导致丙身受一处重伤，但不能查明该重伤由谁的行为引起。应当认为甲、乙均对重伤结果负责，均成立故意伤害（重伤）罪。

注意：共同正犯中仅有一个共同实行行为，只不过有数个共同犯罪人；这与同时犯中有数个实行行为的情况是不同的。

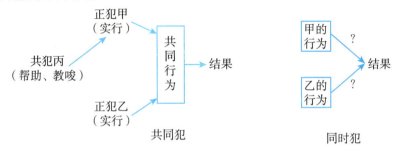

2. 对于狭义共犯（帮助、教唆行为）：与实行行为、结果有因果关系者对结果负责。

（1）要求共犯行为（帮助、教唆行为）与实行行为之间具有因果关系（促进关系、造意关系），亦即实行犯实际利用了帮助犯提供的帮助条件，或者实行犯的犯意是教唆犯制造的，实行犯既遂，才认为共犯也既遂。

（2）如果共犯行为（帮助、教唆行为）与实行行为之间不具有因果关系（促进关系、造意关系），亦即实行犯没有实际利用帮助犯提供的帮助条件，或者实行犯的犯意不是教唆犯制造的，即使实行犯既遂，也不认为共犯既遂。教唆犯可能不成立，帮助可能是未遂。

🚩**事例1**：甲欲杀丙，乙提供匕首一把，如果甲使用乙提供的匕首将丙杀死，则甲、乙构成故意杀人罪既遂。如果甲没有使用乙提供的匕首，而是用别的方法将丙杀死，则甲构成故意杀人罪既遂，乙成立帮助犯，但构成故意杀人罪未遂。

🚩**事例2**：乙因妻丙外遇而决意杀之。甲对此不知晓，出于其他原因怂恿乙杀丙。后乙杀害丙。因实行犯乙原来就有杀人的实行犯意，犯意并非甲的怂恿行为制造，故而丙死亡的结果与甲的怂恿行为没有因果关系，甲也不构成故意杀人罪的教唆犯。

📖 **经典考题**

甲、乙、丙共同故意伤害丁，丁死亡。经查明，甲、乙都使用铁棒，丙未使用任何凶器；尸体上除一处致命伤外，再无其他伤害；可以肯定致命伤不是丙造成的，但不能确定是甲造成还是乙造成的。关于本案，下列哪一选项是正确的？① （2016-2-7）

A. 因致命伤不是丙造成的，尸体上也没有其他伤害，故丙不成立故意伤害罪

B. 对甲与乙虽能认定为故意伤害罪，但不能认定为故意伤害（致死）罪

C.甲、乙成立故意伤害（致死）罪，丙成立故意伤害罪但不属于伤害致死

D.认定甲、乙、丙均成立故意伤害（致死）罪，与存疑时有利于被告的原则并不矛盾

四、因果关系与犯罪成立

因果关系是犯罪成立客观方面的条件之一，具有因果关系，行为即符合了犯罪成立客观方面的条件（客观不法）；但不一定必然都成立犯罪。还须考虑犯罪成立的其他条件，例如行为人主观上是否具有过错等（主观责任）。在构成何罪时，也应将客观不法、主观责任结合起来。

一般理论		具体定式模型	
条件说	无 A 则 无 R，A 是 R 的条件	特殊体质（A+ 特殊体质→R）	有因果
相当因果关系说（条件说＋相当性）	Step1：无 A1、A2 则 无 R → A1、A2 是 R 的条件；Step2：A1 重要，A2 不重要→A1 有因果，A2 是条件	介入因果（A1→B+A2→R）看三步，作用大者有因果	Step1：启动原因（A1）是否包含结果（R）可能性；Step2：启动原因（A1）是否大概率导致介入因素（A2）；Step3：启动原因（A1）、介入因素（A2）对结果（R）的作用力大小
		同时犯因果（A1、A2→R）四情形	A1、A2 谁打中查不清，都无因果
			A1、A2 都打中都致命，都有因果
			A1、A2 都打中作用大小查不清，都有因果
			A1、A2 都打中致命一枪查得清，按查清情况认定因果
		重叠因果（A1+A2→R）	A1、A2 都有因果
因果关系与犯罪成立的关系：有因果关系可认为具备犯罪成立的客观要件（不法），但是否构成犯罪还需要考虑主观要件（责任）			

考点归纳

1.相当因果关系两步骤：先看条件，再看相当性（作用最大）。先根据"无 A 有没有 R"的标准，判断 A 是否是 R 的条件；导致 R 有数个条件 A1、A2，作用最大、最具相当性（不异常）的条件是原因。

2.四种基本因果关系（特殊体质、介入因果、同时因果、重叠因果）的判断规则：

（1）特殊体质（A+ 特殊体质→R）有因果。行为（A）与被害人特殊体质结合导致结果（R），认为行为（A）与结果（R）之间具有因果关系。是否构成犯罪，要再看行为人主观上有无过错。

（2）介入因果（A1→B+A2→R）看三步，作用大者有因果。启动原因（A1）是否包含结果（R）可能性，启动原因（A1）是否大概率导致介入因素（A2），启动原因（A1）、介入因素（A2）对结果（R）的作用力大小。

（3）同时犯因果（A1、A2→R）四情形：A1、A2 谁打中查不清，都无因果；A1、A2 都打中都致命，都有因果；A1、A2 都打中作用大小查不清，都有因果；A1、A2 都打中致命一枪查得清，按查清情况

认定因果。

（4）**重叠因果（A1+A2→R）都有因果**。但有前提：A1、A2对结果（R）的作用力一样大（或都超过50%），或无法查明作用力大小。

经典考题

关于因果关系，下列哪一选项是错误的？① （2006-2-2）

A.甲故意伤害乙并致其重伤，乙被送到医院救治。当晚，医院发生火灾，乙被烧死。甲的伤害行为与乙的死亡之间不存在因果关系

B.甲以杀人故意对乙实施暴力，造成乙重伤休克。甲以为乙已经死亡，为隐匿罪迹，将乙扔入湖中，导致乙溺水而亡。甲的杀人行为与乙的死亡之间存在因果关系

C.甲因琐事与乙发生争执，向乙的胸部猛推一把，导致乙心脏病发作，救治无效而死亡。甲的行为与乙的死亡之间存在因果关系，是否承担刑事责任则应视甲主观上有无罪过而定

D.甲与乙都对丙有仇，甲见乙向丙的食物中投放了5毫克毒物，且知道5毫克毒物不能致丙死亡，遂在乙不知情的情况下又添加了5毫克毒物，丙吃下食物后死亡。甲投放的5毫克毒物本身不足以致丙死亡，故甲的投毒行为与丙的死亡之间不存在因果关系

拓展习题

下列关于刑法上的因果关系的说法，正确的有（　　）②

A.甲将一枚即将爆炸的炸弹扔到乙的身边，乙立即将炸弹踢开，没想到踢到了丙身边，将丙炸死，甲的行为与丙的死亡之间不具有因果关系

B.甲在楼梯上对乙实施严重暴力，乙在急速往楼下逃跑时摔倒，头部受伤而死亡的，甲的行为与乙的死亡之间具有因果关系

C.甲持刀欲伤害乙，将乙的胳膊砍伤（轻伤），就其受伤部位与程度而言，不致发生死亡结果，可是乙是血友病患者，受伤后流血不止而死亡。则甲属故意伤害罪（致人死亡）

D.甲以抢劫故意、乙以强奸故意共同对丙实施暴力，造成丙死亡，但丙只有一处致命伤，却不能查明该致命伤由谁造成。根据存疑时有利于被告的原则，不能认定甲成立抢劫罪致人死亡，也不能认定乙成立强奸罪致人死亡

解析：A选项，介入因果，一般人都会踢开，有因果关系。

B选项，介入因果，严重暴力一般都会逃走，有因果关系。

C选项，特殊体质与因果，有因果关系。

D选项，甲、乙对于暴力行为是共同行为，都对结果负责。

【思考题】（1）甲某与被害人A某两家东西相邻，因争执甲某对A某怀恨在心。甲某找到与A某有过节的乙某，说起此事，乙某欲想借甲某之手报复A某。遂骗甲某说："我这里有一种药水，吃了只会使人瞎掉，你拿去给A某吃，把她弄瞎。"而实际上找来一支一次性注射器，从家中甲胺磷农药瓶中抽取半针筒剧毒农药，交给甲某。（2）当晚甲某潜至A某家门前丝瓜棚处，将乙某给的"药水"（实为甲胺磷农药）打入瓜藤上所结的5条丝瓜中。甲某的丈夫丙某见甲某鬼鬼祟祟，向甲某问及此事，

---

① **参考答案**：D
② **参考答案**：BC

甲某如实说明，并说："放心吧，只会弄瞎，死不了人的。"丙某未予以制止。（3）次日晚，A某采摘3条丝瓜后，将其送给婆婆B某。B某食用被注射有甲胺磷农药的丝瓜后，因患有糖尿病，甲胺磷农药中毒引发糖尿病高渗性昏迷低钾血症。因糖尿病高渗性昏迷低钾血症是临床医学中较为罕见的疑难病症，非常难以诊治，医生丁某在诊断中存在轻微不当，而仅以糖尿病和高血压症进行救治，B某因抢救无效于次日早晨死亡。（4）B某死后，丙某偷偷潜入A某家门前丝瓜棚，将未采摘但注射有农药的丝瓜偷走。案发后，丙某指使另一村民丁某向公安机关作虚假证言，证明甲某案发时不在场。

【问题】本案中甲某、乙某、丙某、丁某如何定性？

第五节　其他客观不法要素

一、行为的时间、地点、方法（客观附随情状）

有些犯罪刑法明文要求行为必须在特定的时间、地点或以特定的方法实施。例如，《刑法》第340条与第341条第2款规定的非法捕捞水产品罪与非法狩猎罪，就将禁渔期、禁猎期、禁渔区、禁猎区、禁用的工具、方法等作为构成要件。

二、数额、次数、情节（客观的超过要素）

刑法规定的盗窃罪、抢夺罪、诈骗罪、敲诈勒索罪、贪污罪、受贿罪等许多罪名，都涉及犯罪的数额、次数与情节。例如敲诈勒索罪，以数额较大或多次敲诈作为构成犯罪的条件。而侮辱罪、诽谤罪，以情节严重作为构成犯罪的条件。这些数额、情节、次数要素，也是构成犯罪的客观方面的要素（不法要素）。

但是，对于这些要素有无认识，并不影响犯罪故意的成立。故被称为"客观的超过要素"，亦即，主观故意成立无需认识数额、次数、情节要素。

▶**正例**：甲盗窃乙的摩托车时，误认为其价值5千元，而实际价值为5万元，甲仍认识到对象是财物，具有盗窃故意。

▶**反例**：如甲盗窃乙家中的一个破碗时，误认为根本不值钱，而实际上该碗是文物价值为50万元，这就不是对数额大小误认的问题，而是对象有无的认识的（对象物是否具有价值、是否是财物）的问题。因甲没有认识到对象物是财物，不认为具有盗窃故意。

三、特殊身份（真正的身份）

特殊主体指行为人在身份上需要具有某种特殊资格，才能构成某种具体犯罪的正犯（真正的身份犯）。由于特殊身份可影响行为性质的认定，故为不法要素。例如，国家工作人员巨额财产来源不明的，才系不法行为；普通百姓巨额财产来源不明的，不属刑法中的不法行为。从而，对于特殊身份没有认识，是对不法要素没有认识，不能构成该罪的故意。例如，严重性病患者如没有认识到自己患有严重性病的，不能认为其有传播性病罪的故意。

对于自然人犯罪的特殊身份而言，主要包括：公职身份（如国家工作人员、国家机关工作人员、司法工作人员、军人）、职业身份（如金融机构工作人员）、特定法律义务（如纳税人）、特定法律地位（如证人、罪犯）、特定行为者（如依法配备公务用枪的人员）、病患者（如严重性病患者），等等，性别也是一种特殊身份。但是，首要分子不能认为是特殊身份，因为任何人都能成为首要分子。

值得注意的是，特殊主体的特殊身份，是对构成该罪名正犯（一般是实行犯）的要求。不具特定身份的行为人，不能构成要求特殊身份犯罪名的正犯，但可以构成共犯（教唆犯或帮助犯）。

第五章　主观责任要件
（犯罪的主观要件）

责任（主观责任[主体责任]）是指行为人能够因其实施的符合构成要件的违法行为承担被非难、谴责的刑事责任。不法判断是对行为客观层面的判断，责任判断主要是对行为人主观层面的判断。责任的要素包括刑事责任年龄、责任能力（自然人主体）、责任形式（故意、过失）、目的、动机，这是责任的积极要素；此外，还有责任阻却事由（不具认识可能性的违法性认识错误、缺乏期待可能性），此为责任的消极要素。行为人具备了责任的积极要素，没有责任的消极要素，就认为有责任。

第一节　刑事责任年龄、责任能力（责任的前提）

考点说明

　　本考点之下需要掌握的知识点主要有：（1）14～16周岁的人的刑事责任认定；（2）隔时犯的处理；（3）原因自由行为的处理。

知识点讲解

　　刑事责任能力（责任能力），指行为人对自己行为的辨认能力（认识）与控制能力（意志），能够承担刑事责任（被宣判为有罪、科处刑罚）的能力。判断行为人是否具有刑事责任能力，首先需考查行为人是否已达到刑事责任年龄，然后再考查行为人的精神状况。行为人达到刑事责任年龄、精神正常，具有刑事责任能力，实施不法行为的，可宣告其构成犯罪、对其科处刑罚。未达刑事责任年龄的人实施了不法行为，不予刑事处罚，责令他的监护人严加管教；在必要的时候，也可以由政府收容教养；精神病人需强制医疗。

一、刑事责任年龄

　　刑事责任年龄，是指由刑法所规定的，行为人对其实施不法行为承担刑事责任所必须达到的年龄。

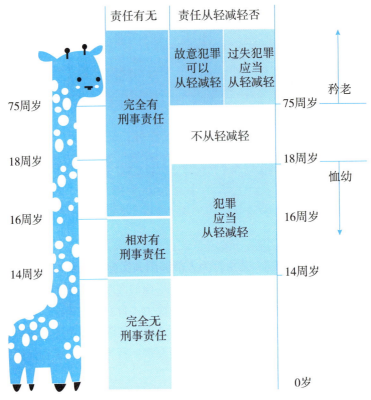

（一）三阶段的刑事责任年龄划分

1.我国刑法将刑事责任年龄划分为三个阶段：

（1）完全无刑事责任阶段。不满14周岁的人，对其实施的所有不法行为，都不承担刑事责任。

（2）相对有刑事责任阶段。已满14周岁不满16周岁的人，实施故意杀人、故意伤害致人重伤或者死亡、强奸、抢劫、贩卖毒品、放火、爆炸、投放危险物质罪等八种行为的，应当负刑事责任。

（3）完全有刑事责任阶段。已满16周岁的人，对其实施的一切不法行为，均承担刑事责任。

2.此外，我国刑法还规定有两个从宽刑事责任阶段：

（1）"恤幼"：已满14周岁不满18周岁的人犯罪，应当从轻或者减轻处罚，即故意犯及过失犯均"必须从宽"。

（2）"矜老"：已满75周岁的人故意犯罪的，可以从轻或者减轻处罚；过失犯罪的，应当从轻或者减轻处罚，即：过失犯"必须从宽"；故意犯"可以从宽"。

特殊主体	刑事责任		死刑	累犯	缓刑	前科报告
不满18周岁的人	应当从轻或减轻		不适用死刑	不构成一般累犯	应当缓刑	被判5年以下：免除
已满75周岁的人	故意：可以从轻或减轻		一般不适用死刑		应当缓刑	
	过失：应当从轻或减轻		但以特别残忍手段致人死亡，可适用			
怀孕的妇女			不适用死刑（审判时）		应当缓刑	

★（二）对相对有刑事责任阶段（14～16周岁）刑法规定的理解和运用

📖 **相关法条**

《刑法》第 17 条第 2 款【14～16 周岁承担刑事责任的范围】已满十四周岁不满十六周岁的人，犯故意杀人、故意伤害致人重伤或者死亡、强奸、抢劫、贩卖毒品、放火、爆炸、投毒罪的，应当负刑事责任。

💡 **知识点讲解**

行为	包括	不包括
故意杀人 故意伤害致重伤、死亡	转化犯	过失致死 故意伤害致人轻伤
抢劫	普通抢劫 携带凶器抢夺 聚众打砸抢的首要分子 （抢劫枪支等特别法）	转化型抢劫
强奸	强奸成年妇女 奸淫幼女	两小无猜
放火、爆炸、投毒（投放危险物质）	投放危险物质	决水、以危险方法危害公共安全 破坏交通工具、劫持航空器
贩卖毒品		制造、运输、走私毒品
		绑架

1. 规定了 8 种行为

14~16 周岁的人，对 8 种行为（3+3+1+1）负刑责：三人身（杀人、伤害致重伤死亡、强奸）、三公安（放火、爆炸、投放危险物质）、一财产（抢劫）、一毒品（贩毒）。

（1）其中规定了抢劫，没有规定绑架。

（2）规定了放火、爆炸、投毒（投放危险物质），没有规定决水、以危险方法危害公共安全、破坏交通工具、劫持航空器。其中的"投毒"应当理解为投放危险物质。14~16 周岁的行为人实施投放毒害性、放射性、传染病病原体等危险物质行为的，应当承担刑事责任。

（3）规定了故意杀人、故意伤害致人重伤或者死亡，没有规定故意伤害致人轻伤、过失致人死亡。

（4）规定了贩卖毒品，没有规定制造、运输、走私毒品。

"贩卖毒品"不能包括制造、运输、走私毒品。14~16 周岁的行为人实施制造、运输、走私毒品行为的，不承担刑事责任，也不能以贩卖毒品罪的预备犯、帮助犯为名让其承担刑事责任，否则就会导致变相类推。

2. 对于"强奸"的理解

我国刑法中的"强奸"行为包括两类：强行奸淫妇女（违背妇女意志），奸淫幼女（无论幼女是否同意）。这里的"强奸"行为既包括强奸妇女，也包括奸淫幼女。也就是说，14~16 周岁的行为人，实施奸淫幼女行为的，即使是在经幼女同意自愿与行为人发生性关系的情况下

（包括嫖宿卖淫幼女），一般也应承担强奸罪的刑事责任。

但是，根据《最高人民法院关于审理未成年人刑事案件具体应用法律若干问题的解释》第6条、《最高人民法院、最高人民检察院、公安部、司法部关于依法惩治性侵害未成年人犯罪的意见》第27条的规定，已满14周岁不满16周岁的人偶尔与幼女发生性行为，情节轻微、未造成严重后果的，不认为是犯罪。此条款被称为"两小无猜"条款，一般指少年和幼女因谈恋爱而自愿发生性关系家属不要求追究的情形；其他符合此款规定情形（幼女的父母不要求追究）的，也不认为是犯罪。

3. 对于"抢劫"的理解

我国刑法规定的抢劫罪和"抢劫"行为有四种情形，分别是第263条的普通抢劫、第267条第2款的携带凶器抢夺、第269条的转化型抢劫、第289条的聚众打砸抢的首要分子。

√ 第263条【普通抢劫】以暴力、胁迫或者其他方法抢劫财物的，处三年以上十年以下有期徒刑，并处罚金；有下列（八种）情形之一的，处十年以上有期徒刑、无期徒刑或者死刑，并处罚金或者没收财产：……

√ 第267条第2款【携带凶器抢夺定抢劫罪】携带凶器抢夺的，依照本法第二百六十三条的规定定罪处罚。

× 第269条【转化型抢劫】犯盗窃、诈骗、抢夺罪，为窝藏赃物、抗拒抓捕或者毁灭罪证而当场使用暴力或者以暴力相威胁的，依照本法第二百六十三条的规定（抢劫罪）定罪处罚。

√ 第289条【聚众打砸抢的首要分子】聚众"打砸抢"，致人伤残、死亡的，依照本法第二百三十四条、第二百三十二条的规定定罪处罚。毁坏或者抢走公私财物的，除判令退赔外，对首要分子，依照本法第二百六十三条的规定（抢劫罪）定罪处罚。

14～16周岁的行为人，除实施转化型抢劫行为不能追究抢劫罪的刑事责任以外，实施其他三种抢劫行为均可追究抢劫罪的刑事责任。

（1）14～16周岁的行为人，实施普通抢劫、携带凶器抢夺，或者系聚众打砸抢的首要分子的，可以追究其抢劫罪的刑事责任。

（2）14～16周岁的行为人，实施转化型抢劫行为：不认定为抢劫罪，可以手段行为定罪（故意伤害罪重伤、故意杀人罪）。这是因为，《刑法》第269条的转化型抢劫行为构成抢劫罪的前提是"犯盗窃、诈骗、抢夺罪"，而14～16周岁的行为人对盗窃、诈骗、抢夺行为不承担刑事责任，不能"犯盗窃、诈骗、抢夺罪"。故而，前述《未成年人解释》第10条规定："已满14周岁不满16周岁的人盗窃、诈骗、抢夺他人财物，为窝藏赃物、抗拒抓捕或者毁灭罪证，当场使用暴力，故意伤害致人重伤或者死亡，或者故意杀人的，应当分别以故意伤害罪或者故意杀人罪定罪处罚。"

▶ 事例：15周岁的甲盗窃后为抗拒抓捕而将被害人打死，则甲不构成抢劫罪，而构成故意杀人罪；15周岁的乙抢夺后为窝藏赃物而将被害人打成轻伤，则其对抢夺行为、故意伤害轻伤行为均不承担刑事责任。

（3）由于枪支、弹药、爆炸物、危险物质亦属财物，抢劫枪支、弹药、爆炸物、危险物质罪与抢劫罪系属特别法与一般法的法条竞合关系。故而，14～16周岁的行为人，实施抢劫枪支、弹药、爆炸物、危险物质行为的，应当承担抢劫罪的刑事责任。但是，对于抢劫商业秘密、印章、国有档案等非财物的，不能承担刑事责任。

4. 对于"故意杀人、故意伤害（致人重伤、死亡）"的理解

这里的"故意杀人、故意伤害（致人重伤、死亡）"包括转化犯（故意杀人、故意伤害重伤）。

▶事例：14～16周岁的行为人，非法拘禁他人使用暴力致人死亡的，可承担故意杀人罪的刑事责任。

但是，在此需特别注意区分转化犯（故意杀人、故意伤害重伤）与结果加重犯（过失致死）。

▶事例：14～16周岁的行为人，非法拘禁他人致人死亡的，或者绑架致人死亡（如果死亡不是使用暴力造成，不适用非法拘禁使用暴力致人死亡的条款）的，由于其中的"致人死亡"均指过失致死，而14～16周岁的行为人既不对基本犯行为也不对过失致死行为承担刑事责任，故而不能承担刑事责任。

当然，如果行为人对结果加重犯的基本犯行为承担刑事责任，其也能承担加重结果的责任。

▶例如：14～16周岁的行为人，抢劫致人死亡、强奸致人死亡，均可对基本犯行为及加重结果承担刑事责任。

5. 规定的是8种"犯罪行为"，而不是8种"罪名"

14～16周岁的行为人，只要实施前述8种行为的，均应承担刑事责任；如果该行为包括在其他罪名中，应当单独评价该行为，从而认定为这8种"罪名"。根据《未成年人解释》第5条的规定，已满14周岁不满16周岁的人实施刑法第17条第2款规定以外的行为，如果同时触犯了刑法第17条第2款规定的，应当依照刑法第17条第2款的规定确定罪名，定罪处罚。

▶事例：14～16周岁的行为人，在绑架中杀人，对杀人行为承担故意杀人罪的刑事责任；在拐卖妇女、儿童中强奸、组织强迫卖淫中强奸，对强奸行为承担强奸罪的刑事责任；决水、以危险方法危害公共安全、破坏交通工具行为故意造成人员死亡，对其中包容的杀人行为承担故意杀人罪的刑事责任。

6. 共同犯罪的问题

已满14周岁不满16周岁的人，与他人实施共同犯罪，在本人承担刑事责任的范围内承担责任（"不法是共同的，责任是分别的"）。

▶事例：17周岁的甲与15周岁的乙一起实施了绑架杀人的行为，甲承担绑架罪（绑架中故意杀害被绑架人）的刑事责任，乙只对杀人行为承担故意杀人罪的刑事责任。

▶事例：17周岁的甲与15周岁的乙一起实施了走私、贩卖、运输、制造毒品行为，甲承担走私、贩卖、运输、制造毒品罪的刑事责任，乙承担贩卖毒品罪的刑事责任。

（三）刑事责任年龄的认定

1. "已满"与"不满"：生日当天是"不满"，生日第二天才是"已满"。刑法所规定的年龄是指实足年龄。其中"已满"不包括生日当天。

▶事例：甲16周岁生日当天绑架杀人的，应当认为是不满16周岁，只对杀人行为承担故意杀人罪的刑事责任。

2. 对于隔时犯：即行为时与结果时不一致，虽以行为时年龄为基准，但结果发生时行为人已达到刑事责任年龄的。可判断一下从达到责任年龄之日起对结果发生是否可以构成不作为犯，或是否实施了其他行为。如可构成不作为犯或对其他行为负责，仍需承担责任；如不构成不作为犯或不对其他行为负责，则不能追究刑事责任。

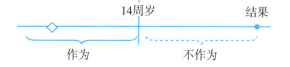

▶事例1：甲在14周岁生日前一天在商场放置定时炸弹，定时三天之后才发生爆炸。设置炸弹行为时不满14周岁，不能承担刑事责任；但已满14周岁后负有解除义务有能力履行而不履行，实施有不作为的爆炸行为，仍可认定其构成爆炸罪。

▶事例2：甲14岁生日当天杀人，被害人被他人及时救助，但第二天后不治身亡。实施作为杀人行为时不满14周岁，不承担刑事责任；已满14周岁之后不履行救助义务实施有不作为行为，但与死亡结果没有因果关系，仍然不能承担刑事责任。

▶事例3：甲16周岁生日当天对乙敲诈勒索，乙三天后交钱，甲接受。甲可构成侵占罪。

3.跨越不同刑事责任年龄阶段实施不法行为的处理。（1）只能追究能够承担责任阶段的行为的刑事责任。（2）对于连续犯、继续犯、同种数罪跨越不同刑事责任年龄阶段的，如跨越有无不同阶段，只追究有责任阶段的行为；如跨越轻重不同阶段，则一并追究，酌情考虑从宽。

4.骨龄鉴定。犯罪嫌疑人不讲真实姓名、住址、年龄不明的，可以委托进行骨龄鉴定或其他科学鉴定，经审查，鉴定结论能够准确确定犯罪嫌疑人实施犯罪行为时的年龄的，可以作为判断犯罪嫌疑人年龄的证据使用。如果鉴定结论不能准确确定犯罪嫌疑人实施犯罪行为时的年龄，而且鉴定结论又表明犯罪嫌疑人年龄在刑法规定的应负刑事责任年龄上下的，应当依法慎重处理。

经典考题

甲（十五周岁）的下列哪一行为成立犯罪？①（2010-2-4）

A.春节期间放鞭炮，导致邻居失火，造成十多万元财产损失

B.骗取他人数额巨大财物，为抗拒抓捕，当场使用暴力将他人打成重伤

C.受意图骗取保险金的张某指使，将张某的汽车推到悬崖下毁坏

D.因偷拿苹果遭摊主喝骂，遂掏出水果刀将其刺成轻伤

拓展习题

以下关于刑事责任年龄，说法正确的有（　　）②

A.甲（15周岁）驾驶汽车在人群密集的步行街上横冲直撞，撞死3人，致8人重伤，甲不能构成犯罪

B.15周岁的李某盗窃汽车一辆（价值8万元），交给乙某帮忙保管，则乙某可以构成掩饰、隐瞒犯罪所得罪

C.丙某（20周岁）与13周岁的张某一起，对被害幼女V某轮番奸淫，由于张某不承担强奸罪的刑事责任，故对丙某不能认定为轮奸

D.丁在75周岁生日的第二天（2011年5月2日），管理烟花爆竹时不负责任，导致爆炸事故，致一人死亡。则依照刑法的规定，应当对其从轻或者减轻处罚

解析：A选项，构成故意杀人罪。

B选项，构成掩饰、隐瞒犯罪所得罪的对象只需是犯罪（不法）所得的赃物即可。

C选项，二人构成强奸罪的共同犯罪（不法），只不过张某不负刑事责任而已，丙某成立轮奸。

D选项，已满75岁人过失犯罪，应当从宽。

---

① 参考答案：B
② 参考答案：BD

二、刑事责任能力（精神状况）

📖 **相关法条**

《刑法》第18条【原发性精神病人】精神病人在不能辨认或者不能控制自己行为的时候造成危害结果，经法定程序鉴定确认的，不负刑事责任，但是应当责令他的家属或者监护人严加看管和医疗；在必要的时候，由政府强制医疗。

间歇性的精神病人在精神正常的时候犯罪，应当负刑事责任。

尚未完全丧失辨认或者控制自己行为能力的精神病人犯罪的，应当负刑事责任，但是可以从轻或者减轻处罚。

【自陷醉酒】醉酒的人犯罪，应当负刑事责任。

第19条【又聋又哑的人或盲人犯罪的刑事责任】又聋又哑的人或者盲人犯罪，可以从轻、减轻或者免除处罚。

💡 **知识点讲解**

对于已达到刑事责任年龄的行为人，还应继续考虑其精神状况，即与认识能力与控制能力有关的精神状况。我国《刑法》第18条前3款规定了原发性精神病人的刑事责任；第4款规定了自陷醉酒状态的人的刑事责任，其背后原理是原因自由行为。

（一）原发性精神病人：行为与责任能力同时性原则

《刑法》第18条前3款是对原发性精神病人（行为人本人对陷入精神病状态没有过错）刑事责任的规定，应坚持"行为与责任能力同时性原则"，亦即看行为人实施行为当时是否有责任能力。

1.刑法上的"精神病人"只涉及辨认、控制能力（心理学）因素。与医学上的"精神病人"有区别。

精神病人的确定要"经法定程序鉴定确认"，判断时先由精神病学专家鉴定行为人是否患有精神病（医学标准），再由司法工作人员判断行为人是否不能辨认、不能控制自己的行为（法学标准）。

2.三种"精神病人"。我国《刑法》将"精神病人"分为完全丧失辨认、控制能力的精神病人、间歇性精神病人、尚未完全丧失能力的精神病人三种：

（1）完全丧失辨认、控制能力精神病人：精神病人在不能辨认或者不能控制自己行为的时候造成危害结果，经法定程序鉴定确认的，不负刑事责任，但是应当责令他的家属或者监护人严加看管和医疗；在必要的时候，由政府强制医疗。

（2）时好时坏的精神病人：间歇性的精神病人在精神正常的时候实施不法行为，应当负刑事责任。行为当时辨认、控制能力正常，则负责任；行为当时辨认、控制能力不正常，则不负责任。

（3）半精神病人：尚未完全丧失辨认或者控制自己行为能力的精神病人实施不法行为的，应当负刑事责任，但是可以从轻或者减轻处罚。

对于精神病的判断，应首先由精神病医学专家根据医学标准鉴定行为人是否患有精神病，然后由司法工作人员根据心理学标准判断是否因为患有精神病而不能辨认或者不能控制自己的行为。

3. 行为与责任能力同时性原则。从以上关于精神病人的规定，特别是对间歇性的精神病人的规定可知：要求行为人在实施不法行为时具有责任能力，如行为人在实施不法行为时没有责任能力，则不能承担刑事责任。此之谓"行为与责任能力同时性原则"。当然，在实施行为时行为人无刑事责任能力，但结果发生时有刑事责任能力的，也可以依照不作为原理承担刑事责任。

★（二）原因自由行为（自陷精神病、自陷醉态、自陷无责任能力）：清醒时认定对结果的责任

《刑法》第 18 条第 4 款规定的是自陷醉酒的人的刑事责任，其背后的原理是原因自由行为（自陷无责任能力、自陷责任能力减弱）。

具有辨认、控制能力的行为人，故意或者过失使自己一时陷入丧失或者尚未完全丧失辨认、控制能力的状态，并在该状态下实施了符合构成要件的行为，刑法理论称此为原因自由行为。使自己陷入丧失或者尚未完全丧失辨认、控制能力状态的行为，称为原因行为；在该状态下实施的犯罪行为，称为结果行为。由于行为人可以自由决定自己是否陷入上述状态，故称为原因自由行为。

▶事例：彭某因服食摇头丸药性发作，在其暂住处持刀朝同室居住的被害人阮某胸部捅刺，致阮某抢救无效死亡。后经精神病医学司法鉴定认为，彭某系吸食摇头丸后出现精神病症状，在精神病状态下作案。

行为人实施原因自由行为，不再按前述原发性精神病人"行为与责任能力同时性原则"处理，而应按照"以行为时认定行为，以清醒时认定责任（对结果的责任）"来处理。

1. 原因自由行为的责任形式（清醒时对结果的心态）：可以是故意，也可以是过失。

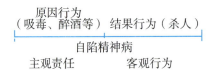

（1）要对结果承担故意责任，须有"双重故意"（连续故意）。亦即，在行为人实施原因行为（清醒）时，要求其主观上对原因行为会使其丧失责任能力、会实施结果行为而造成结果均有故意认识。

▶事例：甲欲图杀害乙，而故意吸毒使自己变成精神病状态，然后再实施杀害行为，则甲构成故意杀人罪。

（2）对丧失责任能力只有过失，或者对丧失责任能力有故意、但对结果的发生仅有过失，即"单重过失、单重故意"的情形，只应承担过失责任；对丧失责任能力有过失、对结果的发生亦为过失，即"双重过失"的情形，也只承担过失责任。

▶事例：甲初次吸食毒品后开车，自认为不会出事，结果撞死人，一般认定为交通肇事罪。

（3）对丧失责任能力、结果的发生任何一项无过错，应当认为不承担刑事责任。

▶事例：甲偷偷在乙的水杯里放入致幻剂，在乙丧失意识后利用其杀人，则乙不承担刑事责任。

2. 认定规则：以清醒时确定过错内容（A 罪故意，或过失），以不清醒时确定客观行为（B 行为），对重合内容承担刑事责任（行为人以 A 罪故意实施 B 行为）。

如行为人在实施原因行为（清醒时），具有实施 A 罪的故意；但在丧失能力后，实际上

却实施了 B 罪行为，则应当在 A 罪故意的范围内对 B 行为负责。亦即对其结果行为中实现了故意内容的部分承担故意责任（行为人以 A 罪故意实施 B 行为）。

🚩事例：甲想抢劫乙（抢劫故意）而使自己陷入无责任能力状态：

①如果甲在实施暴力行为时，依然具有责任能力；而在没有责任能力的情况下，却实施了非暴力侮辱行为。则因甲实行抢劫实行行为（暴力）时有责任能力，可认定为抢劫罪未遂。对侮辱行为（过失侮辱）不承担刑事责任。

②如果甲在实施暴力行为时已经没有责任能力，而暴力行为的内容是非法拘禁。则行为人是以抢劫故意实施拘禁行为而拘禁行为又是抢劫的实行行为，可承担抢劫罪未遂犯责任（另外，因甲客观上实施的拘禁行为可被包容在之前的抢劫故意之中，所以可承担非法拘禁罪的责任。甲是非法拘禁罪与抢劫罪未遂犯的竞合犯）。

③如果甲有责任能力、无责任能力时均没有实施暴力行为；而在没有责任能力的情况下，实施了非暴力侮辱行为。则甲仅承担抢劫罪预备犯的责任。对侮辱行为（过失侮辱）不承担刑事责任。

3.注意：原因自由行为在以"主客观相统一"认定罪名时，与典型的"主客观相统一"不太一样，不是单纯地在重合部分，即按低度法、部分法、一般法认定，而是采用"行为人以 A 罪故意实施 B 行为"认定罪名。

这是因为，原因自由行为承担刑事责任的原理类似间接正犯。在原因自由行为的情况中，行为人实施不法行为当时，已处于无责任能力的状态下，按照行为与责任能力同时性原则，难以推导出行为人需承担刑事责任。但是，类比于间接正犯的情况，甲教唆无责任能力的精神病人乙杀人，乙虽不承担刑事责任，但甲可成立间接正犯。在原因自由行为中，甲使自己陷入无责任能力状态，之后利用处于精神病状态之下的自己实施不法行为，对于处于精神病状态之下的甲，虽不能追究刑事责任，但对于甲在清醒状态下的支配行为，仍可追究刑事责任（只不过，仅在被支配者系完全精神病人时才能成立间接正犯，而行为人自陷限制行为能力状态下，也能成立原因自由行为）。

🚩事例1：甲误认为向丙水杯里投放的是致死的"毒药"，结果导致丙轻伤。事后查明，该"毒药"无论多少剂量都不可能致死（没有致死可能性），只能致人伤害。则甲客观实施的是伤害行为（"杀人行为"是不能犯），主观上有杀人故意，主客观统一于故意伤害罪。类比于：甲教唆乙杀害丙，而乙只实施了伤害，甲是故意伤害罪的教唆犯。

🚩事例2：甲想杀害丙，而吸毒壮胆而使自己陷入无认识能力状态，结果在此状态下实施了伤害。甲清醒时具有杀人故意，实施的行为是伤害行为。应当认为是"以杀人故意实施伤害行为"，可构成故意杀人罪的未遂（与故意伤害罪既遂的竞合犯）。类比于：甲教唆精神病人乙杀害丙，而乙只实施了伤害，甲可能是故意杀人罪未遂的间接正犯。

（三）"醉酒的人犯罪，应当负刑事责任"的解释

如果行为人"醉酒"之后不影响辨认、控制能力（醉而不倒），在此状况下实施不法行为，则行为当时有责任，因为就是一个精神正常的人，根本不会影响责任认定。

因行为人本人过错导致的自发性醉酒（包括生理性、病理性醉酒），从而影响辨认、控制能力，使其陷入无责任能力状态；在无责任能力状态下实施的不法行为，应按前述原因自由行为的规则处理。应以清醒时确定过错内容，以不清醒时确定客观行为，看客观行为与过错内容重合于何处，即对该重合内容承担刑事责任。

1.醉酒人的过错形式可以是故意，也可以是过失，也可能是意外事件。

🚩**事例：** 甲偷偷向乙的饮料中放入酒精令其醉酒后开车，乙醉酒的原因非自发导致，对于结果的造成也无故意，就不能承担危险驾驶罪的刑事责任。

2.不能理解为：无论醉酒原因为何，无论醉酒及实施不法行为时心态如何，一律视为清醒人而承担故意责任。

（四）原发性责任能力耗弱的特别规定

对于刑事责任能力耗弱（辨认、控制能力低下）的情况，刑法还有一些特别规定：

1.半精神病人（第18条第3款）

尚未完全丧失辨认或者控制自己行为能力的精神病人实施不法行为的，应当负刑事责任，但是可以从轻或者减轻处罚。

2.又聋又哑的人或者盲人犯罪，可以从轻、减轻或者免除处罚（第19条）

又聋又哑的人或者盲人犯罪，可以从轻、减轻或者免除处罚。其中的"又聋又哑"，指聋并且哑。聋人或者哑人，量刑时也可酌情从宽。

如果因行为人过错而自陷责任能力耗弱，则适用前述原因自由行为的规则。

📝 **经典考题**

关于刑事责任能力，下列哪一选项是正确的？ ① （2016-2-3）

A.甲第一次吸毒产生幻觉，误以为伍某在追杀自己，用木棒将伍某打成重伤。甲的行为成立过失致人重伤罪

B.乙以杀人故意刀砍陆某时突发精神病，继续猛砍致陆某死亡。不管采取何种学说，乙都成立故意杀人罪未遂

C.丙因实施爆炸被抓，相关证据足以证明丙已满15周岁，但无法查明具体出生日期。不能追究丙的刑事责任

D.丁在14周岁生日当晚故意砍杀张某，后心生悔意将其送往医院抢救，张某仍于次日死亡。应追究丁的刑事责任

📝 **拓展习题**

以下关于责任能力的各种说法，正确的是（　　） ②

A.甲在以前已因吸毒产生过幻觉有狂暴症状的情况下，明知自己吸食后会出现幻觉仍故意吸食，进而出现精神障碍将阮某当作"魔鬼"杀死，则甲不应承担任何刑事责任

B.乙想杀害李某而使自己陷入无责任能力的状态，在无责任能力的状态下错误地实施了杀害张某的行为，则乙仍然构成故意杀人罪既遂

C.丙欲实施抢劫而使自己陷入无责任能力的状态，但结果却是在无责任能力的状态下实施了暴力强奸（未造成轻伤结果），则丙只能认定为抢劫未遂

D.王某故意在丁的饮料中加入酒精致丁丧失认识能力，丁在此情况下实施了伤害行为致赵某重

---

① **参考答案：** A
② **参考答案：** BC

伤，则醉酒的丁应当负刑事责任，王某也构成犯罪

解析：A选项，原因自由行为，清醒时对杀人结果有间接故意（明知狂暴症），应当承担刑事责任。

B选项，同类对象认识错误，是既遂。

C选项，无责任能力时仍然实施了暴力行为，故而认为抢劫行为已实行，未造成既遂结果，故为抢劫未遂，对于强奸罪不负刑事责任。

D选项，丁对于醉酒没有过错，不负责任。王某可构成间接正犯。

🔲 考点归纳

1. 14～16周岁的人，对8种危害行为承担刑事责任。包括3种危害人身行为：故意杀人、故意伤害致人重伤或者死亡、强奸；3种危害公共安全行为：放火、爆炸、投放危险物质；1种危害财产行为：抢劫；1种毒品犯罪：贩卖毒品。没有绑架。实施该8种行为，但包含在其他犯罪之中的，仍对该8种行为承担刑事责任。

2. 原发性精神病：行为、责任需同时。自陷精神病（原因自由行为）：行为时认定行为，清醒时认定责任，重合处认定罪名（以A罪故意实施B行为）。

【思考题1】甲（14周岁生日当天）与乙（16周岁生日当天）与同村村民素有仇隙，听有人说"未成年人犯罪不会追究"，因二人同天生日，遂在二人生日当天，合谋无恶不作：（1）二人先为了庆祝生日，而叫来三名卖淫的幼女，同奸同宿。（2）二人后来在该村水井里投放了毒药。（3）之后二人又盗窃了一辆汽车，见与二人素有仇隙的A某在前边行走边打手机，就商量将其撞死后取走手机，甲遂开车将A某撞倒（致其当场受重伤），乙下车拿走手机；（4）警察B某见状前来抓捕二人，拔枪朝天射击示警，甲开车将B某撞倒（致轻微伤）后将其手枪抢走。（5）在众人围捕之下，二人逃走时开车误入县城"步行街"，为逃走而横冲直撞，撞死1人、3人重伤。（6）后警察支援，将二人团团围住。为脱逃，甲、乙二人在途中俘获一小女孩C某，对包围其的警察喊话"谁敢过来，就杀了C某"，提出条件让警察拿一万块钱给他们，并让他们逃走。警察为保护C某答应了其条件，让开一条道路。（7）甲、乙连夜带着C某逃走，近凌晨时分，途中因其驾驶的汽车没油了，二人在加油站看到D某停车加油，趁D某下车抽烟，当面开走D某的汽车；D某追赶一直至凌晨一点，甲见无法摆脱D某，遂下车把D某打成轻伤。（8）第二天，二人又打电话给C某的母亲，向其勒索到10万元；之后二人奸淫C某后将其卖掉，又得钱5千元。（9）这一天，该村村民E某喝了水井里的死亡；A某也因伤重不治身亡。（10）在甲、乙逃跑途中，丙（17周岁）收留了二人，并为二人打探警察抓捕二人的消息，还将自己吸食的毒品"平价"转给二人，提供给二人吸食。后三人均被抓获。

【问题】甲、乙、丙如何定罪？

【思考题2】被告人曾其健，原北海海关缉私分局法制科副科长，于2005年4月11日下午两点多驾驶驾驶未经登记的套牌丰田小汽车，在北海市中心四川路与海角大道交叉路口，以92公里以上的时速超速行驶，先后共撞击两轮电动自行车1辆、自行车2辆、两轮摩托车3辆、公共汽车1辆、行人2人。最后是因撞击公共汽车后偏离原行驶方向与一辆摩托车碰撞才停下。致六人死亡、四人受伤。经有关专家痕检及试验，在限速40公里的这一路段，曾其健所驾轿车时速高达92公里，严重超速行驶是造成事故的直接原因。曾其健在连续撞击过程中"没有采取任何制动和其他避险措施"。经查，

曾其健自 2001 年起患有癫痫病，在驾驶证年审时隐瞒其疾病得以通过。司法部司法鉴定中心医学鉴定：曾其健患有癫痫病；在当天发生交通事故前及第一次碰撞时处于意识清晰状态；不能排除第一次碰撞后存在癫痫病发作的可能。

【问题】曾其健构成交通肇事罪、以危险方法危害公共安全罪、过失致人死亡罪，还是无罪？

第二节　故意、过失（责任形式）

考点说明

本考点之下需要掌握的知识点主要有：（1）故意成立的必要认识要素；（2）直接故意、间接故意、过于自信的过失、疏忽大意的过失、无过错的认定和区分；（3）故意、过失一般是行为人对结果的心态，而不是对行为的心态。

知识点讲解

故意、过失（责任形式、罪过形式）是行为人实施危害行为时对危害结果所持的心理态度。刑法规定了故意（直接故意、间接故意）、过失（过于自信的过失、疏忽大意的过失）两大类四小类责任形式，以及意外事件、不可抗力两种无罪过形式。司法考试要求考生能够根据案情事实认定行为人主观上有无罪过，系何种罪过形式。

刑法中的直接故意、间接故意、过失自信的过失、疏忽大意的过失，其构成条件主要是从认识因素（包括认识程度）、意志因素两个层面进行规定的，对其概念的掌握和具体认定，也应从这两个层面进行把握。认定具体案件中的行为人的主观心态时，也应将其心理事实（事实）与刑法规定的罪过形式的构成要件（规范）相对比，看是否具备刑法规定的全部的认识因素、意志因素，而不能只是单单从行为人的心理事实层面判断。

罪过形式		构成要素	认识因素		意志因素	
				认识程度		意志内容
故意	直接故意（有目的的故意）	明知必然、可能＋希望	明知必然、可能	必然、大概率、小概率	希望	积极追求
	间接故意（无目的的故意）	明知可能（概率高）＋放任（容忍结果发生，不反对也不追求，听之任之）	明知可能	大概率	放任（意志空缺）	不追求不反对
过失	过于自信的过失（有认识的过失）	预见＋没有避免（应当避免）＋过于自信（有客观依据）	预见到可能	大概率、小概率	轻信（有客观依据）能够避免	反对
	疏忽大意的过失（无认识的过失）	行为人没有预见＋应当预见	没有预见（应当预见）	无认识		
无罪过	不可抗力				不能抗拒	反对
	意外事件		不能预见			

一、故意（直接故意、间接故意）

相关法条

第14条【故意犯罪】明知自己的行为会发生危害社会的结果，并且希望或者放任这种结果发生，因而构成犯罪的，是故意犯罪。

故意犯罪，应当负刑事责任。

知识点讲解

犯罪故意，是指明知自己的行为会发生危害社会的结果，并且希望或者放任这种结果发生的心理态度，分为直接故意和间接故意两类。

（一）直接故意（有目的的故意）

直接故意，是指明知自己的行为会发生危害社会的结果，并且希望这种结果发生的心理态度。

1.认识要素：明知行为必然或可能导致结果（明知）。在认识程度方面，可以是认识到行为导致结果的可能性（可能性大小不论），也可以是认识到行为导致结果的必然性。

2.意志要素：希望结果发生（追求）。

直接故意的构成要点在于意志因素方面，亦即对于结果的发生抱有追求、希望的目的，无论是认识到结果发生的可能性是大还是小，只要具有追求结果的目的，即应认定为直接故意，故而直接故意又被称为"有目的的故意"。

经典考题

黄某意图杀死张某，当其得知张某当晚在单位值班室值班时，即放火致使值班室烧毁，其结果却是将顶替张某值班的李某烧死。下列哪些判断不符合黄某对李某死亡所持的心理态度？ ① （2002-2-50）

A.间接故意　　　　　　　　B.过于自信的过失

C.疏忽大意的过失　　　　　D.意外事件

（二）间接故意（无目的的故意）

间接故意，是指明知自己的行为可能发生危害社会的结果，并且放任这种结果发生的心理态度。

1.认识要素：对结果发生的盖然性认识（明知结果发生的可能性很大，但并非必然发生，还是有不发生的余地）。如认识"必然"发生危害结果（必然性认识），则属直接故意。

2.意志要素：放任（容忍结果发生，不反对也不追求，听之任之），仍实施行为。

放任是既不追求，也不反对，且不采取积极措施防止结果发生。结果发生与否，都不违背行为人的意志，实际上是意志因素空缺。由于行为人知道行为导致结果的概率很大，仍然实施行为，故其虽不追求结果但仍偏向于结果发生。也就是说，间接故意更倾向于结果发生，而不是倾向于结果不发生。

───────────────

① **参考答案：**ABCD

间接故意犯罪通常发生在以下三种情况（具体情形是否成立间接故意需按间接故意的成立条件予以判断）：（1）行为人为了实现某种非犯罪意图而放任危害结果的发生，如狩猎人为了击中野兽而对可能击中他人持放任态度；（2）行为人为了实现某种犯罪意图而放任另一危害结果的发生，如为了抢劫财物而使用暴力放任被害人死亡，或者为了杀妻而在妻子碗内投放毒物时，放任孩子的死亡；（3）瞬间冲动下不计后果的行为，例如不计后果（明知可能造成死亡结果也可能造成伤害结果）乱捅刀子，结果致人重伤。

经典考题

养花专业户李某为防止偷花，在花房周围私拉电网。一日晚，白某偷花不慎触电，经送医院抢救，不治身亡。李某对这种结果的主观心理态度是什么？① （2003-2-1）

A.直接故意   B.间接故意

C.过于自信的过失   D.疏忽大意的过失

★（三）故意（包括直接故意、间接故意）认识要素的内容（事实性认识）

故意（包括直接故意、间接故意）的成立都需具备明知的认识要素，需要明知哪些内容才能成立故意呢？首先应当注意的是：每个故意犯罪的罪名都有不同的犯罪故意，各有自己的故意内容。

事例： 故意伤害罪的成立要求有伤害故意，故意杀人罪的成立要求有杀人故意，伤害故意与杀人故意就是两种不同的故意。甲实施用刀砍乙的行为，如果甲明知此举会造成伤害结果，即有伤害故意；如果明知此举会造成死亡结果，就有杀人故意。这说明，对结果的认识，是成立具体故意的必要认识内容，认识的结果因素不同，成立的故意也有所不同。

事例： 甲在实施盗窃行为的，如果认识到皮包里是财物，则可认为具有盗窃（财物）罪的故意；如果认识到皮包里有手枪，则可认为具有盗窃枪支罪的故意。这说明，对象的认识，也是成立具体故意的必要认识内容。

必要内容	行为	行为的内容与社会意义（危害性质，而非违法性）	只要认识到投毒会杀死别人的狗，就有毁坏财物罪的故意，无需知道刑法如何规定
	特定对象	盗窃枪支罪、赃物类犯罪、奸淫幼女型的强奸罪、淫秽物品犯罪等	成立掩饰、隐瞒犯罪所得罪故意，要求明知自己掩饰、隐瞒的对象是犯罪所得
	危害结果	认识到刑法规定的结果，不要求是具体结果	只要认识到开枪会有人死，就有杀人故意，无需具体认识到谁死何时死
	因果关系	因果关系的基本部分（不要求认识到具体样态）	明知向人开枪会发生死亡结果，就有杀人故意，无需知道是打中心脏致死还是打中头部致死
	主体身份	定罪身份	误认为自己没有患性病而卖淫或者嫖娼的，不具有传播性病罪的故意

---

① **参考答案：B**

续表

必要内容	时间、地点、方法	已规定为该罪必要构成要件要素	成立非法狩猎罪故意，需明知禁猎期、禁猎区
	无正当化事由	认识到不存在构成正当防卫、紧急避险、被害人承诺等事实要素	误将警察检查当作歹徒抢劫对之进行防卫的，属于假想防卫，不具犯罪故意，只可能有过失
	规范构成要件要素	只需认识事实属性，无需认识法律属性	淫秽物品犯罪只需行为人认识到内容是"毛片"，无需关心法律如何评价
非必要内容	数额、次数、情节	诈骗中的数额较大、多次盗窃中的多次	对于"量"的要素无需认识
	实际是"情节"的要素	丢失枪支不报罪中的严重结果，滥用职权罪中的重大损失	对于情节要素无需认识
	违法性认识	具有认识可能性，不阻却责任	大义灭亲，仍有责任
		不具认识可能性，阻却责任	法律权威机构告知合法，实际上是犯罪，没有责任

事实上，故意是对不法要素的认识，对于客观不法要素，包括积极的不法要素（行为、对象、结果、因果关系、时间、地点、方法）、消极的不法要素（正当防卫、紧急避险等违法阻却事由），均要有认识才能成立故意（数额、次数、情节等"量"的要素例外）。故意也是对法定事实即刑法规定的不法要素的认识，故而，认识程度只要及于刑法规定的"种"的事物（即法定认识）即可，而无需认识到社会生活中的"属"（具体认识）。

▶**事例**：刑法规定的盗窃罪的对象是公私财物，行为人只要认识到对象是财物，具有财物属性，即有盗窃罪故意，而无需认识到是何种财物。误将金条认作现金，误将毒品认作美元，都不影响盗窃罪故意的成立。

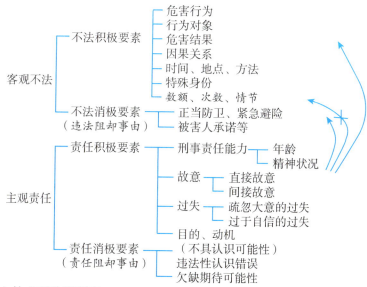

1. 故意成立的必要认识要素

成立故意，行为人必要的认识内容有：

（1）行为的内容与社会意义。但仅需认识到行为的社会性质（自然性质），而无需认识到行为的法律属性（违法性认识）。▶事例：甲持枪射杀某动物，事后查明该动物是国家保护的珍稀野生动物。甲只需认识自己的行为是射杀行为会使该动物死亡，对象是该种动物（事实认识），即应认定其有非法猎捕珍稀野生动物罪的故意，而无需知晓杀害该动物的行为是法律禁止的（违法性认识）。对于自己的行为是否违法有无认识，并不影响故意的成立（如未认识行为的违法性，适用后文违法性认识错误的处理方式，可能影响责任的成立）。

（2）发生结果的可能。对于结果的认识是故意认识的核心内容（结果无价值），但并不要求认识很具体，只需认识到构成要件规定的结果，即认定有故意（法定符合说）。▶事例：甲朝广场上的人群中开一枪，知道会有"死亡"结果发生，即有杀人罪的故意。至于具体谁会死亡，或者误认为 A 会死亡结果造成 B 死亡，均不影响杀人罪故意的成立。

（3）对于以特定对象为必要构成要件要素的犯罪，要求认识到特定对象。▶事例：盗窃枪支罪故意的成立要求认识到对象是枪支，掩饰、隐瞒犯罪所得罪故意的成立要求明知对象是不法所得的赃物，奸淫幼女型强奸罪故意的成立要求行为人明知对象人是不满 14 周岁的幼女。注意：按法定符合说的观点，对同一构成要件（同一罪名）之下不同对象的认识错误，仍认为成立此罪的故意。▶事例：误认为对象是黄金实为毒品而盗窃，由于认识到了对象的财物属性，仍认为有盗窃罪的故意。误认为对象是妇女（已满 14 周岁）实为女童（未满 14 周岁）而进行拐卖，也认为有拐卖妇女、儿童罪的故意。

（4）因果关系的基本部分。只要求认识大概流程，不要求认识到流程的具体样态。▶事例：甲朝乙开枪，只需认识到开枪会导致死亡的因果机制即可，而无需认识到是打中心脏死还是打中脑袋死。

（5）对于以特殊身份为必要构成要件要素的犯罪（身份犯），对于身份要素也要求有认识。特殊身份要素（纯正的身份）是不法要素，故而为故意的必要认识要素。对于身份没有认识，不能成立此罪的故意。▶事例：严重性病患者因嫖娼而传播了性病，但如其没有认识到自己患有严重性病，则不具有传播性病罪的故意。

（6）对于以特定的时间、地点、方法为必要构成要件要素的犯罪，对于时间、地点、方法也要求有认识。

（7）需要认识到不具有正当防卫、紧急避险等违法阻却事由。如果误认为存在不法侵害而防卫（假想防卫），误认为存在危险而避险（假想避险），误认为被害人有承诺而依承诺行为（假想承诺），均不能认为具有故意，不能成立故意犯罪，一般认为成立过失犯罪。

（8）对规范的构成要件要素的社会属性的认识。前节所讲的淫秽物品、猥亵、不正当利益等都是规范的构成要件要素，如果这些要素属于前述故意成立所必须认识的要素范围，则对其也要有认识才成立故意。

对于规范的构成要件要素的认识，虽无须认识其法律属性（法律属性最终定性由裁判者确定），但须认识其社会属性（一般公众认识）。▶事例：认识到贩卖的光盘是"毛片""黄碟"（内容是描写性行为的），事后查明属于淫秽光盘的，即可认为具有传播淫秽物品牟利罪的故意。认识到自己的行为是"对女性乱摸"，即可认为具有强制猥亵妇女罪的故意。

2.故意成立的不必要认识要素

（1）不法要素中的数额、次数、情节等"量的要素"，不是故意认识所必需的认识内容。

事例： 误认为财物数额较大实际上数额巨大，误认为情节不严重实际上很严重，误认为没有达到多次实际上已经多次，都不影响故意的成立。

当然，对于财物犯罪，需要区分"财物（对象）"的认识和"数额较大（数额）"的认识。

事例： 实施盗窃时，行为人误认为东西根本不值钱而实际上是文物，是没有认识到对象的财物属性（"财物"），不能认为具有盗窃故意。**事例：** 行为人误认为东西只值800元实际上值3000元，是认识到了对象是"财物"，只不过没有认识到"数额较大"，仍认为其具有盗窃故意。

（2）极少数故意犯罪中的"损失结果"要素，实际上并不是真正的结果要素，而是单纯成立犯罪的"量的要素（可认定是情节要素）"。例如丢失枪支不报罪中的严重结果、滥用职权罪中的重大损失，不是故意认识所必需的认识内容。成立这些犯罪的故意，只需对行为、对象等有所认识即可，而无需对结果有认识。即使对这些结果只有过失、甚至无过错，也可成立这些犯罪的故意。

事例： 明知自己实施滥用职权行为，但确实不知会造成重大损失，实际造成重大损失的，也认定有故意，构成滥用职权罪。

事例： 警察甲与警察乙一起出差，途中，甲丢失了枪支，打算立即报告。但乙反复劝说甲不要报告，甲没有及时报告，最终导致发生严重结果。即使二人深信不会发生结果，甲、乙也均有故意。

数额、次数、情节等"量的要素"，被称为"客观的超过要素"，亦即，是客观要素，但不是主观故意所必需认识的要素。

（3）对于行为法律性质的认识（违法性认识），不是故意认识的必要要素。误将犯罪行为当作合法行为、行政违法行为等非犯罪行为的，也认为行为人具有故意，只不过是否具有责任另当别论。对于违法性认识错误的处理（详情在后节"责任阻却事由"中讲解）：

①具有认识可能性的违法性认识错误，即行为人未认识到系违法犯罪但一般公众能够认识到违法犯罪，会减轻责任。**事例：** 动用私刑将实施犯罪完毕的亲属杀死的"大义灭亲"行为，行为人对行为的社会意义（杀）、结果（死）、对象（他人）均有认识，但自认为行为的法律性质是正当合法行为，仍然认为其具有杀人罪故意，只不过具有违法性认识错误。

②不具有认识可能性的违法性认识错误，即行为人未认识到系违法犯罪，一般公众也不能认识到违法犯罪，则认为没有责任。**事例：** 行为人不知行为是否合法而向法律权威机构如法院求证，被告知行为合法，行为人放心实施，而实际上是犯罪。行为人具有故意，但公众在此情况下也无法认识到其不法性，故行为人没有责任。

（4）责任要素不是故意认识的必要要素。对于责任年龄、责任能力等没有认识的，不影响故意的成立。**事例：** 行为人自认为13周岁而杀人，实际其15周岁，也认为其具有杀人故意。

经典考题

关于故意的认识内容，下列哪一选项是错误的？[①]（2011-2-5）

A.成立故意犯罪，不要求行为人认识到自己行为的违法性。

B.成立贩卖淫秽物品牟利罪，要求行为人认识到物品的淫秽性。

[①] **参考答案：** D

C.成立嫖宿幼女罪，要求行为人认识到卖淫的是幼女（注：因《刑法修正案（九）》已废除嫖宿幼女罪，本选项已无意义。）。

D.成立为境外非法提供国家秘密罪，要求行为人认识到对方是境外的机构、组织或者个人，没有认识到而非法提供国家秘密的，不成立任何犯罪。

📖 拓展习题

关于犯罪故意，以下说法正确的是（　　）①

A.甲在走私大宗淫秽物品入境时不知道其走私的是淫秽物品，误认为其是普通汽油，则甲不具有走私淫秽物品罪的故意，也不能构成任何犯罪。

B.行为人本来患有严重性病，但误认为自己没有患性病而卖淫，导致多名嫖客染病，行为人因没有认识到自己的特殊身份，因而没有认识到行为的社会意义和危险结果，不能认为其具有传播性病罪的犯罪故意。

C.甲在两年之内实施了三次盗窃（盗窃数额累计未达到数额较大），在甲实施第三次盗窃时，误以为自己是第二次盗窃，则不能认为甲具有盗窃故意，不能构成盗窃罪。

D.国家机关工作人员甲在履行职务时明知严重违反本人职权规程仍有意实施，但不想造成损失结果，但事与愿违，给国家造成了重大损失。因甲对于损失结果只有过失，不能认为具有滥用职权罪故意，不能构成滥用职权罪。

解析：A选项，走私淫秽物品罪的故意要求明知对象是淫秽物品。甲虽不具走私淫秽物品罪的故意，但其认识到对象是普通货物、物品，具有走私普通货物、物品罪的故意，客观不法(走私淫秽物品的行为)与主观责任（走私普通货物、物品罪的故意）相统一，可以构成走私普通货物、物品罪。

B选项，特殊身份主体的故意犯罪，要求行为人认识到自己具有特殊身份，说法正确。

C选项，对次数的认识不是故意认识的必要认识要素。

D选项，滥用职权罪中的结果要素（客观超过要素）不是故意认识的必要认识要素。

二、过失（过于自信的过失、疏忽大意的过失）

📖 相关法条

第15条【过失犯罪】应当预见自己的行为可能发生危害社会的结果，因为疏忽大意而没有预见，或者已经预见而轻信能够避免，以致发生这种结果的，是过失犯罪。

过失犯罪，法律有规定的才负刑事责任。

💡 知识点讲解

过失，是指应当预见自己的行为可能发生危害社会的结果，因为疏忽大意而没有预见或者已经预见而轻信能够避免的心理状态。过失地实施不法行为，刑法有明文规定的才负刑事责任。过失犯罪均以发生危害结果为成立要件。过失可以分为过于自信的过失与疏忽大意的过失。

---
① 参考答案：B

（一）过于自信的过失（有认识的过失）

是指已经预见自己的行为可能发生危害社会的结果，但轻信能够避免，以致发生这种结果的心理状态。

1.认识要素：预见到结果可能发生，已经认识发生结果的可能性。其认识程度，一般是认识到发生结果的可能性小，也可以是认识到发生结果的可能性大（但有依据避免）。

2.意志要素：轻信能够避免，相信能够避免结果（反对结果发生）。暗含的意思：

（1）"避免"：反对结果发生。应当避免（具有避免结果发生的能力）而未避免。

（2）"轻信"：自己有客观依据（例如客观上采取了自认为有效的防果措施，或者之前有避免结果发生的经验），有能力阻止结果发生。

注意：很多考生喜欢从行为人视角出发，认为只要其反对结果发生，就一定是过失，这种判断方法不一定正确。因为过于自信的过失的构成，不仅需要行为人反对结果发生（"避免"），而且需要具备"轻信"要素，即其有客观依据避免结果发生。明知发生可能性较大，仅仅嘴上说说心里想想反对结果发生，而客观上却无任何避免措施的，应当认定为间接故意。

预见到结果可能发生，但没有避免能力、不能抗拒（社会公众认为行为人没有能力避免），系属不可抗力。

（二）疏忽大意的过失（无认识的过失）

是指应当预见自己的行为可能发生危害社会的结果，因为疏忽大意而没有预见，以致发生这种结果的心理状态。疏忽大意的过失是一种无认识的过失。

1.没有预见：行为人事实上没有预见（行为人主观事实）。

2.应当预见：社会期许行为人具有预见可能性（客观说：行为人所属的社会一般人标准［"行为人所属的外行人领域的平行评价"］）。社会公众认为行为人不能预见，系属意外事件。

疏忽大意过失构成的原理：首先是在事实层面上行为人确实没有认识到结果的发生（行为人立场），然后是在社会公众的立场上认为行为人负有认识到结果发生的预见义务（公众立场），是应当预见而未预见。通俗地理解，就是"行为人没预见，但我们能预见"。因此，在行为人没有预见的情况下，判断其是否具有过失，关键是要看"我们"（社会公众）能否预见，这就涉及预见义务、预见能力的问题。

"应当预见"即社会公众期许行为人能够预见结果（预见义务），根据行为人本人的知识水平在当时的情况下也能够预见到结果可能发生，具有预见结果的可能性（预见能力）。将预见义务和预见能力合并起来，可以通俗理解："应当预见"即是社会公众认为行为人所属的那一类人一般有无预见到结果的可能性。刑法术语称为"行为人所属的外行人（同行）领域的平行评价"。

（1）如果过失发生在日常生活中，行为人是一般人，就看一般日常生活中的一般人能否预见结果，行为人的行为是否违反日常生活准则（生活过失）。▶事例：行为人想都没想就在高楼上往下乱扔东西砸死人，因为一般公众都知道往下抛物有可能致人死伤，故认为行为人具有预见义务，具有过失。在建筑材料混乱的场所追打他人致人跌倒致人死亡，一般公众都知道此举具有危险，故行为人具有过失。

（2）如果过失发生在职务、业务工作中，行为人是特种职务、业务者，就看从事该种职务、业务的<u>一般职务、业务者能否预见</u>结果，行为人的行为是否违反职务、业务方面的规范、惯例、规章（业务过失）。▶**事例：**医生为患病误开忌用药品致其死亡，因一般的医生不会乱开，故行为人具有过失。

📖 **经典考题**

某医院妇产科护士甲值夜班时，一新生婴儿啼哭不止，甲为了止住其哭闹，遂将仰卧的婴儿翻转成俯卧，并将棉被盖住婴儿头部。半小时后，甲再查看时，发现该婴儿已无呼吸，该婴儿经抢救无效死亡。经医疗事故鉴定委员会鉴定，该婴儿系俯卧使口、鼻受压迫，窒息而亡。甲对婴儿的死亡结果有何种主观罪过？① （1999-2-22）

A.间接故意　　　　B.直接故意　　　　C.疏忽大意的过失　　　　D.过于自信的过失

★三、直接故意、间接故意、疏忽过失、自信过失、无过错的认定和判断

司法考试在涉及这一节内容时，考试的模式是给出一个事例，让考生判断其主观上具体的责任形式是直接故意、间接故意、疏忽过失、自信过失，还是无过错（不可抗力、意外事件）。对于这样的考试方法，需要注意的问题是：

（1）应当无条件相信命题人叙述的事实。刑法的考题是根据给定事实的情况进行法律判断，一般不涉及给出证据认定事实。故而，应当相信命题人叙述的案情即是已经认定好的客观事实，而不能怀疑其叙述的事实，否则就丧失了认定的事实基础。▶**事例：**如果命题者写明"甲男认为乙女是15周岁，经乙女同意自愿发生性关系"，首先应当相信甲男主观上认为乙女15周岁的事实，再据此判断甲男没有认识到对象是幼女，从而不具有奸淫幼女型强奸罪的故意。而不能将其作为证据问题，认为甲男可能是说谎、口供不足为信。

（2）认定顺序是：先根据案情叙述，看行为人是怎么想的（行为人立场）；然后再看"我们"（社会公众）是怎么想的（公众立场）。而不能直接入手就看"我们"是怎么想的。▶**事例：**如果案情叙述为"甲在公路边推乙，不料将乙推倒被汽车撞死"，题中的"不料"二字说明行为人没有认识到死亡结果，再看"我们"能认识到公路边危险，故而行为人为疏忽大意的过失，而不能入手就认为我们能认识危险，认为行为人是过于自信的过失甚至是间接故意。

（3）细节决定成败。命题者都会在案情中预留细节性的伏笔，应当注意细节不同、结论不同。以抛砖事例为例，行为人甲住在20层高楼上，某日打扫卫生找到一块砖头，以下情形因细节不同会有不同结论：①甲想都没想就将砖头朝窗外抛出，砸死楼下散步的乙，甲是疏忽过失；②甲欲扔却害怕砸着人，趴在阳台上看没有人才扔出，砸死了从单元门走出的乙，甲是自信过失；③甲因楼下一群人吵闹很烦，朝人群中扔一砖，心想砸不着也吓他们一下，结果砸死乙，甲是间接故意；④甲看见仇人乙在楼下散步，瞄准乙将乙砸死，甲是直接故意；⑤甲打扫卫生时不小心跌倒，头触阳台，阳台质量不好砖块崩裂掉下砸死乙，甲系意外事件。

在司法实务中，最难区分的是疏忽大意的过失与意外事件、间接故意与过于自信的过失，这些也是司法考试的重点和难点。以下予以详述。

---

① **参考答案：**C

（一）疏忽大意的过失与意外事件（关键要看"我们能否预见"）

疏忽大意的过失是没有预见而应当预见即"行为人没预见，但我们能预见"，而意外事件是没有预见也不能预见即"行为人没预见，我们也不能预见"。因而，在行为人导致结果，但没有预见到结果发生的情况下，判断其主观上是疏忽大意的过失还是属意外事件，区分的关键在于：社会一般人在当时的情形下能否预见，亦即要看"我们能否预见"（"行为人所属的外行人 [同行] 的平行评价"）。对于"我们能否预见"的问题：

（1）对于生活过失，需结合社会一般人的生活经验，看一般公众在当时的情形下能否预见。司法考试喜欢考查危险物品、危险环境的问题。如果对危险物品没有尽到妥善保管义务，或对危险环境没有尽到妥善注意义务，一般认为具有过失。如果对危险物品尽到了妥善保管义务，难以认定具有过失。 ▶事例：甲、乙、丙三人同住一宿舍，甲为消灭老鼠而购买"毒鼠强"后加入芝麻糊中。如果甲未尽妥善保管义务，外出时忘记了直接将毒物放置在公用的桌子上，乙、丙因误食而死亡，则应当认定甲有过失。但如果甲尽了妥善保管义务，外出时将毒物锁在自用的桌子抽屉里，被乙、丙盗出而食用中毒，则甲无过错是意外事件。还如，持枪射击时误中他人，一般都认为有过失，除非是因特别意外的原因导致的。

（2）对于业务过失，主要是要看行为人是否违反操作规则，违反职务业务惯例、规章的规定。 ▶事例：仓库保管员违反上工时不准抽烟的规定，在棉花仓库里抽烟导致火灾，应当认为具有过失。但是，行为人违反了 A 种规则而未违反 B 种规则，但造成的结果是 B 种规则的结果时（结果不在规范保护目的之内），不能认为过失行为与结果之间具有因果关系。 ▶事例：司机甲驾驶无牌车上路，没有其他违章情节，行人乙横穿高速路被甲撞死，交警鉴定甲操作并无不当，不能认定甲的违章行为（驾驶无牌车）与乙的死亡结果之间具有因果关系，更无需判断过失。因此，是否违反操作规则的问题，严格地讲是确定行为人是否实施了过失犯"实行行为"的问题。但由于一般推定，违反了规则就应当认为行为人对违反规则导致的结果有预见义务，故而违反了规则就推定行为人有过失。

▤ 经典考题

张某和赵某长期一起赌博，某日两人在工地发生争执，张某推了赵某一把，赵某倒地后后脑勺正好碰到石头上，导致颅脑损伤，经抢救无效死亡。关于张某的行为，下列哪一选项是正确的？[①]（2007-2-14）

A. 构成故意杀人罪　　　　　　　　B. 构成过失致人死亡罪

C. 构成故意伤害罪　　　　　　　　D. 属于意外事件

（二）间接故意与过于自信的过失（认识到结果发生可能性的大小，有无防果措施）

间接故意是"认识到结果发生可能性大，而不反对"，过于自信的过失是"认识到结果可能发生（概率大小皆可），有客观依据避免"。在对结果的态度（意志）上，直接故意投了赞成票，间接故意投了弃权票，自信的过失投了反对票。根据以上的构成，可以分两步对间接故

意与过于自信的过失进行区分：

1.判断规则：

（1）先看行为人的认识程度：行为人认识到行为导致结果可能性很大，可能为间接故意；认识到行为导致结果可能性小，则直接认定为过失。🚩事例：甲开车以150公里/小时的速度，开车撞向10米开外站着挡路的乙，看乙是否跳开，导致乙被撞死。应当认为乙跳开的可能性小、被撞上的概率极大，甲对此也有认识，故认为其为间接故意。而甲如以5公里/小时的速度，慢悠悠开向乙，乙不小心跌倒被轧死，因乙躲开的可能性极大、被撞上的概率较小，宜认定为过失。

（2）再看行为人客观上是否采取了自认为有效的防果措施：行为人认识到行为导致结果的可能性大，又未采取措施，则为间接故意；或者明知采取的措施有效性不大，不能避免结果发生，也为间接故意。行为人认识到行为导致结果的可能性大，但采取了自认为有效的可完全避免结果发生的措施的，认为是过于自信的过失。🚩事例：甲在公共场所私设电网，导致乙被电击身亡，则甲为间接故意。但如甲在设置电网后安置了跳闸器，以保证人不被电死，却因跳闸器质量问题而使乙电击身亡，则甲为过于自信的过失。

2.经验法则（根据客观事实推断主观）：

（1）行为人认识到行为的危险性很大，没有客观把握。例如对于生命等重大法益的极端蔑视，没有采取任何客观的防果措施的，宜认为是间接故意。注意：在司法考试中，一般不会明文提示间接故意中的"放任"要素。行为人认识到行为的危险性极高、导致结果概率较大，如未采取防果措施，仍实施该危险行为的一律认为是"放任"。

🚩事例：甲为开玩笑而将高压气泵塞入乙的肛门充气，导致乙脏器破裂死亡。由于该行为危险性极高，行为人又未采取防果措施，故而认定为间接故意。

从而，行为人认识到行为导致结果的概率很大，而行为当时未采取任何措施，口说无凭，即使有不赞成态度（可评价为不追求），也宜认定为间接故意。🚩事例：甲、乙二人站在山顶，见山下有一老人，甲对乙说："你说将这块石头推下去能否砸着那老头？"乙说："能有那么巧？"于是二人合力将一块石头滚下山，结果将老人砸死。甲、乙或者对结果持漠不关心的无所谓态度，或者内心决定由推石头的客观行为任意决定老人死亡与否，二人均为间接故意。乙仅有"能有那么巧"的想法却未采取任何防果措施，不能认定为过于自信的过失。

（2）危险作业中仅仅只是故意违反规章，而无证据证明或无明文提示行为人系故意追求故意或放任结果的，一般推定为过失。🚩事例：甲在工程作业中胡乱指挥，强令工人进入隧道冒险作业，导致事故数十名工人死亡，一般认为其为过失犯罪。

📖 **经典考题**

甲贩运假烟，驾车路过某检查站时，被工商执法部门拦住检查。检查人员乙正登车检查时，甲突然发动汽车夺路而逃。乙抓住汽车车门的把手不放，甲为摆脱乙，在疾驶时突然急刹车，导致乙头部着地身亡。甲对乙死亡的心理态度属于下列哪一选项？[①]（2006-2-3）

A.直接故意   B.间接故意

C.过于自信的过失   D.疏忽大意的过失

四、故意、过失认定中的其他问题

（一）故意、过失一般是行为人对结果的心态，而不是对行为的心态

日常生活中的"故意、过失"的含义通常是指对实施行为本身的决意（有意行为），但刑法中的"故意、过失"通常是指对结果的心态，关键是要看行为人行为时对结果的发生是赞成还是反对。故而，通常情况下，仅有对实施行为的决意（对行为的故意），而没有对结果的决意（对结果的故意），也难以认定行为人具有刑法上的故意。▶事例：甲故意违章闯红灯，不小心撞死行人乙，甲应当构成过失犯罪。还例如，行为人在黑暗处实施盗窃行为时，为了物色盗窃对象而划火柴，结果造成火灾。在一般生活意义上说，划火柴的行为显然是"故意"的，但行为人在划火柴时并没有认识到可能发生火灾，或者已经预见但轻信能够避免，并不是希望或者放任危害结果发生，因而不是刑法上的故意，而只是过失。

但刑法中有少数罪名和少数情况例外，主要是丢失枪支不报罪（严重结果）、滥用职权罪（重大损失）、挪用特定款物罪（重大损害）等，由于其中的"损失结果"要素并不是真正的结果，而是情节要素，不是故意认识的必要要素（即"客观的超过要素"）。故而，在这些罪名中，行为人只要对行为性质、对象有认识，而无需对"损失结果"（即情节）有认识，即能成立这些罪名的故意。亦即，可认为这些罪名中的故意对行为有故意即可，对"损失结果"（即情节）不必有故意（认识）。

（二）故意、过失是行为当时对结果的心态，而不是结果发生之后的心态

根据行为与责任同时性原则，故意、过失是行为人在实施行为当时对结果的心态，而不是结果发生之后行为人的心态。▶事例：甲违章开车不小心撞死乙，其下车后发现死者乙是自己的仇人，心想：早知是乙撞死还好，也应认为甲对乙死亡结果所持的心态是过失，而不是故意。由此，在行为的过程中客观行为搭配不同的主观心态会形成数罪。▶事例：甲以毁坏为意图盗窃乙的手表一只，窃得之后在毁坏之时觉得好看，就临时改变犯意据为己有。实施盗窃行为（同时也是毁坏财物的预备行为）之时主观上具有毁坏财物故意，构成故意毁坏财物罪（预备）；占有之后才产生非法占有目的，又另外构成侵占罪（对故意毁坏财物罪成立中止）。

（三）故意犯罪、过失犯罪的成立，都要首先判断行为人在客观上是否实施了危害行为，可否客观归责，然后判断主观上有无过错

故意、过失是行为人的主观心态，是责任要素。而故意犯罪、过失犯罪则是不法、有责的行为，不仅要求行为人主观方面具有故意、过失，而且要求客观方面实施了危害行为。并且，根据先客观判断后主观判断的判断顺序，应当首先判断行为是否属于危害行为，而不能认为只要行为人主观上有故意、过失，就一概构成故意犯罪、过失犯罪。▶事例：村长甲号召农民冒雨抢救粮食，农民乙在抢救粮食过程中遭雷击身亡。即使甲对结果具有预见可能性，但因为缺乏过失犯的实行行为，并不成立过失致人死亡罪。

（四）一些特别形式的故意、过失

1.择一的故意

行为人认识到数个行为对象中的某一个对象确实会发生结果，但不确定哪个行为对象会发

生结果（明知行为会造成数个结果中的一个，并且只能造成一个结果）的心态，被称为"择一的故意"。▶事例：罪犯甲朝追捕他的警察乙和警犬开了一枪，甲主观上"认识到开这一枪既可能只打死警察（希望打死警察），也可能只打死警犬"，即是择一的故意。结果打伤了警察、打死了警犬。

对于择一的故意的处理方法：

（1）通说（数故意说）认为，行为人主观上对其行为针对的不同对象都有故意，应当分别判断，再合并评价罪名（想象竞合或同种犯罪）。

①如果对一个行为对象造成了结果，对另一个行为对象也有危险的，对造成的结果承担故意犯罪既遂的责任，对另一危险承担故意犯罪未遂的责任，系想象竞合犯（或同种犯罪），应从一重罪论处（或合并结果）。依此说，前例可认定为甲触犯故意杀人罪未遂、故意毁坏财物罪，系想象竞合。

②如果对一个行为对象造成了结果，对另一个行为对象不会产生危险的，对另一个行为对象就只能成立不可罚的不能犯，故而只对有危险的对象构成故意犯罪。

（2）少数观点（一故意说）认为，行为人主观上只有一个故意，即对能造成较重结果的对象具有故意，对能造成较轻结果的对象具有过失；或者对直接追求的结果和对象具有故意，对另一结果和对象具有过失（类似于打击错误）。依此说，前例可认定为甲只触犯故意杀人罪未遂，过失毁坏财物的行为不能认定构成犯罪。

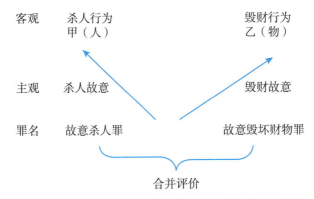

吴某被甲、乙合法追捕。吴某的枪中只有一发子弹，认识到开枪既可能打死甲也可能打死乙。设定吴某对甲、乙均有杀人故意，下列哪一分析是正确的？[1]（2016-2-5）

A.如吴某一枪没有打中甲和乙，子弹从甲与乙的中间穿过，则对甲、乙均成立故意杀人罪未遂

B.如吴某一枪打中了甲，致甲死亡，则对甲成立故意杀人罪既遂，对乙成立故意杀人罪未遂，实行数罪并罚

C.如吴某一枪同时打中甲和乙，致甲死亡、乙重伤，则对甲成立故意杀人罪既遂，对乙仅成立故意伤害罪

D.如吴某一枪同时打中甲和乙，致甲、乙死亡，则对甲、乙均成立故意杀人罪既遂，实行数罪并罚

解析：本题在题干中已明示"设定吴某对甲、乙均有杀人故意"，即采通说观点两故意说。则按设定的四个情景进行推理就非常简单了：

A选项：（1）客观上对甲有杀死危险，客观行为是杀人未遂行为，主观上有杀人故意，对甲构

成故意杀人罪未遂；（2）客观上对乙有杀死危险，客观行为是杀人未遂行为，主观上有杀人故意，对乙构成故意杀人罪未遂。在我国刑法司法实践中，同一性质行为造成两个相同法益的结果，认定为一个犯罪，结果合并评价（二个死亡危险）。故本案认定为一个故意杀人罪未遂，两个未遂结果累加考虑，不实施数罪并罚。

B选项：（1）客观上对甲是杀人既遂行为，主观上有杀人故意，对甲构成故意杀人罪既遂；（2）客观上对乙有杀死危险，客观行为是杀人未遂行为，主观上有杀人故意，对乙构成故意杀人罪未遂。在我国刑法司法实践中，同一性质行为造成两个相同法益的结果，认定为一个故意杀人罪既遂，结果合并评价（一死一死亡危险）。不实施数罪并罚。

C选项：（1）客观上对甲是杀人既遂行为，主观上有杀人故意，对甲构成故意杀人罪既遂；（2）客观上对乙有杀死危险，客观行为是杀人未遂行为，主观上有杀人故意，对乙构成故意杀人罪未遂（造成重伤结果）。对乙不成立故意伤害罪。在我国刑法司法实践中，同一性质行为造成两个相同法益的结果，认定为一个故意杀人罪既遂，结果合并评价（一死一伤）。

D选项：（1）客观上对甲是杀人既遂行为，主观上有杀人故意，对甲构成故意杀人罪既遂；（2）客观上对乙是杀人既遂行为，主观上有杀人故意，对甲构成故意杀人罪既遂。在我国刑法司法实践中，同一性质行为造成两个相同法益的结果，认定为一个故意杀人罪既遂，结果合并评价（两死），不实施数罪并罚。

2. 监督过失

监督过失（狭义的监督过失）指具有防止被监督者产生过失行为的义务的监督者，没有履行监督义务而导致结果发生的情况。

▶事例：在外科手术时，护士因疏忽没有履行为手术刀消毒的义务，负有监管护士义务的医生没有履行监管义务，结果导致病患伤口感染死亡。护士、医生均构成过失犯罪。

监督过失的情形实际上是被监督者的一般过失（护士）和监督者（医生）的监督过失两者结合而导致结果发生。

（四）另起犯意（数个实行行为，一般定数罪）和犯意转化（一个实行行为，一般定一罪）

在犯罪的过程中，常常出现行为人的犯意发生变化的情况，包括犯意转化、另起犯意，以下分别对其情形和处理方式予以介绍：

1. 另起犯意（数个实行行为）：行为人以此罪犯意实施此罪已经既遂、未遂或中止之后，又另起犯意，以彼罪犯意实施彼罪实行行为。如果此罪、彼罪之间不存在包容关系，则认定成立数罪。▶事例：甲以强奸故意对乙实施暴力之后，因为乙正值月经期而放弃奸淫，便另起犯意实施抢劫行为，成立强奸罪中止与抢劫罪，应两罪并罚。又如甲以杀人故意对乙实施暴力致乙重伤，又心生怜悯开车送乙去医院治疗，结果因超速导致车祸致乙死亡，则甲构成故意杀人罪（有损害的中止）、交通肇事罪，应两罪并罚。

2. 犯意转化（一个预备行为、一个实行行为）：行为人以此犯意实施此罪的预备行为，却以彼犯意实施彼罪的实行行为。理论上触犯两罪，司法实践中一般以实行行为吸收预备行为（重行为吸收轻行为），认定为重罪一罪。▶事例：行为人在预备阶段具有抢劫的故意，为抢劫准备了工具、制造了条件。但进入现场后，发现财物的所有人、保管人等均不在场，于是实施了盗窃行为。

理论上触犯抢劫罪预备、盗窃罪既遂，司法实践中一般只以盗窃罪既遂一罪论处。

3.行为人以此罪犯意实行此罪，在其过程中犯意由此罪犯意改变为彼罪犯意，又以彼罪犯意实行彼罪。如果此罪、彼罪之间存在包容关系，理论上可触犯两罪，司法实践中一般只定较重的罪一罪。▶事例：（1）甲在故意伤害他人的过程中，改变犯意，继而杀死他人。理论上触犯故意伤害罪、故意杀人罪，因故意杀人是高度行为，司法实践中一般只以故意杀人罪一罪论处。（2）乙见他人携带装有现金的提包，起抢夺之念，在抢夺过程中被害人发现，乙遂转而为对被害人使用暴力，将被害人打倒在地，抢走提包。理论上触犯抢夺罪、抢劫罪（普通抢劫），因抢劫罪是高度行为，司法实践中一般只认定为抢劫罪一罪。

当然，如果只有一行为，应按行为与责任同时性原则认定为一罪。▶事例：丙本欲杀死他人，在杀害过程中致人轻伤，由于某种原因改变犯意，认为造成伤害即够了，即停止继续实施侵害行为而离开，应认定为故意杀人罪中止（有损害的中止）。

📋 考点归纳

1.成立故意的必要认识要素：故意是对客观不法要素的认识，成立特定故意，需要对客观不法中"质"的要素（行为、对象、危害结果、因果关系、主体身份、时间、地点、方法、无正当化事由）有认识；对于数额、次数、情节（以及滥用职权罪中的"重大损失"等）等"量"的要素，无需认识；对于行为的违法性也无需认识。

2.疏忽大意的过失与意外事件的区分：在行为人没有预见到结果时，关键要看"我们（社会公众）能否预见"。行为人没有对危险物品、危险环境尽到妥善保管义务、妥善注意义务，应认定具有过失。

3.间接故意与过于自信的过失的区分：认识到结果发生概率高，又没有采取自认为有效的防果措施（或者没有客观依据避免结果发生），为间接故意。

4.故意、过失一般是行为人在实施行为当时对结果的心态，而不是对行为本身的心态。少数"损害结果"为情节要素的罪名（如丢失枪支不报罪、滥用职权罪、挪用特定款物罪）除外。

📄 经典考题

关于犯罪故意、过失与认识错误的认定，下列哪些选项是错误的？[①]（2013-2-53）

A.甲、乙是马戏团演员，甲表演飞刀精准，从未出错。某日甲表演时，乙突然移动身体位置，飞刀掷进乙胸部致其死亡。甲的行为属于意外事件

B.甲、乙在路边争执，甲推乙一掌，致其被路过车辆轧死。甲的行为构成故意伤害（致死）罪

C.甲见楼下没人，将家中一块木板扔下，不料砸死躲在楼下玩耍的小孩乙。甲的行为属于意外事件

D.甲本欲用斧子砍死乙，事实上却拿了铁锤砸死乙。甲的错误属于方法错误，根据法定符合说，应认定为故意杀人既遂

📄 拓展习题

有关故意、过失的判断，下列说法正确的有（　　）[②]

A.甲于某日晚酒后无照驾驶一辆面的拉客。当行至某路段时，他发现车前方一人因醉酒躺在路中

---

① **参考答案：** BCD

② **参考答案：** ABC

央，甲为省事，认为车底盘较高，轮距宽度也够，便驾车从醉酒者脚部向头部跨过，谁知车底部挂住了醉酒者的毛衣并拖拉。后行人发现此情况，大声惊呼，甲才下车查看，此时醉酒者已经死亡。甲系间接故意杀人

B.甲、乙二人站在山顶，见山下有一老人，甲对乙说："你说将这块石头推下去能否砸着那老头？"乙说："能有那么巧？"于是二人合力将一块石头滚下山，结果将老人砸死。甲、乙二人均为间接故意。

C.手术小组的主刀医生甲注意到他的某个助手乙未按照医院的规定对手术刀进行消毒就直接手术，急于忙别的事而并未进行阻止，导致病人丙术后伤口感染，最后造成重伤结果的，甲也应承担过失责任

D.村长甲号召农民冒雨抢救粮食，农民乙对村长说："可能会打雷"，甲仍让乙去，结果乙在抢救粮食的过程中遭雷击身亡。甲对雷击有预见可能性，故构成过失致人死亡罪

解析：A选项，行为造成结果的危险性极大，行为人也知情，而未采取任何防果措施，应当认定为间接故意。

B选项，都是间接故意，说法正确。

C选项，甲系监督过失。

D选项，村长故意让农民去雨里不构成故意犯罪，因非危害行为，故而也不构成过失犯罪。

【思考题】于光平因与邻居张洪庆、史桂荣夫妇发生口角，继而发生厮打。后史桂荣同张家及娘家亲戚约二三十人破门闯入被告人于光平家院中，叫骂达半小时左右，并投掷石块。被告人于光平气急之下，从屋内拿出一枚私藏的手榴弹，拧开后盖掖在腰间，手持点燃的鞭炮从屋内冲出，想以此吓退对方，但未奏效，还遭到张洪春等人的围攻。于光平所持手榴弹在大门处被拉响，造成张洪春等三人死亡、二人重伤、五人轻伤、一人轻微伤的严重后果。于光平右眼也被炸瞎，右手拇指被炸断一节。后经鉴定认定：手榴弹是在上诉人于光平与死者张洪春双方争抢过程中于双方手中爆炸的，爆炸的高度约在170cm左右，双方争抢过程中意外引爆的可能性最大。

【问题】于光平构成何罪？

★第三节 事实认识错误

考点说明

本考点之下需要掌握的知识点主要有：（1）违法性认识错误（法律认识错误）与事实认识错误的区分；（2）四类事实认识错误的形式与处理方法（法定符合说）；（3）具体认识错误与抽象认识错误的区分；（4）法定符合说与具体符合说两种不同理论对于同一现象分析结论的差异。

知识点讲解

一、违法性认识错误与事实认识错误

认识错误，指行为人的主观认识与客观事实不一致的情形。认识错误包括事实认识错误与违法性认识错误（法律认识错误）。

（1）事实认识错误，是对案件事实要素的认识错误，亦即，行为人主观上对于各种不法要素（行为、对象、危害结果、因果关系、主体身份、时间、地点、方法）的认识，与客观发生的事实不一致。对必要认识要素（具体犯罪的必要构成要件要素）产生认识错误时，可以导致故意不成立。

（2）违法性认识错误（法律认识错误），指行为人主观上对行为的刑法性质（是否是犯罪）的认识错误，或者对行为、对象等要素的法律定性产生误认。例如，行为人误将犯罪行为认为不构成犯罪。

违法性认识错误不影响故意的成立，但不具认识可能性的违法性认识错误可以阻却责任（具有认识可能性的违法性认识错误不阻却责任）。该知识点在后面的"责任阻却事由"中讲解。

事实认识错误与违法性认识错误的区分：看行为人是对事实本身认错了（例如，将 A 对象误认为 B 对象）还是对事实要素的法律定性弄错了（例如，认识到了对象是事物 A，但误认为 A 事物不是法律规定的对象）。在违法性认识错误中，行为人对于事实（对象、行为、结果）没有认错，只是对法律定性（刑法规定该事物是何类别）认错了。

▶ **事例1：** 甲在猎捕动物时，误认是一般山羊，实际对象是黄羊，属事实认识错误（对象错误），不成立非法猎捕、杀害珍贵、濒危野生动物罪故意。如果甲在猎捕时知道对象是黄羊，但并不知道黄羊是国家保护的珍稀野生动物，对于事实（对象）并没有认识错误；只是对黄羊是否属于法律规定的犯罪对象（珍贵、濒危野生动物罪）产生了误认，从而认为猎捕黄羊的行为不是犯罪行为，对于猎捕黄羊行为的法律性质认识存在错误，这是违法性认识错误，不影响故意成立。

▶ **事例2：** 甲明知刑法禁止毁坏他人的财物，但以为动物不属于刑法上的财物，于是将他人饲养的名贵宠物杀死。这就是违法性认识错误，不影响故意成立。

▶ **事例3：** 甲的女儿掉入河中，不救治导致死亡。如果甲误以为掉入河中的是别人家的女儿，则属事实认识错误，不能构成故意犯罪；如果其明知自己的女儿掉入河中，但认为自己没有救助义务而没有实施救助，女儿溺死，则属违法性认识错误，甲仍然具有故意。

对于事实认识错误，由于故意的构成需要行为人主观上对一些必要要素具有认识，故而，当行为人对必要认识要素（具体犯罪的构成要件要素）产生认识错误时，可以导致故意不成立。但是，因事实认识错误而使故意不成立，并不影响过失的成立。由此可见，事实认识错误是故意认定中讨论的内容，它涉及是否成立故意、故意犯罪是否既遂、如何认定罪名等几个问题。此外，认识错误是主观（责任）、客观（不法）不一致的情况，通常我们认定犯罪时要求"主客观相统一"，在"主客观不统一"的情况下，如何寻求统一、认定犯罪，为此也提供了解决方案。

以下，我们首先对事实认识错误的形式进行讨论，并按我国刑法通说（法定符合说）讲述处理方法，然后讲解法定符合说与具体符合说的区别。

📋 **经典考题**

农民甲醉酒在道路上驾驶拖拉机，其认为拖拉机不属于《刑法》第133条之一规定的机动车。关于本案的分析，下列哪一选项是正确的？ [①]（2016-2-4）

A.甲未能正确评价自身的行为，存在事实认识错误

[①] **参考答案：C**

B.甲欠缺违法性认识的可能性，其行为不构成犯罪

C.甲对危险驾驶事实有认识，具有危险驾驶的故意

D.甲受认识水平所限，不能要求其对自身行为负责

★二、事实认识错误的形式与处理方法（本部分按"法定符合说"讲解）

根据造成错误的不法要素（对象、结果、因果、手段）为何，可将事实认识错误区分为对象错误、打击错误（方法错误或结果错误）、因果关系错误、手段错误。

分类		类型及范例	处理方法（法定符合说）
事实认识错误	对象错误	同类错误：欲杀张三，误将李四认作张三杀害	故意犯罪既遂
		异类错误：欲杀熊猫，误将人认作熊猫而杀死	想象竞合，从一重处
	打击错误（方法错误）	同类错误：欲射杀张三，不料子弹走偏打死李四	犯罪既遂
		异类错误：欲开枪杀宠物狗，误射中张三致死	想象竞合，从一重处
	因果关系错误	具体因果流程偏离：欲使仇人溺水而亡实际撞岩死	犯罪既遂
		结果提前实现：欲勒昏后再杀死，实际上勒死	犯罪既遂
		事前故意（韦伯故意、结果延后发生）：误认已将仇人打死，即抛尸，实溺死	犯罪既遂
	手段错误	具有具体危险性的行为：误把不足量砒霜当成足量砒霜给他人饮用	犯罪未遂
		不具具体危险性的行为（包括迷信犯）：用"法水杀人"	是不可罚的不能犯，不以犯罪论处
	正当化事由认识错误	假想防卫、假想避险	不成立故意，成立过失或属意外事件

（一）对象（认识）错误

对象错误是指行为人误将甲对象认作是乙对象加以侵害的情形。可分为：

1.**同类对象认识错误**（具体错误），指行为人误把甲对象当作乙对象加以侵害，而甲对象与乙对象体现相同的法益，行为人的认识内容与客观事实，仍属同一犯罪的构成要件的情况。按照法定符合说，故意是对构成要件事实的认识，只要认识构成要件对象，就能成立故意。故而同类对象错误不影响故意成立，仍然构成故意犯罪既遂。

▶**事例**：张三误将甲当作乙杀死，甲、乙虽不是同一个人，但都属故意杀人罪对象"人"的范围之内。张三在实施杀害行为时，认识到了对象是"人"，具有杀人故意。按照法定符合说，构成故意杀人罪的既遂。

2.**异类对象认识错误**（抽象错误），指行为人误把甲对象当作乙对象加以侵害，而甲对象与乙对象体现不同的法益，分属不同的犯罪的构成要件。在此情况下应当按"进行两次主客观统一判断，再想象竞合"的认定过程认定：

（1）确定客观上实际造成侵害的对象（甲对象），对应地寻找行为人主观上对此对象（甲

对象）的过错形式，两者结合形成 A 罪名（针对甲对象的 A 罪名）；

（2）确定行为人主观故意的内容（乙对象），对应地寻找行为人客观上是否实施了针对其（乙对象）的侵害行为，两者结合形成 B 罪名（针对乙对象的 B 罪名）；

（3）如果 A 罪名（针对甲对象）、B 罪名（针对乙对象）都能成立，就认为是两罪的想象竞合；如果只有其中一罪成立，直接认定为该罪。（注：认定犯罪的标准顺序应当是先客观后主观，这里为了方便而进行变通。事实上，在熟悉认定犯罪的套路之后，在认定主观、客观时先分离分别判断，再进行统一亦可）。

▶ **事例**：李四在人和熊猫都出没的地方欲盗猎熊猫，却误将甲当作熊猫射杀。熊猫是猎捕珍稀野生动物罪的行为对象，甲是过失致人死亡罪的行为对象，属异类对象错误。按照"进行两次主客观统一判断，再想象竞合"，其认定的过程是：

（1）李四客观上射杀的是人，因李四在射杀时没有认识到对象是人，故而没有杀人故意，而只有致死的过失，主客观结合构成过失致人死亡罪。

（2）李四在射杀时主观上具有猎捕珍稀野生动物罪的故意，在熊猫都出没的地方盗猎有盗猎到熊猫的危险性，故其行为可被认为是猎捕珍稀野生动物的行为，主客观结合构成猎捕珍稀野生动物罪未遂。

（3）因此，对于李四的行为，在理论上应当认定为猎捕珍稀野生动物罪未遂（如果该罪未遂可罚的话）与过失致人死亡罪的想象竞合，应当择一重罪处断。

（二）打击错误（方法错误）

打击错误由于行为本身的差误，导致实际受害的对象（结果）与行为人主观上预期攻击的对象（结果）不一致。亦即，行为人主观上想侵害甲对象（想造成甲结果），客观上对甲对象（实际上也确是甲对象）进行侵害，但由于行为差误，实际却造成了乙对象损害的结果（实际造成乙结果）的情形。打击错误实际上是"结果要素"的错误，亦即，行为人对行为对象没有认错，但造成了实际结果与预期结果不同。打击错误可分为：

1.同类对象打击错误（具体错误）：主观上想侵害甲对象（想造成甲结果），客观上对甲对象（实际上也确是甲对象）进行侵害，但实际却造成了乙对象损害的结果（实际损害乙结果），但甲对象（甲结果）、乙对象（乙结果）不一致没有超出同一构成要件。按法定符合说，处理方法与前文同类对象错误一样，构成故意犯罪既遂。▶ **事例**：行为人举枪射击甲，但因没有瞄准而击中了乙，导致乙死亡。按照法定符合说，构成故意杀人罪的既遂。

2.异类对象打击错误（抽象错误）：主观上想侵害甲对象（想造成甲结果），客观上对甲对象（实际上也确是甲对象）进行侵害，但实际却造成了乙对象损害的结果（实际损害乙结果），但甲对象（甲结果）、乙对象（乙结果）不一致超出了同一构成要件。处理方法与前文异类对象认识错误一样，通常是两罪的想象竞合。▶ **事例**：行为人本欲射击乙身边的名贵宠物，但因没有瞄准，而将乙打死。构成过失致人死亡罪、故意毁坏财物罪未遂的想象竞合。

区分对象（认识）错误与打击错误：在对象（认识）错误与打击错误中，实际损害的对象（结果）与预期的对象（结果）都不一致，但打击错误中行为人没有认错对象。因此，二者区分关键就在于看行为人主观上有没有认错对象。应从行为人主观认识出发，看其主观认为的对象，是否与实际对象相符。▶ **事例**：行为人甲射杀 A 某，A 某（左边）和 B 某（稍远处右边）一起走过来。

（1）行为人主观认为的对象（A 对象）与实际对象（B 对象）不符，是对象（认识）错误。

如果当天 B 某碰巧与 A 某换衣服穿，故而甲误将右边的 B 某认作是 A 某，而瞄准"A 某"（实为 B 某）开枪，而将 B 某打死，则甲认错了对象，是对象错误。

（2）行为人主观认为的对象（A 对象）与实际对象（A 对象）相符，只不过实际造成另外对象的损害（B 对象受损），是打击错误。如果甲瞄准左边的 A 某开枪，但子弹走偏不小心将稍远处右边的 B 某打死，则甲没有认错对象，是打击错误。

（三）因果关系错误

因果关系错误，指造成侵害的实际因果流程与行为人主观上预想的因果流程不一致的情况。因果关系的错误主要有三种情况：

因果关系错误图示

1. 具体因果流程偏离（狭义的因果关系错误）。指客观上导致结果发生的因果流程与行为人预设的因果流程不一致，但仍系实行行为导致结果，而无重大偏差，认定为故意犯罪既遂。

▶**事例：** 甲为了使乙溺死而将乙推入井中，但井中没有水，乙摔死在井中。乙的死亡仍是由甲推人实行行为导致，仍为故意杀人罪既遂。

2. 结果提前实现。指行为人预设采取数个系列动作组成的一个实行行为实现结果，实际上提前实施了预想结果。▶**事例：** 甲准备使乙吃安眠药熟睡后将其绞死，但未待甲实施绞杀行为时，乙由于吃了过量的安眠药而死亡。

	第一个动作（想迷晕实致死）	第二个动作（想绞死）	罪名
通说观点	杀人实行（致死）+ 杀人故意（致死故意）	未实施	故意杀人罪既遂
少数观点	杀人实行（致死）+ 杀人故意（致死过失）	未实施	故意杀人罪未遂、过失致人死亡罪，想象竞合
	杀人预备（致死）+ 杀人故意（致死过失）	未实施	故意杀人罪预备、过失致人死亡罪，想象竞合

（1）通说认为：客观上，前后两个动作均是同一实行行为的组成部分，亦即，第一个动作也是实行行为，死亡结果仍为实行行为导致。在主观上，故意存在于着手实行时即可，行为人计划的两个动作都具有致人死亡的危险，故而实施两个动作时均有杀人故意。故按行为与责任同时性原则，**仍为故意犯罪既遂**。

（2）**少数观点：** 认为实施第一个动作时没有认识到会导致死亡，亦即缺乏既遂的故意，因而不能对故意杀人既遂负责。①如认为第一个动作是实行行为，则应认定为故意杀人罪未遂与过失致人死亡罪的想象竞合。②如认为第一个动作不是实行行为，只是预备行为，则应认定为故意杀人预备与过失致人死亡的想象竞合。

3. 事前故意（韦伯故意、结果延后发生、后继行为实现结果）。是指行为人误认为第一个动作已经造成结果，出于抛尸等事后目的而实施第二个动作，实际上是第二个动作才导致预期的结果的情况。▶**事例:** 甲以杀人故意对乙实施暴力(第一动作),造成乙休克后,甲以为乙已经死亡,为了隐匿罪迹,将乙扔至水中(第二动作),实际上乙是溺死于水中。

	第一个动作(想杀死)	第二个动作(想抛尸实致死)	罪名
通说观点	杀人实行(未死)+ 杀人故意	致死行为,不中断因果	故意杀人罪既遂
少数观点	杀人实行(未死)+ 杀人故意	致死行为 + 致死过失	故意杀人罪未遂,过失致人死亡罪

(1)通说认为:故意不需要存在于实行行为的全过程,事前故意实际上是介入因果关系的问题,第二个动作(抛尸)并不中断第一个动作(杀人)与死亡之间的因果关系,故而应当认定为故意杀人罪既遂一罪。更简单的推理方法是:将第一个动作(杀人)、第二个动作(抛尸)这两个动作都当作是一个杀人行为的组成部分,故而认定为故意杀人罪既遂一罪。

(2)少数观点:认为第二个动作(抛尸)可以中断第一个动作(杀人)与死亡之间的因果关系,故而将第一个动作(杀人)、第二个动作(抛尸)视为二个行为分别评价,分别触犯了故意杀人罪未遂、过失致人死亡罪,按数罪并罚或者按想象竞合处理。

(四)手段错误

手段错误指行为人客观上采取的行为手段与预想的手段不一致的情况,通常是行为人主观上误认为手段可以导致结果,但从事后来看手段不能导致结果。例如行为人误将砂糖当作砒霜杀人,或者欲用画符念咒的方法杀人。当手段错误导致结果未实现时,往往涉及是否构成犯罪未遂的认定。这要结合未遂犯的成立原理进行认定(见后文犯罪未完成形态一章),因此手段错误严格上讲并不是认识错误的问题,而是犯罪未遂与不能犯区分的问题,或者说评价行为有无客观危害性的问题。大体而言:

1. 行为人采取的手段客观上具有危险性时,构成犯罪未遂。▶**事例:** 误认为枪中有子弹而杀人,而在射击前不久子枪被他人偶然卸掉实为空枪,构成故意杀人罪未遂。

2. 行为人采取的手段客观上不具危险性,应不作犯罪处理(不可罚的不能犯)。▶**事例:** 误将砂糖当作砒霜杀人,一般不能构成犯罪。

而对于依照行为人的主观计划实施,在客观上绝对不能实现结果的情况(迷信犯),当然在客观上也不具危险性,不能构成犯罪。▶**事例:** 欲用画符念咒的方法杀人,应认定为无罪。

(五)实行行为导致结果才是既遂,才能适用前述认识错误处理规则

从表面上看,似乎前述因果关系错误的情形均不影响故意犯罪既遂的成立。事实上,这种理解应当建立在行为人实施的是实行行为,并且实行行为与结果之间存在因果关系的基础之上。其实,故意犯罪既遂在刑法上的定义就是:实行行为导致结果。由此,行为实施预备行为的,不能适用前述认识错误处理规则。

▶**事例:** 甲为了杀害妻子乙,将饮料中注入了毒药:

(1)如果妻子乙回家之后,甲将含有毒药的饮料递给妻子乙饮用时,丙忽然拿过饮料一饮而尽,结果导致丙毒发死亡。因甲递毒饮料的行为是杀人的实行行为,丙因此而死亡。适用前述认识错误的处理规则,是同类对象打击错误(具体认识错误),不影响故意犯罪既遂的成立。从另一层面上看,实行行为导致结果,是故意犯罪既遂。

（2）如果妻子乙尚未回家，甲将含有毒药的饮料放在自己的书桌上，欲图等妻子回家后再递给其饮用。结果朋友丙来家串门，在甲不留意时，丙因口渴而误饮书桌的毒饮料而死。甲没有实施实行行为，而只实施了预备行为，即不能适用前述认识错误的处理规则，而应当认定为故意杀人罪预备与过失致人死亡罪的想象竞合。从另一层面上看，预备行为导致结果，不是故意犯罪既遂。

经典考题

甲为杀害仇人林某在偏僻处埋伏，见一黑影过来，以为是林某，便开枪射击。黑影倒地后，甲发现死者竟然是自己的父亲。事后查明，甲的子弹并未击中父亲，其父亲患有严重心脏病，因听到枪声后过度惊吓死亡。关于甲的行为，下列哪一选项是正确的？① （2007-2-5）

A. 甲构成故意杀人罪既遂

B. 甲构成故意杀人罪未遂

C. 甲构成过失致人死亡罪

D. 甲对林某构成故意杀人罪未遂，对自己的父亲构成过失致入死亡，应择一重罪处罚

三、具体错误（同类错误）与抽象错误（异类错误）

根据错误是否超越同一构成要件，可将事实认识错误区分为具体错误（同类错误）与抽象错误（异类错误），这是解决事实认识错误问题最关键的区分。根据前述对象错误、打击错误（方法错误）的处理规则可知：（同类错误）具体错误不影响故意犯罪既遂的成立，（异类错误）抽象错误一般会出现两罪想象竞合的情形。

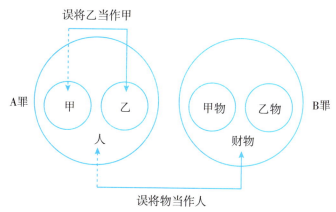

1.（同类错误）具体错误（同一构成要件内的错误）：主观认识的事实与客观发生的事实在同一构成要件之内。具体的事实错误，是指行为人认识的事实与实际发生的事实虽然不一致，但没有超出同一犯罪构成的范围，即行为人只是在某个犯罪构成的范围内发生了对事实的错误。一般不影响故意和犯罪既遂的认定。如上图左半部分。

2.（异类错误）抽象错误（不同构成要件间的错误）：主观认识的事实与客观发生的事实分属不同构成要件。行为人所认识的事实与现实所发生的事实，分别属于不同的构成要件。由于行为人客观上对甲对象实施了 A 罪行为，主观上却对乙对象有 B 罪故意，故而需要相应地判断其主观上对甲对象是故意还是过失，客观上有无对乙对象的危害行为。由此可能涉嫌两罪

① **参考答案：A**

的想象竞合。如上图左右两部分。

区分具体错误与抽象错误需要以构成要件为标准，需看主观认识对象与客观侵害对象是否在同一构成要件（同一罪名）之内。

▶ **事例1**：误将毒品当作现金盗窃，毒品和现金均为盗窃罪对象"财物"，构成盗窃罪既遂。

▶ **事例2**：收受贿赂时误将假币当作真币，假币和真币均为受贿罪对象"贿赂"，构成受贿罪既遂。

▶ **事例3**：误将真信用卡当作假信用卡而冒用，冒用真信用卡与使用假信用卡行为均是信用卡诈骗罪行为，构成信用卡诈骗罪既遂。

▶ **事例4**：误将妇女当作儿童（女童）拐卖，妇女、儿童均是拐卖妇女、儿童罪的对象，客观上拐卖了妇女，行为人主观上认为儿童，具有拐卖妇女、儿童罪的故意，故在主客观统一的层面上构成拐卖妇女罪既遂。

3. 两个罪名存在法条竞合关系时认识错误的处理

刑法中的很多概念范畴之间存在重叠交叉的情形（种—属关系、整体—部分关系），当这些重叠概念成为不同罪名的构成要件要素（如对象要素、行为要素）时，就会使得罪名之间形式法条竞合关系，包括高度罪名与低度罪名（如故意杀人罪与故意伤害罪）、特别法与一般法（盗窃枪支罪与盗窃罪）、整体法与部分法之间（绑架罪与非法拘禁罪）的法条竞合关系。如果在具有法条竞合关系的罪名之间产生认识错误，就形成形式上是（异类错误）抽象错误，实际上可能是（同类错误）具体错误的情况。这种认识错误客观不法与主观责任统一时，最终会统一于低度罪名、一般法、部分法。

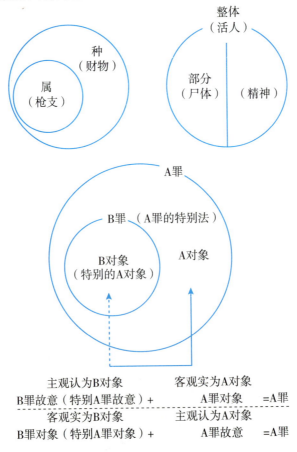

（1）两概念之间具有"种—属"关系（例如"财物"与"枪支"），从而使得两罪名之间形成一般法与特别法的法条竞合关系（例如盗窃罪与盗窃枪支罪），客观不法与主观责任统一于一般法（盗窃罪）。

▶**事例1**：误将枪支当作财物盗窃的情形。客观上盗窃得到了枪支，主观上未认识到对象是枪支，没有盗窃枪支的故意，不成立盗窃枪支罪；主观上具有盗窃财物故意，客观上取得了枪支，取得特种财物也认为是取得了财物，故而为盗窃（财物）罪既遂。

▶**事例2**：甲认为军人配装的枪套里装有手枪而盗走，实为毒品。客观上盗窃得到了财物，主观上认识到对象是特种财物（枪支），也应推断其认识到对象是财物，具有盗窃故意，触犯盗窃罪既遂。主观上具有盗窃枪支的故意，本案情境（军人枪套里）也应认为有盗窃到枪支的可能性，故行为也可认定为盗窃枪支行为，触犯盗窃枪支罪未遂。故而系盗窃罪既遂、盗窃枪支罪未遂的想象竞合。当然，如果没有盗窃到枪支的可能，则不能触犯盗窃枪支罪未遂（是盗窃枪支罪的不能犯）。

由此可以认为：在客观方面，侵害了特别法的对象，可认为也侵害了一般法的对象；在主观方面，具有特别法的故意，可认为也具有一般法的故意。

（2）两概念之间具有"整体—部分"关系（例如"活人"与"尸体[身体]"），从而使得两罪名之间形成整体法与部分法的法条竞合关系（例如强奸罪与侮辱尸体罪），客观不法与主观责任统一于部分法（侮辱尸体罪）。

▶**事例1**：误将活人当尸体侮辱：火葬场的火葬工甲实施奸污"女尸"的行为，事后发现"女尸"处于假死状态，乙女仍生存：客观上实施了强奸妇女（活人）的行为，主观上未认识到对象是活人，没有强奸故意，不构成强奸罪；主观上有侮辱尸体故意，客观上在火葬场实施有侮辱到尸体的可能性，系侮辱尸体的行为，尸体与活人是部分与整体的关系（活人是由尸体＋精神组成），故而侮辱到活人，也就侮辱到了尸体，构成侮辱尸体罪既遂。

▶**事例2**：误将尸体当活人奸淫：大街上乙女醉酒后在马路边躺下"睡着"，甲男趁其"醉酒"对其实施奸淫，事后查明在奸淫行为发生之前乙女已死亡：客观上甲男实施了侮辱尸体的行为，主观上甲男认为是活人，认识到整体（活人）也应推断认识到部分（尸体），故亦认为具有侮辱尸体的故意，构成侮辱尸体罪既遂；主观上甲男有强奸故意，在本案情境（刚死不久）中有强奸到妇女的可能性，其行为系强奸行为，触犯强奸罪未遂。故而系侮辱尸体罪既遂、强奸罪未遂的想象竞合。

由此可以认为：在客观方面，侵害了整体（活人），也就侵害了部分（尸体）；在主观方面，对整体（活人）有故意，对部分（尸体）也有故意。

【要点归纳】事实上，解决上述问题最简单的方案仍是准确运用犯罪构成理论，先客观后主观，在主客观统一的部分（重合部分）认定犯罪。由于有时此罪名与彼罪名之间存在重叠交叉关系，导致客观上此罪行为与彼罪行为也存在重叠交叉关系，主观上此罪故意与彼罪故意也存在重叠交叉关系。行为人以此罪故意实施彼罪行为时，主客观表面上不统一，但实际上可以统一于重叠部分，在重叠部分（低度罪名、一般法、部分法）认定罪名即可。【A罪与B罪＝低度与高度；或一般法与特别法；或部分法与整体法】

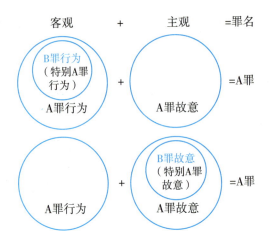

📌**事例1：**误将枪支作当财物盗窃，客观上盗窃枪支行为（可评价为特别的盗窃财物行为）+ 主观上盗窃罪故意＝盗窃罪。误将活人当尸体侮辱，客观上奸淫活人行为（可以包容侮辱身体行为）+ 主观上侮辱尸体故意＝侮辱尸体罪。甲以伤害故意向乙的水杯里投放仅能致伤的药物，丙偷偷将药物换成致死毒药，甲不知药被调换而投放，致乙死亡。客观上致人死亡行为（可评价为最严重的伤害行为）+ 主观上伤害故意＝故意伤害罪（致人死亡）。

📌**事例2：**甲欲图销售假药，事后鉴定销售的实为劣药。客观上销售劣药行为 + 主观上销售假药故意（可评价为最严重的销售劣药故意）＝销售劣药罪。

★ 四、法定符合说与具体符合说（一般只用于同类错误）

以上"事实认识错误的形式与处理方法"部分（表格）的结论的规则，都是依据我国刑法通说的"法定符合说"得出的。事实上，对于事实认识错误的处理方法，学界一直存在法定符合说与具体符合说两种争议观点。在司法考试中，有时会将具体符合说作为一种少数理论学说进行考查，因此也需要予以了解。

（一）法定符合说与具体符合说的区别

法定符合说（行为人立场）：行为人所认识的事实与实际发生的事实，只要在构成要件范围内是一致的，就成立故意的既遂犯。

具体符合说（被害人立场）：行为人所认识的事实与实际发生的事实具体地相一致时，才成立故意的既遂犯。

通俗地理解可以大体上认为：在判断行为人对特定对象有无故意的问题上，法定符合说是将客观事实与刑法规定（具体罪名的构成要件）对比，认识到了构成要件对象结果，即认为对特定对象结果也有故意；具体符合说是将客观事实与行为人预想内容进行对比，特定对象的结果在行为人预想的范围内即有故意，不在预想范围内即无故意。

📌**事例：**甲某想杀乙，而朝乙举枪射击，因为没有瞄准，而不小心击中稍远处的丙，致丙死亡（同类对象打击错误）。

	法定符合说		具体符合说	
通俗理解	行为人所认识的事实与实际发生的事实，只要在犯罪构成范围内是一致的，就成立故意的既遂犯		行为人所认识的事实与实际发生的事实具体地一致时，才成立故意的既遂犯	
	刑法规定（具体罪名的构成要件）	实际发生的事实	行为人认识的事实	实际发生的事实
	故意杀人罪的对象是人	实杀丙（人）	对象是乙这个人（认识到会打中乙这个人）	实杀另外一人丙（没有认识会打中另外一人）
	对"人"死亡的结果是故意		对乙这个人死亡是故意	对另外一人死亡是过失
罪名	数故意说：故意杀人罪未遂（对乙此人死亡）、故意杀人罪既遂（对丙此人死亡），想象竞合 一故意说：故意杀人罪既遂		故意杀人罪未遂	过失致人死亡罪
精确含义	行为人立场：整体的判断（触犯的罪名）		被害人立场：分别的判断（具体对象）	

注意："具体符合说"并未改变故意、过失的认定内容和认定标准。不能认为所杀者非欲杀者对其一概是过失，仍需结合具体情况判断对"人死亡"的结果的造成有无故意。

🚩 **事例：** 甲为杀乙而持霰弹枪射击乙，丙也在射程边缘处，但甲为了追求乙死仍然射击，结果未打中乙而打死了丙。则按"法定符合说"，客观上打死的丙是故意杀人罪的对象"人"，故甲构成故意杀人既遂；而按"具体符合说"，甲对乙成立故意杀人罪未遂，甲对丙的死亡有间接故意，对丙成立故意杀人罪既遂，甲是故意杀人罪未遂与故意杀人罪既遂的想象竞合，最终亦按故意杀人罪既遂论处，而不能认为丙非甲所欲杀，甲对丙成立过失致人死亡罪。

📘 经典考题

甲欲杀乙，向乙开枪，但未瞄准，子弹从乙身边穿过打中丙，致丙死亡。关于本案，下列哪些说法是正确的？[①]（2008延－2－53）

A．根据具体符合说，甲对乙成立故意杀人（未遂）罪，对丙成立过失致人死亡罪

B．根据法定符合说，甲对乙成立故意杀人（未遂）罪，对丙成立故意杀人（既遂）罪

C．具体符合说与法定符合说均认为，甲对乙成立故意杀人（未遂）罪，对丙成立故意杀人（既遂）罪

D．具体符合说与法定符合说均认为，甲对乙成立过失致人重伤罪，对丙成立过失致人死亡罪

（二）具体符合说的适用范围

1.我国理论与实践的通说是"法定符合说"。故而，在司法考试中，只有在题目有明文提示"依照具体符合说"如何认定时，才能按具体符合说进行认定。如果没有明文提示"依照具体符合说"如何认定，则一律依据法定符合说认定，而不能按具体符合说进行认定。

2.对于同类对象打击错误，法定符合说（一个故意犯罪既遂）与具体符合说（故意犯罪未遂与过失犯罪的想象竞合）的判断结论不一致。但是，对于同类对象认识错误，法定符合说与具体符合说的判断结论是一致的，即都认为是故意犯罪既遂。

---

① **参考答案：AB**

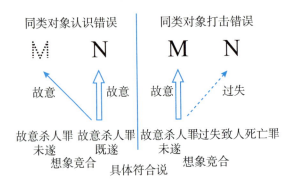

理由是：在同类打击错误的事例（右图）中，设定的事实是 M、N 都在现场，行为人是不小心击中了另外一人 N，对于 N 死亡的主观心态是过失（行为人未曾想到另外一人会死亡）。因此按具体符合说，是故意杀人罪未遂（对 M）与过失致人死亡罪（对 N）的想象竞合；而在在同类对象打击错误的事例（左图）中，设定的事实是 N 在现场、M 不在现场，行为人是直接瞄准 N 开枪，难以认定行为人对 N 死亡的主观心态是过失（瞄准人开枪居然是过失），而应认定对 N 的死亡是故意。因此按具体符合说，是故意杀人罪未遂（对 M）与故意杀人罪既遂（对 N）的想象竞合，择一重罪处断的话结果亦为故意杀人罪既遂。这也就是说：行为人直接瞄准 N 开枪，知道"那个人"必死的结果，尽管其不知"那个人"具体是谁，也应认定为具有杀人故意，此种细微的差异不会影响故意的认定。

当然事实上，所谓通说是"法定符合说"，指在处理具体认识错误（同类错误）的情形时，用"法定符合说"的观点得出结论，在构成要件重合的部分认定。在处理抽象认识错误（异类错误）的情形时，不可能用"法定符合说"的观点得出结论，只能采"具体符合说"的观点，分别判断。

考点归纳

1. 事实认识错误与违法性认误错误的区分：是认错了事实要素，还是对事实要素的法律定性弄错了。

2. 对象错误与打击错误（方法错误）的区分：从行为人主观认识出发，看其主观认为的对象，是否与实际对象相符（有无认错对象）。

3. 因果关系错误分三类：

（1）具体流程偏离：只要实行行为导致结果，即为既遂。

（2）结果提前实现：通说观点是既遂；少数观点是故意犯罪未遂（或预备）、过失犯罪，想象竞合。

（3）事前故意：通说观点是既遂；少数观点是故意犯罪未遂、过失犯罪。

4. 具体认识错误（同类错误）与抽象认识错误（异类错误）。在同一构成要件之内的错误，不影响故意、既遂；在不同构成要件之间的错误，可按想象竞合处理。

5. 法定符合说与具体符合说（甲开枪打乙误中丙）：

（1）法定符合说是"行为人立场"，为故意犯既遂。

（2）具体符合说是"被害人立场"，对乙之罪（A 罪）、对丙之罪（B 罪）的想象竞合。

（3）对于同类对象打击错误，法定符合说与具体符合说结论不同；对于同类对象认识错误，法定符合说与具体符合说结论相同。

经典考题

【1】甲、乙共同对丙实施严重伤害行为时，甲误打中乙致乙重伤，丙乘机逃走。关于本案，下列哪些选项是正确的？① （2016-2-52）

A. 甲的行为属打击错误，按照具体符合说，成立故意伤害罪既遂

B. 甲的行为属对象错误，按照法定符合说，成立故意伤害罪既遂

C. 甲误打中乙属偶然防卫，但对丙成立故意伤害罪未遂

D. 不管甲是打击错误、对象错误还是偶然防卫，乙都不可能成立故意伤害罪既遂

【2】关于事实认识错误，下列哪一选项是正确的？② （2014-2-7）

A. 甲本欲电话诈骗乙，但拨错了号码，对接听电话的丙实施了诈骗，骗取丙大量财物。甲的行为属于对象错误，成立诈骗既遂

B. 甲本欲枪杀乙，但由于未能瞄准，将乙身旁的丙杀死。无论根据什么学说，甲的行为都成立故意杀人既遂

C. 事前的故意属于抽象的事实认识错误，按照法定符合说，应按犯罪既遂处理

D. 甲将吴某的照片交给乙，让乙杀吴，但乙误将王某当成吴某予以杀害。乙是对象错误，按照教唆犯从属于实行犯的原理，甲也是对象错误

拓展习题

关于认识错误，以下说法正确的有（　　）③

A. 甲明知自己的女儿掉入河中，但认为自己没有救助义务而没有实施救助，女儿溺死，甲系违法性认识错误，仍然构成故意犯罪；如果甲误以为掉入河中的是别人家的女儿，则甲系事实认识错误，不能构成故意犯罪

B. 甲捡到一张信用卡，外观比较破损，卡号比较奇怪，甲以为是一张伪造的信用卡，遂在商场刷卡消费2万元，事后查明该信用卡为他人遗失的真实的信用卡，甲误将真卡当作假卡使用，则甲系抽象认识错误，应成立信用卡诈骗罪的未遂

C. 乙教唆甲杀害丙，甲遂举枪瞄准丙射击，但由于自己枪法不准，射击的结果是导致丙重伤，同时导致站在丙身边的丁死亡。甲、乙均是打击错误（方法错误），按照具体符合说，二人均系故意杀人罪未遂、过失致人死亡罪的想象竞合

D. 甲故意伤害乙致其重伤昏迷，乙的仇人丁路过以为乙已死就"分尸"以解恨，后查明乙是因丁的"分尸"行为导致死亡，丁属于抽象认识错误，应以过失致人死亡罪和侮辱尸体罪的想象竞合论处

解析：A选项，前半句情况是违法性认识错误，不影响故意成立；后半句情况是对象认识错误，不成立故意。

B选项，真的信用卡、假的信用卡均为信用卡诈骗罪的对象，故属具体认识错误（同类错误），构成信用卡诈骗罪既遂。

① 参考答案：CD
② 参考答案：A
③ 参考答案：ACD

C选项，正犯甲是打击错误，按具体符合说是故意杀人罪未遂、过失致人死亡罪的想象竞合；教唆犯乙也是打击错误。

D选项，没有认识到对象是活人，不具杀人故意，对于人死只具过失；同时触犯侮辱尸体罪。故为想象竞合。

【思考题】甲教唆乙杀害仇人A某，乙将体貌特征相仿的B某误认为是A某，遂举枪瞄准射击。但乙枪法不准，只擦伤B某致其轻微伤；子弹飞过B某后，打中了站在B某身边的C某，致C某重伤。因B某患有血友病，流血不止而死亡。

【问题】（1）甲、乙是何种认识错误？（2）按法定符合说、具体符合说，本案如何处理？

第四节　目的、动机

一、目的与目的犯

目的，是指犯罪人主观上通过犯罪行为所希望达到的结果，即是以观念形态存在于犯罪人大脑中的犯罪行为所预期达到的结果。特定目的是一些犯罪成立所必需的要素，例如贷款诈骗罪等。

（一）犯罪目的（如故意杀人罪中的杀人目的）与目的犯（如走私淫秽物品罪）的关系

犯罪目的按其在犯罪构成中的作用，可分为两类：（1）第一类是直接故意所能完全包容的意志因素。即行为人对自己的行为直接造成危害结果的希望，如直接故意杀人，希望他人死亡就是行为人的犯罪目的。由于此种犯罪目的可被直接故意完全包容，故而，对于此类犯罪，刑法只要规定故意要素即可，而无需另行单独规定目的为构成要素。（2）第二类犯罪目的不能被直接故意完全包容，是行为人通过实现行为的直接危害结果后，所进一步追求的某种非法利益或者结果。例如，走私淫秽物品罪中的牟利和传播目的，是走私故意（明知违反海关监管而使之出入境）所不能必然包容的。故而此种目的需刑法另行单独规定为构成要素。

刑法"目的犯"中的目的，即是第二种意义上的犯罪目的。目的犯（罪名）指的是，只有具备刑法规定的特定目的才能构成的犯罪。通俗理解的话，即为该具体罪名的成立，主观方面（责任）的构成要素，除规定有故意要素以外，还另行规定有特定目的要素。

☆（二）刑法中常见的目的犯（该罪的成立，在主观方面除需故意要素，还需目的要素）

在司法考试中，应当注意一些典型的目的犯：

（1）以非法占有为目的：集资诈骗罪、贷款诈骗罪、信用卡诈骗罪等金融诈骗犯罪，合同诈骗罪，抢劫罪、盗窃罪、诈骗罪等所有攫取型的财产犯罪。

（2）绑架罪须以勒索财物作为劫持人质为目的；拐卖妇女、儿童罪须以出卖为目的；伪造货币罪须有置于流通的目的；虚开增值税发票罪须有逃税、骗取税款的目的。违规制造、销售枪支罪须以非法销售为目的。骗取出境证件罪须以为组织他人偷越国（边）境使用为目的。

（3）以牟利为目的：非法转让、倒卖土地使用权罪，盗接他人通信线路、复制他人电信码号或者明知是盗接、复制的电信设备、设施而使用构成盗窃罪，倒卖文物罪，非法收购盗伐、滥伐的林木罪，制作、复制、出版、贩卖、传播淫秽物品牟利罪。走私淫秽物品罪须以牟利或者传播为目的；高利转贷罪须以转贷牟利为目的。

（4）以营利为目的：侵犯著作权罪、销售侵权复制品罪，赌博罪。

目的犯根据目的内容与实行行为之间的关系，可区分为：（1）直接目的犯，指实施实行行为完毕，目的就能实现。例如盗窃罪以非法占有为目的，盗窃行为（转移占有行为）实施完毕，非法占有为目就能同时实现。（2）间接目的犯（短缩的二行为犯），指实施实行行为完毕，目的并不能实现，还需实施接续行为才能实现目的。▶事例：绑架罪以勒赎为目的，绑架行为（拘禁行为）实施完毕，勒赎结果并不能实现，还需接续实施勒赎行为才能实现目的的。

（三）目的犯与犯罪既遂

目的要素为主观责任要素，即行为人在实施行为之时的主观意图。对于目的犯而言，只要行为人在实施行为之时主观上具有刑法规定的特定目的，即符合主观责任条件，可以构成该罪，而并不需要主观目的转化为客观行为。当然，主观目的转化为客观行为之后，仍应认定为一罪而不会评定为数罪。例如，甲出于勒索目的而拘禁乙，在实施拘禁行为时主观上即有勒索目的，如果其尚未实施客观勒索行为即被抓获，也构成绑架罪（既遂）；在实施客观勒索行为勒索到赎金之后才被抓获，主观目的转变成了客观行为，也只认定为绑架罪一罪，而不是认定为绑架罪、敲诈勒索罪两罪并罚。

对于犯罪既遂而言，只要刑法规定的构成要件客观方面的要素（不法要素）全部具备，即应当认定为犯罪既遂。故而，犯罪既遂的认定也与主观目的是否实现无必然关联。目的犯的既遂，应当按照具体犯罪的既遂标准进行认定，并不一定要求客观上实现了犯罪目的。▶事例：绑架罪的既遂标准，是以行为人控制被害人使其脱离显著困难为标准，而不是以实现了勒赎目的勒索到赎金为标准，控制住了人质的人身尚未勒索，也是绑架罪的既遂。

二、动机与动机犯

动机，是指刺激、促使行为人实施犯罪行为的内心起因或思想活动，动机回答行为人实施犯罪行为的心理动因，在动机驱使下产生目的。

动机是某些犯罪的成立要素（动机犯或倾向犯）。▶事例：《刑法第》399条（徇私枉法罪）所规定的"徇私""徇情"，《刑法》第423条所规定的投降罪"贪生怕死"等动机，就属于成立要素。

▣ 拓展习题

以下关于目的犯的说法不正确的有（　　）[①]

---

① 参考答案：ABCD

A.A、B、C、D 等人欲出国务工，但签证数次均被拒，于是求助于甲，甲以其公司聘用 A、B、C、D，然后派遣四人到海外合作单位劳务的名义为 A、B、C、D 等人骗取了签证等出境证件，四人持此签证经海关正常出境务工。甲可构成骗取出境证件罪

B.刑法明文规定了贷款诈骗罪需以非法占有为目的，而对金融凭证诈骗罪未作出此种规定，故构成该罪无需特定目的。乙为了炫富而将银行存单上的存款数由 50 万改为 5000 万，而后向其女朋友家人展示，其行为属于使用变造的银行存单的行为，构成金融凭证诈骗罪

C.丙为了表演魔术而伪造人民币 400 张，在表演过程中将它们全部烧毁，丙的行为可以构成伪造货币罪

D.上市公司丁公司为了虚增业绩，而让其两家下属公司互相虚开增值税专用发票，但并未将这些虚开的增值税专用发票用于骗取税款，而是如实完税，丁公司的行为可构成虚开增值税专用发票罪

解析：A选项，骗取出境证件罪的成立需行为人主观上有为组织他人偷越国（边）境使用的目的。本选项中 A、B、C、D 四人并未使用以虚假的出入境事由（务工）骗取的证件出境，不属偷越；甲也不具特定目的。

B选项，金融凭证诈骗罪需有非法占有为目的。

C选项，伪造货币罪需有置于流通的目的。

D选项，虚开的增值税专用发票需有骗取税款、逃税的目的。

第六章　犯罪阻却事由
（违法阻却事由，责任阻却事由）

考点说明

本考点之下需要掌握的知识点主要有：（1）正当防卫的成立条件及判断；（2）有效的被害人承诺的条件及判断，基于错误的被害人承诺的效力；（3）紧急避险的条件及通常情形；（4）不具认识可能性的违法性认识错误。

知识点讲解

犯罪的成立条件包括不法（客观方面）、责任（主观方面）两个层面，前两章分别介绍了不法的积极要素（行为、对象、结果、因果关系、身份等）、责任的积极要素（责任年龄和能力、故意过失、目的、动机等）。一般情况下，具备不法的积极要素、责任的积极要素，犯罪就能成立。但是特殊情况下，还需考虑不法的消极要素、责任的消极要素，亦即违法阻却事由（正当化事由）、责任阻却事由的情况。严格的说，具备了不法的积极要素（构成要件）并且不具备责任的消极要素（违法阻却事由），才是不法。具备了责任的积极要素（年龄和能力、故意过失）并且不具备不法的消极要素（责任阻却事由），才有责任。本书为简便思维，将违法阻却事由、责任阻却事由从不法、有责的分别判断中剥离出来，形式上合并为本章的犯罪阻却事由，一起讲解。

第一节　违法阻却事由（正当化事由）

所谓违法阻却事由，即形式上符合构成要件（不法积极要素），但实质上不具法益侵害性的行为。行为表面上符合了刑法规定的具体犯罪的构成要件，就在形式上具有违法性，原则上一般也就具有实质违法性（即法益侵害）；但是，具有形式违法性，不一定必然具有实质违法性。因此，需要在形式违法性（即构成要件该当性）判断之后，再进一步作实质违法性的判断，将具有形式违法性却不具有实质违法性的行为排出犯罪圈之外。具有形式违法性但不具实质违法性判断的事由就表现为违法阻却事由，例如正当防卫、紧急避险、被害人承诺等。符合这些事由成立条件的，不认为具有违法性，不属不法行为，也就不构成犯罪。因这些事由是在符合形式违法性（符合构成要件，即不法积极要素）之后，以不具实质违法性为由而排除不法的，故称"违法阻却"事由（与"违法阻却"事由相对应，在责任积极要素判断之后，还存在"责任阻却"事由）。

我国刑法明文规定了正当防卫与紧急避险两种违法阻却事由，在司法考试中，还经常涉及被害人承诺；在刑法理论上和实务中，还存在法令行为、正当业务行为、推定的承诺、自救行为、自损行为、义务冲突等事由。

★ 一、正当防卫

📖 相关法条

第20条【一般正当防卫】为了使国家、公共利益、本人或者他人的人身、财产和其他权利免受正在进行的不法侵害，而采取的制止不法侵害的行为，对不法侵害人造成损害的，属于正当防卫，不负刑事责任。

【防卫过当】正当防卫明显超过必要限度造成重大损害的，应当负刑事责任，但是应当减轻或者免除处罚。

【特殊正当防卫】对正在进行行凶、杀人、抢劫、强奸、绑架以及其他严重危及人身安全的暴力犯罪，采取防卫行为，造成不法侵害人伤亡的，不属于防卫过当，不负刑事责任。

💡 知识点讲解

正当防卫，是指为了保护国家、公共利益、本人或者他人的人身、财产和其他合法权利免受正在进行的不法侵害，采取对不法侵害人造成损害的方法，制止不法侵害的行为。正当防卫行为不负刑事责任。我国刑法在形式上规定了两种正当防卫：一是第20条第1款规定的一般正当防卫；二是第20条第3款规定的特殊正当防卫（也称无过当防卫），特殊正当防卫也是符合一般正当防卫条件的，只不过防卫起因、防卫限度有特殊之处。

（一）一般正当防卫的条件

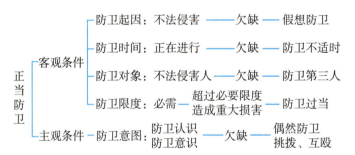

1. 起因条件：现实的不法侵害

这里的"不法侵害"包含三层含义：第一，不法性：既包括犯罪行为，也包括其他违法行为；系人的侵害，而非其他危险。这里的不法，如为刑事不法的话，与不法、有责中的"不法"含义是相同的，亦即通说（客观不法论）认为只考虑客观行为的危险性，无需考虑侵害行为人的责任问题；第二，紧迫性：侵害具有进攻性、破坏性、紧迫性，从而实施防卫具有必要性；

第三，系客观的、现实的侵害，而非假想的、主观臆想。应当注意以下具体问题：

（1）对未达到刑事责任年龄、不具有辨认控制能力的人的侵害行为：系不法行为，原则上应允许正当防卫，但出于人道考虑应尽量避免（基本客观不法论的通说观点）。

（2）对动物侵害的"防卫"情形的性质，可以分为三类情形：其一，饲养人唆使其饲养的动物侵害他人时，属于人的不法侵害，防卫打死打伤动物，或者制止饲养人足以制止侵害，属正当防卫；其二，受到无饲养人的野生动物自发袭击时，不属人的不法侵害，打死打伤动物属于紧急避险；其三，对饲养的动物自发侵害的反击同样属于紧急避险。

（3）对于过失行为，即使未造成结果，如具有紧迫性，也属不法侵害，可以进行正当防卫。例如，货车司机醉酒开车闯红灯，马上就要撞上人行道正在过马路的一队小朋友，一旁的警察持枪射击货车轮胎致车倾倒司机受重伤，警察构成正当防卫。对于不作为行为（只能由不作为人履行义务）、预备行为，如具有紧迫性，需要进行正当防卫的，也可防卫。

（4）对于"黑吃黑"的行为，亦属不法侵害，如具紧迫性，对赃物占有效力高者可以进行正当防卫。例如，盗窃犯甲路遇抢劫犯乙对赃物实施抢劫，盗窃犯甲可以进行正当防卫。

（5）对于紧急避险、法令行为等合法行为，不可实施正当防卫。例如，故意以暴力妨碍国家机关工作人员依法执行公务，针对合法行为进行"反击"，可以构成故意犯罪。

但是，紧急避险造成的危险虽是合法的，但也属一种危险，被避险人对紧急避险造成的危险进行反击，虽不成立正当防卫，但如仍在限度以内，也可成立紧急避险。

事例： 甲持刀追砍乙，乙无路可逃，被迫打伤丙抢劫丙的摩托车逃走，丙虽知情，但为了不让乙抢车而反击乙而造成乙轻伤，丙仍构成紧急避险。更为复杂一些的例子，如甲追杀乙，乙无路可逃，欲图撞开丙家门闯入丙的住宅避难。如果乙还未进入丙家，丙对乙的闯入行为进行阻拦，导致乙在门外被甲砍死；因乙死亡的结果不可归责于丙的行为，丙不构成犯罪。但如果乙已进入丙家处于安全环境，而丙在对本人无重大危害的情况下，明知乙一出门就会被砍死，仍然借口保护住宅安宁而将乙轰出，导致乙在门外被甲砍死；则丙的行为是对乙避险的避险，但明知过限（牺牲他人生命保护本人住宅）而实施，属避险过当，丙可能涉嫌故意杀人罪的片面帮助犯或者遗弃罪。

（6）假想防卫。

假想防卫是指客观上不存在不法侵害，但防卫人主观上误认为存在着不法侵害；或者客观上存在着合法侵害，但防卫人主观上误认为是不法侵害而进行防卫，而造成损害的情形，假想防卫不是正当防卫。

本质上，假想防卫是行为人主观上对防卫起因条件误认而形成的事实认识错误，行为人虽然对不法的积极要素（构成要件要素）有认识，但对不法的消极要素（正当防卫）的不存在没有认识，因而欠缺成立故意的必要认识，不能构成故意犯罪。行为人对结果的主观心理状态一般是过失，也可能是意外事件。亦即当社会公众能够认识到没有不法侵害，而行为人误认为有不法侵害时，行为人是应当预见而未预见，即有过失，应按过失犯罪处理，造成重大人身伤亡的，可能构成过失致人重伤罪、过失致人死亡罪等。如果社会公众也认识到当时存在不法侵害，行为人主观上没有过错，则按意外事件处理。

注意：在假想防卫中，评判行为人是故意、过失的标准，不在于看行为人对造成对方伤害结果是否"有意"，而在于看行为人是否认识对方是不法侵害、社会公众能否认识对方不属不法侵害。

▶ **事例1：** 年轻女子甲下夜班时，将巡逻查身份证的警察乙误认为是乔装的抢劫犯，而将其杀死，通常认定为过失致人死亡罪。

▶ **事例2：** 甲将夜间送牛奶的送奶员乙误认为是入户盗窃的贼，将其打死。不仅是假想防卫，即使真有入户盗窃存在，也是防卫过当，称为"假想防卫过当"。如甲对过当的结果是过失，因假想防卫一般也是过失，则应认定其为过失致人死亡罪。

📖 **经典考题**

甲手持匕首寻找抢劫目标时，突遇精神病人丙持刀袭击。丙追赶甲至一死胡同，甲迫于无奈，与丙搏斗，将其打成重伤。此后，甲继续寻找目标，见到丁后便实施暴力，用匕首将其刺成重伤，使之丧失反抗能力，此时甲的朋友乙驾车正好经过此地，见状后下车和甲一起取走了丁的财物（约2万元），然后逃跑，丁因伤势过重不治身亡。关于甲将精神病人丙打成重伤的行为，下列选项正确的是（　　）① （2008-2-93部分题）

A. 甲的行为属于正当防卫，因为对精神病人的不法侵害也可以进行正当防卫

B. 甲的行为属于紧急避险，因为"不法"必须是主客观相统一的行为，而精神病人没有责任能力，其客观侵害行为不属于"不法"侵害，故只能进行紧急避险

C. 甲的行为属于自救行为，因为甲当时只能依靠自己的力量救济自己的法益

D. 甲的行为既不是正当防卫，也不是紧急避险，因为甲当时正在进行不法侵害，精神病人丙的行为客观上阻止了甲的不法行为，甲不得针对丙再进行正当防卫与紧急避险

2. 时间条件：不法侵害正在进行

不法侵害正在进行，是指不法侵害已经开始并且尚未结束。

（1）不法侵害的开始时间与结束时间

其一，开始时间：一般情况下，应以不法侵害人着手实行不法侵害时为开始（着手说）。但在不法侵害的现实威胁十分明显、紧迫，待着手实行后来不及减轻或者避免危害结果时，也应认为已开始（直接面临说）。▶ **事例：** 甲往枪中装子弹欲图射杀乙，原本甲举枪瞄准乙的行为才是杀人的实行行为，但由于待甲举枪瞄准乙时防卫就会来不及，故而可以对甲进行正当防卫。事实上，犯罪预备行为也是不法行为，如具有紧迫性，也可正当防卫。

其二，结束时间：不法侵害行为已经不可能（继续）侵害或者威胁法益。包括行为人犯罪既遂之后没有再犯罪之虞，或者行为人已被制止丧失继续犯罪能力的。

但是，司法考试的通说观点认为（特例）：财产犯罪侵害行为已经结束，行为人尚在现场，损害尚可通过防卫挽回时，也被作为特例认为是不法侵害尚未结束，对其进行防卫也属正当防卫。▶ **事例：** 罪犯抢劫既遂之后，欲离开时为被害人打伤夺回财物，也认为是对抢劫行为的正当防卫。

（2）预先设立防卫装置的问题

预先设立防卫装置，指不法侵害尚未开始时即设定防卫性装置，待不法侵害开始后发生作用造成损失的情况。对其定性，可分为三种情况：

其一，如行为本身违法，会危害公共安全，侵害更大的法益，则不被允许。▶ **例如：** 为防果园被盗而在公共场所私设电网，本身就是危险公共安全的犯罪行为。

其二，如行为本身不违法，针对正在进行的不法侵害发挥了作用，并且没有超过必要限度

① **参考答案：A**

时，一般可认为是正当防卫。<icon/>**例如**：在家中保险柜上设置电击装置，将盗窃的小偷击成轻伤。

其三，如行为本身不违法，但损害了无辜者的合法权益，不是正当防卫，可能构成假想防卫。<icon/>**例如**：在家里设置电击装置误伤了串门来玩的邻居小孩。

（3）防卫不适时

在不法侵害尚未开始或者已经结束时，进行所谓"防卫"的，称为防卫不适时。防卫不适时有两种情况：一是事前加害或事前防卫；二是事后加害或事后防卫。行为人明知不适时还进行"防卫"，应当认为具有故意，构成故意犯罪的，应当负刑事责任。行为人误认为不法侵害仍在进行，则认定为假想防卫。

经典考题

张某的次子乙，平时经常因琐事滋事生非，无端打骂张某。一日，乙与其妻发生争吵，张某过来劝说。乙转而辱骂张某并将其踢倒在地，并掏出身上的水果刀欲刺张某，张某起身逃跑，乙随后紧追。张某的长子甲见状，随手从门口拿起扁担朝乙的颈部打了一下，将乙打昏在地。张某顺手拿起地上的石头转身回来朝乙的头部猛砸数下，致乙死亡。对本案中张某、甲的行为应当如何定性？[①]（2003-2-12）

A. 张某的行为构成故意杀人罪，甲的行为属于正当防卫

B. 张某的行为构成故意杀人罪，甲的行为属于防卫过当

C. 张某的行为属于防卫过当，构成故意杀人罪，甲的行为属于正当防卫

D. 张某和甲的行为均构成故意杀人罪

3. 对象条件：针对不法侵害人本人（人身、财产）进行防卫

正当防卫的对象只能是不法侵害人本人，包括针对不法侵害人的人身或财产。在多名共同犯罪人共同实施不法侵害行为时，对于实施实行行为的任何一名正犯实施反击，当然认为是正当防卫；对于共犯（帮助犯、教唆犯），如对其反击也可制止不法侵害，也可进行正当防卫。针对间接正犯情形中的间接正犯、被支配的无责任实行者、针对原因自由行为中无责任的实行者，进行反击也成立正当防卫；损害造成的结果由支配者（间接正犯）承担。

针对与犯罪无关的第三者进行"防卫"的，应视不同情况处理。（1）如果误认为第三者是不法侵害人而进行所谓防卫的，以假想防卫来处理。（2）明知第三者与不法侵害无关，但利用第三者与侵害人之间的关联，采用反击以制止不法侵害的，如符合紧急避险条件的，认定为紧急避险。例如，甲伤害丙，丙挟持甲的儿子以制止甲的伤害。（3）明知第三者与不法侵害无关，故意针对第三者进行打击，亦不符合避险条件的，一般以故意犯罪处理。

4. 限度条件：没有明显超过必要限度造成重大损害

防卫行为必须<u>没有明显超过必要限度</u>造成<u>重大损害</u>，否则便是防卫过当：

（1）首先，只有防卫行为造成重大损害（一般指重伤、死亡）的，才考虑是否防卫过当问题。防卫没有造成重大损害（例如造成轻伤、轻微伤），一般不会涉及是否过当的问题。

（2）其次，防卫行为造成重大损害，还须明显超过必要限度，才能认定为防卫过当。这里的"必要限度"，应以制止不法侵害、保护合法权益所必需为标准（必需说）。至于是否"必需"，则应通过全面分析案情，考虑不法侵害的强度、性质、双方的手段、强度、人员多少与强弱，被害人在现场所处的客观环境与形势进行判断。通俗地理解，"必需"的必要限度就是：

[①] **参考答案**：A

当时场景之下制止不法侵害所需要的最低限度的暴力和损害。在"必需说"的标准之下，允许防卫造成的损失大于保护的利益。▶**例如：**弱小女子甲在晚上偏僻的路上遭遇男子乙的强制猥亵，在无法挣脱时用水果刀将乙扎成重伤，是制止不法侵害所必需的，仍属正当防卫，而不是防卫过当。

防卫过当不是独立罪名，防卫过当在主观上一般是过失，亦即一般社会公众在当时场景下可以保证不过当而防卫行为人过当。也有可能是意外事件，但不排除防卫过当是故意的可能性，即防卫人明知过当、能够容易地采取不过当防卫手段却故意采取过当手段的情况。

5. 意图条件：具有防卫认识、防卫意志（传统观点）

我国传统刑法通说认为正当防卫的成立需要具备主观方面的条件即防卫意图条件，防卫意图包括防卫认识与防卫意志。防卫认识，是指防卫人认识到不法侵害的存在。防卫意志，是指防卫人出于制止不法侵害的目的进行反击。

具有防卫认识（认识到不法侵害）但不具防卫意志（不是基于制止不法侵害的目的）的情形通常有防卫挑拨、相互斗殴。防卫挑拨，是指为了侵害对方，故意挑起对方对自己进行侵害，然后以正当防卫为借口，给对方造成侵害的行为。相互斗殴，是指双方以侵害对方身体的意图进行相互攻击的行为。这两种情况一般不属于正当防卫；但在斗殴过程中或结束时，也可能出现正当防卫的前提条件，因而也存在构成正当防卫的可能性。此外，见义勇为的情形，如防卫人的目的不是制止犯罪而是"杀坏人"，也不认为具有防卫意志。

不具有防卫认识（没有认识到不法侵害）而进行侵害的典型情形是偶然防卫。偶然防卫，是指行为人没有认识到不法侵害的存在，主观上故意实施侵害他人合法权益的行为，偶然在客观上起到了制止不法侵害效果的情形。▶**事例：**丙正在非法杀丁时，甲与乙没有意思联络却同时开枪射击丙，丙的心脏被两颗子弹击中死亡，丁因此而活命。如甲知道丙正在杀丁，为了制止丙杀丁而开枪，则甲的行为是正当防卫；而乙不知道丙正在杀丁，如是为了报仇而开枪，则乙的行为即是偶然防卫。

【观点辨析】偶然防卫的性质

对于偶然防卫的性质，理论界争议甚多（主要是基于结果无价值论与行为无价值论不同立场的争议），兹列举如下：

立场	名称	防卫条件	理由	结论
一元论行为无价值论	行为无价值论的既遂说	正当防卫的成立要求防卫意图（主观的正当化要素）	偶然防卫缺乏防卫意识	犯罪既遂
二元论行为无价值	行为无价值论的未遂说		偶然防卫造成了正当的结果，缺乏结果无价值，但存在行为无价值	犯罪未遂
结果无价值	结果无价值论的未遂说	正当防卫的成立不要求防卫意图	偶然防卫是由于偶然原因没有造成法益侵害结果，因而具有造成法益侵害的危险	犯罪未遂
	结果无价值论的二分说		B 在杀 C，A 偶然杀 B（正对不正） B 在杀 A，A 偶然杀 B（不正对不正）	紧急救助型的偶然防卫属于正当防卫 自己防卫型的偶然防卫成立犯罪未遂
	结果无价值论的无罪说		没有造成法益侵害结果	正当防卫

（1）**传统观点**（二元论行为无价值[主观不法论]）：主张正当防卫的成立需要行为人主观上具有防卫意图条件（防卫认识、防卫意志），故而偶然防卫不属正当防卫，一般认为是犯罪未遂（虽实际未造成危害结果，但有造成危害结果的可能性）。

（2）**客观不法论（结果无价值）观点**：认为偶然防卫在客观上没有造成法益侵害的结果（杀死的是坏人，不受刑法保护），也没有造成结果的危险性，故而偶然防卫不是不法行为，不是犯罪既遂，也不是犯罪未遂，而是无罪。当然，结果无价值的观点认为正当防卫的成立无需行为人主观上具备防卫意图条件，故而偶然防卫也成立正当防卫。客观不法论（结果无价值）观点在当前刑法学界越来越成为强势学说，本书基于结果无价值论立场（司法考试的通说观点），也赞同此种观点。

由于理论界对于"不法"的理解存在客观不法论（结果无价值）和主观不法论（行为无价值）的争论；故在司法考试中，对于正当防卫的起因条件"不法侵害"、意图条件的考查，经常采用"设定观点考查推理"的形式出题。亦即设定不同的观点，考查推理结论。考生除了掌握主流观点即客观不法论（结果无价值），也需对少数观点即主观不法论（行为无价值）有所了解。

经典考题

乙基于强奸故意正在对妇女实施暴力，甲出于义愤对乙进行攻击，客观上阻止了乙的强奸行为。

观点：

①正当防卫不需要有防卫认识

②正当防卫只需要防卫认识，即只要求防卫人认识到不法侵害正在进行

③正当防卫只需要防卫意志，即只要求防卫人具有保护合法权益的意图

④正当防卫既需要有防卫认识，也需要有防卫意志

结论：

a. 甲成立正当防卫

b. 甲不成立正当防卫

就上述案情，观点与结论对应正确的是哪一选项？① （2011-2-7）

A. 观点①观点②与 a 结论对应；观点③观点④与 b 结论对应

B. 观点①观点③与 a 结论对应；观点②观点④与 b 结论对应

C. 观点②观点③与 a 结论对应；观点①观点④与 b 结论对应

D. 观点①观点④与 a 结论对应；观点②观点③与 b 结论对应

（二）特殊正当防卫

根据《刑法》第20条第3款的规定，对正在进行行凶、杀人、抢劫、强奸、绑架以及其他严重危及人身安全的暴力犯罪，采取防卫行为，造成不法侵害人伤亡的，不属于防卫过当，不负刑事责任。此为特殊正当防卫（或称无过当防卫、无限防卫）。特殊正当防卫与一般正当防卫的关系是特殊与一般的关系，完全符合一般正当防卫的全部条件。只不过，特殊正当防卫起因条件和限度条件更为特殊，其他条件即时间条件、主观条件、对象条件，两者相同。

① **参考答案：A**

一般正当防卫 VS 特殊正当防卫		
	起因条件	防卫限度
一般正当防卫	一般的不法侵害	有限度限制：没有明显超过必要限度造成重大损害，必需说
无过当防卫	正在进行行凶、杀人、抢劫、强奸、绑架以及其他严重危及人身安全的暴力犯罪	无限度限制：可以造成不法侵害人伤亡

特殊正当防卫的起因条件是"严重危及人身安全的暴力犯罪"，对其理解，应当注意：

（1）要求是暴力犯罪，并且要求是严重危及人身安全的犯罪。对于非暴力犯罪以及作为一般违法行为的暴力行为，对于单纯侵害财产而不危及人身的犯罪、轻微的危及人身的暴力犯罪，不能主张无过当防卫，如具紧迫性，也只能进行一般防卫。例如，对于不危及生命的非法拘禁行为，即不能进行无过当防卫。

（2）严重危及人身安全的暴力犯罪，也并不限于刑法条文所列举的犯罪，还包括其他严重危及人身安全的暴力犯罪，如抢劫枪支弹药、劫持航空器等。

（3）法条列举的杀人、抢劫、强奸、绑架等罪名，并非全部情形都可特殊防卫，还需考查具体情况看其是否"严重危及人身安全"。例如，对于采取不会造成他人伤亡的麻醉方法进行抢劫的，可以进行一般防卫，但不能主张无过当防卫。

（4）"行凶"指侵害人的主观侵害具体意图不明，但侵害行为客观上明显可能导致重大人身伤亡。

📋 经典考题

《刑法》第20条第3款规定：对正在进行行凶、杀人、抢劫、强奸、绑架以及其他严重危及人身安全的暴力犯罪，采取防卫行为，造成不法侵害人伤亡的，不属于防卫过当，不负刑事责任。关于刑法对特殊正当防卫的规定，下列哪些理解是错误的？[①]（2005-2-59）

A. 对于正在进行杀人等严重危及人身安全的暴力犯罪，采取防卫行为，没有造成不法侵害人伤亡的，不能称为正当防卫

B. "其他严重危及人身安全的暴力犯罪"的表述，不仅说明其前面列举的抢劫、强奸、绑架必须达到严重危及人身安全的程度，而且说明只要列举之外的暴力犯罪达到严重危及人身安全的程度，也应适用特殊正当防卫的规定

C. 由于特殊正当防卫针对的是严重危及人身安全的暴力犯罪，而这种犯罪一旦着手实行便会造成严重后果，所以，应当允许防卫时间适当提前，即严重危及人身安全的暴力犯罪处于预备阶段时，也应允许进行特殊正当防卫

D. 由于针对严重危及人身安全的暴力犯罪进行防卫时可以杀死不法侵害人，所以，在严重危及人身安全的暴力犯罪结束后，当场杀死不法侵害人的，也属于特殊正当防卫

☆二、紧急避险

📖 **相关法条**

第21条【紧急避险】为了使国家、公共利益、本人或者他人的人身、财产和其他权利免受正在发生的危险，不得已采取的紧急避险行为，造成损害的，不负刑事责任。

【避险过当】紧急避险超过必要限度造成不应有的损害的，应当负刑事责任，但是应当减轻或者免除处罚。

【身份限制】第一款中关于避免本人危险的规定，不适用于职务上、业务上负有特定责任的人。

💡 **知识点讲解**

紧急避险，是指为了使国家、公共利益、本人或者他人的人身、财产和其他权利免受正在发生的危险，迫不得已损害另一较小合法权益的行为。

（一）紧急避险与正当防卫的区别

紧急避险与正当防卫的区别在于：正当防卫反击的对象是不法侵害人本人，是"以正对不正"；而紧急避险损害的是他人合法权益，是"以正对正"。🔹事例：乙砍杀甲，如果甲对乙进行反击造成乙重伤，则为正当防卫；如果甲不得已对无关的丙进行伤害以逃避乙的砍杀，则为紧急避险。紧急避险之所以合法，是出于利益权衡的考虑，保护的利益大于损害的利益，整体上仍然认为是经济的。因此，紧急避险必须在迫不得已的情况下实施，其限度条件限于保护的利益大于损害的利益。

条件	一般正当防卫	紧急避险
	以正对不正	以正对正
起因	不法侵害（人的行为；不法）	现实的危险（人的行为、自然原因、动物侵袭等；不论不法与否）
时间	正在发生	正在发生
对象	不法侵害者	合法权益
实施	无	迫不得已（避险是唯一方法）
限度	未超过必要限度造成重大损害（损害可以大于保护利益）	未超过必要限度造成不应有损害（所保护利益 > 所损害利益）
主观	防卫意图	避险意图
主体	无限制	避免本人危险不适用于职务上、业务上负有特定责任的人

（二）紧急避险的条件

紧急避险的条件与正当防卫的条件类似，可以和正当防卫对比了解。

1. 起因条件：合法权益面临现实危险

紧急避险首先要求合法权益处于客观存在的危险的威胁之中，即合法权益处于可能遭受具体损害的危险之中。危险的来源主要有：大自然的自发力量导致的危险；动物的袭击带来的危险；疾病等特殊情况形成的危险；人的行为造成的危险。可见，作为紧急避险起因的"危险"的范围，要大于正当防卫的起因"不法侵害"，不仅包括人的行为，还包括其他非人为危险；对于人的行为，不仅包括不法侵害，也包括合法侵害。

如果事实上并不存在危险，而行为人误认为存在危险，实施所谓避险行为的，属于假想避险。对此，应比照处理假想防卫的原则予以处理。

2. 时间条件：危险正在发生

现实危险正在发生时，才能实行紧急避险。在危险尚未发生或者已经消除的情况下实行避险的，属于避险不适时，其处理原则与防卫不适时的处理原则相同。

3. 对象条件：合法权益

合法权益，通常是指损害第三者的合法权益，而不是针对危险来源的不法侵害人本身造成损害，否则可能构成正当防卫。

4. 实施条件：出于不得已而损害

必须出于不得已，是指在合法权益面临正在发生的危险时，没有其他合理方法可以排除危险，只有损害另一较小合法权益，才能保护较大合法权益。

在必须损害的利益系数个具有同等价值的利益时，选取任何一个进行避险，也认为符合不得已条件。在可以或者具有其他合法方法避免危险的情况下，行为人采取避险行为的，应视行为人的主观心理状态与客观上所造成的损害分别认定为故意犯罪、过失犯罪或者意外事件。

5. 限度条件：没有超过必要限度造成不应有的损害

紧急避险的必要限度，是指紧急避险行为所引起的损害小于所避免的损害（可能的损害）。一般来说，人身权利大于财产权利，人身权利中的生命权重于其他人身权利，财产权利的大小应以财产价值的多少为标准来衡量，而不是以所有制性质来衡量。

避险行为超过必要限度造成不应有的损害的，成立避险过当。避险过当不是独立的罪名，符合何种犯罪的构成要件，就认定为何种犯罪。对于避险过当的，应当酌情减轻或者免除处罚。

6. 主体限制：职务上、业务上负有特定责任的人不适用对本人危险避险

避免本人危险不适用于职务上、业务上负有特定责任的人。▶**事例：** 执勤的人民警察在面临罪犯的不法侵害时，不能为了自己的利益进行紧急避险；发生火灾时，消防人员不能为了避免火灾对本人的危险，而采取紧急避险。

7. 意图条件：具有避险认识、避险意志（传统观点）

避险意图由避险认识与避险意志构成。避险认识，是指行为人认识到国家、公共利益、本人或者他人的人身、财产和其他权利面临正在发生的危险，认识到只有损害另一较小合法权益才能保护较大的合法权益，认识到自己的避险行为是保护合法权益的正当合法行为。避险意志，是指行为人出于保护国家、公共利益、本人或者他人的人身、财产和其他权利免受正在发生危险的目的。

故意引起危险后以紧急避险为借口侵犯他人合法权益的，属于故意犯罪，而非紧急避险；根本没有避险意识，其故意或者过失实施的侵害行为符合紧急避险客观要件的，属于偶然避险。

（三）紧急避险的事例及考点

▶**例如：**乙遭甲追杀，迫不得已情急之下夺过丙的摩托车骑上就跑，乙推丙导致丙被摔骨折受重伤。乙为了保护自己的生命而被迫损害丙的身体，构成紧急避险。乙因紧急避险而占有丙的摩托车系合法占有，在紧急避险之后有归还的义务，如不归还非法据为己有可能涉嫌侵占罪；对于造成丙重伤，乙因先前行为也有救助义务，事后在有能力救助时如不救助导致伤势加重，可能涉嫌不作为犯罪。

可见，紧急避险涉及的考点通常有：紧急避险造成对财物的占有，属合法占有；紧急避险，在风险过后，避险人对于引起的危险具有消除的作为义务。

经典考题

【1】鱼塘边工厂仓库着火，甲用水泵从乙的鱼塘抽水救火，致鱼塘中价值2万元的鱼苗死亡。仓库中价值2万元的商品因灭火及时未被烧毁。甲承认仓库边还有其他几家鱼塘，为报复才从乙的鱼塘抽水。关于本案，下列哪一选项是正确的？① （2015-2-4）

A. 甲出于报复动机损害乙的财产，缺乏避险意图

B. 甲从乙的鱼塘抽水，是不得已采取的避险行为

C. 甲未能保全更大的权益，不符合避险限度要件

D. 对2万元鱼苗的死亡，甲成立故意毁坏财物罪

【2】关于正当防卫与紧急避险，下列哪一选项是正确的？② （2016-2-6）

A. 为保护国家利益实施的防卫行为，只有当防卫人是国家工作人员时，才成立正当防卫

B. 为制止正在进行的不法侵害，使用第三者的财物反击不法侵害人，导致该财物被毁坏的，对不法侵害人不可能成立正当防卫

C. 为摆脱合法追捕而侵入他人住宅的，考虑到人性弱点，可认定为紧急避险

D. 为保护个人利益免受正在发生的危险，不得已也可通过损害公共利益的方法进行紧急避险

【思考题】2002年5月7日凌晨2时许，纺织厂青年女工杨某下夜班后回家，途经一片偏僻的大树林时，一男子（后查明为张某）持刀跳出，意图强奸杨某。杨某急中生智，假意顺从，趁男子不备将其推下一土坡，自己拼命逃跑。看见一户人家，敲门后一老妇人开门（后查明为张某之母王某），杨某说明情况后，老妇人建议她到阁楼上住一宿，天亮再走，杨某答应，住在阁楼东头的床上，西头床上睡有另一女孩。约一小时后，杨某听见楼下有人敲门，侧耳细听，听到老妇人压低声音和一男子说话。老妇人说："那女的就在我们家阁楼上东头的床上，西头是你妹妹，轻点别把你妹妹吵醒了。"杨某才知道自己逃进的是歹徒的家里。阁楼上已无处逃身，若逃走又恐歹徒发现。杨某急中生智，将西头床上熟睡的女孩抱到自己睡的床上，自己则蒙头躺在西头床上。深夜，男子走上阁楼，朝东头床上猛捅几刀，后又用被单裹着尸体下楼。杨某遂趁机逃走报案。直至案发，张某才知道自己杀害并掩埋的不是杨某而是自己的妹妹。

【问题】问本案中张某、王某、杨某的行为如何定性？

---

① **参考答案：**B

② **参考答案：**D

★三、被害人承诺

被害人承诺是指由于对法益有处分权限人的承诺，而使原来损害该法益的行为不再被认定具有违法性的情形。被害人承诺并非阻却一切违法性，只阻却以违反被害者意志为前提的行为的违法性。例如，拐卖儿童的行为，即使得到儿童或其家长的承诺，也不影响拐卖儿童罪的成立。这是因为拐卖儿童罪保护的法益，除了儿童的人身权益，还有社会法益（法律强行保护儿童权益），后者与被害者意志无关。而对于非法侵入住宅罪、故意毁坏财物罪等犯罪，如被害人作出了承诺，就可认为行为不具违法性。

（一）有效的被害人承诺（阻却违法性）的构成条件

经被害人承诺而实施的行为，符合以下条件时，可以阻却违法性，不再认为是不法行为：

承诺者对被侵害的法益具有处分权限	被害人只能承诺自己的法益；承诺国家、公共利益与他人利益，无效；承诺自己法益时，也有一定限度：承诺他人杀害、重伤自己，无效
对承诺事项具有理解能力，承诺能力	未满 14 周岁的幼女性承诺无效；未满 18 周岁承诺摘取器官无效
承诺者不仅承诺行为，而且承诺结果	承诺他人醉酒开车载运自己，但没有承诺他人醉酒开车重伤自己
真实意思表示	戏言性的承诺、基于强制、欺骗做出的承诺无效
现实的承诺	意思方向说：只要被害人具有现实的承诺，即使没有表示于外部，也是有效的承诺；也不必要求行为人认识到被害人的承诺
承诺至迟存在于结果发生前	承诺不能事后追认
实施的行为不能超越承诺范围	超越承诺范围的部分追究责任

1. 承诺范围：承诺者对被侵害的法益具有处分权限。

（1）被害人只能承诺自己的个人法益；承诺国家、公共利益与他人利益，承诺无效。我国刑法中的犯罪，按法益的不同可区分为侵害个人法益的犯罪、侵害社会法益的犯罪、侵害国家法益的犯罪。只有侵害个人法益的犯罪，才可因被害人的承诺而不具违法性，这些犯罪主要集中在刑法分则第四章侵犯公民人身权利、民主权利罪，第五章侵犯财产罪之中。对于侵害社会法益的犯罪、侵害国家法益的犯罪，公民个人没有处分权限，作出的承诺无效。

（2）承诺自己法益时，也有一定限度。一般认为，承诺他人杀害、重伤自己的，承诺无效；承诺轻伤、侵犯自由、性、名誉、毁财的，承诺有效。

（3）承诺事项部分在被害人可处分法益范围之内，部分在范围之外的，对于范围之内的法益承诺有效，对于范围之外的法益承诺无效。▶**事例：**甲女同意乙男、丙男、丁男等诸男在公开场合同时对自己实施淫乱行为。甲女的性承诺有效，乙、丙、丁不构成强奸罪；但甲女对社会法益无法处分，甲、乙、丙、丁构成聚众淫乱罪。

2. 承诺能力：承诺者对承诺事项具有理解能力，承诺能力。▶**事例：**未满 14 周岁的幼女性承诺无效；未满 18 周岁的未成年人承诺他人摘取自己器官，承诺无效。

3. 承诺对象：承诺者不仅要对行为作出承诺，而且最重要的是对结果作出承诺。▶**事例：**

甲承诺乙醉酒开车载运自己，但甲并没有承诺乙醉酒开车重伤自己，如果乙醉酒开车致甲重伤，此重伤行为仍为不法行为。

4. **真实意思表示**。戏言性的承诺、基于强制、欺骗做出的承诺无效。

5. **现实的承诺**。指客观上存在被害人的承诺，至于是否要求承诺者外在表示、行为人知悉被害人的承诺，主流的"意思方向说"，认为只要被害人具有现实的承诺，即使没有表示于外部，也是有效的承诺；也不必要求行为人认识到被害人的承诺。▶**事例**：甲男暗自喜欢乙女，某日夜晚潜入乙女宿舍，趁乙女熟睡而对其实施奸淫。乙女惊醒后发现是甲男，原本也暗自喜欢甲男，遂假装反抗实则顺从。乙女虽未将性承诺表现出来，甲男对其性承诺也未察觉，但乙女确有现实的承诺，应当认定甲男不构成犯罪（"两情相悦案"）。

6. **承诺时间：承诺至迟存在于结果发生前**。事后追认的承诺无效，不影响行为的不法性质，但有可能影响量刑。被害人之前作出了承诺，但在结果发生之前又撤回或变更承诺的，原承诺无效。

7. **经承诺所实施的行为不能超越承诺范围**。对于超越承诺范围的部分行为应当追究责任。

▶**事例**：甲承诺让乙砍掉自己的一个小手指（轻伤），而乙却砍掉了甲的大拇指（重伤），乙的行为成立故意伤害罪。同样，乙砍掉甲的中指的（轻伤），乙的行为仍然成立故意伤害罪。对于承诺有时间限制的，超过限制的侵害行为也属不法行为。例如，甲承诺让乙关押自己三天，三天期满后，乙仍不释放甲又关了五天，则乙对超出承诺的五天构成非法拘禁罪。

（二）承诺者基于认识错误而作出承诺的效力

上述有效承诺构成条件中的第 4 个条件，要求承诺必须是真实意思表示。有时候，被害人是基于错误的认识而作出承诺，对于该承诺的效力，区分为以下两种情况：

重大错误的承诺：承诺无效	法益关系错误：因受骗而对所放弃的法益的种类、范围或危险性发生错误认识
非重大错误的承诺：承诺有效	不是法益关系错误，例如一些不重大的动机错误等的承诺
错误重大与否：考虑法益的有无、性质、范围，承诺者的目的是否实现，欺骗行为对承诺的影响程度	
判断基于错误而作出承诺的效力（错误是否重大）的**经验法则**是：将假相告诉一般社会公众，如果一般社会公众基于假相也会作出承诺，则承诺者属重大错误的承诺，承诺无效。	

1. **重大错误的承诺：承诺无效**。重大错误的承诺，即被害人对法益关系错误而作出了承诺，如因受骗而对所放弃的法益的种类、范围或危险性发生错误认识。▶**事例**：行为人甲男冒充乙女的丈夫对乙女实施奸淫，黑夜中乙女误信对方是自己的丈夫而同意发生性关系。由于乙女对发生性关系的对象有重大误认，其性承诺无效。

2. **非重大错误的承诺：承诺有效**。不是法益关系错误是非重大错误的承诺，如一些不重大的动机错误等作出的承诺（但并非所有的动机错误承诺都有效）。▶**事例**：甲男欺骗乙女称与之发生性关系，就给乙女提干升职，得到乙女的同意发生性关系后并没有给乙女提干升职。由于乙女对发生性关系的对象没有误认，其性承诺有效。

3. 判断被害人的错误重大与否，需考虑被害人是否认识到法益的有无、性质、范围，承诺者的目的是否实现，欺骗行为对承诺的影响程度等，以下承诺认为无效：

（1）欺骗行为使被害人误以为不会导致法益侵害而承诺，但事实上造成了法益侵害的，该承诺无效。欺骗行为使被害人误以为只会造成轻微的法益侵害而承诺，但事实上造成了严重的法益侵害的，该承诺无效。🏳事例：甲欺骗乙说："让我打一下，不会受伤的"，乙信以为真，结果被甲打成轻伤。乙的承诺无效，甲构成故意伤害罪。

（2）承诺放弃法益后并未实现承诺者的重大目的，承诺无效。🏳事例：甲欺骗乙向地震灾区捐款，乙为了救济灾民而捐款，但甲将所得捐款据为己有，乙的承诺无效，甲的行为构成诈骗罪。甲欺骗乙，声称其子女需要移植眼角膜，乙献出了眼角膜，但甲将乙的眼角膜改作他用，乙的承诺无效，甲的行为成立故意伤害罪。甲欺骗乙说："如果你让我向你的头打一拳，我给你5万元，但如果打伤了我不负责。"乙表示同意，于是甲向乙的头部猛击一拳，导致乙轻伤，但事后甲并没有向乙交付5万元，乙的承诺无效，甲构成故意伤害罪。

（3）承诺放弃法益是因避险，但危险并不存在的，承诺无效。🏳事例：甲谎称乙饲养的狗是疯狗，使得乙承诺甲捕杀狗的，乙的承诺无效。电梯司机甲在被害人乙进入电梯后，突然将电源关闭，谎称电梯事故，使被害人同意自己被关在电梯内的，乙的承诺无效，甲可构成非法拘禁罪。

另外，被害人没有做出承诺，但行为人误信被害人作出了承诺而进行侵害，系假想得到承诺，应当比照前述假想防卫、假想避险进行认定，不构成故意犯罪，一般以过失犯罪论处。

判断基于错误而作出承诺的效力（错误是否重大）的经验法则是：将假相告诉一般社会公众，如果一般社会公众基于假相也会作出承诺，则承诺者属重大错误的承诺，承诺无效。

（三）推定的承诺

现实上没有被害人的承诺，但按常理如果被害人知道事实真相后当然会承诺，行为人推定根据被害人的意志所实施的，保护被害人法益的行为，称为基于推定的承诺的行为，亦可阻却违法性。🏳事例：甲为了避免烧毁邻居乙的贵重财产，闯入其屋内搬出贵重物品；乙砍树时被压在倒下的大树下重伤昏迷，甲为救助其被迫砍断乙的一条腿将其从树下拖出，背往医院抢救救活。

阻却违法的推定承诺的构成：（1）针对被害人有处分权限的个人法益；（2）被害人没有现实的承诺，一般情况是事态紧急，被害人没有能力承诺；（3）以一般公众观念推定被害人知道真相将作出承诺，即使被害人事后反对也不影响推定的效力；（4）行为人保护的法益大于牺牲的法益。

📋 经典考题

关于故意杀人罪、故意伤害罪的判断，下列哪一选项是正确的？（2014/2/15）B

A.甲的父亲乙身患绝症，痛苦不堪。甲根据乙的请求，给乙注射过量镇定剂致乙死亡。乙的同意是真实的，对甲的行为不应以故意杀人罪论处

B.甲因口角，捅乙数刀，乙死亡。如甲不顾乙的死伤，则应按实际造成的死亡结果认定甲构成故意杀人罪，因为死亡与伤害结果都在甲的犯意之内

C.甲谎称乙的女儿丙需要移植肾脏，让乙捐肾给丙。乙同意，但甲将乙的肾脏摘出后移植给丁。因乙同意捐献肾脏，甲的行为不成立故意伤害罪

D.甲征得乙（17周岁）的同意，将乙的左肾摘出，移植给乙崇拜的歌星。乙的同意有效，甲的行为不成立故意伤害罪

四、其他违法阻却事由

（一）法令行为

法令行为，是指基于成文法律、法令、法规的规定，作为行使权利或者承担义务所实施的行为。法令行为包括四类行为：（1）法律基于政策理由排除犯罪性的行为，例如发行彩票，（2）法律有意明示了合法性条件的行为；（3）职权（职务）行为，即公务人员根据法律行使职务或者履行职责的行为，包括基于法律的直接规定实施的行为，以及基于上级的职务命令实施的行为；（4）权利（义务）行为，即在法律规定上作为公民的权利（义务）的行为，如一般公民扭送现行犯，警察在执行公务中使用枪支是一种职务行为。

（二）正当业务行为

正当业务行为，是指虽然没有法律、法令、法规的直接规定，但在社会生活中被认为是正当的业务上的行为，如体育竞技、医疗行为、律师的辩护活动。

（三）自救行为

自救行为指个人权利受到侵害后，通过法律正当程序获得救济，恢复事实上已经不可能，或者显著困难时，个人凭借自己的力量进行救助的行为。如被害人摩托车被盗，几天后在街上发现窃贼而抢回。

（四）自损行为

自损行为，指自己损害自己权益的行为，如自杀、自伤、自己毁损自己所有的财物等，这些行为一般不成立犯罪。但是，当自损行为同时危害国家、社会或他人合法权益时，则可能成立犯罪。如军人战时自伤的，放火烧毁自己的财物但危害公共安全的，成立犯罪。

（五）义务冲突

义务冲突，是指存在两个以上不相容的义务，为了履行其中的某种义务，而不得已不履行其他义务的情况。义务冲突时，负有义务的人必须履行其中的某项义务。履行重要义务，放弃非重要的义务的，可阻却违法性。

▶事例：女朋友与母亲同时落水，男子只负有救助母亲的法律义务，对于女朋友没有法律上的救助义务，因此不存在义务冲突，应当救助母亲。妻子与母亲同时落水，男子对二人均有法律上的救助义务，只能救助其中一人时，就属义务冲突，救谁都行。律师在法庭上为了给被告人辩护，不得已泄露他人隐私，也属义务冲突。

🔖 考点归纳

1.正当防卫：

（1）起因条件的"不法侵害"，包括未达刑事责任年龄、不具刑事责任能力人的侵害；紧迫的过失行为、不作为行为、预备行为、"黑吃黑"等；

（2）时间条件是"正进行"，存在继续侵害的危险即可防卫，财产犯罪有特例，既遂后犯罪人仍在现场可以挽回损失时仍可防卫，预先设立防卫装置要符合时间条件；

（3）限度条件采"必需说"，当时场景之下制止不法侵害所必需，在必需限度内造成重大损失不属过当；

（4）特殊防卫的对象是严重危及人身安全的暴力犯罪。

2. 有效承诺七条件：处分权限、承诺能力、对结果承诺、真实意愿、现实承诺、结果发生前承诺、不超承诺范围，重大错误的承诺（一般公众均会错误），承诺无效。

3. 紧急避险是"以正对正"，紧急避险也可引起作为义务。

经典考题

关于正当防卫与紧急避险，下列哪一选项是正确的？[1]（2016-2-6）

A.为保护国家利益实施的防卫行为，只有当防卫人是国家工作人员时，才成立正当防卫

B.为制止正在进行的不法侵害，使用第三者的财物反击不法侵害人，导致该财物被毁坏的，对不法侵害人不可能成立正当防卫

C.为摆脱合法追捕而侵入他人住宅的，考虑到人性弱点，可认定为紧急避险

D.为保护个人利益免受正在发生的危险，不得已也可通过损害公共利益的方法进行紧急避险

拓展习题

【1】以下关于正当防卫，说法正确的有（　　）[2]

A.甲运输毒品，乙明知甲实施犯罪，认为自己"黑吃黑"，甲也不敢报案，就着手实施暴力抢劫甲的毒品。则因甲的行为本身是犯罪行为，故甲不能对乙进行正当防卫

B.甲驾驶汽车带精神病人乙就医途中，乙突然攻击甲，抢夺甲的方向盘，为避免发生汽车相撞事故，甲将乙打成轻伤昏迷，可将甲的行为认定正当防卫

C.甲、乙二男奸淫妇女丙，在甲奸淫丙之后，因担心他人发现，甲、乙二人将丙带往另一地点，欲图继续强奸，在此期间，丁为解救丙而将甲、乙打成重伤，丁的行为成立正当防卫

D.乙劫持飞机，甲见状遂用非法携带上飞机的枪支对准乙，喝令乙停止犯罪。未料不慎触动枪支扳机，枪支击发致乙死亡。则甲的行为构成过失致人死亡罪

解析：A选项，犯罪人对赃物的占有，相对于抢劫犯而言危害性更高，乙构成抢劫罪，甲当然构成正当防卫。

B选项，精神病人的危害行为也属不法侵害。

C选项，带往另一地点，仍认为是在强奸不法侵害的过程中。

D选项，劫持航空器行为是严重危及人身安全的暴力犯罪，可以进行特殊防卫过当。

【2】关于被害人的承诺，下列说法正确的是（　　）[3]

A.甲没有取得医生执业资格，长期为他人治病，每次都是应患者及其家属请求实施，结果导致一人重伤，多人轻伤，甲的行为不构成犯罪

B.医生甲给病人乙开胸治疗，后发现乙是自己的情敌，拒不将乙缝回导致其死亡，由于甲的行为属经承诺的正当医疗行为，不能构成犯罪

C.乙养了一条狼狗（价值5万元），经常狂吠，邻居甲欲打死狼狗，就趁乙外出时给乙打电话谎

---

[1] **参考答案：**D

[2] **参考答案：**BC

[3] **参考答案：**C

称狼狗冲破栅栏正在咬一个小孩，问乙可否杀死，乙表示同意，甲遂将狗打死，则构成故意毁坏财物罪

　　D.甲欺骗乙说："如果你让我向你的头打一拳，我给你 5 万元，但如果打伤了我不负责。"乙表示同意。于是甲向乙的头部猛击一拳，导致乙轻伤。但事后，甲并没有向乙交付 5 万元。乙的承诺有效，甲不构成故意伤害罪

　　解析：A 选项，非法行医罪的法益是社会秩序，就医人不能承诺处分。

　　B 选项，前行为医疗行为是正当的，但之后有缝回的义务。

　　C 选项，被害人对于承诺事项的前提产生重大错误，基于重大认识错误作出的承诺无效。

　　D 选项，因行为人欺骗，使承诺者对于法益处分的后果产生认识错误，被害人基于重大认识错误作出的承诺，承诺无效。

第二节　责任阻却事由

　　在责任层面的判断上，行为人具备了刑事责任年龄能力、故意过失（责任形式）等积极要素，大体上就具备了责任；但是，在特殊情况下，行为人具备这些责任积极要素，仍然不能认为具有责任，还需排除责任阻却事由（责任消极要素）。通常的责任阻却事由有不具认识可能性的违法性认识错误、欠缺期待可能性。近几年以来，司法考试对违法性认识错误考查较多。

★ 一、不具认识可能性的违法性认识错误

　　违法性认识错误，指的是对自己行为的违法性质的认识错误，通常表现为误将有罪行为认为是无罪行为而实施。对于违法性认识错误应当掌握的有：

　　1.事实认识错误与违法性认识错误的区分：是认错的事实还是弄错了事实的法律性质。

　　关于构成要件当事实的错误、关于违法阻却事由的前提事实的错误、关于法律事实本身的错误，是事实认识错误；关于对自己行为的法律（规范）评价的错误，是违法性（法律）认识错误。▶事例：行为人认识到自己的所有物在国家机关管理之中，但以为可以随时擅自取回该物便擅自取回该物。行为人没有事实认识错误，即具备盗窃罪的故意，但存在法律认识错误。行为人没有认识到其所有物在国家机关管理之中，则属于事实认识错误。

　　2.违法性认识错误的定位：不是故意要素，是主观责任要素。

　　违法性认识不是故意的要素，违法性认识错误不会导致故意不成立。违法性认识是主观责任的要素（责任阻却事由），违法性认识错误会影响责任的有无和大小。

　　3.违法性认识错误分为两种：

　　（1）具有违法性认识可能性的违法性认识错误，不会影响责任有无，可能会影响责任大小。

▶事例：大义灭亲，行为人有故意，有责任，构成犯罪。

　　（2）不具违法性认识可能性的违法性认识错误，阻却责任。▶事例：与世隔绝的村民基于当地习惯法射杀珍稀野生动物。行为人有故意，无责任，从而不构成犯罪。

　　4.判断是否具有认识可能性的基准：社会公众在当时场景下是否能够认识到行为犯罪。

　　不具认识可能性的违法性认识错误，指行为人不可能认识到行为的违法性，或者说不可避免地产生违法性的认识错误。亦即，行为人没有认识到自己的行为是犯罪，社会公众在当时场

景下也不能认识到行为的犯罪性质。行为人不具有违法性认识可能性，故意仍然存在，只是责任要件要素不齐备，没有责任，从而导致犯罪不能成立。

不具认识可能性的违法性认识错误的通常情形有：（1）由于通讯不发达、所处地区过于偏僻等原因，行为人不知法律的存在；（2）由于国家相关法律宣传、行政管理职能部门的懈怠，行为人对自己的行为是否违反特定领域的行政、经济法规，完全没有意识；（3）刑法法规突然改变；（4）法律规范体系完全不同的外国人进入中国时间过短，对自己的行为可能违反法规范一无所知；（5）知道刑法法规的存在，但由于法规之间有抵触，错误解释刑法，误以为自己的行为合法；（6）从值得信赖的权威机构（如司法机关）那里获得值得信赖的信息，或者阅读以前法院作出的判决，根据相关结论，认为自己的行为合法；（7）行为人知道，他人以前曾经实施类似行为，并没有得到刑法的否定性评价，从而坚信自己的行为合法。

经典考题

农民甲醉酒在道路上驾驶拖拉机，其认为拖拉机不属于《刑法》第133条之一规定的机动车。关于本案的分析，下列哪一选项是正确的？[①]（2016-2-4）

A. 甲未能正确评价自身的行为，存在事实认识错误

B. 甲欠缺违法性认识的可能性，其行为不构成犯罪

C. 甲对危险驾驶事实有认识，具有危险驾驶的故意

D. 甲受认识水平所限，不能要求其对自身行为负责

二、欠缺期待可能性

所谓期待可能性，是指根据具体情况，有可能期待行为人不实施违法行为而实施其他合法（适法）行为。亦即行为人在当场情景下有实施合法行为、而不实施犯罪行为的可能性。法不强人所难，如果行为人在当时场景下没有实施合法行为的可能（欠缺期待可能性），即使其对危害结果的造成有故意、过失，也不能认定其有责任。

欠缺期待可能性的情形，通常是行为人实施合法行为会给自己带来极其重大的生命、身体和其他重大利益的损害，而使其陷入极其困难的选择。

一般情况下，具有责任能力的人，基于故意、过失实施某一行为，通常就存在期待可能性。所以，行为人有无期待可能性，在绝大多数案件中，都不需要特别予以考虑。只是在一些特殊情况下，期待可能性有无的判断才有必要。

▶ 事例1：行为人因自然灾害而流落外地，为生活所迫与他人重婚。其行为符合重婚罪的构成要件，系不法行为；行为人明知本人有配偶而重婚，具有重婚故意；也明知重婚违法，具有违法性认识；只不过由于是为生活所迫而与他人重婚，缺乏期待可能性，因而没有责任。对此，不能以重婚罪论处。

▶ 事例2：一般认为，本犯自己毁灭、伪造证据，或者伪证的；或者以一般方法教唆他人帮助其毁灭、伪造证据，或者作虚假证言的，认为不具期待可能性而不处罚。无罪的人被错误羁押后脱逃，一般也认为欠缺期待可能性。

① 参考答案：C

经典考题

关于期待可能性，下列哪一选项是错误的？[①]（2008年四川延期试卷二第5题）

A.行为人是否具有故意、过失，与是否具有期待可能性，是两个不同的问题。换言之，具有故意、过失的人，也可能没有期待可能性

B.行为人犯罪后毁灭自己犯罪的证据的行为之所以不构成犯罪，是因为缺乏期待可能性

C.在司法实践中，对于因遭受自然灾害外流谋生而重婚的，之所以不以重婚罪论处，是因为缺乏期待可能性

D.身无分文的乞丐盗窃他人财物得以维持生存的，因为缺乏期待可能性，不应认定为盗窃罪

第七章　犯罪的未完成形态

 考点说明

本考点之下需要掌握的知识点主要有：（1）犯罪既遂的认定；（2）犯罪预备、犯罪未遂的认定；（3）犯罪未遂与不可罚的不能犯的区别；（4）犯罪中止的认定（与犯罪未遂、预备的区分）。

 知识点讲解

刑法分则规定典型犯罪形态（基本构成要件）是一人实行既遂的情况，犯罪既遂即为犯罪的完成形态。在犯罪行为在向完成形态发展的过程中，可能会由于某种原因而出现终局性的停顿，而形成犯罪的未完成形态，包括犯罪预备、犯罪未遂、犯罪中止等情况。犯罪的未完成形态只能存在于故意犯罪之中，过失犯罪没有预备、未遂与中止形态（我国刑法中过失犯罪的未遂不处罚）。通说认为，间接故意犯罪无未遂，但也有少数观点认为，间接故意犯罪也可能有未遂、中止形态而没有预备形态。

刑法分则所规定的构成要件以犯罪既遂为模式，在此意义上说，犯罪既遂是完全符合构成要件（基本构成要件）的情形。犯罪预备、犯罪未遂与犯罪中止虽然没有完全符合刑法分则所规定的基本的构成要件（既遂构成要件），欠缺其中的一些要素（如实害结果要素、实行行为要素），但符合了刑法总则规定的修正的构成要件。

基本的构成要件与修正的构成要件

（以实害犯为例）

	既遂犯	未遂犯	预备犯	教唆犯	帮助犯
客观不法	实行行为 对象 实害结果 因果关系	实行行为 对象 ~~实害结果~~ 危险结果 因果关系	预备行为 对象 ~~危险结果~~ 实行危险 因果关系	教唆行为 对象 （~~危险结果~~）实行危险 因果关系	帮助行为 对象 ~~危险结果~~ 实行危险 因果关系
主观责任	故意	故意	故意	教唆故意	帮助故意
	即遂犯的构成要件	未遂犯的构成要件	预备犯的构成要件	教唆犯的构成要件	帮助犯的构成要件
	基本的构成要件		修正的构成要件		

犯罪形态与犯罪阶段的关系。犯罪过程大体上可以分为犯罪预备阶段与犯罪实行阶段。

着手是实行阶段的起点，行为终了是实行行为完成的结点（不等于既遂）。犯罪预备是在犯罪预备阶段的终局性停顿，犯罪未遂是在犯罪实行阶段至既遂之间的停顿，犯罪中止既可能出现在预备阶段，也可能出现在实行阶段，以及实行后至既遂的阶段。

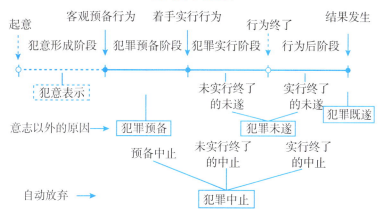

犯罪阶段与犯罪形态示意图
（以结果犯为例）

在犯罪未达既遂的情况下，可以采用"停顿原因—停顿阶段"的二重标准，来认定犯罪是预备、未遂、中止：先看停顿原因，如果犯罪停顿是因行为人自动放弃，则系犯罪中止。如非行为人自动放弃，而是出于意志以外的原因停顿，则再看停顿阶段，实行之前停顿是犯罪预备，实行之后停顿是犯罪未遂。

完成形态	未完成形态			
	停顿原因	停顿阶段		
犯罪既遂	自动放弃	预备之后		既遂之前	犯罪中止
	意志以外原因	预备之后	实行之前		犯罪预备
		实行之后	既遂之前		犯罪未遂

第一节　犯罪既遂：犯罪的完成形态

由于犯罪既遂是犯罪的终结，犯罪既遂后不再成立犯罪未遂、犯罪中止，故而，首先应当弄清犯罪是否既遂的问题。犯罪既遂实际上是一个分则问题，每个具体罪名对于具体的既遂标准有不同的标准，但仍然可以从总论角度予以归纳：

1. 结果犯、危险犯、行为犯及举动犯（结合分则具体罪名认定）的既遂标准

类别	事例：分则罪名的具体标准	既遂标准
结果犯	故意杀人罪：死亡；抢劫罪：取财或轻伤；盗窃罪：以"控制说"为主，以"失控说"为辅	实害结果

续表

类别	事例：分则罪名的具体标准	既遂标准
危险犯	破坏交通工具罪：足以使交通工具发生倾覆、毁坏危险； 生产、销售不符合安全标准的食品罪：足以造成严重食物中毒事故或者其他严重食源性疾患	具体危险
行为犯	诬告陷害罪：捏造犯罪事实、告发行为完成	行为完成 （抽象危险）
（举动犯）	参加恐怖活动组织罪、煽动分裂国家罪、伪证罪	

大体上，刑法对犯罪既遂的规定可分为结果犯、危险犯、行为犯（包括举动犯）三种情况。

（1）结果犯是指以特定实害结果的发生为犯罪既遂标准的犯罪，如故意杀人罪。

（2）危险犯（具体危险犯）指以达到法律规定的某种具体危险状态作为既遂标准的犯罪，如放火罪的危险犯。

（3）行为犯（又称抽象危险犯）是以行为实施完毕（即具有抽象危险）作为犯罪既遂标准的犯罪，如诬告陷害罪。举动犯（即时犯）实际上是行为犯中的一种，是行为实施较为短促，一实施即既遂的犯罪，如参加恐怖活动组织罪、煽动分裂国家罪、伪证罪等。

在司法考试中，应当结合分则弄清一些典型、常见具体罪名的既遂标准，如：

（1）结果犯：绑架罪：绑架控制行为完成、人质被控制住脱逃显著困难；盗窃罪：以"控制说"为主、"失控说"为辅；抢劫罪：取财或轻伤。

（2）危险犯：破坏交通工具罪：足以使交通工具发生倾覆、毁坏。放火罪："独立燃烧"说，即引火物离开目的物，目的物达到能独自燃烧的程度（可能烧毁）。

（3）行为犯：诬告陷害罪捏造并告发行为实施完毕。

2. 犯罪既遂与因果关系

犯罪既遂的刑法定义：实行行为导致结果（结果犯中的实害结果、危险犯中的危险结果）。实行行为与结果之间存在因果关系，才能认定为既遂。由此，犯罪中并非一有危害结果出现就一定构成既遂。还需要考查危害结果是否是实行行为导致，是否存在因果关系。

（1）实行行为与结果之间不存在因果关系，不认为既遂。▶事例：瘦小的甲暴力威胁强壮的乙抢劫乙的钱财，乙见甲举止猥琐可怜其而给其钱，甲虽有实行行为，也取得了财物，但财物的取得并非抢劫所得，不能认定为抢劫罪既遂，而应认定为抢劫罪未遂。

（2）预备行为导致结果，也不认为是既遂。▶事例：甲欲杀乙而买枪，买回枪支后在家擦枪，不慎走火而打死路边的行人，事后查明行人碰巧为乙。乙死亡的结果并非甲的杀人实行行为导致，而是预备行为导致，甲构成故意杀人罪预备与过失致人死亡罪的想象竞合。

3. 犯罪既遂后不再成立犯罪未遂、犯罪中止

犯罪既遂犯罪即告完成，不再存在犯罪未遂、犯罪中止，事后退赃退赔、挽救损失也应认定为悔罪情节，不影响犯罪既遂的成立，只可能影响量刑。▶事例：盗窃取得控制住赃物之后，

又因怜悯被害人而偷偷将财物送回；为勒索绑架控制小孩，又因小孩哭闹而将其送回家。均应认定为犯罪既遂之后的悔罪，而不构成犯罪中止。

但是，危险犯的危险状态达到但行为人主动有效防卫实害结果发生的，如危险犯、实害犯共用同一罪名，则仍可认定为整体的犯罪中止（以危险犯法定刑为基准刑进行减免）。▶事例：放火时已点燃引火物烧着了小部分财物，此时又主动扑灭火苗制止火灾结果；在火车铁轨上已放好大石块，但在火车到达前一刻又主动移除避免倾覆事故发生的。均可认为是放火罪、破坏交通设施罪犯罪中止。

经典考题

甲将自己的汽车藏匿，以汽车被盗为由向保险公司索赔。保险公司认为该案存有疑点，随即报警。在掌握充分证据后，侦查机关安排保险公司向甲"理赔"。甲到保险公司二楼财务室领取 20 万元赔偿金后，刚走到一楼即被守候的多名侦查人员抓获。关于甲的行为，下列哪一选项是正确的？ [①]（2009-2-15）

　　A. 保险诈骗罪未遂　　　　　　　　B. 保险诈骗罪既遂

　　C. 保险诈骗罪预备　　　　　　　　D. 合同诈骗罪

第二节　犯罪预备（着手前被迫停顿）

相关法条

第 22 条【犯罪预备】为了犯罪，准备工具、制造条件的，是犯罪预备。

对于预备犯，可以比照既遂犯从轻、减轻处罚或者免除处罚。

知识点讲解

犯罪预备，是指为了犯罪，准备工具，制造条件，即实施了犯罪的预备行为，但由于行为人意志以外的原因而未能着手实行犯罪的情形。即欲达目的而不能，在预备之后着手实行之前停顿。起于预备后，止于实行前，停顿因不能。

犯罪预备具有以下三个特征：

1. 起点：客观上实施了犯罪预备行为

即实施了为了实行犯罪而准备工具、制造条件的行为。例如，购买某种物品作为犯罪工具、制造犯罪工具、改装物品使之适应犯罪需要、租借他人物品作为犯罪工具；盗窃他人物品作为犯罪工具等。选择、调查侵害目标，排除犯罪障碍，勾结共犯，商定犯罪计划、方案，出发前往犯罪地点或者守候被害人的到来，诱骗被害人前往犯罪场所，接近犯罪目标，跟踪、尾随、守候、接近被害人等。

行为人仅有犯意表示（流露），而没有实施客观预备行为，不认为是犯罪。行为人实施这些行为目的是为了下一步继续实施实行行为，为了预备而预备不是犯罪预备行为，例如，为了杀人而买刀，买刀行为是杀人的预备行为；而因无钱买刀，又为了买刀而挣钱，即是为了预备而预备，不属犯罪预备行为。

[①]　**参考答案：A**

2. 停顿点：在着手实行犯罪之前停顿

犯罪预备必须在预备阶段停顿下来，事实上未能着手实行犯罪。包括预备行为没有完成、预备行为虽已完成但未能着手实行犯罪等情形。是否着手实行，是区分犯罪预备与犯罪未遂的节点。关于着手实行的认定，在下节"犯罪未遂"中详述。

3. 停顿原因：未能着手实行犯罪是由于行为人意志以外的原因

亦即停顿原因并非出于行为人自动放弃。在犯罪预备阶段（实施了预备行为尚未着手实行）停顿，如为自动放弃的，系犯罪中止（预备阶段的中止）；如意志以外的原因非自动放弃的，系犯罪预备。是否自动放弃，是区分犯罪预备与犯罪中止的界限。关于自动放弃与意志以外的原因停顿的区分，在下节"犯罪中止"中详述。

对于预备犯，可以比照既遂犯从轻、减轻或者免除处罚。

第三节　犯罪未遂（着手后被迫停顿）

 相关法条

第23条【犯罪未遂】已经着手实行犯罪，由于犯罪分子意志以外的原因而未得逞的，是犯罪未遂。对于未遂犯，可以比照既遂犯从轻或者减轻处罚。

知识点讲解

犯罪未遂，指已经着手实行犯罪，由于犯罪分子意志以外的原因而未得逞。即欲达目的而不能，在着手实行之后既遂之前停顿。起于实行后，止于既遂前，停顿因不能。

一、犯罪未遂的特征

犯罪未遂具有以下特征：

1. 起点：已经着手实行犯罪

着手实行是实行行为的起点。着手实行即是实行刑法分则所规定的具体犯罪的构成要件的行为，直接侵害法益。例如，开始实施持刀杀人行为马上就可杀死他人时，就是故意杀人罪的着手；开始窃取公私财物触摸到财物马上就能偷到手时，就是盗窃罪的着手。

（1）形式上：着手实行即是实行刑法分则所规定的具体犯罪的构成要件行为。实行行为包含多个环节或多种形式时，开始实施其中任何一个环节形式的行为，原则上也应认定为着手。在刑法分则条文所规定的实行行为包含多个环节或多种形式时，行为人开始实施其中任何一个环节或者任何一种形式的行为，原则上也应认定为着手。▶事例：抢劫罪中，当行为人开始实施暴力、胁迫行为时，即是着手抢劫。在强奸罪中，实施暴力、胁迫、压制反抗的行为，即为着手强奸。

注意：①对于"共犯行为正犯化"的情况（参见后文"共同犯罪"一章），亦即刑法将某些原本系教唆、帮助的行为规定为独立的罪名（资助、帮助、教唆、组织犯），例如协助组织卖淫罪、帮助恐怖活动罪、帮助信息网络犯罪活动罪，煽动颠覆国家政权，也应将协助、帮助、资助、煽动行为认为是实行行为（正犯行为）。

②对于"预备行为实行化"的情况，《刑法修正案（九）》第 120 条之二关于"准备实施恐怖活动罪"的规定，以及相伴出的"预备行为实行化"的现象。原来的预备行为因为立法规定而成为实行行为，从而，已经着手实施准备实施恐怖活动的行为，因意志以外的原因而被迫停顿，不再认定为相应恐怖活动犯罪的预备犯，而应认定为准备实施恐怖活动罪的既遂犯。

（2）实质上：直接侵害法益的危险达到紧迫程度。

实行行为的本质是行为直接侵害法益的危险达到紧迫程度，具备此实质特性的行为才能认定为实行行为。🚩事例：甲为了杀乙，持刀从 100 米开外冲向乙，如其已举刀砍向乙时被抓获，则应认为实施杀人实行行为，为故意杀人罪未遂；如其在 10 米开外被警察拦住，因其尚不能即刻直接侵害的生命，不能认为实施杀人实行行为，仅为故意杀人罪预备。而如其是持枪在 10 米开外瞄准乙，可立即夺命，即认为已实施了实行行为。

有时候，行为表面上符合了构成要件行为的形式，但不具有紧迫侵害法益的实质，也不能认定为实行行为。🚩事例：甲男从千里之外的 A 市写信给 B 市的乙女，威胁乙女让乙女飞往 A 市与之发生性关系，否则就要对乙女实施杀害，因乙女报案而将甲男抓获。甲男实施的行为，在形式上符合强奸罪中"胁迫"的规定，但甲男并不能即刻侵害到乙女的人身权益，不能认定为实施了强奸实行行为，仍应以强奸罪预备论处。

（3）间接正犯、原因自由行为、不真正不作为犯、隔离犯的着手，以实行者（被支配者）实行直接侵害法益的危险达到紧迫程度行为为着手。🚩事例：甲指使 8 岁的乙到丙家盗窃，只有乙进入丙家时，才认为间接正犯甲实施了盗窃的实行行为；甲指使完毕但乙尚未进入丙家即被抓，甲仍为预备。

2. 停顿点：犯罪未得逞（未既遂）

参照前节"犯罪既遂"的内容，结果犯中实害结果未发生，危险犯中具体危险程度未达到，行为犯（抽象危险犯）中行为未完成，系犯罪未得逞。

3. 停顿原因：犯罪未得逞是由于犯罪分子意志以外的原因

停顿原因并非出于行为人自动放弃，而是由于行为人意志以外的原因所致。亦即欲达目的而不能。行为人主观上本来欲图继续实施犯罪，但出现了违背犯罪分子意志的客观上使得犯罪不可能既遂的障碍，或者出现了犯罪人自认为不可能既遂的原因，而使其被迫停止犯罪。例如被害人的反抗、第三者阻止、自然力阻碍、物质阻碍、犯罪人能力不足、犯罪人认识发生错误。包括：（1）抑止犯罪行为的原因，即某种情况使得行为人在客观上不可能继续实行犯罪或者不可能造成犯罪结果。（2）抑止犯罪结果的原因，即行为人已将其认为应当实行的行为实行终了，但意外情况阻止了结果的发生。（3）抑止犯罪意志的原因，即某种事实使得犯罪分子认为自己客观上已经不可能继续实行犯罪，从而被迫停止犯罪。

注意：犯罪停顿的原因是"意志以外的原因"还是"自动放弃"，是区分犯罪未遂（犯罪预备）与犯罪中止的标准。判断的基本立场是"主观说"，即以行为人主观意愿为立场，看行为人是因认识到障碍而被迫放弃。由此：①客观上存在障碍，行为人也认识到障碍而放弃，是被迫放弃；②客观上不存在障碍，但行为人误认为存在障碍而放弃，也是被迫放弃；③客观上存在障碍，但行为人没有认识到障碍，自认为没有障碍足以阻止其既遂，出于它而放弃，是自动放弃；④客观上不存在障碍，行为人也认识到没有任何障碍阻止其既遂，出于它而放弃，是自动放弃。▶事例：甲进入乙家盗窃，听到门外有脚步声，误认为乙回家不能盗窃而逃走，实际上是风吹物落的声音。尽管客观上不存在障碍，但行为人误认为有客观障碍，应当认定为犯罪未遂，而不是犯罪中止。

对于未遂犯，可以比照既遂犯从轻或者减轻处罚。

经典考题

关于犯罪未遂的认定，下列哪些选项是正确的？[①]（2016-2-53）

A.甲以杀人故意将郝某推下过街天桥，见郝某十分痛苦，便拦下出租车将郝某送往医院。但郝某未受致命伤，即便不送医院也不会死亡。甲属于犯罪未遂

B.乙持刀拦路抢劫周某。周某说"把刀放下，我给你钱"。乙信以为真，收起刀子，伸手要钱。周某乘乙不备，一脚踢倒乙后逃跑。乙属于犯罪未遂

C.丙见商场橱柜展示有几枚金锭（30万元／枚），打开玻璃门拿起一枚就跑，其实是值300元的仿制品，真金锭仍在。丙属于犯罪未遂

D.丁资助林某从事危害国家安全的犯罪活动，但林某尚未实施相关犯罪活动即被抓获。丁属于资助危害国家安全犯罪活动罪未遂

★二、犯罪未遂与不可罚的不能犯（客观上行为无危险的不能犯）

犯罪未遂虽未完成犯罪，但行为本身具有导致结果的客观危险性，从而可罚。刑法理论中还有不能犯（本书中的"不能犯"专指不可罚的不能犯）的概念，不能犯指行为人自认为可以实现结果，但实际上行为不具客观危险性，不能实现结果的情况，不能犯不认为构成犯罪。犯罪未遂与不能犯的区别在于：行为本身是否具有客观危险性。

	既遂	未遂	不能犯
客观不法	实行行为	实行行为（具有客观危险性）	非危害行为（不具客观危险性）
	对象	对象	~~对象~~
	实害结果	~~（实害结果）~~ 危险结果	~~（实害结果）~~ 危险结果
	因果关系	因果关系	~~因果关系~~
主观责任	故意	故意	故意
	基本的构成要件（既遂犯的构成要件）	修正的构成要件（未遂犯的构成要件）	无罪

判断行为客观危险的标准，在司法考试中一般采"客观危险说"，亦即以行为当时存在的客观事实（包括行为当时已知以及事后才查明的客观事实）作为判断依据，从具有科学常识的一般人的立场上进行判断（即原则上站在事后立场上判断行为当时造成结果的可能性）：如果具有发生结果的现实可能性一般为未遂犯，如果没有发生结果的现实可能性一般为不能犯；因为偶然原因而导致不能实现结果，应当认为是具有危险性，仍成立未遂。

1.第一步，客观危险性的判断

（1）判断依据（素材）：行为当时已存在的客观事实（包括行为当时已经认识到的客观事实，以及事后才查明的客观事实）

▶事例1：甲明知乙脾脏肿大病变，为追求乙死亡结果而拳击其腹部欲图致其脾脏破裂死亡，甲打了一拳后被路人阻止乙没有死亡。甲在拳击乙腹部时，乙即有脾脏肿大的特殊体质，此为客观事实，

---

① 参考答案：BC

甲的拳击腹部的行为有致死的危险性；其主观亦有杀人故意，故为故意杀人罪未遂犯。即使一般公众当时并不知晓乙脾脏肿大病变的事实，拳击一般正常人也没有致死危险性，也应得出未遂犯的结论。当然，如果甲不明知乙有特殊体质会因拳击致死的话，甲只有过失责任甚至是意外事件。

🚩**事例2：** 荒山狩猎人案：狩猎人在荒山野外误将稻草人当作仇人开枪的，因为荒山野外无人，没有致人死亡的危险性，故为不能犯。

🚩**事例3：** 甲欲杀乙而买来毒药，前往乙家杀乙时却拿错了，将装有食盐的罐子误当作装有毒药的罐子拿走欲用毒药杀人而误投食盐。甲实施"投毒杀人"的实行行为当时，并不具有发生结果的危险性，成立不能犯。但之前实施购买毒药的行为时具有抽象危险，故可成立故意杀人罪的预备。

（2）判断立场：具有科学常识的一般公众立场

🚩**事例：** 行为人以为硫磺可能致人死亡便使他人服用硫磺，或者以为向静脉注射少量空气可以致人死亡而注射非常少量空气。即使多数公众认为具有危险性，但从科学常识的一般公众立场来看，没有发生死亡结果的危险，成立不能犯，而非未遂犯。

（3）危险性：具有发生结果的可能性（行为实施达到一定程度）

🚩**事例：** 甲欲用足量毒药对被害人投毒，但因偶然因素，导致毒药剂量并不足量，事后鉴定已投的剂量不足以致死，但因已达到一定剂量具有造成死亡的可能，成立未遂犯。

（4）按照行为人的计划，即使实施完毕也不可能导致结果的情况，是不能犯， 不是未遂

🚩**事例1：** 甲欲用向乙静脉注空气的方法杀乙。假定事后查明：通常1分钟内向他人静脉注射120ml空气就足以致人死亡。如甲知道注射120ml空气才可致死，但在注射过程中被他人阻止而仅注射了1ml，一般公众认为其当时有继续注射至致死量的较大危险，是因偶然因素导致其不能继续实施，应认定为故意杀人罪未遂。但如甲误以为注射1ml空气就能致人死亡，便只注射了1ml空气。一般具有科学常识的公众认为，其实施完毕注射1ml的行为，发生死亡的危险性几乎等于零，故认定为不能犯。如甲误认为注射70ml空气就可致死，遂在1分钟内向被害人静脉里注射了70ml空气导致伤害，按照甲的计划实施完毕，70ml空气不可致死只可致伤，故其为故意伤害罪的既遂，而不是故意杀人罪未遂。

🚩**事例2：** 瞎猫碰到死老鼠案：甲怀有杀害乙的意图，认为红糖（蔗糖）可以杀人，遂将红糖投入乙的水杯中；一般人饮用此红糖水本不会致死，但乙患有非常奇怪的病症，对于红糖过敏，喝下红糖水后过敏死亡。按照甲的计划，对于一般正常人而言虽不可致死，但对于行为当时就已客观存在的具有特殊体质的乙而言可以致死，故其为故意杀人既遂（特殊体质因果关系）。如果乙喝下红糖水后过敏，本应死亡但因及时救治而未死亡，则甲可构成故意杀人罪未遂。

🚩**事例3：** 非国家工作人员甲误以为自己是国家工作人员而收受他人财物的，不可能成立受贿罪的未遂犯。邮政部门的临时清扫工乙，误认为自己是邮政工作人员，而私自开拆、隐匿或者毁弃邮件，不成立《刑法》第253条规定的私自开拆、隐匿、毁弃邮件、电报罪（以邮政工作人员为主体），只成立侵犯通信自由罪。

2. 第二步，偶然因素导致不能，是未遂，不是不能犯

正常实施、继续实施具有导致结果的可能性，但出于偶然因素而导致结果不能实现时，不是不能犯，而是未遂。亦即如果按纯粹客观立场认为不能，还需考虑造成不能的原因是偶然的还是必然的。这里的"偶然因素"可以这样理解：社会公众结合当时的情境认为有造成结果的极大可能，导致结果不发生的原因出乎意料（碰巧）。

🚩**事例1**：造成手段不能的偶然因素：①甲使用装有子弹的枪支瞄准被害人乙扣动扳机，但没能击发，没有造成死亡结果；事后查明是由于枪支偶然故障造成不能击发，成立未遂犯。②扣动枪支的扳机，但子弹在此之前被他人意外卸掉的，为未遂。③对准被害人胸部射击，当子弹恰好打在早有防备的被害人的防弹衣上，被害人毫发无损的，为未遂。

🚩**事例2**：造成对象不能的偶然因素：①黑夜里，对准被害人一直睡觉的床铺开枪，但被害人3分钟前起身上厕所的，应成立未遂犯。②把手伸到被害人口袋中扒窃财物，但被害人的钱包碰巧在半小时前已被其他扒手偷走的，或者碰巧没有财物，为未遂。

综上所述，"客观危险说"的要点是：按客观事实，不能导致结果的是无罪；但偶然原因导致结果不能发生的仍是未遂。

【观点辨析】判断行为客观危险的标准：

（1）司法考试采用的观点是前述"客观危险说"的标准。

（2）我国司法实务中（最高人民法院《刑事审判参考》）一般采"具体危险说"。具体危险说以一般人的事前判断为基础，以行为当时一般人能够认识的事实以及行为人特别认识的事实为基础，根据一般的生活经验，从一般人的立场上进行判断（即站在行为当时预测该行为事后发生结果的可能性）：如果有发生结果的具体危险性为未遂犯；如果没有发生结果的现实可能性为不能犯。这种标准的中心是"事前判断"（以行为当时所知的事实为依据），排除"事后判断"（不考虑行为发生后才认识的事实）。

（3）"客观危险说""具体危险说"的判断结论，绝大部分情况下是相同的。司法考试所设事例，往往是前述"偶然不能"（未遂犯）的情况，按"客观危险说""具体危险说"都会得出犯罪未遂的相同结论。不太熟悉"客观危险说"的考生，适用"具体危险说"也能得出一致的结论。

（4）只有少数情况结论有所不同。🚩**事例**：甲以为对象是活人乙而向其射击，实为乙的尸体。按照"客观危险说"，一般情况下甲是不能犯，如果事出偶然(例如乙原来活着刚死不久，存在没有"死透"的可能）则为未遂。按照"具体危险说"，如果在当时的情况下一般人认为对方是活人即一般人认为有致人死亡的危险，则甲成立未遂犯；如果行为人认为是活人，而一般人在当时的情况下均认为是尸体，则甲成立不能犯。

📋**经典考题**

甲欲枪杀仇人乙，但早有防备的乙当天穿着防弹背心，甲的子弹刚好打在防弹背心上，乙毫发无损。甲见状一边逃离现场，一边气呼呼地大声说："我就不信你天天穿防弹背心，看我改天不收拾你！"关于本案，下列哪些选项是正确的？ ① （2009-2-52）

A.甲构成故意杀人中止

B.甲构成故意杀人未遂

C.甲的行为具有导致乙死亡的危险，应当成立犯罪

D.甲不构成犯罪

---

① **参考答案**：BC

★第四节　犯罪中止（自动放弃）

相关法条

第24条【犯罪中止】在犯罪过程中，自动放弃犯罪或者自动有效地防止犯罪结果发生的，是犯罪中止。

对于中止犯，没有造成损害的，应当免除处罚；造成损害的，应当减轻处罚。

知识点讲解

犯罪中止，是指在犯罪过程中，自动放弃犯罪或者自动有效地防止犯罪结果发生的。犯罪中止可概括为"能达目的而不欲"，起于预备后、止于既遂前，放弃系自动。犯罪中止存在两种情况：一是在犯罪预备阶段或者在实行行为还没有实行终了的情况下，自动放弃犯罪；二是在实行行为实行终了的情况下，自动有效地防止犯罪结果的发生。

时间性	停顿原因	中止行为	有效性	
犯罪过程中	自动	停止犯罪	有效地防止犯罪结果（既遂结果）发生	
预备行为至结局之间	能达目的而不欲（主观说）	有时需救	有损害的中止	无损害的中止

犯罪中止具有四个特征：

（一）中止的时间性：犯罪过程中

中止必须发生在"犯罪过程中"，即在犯罪行为（预备行为）开始实施之后、犯罪呈现结局（既遂、未遂等停顿）之前均可中止。

1. 犯罪既遂、犯罪未遂之后无中止

犯罪既遂之后，自动恢复原状的，属悔罪而不成立犯罪中止。**事例：**小偷偷走财物后又偷偷送回，是盗窃罪既遂之后的悔罪行为，而不是中止。

此外，出现犯罪未遂结局性的停顿之后，在与之前的行为有明显的时空间隔之后，再实施救助防卫结果发生的，也应认定为犯罪未遂之后的悔罪，不成立中止。**事例：**甲欲杀乙而致乙重伤，误认为死亡而离开现场，一天后返回现场发现人未死而救助得活，甲是犯罪未遂之后的悔罪，不是犯罪中止。"犯罪过程中"的要素说明中止行为（停止、救助）应当接续在之前的犯罪行为之后实施，而不能与之有明显的时空间隔。

2. 自动放弃重复侵害行为，应认定为中止。行为人预设着通过数个具有重复性质的系列动作组成的一个行为而实施侵害，在实施部分动作之后，并未造成结果，自认为能够继续实施而自动放弃，即为自动放弃重复侵害行为。**事例：**甲持六发子弹的手枪射击乙，在打了三发之后，未击中乙，枪中还有子弹能够继续射击而自动放弃。如果将前三次射击的动作视为三个单独行为，甲应当认定为三次未遂。但是，应当将这些重复实施的动作认定为一个杀人行为，行为人是在实施杀人行为未完毕"犯罪过程中"自动放弃，故为犯罪中止。但是，如果因手段用尽而放弃重复侵害，不认为具有自动性，不属中止。🚩**事例**：前述事例中如枪中只有三发子弹已打完，行为人因子弹用尽不再射击，则为犯罪未遂。

📋 经典考题

下列哪些选项不构成犯罪中止？① （2011-2-54）

A.甲收买 1 名儿童打算日后卖出。次日，看到拐卖儿童犯罪分子被判处死刑的新闻，偷偷将儿童送回家

B.乙使用暴力绑架被害人后，被害人反复向乙求情，乙释放了被害人

C.丙加入某恐怖组织并参与了一次恐怖活动，后经家人规劝退出该组织

D.丁为国家工作人员，挪用公款 3 万元用于孩子学费，4 个月后主动归还

（二）中止的自动性：能达目的而不欲

在犯罪中止中，犯罪停顿的原因是行为人自动放弃，具有自动性，这是中止的核心特征，也是区分中止与未遂、预备的关键。自动性指行为人自认为自己能够继续实施犯罪可能既遂，但自愿放弃继续实施犯罪行为，亦即能达目的而不欲。

1.判断自动性，应当以"主观说"为核心标准。亦即从行为人的主观认识角度出发认定停顿原因，即基于本人意思而自动放弃（任意性）。"能达目的"指行为人主观上自认为可能进行到底，而无论客观情况如何。亦即在行为人看来，客观障碍完全不存在，或者认为客观障碍不足以成为障碍，要继续实施犯罪完全可行，但自愿放弃：

（1）行为人主观上认为客观上不存在障碍，客观上确实也并无阻止其继续实施的障碍，基于此认识而放弃，是典型的中止。

（2）行为人主观上认为客观上不存在障碍，但客观上存在着阻止其犯罪既遂的障碍，只是行为人没有认识到，基于此认识而放弃，也是中止。🚩**事例**：甲持刀欲前往乙家杀乙，走到乙家门口时，认为乙在家进门就能杀人，但害怕杀人后会判死刑，而放弃杀人；客观情况是，乙当天不在家，甲对此没有认识到，也应认定甲是故意杀人罪的中止。

（3）行为人主观上认为客观上存在着一些障碍，但认为该障碍并不足以阻碍其继续实施，要继续实施犯罪既遂完全可行，基于此认识而放弃，也是中止。🚩**事例**：甲持刀抢劫乙遭遇乙轻微抵抗，甲本可一刀将乙杀死后取财，但甲不愿闹出人命遂走开，甲是抢劫罪的中止。

2.行为人主观上认为当场继续实施既遂没有障碍，只是担心日后会发生不利于自己的后果的，也认为是中止。

例如，对于担心被发觉而放弃犯罪行为的情形：因为担心被当场发觉而不可能继续实施犯罪，担心被当场逮捕而放弃犯罪行为的，行为人主观上都认为存在阻止其既遂的障碍，不具有自动性，认定为未遂或预备。认为继续实施没有难度，只是担心事后被告发、逮捕与受处罚，担心被当场发觉后会使自己名誉受到损害，或者以后会被张扬出去，而放弃犯罪行为的，具有自动性，认为是中止。

3.行为人中止犯罪的动机可能是多样的。

（1）基于善的动机停止，例如出于真诚悔悟、怜悯同情、惧怕事后刑罚处罚，当然是中止。

---

① **参考答案**：ABCD

（2）基于恶的动机停止，例如转换意图，符合上述自动性特征的（自认为能实施到底而放弃），也是中止。🚩**事例**：甲打伤乙女后欲图强奸，撕衣服时发现乙女脖子有钻石项链一串，认为强奸不如取财，遂没有实施强奸行为而使用暴力取财后离开。甲对抢劫罪构成既遂；但对于强奸罪，本可实施到底系因转换意图而放弃，是犯罪中止。

（3）基于惊愕、恐惧而放弃犯罪行为，一般是中止。🚩**事例**：甲以杀人故意砍杀一刀后，发现被害人流血异常而惊愕，进而停止了杀人行为，是中止。

（4）因为嫌弃、厌恶而放弃犯罪行为，一般是中止。🚩**事例**：对妇女实施了暴力的强奸犯，发现妇女面部被泼洒过硫酸，产生了嫌弃、厌恶之情，没有实施奸淫行为，是中止。

（5）路遇熟人而放弃犯罪行为，一般是中止；但出现对象不能时，可能是未遂。🚩**事例**：甲在深夜埋伏持刀抢劫落单行人，发现对方是邻居，担心事后邻居举发受到处罚而放弃，是中止；但发现对方是自己的妻子，因为即使抢了妻子也难以成立抢劫罪（对象不能），其放弃，是未遂。

4.**基于目的物障碍而放弃，一般是未遂或预备**。目的物障碍指客观上出现的目标并不是行为人主观上意欲侵害的目标，因而使得犯罪意图无法实现，行为人因此而放弃，不能认定为自动放弃。🚩**事例**：甲欲杀乙，举枪瞄准后及时发现对方并非乙而是丙，而放下枪支走人，系犯罪未遂。

对于这样的情形，有些考生往往将其与同类对象认识错误的问题混同。事实上，即使按同类对象认识错误的分析原理，也能得出犯罪未遂的结论。

🚩**事例**：甲欲杀妻子乙，朝妻子乙经常所睡床上连砍4刀，听到是女儿丙的喊声，发现床上躺的是女儿丙而不是妻子乙，知道杀错了人，便立即停止。赶紧送到医院救治，女儿丙重伤未死。按照法定符合说，甲整体上仍然构成故意杀人罪，停顿原因是客观障碍，因此为未遂。按照具体符合说，甲对妻子构成故意杀人罪未遂，对女儿构成故意杀人罪中止，想象竞合择一重论处，整体仍认定为故意杀人罪未遂。

🚩**事例**：甲基于强奸的意思，在一个偏僻的场所对乙使用暴力。可能出现的情况有：（1）甲发现被害人是自己同村的人，大吃一惊，扔下被害人慌忙逃走；（2）乙为免受侵害，只好对甲说"我有性病"，甲害怕染病悻悻而去。实际上，乙并无性病；（3）乙为免受侵害，只好对甲说："我长得不漂亮，我给你100元钱，你去找个小姐。"甲同意，收钱后离开；（4）乙为免受侵害，非常坚决地对甲说："如果你要乱来，我就自杀！"甲也就不再强求，迅速离开现场；（5）乙骗甲说："今天不行，我有事，明天我们在这里见吧"，甲虽明知乙明天可能不来，但仍答应后离开。上述五种场合，情形（2）是犯罪未遂，其他均为中止。

5.**彻底放弃犯意，不是保留犯意潜伏继续犯罪**。

📘**经典考题**

甲因父仇欲重伤乙，将乙推倒在地举刀便砍，乙慌忙抵挡喊着说："是丙逼我把你家老汉推下粪池的，不信去问丁。"甲信以为真，遂松开乙，乙趁机逃走。关于本案，下列哪一选项是正确的？①（2009-2-5）

A.甲不成立故意伤害罪　　　　B.甲成立故意伤害罪中止

C.甲的行为具有正当性　　　　D.甲成立故意伤害罪未遂（不能犯）

（三）中止的客观性：停止犯罪

中止不只是一种内心状态的转变，还要求客观上有停止犯罪的行为。但停止犯罪之后是否还需要采取积极有效措施防止结果发生，视情况不同而定：

1. 一般情况下停止犯罪即可。指行为人放弃犯罪结果就不会发生的情况。▶**事例：** 甲欲杀乙而致乙轻伤，因轻伤一般不会致死，故甲自动停止杀人，即可成立中止。

2. 在实行行为终了、不采取有效措施就会发生犯罪结果的情况下，需采取积极有效措施防止犯罪结果发生。▶**事例：** 甲欲杀乙而致乙重伤，因重伤致死的可能性较大，故甲不仅须自动停止杀人，而且还需对乙进行救助，才可成立中止。如果甲仅停止杀人扬长而去，乙本应死亡却因路人救助而存活，甲应当认定为未遂。

（四）中止的有效性：有效地防止犯罪结果发生

中止的有效性指中止行为导致了犯罪不能既遂。当犯罪是结果犯时，体现为有效防止结果的发生。

1. "犯罪结果"应理解为作为<u>该罪名既遂标志的结果</u>，而不是说没有造成任何实害损失结果。▶**事例：** 行为人在杀人过程中，自动放弃犯罪或者自动采取有效措施防止了死亡结果发生，但造成被害人重伤，也属故意杀人罪的中止（有损害的中止）。

2. 犯罪中止与因果关系。

（1）结果未发生是因行为人停止犯罪导致，或者是因行为人救助导致。还有，行为人为防止结果的发生作出了积极努力，但其行为本身偶然不能使结果发生，或者由于他人行为防止了结果发生时，仍然成立中止犯。例如，行为人的中止行为与其他人的协力行为，共同防止了结果发生时，只要能够认定行为人作出了真挚的努力，也成立犯罪中止。

（2）修正的规则是，<u>在行为人尽了真诚的、最大的救助努力</u>的情况下：①结果没有发生，尽管非因救助行为导致，也认为是中止；②结果发生了，但系其他原因导致，而非实行行为导致，也认为是中止。

▶**事例：** 甲为了杀害妻子乙，而向妻子乙投毒，乙服食毒药后疼痛，甲于心不忍，开车送乙去医院救治。①如果乙仍然死于中毒，则甲是既遂；②如果乙被救活，则甲是中止；③如果乙虽被救活但受重伤，则甲仍是中止（造成损害的中止）；④如果甲开车送乙去医院途中，因货车司机丙肇事而撞死乙，或者因甲本人超速肇事撞车而导致乙死亡，则甲仍是故意杀人罪中止；⑤如果送医后，医生发现投毒药量较小，即使不送医乙也死不了，甲仍是中止；⑥甲送乙就医后，医生给乙服用的解毒剂，原本乙喝下后就会存活，但乙一心求死，偷偷将解毒剂含在嘴里，趁甲不注意而吐掉，可认为乙自己的行为与死亡结果有因果关系，中断了甲的投毒行为与死亡结果之间的因果关系，甲系中止。

▶**事例：** 甲点燃乙的衣服欲烧死乙，后见乙可怜，欲拿水泼灭火苗救乙，不料误将装有酒精的水盆当作是装有水的水盆，使火苗更大而烧死乙。甲构成故意杀人罪的中止、过失致人死亡罪。

3. 中止不成。行为人自动放弃犯罪，也实施了积极救助行为，但是，结果仍然发生，并且与行为人的实行行为有因果关系，为犯罪既遂，而不是中止。▶**事例：** 乙托甲购买胃药，甲却将毒药交给乙。甲产生悔意后于第二天到乙家欲取回该药，而乙谎称药已被服用。甲见乙没有什么异状就回家了，没有将真相告知乙。几天以后，乙服用甲提供的毒药而死亡，甲仍为犯罪既遂。

还有，虽出现介入因素，但并不中断原有因果关系的，也为既遂。▶事例：甲向乙的饮食投放毒药后，乙呕吐不止，甲顿生悔意急忙开车送乙去医院，但由于交通事故耽误一小时，乙被送往医院时死亡。医生证明，早半小时送到医院乙就不会死亡。因介入因素系一般能够预料的风险，并不异常，不能中断因果关系，甲的行为仍然成立犯罪既遂。

📖 **经典考题**

甲以杀人故意放毒蛇咬乙，后见乙痛苦不堪，心生悔意，便开车送乙前往医院。途中等红灯时，乙声称其实自己一直想死，突然跳车逃走，三小时后死亡。后查明，只要当时送医院就不会死亡。关于本案，下列哪一选项是正确的？① （2015-2-6）

A.甲不对乙的死亡负责，成立犯罪中止

B.甲未能有效防止死亡结果发生，成立犯罪既遂

C.死亡结果不能归责于甲的行为，甲成立犯罪未遂

D.甲未能阻止乙跳车逃走，应以不作为的故意杀人罪论处

（五）造成损害的中止犯与没有造成损害的中止犯

《刑法》第24条第二款规定，对于中止犯，没有造成损害的，应当免除处罚；造成损害的，应当减轻处罚。由此，犯罪中止可以区分为造成损害的中止（减轻处罚）与没有造成损害的中止（免除处罚）。

1.作为中止条件的有效地防止犯罪结果发生中的"犯罪结果"指的是本罪既遂结果，而"损害"指他罪既遂结果。▶事例：甲入户盗窃，在进入A家中后，因惧怕以后被判刑，自动停止了盗窃行为，但入户行为已构成非法侵入住宅罪。甲构成盗窃罪中止，属于"造成损害"的中止犯，应当减轻处罚。

2."损害"是指实体损害结果，不包括法秩序破坏等抽象结果。▶事例：乙持刀劫持B抢劫其钱包，因B劝说，乙自动放弃劫财，胁迫行为只造成了被害人B的恐惧心理和暂时身体疼痛。乙构成抢劫罪中止，属于"没有造成损害"的中止犯，应当免除处罚。丙引燃放火物，欲将C家烧毁，忽然想起C家是自己的邻居，有些于心不忍，及时将引火物扑灭；但使C家刚粉刷的墙壁被熏黑，造成轻微财产损失，丙构成放火罪中止，属于"没有造成损害"的中止犯。

3."损害"需与本罪的实行行为有因果关系，非因它行为导致。▶事例：丁将被害人D锁在屋内并打开煤气阀门后欲杀害D，走出门时又怜悯D；在室外将D家的门窗砸破，进门挽救了D的生命（也未造成伤害），却给D造成价值近万元的财产损失。丁构成故意杀人罪的中止，属于"没有造成损害"的中止犯。毁损财物的行为应认定为紧急避险。▶事例：甲欲杀乙而卡乙的脖子，误认为卡死而埋尸，发现乙未死（实际上也未受伤），心生怜悯按压乙的胸部对乙实施救助，不料用力过猛致乙重伤。甲构成故意杀人罪中止（无损害的中止）、过失致人重伤罪。

📘 **考点归纳**

1.犯罪既遂：依照分则罪名具体标准认定，实行行为导致结果，才能认定为既遂。

2.犯罪预备与犯罪未遂的区分（停顿阶段）：被迫停顿，着手之前停顿是预备，着手之后停顿

---

① **参考答案：A**

是未遂。着手实行行为：形式上符合分则规定，实质上直接侵害法益。

3.犯罪未遂与不可罚的不能犯的区别：以行为当时客观事实判断，可能导致结果是未遂；偶然原因导致结果不能，亦为未遂。

4.犯罪中止：自动放弃犯罪、阻止本罪既遂结果是中止。自动放弃采主观说，能达目的而不欲（自认为能够继续实施既遂、没有足以阻止的障碍而放弃）。阻止既遂结果即有效，造成他罪结果为"有损害（的中止）"。介入因素中断因果，真诚救助仍属中止。

🔖 经典考题

根据犯罪主观要件、犯罪形态的理论分析，下列关于犯罪中止的表述哪些是错误的？ ① （2003-2-42）

A.甲为杀人而与李某商量并委托购买毒药，李某果然为其买来了剧毒药品。但10天后甲放弃了杀人意图，将毒药抛入河中。甲成立犯罪中止，而李某不应成立犯罪中止。

B.乙基于杀人的意图对他人实施暴力，见被害人流血不止而心生怜悯，将其送到医院，被害人经治疗后仍鉴定为重伤。乙不是犯罪中止。

C.丙对仇人王某猛砍20刀后离开现场。2小时后，丙为寻找、销毁犯罪工具回到现场，见王某仍然没有死亡，但极其可怜，即将其送到医院治疗。丙的行为属于犯罪中止。

D.丁为了杀害李四而对其投毒，李四服毒后极端痛苦，于是丁将李四送往医院抢救脱险。经查明，毒物只达到致死量的50%，即使不送到医院，李四也不会死。丁将被害人送到医院的行为和被害人的没有死亡之间，并无因果关系，所以丁不能成立犯罪中止。

🔖 拓展习题

关于犯罪未完成形态，下列哪些选项是正确的？（　　）②

A.甲因私仇蓄意杀害某乙。一天，甲在乙回家途中向其开枪射击，将其打成轻伤。这时，甲尚有子弹3颗，却害怕继续开枪枪声引来警察抓捕自己，遂停止开枪射击，甲是故意杀人罪的未遂

B.甲准备盗窃某博物馆，但该计划早已被警察所破获，并且在该博物馆周围布下圈套，但甲并不知情。某晚，甲在着手实施盗窃后警察出现之前，因惧怕盗窃文物后不易出手，决定停止盗窃，转头离开博物馆的展室，在展室门口被警察抓获，甲是盗窃罪中止

C.某女一心想杀丈夫，某日听说硫磺可能致人死亡，便以杀人故意将硫磺投入丈夫的食物中。丈夫吃后没有发现任何异常，后查明客观上硫磺不可能致人死亡。某女的行为成立故意杀人未遂

D.甲欲杀乙在其水杯里投毒，见乙喝下后极痛苦送往医院救治，主治医生丙在救治时出于重大过失给乙注射中毒病人忌用的药剂而致其死亡，事后查明甲所投毒药未达到致死量。甲属于犯罪中止

解析：A选项，行为人"害怕继续开枪枪声引来警察"，应当认定为未遂。

B选项，行为人主观上仍认为可得逞，认定为中止。

C选项，为不能犯，不构成犯罪。

D选项，药未达到致死量，行为具有客观危险性；因介入因素中断了因果关系，行为人积极救助，构成犯罪中止。

---

① 参考答案：BCD
② 参考答案：ABD

【思考题】张某因与邵女恋爱不成而对邵家心存不满，购得"三步倒"鼠药一包，并趁邵家没人之机翻墙入院，将鼠药投入邵家水缸后即离去。刚出邵女家门，张某就遇到了邵女，邵女随口骂张某："你到我家来干甚，该不是想害我吧！"张某支吾着未答话离开。回家后，张某感觉邵女可能已觉察，就让其姐夫王某潜入邵家去把水缸里的水倒掉。没想到王某早已和邵家有仇，口头上虽答应张某，但心里想"一箭双雕"。王某潜入邵家后，不仅没有倒掉水缸里的水，而且又加了一包鼠药。当天，邵女母亲过生日，除邵女家人外，还有其他亲戚十几人前来祝寿。邵家用水缸中的水淘米做饭，导致12人死亡，3人重伤。后经鉴定，"三步倒"鼠药一包不足以致死，两包才可以致死。

【问题】张某、王某的行为如何定性？

★ 第八章　共同犯罪

📖 考点说明

　　本考点之下需要掌握的知识点比较多，主要有：（1）共同犯罪的概念；（2）共同犯罪的成立条件；（3）片面的共犯；（4）承继的共同犯罪；（5）正犯与共犯的区分，间接正犯；（6）共犯从属说；（7）教唆犯的成立条件，未遂的教唆；（8）帮助犯的成立条件，中立的帮助；（9）主犯与从犯的区分，犯罪集团；（10）共同犯罪与身份；（11）共同犯罪与未完成形态；（12）共犯的脱离；（13）共同犯罪中的认识错误；（14）共同犯罪与不作为。

📖 **相关法条**

　　第 25 条【共同犯罪概念】共同犯罪是指二人以上共同故意犯罪。

　　【共同过失犯罪】二人以上共同过失犯罪，不以共同犯罪论处；应当负刑事责任的，按照他们所犯的罪分别处罚。

💡 **知识点讲解**

　　共同犯罪是指二人以上共同故意犯罪。与刑法分则规定的"一人实行既遂"的典型模式（基本构成要件）不同的是，共同犯罪的行为主体是二人以上。并且，并非每个共同犯罪人（参与犯）都一定实施实行行为，有的可能实施非实行行为（帮助行为、教唆行为）。因此，共同犯罪是对"一人实行既遂"的基本构成要件从主体人数、行为形式等方面进行修正。

　　学习共同犯罪，头脑中首先需有一个典型模型：丙教唆甲杀害丁，乙知情而提供凶器。其中，甲实施杀害行为（实行行为），系正犯；乙提供凶器（帮助行为），系帮助犯；丙制造甲的犯意（教唆行为），系教唆犯。甲、乙、丙是故意杀人罪的共同犯罪。在观念上，可将共同犯罪理解为只有一个整体行为（实行犯的实行行为），但有数个共同犯罪人的情况。共同犯罪的立法宗旨是为了解决对数个共同犯罪人进行结果的客观归责问题。亦即，只要认定数人成立共同犯罪，当正犯的实行行为与结果有因果关系，且共犯人（共同正犯、帮助犯、教唆犯）的共犯行为（共同实行、帮助、教唆）与正犯的实行行为有因果关系时，共犯人均对结果负责。就要将实行犯造成的法益侵害结果（包括危险），归属于各共同犯罪人（参与者）。也就是说，一旦共同犯罪成立，则"一部行为，全部责任"（有因果关系）。▶**事例：** 前述事例，尽管乙只提供了凶器、丙只实施了教唆，但都与实行行为、结果有因果关系，故都对实行犯甲造成的杀人结果承担责任。

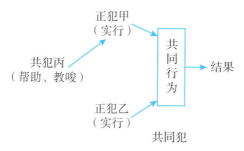

刑法中的共同犯罪，也可类比于民法中的合伙：A、B、C三人共同商量作生意，A出面对外经营、B出资、C策划，A代表合伙与D洽谈生意。A、B、C三人因合伙意愿、合伙行为而成立合伙关系。A代表合伙对外与D洽谈生意，该行为是合伙的外部行为，相当于共同犯罪中的实行行为，A、B、C均对此负责；而A对外经营、B出资、C策划的行为是内部行为，是结成合伙关系的前提。判断合伙关系，先看合伙关系是否成立，一旦成立合伙则各合伙人均对外部法律行为负责。共同犯罪也是如此，判断共同犯罪是否成立，此时依据是共同故意、共同行为（相当于内部行为的实行、帮助、教唆行为）。一旦成立共同犯罪，各共同犯罪人均对实行行为（相当于外部行为）造成的结果负责，共同犯罪即是"犯罪的合伙"。

第一节　共同犯罪的基本含义和概念

我国《刑法》第25条第1款规定："共同犯罪是指二人以上共同故意犯罪"。此款规定是理解共同犯罪含义的法条基础，这涉及如何对其中的"共同"、"犯罪"进行解释的问题。本书前文所述的犯罪构成要件理论认为，犯罪由客观不法、主观责任两个大的要件构成。但共同犯罪中的"犯罪"的含义，并不是不法并有责任（刑法典分则中构成具体罪名"犯罪"的含义），而只是不法（刑法典总则中"犯罪"的含义即犯罪行为），亦即在客观方面具有共同性。共同犯罪就是共同不法的意思。在司法考试中，切记应从"共同不法"的层面来理解共同犯罪。亦即，各共同犯罪人只是共用一个客观不法行为（实行行为），但各共同犯罪人的责任（责任年龄、责任能力、故意、目的等）是分别的。对各共同犯罪人认定具体罪名时，应当将共同不法行为与各自的责任结合起来。即"不法是共同的，责任是分别的"。　事例：甲、乙共同故意对丙实施非法拘禁行为，则大体可认为甲、乙成立共同犯罪（在非法拘禁的不法行为范围内）。如果甲、乙各怀鬼胎：甲是以绑架勒索为目的，则将非法拘禁行为与此故意、目的结合，甲构成绑架罪；而乙是以拘禁索债为目的，则将非法拘禁行为与此故意结合，乙构成非法拘禁罪。下文详述。

★一、共同犯罪的基本含义：共同不法

以下基于"不法共同说"对刑法第25条第1款规定的"二人以上共同故意犯罪"中的"犯罪"、"共同"二词进行解释。

（一）共同犯罪中的"犯罪"：不法

客观不法	构成要件该当性	案件符合刑法典分则规定的犯罪客观方面成立条件（身份、行为、对象、结果、因果关系、时地手段、次数情节）	共同不法	罪名
	违法阻却事由	正当化事由（正当防卫、紧急避险、被害人承诺等）		
主观有责	积极责任要素	责任年龄、责任能力，故意、过失，目的、动机，可归咎	分别责任	
	责任阻却事由	不具认识可能性的违法性认识错误、欠缺期待可能性		

共同犯罪中的"犯罪"是不法的含义。也就是说正犯实施了客观不法行为（犯罪行为），即符合犯罪客观方面、不具备正当化事由的违法行为，其他行为人对此不法行为有共同参与行为（共同实行、帮助、教唆），且共同犯罪人具有故意和意思联络，即可认为成立共同犯罪。至于各行为人是否都具有责任年龄、责任能力、是否具有完全相同的故意内容、目的要素，并不影响共同犯罪的成立。

1.共同"不法"即是共同犯罪，并不要求各行为人的责任要素（责任年龄、责任能力、故意、目的等）完全相同。

🚩事例：20周岁的甲与13周岁的乙，一起合意盗窃。由于甲、乙二人共同实施了盗窃的不法行为，应当认为二人系共同犯罪。只不过，甲承担刑事责任，乙不承担刑事责任而已。

再如，甲与乙共谋后共同对丙实施暴力，导致丙死亡，但不能查明谁实施了致命的行为。事后查明，乙是不具有责任能力的精神病患者，但甲对此并不知情。则甲、乙构成共同犯罪，均对丙死亡结果负责。只不过，乙不承担刑事责任而已（注意：由于甲不知乙是精神病人，不能成立间接正犯）。

2.推论：并不要求各行为人最终宣判有罪，也不要求宣判的罪名相同。

共同犯罪是不法层面的共同，只要求不法要素共同，而并不要求责任要素完全相同。而分则中的犯罪是不法＋责任。故而当行为人的责任要素（责任年龄、责任能力、故意、目的等）各不相同时，就会形成共同犯罪人（参与犯），有的宣判有罪，有的宣判无罪（如上例）；有的宣判为 A 罪，有的宣判为 B 罪的情况（如下例）。

🚩事例：甲怀着伤害的故意，乙怀着杀人的故意，共同对丙实施伤害造成其重伤结果，甲构成故意伤害罪（重伤），乙构成故意杀人罪（未遂），二人虽宣判罪名不同，但共同实施了伤害不法行为，成立共同犯罪。

📝 经典考题

15周岁的甲非法侵入某尖端科技研究所的计算机信息系统，18周岁的乙对此知情，仍应甲的要求为其编写侵入程序。关于本案，下列哪一选项是错误的？[1]（2015-2-7）

A.如认为责任年龄、责任能力不是共同犯罪的成立条件，则甲、乙成立共犯

B.如认为甲、乙成立共犯，则乙成立非法侵入计算机信息系统罪的从犯

C.不管甲、乙是否成立共犯，都不能认为乙成立非法侵入计算机信息系统罪的间接正犯

D.由于甲不负刑事责任，对乙应按非法侵入计算机信息系统罪的片面共犯论处

---

[1] 参考答案：D

（二）"共同"的范围：部分犯罪共同说。并不要求各行为人最终宣判的罪名完全相同，只需部分共同（对前述共同不法的推论）。

二人以上的行为在哪些方面是共同的才成立共同犯罪，是否以符合同一个犯罪构成要件为前提？这是共同犯罪中"共同"的范围的问题。对此，理论界有"行为共同说"、"犯罪共同说"（"完全犯罪共同说"、"部分犯罪共同说"）两种争议。我国司法实务和司法考试中，采"部分犯罪共同说"的观点。即认为：并不要求数行为人最终被宣判的罪名相同，也不要求故意内容完全相同，只需数行为人触犯的数个犯罪的构成要件之间存在重合部分，该重合部分本身是刑法所规定的犯罪，数行为人就重合部分的犯罪具有共同故意与共同行为，就可认为其在重合范围内成立共同犯罪。▶例如：甲、乙共谋盗窃丙家，甲在外放风，乙入户盗窃。乙盗窃得手后被丙发现，为抗拒抓捕将丙打死。甲构成盗窃罪，乙构成抢劫罪。但由于盗窃罪与抢劫罪二罪在盗窃罪的部分有重合，故认为二人在盗窃罪的范围内成立共同犯罪。

以下罪名之间认为具有重合部分（法条竞合之间重合于低度罪名、一般法、部分法；想象竞合重合于共同罪名）：

（1）高度罪名与低度罪名之间重合于低度罪名。法益相同，但实行行为的程度、方式有别。▶例如：故意伤害罪与故意杀人罪（故意杀人是程度更高的伤害）二罪重合于故意伤害罪，盗窃罪与抢劫罪（抢劫是程度更高的盗窃）二罪重合于盗窃罪；强奸罪与强制猥亵罪（强奸是最严重的强制猥亵）二罪重合于强制猥亵罪。

（2）整体法与部分法重合于部分法，一般法与特别法重合于一般法。▶例如：绑架罪与非法拘禁罪二罪重合于非法拘禁罪；非法获取国家秘密罪与为境外窃取、刺探、收买国家秘密罪二罪重合于非法获取国家秘密罪。

（3）转化犯。▶例如：甲、乙共同非法拘禁丙，乙外出后，甲单独对丙使用暴力致其死亡。则乙构成非法拘禁罪，甲构成故意杀人罪（非法拘禁使用暴力致人死亡），二人在非法拘禁罪的范围内成立共同犯罪。

（4）想象竞合。▶例如：甲、乙共谋杀害丙，甲提供了枪支。某日乙进入丙家后，朝站在名贵屏风后的丙开枪，将屏风击碎，同时将丙打死。则乙构成故意杀人罪与故意毁坏财物罪的想象竞合，甲构成故意杀人罪，二人在故意杀人罪的范围内成立共同犯罪。

（5）二罪之间有其他重合的情形（两罪名重叠于某不法行为）。▶例如：强奸罪与抢劫罪可以重合于暴力行为，绑架罪与抢劫罪可以重合于非法拘禁行为。如重合部分能构成犯罪，各行为人可以就该重合范围内构成共同犯罪；如重合部分不能构成犯罪，各行为人也可以在该重合范围内的不法行为构成共同犯罪。

考点归纳

1.共同犯罪即是"共同不法":只要求共同实施不法行为,不要求数行为人责任要素(责任年龄、责任能力、故意、目的)完全相同。

2.部分犯罪共同说:不要求数行为人最终被宣判的罪名相同,只要求数行为人触犯的数个犯罪存在重合部分。两罪名法益相同但程度有高低、存在包容关系(法条竞合)、想象竞合、转化犯、两罪名重叠于某不法行为。数行为人共同实施重合部分的不法行为,对此不法行为有故意,就认定为在此重合罪名范围内成立共同犯罪。

经典考题

陈某见熟人赵某做生意赚了不少钱便产生歹意,勾结高某,谎称赵某欠自己10万元货款未还,请高某协助索要,并承诺要回款项后给高某1万元作为酬谢,高某同意。某日,陈某和高某以谈生意为名把赵某诱骗到稻香楼宾馆某房间,共同将赵扣押,并由高某对赵某进行看管。次日,陈某和高某对赵某拳打脚踢,强迫赵某拿钱。赵某迫予无奈给其公司出纳李某打电话,以谈成一笔生意急需10万元现金为由,让李某将现金送到宾馆附近一公园交给陈某。陈某指派高某到公园取钱。李某来到约定地点,见来人不认识,就不肯把钱交给高某。高某威胁李某说:"赵某已被我们扣押,不把钱给我,我们就把赵某给杀了"。李某不得已将10万元现金交给高某(2007年试卷四第2题)

[问题] 陈某与高某是否构成共同犯罪?为什么?

拓展习题

关于共同犯罪,下列哪些选项是错误的?(   )[①]

A.17周岁的甲应13周岁的乙的邀请,为乙实施的入室盗窃行为放风,因乙对盗窃罪不负刑事责任,故而对甲应以盗窃罪的间接正犯论处

B.甲教唆乙敲诈勒索丙的财物,但乙没有实施敲诈勒索行为,而是绑架了丙的儿子并向丙勒赎,则甲、乙在敲诈勒索罪的范围内成立共同犯罪,乙构成绑架罪

C.甲想开设淫秽网站,收取注册费牟利;却欺骗A说要开设免费淫秽网站,让A帮助自己搭建服务器、管理网站、增删图片和录像;甲偷偷收钱。则甲构成传播淫秽物品牟利罪,A构成传播淫秽物品罪,二人主观故意内容不同,不能成立共同犯罪

D.甲、乙以出卖为目的拐骗了女童丙,甲外出之机,乙强奸了丙。则甲、乙构成拐卖儿童罪的共同犯罪,且均应适用拐卖中"奸淫被拐卖的妇女的"的法定刑

解析:A选项,二人是共同犯罪,只不过乙不承担刑事责任。

B选项,绑架罪与敲诈勒索罪重合于后者,二人在敲诈勒索罪的范围内成立共同犯罪。

C选项,传播淫秽物品牟利罪与传播淫秽物品罪重合于后者,二人在传播淫秽物品罪的范围内成立共同犯罪。

D选项,二人构成拐卖儿童罪的共同犯罪,但甲不对强奸行为承担责任。

二、共同犯罪的概念

共同犯罪的法定定义是:二人以上共同故意犯罪(第25条第1款)。下文将对此定义进

---

① **参考答案:** ACD

行细致解读，并对相关联的聚众犯、对向犯的概念进行讲解。

1. 共同犯罪：参与人员二人以上、二人都构成"犯罪"（这里的"犯罪"指不法，不要求罪名相同，不考虑责任年龄和责任能力），二人有共同故意（不要求故意内容完全相同）、共同行为。

共同犯罪的定义的解读："二人以上"指的是参与人员二人以上，要求二人有共同故意、共同行为，同时二人都构成"犯罪"。这里的"犯罪"指不法，不要求各行为人罪名相同，也不考虑各行为人的责任年龄和责任能力。由于我国刑法中的一些罪名，除了规定行为类型、责任形式之外，还有一些特别的处罚范围的限定，例如聚众犯中的首要分子、积极参加者，对合行为中的一方当事人等。故而，在判断数人是否构成共同犯罪时，也需考虑这些特别的处罚范围的问题。以下对聚众犯、对合犯这两种现象与共同犯罪（第25条第1款）概念的关系进行讲解。

（1）聚众犯。聚众犯指参与者需为多人（三人及以上）才能成立的犯罪。由于刑法并不一定对所有参与者都进行处罚，故而聚众犯（犯罪现象）并不一定都构成前述第25条第1款的共同犯罪。以下是我国刑法中全部聚众犯的情况，可见聚众犯可分为三类：

聚众扰乱社会秩序罪	首要分子、积极参加者
聚众冲击国家机关罪	首要分子、积极参加者
聚众扰乱公共场所秩序、交通秩序罪	首要分子
聚众斗殴罪	首要分子、积极参加者
聚众淫乱罪	首要分子、多次参加者
聚众哄抢罪	首要分子、积极参加者
聚众持械劫狱罪	首要分子、积极参加者、一般参加者
聚众阻碍解救被收买的妇女、儿童罪	首要分子
聚众冲击军事禁区罪	首要分子、积极参加者
聚众扰乱军事管理区秩序罪	首要分子、积极参加者

①处罚首要分子和积极参加者的聚众犯。🚩例如：聚众扰乱社会秩序罪等。此时参与者须三人以上，被刑法处罚的主体必定是二人以上（首要分子和积极参加者），故而，这种聚众犯必定是共同犯罪，首要分子也必定是主犯。

②只处罚首要分子的聚众犯罪。🚩例如：聚众扰乱公共场所秩序、交通秩序罪，聚众阻碍解救被收买的妇女、儿童罪。此时参与者虽须为三人以上，但因只处罚首要分子，故被刑法处罚的主体不一定是二人以上。当首要分子有二人以上时，是共同犯罪。当首要分子只有一人时，是单独犯罪。故而，这种聚众犯不一定是共同犯罪，首要分子也不一定是主犯。

③既处罚首要分子和积极参加者，也处罚一般参加者的聚众犯，即聚众持械劫狱罪。这种聚众犯必定是共同犯罪，首要分子也必定是主犯。

（2）对合犯（对向犯）。对合犯指以存在二个以上的行为人互相对向的行为为要件的犯罪。由于刑法并不一定对所有对合参与者都进行处罚，故而，对合犯（犯罪现象）也并不一定都构成前述第25条第1款的共同犯罪。按处罚情况，对合犯可分为三类：

处罚双方的对合犯	双方罪名相同（重婚罪）	重婚者（重婚罪）	相婚者(重婚罪)	共同犯罪
	双方罪名不同（贿赂犯罪）	行贿者（行贿罪）	受贿者(受贿罪)	共同犯罪
片面对合犯	只处罚一方（传播淫秽物品罪）	传播者（传播淫秽物品罪）	观看者（无罪）	单独犯

①双方罪名相同的对合犯：重婚罪。因刑法对二对合参与者都进行处罚，都构成犯罪，故为共同犯罪。

②双方罪名不同的对合犯：行贿罪、受贿罪；拐卖妇女、儿童罪，收买被拐卖的妇女、儿童罪；组织他人偷越国（边）境罪，偷越国（边）境罪。因刑法对二对合参与者都进行处罚，虽然罪名不同，但都构成犯罪，故为共同犯罪。

③只处罚一方的对合犯（片面对合犯）：传播淫秽物品罪；伪造事业单位印章罪；伪造身份证罪。因刑法只对一方对合参与者进行处罚，例如传播淫秽物品罪中，只处罚传播者，不处罚观看者，故而只有一人构成犯罪，二对合参与者并不构成共同犯罪。

应当注意的是：对合犯一般只按刑法分则规定承担责任和罪名，不再依照总论共犯理论确定罪名（帮助犯、教唆犯）。🚩例如：甲让人贩子乙帮忙拐一个女孩，以卖与自己为妻，乙遂拐来丙女卖给甲。乙构成拐卖妇女罪，甲构成收买被拐卖的妇女罪，甲不构成拐卖妇女罪的教唆犯。还有，甲提供给造假证的乙自己的身份信息，让乙帮自己伪造一个假的公立大学毕业证，而后购买该假证。乙构成伪造事业单位印章罪，因刑法只规定处罚造假者，而不处罚购假者，故而甲不能构成伪造事业单位印章罪的帮助犯，其系无罪，也不构成买卖身份证件罪。

📖 经典考题

下列哪些选项中的双方行为人构成共同犯罪？ ① （2012-2-55）

A.甲见卖淫秽影碟的小贩可怜，给小贩1000元，买下200张淫秽影碟

B.乙明知赵某已结婚，仍与其领取结婚证

C.丙送给国家工作人员10万元钱，托其将儿子录用为公务员

D.丁帮助组织卖淫的王某招募、运送卖淫女

2.“共犯行为正犯化”：刑法将某些原本系教唆、帮助的行为规定为独立的罪名（资助、帮助、教唆、组织犯）。

刑法中还存在着将原本为共犯行为（即帮助行为、教唆行为）的行为规定为实行行为的情形，由此，行为人就会由原本的共犯（帮助犯、教唆犯）而成为正犯（实行犯），此之谓"共犯行为正犯化"。例如，资助危害国家安全犯罪活动的行为、协助组织卖淫的行为，原本为危害国家安全犯罪、组织卖淫罪的帮助犯，被刑法规定为独立的罪名之后，就成了资助危害国家安全犯罪活动罪、协助组织卖淫罪的正犯；煽动颠覆国家政权的行为，原本为颠覆国家政权罪的教唆犯，被刑法规定为独立的罪名之后，就成为了煽动颠覆国家政权罪的正犯。如果主行为的实施者构成犯罪，则资助、帮助、教唆、组织犯就与主行为人构成共同正犯；如果主行为的实施者不构成犯罪，则资助、帮助、教唆、组织犯就是单独正犯（因"共犯行为正犯化"之后，其成立犯罪再也不必受限于主行为人有不法行为）。

---

① **参考答案：BCD**

形式	共犯行为	原本原理 ×	现实立法√	与主行为人关系
帮助行为正犯化	协助组织卖淫	组织卖淫罪帮助犯	协助组织卖淫罪正犯	共同正犯
	帮助恐怖活动	恐怖活动犯罪帮助犯	帮助恐怖活动罪	共同正犯
	帮助信息网络犯罪活动	信息网络犯罪帮助犯	帮助信息网络犯罪活动罪	共同正犯
教唆行为正犯化	煽动颠覆国家政权	颠覆国家政权罪教唆犯	煽动颠覆国家政权罪正犯	共同正犯

亦即，"共犯行为正犯化"之后，原行为人不再系教唆犯、帮助犯（共犯），而应当是实行犯（正犯）。但是，该行为人与主行为实施者，都构成犯罪，并且有共同故意、共同行为，仍可成立共同犯罪，系共同正犯。

经典考题

关于共犯，下列哪一选项是正确的？[1]（2007-2-3）

A.为他人组织卖淫提供帮助的，以组织卖淫罪的帮助犯论处

B.以出卖为目的，为拐卖妇女的犯罪分子接送、中转被拐卖的妇女的，以拐卖妇女罪的帮助犯论处

C.应走私罪犯的要求，为其提供资金、账号的，以走私罪的共犯论处

D.为他人偷越国（边）境提供伪造的护照的，以偷越国（边）境罪的共犯论处

考点归纳

共同犯罪：参与人员二人以上，二人对不法行为有共同故意、共同行为，均构成"犯罪"（对该不法行为负责，不要求罪名相同，不考虑责任年龄和责任能力）。

1.聚众犯中，刑法处罚的行为人（首要分子或积极参加者或一般参加者）如有数人，构成共同犯罪。

2.对合犯中，刑法处罚的行为人（一方或双方）如有数人，构成共同犯罪，无需考虑罪名是否相同。

3."共犯行为正犯化"之后，各行为人仍构成共同犯罪，只不过实施被正犯化共犯行为的行为人不再是共犯（帮助犯、教唆犯），而是正犯；故而与实施主行为者（如主行为者构成犯罪）构成共同正犯。

经典考题

关于共同犯罪的论述，下列哪一选项是正确的？[2]（2014-2-10）

A.无责任能力者与有责任能力者共同实施危害行为的，有责任能力者均为间接正犯

B.持不同犯罪故意的人共同实施危害行为的，不可能成立共同犯罪

C.在片面的对向犯中，双方都成立共同犯罪

D.共同犯罪是指二人以上共同故意犯罪，但不能据此否认片面的共犯

---

[1] **参考答案：C**
[2] **参考答案：D**

🌊 第二节　共同犯罪的成立条件

一、共同犯罪的成立条件：二人以上，共同行为，共同故意

根据《刑法》第25条第1款规定："二人以上共同故意犯罪"。故而，共同犯罪的成立条件，要求：二人以上，共同行为（共同不法行为），共同故意（不要求故意内容相同，也不要求双向意思联络）。

注意：共同犯罪成立要件应分解为："共同故意＋共同犯罪（不法行为）"，亦即，应当从单个的参与行为人（例如甲某）着手，看该人（甲某）是否实施了共同行为，具有共同故意。而不是"共同＋故意犯罪"，亦即，不是从数参与人（例如甲某、乙某）入手，看数人（甲某、乙某）是否均构成故意犯罪、有无共同行业。由此，可能形成甲某是共同犯罪，而乙某不是共同犯罪的情况。

二人以上	自然人，单位	达到"不法"年龄，具有规范认识能力即可
共同行为	实行，共谋，教唆，帮助，组织	共同正犯、帮助犯、教唆犯
共同故意	双向意思联络	明知实行行为、危害结果、共同关联
	单向意思联络（片面共犯）	

这里"二人以上"的"人"，包括自然人和单位。二人以上：自然人＋自然人、单位＋单位、自然人＋单位。

（一）共同不法行为（实行、教唆、帮助、共谋、组织等）

"共同行为"指各行为人实施实行、帮助、教唆、共谋、组织等客观行为，客观上都指向实行行为，经由实行行为（共同实行、制造实行犯犯意、促进实行），对结果形成共同的原因力。共同犯罪行为可表现为多种形式：

（1）共同实行，即各行为人都参与实行。

（2）教唆、帮助，制造实行故意，或为实行行为提供物质、精神帮助（促进实行）。

（3）共谋，即对实行行为有实质支配、对等相互勾通。仅仅只是随声附和，不是共谋。

（4）组织，为实行行为进行策划、布置人员和流程。

（二）共同故意（"我有故意，我认为你也有故意，我和你一起实施"）

"共同故意"应当从行为人主观方面进行界定，只要行为人本人对结果有故意，认为"共犯人"（不一定最终成为真正的共同犯罪）对结果也有故意，并且认为自己的行为与"共犯人"的实行行为有因果关联，即有共同故意。而不论客观情形如何，即使客观上潜在的"共犯人"对结果没有故意，该行为人也认为具有"共同故意"。▶例如：甲女为给丈夫乙男治病而去药店买药，药店店员丙男见甲女举止鬼鬼祟祟，误认为甲女要谋害亲夫。出于帮助甲女杀夫的意愿，丙

男将一包毒药交给甲女,甲女不知情是毒药,给丈夫乙男服用后致乙男死亡。就丙男而言,其主观上认为甲女系故意,认为自己的行为对甲女的故意犯罪有帮助,就应认为丙男有"共同故意"即帮助故意,成立帮助犯(片面的帮助犯),尽管客观上甲女系属意外事件。

1.共同故意的含义

(1)对结果有故意:行为人本人对结果有故意,并认为"共犯人"(不一定最终成为真正的共同犯罪)对结果也有故意。

(2)对"共同"有认识:行为人认为自己的行为与"共犯人"的实行行为有因果关联,能通过实行行为导致结果。

(3)可以表现为双向意思联络,也可以仅是单方意思联络。

(4)共同故意的形式:实行故意、教唆故意、帮助故意。

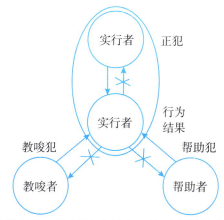

2.片面共犯行为(片面帮助行为、片面教唆行为、片面实行行为)可否成立共同犯罪?

由于共同故意要求各行为人之间具有意思联络,通常要求具有双向的意思联络。当只有单向意思联络,即此方知情彼方、彼方不知情此方时,就会出现"片面共犯行为"的现象。"片面共犯行为"可否成立共同犯罪?这涉及对共同故意的限定。

(1)片面帮助行为。帮助者知道自己在帮助实行者,而实行者不知道自己被帮助者帮助。

▶事例:甲明知乙正在追杀丙,由于其与丙有仇,便暗中设置障碍物将丙绊倒,从而使乙顺利地杀害丙。甲实施了故意杀人罪的片面帮助行为。

(2)片面教唆行为。教唆者知道自己在教唆实行者,而实行者不知道自己被教唆者教唆。

▶事例:甲将乙的妻子丙与他人通奸的照片放在乙的桌子上,乙发现后立即产生杀人故意,将丙杀死。甲实施了故意杀人罪的片面教唆行为。

(3)片面实行行为。此方实行者知道彼方实行者,但彼方实行者并不知道此方实行者。

▶事例:乙欲对丙实施强奸行为时,甲在乙不知情的情况下,使用暴力将丙打伤,乙得以顺利实施奸淫行为。甲实施了强奸罪的片面实行行为。

本书认为:实行故意、教唆故意、帮助故意的成立,并不一定要求彼方、此方相互之间具有双向的意思联络,单向的、片面的意思联络也能成立共同犯罪故意。当然,要求各行为人对危害结果均有故意。只不过,片面共犯行为成立共同犯罪也是片面的。亦即,仅对有共同故意(知情)的一方适用共同犯罪的处罚原则,对没有共同故意(不知情)的一方不适用共同犯罪的处罚原则。▶事例:甲明知乙将要入室抢劫丙的财物,在乙不知情的情况下,暗中提前将丙殴打致昏造成重伤。乙进入丙家后发现丙昏迷，便窃取了财物。对于不知情的乙而言，不与甲成立共同犯罪，成立盗窃罪的单独犯。但对于知情的甲而言，可与乙成立共同犯罪，系抢劫罪的共同正犯，不仅对乙的重伤结果负责，也对乙的财产损失结果负责。

（三）不成立共同犯罪的情况

以下情形不成立共同犯罪：

1.共同过失犯罪（过失 + 过失），以及故意犯罪行为与过失犯罪行为（故意 + 过失），不成立共同犯罪。我国刑法中的"共同犯罪"，专指共同故意犯罪。数行为人实施共同过失犯罪的，不按共同犯罪处理。《刑法》第 25 条第 2 款规定："二人以上共同过失犯罪，不以共同犯罪论处；应当负刑事责任的，按照他们所犯的罪分别处罚。"

2.同时犯。二人以上同时同地侵害同一对象，但彼此缺乏共同犯罪故意的意思联络（既无双向意思联络，也无单向意思联络）的，为同时犯，而不成立共同犯罪。

3.间接正犯。间接正犯通常表述为支配、操纵他人，利用他人作为犯罪工具实现犯罪的人。

（1）当间接正犯情形中只有一人犯罪（单独犯）时，间接正犯与实行者是正犯与工具的关系，间接正犯是单独犯，不成立共同犯罪。▶**事例：** 甲教唆利用精神病人乙杀人，乙在刑法上的意义仅被认为是工具，甲构成间接正犯。甲、乙不成立共同犯罪。

（2）间接正犯是"正犯"的一种，当被支配者对于共同不法行为也有故意也能成立犯罪时，即利用有故意工具（但无身份、无目的、它种故意）的情形，数行为人均可构成犯罪（数人都犯罪时），就有成立共同犯罪的可能。▶**事例：** 国家工作人员甲指使无身份者乙帮助其受贿赂，甲成立受贿罪的间接正犯，乙成立受贿罪的帮助犯，二人可成立共同犯罪。

4.共同犯罪的过限行为。部分共同犯罪行人实施超出共同故意之外的过限行为，其他不知情的共同犯罪行为人对此过限行为不承担共同故意责任，不构成共同犯罪；但有可能承担过失责任。▶**事例：** 甲、乙共谋对丙实施伤害，乙自作主张对丙进行杀害。乙实施的杀人行为是过限行为，甲对此不承担故意责任。二人仅在故意伤害罪的范围内成立共同犯罪，而不在故意杀人罪的范围内成立共同犯罪。但是，甲对死亡结果承担过失责任，甲构成故意伤害罪（致人死亡），乙构成故意杀人罪。

5.事前无通谋行为。如事后的窝藏、包庇、销赃等行为，不构成共同犯罪。事前有通谋的，成立共同犯罪。

6.彼此无意思联络的先后故意犯罪。▶**事例：** 甲伤害丙致丙重伤昏迷，乙在一旁观看，等甲走后乙拿走丙身边的皮包。甲、乙不成立共同犯罪，甲构成故意伤害罪，乙构成盗窃罪。

7.单位犯罪中的单位与其内部各自然人之间。单位犯罪只有单位这一个犯罪主体，单位犯罪承担刑事责任的直接负责的主管人员和其他直接责任人员只是刑罚主体，不是犯罪主体，不构成共同犯罪。

🔖 **考点归纳**

共同犯罪：二人以上，共同行为，共同故意。

1.共同行为：实行、帮助、教唆、共谋、组织行为。

2.共同故意：我有故意，我认为你也有故意，我和你一起实施。不要求故意内容完全相同，只需有重合即可，也不要求有双向意思联络。

3. 实施片面："片面的共犯也是片面的"，有共同故意一方成立共同犯罪，没有共同故意一方为单独犯。

4. 不属共同犯罪（共同故意犯罪）：共同过失犯罪、同时犯、间接正犯（构成单独犯时）、共犯的过限行为（对过限部分）、事前无通谋行为、彼此无意思联络的先后故意犯罪、单位犯罪各自然人之间。

经典考题

下列哪些情形成立共同犯罪？① （2008延-2-55、2000-2-70）

A. 甲与乙共谋共同杀丙，但届时乙因为生病而没有前往犯罪地点，由甲一人杀死丙（2002-2-35. 甲与乙共谋次日共同杀丙，但次日甲因腹泻未能前往犯罪地点，乙独自一人杀死丙）

B. 甲在境外购买了毒品，乙在境外购买了大量淫秽物品，然后，二人共谋共雇一条走私船回到内地，后被海关查获

C. 甲发现某商店失火后，便立即告诉乙："现在是趁火打劫的好时机，我们一起去吧！"乙便和甲一起跑到失火地点，窃取了商品后各自回到自己家中

D. 医生甲故意将药量加大10倍，护士乙发现后请医生改正，医生说："那个家伙（指患者）太坏了，他死了由我负责"。乙没有吭声，便按甲开的处方给患者用药，导致患者死亡

拓展习题

以下关于共同犯罪说法正确的有（ ）②

A. 甲雇请乙杀丁，约定杀完后给乙10万元。在乙将丁杀死后，甲将此事真相告诉了丙，并托丙将10万元捎给乙。则甲、乙、丙三人构成故意杀人罪的共同犯罪，丙是帮助犯

B. 乙想借A某之手杀B某。遂先跑到B某处，对B某谎称A某说B某坏话，让B某去教训A某，B某信以为真拿刀去砍A某；此时，乙又先跑到A某处，称B某要来杀他，让A某早作准备。当B某持刀砍A某时，早有准备的A某持枪打死了B某。则乙与A某构成故意杀人罪，系共同犯罪

C. 甲、乙二人合谋后进入丙家进行盗窃，二人分别进入了不同的房间。甲窃得财物之后离开房间，而乙窃得财物之后又产生了毁灭现场的意图，正好房间里有电炉，就在电炉上放上一些报纸后插上电源离开。乙和甲在房屋外会合后，乙告诉甲他插上了电炉，稍后会起火烧毁犯罪现场，甲并没有阻止，两人离开现场。后来房屋被烧毁，造成了巨大的财产损失，丙也被烧死。则对于甲、乙二人构成盗窃罪、放火罪的共同犯罪

D. 甲扶着乙的手在树林里练习射击，结果有一发子弹不小心击中了路过树林的农民丙，致其死亡，甲与乙构成共同犯罪

解析：A选项，丙在事后才知情，不构成杀人罪的共同犯罪。

B选项，A某系正当防卫，乙构成杀人罪的间接正犯，不是共同犯罪。

C选项，盗窃罪是共同犯罪，因放火行为是因盗窃后毁坏现场引起，是二人共同犯罪引发的危险，

---

① **参考答案：** ABCD
② **参考答案：** C

甲有制止的义务，没有制止系不作为的放火罪。对于放火，甲（不作为）与乙（作为）构成共同犯罪。注意：本题不同于实行过限。

D选项，共同过失犯罪，不是共同犯罪。

★二、承继的共同犯罪（事中以共同故意加入、实施部分共同行为）

承继的共同犯罪，即前行为人在实行部分犯罪行为之后，在犯罪行为尚未终了（完全结束）之前，后行为人以共同的犯罪故意，中途加入该犯罪，与前行为人共同参与实施犯罪行为的情况。▶事例：甲以抢劫故意对丙实施暴力致丙重伤昏迷，乙经过时打电筒为甲照明帮助甲取财，丙后伤重不治身亡。乙即是抢劫罪的承继的共同犯罪。

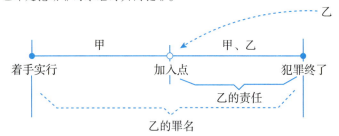

与通常共同犯罪有所不同的是，在承继的共同犯罪中：（1）后行为人只实施了部分的共同犯罪行为；（2）后行为人是以事中故意加入的，共同犯罪故意并非一开始就有，而是事中产生。在法律效果上，如后行为人成立承继的共同犯罪，则后行为人：①认定罪名时，后行为人与前行为人成立共同犯罪，构成同样的罪名；②确定责任时，后行为人只对与其加入之后行为有因果关系的结果负责，不对前行为人之间单独行为造成的结果负责。例如前例，甲、乙构成抢劫罪的共同犯罪，但乙只对取财结果负责。

以下详述承继的共同犯罪的成立条件、法律后果：

1.加入时点：犯罪终了之前。后行为人在前行为人的实行部分犯罪行为之后，在犯罪行为尚未终了之前加入。这里的犯罪尚未终了指犯罪的自然终了（实行终了或实现目标），与犯罪既遂大体相同但也有所不同。即成犯、状态犯犯罪既遂即为终了；继续犯中状态消失才为终了；复行为犯数行为实施完毕为终了。

（1）在犯罪终了之前加入为承继的共同犯罪。▶事例：绑架罪的终了为人质控制状态消失，甲为了勒赎而扣押丙，乙中途加入帮助甲勒赎。乙在是犯罪终了之前（人质仍被控制）加入，二人构成绑架罪的共同犯罪。

（2）在犯罪终了之后加入为事后犯。▶事例：甲窃取丙的财物既遂后被被害人丙追击，乙欺骗丙让丙走错路，以帮助甲摆脱丙的追击。乙是在犯罪终了之后（财物已取得）加入，二人不构成盗窃罪共同犯罪，乙构成窝藏罪。

2.共同故意、共同行为。后行为人以共同的犯罪故意，中途加入该犯罪，参与实行或提供帮助。如果后行为人另有别的故意，则只能在故意范围内与前行为人成立共同犯罪。▶事例：甲绑架被害人后，没有参与绑架的乙中途加入，以杀人故意而非勒赎故意，与甲共同杀害被害人的。甲构成绑架罪，属于绑架中故意杀害被绑架人（死刑）；但乙仅成立故意杀人罪。二人不在绑架罪的范围内成立共同犯罪，而是故意杀人罪的范围内成立共同犯罪。

3.法律后果。罪名：后行为人与先行为人成立共同犯罪。责任：后行为人只对加入之后行为导致的结果负责。

4.承继的共犯与事后犯（单独犯，如掩饰隐瞒犯罪所得罪、帮助毁灭证据罪、窝藏罪）的区别：后行为人是在**犯罪终了之前加入，还是犯罪终了之后加入**。

考点归纳

1.犯罪终了之前加入成立共同犯罪，犯罪终了之后加入成立事后犯。

2.承继的共同犯罪人：按整体行为认定罪名，对加入之后造成的结果承担责任。

经典考题

甲手持匕首寻找抢劫目标，见到丁后便实施暴力，用匕首将其刺成重伤，使之丧失反抗能力，此时甲的朋友乙驾车正好经过此地，见状后下车和甲一起取走丁的财物（约2万元），然后逃跑，丁因伤势过重不治身亡。关于乙与甲一起取走丁的财物的行为，下列选项正确的是（　　）① （2008-2-94）

A.乙与甲成立抢劫罪的共同犯罪

B.甲的行为构成抢劫罪，乙的行为属于抢夺罪，两者在抢夺罪这一重合犯罪之内成立共同犯罪，即成立抢夺罪的共同犯罪

C.乙既不对丁的重伤承担刑事责任，也不对丁的死亡承担刑事责任

D.乙不对丁的死亡承担刑事责任，但应对丁的重伤承担刑事责任

拓展习题

以下有关共同犯罪的说法正确的有（　　）②

A.甲在A某杀害杜某后，帮助A某埋尸，则甲构成故意杀人罪的共同犯罪

B.甲扣押丙后意图向丙的家属勒要赎金，期间乙加入主动要求帮助甲给丙的家属打电话；后来因甲威胁对丙实施杀害，导致丙跳窗逃走时摔死。则甲、乙均对丙死亡的结果承担刑事责任

C.甲为劫财而对C某实施暴力杀伤致C某不能动弹，此时乙加入进来帮助甲劫财。乙又与甲一起对C某进一步实施的暴力，二人对着C某踢了数脚，后拿走了财物。尸检无法查明C某是在乙加入之前死亡，还是在乙加入之后死亡。则乙构成抢劫罪，系犯罪既遂，但不能认定其为抢劫致人死亡

D.甲某将A某（8岁）绑架到自己家中，并向A某的父亲勒索财物。由于甲得知A某的父亲已经报案，便打算杀害A某。此时，乙某来到甲某家中，甲某将杀A某的想法告诉乙某，乙某遂按住A某的手脚，帮助甲某杀害了A某。则乙某应是甲某故意杀人罪的共犯，而不是绑架罪的共犯

解析： A选项，犯罪终了之后加入，为事后犯。

B选项，乙是绑架罪继承的共同犯罪，致死是在加入之后造成的，二人均负责。

C选项，乙为抢劫罪继承的共同犯罪，无法查明被害人死亡与乙加入的行为有关，故而乙对死亡不负责。无论何时死亡，甲都负责。

D选项，后加入者的故意系杀人，而不是勒赎，故后加入构成故意杀人罪；前行为者构成绑架罪。二人在故意杀人罪的范围内成立共同犯罪。

---

① **参考答案：** AC

② **参考答案：** BCD

第三节　共同犯罪人的分工分类法：
正犯与共犯（定罪之用）

正犯通常指实行犯，共犯指教唆犯、帮助犯。这是按照共同犯罪人在共同犯罪中的分工（本人直接实施的行为的性质）进行的分类。由于共同犯罪中，正犯实施的实行行为才是真正的危害行为，是共同犯罪的核心。故而，认定共同犯罪、确定各参与者的罪名，首先需找出谁是正犯；然后才确定共犯（教唆犯、帮助犯）能否成立。▶事例：共同犯罪的典型事例，丙教唆甲杀害丁，乙知情而参与（具有共同故意）。其中，甲实施杀人的实行行为，系正犯；乙、丙没有实施实行行为，为共犯；乙对正犯进行帮助，系帮助犯；丙制造正犯的犯意，系教唆犯。

一、正犯：直接正犯（实行犯）、间接正犯（支配他人将他人作为犯罪工具）

对侵害结果或者危险结果的发生起支配作用的就是正犯。行为人以独立的实现犯罪的意思，实质的支配犯罪行为和犯罪进程，处于主导、操纵犯罪的支配地位（犯罪支配说），是正犯。亦即，行为人自己直接实施符合构成要件的实行行为造成法益侵害、危险结果的（直接正犯），或者通过支配、操纵、利用他人的行为造成法益侵害、危险结果的（间接正犯），以及共同对造成法益侵害、危险结果起实质的支配作用的（共同正犯），都是正犯。简言之，正犯是犯罪的第一位责任者，共犯（教唆犯、帮助犯）是犯罪的第二位责任者。正犯的形式通常有：直接正犯、间接正犯、共同正犯。

（一）直接正犯（实行犯）

如果行为人实施了实行行为（实行者），且能对此行为承担该罪的第一位责任（具有规范认识能力，符合刑法分则规定的正犯的条件），即是正犯。因其直接实行，又系正犯，故称直接正犯。例如，有独立意思的甲持刀杀人，其即为直接正犯。正犯的通常表现形式即是实行犯。

★（二）间接正犯：支配他人将他人作为犯罪工具实现犯罪的人

行为人通过唆使、强制、欺骗等手段支配直接实行者，从而支配构成要件实现的，就是间接正犯。亦即，当实行者不能承担该罪的第一位责任，即以背后支配实行者的支配者为第一位责任者，认定其为正犯。由于支配者并未直接实行，而是间接利用他人实行，又系正犯，故称间接正犯。

成立条件	表现形式
客观条件：（1）实行者对支配者所犯罪名不承担正犯责任（因未达不法年龄、缺乏责任、此罪故意、身份、目的等原因）；（2）行为人对实行者操纵、支配（教唆、欺骗、强迫等）；（3）行为人符合正犯的其他条件（达到不法年龄、故意、目的、身份等）。	1. 利用无责任能力者
	2. 利用他人无（此罪）故意的行为：利用合法行为、过失行为、自害行为、犯它罪的故意
主观条件：间接正犯故意	3. 利用有故意的工具：利用有故意但无目的者；利用有故意但无身份者
间接正犯与教唆犯的区别：实行者（被教唆者）可否承担正犯的责任（"不法"的第一位责任）	

1.间接正犯的成立条件为：

（1）行为人对实行者支配、操纵（教唆、欺骗、强迫等）。即，实行者的犯意（不限于故意）是由行为人制造，或者行为受行为人支配。

（2）实行者对支配者所犯罪名不承担正犯责任（因缺乏责任、此罪故意、目的、身份等原因）。但实行者也有可能成立它罪（过失犯罪、其他故意犯罪）或共犯（帮助犯）。

（3）行为人符合正犯的其他条件（达到不法年龄、故意、目的、身份等）。

以上是间接正犯成立的客观方面即间接正犯行为，以及被支配者方面的要求。除此之外，间接正犯的成立还要求主观方面的条件，即间接正犯的故意，即行为人具有支配、操纵他人的故意，明知实行者不能承担正犯责任。

事实上，间接正犯的成立条件，除了正犯行为（支配他人的行为）与直接正犯（直接实行）有所不同之外，仍需符合正犯成立的其他条件。

2.间接正犯通常包括以下情形：

（1）利用无责任能力者。▶事例：甲教唆精神病人杀人，教唆8岁小孩杀人，甲是故意杀人罪的间接正犯。

（2）利用他人无（此罪）故意的行为。包括：

①利用他人的合法行为。▶事例：甲欺骗民众乙，故意利用民众扭送犯罪分子的权利，对无辜的丙实施扣押，甲是非法拘禁罪的间接正犯。

②利用他人的过失行为。▶事例：医生甲欺骗疏忽的护士乙，利用乙给病患丙注射毒药，乙是医疗事故罪，甲是故意杀人罪的间接正犯。

③利用被害人的自害行为。▶事例：邪教头目欺骗成员自焚，邪教头目是故意杀人罪的间接正犯。

④利用他人犯它罪的故意。▶事例：甲欺骗乙让乙携带淫秽物品入境走私淫秽物品，实际偷偷将淫秽物品替换为毒品。甲构成走私毒品罪的间接正犯（同时成立走私普通货物、物品罪的教唆犯）。

（3）利用有故意的工具。包括：

①利用有故意但无目的者。▶事例：甲想开设淫秽网站，收取注册费牟利，却欺骗A说要开设免费淫秽网站，让A帮助自己搭建服务器、管理网站、增删图片和录像，甲偷偷收钱。则甲构成传播淫秽物品牟利罪的间接正犯，乙构成传播淫秽物品罪，二人在传播淫秽物品罪的范围内成立共同犯罪。

②利用有故意但无身份者。▶事例：国家工作人员甲指使无身份者乙帮助其受贿，甲成立受贿罪的间接正犯，乙成立受贿罪的帮助犯，二人可成立受贿罪的共同犯罪。

3.正犯与共同犯罪的关系。正犯是指第一位责任者，正犯并不一定存在于共同犯罪中。正犯可以是单独正犯，也可以是共同正犯（共同的实行犯）。单独正犯是一人单独实施正犯行为（通常是实行行为）的正犯，不是共同犯罪。共同正犯是数人共同实施正犯行为（通常是实行行为）的正犯，数人是共同犯罪。一人实施正犯行为，他人实施教唆、帮助，也能成立共同犯罪。

间接正犯是正犯的一种，从而，间接正犯也可能是单独犯，也可能与他人成立共同犯罪。

4.间接正犯与教唆犯的区别。在间接正犯的情形，通常有行为人甲教唆、利用未成年人乙的情形；但这种情形有时也能成立教唆犯。区分原理在于：间接正犯的支配行为虽可以表现为教唆行为，但只有对被教唆者达到支配的程度，亦即被教唆者没有自主、独立的认知能力仅系被操纵的工具时，教唆者才能成立间接正犯。如果被教唆者有自主、独立的规范认知能力（有无规范认知能力一般参照民法中的民事行为能力标准，当前以 10 周岁为标准），即使其未达到刑事责任年龄，其也为正犯，教唆者也构成教唆犯。亦即，区分要点在于：被教唆者有无自主、独立的规范认知能力。比较以下近似事例：

🚩**事例1：** 18 周岁的甲唆使 17 周岁的乙盗窃他人财物。由于乙有独立认知能力，故认为甲没有支配乙。乙是直接正犯，甲是教唆犯，甲、乙系共同犯罪。并且，两人都达到了刑事责任年龄，都可构成盗窃罪。

🚩**事例2：** 18 周岁的甲唆使 9 周岁的乙盗窃他人财物。由于乙没有独立认知能力，故认为甲支配了乙。甲是间接正犯，乙是犯罪工具（其行为不认为是不法行为）。甲、乙不是共同犯罪，甲是单独犯罪。

🚩**事例3：** 18 周岁的甲唆使 13 周岁的乙盗窃他人财物的。由于乙有独立认知能力（10 周岁以上），故认为甲没有支配乙。乙是直接正犯，甲是教唆犯，甲、乙系共同犯罪。只不过，因乙没有达到刑事责任年龄不承担刑事责任，乙不能宣告构成盗窃罪而已。

🚩**事例4：** 13 周岁的乙决意盗窃，20 周岁的甲为其提供盗窃用的工具。乙是直接正犯，甲是帮助犯，甲、乙系共同犯罪。只不过，因乙没有达到刑事责任年龄不承担刑事责任，乙不能宣告构成盗窃罪而已。

📖 考点归纳

1. 正犯是第一位责任者。实行者能承担该罪责任，是直接正犯；实行者不能承担该罪责任，以支配者（教唆、欺骗、强迫等）为间接正犯。

2. 间接正犯的成立条件：（1）行为人对实行者操纵、支配（教唆、欺骗、强迫等）；（2）实行者对支配者所犯罪名不承担正犯责任；（3）符合正犯的其他条件（达到不法年龄、故意、目的、身份等）；（4）具有间接正犯故意。

3. 间接正犯的形式：利用无责任能力者（无认知能力的幼年人、精神病人）；利用他人无此罪故意的行为（正当行为、过失、他罪故意）；利用有故意的工具（有故意但无目的、无身份）。

📄 经典考题

甲承租乙的房屋后，伪造身份证与房产证交与中介公司，中介公司不知有假，为其售房给不知情的丙，甲获款 300 万元。关于本案，下列哪一选项是错误的？① （2010-2-19）

A.甲的行为触犯了伪造居民身份证罪（注：现为伪造身份证件罪）与伪造国家机关证件罪，同时是诈骗罪的教唆犯

B.甲是诈骗罪、伪造居民身份证罪与伪造国家机关证件罪的正犯

C.伪造居民身份证罪、伪造国家机关证件罪与诈骗罪之间具有牵连关系

D.由于存在牵连关系，对甲的行为应以诈骗罪从重处罚

📄 拓展习题

以下关于行为人的罪名认定说法正确的有（　　）②

---

① **参考答案：A**
② **参考答案：AD**

A. 甲明知前方夜幕中为丙，却对乙谎称前为有野兽，让乙用猎枪射击，乙误信为真而射击，将丙打死。则甲、乙构成故意杀人罪的共同犯罪

B. 丈夫 A 和妻子 B 吵架后离家出走，有杀人故意的邻居 C 告诉 B："你假装上吊，我马上打电话叫 A 回来看看，吓吓他，让他以后不敢和你争吵，他不来救我也会救你。"B 听从 C 的意见，假装上吊，将搭在房梁上的绳子套在脖子上，但 C 不救，使 B 很快吊死。由于 B 属自杀，C 不构成犯罪

C. 强制戒毒所的监管人员甲，为了报复被监管的吸毒人员丙，而教唆另一被监管的吸毒人员乙对丙进行殴打虐待，导致丙受轻微伤后自杀身亡。则甲构成虐待被监管人罪，乙构成过失致人死亡罪

D. 一般公民甲冒充警察，声称取证需要，让邮政工作人员乙开拆丙、丁等人的若干信件，情节严重，则甲不能成立私自开拆邮件罪的间接正犯，仅能成立侵犯通信自由罪的间接正犯

解析：A 选项，实行者无故意，教唆者为间接正犯。

B 选项，利用被害人的自害行为，构成间接正犯。

C 选项，乙无监管人员的身份，不能构成正犯；甲是虐待被监管人罪的正犯，乙是帮助犯。

D 选项，甲是间接正犯，但无邮政工作人员的身份，因此不构成身份之罪（私自开拆邮件罪）的间接正犯，而是非身份之罪（侵犯通信自由罪）的间接正犯。

★ 二、共犯（帮助犯、教唆犯）从属性说

共犯（帮助犯、教唆犯）从属性说的基本含义是：共犯（教唆犯、帮助犯）的成立和罪名认定必须依附于正犯行为（通常是实行行为），不可独立于正犯行为而单独成立共犯。本书主要根据司法考试通常的"限制从属性"理论，认为只有正犯实施了不法行为（构成要件该当、违法），共犯（帮助犯、教唆犯）才能成立。共犯从属性说的具体内容包括：

1. 共犯（帮助犯、教唆犯）能否成立，受限于正犯有无实施危害行为。

依据共犯从属性说中通说的"限制从属性"观点，只有正犯实施了不法行为（构成要件该当、违法，不需有责任），共犯（教唆犯、帮助犯）才可成立。亦即，需正犯实施了危害行为（不考虑正犯的责任年龄、不考虑基于个人的量的因素等），共犯才能成立。如所谓的"正犯"没有实施危害行为，则所谓"共犯"也不能成立。

▶ 事例 1：甲骗乙说自己要盗窃，让乙帮助放风，事实上甲根本没有实施盗窃。则甲没有实施任何不法行为，乙不能成立盗窃罪的帮助犯。

▶ 事例 2：13 周岁的甲盗窃，让 18 周岁的乙帮助放风，甲实施了盗窃行为。则甲实施了不法行为，只是没有责任，系直接正犯，乙可成立盗窃罪的帮助犯。

2. 实行从属性：正犯实施了实行行为，才认为整体共同犯罪（包括共犯）有实行行为。

在犯罪有停顿的情况下，正犯在何种阶段停顿，就认为共犯也在何种阶段停顿。正犯没有实施实行行为，也认为共犯没有实施实行行为；正犯实施了实行行为，也认为共犯实施了实行行为。

▶ 事例 1：甲盗窃，乙提供工具。甲在入户后（实行后）自动放弃，则乙也应认为是在实行之后停顿。正犯甲成立盗窃罪的中止（实行之后的中止），乙成立盗窃罪的未遂。

▶ 事例 2：甲盗窃，乙提供工具。甲在踩点时（实行前）被抓，则乙也应认为是在实行之前停顿。甲成立盗窃罪的预备，乙也成立盗窃罪的预备。

3. 各共犯人罪名的认定：共犯罪名 = 正犯的实行行为 + 共犯的故意。

由于共同犯罪的原理，是数个共犯人共用一个实行行为（正犯行为），并不共用责任。

不法是共同的，责任是分别的。而各犯罪人罪名的认定，需将客观不法、主观责任结合起来。由此，正犯罪名 = 正犯的实行行为 + 正犯的故意；共犯罪名 = 正犯的实行行为 + 共犯的故意。在客观不法行为方面：共犯没有自己独立的危害行为，不能直接依其故意内容认定其行为性质，而应当以正犯实施的实行行为的性质认定共犯的行为。

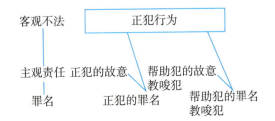

▶ **事例 1**：（1）甲与乙约好抢劫，甲入户抢劫，乙放风。但是，甲根本没有实施抢劫，而是实行了盗窃（实行）。正犯甲实施的是盗窃行为，其罪名是：盗窃行为 + 盗窃故意 = 盗窃罪；帮助犯乙的罪名是：盗窃行为 + 抢劫故意 = 盗窃罪，乙只能构成盗窃罪的帮助犯。（2）甲、乙相约盗窃，甲入户抢劫，乙放风。甲入户后即实行了抢劫（实行），对此乙不知情。正犯甲实施的是抢劫行为，其罪名是：抢劫行为 + 抢劫故意 = 抢劫罪；帮助犯乙的罪名是：抢劫行为 + 盗窃故意 = 盗窃罪，乙也只能构成盗窃罪的帮助犯。

▶ **事例 2**：A 误认为路边的皮包是别人遗忘的，而 B 则知道该皮包是旁边的 C 某的；B 骗 A 说皮包是他人遗忘的，教唆 A 将 C 某的皮包拿走。（1）A：盗窃行为 + 侵占故意 = 侵占罪；B：盗窃行为 + 盗窃故意 = 盗窃罪，B 成立盗窃罪的间接正犯。（2）在成立共犯层面：盗窃罪与侵占罪重合于侵占罪，B 还可成立侵占罪的教唆犯。

三、教唆犯：故意制造正犯的犯意

1. 教唆行为：制造他人实施故意危害行为（实行行为）的犯意。 被教唆者在被教唆之前无犯意，犯意由教唆者造成，即为教唆行为。如果被教唆者在教唆者实施教唆行为之前，已经具有犯意，正犯的犯意不是教唆者制造的，教唆者不能构成教唆犯。教唆行为的方式多种多样，如劝告、嘱托、哀求、指示、利诱、怂恿、命令、威胁、强迫等等。

注意：（1）这里"正犯的犯意"在客观上不一定要求正犯有故意，只要客观上引起正犯实施实行行为即可。

（2）"制造"犯意，指制造出新的犯意。

①既包括使正犯人的犯意从无到有（原无犯意现有犯意），也包括从轻到重（使犯意升级）。例如，甲教唆原有伤害犯意的乙去实施杀害行为。

②正犯人原来就有犯意，教唆者不构成教唆犯。在教唆从重到轻时，如原来重的犯意本来就可包容现在轻的犯意，不能认为犯意系教唆者制造，而是降低犯意的行为，故不能成立教唆犯。例如，甲教唆原有杀人犯意的乙去实施伤害行为，甲不成立故意伤害罪的教唆犯。只有现在轻的犯意不能被原来重的犯意所包容时，才认为是制造出的新的犯意，例如，甲教唆原有伤害犯意的乙去实施盗窃，甲是盗窃罪的教唆犯。

2. 教唆故意（双重故意）：需认识被教唆者产生实行犯意，还需认识危害结果的发生。

欺诈教唆（未遂的教唆）的处理：是指教唆者故意教唆他人实施不能既遂的行为。教唆者在实施教唆行为时就认识到，被教唆人产生犯罪决意后实行犯罪的结局只能是未得逞，不可能既遂。

▶**事例1**：甲将一支装满子弹的手枪交给乙，指示乙当场开枪杀害丙，后甲又偷偷将子弹卸掉，乙接受教唆开枪射击，乙因没有子弹而未能致丙死亡。教唆者甲所唆使的行为是不能犯，不成立犯罪（教唆犯）。

▶**事例2**：甲将一支装满子弹的手枪交给乙，指示乙当场开枪杀害丙，后甲又偷偷将子弹卸掉，乙接受教唆。乙在开枪射击前检查枪支，发现没有子弹而装上了一发，而将丙打死。教唆者甲成立犯罪（教唆犯）。

3. 教唆对象（被教唆者）：正犯。要求具有基本的规范认知能力（当前通常认为已满10周岁），具有身份、能够承担该罪的第一位责任。如果被教唆者不具有基本的认知能力，不具有身份，没有独立的意识，受到教唆者的支配，则教唆者不成立教唆犯，而成立间接正犯。教唆帮助犯的，不成立教唆犯，充其量以帮助犯（的教唆）处罚。

四、帮助犯：故意帮助正犯

1. 帮助行为：对正犯行为有促进作用。

（1）帮助行为对正犯行为结果具有物理或心理上因果性（促进作用），但不要求正犯实际上利用帮助行为。亦即，只要在帮助者在提供帮助行为时，公众认为该帮助行为可以使实行行为的实行更为便利，即可成立帮助行为，并不要求帮助行为一定是实行所必需的。

（2）帮助行为要求是对实行行为具有实质促进作用的帮助，而不是对日常生活的帮助。

▶**事例**：甲进入丙家盗窃其保险柜，甲的妻子乙刚好经过，甲口干舌燥，遂让乙帮其买水喝。由于乙的行为是帮助甲解渴而不是帮助其盗窃，故而不构成帮助犯。但如果乙帮助甲购买盗窃用的工具，则可成立帮助犯。

（3）"中立帮助行为"的定性：一种外表无害的"中立"行为（日常生活行为），客观上帮助了正犯时，是否成立帮助犯。

①对具有紧迫性的正犯行为（可即刻侵害法益）的帮助，可成立帮助犯。▶**事例**：出租车司机A明知甲要前往某地实施杀人行为仍然将其运往该地；五金商店的店员B明知乙将螺丝刀用于盗窃仍向乙出售螺丝刀。

②对不具有紧迫性的正犯行为（不可即刻侵害法益）的帮助，不成立帮助犯。▶**事例**：甲市出租车司机A明知甲要前往机场，准备坐飞机去乙市实施杀人行为，仍然将其运往甲市机场，不成立帮助犯。

2. 帮助故意：可以是片面的故意。

3、被帮助者：正犯。帮助帮助犯、教唆犯的，不成立帮助犯。

🔖 **考点归纳**

1. 共犯（教唆犯、帮助犯）从属说：共犯的行为，按正犯的实行行为定性。

2. 共犯（教唆犯、帮助犯）的罪名＝正犯的实行行为＋共犯人的故意。

3. 教唆犯（故意制造正犯犯意）＝教唆行为（制造正犯新犯意、升高犯意）＋教唆故意＋被教唆者可成立正犯。

4.欺诈教唆（未遂的教唆）：教唆者明知结果不能发生仍然教唆。（1）结果确未发生，实行者未遂，教唆者无罪（不能犯）；（2）结果发生，教唆者成立教唆犯。

5.帮助犯（故意帮助正犯者）＝帮助行为（对正犯行为有客观促进作用）＋帮助故意＋被教唆者可成立正犯。

6.中立帮助行为：对紧迫危害行为帮助可成立帮助犯，对不紧迫危害行为帮助不成立帮助犯。

📋 **拓展习题**

【1】关于共同犯罪以及各共犯人的罪名认定，以下说法正确的是（　　）①

A.甲向乙借钱，骗乙说要用以贩卖毒品，乙信以为真将钱借给甲，甲实际上用于开公司，则乙可以构成贩卖毒品罪的帮助犯

B.甲向乙借汽车，称要用于对C某实施扣押以索取赌债，乙出借汽车后，甲实际上是用于绑架C某勒赎，则乙构成非法拘禁罪的帮助犯，而非绑架罪的帮助犯

C.甲教唆乙杀害C某，而乙只是实施了伤害C某的行为，则按共犯从属说，应当认定甲是故意伤害罪的教唆犯；而按共犯独立说，应当认定甲是故意杀人罪的教唆犯（未遂）

D.甲制作视频上传到网上，煽动公众实施恐怖活动，结果没有一人听信甲的煽动，则本案中因正犯没有实施不法行为，故而教唆犯甲也不能构成煽动实施恐怖活动罪

解析：A选项，"正犯"没有实施不法行为，帮助不能成立犯罪。

B、C选项，按共犯从属说判断，说法正确。

D选项，煽动实施恐怖活动罪是"共犯行为正犯化"，是正犯不是共犯，其成立无需他人实施有恐怖犯罪。

【2】以下关于帮助犯的说法正确的有（　　）②

A.甲打乙的出租车，甲见路边一女青年正在使用手机打电话，顿生歹意，遂对乙说："快掉头往回开，我多付你10元钱出租车费。"乙明知甲是为了抢女青年的手机，为了多赚10元钱，掉头将出租车开到女青年附近，使甲抢劫得逞。则甲、乙构成抢劫罪的共同犯罪

B.甲为抢劫B的财物而委托乙望风，在甲入室之后的第5分钟，乙因为心脏病发作陷入昏厥。不知情的甲在30分钟后抢劫得手。则乙不是抢劫罪的帮助犯

C.某快餐店的店主甲明知乙开设赌场，仍然按照乙的要求每天为该赌场送盒饭，则甲属于开设赌场罪的帮助犯

D.甲某成立某夜总会组织多人卖淫，乙某被聘请为副经理，协助管理卖淫女，则乙某构成组织卖淫罪的帮助犯

解析：A选项，对紧迫实行行为的帮助，可成立帮助犯。

B选项，帮助犯的成立无需正犯实际利用了帮助行为，本案还可认为正犯实际上利用了精神帮助。

C选项，送盒饭是对日常生活所需的帮助，而不是对危害行为的帮助。

D选项，构成协助组织卖淫罪的正犯。

① **参考答案：BC**
② **参考答案：A**

第四节　共同犯罪人的作用分类法：主犯与从犯（量刑之用）

在按共犯－正犯的分类法对各共同犯罪人定罪之后，需按主犯－从犯的分类法对各共同犯罪人进行量刑。主犯、从犯是共同犯罪人的作用分类法的结论：作用大、起主要作用者为主犯，作用小、起次要作用者为从犯。我国刑法还另行规定有胁从犯（被胁迫的从犯），因教唆犯既可以是主犯也可以是从犯，故也单列出来。以下是"共犯－正犯"与"主犯－从犯"两种分类的关系。注意：在实务认定中，这两种分类并不是彼此对立的分类体系，而是前后相续的分类体例。即先用"共犯－正犯"定罪，然后用"主犯－从犯"量刑。

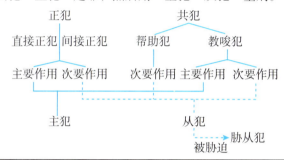

	犯罪集团中的首要分子	按照集团所犯全部罪行处罚
主犯	成立共同犯罪的聚众犯罪中的首要分子	按照其所参与或组织、指挥的全部犯罪处罚
	主要的实行犯	
	主要的教唆犯	
从犯（胁从犯）	次要的实行犯	应当从轻、减轻或免除处罚
	次要的教唆犯	胁从犯：按照犯罪情节减轻或免除处罚
	帮助犯	

（一）主犯：起主要作用者

相关法条

第26条【主犯】组织、领导犯罪集团进行犯罪活动的或者在共同犯罪中起主要作用的，是主犯。

【犯罪集团】三人以上为共同实施犯罪而组成的较为固定的犯罪组织，是犯罪集团。

【犯罪集团首要分子的责任】对组织、领导犯罪集团的首要分子，按照集团所犯的全部罪行处罚。

【一般主犯的责任】对于第三款规定以外的主犯，应当按照其所参与的或者组织、指挥的全部犯罪处罚。

知识点讲解

主犯指在共同犯罪中起主要作用的人。起主要作用，指在共同犯罪中对共同犯罪的形成、实施与完成起决定或重要作用。包括：

1.犯罪集团中的首要分子（组织、领导者）。犯罪集团，指三人以上为了共同实施犯罪而组成的较为固定的犯罪组织，包括：一般犯罪集团：适用刑法总则规定，例如盗窃集团；特殊犯罪集团：适用刑法分则规定，例如黑社会性质组织。

犯罪集团的首要分子，按集团所犯的全部罪行进行处罚。其一，"集团所犯罪行"指集团成员为了集团利益、采取集团惯用手段实施了集团犯罪范围内的犯罪。"集团所犯的全部罪行"，并不等同于"集团成员所犯的全部罪行"。集团成员超出集团犯罪计划（集团犯罪故意）所实施的罪行，不是"集团所犯罪行"，如首要分子未参与，不承担刑事责任。其二，对于集团成员所犯"集团所犯罪行"，即使首要分子并不知情，没有实际参与、组织、策划，也承担刑事责任。📢**事例：**甲某某盗窃集团的首要分子。该集团成员乙某次在甲不知情的情况之下，对 A 某实施盗窃行为，为抗拒抓捕实施暴力转化为抢劫（刑法第 269 条）。此外，该集团成员丙在甲不知情的情况之下，为报私仇还将 B 某杀死。则甲应对乙盗窃行为承担责任，但对丙的杀人行为不承担责任。

2.其他在共同犯罪中起主要作用的人。包括：（1）一些聚众犯罪（可成立共同犯罪的聚众犯罪）中的首要分子；（2）其他在共同犯罪中起主要作用的犯罪分子（主要的实行犯、主要的教唆犯）。按其组织、指挥、参加的全部犯罪处罚。

首要分子与主犯的关系：犯罪集团、聚众犯罪。犯罪集团中的首要分子都是主犯，但犯罪集团中的主犯不一定是首要分子。可构成共同犯罪的聚众犯罪中的首要分子是主犯，但不构成共同犯罪的聚众犯罪中的首要分子（当只有一人构成犯罪时），不存在主犯、从犯之分，其中的首要分子当然无所谓主犯。

（二）从犯：起次要作用者

📖**相关法条**

第 27 条【从犯】在共同犯罪中起次要或者辅助作用的，是从犯。

对于从犯，应当从轻、减轻处罚或者免除处罚。

💡**知识点讲解**

在共同犯罪中起次要或者辅助作用的，是从犯。对于从犯，应当从轻、减轻或者免除处罚。

1.在共同犯罪中起次要作用的犯罪分子（次要的实行犯、次要的教唆犯）。

2.在共同犯罪中起辅助作用的犯罪分子，通常指帮助犯。

（三）胁从犯：被胁迫的从犯

📖**相关法条**

第 28 条【胁从犯】对于被胁迫参加犯罪的，应当按照他的犯罪情节减轻处罚或者免除处罚。

💡**知识点讲解**

胁从犯是从犯中的一种，指被胁迫参加犯罪、起次要作用的人。即在他人威胁下不完全自愿地参加共同犯罪，并且在共同犯罪中起较小作用（从犯作用）的人。被胁从的行为人身体未完全受强制、未完全丧失意志自由，否则可能构成紧急避险条件。对于胁从犯，应当按照他的犯罪情节减轻处罚或者免除处罚。

（四）教唆犯：主犯或从犯

📖 **相关法条**

第29条【教唆犯】教唆他人犯罪的，应当按照他在共同犯罪中所起的作用处罚。教唆不满十八周岁的人犯罪的，应当从重处罚。

如果被教唆的人没有犯被教唆的罪，对于教唆犯，可以从轻或者减轻处罚。

💡 **知识点讲解**

1."教唆他人犯罪的"，他人要"犯罪"（即实施不法行为），教唆者才成立教唆犯。此句是对共犯（帮助犯、教唆犯）从属性的规定。从而，甲教唆乙杀人，乙什么也没有做，甲不能构成教唆犯。

2.教唆犯应当按照他在"共同犯罪中所起的作用"处罚，定为主犯或从犯。

3."没有犯被教唆的罪"：指被教唆者犯罪未达既遂、但至少要有实行、预备行为。

"如果被教唆的人没有犯被教唆的罪"，因后文有"对于教唆犯"一句，根据后文、并结合第一款第一句解释前文中的"教唆"，应当指构成"教唆犯"的情况。故而，要求被教唆者实施不法行为（实行、预备行为均可）。被教唆者没有实施任何不法行为（教唆者教唆 A 罪实行者没有实施），或者实施的不法行为不在教唆者的教唆故意范围之内（教唆者教唆 A 罪实行者实施 B 罪，二罪无重合），教唆者不能成立教唆犯，也不能适用之后的"对于教唆犯，可以从轻或者减轻处罚"。

3."不满十八周岁的人"：应作平义解释，指 0 岁至 18 周岁。

"教唆不满十八周岁的人犯罪的"，对于其中的"教唆"一词，应当理解为"教唆行为"，而不是指"教唆犯"，并未要求教唆者一定必须构成教唆犯。

（1）"教唆"16~18 周岁的犯罪、14~16 周岁的人实施 8 种应承担刑事责任的行为、10~14 周岁具有独立规范认定能力的人实施不法行为，被教唆者具有规范认知能力，系直接正犯，教唆者是教唆犯，构成共同犯罪，应当从重处罚。

（2）"教唆"不满 10 周岁不具有独立规范认定能力的未成年人实施危害行为，被教唆者不具有规范认知能力，系被利用的工具，教唆者是间接正犯，是单独正犯，也适用"应当从重处罚"的规定。

4.教唆他人过失犯罪的，不成立教唆犯，而是间接正犯或共同过失犯罪。

📋 **考点归纳**

1.主犯包括：（可成立共同犯罪的）首要分子、主要的实行犯、主要的教唆犯。

2.从犯包括：次要的实行犯、次要的教唆犯、帮助犯。被胁迫（但有意志自由）的从犯是胁从犯。

3.教唆犯：（1）既可以是主犯，也可以是从犯。（2）被教唆者没有实施危害行为（实行、预备行为），教唆者不成立犯罪。（3）教唆不满 18 周岁的人实施不法行为的教唆者（不要求一定成立教唆犯，也可能成立间接正犯），从重处罚。

【经典考题】

四位学生在课堂上讨论共同犯罪时先后发表了以下观点，其中正确的选项是：[①]（2008-2-91）

A．甲：对于犯罪集团的首要分子，应当按照集团所犯的全部罪行处罚，即应当对集团成员所实施的全部犯罪承担刑事责任

B．乙：在共同犯罪中起主要作用的是主犯，对于犯罪集团首要分子以外的主犯，应当按照其所参与的或者组织、指挥的全部犯罪处罚；对从犯的处罚应当轻于主犯，所以，对于从犯不得按照其所参与的全部犯罪处罚

C．丙：犯罪集团的首要分子都是主犯，但聚众犯罪的首要分子不一定是主犯，因为聚众犯罪不一定成立共同犯罪

D．丁：一开始被犯罪集团胁迫参加犯罪，但在着手实行后，非常积极，成为主要的实行人之一，在共同犯罪中起主要作用的，应认定为主犯

第五节　共同犯罪与身份

我国刑法分则对"身份"的规定分为两类：（1）一类是以身份为不法要素（构成要件要素）的情形，称为构成身份（定罪身份），或真正身份犯。没有特定身份，不能成立此罪的正犯。例如，受贿罪正犯的成立需行为人具有国家工作人员的身份。（2）另一类是与犯罪的成立无关，只与量刑有关，称为加减身份（量刑身份），或称为不真正身份犯。有无此特定身份，都能成立此罪的正犯，但有此特殊身份者适用特殊量刑规则。例如，不具国家机关工作人员身份的甲与国家机关工作人员乙一起对丙实施非法拘禁，甲、乙都能成立非法拘禁罪的正犯，但由于乙具有加减身份，应当从重处罚。刑法关于刑罚加减的规定仅适用于具有加减身份的人，而不适用于不具有加减身份的人。以下讨论定罪身份（真正身份犯）。

身份犯（此处指定罪身份，即真正身份犯）：有特定身份才能成立正犯，没有特定身份不能成立正犯，但可成立共犯（帮助犯、教唆犯）。亦即，特殊身份是对正犯（包括直接正犯、间接正犯）的限定，而不是对共犯（帮助犯、教唆犯）的限定。▶事例：不具国家工作人员身份的甲教唆国家工作人员乙受贿。乙有特定身份，可成立受贿罪的正犯；但甲无特定身份，不能成立受贿罪的正犯，但能成立受贿罪的教唆犯（共犯）。

在涉及共同犯罪与身份问题时：如果实行者没有身份，则先看实行者与有身份者本人之间的关系（是否有共谋、成立共同犯罪）；再看实行者是否利用了身份（本人的身份、他人的身份），只有实行者实际利用了身份才可能定有身份之罪；再看实行者与有身份者在犯罪中的作用大小，以确定各自构成何罪。

1.无身份者（共同实行、教唆、帮助）与有身份者一起共同犯罪：利用了身份定有身份之罪，没有利用身份定无身份之罪。

（1）无身份者与有身份者，一起共同犯罪，利用有身份者的身份共同实施犯罪的，构成

身份犯的共同犯罪。🚩**事例**：妻子甲（非国家工作人员）教唆丈夫乙（国有公司出纳，国家工作人员），让其利用管理国有资金的职务便利，侵吞单位公款的。利用了有身份者的身份，二人构成贪污罪的共同犯罪，乙是正犯，甲是教唆犯。

（2）无身份者与有身份者，一起共同犯罪，未利用有身份者的身份共同实施犯罪，构成非身份犯的共同犯罪。🚩**事例**：妻子甲（非国家工作人员）教唆丈夫乙（国有公司会计，国家工作人员），让其利用熟悉作案环境的便利，窃取了该公司出纳丙的保险钥匙，之后窃取该单位公款的。没有利用有身份者的身份，二人构成盗窃罪的共同犯罪，乙是正犯，甲是教唆犯。

2. 不同身份者相互勾结，各自利用各自身份的共同犯罪：以主犯（职权作用大者）身份定罪。

不同身份者相互勾结，各自利用各自身份的共同犯罪，按照主犯的犯罪性质认定为共同犯罪。这里的主犯，指职权作用大者，亦即对于犯罪的得手有更大作用的身份。职务高者不一定都是主犯。当事务在二者职权范围之内时，以具有高位身份的人为主犯；但事务仅属其中一人的职权范围时，认为该人职权作用大，系主犯。作用一样大或者不能区分作用大小的，按各自身份定罪。

3. 有身份者教唆无身份者犯罪，实行犯者利用了有身份者的身份。

（1）有身份者教唆无身份者，实施无身份者不能实施的犯罪（如受贿罪），但实行者利用了有身份者的身份。有身份者构成间接正犯，无身份者属于间接正犯的帮助犯。🚩**事例：**丈夫甲（国家工作人员），教唆妻子乙（非国家工作人员），让乙利用甲的职权从丙那里收取贿赂。则甲构成受贿罪的间接正犯，乙构成受贿罪的帮助犯。

（2）有身份者教唆无身份者，实施无身份者能实施的犯罪（如私自开拆、隐匿、毁弃邮件、电报罪，侵犯通信自由罪），但实行者利用了有身份者的身份。对于有身份者，属于无身份之罪的教唆犯与有身份之罪的间接正犯的想象竞合。🚩**事例：**邮政工作人员甲，教唆普通公民乙，利用甲的职权毁弃丙的邮件。则实行者乙构成侵犯通信自由罪的正犯、私自毁弃邮件罪的帮助犯的想象竞合。教唆者甲构成侵犯通信自由罪的教唆犯、私自毁弃邮件罪的间接正犯的想象竞合。

综上，有身份者利用了身份，才能认定为有身份之罪的正犯（直接正犯、间接正犯）。各自利用不同身份，以作用大的身份认定共同犯罪。

📘 **考点归纳**

1. 对于身份之罪：有身份才可构成正犯；无身份不可构成正犯（直接正犯、间接正犯），但可构成共犯（教唆犯、帮助犯）。

2. 有身份者与无身份者一起实施犯罪：实行者利用了身份，则二人为有身份之罪的共同犯罪；实行者没有利用身份，则二人为无身份之罪的共同犯罪。

3. 不同身份者（A种身份、B种身份）相互勾结，各自利用各自身份的犯罪（危害行为可构成A种身份之罪，也可构成B种身份之罪）：以主犯（职权作用大者）身份定罪。

4. 有身份者教唆无身份的实行者实施犯罪，实行者利用了有身份者的身份：有身份者可触犯有身份之罪的间接正犯。

📋 **经典考题**

甲为非国家工作人员，是某国有公司控股的股份有限公司主管财务的副总经理；乙为国家工作人员，是该公司财务部主管。甲与乙勾结，分别利用各自的职务便利，共同侵吞了本单位的财物100万元。对甲、乙两人应当如何定性？ ① （2005-2-18）

    A.甲定职务侵占罪，乙定贪污罪，两人不是共同犯罪

    B.甲定职务侵占罪，乙定贪污罪，但两人是共同犯罪

    C.甲定职务侵占罪，乙是共犯，也定职务侵占罪

    D.乙定贪污罪，甲是共犯，也定贪污罪

拓展习题

关于共同犯罪与身份，以下说法正确的有（　　） ②

A.乙并不知道自己患有严重性病，而知道乙患有严重性病的甲唆使乙卖淫。则甲可成立传播性病罪的间接正犯

B.甲故意杀乙，后来顿生悔意要叫救护车时，丙唆使甲不救助，最终导致乙死亡。丙可以成立不作为杀人的教唆犯

C.甲是某国有全资公司出纳，乙是文具店售货员，甲在为该公司采购文具时，与乙通谋，由乙开具假收据，甲到公司报销骗取公司5万元，则甲、乙构成贪污罪的共同犯罪

D.甲误认为乙是国家工作人员而指使其利用职权挪用本单位款项，但乙实际上是国家参股单位中的非国家工作人员，在甲的教唆下实施了挪用单位资金的行为，则甲构成挪用公款罪的教唆犯

解析：A选项，乙有身份但无故意，不构成传播性病罪的正犯；甲有故意但无身份，不能构成正犯（包括间接正犯），宜认为是教唆犯（故意教唆共同不法）。

B选项，甲有不作为犯的身份（负有救助义务者），丙没有该身份，丙可成立不作为犯的教唆犯。

C选项，无身份者与有身份者共同利用身份犯罪，可构成身份犯的共同犯罪。

D选项，正犯客观上实施的挪用资金行为，共犯（教唆犯）主观上虽有教唆挪用公款的故意，但主客观相统一，只能成立挪用资金罪的教唆犯。

第六节　共同犯罪与犯罪未完成形态

共同犯罪的立法初衷是对结果进行客观归责，当正犯的实行行为与结果有因果关系，且共犯人（共同正犯、帮助犯、教唆犯）的共犯行为（共同实行、帮助、教唆）与正犯的实行行为有因果关系时，共犯人均对结果负责。即所谓"一部行为、全部责任"。当然，此结论是建立在存在因果关系的基础之上的。数个行为人共用正犯的实行行为，故而，在正犯（实行犯）既遂的情况下，原则上与实行行为、结果有因果关系的所有共同犯罪人都构成既遂。而在正犯（实行犯）在既遂之前停顿的情况下，应当先确定正犯（实行犯）停顿的阶段，再结合各共同犯罪人停顿的原因，判断各自是中止、未遂、预备。

---

① **参考答案：** C
② **参考答案：** BC

（一）与实行行为、结果有因果关系者：一人既遂，全体既遂；一部行为，全部责任（共同犯罪的范围内）

在共同犯罪中，如果正犯（实行犯）既遂，且与共犯行为（教唆、帮助）有因果关系，则原则上应当认为所有共同犯罪人都构成既遂。当然，适用"一部行为、全部责任"的归责规则是有前提条件的：要求实行行为与结果之间具有因果关系，并且，共犯行为（帮助、教唆行为）与实行行为之间也具有因果关系（促进关系、造意关系），亦即，与实行行为有因果关系者才承担结果责任。▶事例：甲与乙共谋次日共同杀丙，但次日甲因腹泻未能前往犯罪地点，乙独自一人按照谋划杀死丙，甲、乙都构成犯罪既遂。

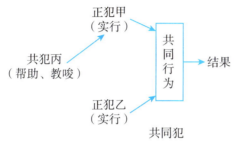

共同犯

1. 对于共同正犯：一人既遂、全体既遂。因共同正犯都实施了实行行为，且紧密结合为一个整体的实行行为，故而任何一人造成结果，各正犯均认定为既遂。▶事例：甲、乙共谋伤害丙，进而共同对丙实施伤害行为，甲导致丙身受一处重伤，乙仅导致丙身受一处轻微伤。应当认为甲、乙均对重伤结果负责，均成立故意伤害罪（重伤）既遂。

2. 对于狭义共犯（帮助、教唆犯）：有因果关系才既遂。

（1）要求共犯行为（帮助、教唆行为）与实行行为之间具有因果关系（促进关系、造意关系）时，亦即实行犯实际利用了帮助犯提供的帮助条件，或者实行犯的犯意是教唆犯制造，实行犯既遂，才认为共犯也既遂。

（2）如果共犯行为（帮助、教唆行为）与实行行为之间不具有因果关系（促进关系、造意关系）时，亦即实行犯没有实际利用了帮助犯提供的帮助条件，或者实行犯的犯意不是教唆犯制造，即使实行犯既遂，也不认为共犯既遂。教唆犯可能不成立，帮助可能是未遂。

▶事例1：甲欲杀丙，乙提供匕首一把，如果甲使用乙提供的匕首将丙杀死，则甲、乙构成故意杀人罪既遂。如果甲没有使用乙提供的匕首，而是用别的方法将丙杀死，则甲构成故意杀人罪既遂，乙成立帮助犯，但构成故意杀人罪未遂。

▶事例2：乙因妻丙外遇而决意杀之。甲对此不知晓，出于其他原因怂恿乙杀丙。后乙杀害丙。因实行犯乙原来就有杀人的实行犯意，犯意并非甲的怂恿行为制造，故而丙死亡的结果与甲的怂恿行为没有因果关系，甲也不构成故意杀人罪的教唆犯。

▶事例3：甲教唆乙用刀伤害A，结果乙出门不久，与路人B发生口角，于是乙将B打成重伤。甲不能认为是犯罪既遂。

📋 **经典考题**

下列哪些选项中的甲属于犯罪未遂？① （2014-2-54）

---

① **参考答案：CD**

A.甲让行贿人乙以乙的名义办理银行卡，存入50万元，乙将银行卡及密码交给甲。甲用该卡时，忘记密码，不好意思再问乙。后乙得知甲被免职，将该卡挂失取回50万元

B.甲、乙共谋傍晚杀丙，甲向乙讲解了杀害丙的具体方法。傍晚乙如约到达现场，但甲却未去。乙按照甲的方法杀死丙

C.乙欲盗窃汽车，让甲将用于盗窃汽车的钥匙放在乙的信箱。甲同意，但错将钥匙放入丙的信箱，后乙用其他方法将车盗走

D.甲、乙共同杀害丙，以为丙已死，甲随即离开现场。一个小时后，乙在清理现场时发现丙未死，持刀杀死丙

（二）中止的情形

1. 全部中止：所有共同犯罪人都自动中止犯罪时，均成立中止犯。

★ 2.部分中止：部分共同犯罪人自动停止犯罪，并阻止其他共同犯罪人实行犯罪得逞或防止结果发生时，这部分共同犯罪人就是中止犯。其他没有自动中止意图与中止行为的共同犯罪人，是未遂犯或者预备犯。在实行阶段停顿的是未遂犯，在预备阶段停顿的是预备犯。

🚩事例：甲、乙共谋强奸丙，在甲、乙合力将丙打昏后，乙反悔劝说甲不要实施强奸，甲不听从，乙为制止甲的行为而将甲打死。则甲、乙是强奸罪的共同犯罪，乙是犯罪中止，甲是犯罪未遂。

3. 部分中止不成：一部分共同犯罪人中止自己的行为，但其他共同犯罪人的行为实施犯罪得逞或导致结果发生时，所有共同犯罪人均不成立中止犯，而适用"一人既遂，全体既遂"的规则，构成既遂。🚩事例：甲教唆乙杀丙，乙前往丙家后甲又反悔，打电话报警，警察赶到丙家时，乙已将丙杀死。则甲、乙都是故意杀人罪的既遂。

（三）共犯（教唆犯、帮助犯）的未完成形态的判断

1. 共犯（教唆犯、帮助犯）的未完成形态：实行犯的停顿阶段＋自身的停顿原因。

对于共犯（教唆犯、帮助犯）而言，其没有独立的实行行为，按"共犯从属说"中的实行从属性，应以正犯（实行犯）的实行行为为全部共犯的实行行为。因而，共犯（教唆犯、帮助犯）的停顿阶段（着手实行前、着手实行后），应当根据正犯的停顿阶段进行判断。各共同犯罪人停顿的原因（自动放弃、意志以外的原因），根据本人的主观决定。由此，如果正犯（实行犯）自动中止犯罪，则对于共犯（教唆犯、帮助犯）来说属于意志以外的停顿原因。实行犯在着手实行之前的预备阶段中止的，共犯（教唆犯、帮助犯）系在着手实行之前的预备阶段被迫停顿，构成犯罪预备；实行犯在着手后阶段中止的，共犯（教唆犯、帮助犯）系在着手实行之后的阶段被迫停顿，构成犯罪未遂。

犯罪阶段	（共犯从属说，通说）√ 实行犯与帮助犯、教唆犯		（共犯独立说，少数说）× 实行犯与教唆犯	
	实行犯	帮助犯、教唆犯	实行犯	[我国]教唆犯
预备阶段	预备	预备	预备	"教唆未遂"
	中止		中止	

续表

犯罪阶段	（共犯从属说，通说）√ 实行犯与帮助犯、教唆犯		（共犯独立说，少数说）× 实行犯与教唆犯	
	实行犯	帮助犯、教唆犯	实行犯	[我国] 教唆犯
着手后	未遂	未遂	未遂	"教唆未遂"
	中止		中止	
实行完毕后中止	中止		中止	
既遂	既遂	既遂	既遂	既遂

2. 对"教唆未遂"（现象）的刑法解说

甲教唆乙杀丙：①乙杀死了丙；②乙实行了杀人行为但被制止未得逞；③乙准备了工具但被制止；④乙没有接受犯意；⑤乙实施了盗窃。后四种情况都被约定俗成地称为"教唆未遂"（"教唆未遂"是一种现象，不是真正的犯罪未遂）。

√（1）按"共犯从属说"观点：前三种情形中甲构成教唆犯，分别为犯罪既遂、未遂、预备；后两种情况甲不构成犯罪。以乙着手实行为甲的着手实行。

×（2）按"共犯独立说"观点：五种情况甲都构成教唆犯；后四种情况均为犯罪未遂。以甲实行教唆行为为着手。

我国司法考试采"共犯从属说"，故而（1）的结论是正确结论。

考点归纳

1. 共犯行为与结果有因果关系才既遂。共同正犯：一人既遂、全体既遂；帮助犯、教唆犯：实行犯既遂并实际利用了帮助、接受教唆，帮助犯、教唆犯才既遂。

2. 部分中止仅及于中止者本人。部分共同犯罪人自动放弃，有效阻止结果发生，则自动放弃者为中止，其他共同犯罪人为未遂或预备。

3. 共犯（教唆犯、帮助犯）的未完成形态：实行犯的停顿阶段 + 自身的停顿原因。

拓展习题

关于共同犯罪的未完成形态以下说法正确的有（ ）[①]

A. 甲让A去杀仇人张三，但A误将李四当作张三杀死，则甲构成故意杀人罪既遂

B. 乙给B某10万元，让B去杀仇人李某，先付其5万。在B行动前3小时，乙忽然后悔，打电话让B不要杀李某了，B回话说"知道了"就挂断电话。但B还是杀死了李某，还向乙索要剩余的5万。则乙构成故意杀人罪的中止

C. 某市副市长甲收受房产开发商乙100万元钱财后，答应为其批地提供帮助，后因其他市领导提出反对意见而未果，甲遂将100万元退还给乙。则甲构成受贿罪，系犯罪中止

D. 丁为考验D的胆量，让D用手枪杀害赵六，但偷偷将手枪子弹全部卸掉，D对赵六射击，因无子弹而未果，则D构成故意杀人罪未遂，丁构成教唆犯，是犯罪未遂

---

① 参考答案：A

解析：A选项，教唆犯是杀人故意，实行犯也杀了人，构成既遂。

B选项，教唆犯虽自动停止，但没有有效阻止结果，仍为既遂。

C选项，受贿拿到了钱，就是既遂，事后退还不影响既遂的成立。

D选项，丁是欺诈教唆（未遂的教唆），因对结果无故意，无罪。

★（四）共犯关系（帮助犯、次要共谋犯）的脱离（共同犯罪关系的解组）

共犯关系的脱离（也称共同犯罪关系的解组），一般指帮助犯或次要的共谋犯（起次要作用的共犯），在实行犯着手实行犯罪行为之前，脱离共同犯罪关系，并切断本人先前行为与结果之间的因果关系的情况。共犯关系的脱离的本质是共犯人通过特定行为解除与其他共同犯罪人原来存在的共同犯罪关系，切断之前行为与犯罪结果的因果关系。可以类比于民法合伙关系中的退伙，退伙之后，退伙人对退伙之前的行为负责，但对退伙之后的行为不负责。共犯关系脱离成功之后，脱离者只与原行为人对脱离之前的行为成立共同犯罪（系预备阶段的犯罪中止）；对于脱离之后的行为及结果，是继续实施者单独的行为，与脱离者无关。▶事例：甲、乙合谋盗窃，原本商量好甲入户实施盗窃，乙在外放风。在甲入户之前，乙表示退出，甲表示答应。乙走后，甲单独一人盗窃得逞。则甲、乙对乙退出之前的行为（盗窃的预备）成立共同犯罪；而乙退出后，甲、乙不再成立共同犯罪，是甲的单独犯罪。乙不对甲盗窃既遂的结果负责。

共犯关系脱离成功的条件：

1. 有脱离意思，并向对方明确表示（明示或默示）；脱离的意思为对方接受。

2. 脱离者须切断本人之前行为（帮助、共谋行为）与结果之间的因果关系，即从物理上和心理上彻底消除自己之前行为对之后结果的加功效果，才不对之后对方的行为承担共同责任。

▶事例：甲、乙共同盗窃，乙退出时并未收回提供的工具，或者乙偷偷退出并未告知甲的，乙均未脱离成功，仍属共同犯罪。甲如果实际使用了乙提供的工具盗窃成功，则二人都构成既遂。

3. 脱离者为帮助犯、次要共谋犯，脱离阶段为实行之前。

一般认为，共犯关系的脱离，是刑法为次要的从犯（帮助犯、次要共谋犯）架设的退出犯罪的一座"金桥"，只需他们在正犯实行之前退出并切断因果，即可成立中止（也可认为是一项特殊的中止情形），而无需阻止正犯所造成的结果。

对于实行犯之实行行为有决定性的重要作用的人，例如共同正犯，重要的共谋犯，或者制造实行犯意的教唆犯，很难通过单纯脱离的方式切断本人行为与结果之间的因果关系，因此他们必须有效阻止结果才能成立中止。

并且，即使是帮助犯或次要的共谋犯脱离，也需在正犯实施实行行为之前脱离；在正犯实行之后，也需有效阻止结果才能成立中止。

4. 共犯关系脱离成功的法律后果：脱离者对于脱离之前参与的行为成立共同犯罪（一般是预备犯），系犯罪中止。脱离者对于脱离后的实行犯单独实施的行为不再承担共同责任，不承担既遂责任。

考点归纳

1.共犯关系（帮助犯、次要共谋犯）脱离条件：有脱离意思、对方接受、切断本人行为与结果之间的因果关系、实行之前脱离。

2.共犯关系脱离的后果：对脱离前的行为成立共同犯罪，系中止；对脱离后的结果不负责（不成立既遂），系他人单独犯罪既遂。

经典考题

甲与乙共谋盗窃汽车，甲将盗车所需的钥匙交给乙。但甲后来向乙表明放弃犯罪之意，让乙还回钥匙。乙对甲说："你等几分钟，我用你的钥匙配制一把钥匙后再还给你"，甲要回了自己原来提供的钥匙。后乙利用自己配制的钥匙盗窃了汽车（价值5万元）。关于本案，下列哪一选项是正确的？[1]（2008-2-19）

A.甲的行为属于盗窃中止　　　　B.甲的行为属于盗窃预备

C.甲的行为属于盗窃未遂　　　　D.甲与乙构成盗窃罪（既遂）的共犯

拓展习题

以下关于共同犯罪及未完成形态，说法正确的有（　　）[2]

A.甲、乙商量一起盗窃，甲入户盗窃乙在外望风，中途甲悔悟未盗财物悄悄抛下乙逃走，后来在室外望风乙被保安抓获。则甲成立犯罪中止，乙成立犯罪未遂

B.甲受雇于乙而谋杀D某，甲持六发手枪朝"D某"射击，开了两枪均未打中，此时"D某"转过头来，甲发现对方并非D某，遂停止射击离去。对于甲所犯故意杀人罪，为犯罪中止；乙为犯罪未遂

C.甲在堤边散步，偶遇往日同伙乙、丙骑着摩托车前往堤边准备抢劫作案。乙邀请甲加入，甲同意。一会儿，丙提出堤边只有一作案对象，参加的人太多则分赃太少。甲听说后遂自动提出不参与，乙觉得有道理同意了。乙、丙骑行1公里后抢到600元钱，回到原地用摩托车载着甲离开。则甲对于乙、丙抢到600元钱的结果不负责任

D.甲和乙相约前去某别墅盗窃，甲在外望风，乙入室盗窃。一会儿乙偷到一个汽车钥匙，出门告诉甲要去把车开走。甲很害怕，便对乙说："你偷你的，汽车我不敢偷"。乙说："你不偷，那你就等我一会吧。"甲于是依然站在别墅门口，乙独自去开车库门，将车开出。并叫甲上车，甲上了乙的车，坐车回家。后乙独自将车低价出售，对于卖车款，甲分文未得。甲应对乙盗窃汽车的结果承担刑事责任，系盗窃罪既遂

解析：A选项，正犯在实行阶段中止，帮助犯是未遂。

B选项，正犯是因目标障碍而未遂，教唆犯为未遂。

C选项，甲脱离共同犯罪关系成功，对之后的结果不负责任。

D选项，案情分为两阶段：第一阶段甲、乙均对盗得钥匙负责；第二阶段甲虽欲脱离共犯关系，但乙利用了之前盗得的钥匙，甲并未消除之前行为的效果，故未脱离成功。二人仍均为既遂。

---

[1] 参考答案：D

[2] 参考答案：ACD

📖 第七节　共同犯罪中的认识错误

共犯认识的事实与正犯认识的事实、实现的事实之间如存在差异，就是产生了共同犯罪的认识错误问题。

1. 共同犯罪中认识错误的类别。

共同犯罪中认识错误的类别，与单独犯认识错误的类别一样，按认错的要素可区分为对象错误、打击错误、因果关系错误、手段错误，按错误是否超越构成要件可区分为具体错误、抽象错误。只不过，认识错误是主观问题，应当按各共同犯罪人（参与犯）各自认定，而没有共犯从属性的问题。▶**例如**：甲教唆乙去杀 A，结果乙误将 B 当作 A 射杀。则甲是打击错误，乙是对象错误。二人均是具体错误，按法定符合说，均可构成故意杀人罪既遂。

2. 共同犯罪中出现认识错误时罪名的认定方法。

当共同犯罪中出现认识错误时，对各共同犯罪人（参与犯）罪名的认定方法，实际上是"共犯从属说"与"客观主观相统一"两个问题的综合运用。先认定正犯的行为，将其作为所有共同犯罪人（参与犯）的客观行为，然后认定各共同犯罪人（参与犯）主观上的故意。罪名 = 正犯行为 + 共犯故意。这里重点介绍教唆犯（教唆者 + 实行者）的错误。

（1）教唆者教唆轻罪，实行者实行重罪；教唆者教唆重罪，实行者实行轻罪。如果轻罪、重罪构成要件有重合，则在重合范围内（轻罪）成立共同犯罪。如果轻罪、重罪构成要件没有重合，则不能成立共同犯罪（从属说）。

▶**事例 1**：甲教唆乙盗窃，乙实施了抢劫。乙是抢劫罪的正犯，甲是盗窃罪的教唆犯，二人在盗窃罪的范围内成立共同犯罪。甲教唆乙抢劫，乙实施了盗窃。乙是盗窃罪的正犯，甲是盗窃罪的教唆犯，二人在盗窃罪的范围内成立共同犯罪。甲教唆乙盗窃，乙实施了杀人。乙是故意杀人罪的正犯，甲不成立教唆犯，二人不构成共同犯罪。

▶**事例 2**：甲教唆乙盗窃，而乙盗窃之后为灭口而杀人。乙构成盗窃罪、故意杀人罪两罪，甲只对盗窃罪承担责任，是盗窃罪的教唆犯。甲教唆乙入户抢劫，而乙拦路抢劫，因甲的教唆故意是"抢劫故意"（法定符合），而不是"入户抢劫故意"（具体符合），故按"法定符合说"，实行犯的实行行为仍在教唆故意范围内，甲构成抢劫罪的教唆犯。教唆犯只对教唆故意（犯罪故意）内的行为的承担故意责任。

（2）教唆内容不明的，以一般公众对教唆内容的理解，确认教唆故意的内容。▶**事例**：甲让乙"修理"丙，乙杀死了丙。公众理解"修理"的意思是伤害，故而甲构成故意伤害罪的教唆犯（致人死亡），乙构成故意杀人罪，二人在故意伤害罪的范围内成立共同犯罪。

3. 间接正犯错误：教唆者本来想实施教唆行为却实际实施了间接正犯的行为时，教唆者本来想实施间接正犯的行为却实际实施了教唆行为时，都应当在重合的范围（即轻罪教唆犯）内，成立教唆犯（《日本刑法》第 38 条第 2 项：对于本应从重处罚的罪行，如果犯人在犯罪时不知情的，不得从重处罚）。这是因为，间接正犯是高度行为，教唆是低度行为，从而，客观上间接正犯行为可包容教唆行为，主观上间接正犯故意可包容教唆故意。

▶ **事例**：甲误认为乙9周岁，教唆乙杀人，实际上乙15周岁。甲主观上有间接正犯的故意，但客观上实施的是教唆行为，成立故意杀人罪教唆犯。甲误认为乙15周岁，教唆乙杀人，实际上乙9周岁。甲主观上有教唆犯的故意，但客观上实施的是间接正犯行为，也成立故意杀人罪教唆犯。

考点归纳

共同犯罪人的罪名＝正犯的客观实行行为＋共同犯罪人的主观故意，在主客观重合部分认定罪名。

拓展习题

关于共同犯罪，以下说法正确的有（   ）[1]

A. 甲、乙商量好欲盗窃A的奔驰汽车，由甲放风，结果由于天黑看不见乙误将B的宝马汽车当作A的奔驰汽车盗走。依据法定符合说，甲构成犯罪既遂

B. 甲误认为乙男仅有9周岁，教唆乙男与幼女丙发生性关系，乙男遂在丙女同意下与其发生性关系，但实际上乙男有15周岁。则甲男构成强奸罪的间接正犯，是犯罪未遂

C. 咖啡店店主乙某日突生杀害丙之念，并将有毒饮料交给店员甲保管，对甲说："如果丙下次来店时，你就将此有毒饮料递给我。"时隔多日，丙来到咖啡店，甲以帮助的故意将有毒饮料递给乙，但乙此时完全忘了饮料有毒的事情，在缺乏杀人故意的情况下将有毒饮料递给丙喝，导致丙死亡。则甲可成立帮助犯

D. 甲教唆乙说："丙是坏人，你将这个毒药递给他喝。"乙却听成了"丙是病人，你将这个土药递给他喝"，于是将毒药递给丙，丙喝下毒药后死亡。则甲仍可成立教唆犯

解析：A选项，系具体错误（同类对象），盗窃得到财物，均为既遂，说法正确。

B选项，实行者乙男客观上实施了奸淫幼女的不法行为，也达到责任年龄，构成奸淫幼女型的强奸罪。教唆者甲主观上有间接正犯故意，客观上实施的是教唆行为，主客观统一为强奸罪教唆犯既遂，而不是间接正犯。

C选项，实行者乙系过失致人死亡，帮助者甲主观上具有帮助故意，客观上帮助的是他人不法行为，按共同犯罪是共同不法的理论，可成立帮助犯。特别注意：本选项及D选项，是教唆者、帮助者误认为他人故意不法而故意帮助、教唆，与教唆者、帮助者明知他人是过失不法而利用他人过失不法（成立间接正犯）的情形不同。

D选项，实行者乙是过失致人死亡，教唆者甲主观上具有教唆故意，客观上教唆的是他人不法行为，按共同犯罪是共同不法的理论，可成立教唆犯。按照间接正犯错误的原理，主观上有教唆故意，客观上是间接正犯行为，主客观统一为教唆犯。也能得出相同结论。本事例不存在故意的正犯（乙），甲却可成立教唆犯（片面的教唆）。即说明共同犯罪是"共同不法"，也说明共同故意应理解为"我有故意，我认为正犯也有故意"，而并不要求客观上正犯真的有故意。

---

[1] 参考答案：ACD

第八节 共同犯罪与不作为

共同犯罪行为既可以是作为，也可以是不作为。不作为共犯的形式包括：

1. 不作为犯的共同正犯，即共犯人均为不作为。▶**事例：**丙落水，丙的父亲甲、丙的母亲乙能够救助，但共同商量，都故意不救助，导致丙死。甲、乙构成不作为的共同正犯。

2. 作为与不作为的共同正犯。▶**事例：**甲杀害丙，丙的父亲能救助而与甲商量好，任由甲杀害故意不救助，导致丙死。甲是作为的正犯，乙是不作为的正犯，二人系共同正犯。

3. 教唆他人实施不作为犯的教唆犯。行为人以作为的方式教唆具有作为义务的人，使其不履行作为义务的，属于以作为的方式参与不作为犯，构成该不作为犯的教唆犯。▶**事例：**丙落水，丙的父亲甲欲救，路人乙教唆甲不要救，甲听从不救导致丙死。甲是不作为的正犯，乙是教唆犯，二人系共同正犯。

4. 不作为犯的帮助犯，行为人以作为方式对不作为犯提供物质和心理帮助，导致其不履行作为义务的，成立不作为犯的帮助犯。

5. 不作为形式的帮助犯，行为人以不作为方式对作为犯提供物质和心理帮助，成立不作为形式的帮助犯（通常是片面帮助犯）。▶**事例：**即将辞职离开公司的甲在审查购货合同时，发现对合同设置很多陷阱的乙明显具有诈骗的意图。但对公司心怀不满的甲并未声张，而将合同递交给总经理丙审核，使乙顺利诈骗公司 50 万元，如甲对于审核合同仅有协助作用，则甲成立合同诈骗罪的片面帮助犯，系不作为犯。

📋 拓展习题

关于不作为的共同犯罪，以下说法正确的有（ ）①

A. 1 个月大的女婴处于极度饥饿状态时，父母二人商量，母亲甲不予喂奶，父亲乙也不提供其他任何食品，导致女婴被饿死，甲、乙构成故意杀人罪的共同犯罪

B. 甲 5 岁的儿子在河边戏水时落水，甲准备去救，但邻居乙对甲说："你儿子从来都不听话，他落水又不是你推下去的，别救他！"甲于是没有施救，致其儿子死亡。乙是故意杀人罪的教唆犯，甲成立不作为的故意杀人罪

C. 即将辞职离开公司的甲在审查购货合同时，发现对合同设置很多陷阱的乙明显具有诈骗的意图。但对公司心怀不满的甲并未声张，当合同送交有审核决定权的总经理签字，乙顺利诈骗公司 50 万元，则甲成立合同诈骗罪的片面帮助犯

D. 剧场的负责人甲，目睹演员乙、丙等人组织演出淫秽节目，而不制止。甲可以构成组织淫秽表演罪，系不作为的帮助犯

解析：A 选项，甲、乙系不作为的共同正犯。

B 选项，乙系他人不作为犯的教唆犯。

C 选项，甲系以不作为形式帮助他人作为犯罪的片面帮助犯。

D 选项，甲有制止义务，不制止构成他人作为犯罪的片面帮助犯。

---

① **参考答案：**ABCD

🔖 **考点归纳**

体系	重要考点	口诀	要点
共同犯罪的成立条件	1. 共同犯罪的概念（共同不法）	不法是共同的，责任是分别的	客观上共同实施不法行为、对不法行为及结果有共同故意（不要求故意内容完全一致，也不要求一定有双向意思联络）
	2. 共同犯罪的成立条件	共同故意，共同行为	共同故意（想与他人共同实施、对结果有故意）共同行为（实行、帮助、教唆、共谋、组织）
	3. 片面的共犯行为（帮助、教唆、实行）	片面的共犯是片面的	知情者成立共同犯罪（片面共犯），不知情者系单独犯罪
	4. 承继的共同犯罪	犯罪终了前加入可构成共犯。罪名整体评定，责任看因果关系	在前行为人犯罪终了之前加入，后行为人为承继的共同犯罪；后行为人的罪名整体评定，只对加入后造成的结果负责
正犯与共犯	5. 间接正犯	正犯是第一位责任者。实行者符合正犯条件成立直接正犯，支配者符合正犯条件成立间接正犯	行为人支配（教唆、欺骗、强迫）实行者，实行者所犯罪名不承担正犯责任。包括利用无责任能力者（无认知能力的未成年人、精神病人）、利用他人无此罪故意的行为（正当行为、过失、它罪故意）、利用有故意的工具（有故意但无目的、无身份）
	6. 共犯从属说	共犯的行为从属于正犯	共犯（帮助犯、教唆犯）的客观行为，根据正犯的行为认定
	7. 欺诈教唆（未遂的教唆）	明知不可能既遂而教唆不是教唆犯	教唆者明知结果不可能发生，而教唆实行者实行，结果客观上未发生，则实行者为犯罪未遂，教唆者不构成犯罪
	8. 中立帮助行为	对紧迫实行的帮助才成立帮助	对紧迫的正犯行为帮助成立帮助犯，对不紧迫的正犯行为帮助不构成犯罪
主犯与从犯	9. 主犯与从犯的区分	主要作用者为主犯，次要作用者为从犯	主犯包括构成共同犯罪的首要分子、主要实行犯、主要教唆犯；从犯包括次要的实行犯、次要的教唆犯、帮助犯
共同犯罪与构成要件	10. 共同犯罪与身份	身份是对正犯的限定，身份犯须利用身份	（1）有身份者可构成有身份之罪的正犯，无身份者不能构成有身份之罪的正犯（直接正犯、间接正犯），但可构成共犯（帮助犯、教唆犯）；（2）实行者利用了身份，构成有身份之罪的共同犯罪；实行者未利用身份，构成无身份之罪的共同犯罪；（3）各自利用各自的身份共同犯罪，以主犯（职权作用大者）之罪认定共同犯罪罪名
	11. 共同犯罪与未完成形态	与结果有因果关系者为既遂	（1）正犯既遂：共同正犯既遂，共犯（帮助犯、教唆犯）有因果关系者既遂；（2）部分共同犯罪人中止，其他共同犯罪人根据停顿原因认定中止、未遂、预备；（3）停顿原因根据各共同犯罪人本人确定，停顿阶段根据正犯确定

续表

体系	重要考点	口诀	要点
共同犯罪与构成要件	12.共犯关系的脱离	切断因果，才可脱离	（1）帮助犯、共谋犯在实行之前，有脱离意思、对方接受，切断之前行为结果之间的因果关系；（2）对脱离前的行为成立共同犯罪，系中止。对脱离后的行为及结果不负责。
	13.共同犯罪与认识错误	正犯的行为，共犯的故意，重合范围认定犯罪	（1）根据实行犯确定客观实行行为性质；（2）根据共同犯罪人本人确定主观犯罪故意；（3）主客观相统一在重合范围内确定各共同犯罪人罪名
	14.共同犯罪与不作为	不作为也成立共同犯罪	（1）不作为的共同犯罪；（2）不作为形式的共同犯罪

经典考题

【1】关于共同犯罪，下列哪些选项是正确的？① （2013-2-55）

A.乙因妻丙外遇而决意杀之。甲对此不知晓，出于其他原因怂恿乙杀丙。后乙杀害丙。甲不构成故意杀人罪的教唆犯

B.乙基于敲诈勒索的故意恐吓丙，在丙交付财物时，知情的甲中途加入帮乙取得财物。甲构成敲诈勒索罪的共犯

C.乙、丙在五金店门前互殴，店员甲旁观。乙边打边掏钱向甲买一羊角锤。甲递锤时乙说"你打伤人可与我无关"。乙用该锤将丙打成重伤。卖羊角锤是甲的正常经营行为，甲不构成故意伤害罪的共犯

D.甲极力劝说丈夫乙（国家工作人员）接受丙的贿赂，乙坚决反对，甲自作主张接受该笔贿赂。甲构成受贿罪的间接正犯

【2】关于共同犯罪的判断，下列哪些选项是正确的？② （2011-2-55）

A.甲教唆赵某入户抢劫，但赵某接受教唆后实施拦路抢劫。甲是抢劫罪的共犯

B.乙为吴某入户盗窃望风，但吴某入户后实施抢劫行为。乙是盗窃罪的共犯

C.丙以为钱某要杀害他人为其提供了杀人凶器，但钱某仅欲伤害他人而使用了丙提供的凶器。丙对钱某造成的伤害结果不承担责任

D.丁知道孙某想偷车，便将盗车钥匙给孙某，后又在孙某盗车前要回钥匙，但孙某用其他方法盗窃了轿车。丁对孙某的盗车结果不承担责任

---

① 参考答案：AB
② 参考答案：ABD

第九章 单位犯罪

📝 **考点说明**

本考点之下需要掌握的知识点主要有：（1）成立单位犯罪的条件；（2）司法解释规定的不属于单位犯罪而属于自然人犯罪的四种情况；（3）单位实施不能由单位构成的犯罪时的定性；（4）单位自首。

 相关法条

第30条【单位犯罪】公司、企业、事业单位、机关、团体实施的危害社会的行为，法律规定为单位犯罪的，应当负刑事责任。

第31条【单位犯罪的处罚原则】单位犯罪的，对单位判处罚金，并对其直接负责的主管人员和其他直接责任人员判处刑罚。本法分则和其他法律另有规定的，依照规定。

💡 **知识点讲解**

一、成立单位犯罪的条件

单位犯罪是指公司、企业、事业单位、机关、团体为单位谋取非法利益或者以单位名义，经单位集体研究决定或者由负责人决定，故意或者过失实施的，依照刑法应当由单位承担刑事责任的犯罪。

成立单位犯罪具有以下四个条件：

1. **主体是单位：合格的单位。** 即刑法规定的公司、企业、事业单位、机关、团体，分支机构以及具有独立经济核算权的单位内部机构等单位。

2. **单位行为：以单位名义实施，为单位谋取利益。** 为本单位谋取非法利益，是指单位本身谋取非法利益，违法所得由单位本身所有，或者将非法所得分配给单位全体成员享有。

3. **单位意志：单位按决策程序集体决定或负责人决定。** 单位犯罪是在单位整体意志支配下实施，由单位的决策机构按照单位的决策程序决定，由直接责任人员实施。单位犯罪虽然是单位本身犯罪，但具体犯罪行为需要决定者与实施者。

4. **法定：** 刑法明文规定可由单位主体实施的犯罪，才成立单位犯罪。

☆ 区分单位犯罪与自然人共同犯罪（主要是单位领导成员集体共同犯罪）的关键在于：是

否为单位谋取利益、是否由单位意志集体决定。▶事例：国有 A 公司的领导班子五名成员集体商量将应当上交给国库的公款 100 万元私分，如果分配给该公司大部分员工或者全体员工，则为单位犯罪，系私分国有资产罪；如果私分范围较小，没有分配给该公司大部分员工，则是自然人共同犯罪，为贪污罪。

二、单位的范围

1. 单位主体，包括公司、企业、事业单位、机关、团体等单位。除法律有特别规定的以外，单位的所有制性质，不影响其作为单位犯罪主体。单位犯罪既包括国有、集体所有的公司、企业、事业单位，也包括依法设立的合资经营、合作经营企业和具有法人资格的独资、私营等公司、企业、事业单位。

2. 单位的分支机构或者内设机构、部门。以单位的分支机构或者内设机构、部门的名义实施犯罪，违法所得亦归分支机构或者内设机构、部门所有的，也应认定为单位犯罪。单位的分支机构或者内设机构、部门要成为单位犯罪主体具有独立经济核算权、独立人员和场所。

☆ 3. 不属单位犯罪而属于自然人犯罪的四种情况（《最高人民法院关于审理单位犯罪案件具体应用法律有关问题的解释》）：

（1）无法人资格的独资、私营公司、企业，实施的犯罪认定为自然人犯罪。具有法人资格的独资、私营等公司、企业、事业单位，可构成单位犯罪；

（2）盗用单位名义实施犯罪，利益归个人私分，实施的犯罪认定为自然人犯罪；

（3）个人为进行违法犯罪活动而设立公司、企业、事业单位，实施的犯罪认定为自然人犯罪；

（4）公司、企业、事业单位设立以后，以实施犯罪为主要活动的，实施的犯罪认定为自然人犯罪。

三、刑法规定的单位犯罪

1. 不能由单位构成的罪名。
（1）自然犯：如盗窃罪、重婚罪、强奸罪。
（2）某些法定犯，如贷款诈骗罪、信用卡诈骗罪、抗税罪等。
2. 纯正的单位犯罪（只能由单位构成）。
私分国有资产罪（单罚）、私分罚没财物罪（单罚）、单位受贿罪（双罚）、单位行贿罪（双罚）、违规制造、销售枪支罪（双罚）、工程重大安全事故罪（单罚）、妨害清算罪（单罚）、逃汇罪（双罚）、非法出售、私赠文物藏品罪（双罚）、采集供应血液、制作供应血液制品事故罪（双罚）、战时拒绝、故意延误军事订货罪（双罚）。
3. 不纯正的单位犯罪（自然人、单位均可构成）。
既可以由单位实施也可以由自然人实施的犯罪。例如，票据诈骗罪、信用证诈骗罪、强迫职工劳动罪、破坏计算机信息系统罪、拒不执行判决、裁定罪等。
此外，刑法还对某些单位犯罪的主体身份作出特殊限制，称为特殊单位犯罪，如非法出售、私赠文物藏品罪（《刑法》第 327 条）的主体是国有博物馆、图书馆等单位。工程重大安全事故罪的主体是建设单位、设计单位、施工单位、工程监理单位。

☆ 四、单位实施不能由单位构成的罪名时的定性

有些犯罪能由单位构成（纯正的和不纯正的单位犯罪），有些犯罪不能由单位构成（只能由自然人构成的犯罪）。当单位为了单位利益，集体决策实施只能由自然人构成的犯罪行为时，其行为确为单位行为，但无法构成单位犯罪，此时对其定性就有问题。分为两种情况：

1. 单位行为不能构成此种单位犯罪，但可能构成彼种单位犯罪。例如单位贷款诈骗，不能构成贷款诈骗罪（因其只能由自然人主体实施），但可以构成合同诈骗罪（不纯正的单位犯罪）。

2. 单位实施其他自然人犯罪，对组织、策划、实施者以自然人犯罪（共同犯罪）论处。其依据是《全国人民代表大会常务委员会关于中华人民共和国刑法第三十条的解释》（2014年）："公司、企业、事业单位、机关、团体等单位实施刑法规定的危害社会的行为，刑法分则和其他法律未规定追究单位的刑事责任的，对组织、策划、实施该危害社会行为的人依法追究刑事责任。"

🔁 **例如**：单位组织为了单位利益而盗电、盗水，对组织者、指使者、实施者认定为盗窃罪，系自然人犯罪（共同犯罪）。单位组织杀人的，对参与者认定为故意杀人罪，系自然人犯罪（共同犯罪）。

注意：前述立法解释与规定单位贷款诈骗认定单位构成合同诈骗罪的司法解释并不冲突。

五、单位犯罪的罪过形式、处罚

1. 既有故意犯罪也有过失犯罪。单位犯罪，刑法规定有故意的单位犯罪，如私分国有资产罪；也有过失的单位犯罪，如工程重大安全事故罪。

2. 单位犯罪的处罚：双罚制与单罚制。对于单位犯罪，原则上采双罚制。刑法第31条前段规定："单位犯罪的，对单位判处罚金，并对其直接负责的主管人员和其他直接责任人员判处刑罚。"不过，也有例外采取单罚制的情况，即刑法规定只处罚直接责任人员，而不处罚单位，参见上文"纯正的单位犯罪"各罪后的括号所注。

六、单位的变更、自首、主从犯认定

（一）单位变更

1. 分立、合并或者其他资产重组（"单位变更"）。涉嫌犯罪的单位已被合并到一个新单位的，对原犯罪单位及其直接负责的主管人员和其他直接责任人员应依法定罪量刑。人民法院审判时，对被告单位应列原犯罪单位名称，但注明已被并入新的单位，对被告单位所判处的罚金数额以其并入新的单位的财产及收益为限。

2. 被撤销、注销、吊销营业执照或者宣告破产（"单位死亡"）。涉嫌犯罪的单位被撤销、注销、吊销营业执照或者宣告破产的，应当根据刑法关于单位犯罪的相关规定，对实施犯罪行为的该单位直接负责的主管人员和其他直接责任人员予以追诉，对该单位不再追诉。

☆（二）单位自首：自动投案如实交代者定自首

1. 单位集体决定或者单位负责人决定而自动投案，如实交代单位犯罪事实的，或者单位直接负责的主管人员自动投案，如实交代单位犯罪事实的，应当认定为单位自首。

2. 单位自首的，直接负责的主管人员和直接责任人员未自动投案，但如实交代自己知道的犯罪事实的，可以视为自首；拒不交代自己知道的犯罪事实或者逃避法律追究的，不应当认定为自首。

3. 单位没有自首，直接责任人员自动投案并如实交代自己知道的犯罪事实的，对该直接责

任人员应当认定为自首。

（三）主从犯认定

在审理单位故意犯罪案件时，对其直接负责的主管人员和其他直接责任人员，可不区分主犯、从犯，按照其在单位犯罪中所起的作用判处刑罚。

考点归纳

1. 成立单位犯罪的条件：主体是单位、单位行为（为单位谋取利益）、单位意志、刑法明文规定可由单位构成该罪。

2. 不属单位犯罪而属于自然人犯罪的四种情况：（1）无法人资格的独资、私营公司、企业；（2）利益归个人私分；（3）为进行违法犯罪活动而设立单位；（4）单位设立以后以实施犯罪为主要活动。

3. 单位实施不能由单位构成的罪名时的定性：（1）单位贷款诈骗，认定为合同诈骗罪（单位犯罪）；（2）对单位不能定单位犯罪时，对组织、策划、实施者定自然人犯罪。

4. 单位自首：对如实交代者视为自首，不如实交代者不认定自首。

经典考题

关于单位犯罪，下列哪些选项是正确的？[①]（2015-2-54）

A. 就同一犯罪而言，单位犯罪与自然人犯罪的既遂标准完全相同

B.《刑法》第一百七十条未将单位规定为伪造货币罪的主体，故单位伪造货币的，相关自然人不构成犯罪

C. 经理赵某为维护公司利益，召集单位员工殴打法院执行工作人员，拒不执行生效判决的，成立单位犯罪

D. 公司被吊销营业执照后，发现其曾销售伪劣产品 20 万元。对此，应追究相关自然人销售伪劣产品罪的刑事责任

拓展习题

关于单位犯罪的表述，正确的是（　　）[②]

A. 甲某是某图书公司的经理，由于某部小说特别畅销，以公司的名义在某印刷厂印制了他人享有专有出版权的该小说 5 万本，非法获利 100 余万元，全部据为己有。该行为应当按照单位犯罪论处

B. 甲为某炼铝厂厂长，为了该厂利益，经集体研究同意指挥职员三个月间盗电 100 万度，该厂构成单位犯罪

C. A 公司法定代表人甲某指挥该公司逃税数额巨大，同时其本人亦偷逃个人所有税数额巨大，则对于甲某应当数罪并罚

D. 单位犯罪可以集体成立自首，但对于不如实交待的责任人员不应认定为自首

解析：A 选项，以公司名义犯罪、利益归个人分配，是自然人犯罪。

B 选项，单位实施其他自然人犯罪，对组织、策划、实施者以自然人犯罪（共同犯罪）论处。

C 选项，个人犯罪与单位犯罪的罪名相同，但却是两个行为两种不同性质的犯罪，应当数罪并罚。

D 选项，说法正确。

[①] **参考答案：**ACD（当年正确答案为 AD）

[②] **参考答案：**CD

第十章 罪数形态
（总论理论 + 分则规定）

 考点说明

本考点之下需要掌握的知识点主要有：（1）想象竞合犯；（2）牵连犯；（3）吸收犯；（4）事后不可罚；（5）刑法分则及刑法解释规定的罪数处理规则（杀人、强奸、妨害公务、非法拘禁等常考情节）。

知识点讲解

罪数，是指一个人所犯之罪的数目，亦即，法院在审理某一行为人的某一犯罪案件时，最终宣判其所犯之罪的个数。

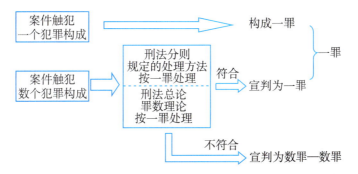

认定犯罪的过程，是将案情事实与刑法规定的罪名构成（客观不法、主观有责）相对应的过程。案情事实对应于刑法规范最简单、最典型的情形，是一个案件事实对应一个犯罪构成即触犯一个罪名构成，例如甲持刀砍杀乙，只触犯了故意杀人罪一个犯罪构成，当然只构成一个犯罪。但是，实务中也有大量的一个案件事实对应多个犯罪构成即触犯多个罪名构成的情况，例如甲盗割正在使用中的电线数额较大，同时造成大面积停电，就触犯了盗窃罪、破坏电力设备罪两个犯罪构成，就涉及最终宣判甲构成几个犯罪的罪数问题。是否触犯数个罪名构成，就一定会宣判为数罪呢？这并不一定，例如前例甲虽触犯了盗窃罪、破坏电力设备罪两个犯罪构成，但由于属想象竞合犯，按想象竞合犯的处理规则（择一重罪处断），法官最后只会宣判甲构成一罪。因此，在"触犯数个罪名构成"与"构成几罪（宣判为几罪）"之间存在着一套规则，这就是罪数规则。

罪数规则包括：（1）刑法分则与刑法解释（立法解释、司法解释）明文规定的罪数规则；（2）刑法总论理论层面上的罪数形态，亦即下述继续犯、想象竞合犯、结果加重犯、结合犯、集合犯、连续犯、牵连犯、吸收犯、事后不可罚九种罪数形态。刑法总论规定的九种罪数形态，都是表面上或实际触犯数个罪名构成，但最终宣判为一罪的情形。

由此，当案件事实触犯数个罪名构成时，要决定最终宣判为几罪：（1）首先要看刑法分则与刑法解释对该情形有无规定罪数规则，如有规定，则直接按罪数规则处理。▶例如：甲为了勒赎而实施绑架，获得赎金后撕票杀人。甲触犯绑架罪、故意杀人罪两个犯罪构成，但刑法明文规定按绑架罪（故意杀害被绑架人）一罪论处，故应宣判为绑架罪（故意杀害被绑架人）一罪。（2）如无明文规定处理规则，则再看其是否符合刑法总论理论的九种罪数形态，如符合其中任何一种罪数形态，也应宣判为一罪。▶例如：甲为了诈骗而伪造事业单位印章，之后用以诈骗。甲触犯伪造事业单位印章罪、诈骗罪两个犯罪构成，刑法亦无明文规定如何处理，但这种情形属于牵连犯，应当择一重罪处断宣判为一罪，故而适用刑法总论罪数形态规则宣判甲构成一罪。（3）如无明文规定处理规则，也不符合刑法总论中的任何一种罪数形态，这才宣判为数罪。▶例如：甲强奸乙后为灭口而杀人，甲触犯强奸罪、故意杀人罪两个犯罪构成，刑法分则、总论罪数形态都无规定，由此最终宣判其构成两罪。

由此，在司法实务和司法考试认定罪数时，首先应当识记刑法法条的特殊规定，然后需要把握总论理论中的九种罪数形态，认定罪数时"先用法条，再用理论"。本章第二节专门对刑法分则及刑法解释中规定的分则罪数情况进行了归纳，系罪数的法条规定部分。下文专门介绍刑法总论规定的罪数形态，包括继续犯、想象竞合犯、结果加重犯、结合犯、集合犯、连续犯、牵连犯、吸收犯、事后不可罚共九种，这些罪数形态都是表面上或实际触犯数个罪名构成，但最终宣判为一罪的情形。

第一节　刑法总论中的罪数形态（理论）

刑法总论中的罪数形态规定有九种，学习这些罪数形态时，应当先记典型事例，再把握本质特征，以便能将其运用于其他事例的判断。例如，看到牵连犯，就应想起先伪造印章后诈骗罪的典型事例，然后再把握其手段行为与目的行为的本质，当出现判断某种情形是否系牵连犯时，将此典型事例和本质与目标事例对比。事实上，九种罪数形态中，继续犯、结果加重犯、结合犯、集合犯这四种的依据都是刑法分则特别规定，是对刑法分则特别规定的归纳，只要依照刑法分则规定判断即可，不是真正的罪数形态，也不是司法考试的难点。想象竞合犯、连续犯、牵连犯、吸收犯、事后不可罚这五种是真正的罪数形态，需要认真把握。

一、实质的一罪（一行为一罪）

（一）继续犯：行为与不法状态同时继续

1.典型事例：非法拘禁罪。

其他事例：（1）绑架罪，拐卖妇女、儿童罪，重婚罪。（2）持有型犯罪，如非法持有毒品罪，非法持有枪支、弹药、爆炸物罪，非法持有假币罪，掩饰、隐瞒犯罪所得、犯罪所得收益罪（窝赃），窝藏毒品、毒赃罪。（3）不作为犯，如遗弃罪，拒不执行判决、裁定罪等。

2.继续犯（也称持续犯），是指行为从着手实行到由于某种原因终止以前，一直处于持续状态的犯罪。继续犯具有以下特征：

（1）继续犯必须是犯罪行为与不法状态同时继续。犯罪行为终了，仅仅是不法状态的继续，称为状态犯，如盗窃罪。犯罪行为和不法状态同时立即终了，称为即成犯，如故意杀人罪。

（2）犯罪行为自始至终都针对同一对象，侵犯同一法益。状态持续过程中又侵害新的法益，数罪并罚。例如，非法拘禁过程中勒赎，以非法拘禁罪、绑架罪数罪并罚。

（3）行为人出于同一个罪过。

继续犯的本质特征是：行为与不法状态同时继续。通俗地理解就是：行为是"线状行为"不是"点状行为"，不法状态与之始终相伴。事实上，继续犯是对刑法分则罪名的分类，将分则罪名分为继续犯、状态犯、即成犯。继续犯仍是一个行为（"线状行为"），侵害一个法益（侵害法益的状态一直持续），实际上只触犯一个犯罪构成。

3.处理规则：

（1）一罪论处。对于继续犯，不论其持续时间长短，均应以一罪论处。

（2）追诉时效：对继续犯的追诉期限，从犯罪行为终了之日起算。

（3）在承继的共同犯罪问题中，继续的犯罪终了，以状态消失为标准。后行为人在状态消失之前加入，可与前行为人构成共同犯罪。

（4）犯罪既遂以后，如犯罪行为继续侵害客体，属于正在进行的不法侵害，允许进行正当防卫。

★（二）想象竞合犯：一个行为同时侵害数个法益

1.典型事例：盗割正在通电使用中的公用电线。

其他事例：（1）行为人开一枪而致一人死亡、一人重伤；（2）抽象（异类）认识错误：误将他人当作是熊猫猎杀。

2.想象竞合犯，是指一个行为同时造成数个结果，侵害数个法益，从而触犯数个罪名的情况。想象竞合犯具有两个基本特征：

（1）行为人只实施了一个行为（自然行为）。对于自然行为的个数，可以这样辨识：①只有一个举动（动作）的，当然是一个自然行为；②同一意思决议的数个性质相同的动作组成一个行为（多举犯），是一个行为，例如为了杀人而砍十刀。有计划逐渐实现目标的数个时空联系紧密的动作，也是一个行为（持续行为），例如先打昏、砍伤再杀害，多次投毒累积至致死量；③有数个法定行为的，如在大部分（重要部分）重合，认定为一个自然行为；数个法定行为只在小部分（不重要部分）重合，认定为数个自然行为。例如，购买枪支时以毒品抵偿购枪款，只在小部分重合，应当认定两个自然行为，应当以非法买卖枪支罪、贩卖毒品罪两罪并罚。

（2）一个行为必须触犯数个罪名。一个行为触犯数个罪名，往往是因为该行为同时造成

多种结果，侵害数个法益，或者本身具有多重属性造成的。

3. 处理规则：择一重罪处断。对于想象竞合犯，应按行为所触犯的罪名中的一个重罪论处。如果两罪名法定刑相同，则通常按目的行为定罪（包容内容更多的罪名）。

4. 要点：

（1）学会认定行为个数（一行为、数行为）。

（2）应当将想象竞合与法条竞合区分开来。法条竞合是刑法规定两罪本身就有重叠（一般存在必然重叠关系），而想象竞合是出于行为人行为的特别，一个行为造成数个结果。二者区分的关键在于刑法有无明文规定两个罪名构成要件之间存在（必然）重叠。例如，用非法拘禁的手段绑架勒索，刑法本身就规定绑架的行为包括非法拘禁的手段，故而绑架罪与非法拘禁罪是法条竞合关系（以绑架罪一罪论处），而不是想象竞合。对于法条竞合及其与想象竞合的区别，在后文刑法分则概述详述。

（3）"一行为"构成数罪的情况：①同时走私多种不同类物品（《关于审理走私刑事案件具体应用法律若干问题的解释（二）》第5条）；②骗取出口退税，骗取税款多于已缴税款（第204条第2款）。

📖 考点归纳

想象竞合犯的本质是：一个行为，同时触犯数个罪名。

1. 一个行为（自然行为）：只实施一个举动，是一个行为；多举犯、持续行为，是一个行为；两个危害行为在大部分重合，也认为是一个行为，只在小部分重合，是两个行为。

2. 想象竞合与法条竞合区分：刑法规定两罪名（必然）有重合，两罪名为法条竞合；刑法未规定两罪名间有重合，是因行为人一行为同时侵害两法益造成同时触犯两罪名，为想象竞合。

3. 数个行为，触犯数个罪名的，是处断的一罪（连续犯、牵连犯、吸收犯、事后不可罚）或者数罪。

📋 经典考题

关于想象竞合犯的认定，下列哪些选项是错误的？[①]（2013-2-56）

A.甲向乙购买危险物质，商定4000元成交。甲先后将2000元现金和4克海洛因（折抵现金2000元）交乙后收货。甲的行为成立非法买卖危险物质罪与贩卖毒品罪的想象竞合犯，从一重罪论处

B.甲女、乙男分手后，甲向乙索要青春补偿费未果，将其骗至别墅，让人看住乙。甲给乙母打电话，声称如不给30万元就准备收尸。甲成立非法拘禁罪和绑架罪的想象竞合犯，应以绑架罪论处

C.甲为劫财在乙的茶水中投放2小时后起作用的麻醉药，随后离开乙家。2小时后甲回来，见乙不在（乙喝下该茶水后因事外出），便取走乙2万元现金。甲的行为成立抢劫罪与盗窃罪的想象竞合犯

D.国家工作人员甲收受境外组织的3万美元后，将国家秘密非法提供给该组织。甲的行为成立受贿罪与为境外非法提供国家秘密罪的想象竞合犯

---

① **参考答案：ABCD**

☆（三）结果加重犯：基本犯 + 加重结果（明文规定）

1. 典型事例：故意伤害致人死亡。

其他事例：抢劫、强奸、拐卖、虐待、非法拘禁、劫持航空器致人重伤、死亡；绑架杀害被绑架人（故意伤害致重伤、死亡）；暴力干涉婚姻自由、非法行医、组织、运送他人偷越国（边）境致人死亡等。

2. 结果加重犯，是指刑法规定的一个犯罪行为（基本犯罪），由于发生了严重结果而加重其法定刑的情况。结果加重犯具有以下特征：

（1）行为人实施了基本犯罪行为，并造成了刑法明文规定的加重结果。

（2）基本犯行为与加重结果之间具有因果关系。加重结果是由基本犯的实行行为造成。

①致人自杀的，一般不认定为具有因果关系。例如，故意伤害致人自杀的，不认定是故意伤害致人死亡。

②基本犯行为之外的行为导致结果，一般认定为数罪。例如，抢劫关押他人之后，离开时又不小心扔烟头导致失火致人死亡的，认定抢劫罪的基本犯、失火罪，数罪并罚。

（3）行为人对基本犯罪一般持故意，对加重结果至少有过失。

①一般的情形为故意基本犯 + 过失加重结果（如故意伤害致人死亡、强奸致人重伤、死亡）；

②还有过失基本犯 + 过失加重结果（如交通肇事因逃逸致人死亡）；

③极少数为故意基本犯 + 故意加重结果（绑架中杀害、重伤被绑架人，抢劫过程中故意致人重伤死亡，劫持航空器中故意致人重伤、死亡）。

（4）有刑法明文规定，造成加重结果不再另定它罪，直接适用加重法定刑。

结果加重犯是刑法对犯罪结果的特殊包容性规定，将经常伴随发生的结果直接规定到某罪中来，作为加重量刑事由。

3. 处理规则：对结果加重犯只能认定为一罪，并且根据加重的法定刑量刑。

4. 要点：结果加重犯应以刑法明文规定为限，实际上是刑法分则具体规定的问题。

（1）刑法没有明文规定为结果加重犯的，如一行为同时造成结果，应当以想象竞合处理。例如，盗窃致人死亡的，应认定为想象竞合，而不是结果加重犯。而抢夺致人重伤、死亡的，是情节加重犯，也只认定为抢夺罪一罪（《最高人民法院、最高人民检察院关于办理抢夺刑事案件适用法律若干问题的解释》[2013 年]）。

（2）刑法规定的结果加重犯的结果，不包含某种结果，发生该结果时也不能认定为结果加重犯，数行为造成数结果，可数罪并罚。例如，刑法只规定拐卖中强奸的，以拐卖罪一罪论处，则拐卖中猥亵的，应当数罪并罚。

（3）常见的不属于结果加重犯的情形：①医疗事故致人死亡、侮辱诽谤致人死亡、遗弃致人死亡（成罪情节）；②强制猥亵侮辱、劫持汽车、船只致人重伤、死亡（想象竞合）；③转化犯：非法拘禁使用暴力、刑讯逼供、暴力取证、虐待被监管人、聚众斗殴致人重伤死亡，非法组织卖血、强迫卖血致人重伤，构成故意杀人罪、故意伤害罪。

🈁 考点归纳

1. 结果加重犯以刑法分则明文规定为限；没有明文规定不认为是结果加重犯，可能是想象竞合犯、数罪。

2.常见的属于结果加重犯的情形：抢劫、强奸、拐卖、虐待、非法拘禁、劫持航空器致人重伤、死亡；绑架中杀害、重伤被绑架人；故意伤害、暴力干涉婚姻自由、非法行医、组织、运送他人偷越国（边）境致人死亡等。

3.要求致死结果与基本犯行为(实行行为)之间具有因果关系。导致自杀一般不认为具有因果关系。基本犯行为之外的行为导致结果，一般认定为数罪。

经典考题

关于结果加重犯，下列哪一选项是正确的？[①]（2015-2-8）

A.故意杀人包含了故意伤害，故意杀人罪实际上是故意伤害罪的结果加重犯

B.强奸罪、强制猥亵妇女罪的犯罪客体相同，强奸、强制猥亵行为致妇女重伤的，均成立结果加重犯

C.甲将乙拘禁在宾馆20楼，声称只要乙还债就放人。乙无力还债，深夜跳楼身亡。甲的行为不成立非法拘禁罪的结果加重犯

D.甲以胁迫手段抢劫乙时，发现仇人丙路过，于是立即杀害丙。甲在抢劫过程中杀害他人，因抢劫致人死亡包括故意致人死亡，故甲成立抢劫致人死亡的结果加重犯

二、法定的一罪（原本应为数行为，刑法强行规定为一罪）

（一）结合犯：A 罪 +B 罪 =C 罪

1.我国刑法没有规定典型的结合犯，相似的例子为：

（1）A+B=A：绑架罪 + 杀人罪（或故意伤害罪重伤）= 绑架罪；拐卖 + 强奸 = 拐卖罪；组织偷越国（边）境罪 + 非法拘禁罪 = 组织偷越国（边）境罪；走私、制造、贩卖、运输毒品罪 + 妨害公务罪 = 走私、制造、贩卖、运输毒品罪，等等。

（2）A+B=B：收买被拐卖的妇女、儿童罪 + 拐卖妇女、儿童罪 = 拐卖妇女、儿童罪。

2.结合犯，是指数个原本独立的犯罪行为，根据刑法分则的明文规定，结合成为另一独立的新罪的情况。结合犯的特征即为：A 罪 +B 罪 =C 罪。结合犯以刑法分则的明文规定为限。

3.处理规则：对于结合犯，当然按所结合的新罪以一罪论处。

（二）集合犯：A1 动作 +A2 动作 +A3 动作 =A 行为

1.典型事例：以赌博为业、非法行医。

2.集合犯，是指构成要件预定了数个同种类的动作（行为）的犯罪，包括常习犯、职业犯与营业犯。亦即，刑法规定某罪的行为（A 行为）必须是由一系列同性质的动作（A1 动作 +A2 动作 +A3 动作 +……）反复多次实施，才能成立该行为，仅有单次动作不能成立该行为。

（1）常习犯行为：构成要件预定犯罪行为是具有常习性的行为人反复多次实施的。例如1979 年刑法规定的惯窃罪（现已废止），惯窃行为必须多次盗窃。仅有一次盗窃是盗窃罪中的盗窃行为，不是惯窃罪中的惯窃行为。

（2）职业犯行为：构成要件预定将一定的犯罪行为作为职业或业务反复实施。例如刑法

[①] **参考答案：** C

第336条规定的非法行医罪，系职业犯。未取得医生执业资格的人将行医作为一种业务而反复多次实施行医活动，才属非法行医行为。只有一次非法行医就致人死亡的，不属非法行医行为，构成过失致人死亡罪。

（3）营业犯行为：构成要件要求以营利为目的反复实施一定犯罪行为。例如，刑法第303条所规定的"以赌博为业的"行为，属于营业犯。要求以此为职业多次反复赌博，只有一两次赌博，不认定为犯罪。

集合犯可认为是刑法对某种行为规定具有特殊性，是只认为"一堆"动作才能构成一个行为，一个动作难以成立该行为。

3. 处理规则：认为只有一个行为（集合性行为），构成一罪。

三、处断的一罪（原本应为数行为，司法实务中认定为一罪）

（一）连续犯：连续实施同一性质的数行为

1. 典型事例：连续盗窃、连续诈骗、连续抢劫、连续杀人等。

2. 连续犯，是指基于同一的或者概括的犯罪故意，连续实施性质相同的数个行为，触犯同一罪名的犯罪。连续犯的基本特征有：

（1）行为人基于同一的或者概括的犯罪故意。

（2）实施性质相同的数个行为。数次行为触犯同一罪名。但并不要求每次行为都达到定罪数额。

（3）数次行为具有连续性，即时间间隔较小。

3. 处理规则：

（1）对连续犯以一罪论处，数额累计计算。

（2）对于连续犯的追诉期限应从犯罪行为终了之日起计算。

4. 要点：

（1）连续犯与同种数罪的区别在于：同种数罪各行为之间没有连续性。当然，我国司法实务对同种数罪也认定为一罪处理。

（2）在连续犯中，数次既遂、数次未遂的，不能直接将所有数额累加。应当将数次既遂的部分数额累加，将数次未遂的部分数额累加，再择重处断。

★（二）牵连犯：手段行为＋目的行为

1. 典型事例：伪造印章后用于诈骗，伪造单据、文书后用于诈骗。

2. 牵连犯，是指行为人实施了数个不同性质的行为，分别触犯不同罪名，但数行为之间具有牵连关系，即犯罪的手段行为与目的行为，或者原因行为与结果行为之间的关系。通常认为，牵连犯具有三个特征：

（1）行为人实施了数个性质不同的行为（实行行为），触犯不同罪名。如果只实施了一个行为（实行行为），触犯数个罪名的，则不认为是牵连犯，而是想象竞合。例如，欲图伪造印章后用于诈骗，在实施伪造印章行为后又实施了诈骗行为，即牵连犯；但只实行了伪造印章行为还未实施诈骗行为时即被捕，属伪造印章犯罪既遂与诈骗罪预备的想象竞合。

（2）**数行为之间存在牵连关系，即手段行为与目的行为，原因行为与结果行为之间的关系**（通常为"伪造后诈骗"这种类型）。牵连关系一般需从客观上进行限定，只有某一行为是另一行为的**通常手段**时，才认为有牵连关系（即"类型说"，特定类型化的手段－目的、原因－结果关系才是牵连关系）。对于"通常手段"，刑法限定的较为狭隘，最常见的就是伪造后诈骗的情况。像为了受贿而滥用职权的情形，一般不认为是牵连犯，而应数罪并罚。

（3）行为人实施第一行为时，就存在将其作为第二行为手段的意图（**牵连意图**）。如果实施第一行为时没有此种意图，应当数罪并罚。

3. **通常情形**：伪造（印章、单据、文书、身份证等）后诈骗（普通诈骗、金融诈骗、合同诈骗等）；实施关联行为（如窃取信息）之后再伪造。

4. **处理规则**：对牵连犯应一般从一重罪（或目的行为）处断，有特别规定时按照规定处理。

考点归纳

牵连犯的本质是：两个行为（实行行为）之间是手段与目的（原因与结果）关系。

1. 牵连关系：手段与目的（原因与结果）的关系，通常为"伪造后诈骗"这种类型。

2. 客观上有牵连：一行为是另一行为通常的手段；主观上有牵连：行为人实施第一行为时就存在将其作为第二行为手段的意图。

3. 通常情形：伪造（印章、单据、文书、身份证等）后诈骗（普通诈骗、金融诈骗、合同诈骗等）；实施关联行为（如窃取信息）之后再伪造。

经典考题

以下关于牵连犯，说法正确的有【注：根据历年真题拼凑】（　　）[1]

A. 甲承租乙的房屋后，伪造身份证与房产证交于中介公司，中介公司不知有假，为其售房给不知情的丙，甲获款 300 万元。则伪造居民身份证罪（注：现为伪造身份证件罪）、伪造国家机关证件罪与诈骗罪之间具有牵连关系（2010-2-19）

B. 乙公司虚开用于骗取出口退税的发票，并利用该虚开的发票骗取数额巨大的出口退税，其行为构成虚开用于骗取出口退税发票罪与骗取出口退税罪，实行数罪并罚（2008-2-59）

C. 丙为杀人而盗窃枪支，未及实施杀人行为而被抓获，丙的行为构成故意杀人（预备）罪与盗窃枪支罪的想象竞合犯，而不是牵连犯（2007-2-57）

D. 甲在一豪宅院外将一个正在玩耍的男孩（3 岁）骗走，意图勒索钱财，但孩子说不清自己家里的联系方式，无法进行勒索。甲怕时间长了被发现，于是将孩子带到异地以 4000 元卖掉。对甲应当以绑架罪与拐卖儿童罪的牵连犯从一重处断（2005-2-17）

★（三）吸收犯：必经阶段、必然后果

1. **典型事例**：实施违禁品犯罪后对违禁品进行持有，例如制造毒品后又持有制造的毒品、入户盗窃、入户抢劫。

2. **吸收犯**，是指行为实施了数个不同性质的行为，分别触犯不同罪名，但数行为之间具有

---

[1] **参考答案：AC**

吸收关系，即一行为是另一行为的必经阶段、必然后果。吸收犯具有两个特征：

（1）行为人实施了数个性质不同的行为（实行行为），触犯不同罪名。

（2）数行为之间存在吸收关系，即必经阶段、必然后果的关系。在必经阶段、必然后果的特征下，通常表现为：①重行为吸收轻行为，例如，伪造货币后又持有假币的，伪造货币罪吸收持用假币罪，只定伪造货币罪一罪；②实行行为吸收预备行为，例如，入户抢劫的行为，其预备行为触犯了非法侵入住宅罪，其实行行为是抢劫，故抢劫罪吸收非法侵入住宅罪；③主行为吸收从行为，实行行为吸收帮助、教唆行为。

3. 通常情形：违禁品犯罪后又持该违禁品、入户盗窃、入户抢劫。

4. 处理规则：对吸收犯应按一罪（通常是重罪或目的行为）处断。

🔖 考点归纳

吸收犯的本质是：两个行为，一行为是另一行为的必经阶段、必然后果。

1. 吸收关系：必经阶段、必然后果。

2. 通常情形：违禁品犯罪后又持有该违禁品、入户盗窃、入户抢劫。

📋 经典考题

下列哪些情形属于吸收犯？ [①]（2010-2-55）

A. 制造枪支、弹药后又持有、私藏所制造的枪支、弹药的

B. 盗窃他人汽车后，谎称所盗汽车为自己的汽车出卖他人的

C. 套取金融机构信贷资金后又高利转贷他人的

D. 制造毒品后又持有该毒品的

★（四）事后不可罚：同一对象、同一法益，前行为已作评价

1. 典型事例：以非法占有为目的盗窃汽车，用后又毁坏汽车。

2. 事后不可罚行为（不可罚的事后行为），指在状态犯的场合，利用之前犯罪行为导致的状态或结果的事后行为，如果孤立地看，符合其他犯罪的犯罪构成，具有可罚性。但由于已被之前犯罪行为或状态犯所包括评价，故对其实施的事后行为，没有必要另认定为其他犯罪单独予以处罚。事后不可罚行为的特征为：同一对象、同一法益，前行为已作评价（不再重复评价）。

（1）之前行为与事后行为都针对同一对象。如果针对不同对象，不属事后不可罚，可能是数罪。

（2）侵害同一（类）法益。这里的同一法益，并不是指具体法益，而一般是指法益类别相同，一般指同属同一章节罪名。例如中，盗窃罪（具体法益为事实占有）与故意毁坏财物罪（具体法益为财物功能），具体法益并不相同，但都属刑法分则第五章侵犯财产罪同一章罪名，故认为是同一类法益。一般认为，金融诈骗犯罪与诈骗罪是特别法与一般法的法条竞合关系，因而，尽管具体法益并不完合相同，但金融诈骗犯罪的核心法益仍是财产法益，故也可认为大致是同一类法益。

---

① 参考答案：AD

📌 **事例1：** 甲将盗窃的财物予以毁坏的行为，没有侵犯新的法益，所以，不另成立故意毁坏财物罪。

📌 **事例2：** 将盗窃的仿真枪（价值数额较大）冒充文物出卖给他人，骗取财物的，事后行为侵犯了新的法益，应将盗窃罪与诈骗罪实行并罚。

📌 **事例3：** 盗窃毒品后又贩卖毒品，前行为盗窃侵害的是财产法益，后行为贩卖毒品行为侵害的是社会秩序，故而后行为不属事后不可罚，应当数罪并罚。

（3）事后行为及其结果，已被之前的犯罪行为所包容评价（禁止重复评价）。例如，盗窃既遂之后，财物被认为是犯罪人的了，如何处置由他说了算，故而毁坏所盗物品，已被盗窃既遂所包容评价了。

事实上，司法实务中不将事后不可罚行为单独认定为构成另一犯罪，主要原因还是为了禁止重复评价，因此，定数罪可能会重复评价的情况，都可能会涉及认定为事后不可罚。

3.通常表现形式（犯罪后对赃物的处置、兑现）：

（1）实施财产犯罪之后，针对赃物的持有、处分、毁坏行为；

（2）非法取得财产凭证、单据、票据之后，为实现价值而实施兑现行为；

（3）违禁品犯罪后对违禁品持有；

（4）其他可能会引起重复评价的情况，例如先盗窃到赃物，之后又对失主敲诈让其出钱赎回赃物等。

4.事后不可罚行为与吸收犯的关系：存在重叠但并不相同

（1）事后不可罚行为与吸收犯存在重叠。例如，以非法手段取得违禁品后对违禁品的持有、使用行为，既是事后不可罚行为，也是吸收犯。

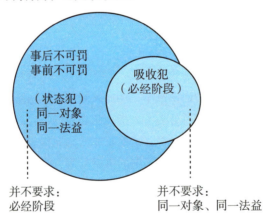

（2）但是，吸收犯的本质特征是"必经阶段、必然后果"。例如盗窃后又毁坏所盗物品的情形，毁坏不是"必经阶段、必然后果"，故属事后不可罚行为，而不是吸收犯。

（3）此外，事后不可罚的本质是"同一对象、同一法益，前行为已作评价"。例如入户抢劫的情形，就是侵害了不同的法益，故属吸收犯，而不是事后不可罚行为。

💡 **考点归纳**

事后不可罚的本质：同一对象、同一法益，前行为已作评价。

1.事前行为、事后行为需针对同一对象，侵害同一法益，如认定为数罪会重复评价。

2.通常表现形式（犯罪后对赃物的处置、兑现）：盗窃财物后又毁坏该财物，盗窃票据单证后又冒领兑现，违禁品犯罪后又持有该违禁品。犯罪后对赃物的处置、兑现，可能会重复评价的情况。

经典考题

关于事后不可罚行为（不可罚的事后行为），以下说法正确的有【注：根据历年真题拼凑】（　　）[①]

A.发现盗得的汽车质量有问题而将汽车推下山崖的，成立盗窃罪与故意毁坏财物罪，应当实行并罚（2011-2-56-C）

B.郑某等人预谋抢劫银行运钞车，为方便跟踪运钞车，杀害一车主，将其面包车开走；后多次开面包车跟踪某银行运钞车，摸清运钞车情况后，于同年6月8日将面包车推下山崖。则郑某等人事后毁坏面包车的行为属于不可罚的事后行为（2014-2-87-D）

C.甲翻进陈某院墙，从厨房灶膛拿走陈某50克纯冰毒。甲拿出40克冰毒，让乙将40克冰毒和80克其他物质混合，冒充120克纯冰毒卖出。则甲让乙卖出冰毒应定性为甲事后处理所盗赃物，对此不应追究甲的刑事责任（2014-2-91-A）

D.甲盗窃乙的存折后，假冒乙的名义从银行取出存折中的5万元存款。甲的行为构成盗窃罪与诈骗罪（2006-2-59-A）

拓展习题

下列关于罪数的说法，正确的有（　　）[②]

A.甲盗窃了丙的财物，乙知情后，与甲一起共同毁坏该财物。对于甲而言，只应以盗窃罪一罪论处；但乙仍然可以成立故意毁坏财物罪

B.行为人盗窃了乙一个花瓶（价值2000元）之后，又冒充文物以30万元的价格卖给丙，构成盗窃罪与诈骗罪，应当两罪并罚

C.甲偷了乙的汽车(价值20万)，甲给乙打电话称给其账户上打10万块钱，可以将乙的汽车还给乙，乙为了避免过多的损失给甲打款10万，甲也如约将车还给乙。则对甲应以盗窃罪和敲诈勒索罪两罪并罚

D.甲盗窃伪造货币者乙伪造的假美元10万美元，后在黑市上卖掉得钱1万人民币；甲虽然触犯盗窃罪和出售假币罪，但系事后不可罚行为，应当以一罪论处

解析： A选项，甲触犯盗窃罪、故意毁坏财物罪，但故意毁坏财物罪系事后不可罚行为，不单独定罪，只认定为盗窃罪一罪。而乙只触犯故意毁坏财物罪。甲、乙在故意毁坏财物罪的范围内成立共同犯罪。

B选项，对乙构成盗窃罪，对丙构成诈骗罪，侵害不同法益，不能认为是事后不可罚，应当数罪并罚。

C选项，只侵害乙一人财产法益，盗窃汽车后又让失主赎回，相当于将汽车盗走后处分兑现，同一对象、同一法益，前行为的评价已包容后行为，只认定为盗窃罪一罪。

D选项，二行为侵害不同法益，故应数罪并罚。

---

① **参考答案：B**
② **参考答案：AB**

四、对总则罪数形态（理论）的归纳小结

<table>
<tr>
<td rowspan="12">实质的一罪　一行为</td>
<td rowspan="4">继续犯</td>
<td>行为、不法状态，一直处于持续状态的犯罪</td>
</tr>
<tr>
<td>非法拘禁罪。①绑架罪，拐卖罪，重婚罪；②持有型犯罪：非法持有毒品罪，非法持有假币罪。窝藏罪，窝赃类犯罪；③一些纯正不作为犯，如遗弃罪</td>
</tr>
<tr>
<td>按一罪处理；追诉时效从犯罪终了时计；跨刑事责任年龄实施的</td>
</tr>
<tr>
<td>（1）与即成犯、状态犯对应；（2）犯罪既遂以后，如犯罪行为继续侵害客体，属于正在进行的不法侵害，允许进行正当防卫；（3）其他人加入的可以成立承继的共犯。</td>
</tr>
<tr>
<td rowspan="4">★想象竞合犯</td>
<td>实施一个行为，侵害数个法益，触犯数个罪名</td>
</tr>
<tr>
<td>盗割正在通电使用的公用电线。行为人开一枪毁财同时致人死亡，使用破坏性手段盗窃，抽象错误，销售伪劣产品同时非法经营、侵犯知识产权</td>
</tr>
<tr>
<td>（1）实施了一个行为；（2）触犯数个罪名，该行为造成多种结果，或具有多重属性</td>
</tr>
<tr>
<td>择一重罪处断</td>
</tr>
<tr>
<td rowspan="4">结果加重犯</td>
<td>刑法分则明文规定：实施基本犯罪犯，导致严重结果而加重其法定刑</td>
</tr>
<tr>
<td>故意伤害致人死亡</td>
</tr>
<tr>
<td>（1）刑法分则明文规定；（2）实施了基本犯罪行为，造成了法定加重结果，有因果关系；（3）对加重结果至少（推定）有过失（偶有故意）。</td>
</tr>
<tr>
<td>只认定为一罪，根据加重的法定刑量刑</td>
</tr>
<tr>
<td rowspan="5">法定的一罪</td>
<td rowspan="2">结合犯</td>
<td>刑法分则明文规定：数个原本独立的犯罪行为，根据刑法分则的明文规定，结合成为另一独立的新罪（A+B=C）</td>
</tr>
<tr>
<td>A+B=A：绑架罪 + 杀人罪（或故意伤害罪重伤、致死）= 绑架罪，拐卖 + 强奸 = 拐卖罪
A+B=B：收买罪 + 拐卖罪 = 拐卖罪</td>
</tr>
<tr>
<td rowspan="3">集合犯</td>
<td>刑法分则明文规定的特定行为特征：A 行为 =A1 动作 +A2 动作 +A3 动作 +……</td>
</tr>
<tr>
<td>常习犯：具有常习性的行为人反复多次实施行为，1979 年刑法中的惯窃行为
职业犯：构成要件预定将一定的犯罪作为职业或业务反复实施，非法行医行为
营业犯：构成要件预定以营利为目的反复实施，以赌博为业</td>
</tr>
<tr>
<td></td>
</tr>
<tr>
<td rowspan="7">处断的一罪　数行为</td>
<td rowspan="3">连续犯</td>
<td>基于同一的或者概括的犯罪故意，连续实施数个独立的性质相同的行为，触犯同一罪名</td>
</tr>
<tr>
<td>连续盗窃。（1）实施数个独立的性质相同的行为；（2）基于同一的或者概括的犯罪故意；（3）数次行为具有连续性；（4）数次行为触犯同一罪名</td>
</tr>
<tr>
<td>以一罪论处。追诉时效从行为终了之日起计算</td>
</tr>
<tr>
<td rowspan="4">★牵连犯</td>
<td>两个实行行为，手段与目的（原因与结果）关系</td>
</tr>
<tr>
<td>（1）客观上牵连：一行为是另一行为的通常手段（通常类型为伪造后诈骗）；
（2）主观上牵连意图：行为人实施第一行为时就有将其作为第二行为手段的意图</td>
</tr>
<tr>
<td>伪造（印章、单据、文书、身份证等）后诈骗（普通诈骗、金融诈骗、合同诈骗等）；实施关联行为（如窃取信息）之后再伪造</td>
</tr>
<tr>
<td>一般择一重罪处断，刑法有规定则依规定</td>
</tr>
</table>

续表

处断的一罪 数行为	★吸收犯	两个实行行为，必经阶段、必然后果关系
		吸收关系：必经阶段、必然结果。
		违禁品犯罪后又持该违禁品、入户盗窃、入户抢劫
		以一罪论处（择重）
	★事后不可罚	同一对象、同一法益，前行为已作评价（禁止重复评价）
		盗窃财物后又毁坏该财物、盗窃票据单证后又冒领兑现、违禁品犯罪后又持有该违禁品；犯罪后对赃物的处置、兑现，可能会重复评价的情况
		以一罪论处（择重）

📖 经典考题

关于罪数，下列哪些选项是正确的（不考虑数额或情节）？① （2016-2-54）

A.甲使用变造的货币购买商品，触犯使用假币罪与诈骗罪，构成想象竞合犯

B.乙走私毒品，又走私假币构成犯罪的，以走私毒品罪和走私假币罪实行数罪并罚

C.丙先后三次侵入军人家中盗窃军人制服，后身穿军人制服招摇撞骗。对丙应按牵连犯从一重罪处罚

D.丁明知黄某在网上开设赌场，仍为其提供互联网接入服务。丁触犯开设赌场罪与帮助信息网络犯罪活动罪，构成想象竞合犯

📖 拓展习题

下列关于罪数的说法，正确的有（ 　　 ）②

A.行为人甲捡到一支枪支，一直持有。数月之后因与乙产生争执，产生杀害乙的故意，遂用捡来的枪支将乙杀死。则甲触犯非法执有枪支罪和故意杀人罪，系牵连犯，应当择一重罪处断

B.行为人甲伪造武装部队证件之后又冒充军人招摇撞骗的，触犯伪造武装部队证件罪和冒充军人招摇撞骗罪，系牵连犯，应当择一重罪处断

C.甲为盗窃乙的财物，在破门而入之前砸坏了乙价值较大的防盗门，该故意毁坏财物的行为属于盗窃罪的预备行为，在行为人甲着手实施盗窃后（并且盗窃罪处刑更重），则对毁坏行为不再评价，只认定为盗窃罪一罪

D.甲将乙停放在门口的农用机动三轮车（价值1.8万元）盗走，三天后在转移所盗的机动三轮车准备销赃的路上，甲被乙认出拦住。乙上了车厢后向甲讨要被盗车辆，甲拒绝还车，并继续驾车行驶。由于乙不愿下车，甲便持刀威胁胡某，逼迫乙下车，甲遂驾车逃匿。则甲触犯盗窃罪和抢劫罪，应当两罪并罚

解析： A选项，行为人捡枪时主观上没有用于杀人的目的，故不属牵连犯，应当数罪并罚。

B选项，系典型的牵连犯。

---

① 参考答案：BD
② 参考答案：BD

C 选项，可认为是吸收犯（实行行为吸收预备行为），也可认为是以破坏手段实施盗窃的想象竞合，只定一罪。

D 选项，虽有两个行为，但由于针对同一对象、同一法益，难以认定为数罪，应以盗窃罪、抢劫罪择一重罪处断。

第二节　刑法分则及解释规定的常考罪数情况归纳（法条）

一、转化犯（轻罪转化为重罪一罪）

1. 非法拘禁他人，使用暴力致人伤残、死亡的，以故意伤害罪、故意杀人罪论处（第 238 条）。

2. 刑讯逼供致人伤残、死亡的，以故意伤害罪、故意杀人罪论处（第 247 条）。

3. 虐待被监管人致人伤残、死亡的，以故意伤害罪、故意杀人罪论处（第 248 条）。

4. 聚众斗殴致人重伤、死亡的，以故意伤害罪、故意杀人罪论处（第 292 条）。

5. 非法组织卖血、强迫卖血致人重伤的，以故意伤害罪论处（第 333 条第 2 款）。

6. 犯盗窃、诈骗、抢夺罪，为窝藏赃物、抗拒抓捕或者毁灭罪证而当场使用暴力或者以暴力相威胁的，以抢劫罪论处（第 269 条）。

二、以确定一罪处罚

1. 犯绑架罪，杀害被绑架人的，或者故意伤害被绑架人，致人重伤、死亡的（之时、之中、之后）：绑架罪（第 239 条）。

2. 以杀人为手段抢劫（之时、之中）：抢劫罪。

★ 3. 拐卖中强奸：拐卖妇女、儿童罪（第 240 条第 3 项）（对比：收买后强奸，数罪）。

4. 拐卖妇女又强迫、引诱、容留被拐卖的妇女卖淫：拐卖妇女、儿童（第 240 条第 4 项）。

5. 收买被拐卖的妇女、儿童后又出卖的：拐卖妇女、儿童罪（第 241 条第 5 款）。

6. 组织偷越国（边）境又非法拘禁偷越人：组织偷越国（边）境罪（第 318 条第 4 项）。

7. 组织、运送偷越国（边）境又暴力抗拒检查：组织、运送偷越国（边）境罪（第 318 条第 5 项）。

8. 走私、制造、贩卖、运输毒品又暴力抗拒检查：走私、制造、贩卖、运输毒品（第 347 条第 2 项）（对比：走私犯罪、伪劣产品犯罪又暴力抗拒检查，数罪）。

9. 为走私而骗购外汇的，为骗购外汇而伪造有关公文：以最终实行行为定罪。如果实行了走私行为的，以走私罪一罪处罚；如果尚未实行走私行为的，以骗购外汇罪一罪处罚。

10. 非法购买增值税专用发票或者购买伪造的增值税专用发票又虚开或者出售的，分别以目的行为定罪，即以第 205 条（虚开增值税专用发票罪）、第 206 条（伪造、出售伪造的增值税专用发票罪）、第 207 条（出售增值税专用发票罪）的规定定罪处罚（刑法第 208 条第 2 款）。

11. 盗窃信用卡并使用：盗窃罪（第 196 条第 3 款）。

12. 假币犯罪之①：伪造假币又出售、运输：伪造货币罪（第 171 条第 3 款）。假币犯罪之②：购买假币后使用（同宗假币），以购买假币罪从重处罚（《关于审理伪造货币等案件具体应用法律若干问题的解释》第 2 条）。

13. 邮电工作人员私拆毁弃邮件窃取财物：盗窃罪（第 253 条第 2 款）。

14. 利用计算机实施金融诈骗、盗窃、贪污、挪用公款、窃取国家秘密或者其他犯罪的，定其他罪名（第 287 条）。

☆ 15. 抢夺公私财物，（过失）导致他人重伤、死亡的，导致他人自杀：抢夺罪（情节加重犯）。

16. 索取他人财物或者非法收受他人财物，又提供虚假证明文件，系虚假证明文件罪情节加重犯，按提供虚假证明文件罪一罪论处（第 229 第 2 款）。

17. 妨害公务、强迫交易、非法拘禁而致人轻伤，定妨害公务罪、强迫交易罪、非法拘禁罪（想象竞合）；妨害公务、强迫交易而致人重伤，定故意伤害罪（重伤）（想象竞合）。

三、择一重罪处断

1. 采用破坏公共设施（电力设备、易燃易爆设备、交通设施）的手段盗窃，以及采用毁坏财物的手段盗窃，同时触犯数罪的，择一重罪处断（想象竞合）。［对比：盗窃此财物，毁坏彼财物的，数罪并罚。盗窃财物之后毁坏所盗窃财物的，按盗窃罪定罪（毁坏系事后不可罚的行为）。］

2. 生产销售假药、劣药、有毒有害食品、不符合安全标准的食品等，构成各罪；同时销售金额 5 万元以上（或货值金额 15 万元以上），构成生产、销售伪劣产品罪的。依照处罚较重的规定定罪处罚（法条竞合）（第 149 条第 2 款）。

3. 实施生产、销售伪劣商品犯罪，同时构成侵犯知识产权、非法经营等其他犯罪的，依照处罚较重的规定定罪处罚（想象竞合）。

4. 绑架中当场抢劫被害人随身携带的财物，依照处罚较重的规定定罪处罚（想象竞合）。（对比：如两种性质不同的暴力可以区分开来，则数罪并罚。）

5. 抢夺、窃取国有档案又构成它罪的（如为境外刺探国家秘密）；擅自出卖、转让国有档案罪同时又构成其他犯罪的，依照处罚较重的规定定罪处罚（第 329 条第 3 款）。

6. 冒充国家机关工作人员进行诈骗，同时构成诈骗罪（数额较大）和招摇撞骗罪的，依照处罚较重的规定定罪处罚。（重法与轻法的法条竞合［也有人认为是想象竞合］。）

7. 因受贿而徇私枉法，民事、行政枉法裁判，滥用执行判决裁定职权，依照处罚较重的规定定罪处罚（刑法第 399 条第 4 款）。

8. 国家机关工作人员与他人共谋，利用其职务行为帮助他人实施其他犯罪行为，同时构成渎职犯罪和共谋实施的其他犯罪共犯的，依照处罚较重的规定定罪处罚（想象竞合）。

9. 犯准备实施恐怖活动罪，同时构成其他犯罪的，依照处罚较重的规定定罪处罚（第 120 条之二第 2 款）。

10. 为实现所教唆的犯罪，教唆者又传授犯罪方法的，择一重罪定罪处罚。

11. 犯虐待被监护、看护人罪，同时构成其他犯罪的，依照处罚较重的规定定罪处罚（第260 条之一第 3 款）。

12. 犯使用伪造、变造居民身份证件罪，同时构成其他犯罪的，依照处罚较重的规定定罪处罚（第 280 条之一第 2 款）。

13. 犯非法利用信息网络罪，同时构成其他犯罪的，依照处罚较重的规定定罪处罚（第287 条之一第 3 款）。

14. 犯帮助信息网络犯罪活动罪，同时构成其他犯罪的，依照处罚较重的规定定罪处罚（第287 条之二第 3 款）。

15. 择一重罪从重处罚：以捏造的事实提起民事诉讼（虚假诉讼罪），非法占有他人财产或者逃避合法债务，又构成其他犯罪的（诈骗罪、职务侵占罪、贪污罪），依照处罚较重的规定定罪从重处罚（第 307 条之一第 3 款）。

16. 择一重罪从重处罚：司法工作人员利用职权，与他人共同（有共谋）实施虚假民事诉讼，触犯虚假诉讼罪，同时触犯它罪（如民事枉法裁判罪，诈骗罪、职务侵占罪、贪污罪的共犯），择一重罪从重处罚（第 307 条之一第 4 款）。

四、数罪并罚

1. 危险驾驶又妨害公务的，数罪并罚。

2. 组织、领导、参加恐怖组织（以及黑社会性质组织），又实施杀人、爆炸、绑架等犯罪，数罪并罚（第 120 条第 2 款）。

3. 生产、销售伪劣商品犯罪，又妨害公务罪的，数罪并罚。

4. 走私犯罪中，暴力、威胁抗拒缉私（第 157 条第 2 款）。同时走私多种不同类物品的（均有故意），数罪并罚。

5. 假币犯罪之③：出售、运输假币，同时又使用的，数罪并罚。

6. 纳税人缴纳税款后，又骗取出口退税，骗取税款超过所缴纳的税款的，以逃税罪、骗取出口退税罪数罪并罚（第 204 条第 2 款）。

7. 保险诈骗中，杀人、伤害、毁财等，数罪并罚（第 198 条第 2 款）。

8. 收买被拐卖的妇女、儿童，又强奸、非法拘禁、伤害、侮辱，数罪并罚（第 241 条第 4 款）。（对比：拐卖的妇女、儿童，又强奸、非法拘禁的，定拐卖妇女、儿童罪一罪。）

9. 犯罪（如强奸、抢劫、盗窃等，不包括绑架）之后杀人，数罪并罚。

10. 组织、运送偷越国（边）境，有杀害、伤害、强奸、拐卖，数罪并罚（第 318 条第 2 款）。

11. 组织、领导、参加黑社会性质的组织，或者境外的黑社会组织的人员到中国境内发展组织成员，又有其他犯罪行为的，数罪并罚（第 294 条第 3 款）。

★ 12. 在组织卖淫、强迫卖淫中杀害、伤害、强奸、绑架，数罪并罚（《刑法修正案（九）》修正）。

13. 挪用公款用于非法活动又构成它罪的，数罪并罚。

14. 受贿后挪用公款，数罪并罚。（对比挪用公款生息后私吞利息，定挪用公款罪一罪。）

15.国家机关工作人员实施渎职犯罪并收受贿赂，同时构成受贿罪的，除刑法另有规定外（徇私枉法罪，民事、行政枉法裁判罪，执行判决、裁定滥用职权罪），以渎职犯罪和受贿罪数罪并罚。

16.行贿人谋取不正当利益的行为构成犯罪的，应当与行贿犯罪实行数罪并罚。

五、注意一些常考情节、法条的对比

1.情节：杀害、强奸、暴力抗拒检查、非法拘禁。

2.法条：拐卖妇女、儿童、收买被拐卖的妇女、儿童、组织卖淫、组织偷越国（边）境。

情节	一罪（非常态）	数罪（常态）
杀害	绑架、抢劫、劫持航空器之时、之中；绑架之后	抢劫之后，其他犯罪之后，保险诈骗，黑社会犯罪，恐怖犯罪等
强奸	拐卖妇女儿童中	收买被拐卖的妇女儿童，组织卖淫、强迫卖淫，其他犯罪之中
暴力抗拒检查	组织偷越国边境、走私、制造、贩卖、运输毒品中	走私犯罪、伪劣产品犯罪、危险驾驶，其他犯罪
非法拘禁	组织偷越国边境中；绑架、抢劫、拐卖、强迫劳动中（法条竞合）	其他犯罪

📖 经典考题

【1】下列哪些情形不能数罪并罚？（　　）① （2010-2-58）

A.投保人甲，为了骗取保险金杀害被保险人

B.十五周岁的甲，盗窃时拒捕杀死被害人

C.司法工作人员甲，刑讯逼供致被害人死亡

D.运送他人偷越国（边）境的甲，遇到检查将被运送人推进大海溺死

【2】关于罪数的说法，下列哪一选项是错误的？（　　）② （2008-2-8）

A.甲在车站行窃时盗得一提包，回家一看才发现提包内仅有一支手枪。因为担心被人发现，甲便将手枪藏在浴缸下。甲非法持有枪支的行为，不属于不可罚的事后行为

B.乙抢夺他人手机，并将该手机变卖，乙的行为构成抢夺罪和掩饰、隐瞒犯罪所得罪，应当数罪并罚

C.丙非法行医3年多，导致1人死亡、1人身体残疾。丙的行为既是职业犯，也是结果加重犯

D.丁在绑架过程中，因被害人反抗而将其杀死，对丁不应当以绑架罪和故意杀人罪实行并罚

---

① **参考答案：**BC

② **参考答案：**B

拓展习题

以下罪数说法正确的有（　　）①

A.甲为了实施恐怖活动而购买到枪支十把，还未及实施恐怖活动即被抓获，则对甲应以非法买卖枪支罪、准备实施恐怖活动罪数罪并罚

B.甲男开设夜总会组织多名妇女卖淫，在此过程中为强迫乙女卖淫而强奸了乙女，则对甲男只以组织卖淫罪一罪论处

C.甲收受境外人员钱物后，侵入我国国防建设计算机信息系统，窃取了数份绝密军事秘密提供给境外人员，则对甲认定为为境外窃取、刺探、收买、非法提供国家秘密罪一罪

D.甲明知乙利用信息网络开设网上赌博网站，仍为乙提供广告推广帮助，则甲构成帮助信息网络犯罪活动罪、开设赌场罪的帮助犯，应当择一重处

解析：解析请在前文列明的法条规定的罪数规则中寻找。

第十一章　刑罚的体系

 考点说明

　　本考点之下需要掌握的知识点主要有：（1）禁止令、社区矫正；（2）死刑的适用对象、死缓变更、死缓的限制减刑；（3）罚金、没收财产、职业禁止令。

 知识点讲解

　　刑罚，是犯罪的后果，指国家在刑法中规定的，由人民法院根据刑法对犯罪人适用的，建立在剥夺性痛苦基础上的最为严厉的强制措施。

　　我国刑罚的目的是预防犯罪，包括特殊预防与一般预防。1.特殊预防，是指预防犯罪人重新犯罪。特殊预防是通过两种途径实现的：其一，通过对罪行极其严重的犯罪人适用死刑，永远剥夺其重新犯罪的能力；其二，通过对犯罪人适用刑罚，使犯罪人不能犯罪、不敢犯罪乃至不愿犯罪。2.一般预防，是指预防尚未犯罪的人实施犯罪。一般预防的途径：其一，通过对犯罪人判处刑罚，向社会成员宣告：任何人犯罪都将受到刑罚处罚，都将承受剥夺性痛苦；其二，通过对犯罪人判处刑罚，向社会成员宣告：任何犯罪都是侵犯合法权益的行为，与犯罪作斗争是社会成员的义务。

　　刑罚体系（或刑罚的体系），是刑种（刑罚种类）和刑度（刑罚幅度）排成的序列。

第一节　主　刑

　　主刑，是指只能独立适用的主要刑罚方法。主刑只能独立适用，不能附加适用。主刑包括管制、拘役、有期徒刑、无期徒刑与死刑。

管制、拘役、有期徒刑、无期徒刑（刑种、适用对象、期限、内容）

	刑种	性质	内容	起算	执行机关	刑期	折抵
主刑	管制	限制自由刑	不予关押，限制自由。 ①限制自由； ②5项限制内容； ③同工同酬； ④可决定禁止令。	判决执行之日	社区矫正机关	3月~2年~3年	1月：2月
	拘役	短期自由刑	短期剥夺，就近劳动。 ①酌量报酬； ②每月回家一两天。		公安机关	1月~6月~1年	1月：1月
	有期徒刑	自由刑	强制劳动改造		监狱	6月~15年~20年（25年）	1月：1月
	无期徒刑	自由刑	强制劳动改造 必须附加剥权终身			无期一般可减	不折

一、管制

1.管制是对罪犯不予关押，但限制其一定自由，由社区矫正机关进行社区矫正的刑罚方法。

2.限制自由的内容是：（1）遵守法律、行政法规，服从监督；（2）未经执行机关批准，不得行使言论、出版、集会、结社、游行、示威自由的权利；（3）按照执行机关规定报告自己的活动情况；（4）遵守执行机关关于会客的规定；（5）离开所居住的市、县或者迁居，应当报经执行机关批准。

3.判处管制，可以根据犯罪情况，同时决定禁止令。

4.禁止令（此处的禁止令指作为管制、缓刑限制内容的禁止令，与《刑法修正案（九）》新增的附加刑"职业禁止令"不同）

适用对象	被判处管制，被宣告缓刑
内容	禁止从事特定活动，禁止进入特定区域、场所，禁止接触特定的人
期限	与管制、缓刑期限相同或者短于管制、缓刑
执行机关	司法行政机关指导管理的社区矫正机构
违反禁止令的后果	（若不属于情节严重）由负责执行禁止令的社区矫正机构所在地的公安机关按照《中华人民共和国治安管理处罚法》第60条的规定处罚

（1）禁止令的适用对象（两种人）：被判处管制；被宣告缓刑。

（2）禁止令的内容（三类禁止）：禁止从事特定活动；禁止进入特定区域、场所；禁止接触特定的人。

其一，禁止从事特定活动：

①个人为进行违法犯罪活动而设立公司、企业、事业单位或者在设立公司、企业、事业单位后以实施犯罪为主要活动的，禁止设立公司、企业、事业单位；

②实施证券犯罪、贷款犯罪、票据犯罪、信用卡犯罪等金融犯罪的，禁止从事证券交易、申领贷款、使用票据或者申领、使用信用卡等金融活动；

③利用从事特定生产经营活动实施犯罪的，禁止从事相关生产经营活动；

④附带民事赔偿义务未履行完毕，违法所得未追缴、退赔到位，或者罚金尚未足额缴纳的，禁止从事高消费活动；

⑤其他确有必要禁止从事的活动。

其二，禁止进入特定区域、场所：

①禁止进入夜总会、酒吧、迪厅、网吧等娱乐场所；

②未经执行机关批准，禁止进入举办大型群众性活动的场所；

③禁止进入中小学校区、幼儿园园区及周边地区，确因本人就学、居住等原因，经执行机关批准的除外；

④其他确有必要禁止进入的区域、场所。

其三，禁止接触特定的人：

①未经对方同意，禁止接触被害人及其法定代理人、近亲属；

②未经对方同意，禁止接触证人及其法定代理人、近亲属；

③未经对方同意，禁止接触控告人、批评人、举报人及其法定代理人、近亲属；

④禁止接触同案犯；

⑤禁止接触其他可能遭受其侵害、滋扰的人或者可能诱发其再次危害社会的人。

当然，禁止令不能禁止人的基本生活所需，禁止令的内容不能涉及被科处者的日常基本条件。

（3）禁止令的期限：与管制（执行期间）、缓刑期限相等，也可短于上述期限。禁止令的期限，既可以与管制执行、缓刑考验的期限相同，也可以短于管制执行、缓刑考验的期限，但判处管制的，禁止令的期限不得少于三个月，宣告缓刑的，禁止令的期限不得少于二个月。

（4）禁止令的执行机关：由司法行政机关指导管理的社区矫正机构负责执行。

（5）违反禁止令的后果：判处管制的犯罪分子违反禁止令，或者被宣告缓刑的犯罪分子违反禁止令尚不属情节严重的，由负责执行禁止令的社区矫正机构所在地的公安机关依照《中华人民共和国治安管理处罚法》第60条的规定处罚（治安处罚）。

4. 对于被判处管制的犯罪分子，在劳动中应当同工同酬。

5. 管制的执行方式：社区矫正。

适用对象	①被判处管制；②被宣告缓刑；③被裁定假释；④被判处剥夺政治权利在社会上服刑的罪犯；⑤被暂予监外执行（具体包括：有严重疾病需要保外就医；怀孕或者正在哺乳自己婴儿的妇女；生活不能自理，适用暂予监外执行不致危害社会的）
执行机关	司法行政机关指导管理的社区矫正机构
内容	社区矫正人员应当定期向司法所报告遵纪守法、接受监督管理、参加教育学习、社区服务和社会活动的情况

（1）社区矫正的适用对象：①被判处管制；②被宣告缓刑；③被裁定假释。④被判处剥夺政治权利在社会上服刑的罪犯。⑤被暂予监外执行的，具体包括：有严重疾病需要保外就医的；怀孕或者正在哺乳自己婴儿的妇女；生活不能自理，适用暂予监外执行不致危害社会的。

（2）社区矫正的执行机关：司法行政机关指导管理的社区矫正机构。

（3）社区矫正的内容：社区矫正人员应当定期向司法所报告遵纪守法、接受监督管理、参加教育学习、社区服务和社会活动的情况。

6. 管制的期限为 3 个月以上 2 年以下，数罪并罚时不得超过 3 年。管制的刑期从判决执行之日起计算，判决执行前先行羁押的，羁押 1 日折抵刑期 2 日。

二、拘役

1. 拘役是短期剥夺犯罪人自由，就近实行劳动的刑罚方法。

2. 拘役的期限为 1 个月以上 6 个月以下，数罪并罚时不得超过 1 年。拘役的刑期从判决执行之日起计算，判决执行以前先行羁押的，羁押 1 日折抵刑期 1 日。

3. 拘役由公安机关在就近的拘役所、看守所或者其他监管场所执行。

4. 在执行期间，受刑人每月可以回家一天至两天。参加劳动的，可以酌量发给报酬。

三、有期徒刑

1. 有期徒刑是剥夺犯罪人一定期限的自由，实行强制劳动改造的刑罚方法。

2. 有期徒刑的期限为 6 个月以上 15 年以下，数罪并罚时总和刑期不满 35 年的，最高不得超过 20 年；总和刑期超过 35 年的，最高不能超过 25 年。刑期从判决执行之日开始计算，判决执行以前先行羁押的，羁押 1 日折抵刑期 1 日。

3. 被判处有期徒刑的人凡有劳动能力的，都应当参加劳动，接受教育和改造。

四、无期徒刑

1. 无期徒刑是剥夺犯罪人终身自由，实行强迫劳动改造的刑罚方法。在司法实务中，因贪污罪、受贿罪被判死缓后决定终身监禁，死缓后减为无期徒刑的，不得减刑、假释（真的是"无期"）。其他无期徒刑，一般在执行中都可减刑、假释。

2. 被判处无期徒刑的犯罪分子，在监狱或者其他执行场所执行。凡具有劳动能力的，应当参加劳动，接受教育和改造。

3. 对于被判处无期徒刑的犯罪分子，应当附加剥夺政治权利终身。无期徒刑减为有期徒刑的时候，应当把附加剥夺政治权利的期限改为 3 年以上 10 年以下。

★五、死刑

死刑						
	性质：生命刑，必须附加剥夺政治权利终身					
	适用条件	实体条件	积极条件	只适用于罪行极其严重的犯罪分子		
			★消极条件	不得适用（既不适用立即执行，也不适用死缓）： （1）犯罪的时候不满18周岁的人； （2）审判的时候怀孕的妇女：①审判时：从羁押至执行前；②怀孕：包括自然流产和人工流产，以前羁押时怀孕后又因同一事实被起诉； （3）审判的时候已满75周岁的人（以特别残忍手段致人死亡的除外）		
		程序	一审	中级以上人民法院		
			复核	（1）立即执行：除依法由最高人民法院判决的以外，都应当报请最高人民法院核准；（2）死缓：可由高级人民法院核准，但变为立即执行的须报最高人民法院核准		
	执行方式	枪决或者注射				
	死缓	性质：判处死刑同时宣告缓期两年执行，不是独立刑种，是死刑的执行制度				
		条件	应当判处死刑：罪行极其严重			
			不是必须立即执行			
		缓期执行期	两年	从判决确定之日起计算	判决确定之前的羁押时间，不计算在缓期二年的期限之内	
		★缓期执行期满后果	没有故意犯罪	减为无期徒刑；可决定贪污、受贿减为无期徒刑后，终身监禁		
			确有重大立功表现	减为25年有期徒刑	有期徒刑的期限从死刑缓期执行期满之日起计算，之前羁押的不折抵	
			故意犯罪	情节恶劣的，报请最高人民法院核准后执行死刑		
				故意犯罪未执行死刑的，死刑缓期执行的期间重新计算，并报最高人民法院备案		
		★限制减刑	①被判处死刑缓期执行的累犯；②因故意杀人、强奸、抢劫、绑架、放火、爆炸、投放危险物质（7种暴力犯罪）或者有组织的暴力性犯罪被判处死刑缓期执行的犯罪分子人民法院根据犯罪情节等情况可以同时决定对其限制减刑		死缓期满后减为	减刑后实执不少于
					无期	≥25年
					25年	≥20年
			不限制减刑			≥15年

死刑是剥夺犯罪人生命的刑罚方法，包括死刑立即执行与死刑缓期二年执行两种情况。

（一）死刑的适用条件

1.积极条件：死刑只适用于罪行极其严重的犯罪分子。

2. 消极对象：对于以下三种人不能适用死刑。这里的不适用死刑，既包括不适用死刑立即执行，也包括不适用死刑缓期二年执行。

📖 相关法条

第49条【死刑适用对象的限制】犯罪的时候不满十八周岁的人和审判的时候怀孕的妇女，不适用死刑。

审判的时候已满七十五周岁的人，不适用死刑，但以特别残忍手段致人死亡的除外。

💡 知识点讲解

（1）犯罪的时候不满18周岁的人。"犯罪的时候"指实施犯罪行为时，实施犯罪行为时不满18周岁，审判时已满18周岁，不能适用死刑。18周岁生日当天是不满18周岁，不能适用死刑。

（2）审判的时候怀孕的妇女：

①"审判的时候"指从羁押至执行前；

②"怀孕"：包括此期间正怀孕，自然流产和人工流产；

③怀孕妇女因涉嫌犯罪在羁押期间流产后，又因同一事实被起诉、交付审判的，应当视为"审判的时候怀孕的妇女"。

（3）审判的时候已满75周岁的人，不适用死刑，但以特别残忍手段致人死亡的除外。"审判的时候"指从羁押至执行前。"特别残忍手段致人死亡"指故意致人死亡（如故意杀人、在绑架中故意杀害被绑架人、抢劫中故意杀人等），手段特别残忍。

（二）死刑的判决和执行程序

1. 死刑案件只能由中级以上人民法院进行一审，死刑（立即执行）除依法由最高人民法院判决的以外，都应当报请最高人民法院核准。

2. 死刑缓期执行可由高级人民法院核准，但在死刑缓期执行期间，如果故意犯罪，查证属实的，由最高人民法院核准，执行死刑。

3. 死刑立即执行采用枪决或者注射等方法执行。

（三）死刑缓期执行

死刑缓期执行。对于应当判处死刑的犯罪分子，如果不是必须立即执行的，可以判处死刑同时宣告缓期二年执行。二年缓期是固定的，不可延长也不可缩短。

📖 相关法条

第48条【死刑、死缓的适用对象及核准程序】死刑只适用于罪行极其严重的犯罪分子。对于应当判处死刑的犯罪分子，如果不是必须立即执行的，可以判处死刑同时宣告缓期二年执行。

死刑除依法由最高人民法院判决的以外，都应当报请最高人民法院核准。死刑缓期执行的，可以由高级人民法院判决或者核准。

第 50 条【死缓变更】判处死刑缓期执行的，在死刑缓期执行期间，如果没有故意犯罪，二年期满以后，减为无期徒刑；如果确有重大立功表现，二年期满以后，减为二十五年有期徒刑；如果故意犯罪，情节恶劣的，报请最高人民法院核准后执行死刑；对于故意犯罪未执行死刑的，死刑缓期执行的期间重新计算，并报最高人民法院备案。（《刑法修正案（九）》修正）

【死缓的限制减刑】对被判处死刑缓期执行的累犯以及因故意杀人、强奸、抢劫、绑架、放火、爆炸、投放危险物质或者有组织的暴力性犯罪被判处死刑缓期执行的犯罪分子，人民法院根据犯罪情节等情况可以同时决定对其限制减刑。

💡 知识点讲解

1.死缓的变更。对于被判处死缓的犯罪人，有三种处理结局：

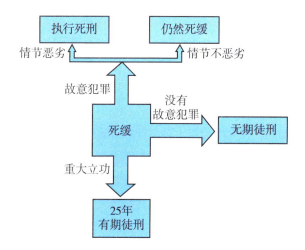

（1）在死刑缓期执行期间，如果没有故意犯罪，2 年期满以后，减为无期徒刑。"没有故意犯罪"即可，如有过失的犯罪，也应减为无期徒刑后数罪并罚。

（2）在死刑缓期执行期间，如果确有重大立功表现，2 年期满以后，减为 25 年有期徒刑。

（3）在死刑缓期执行期间，如果故意犯罪：①情节恶劣的，报请最高人民法院核准后执行死刑；②情节不恶劣，未执行死刑的，死刑缓期执行的期间重新计算，并报最高人民法院备案。其中的"情节恶劣"应当解释为实施抗拒改造的恶劣犯罪或者新犯罪应被判处重刑。

注意：在"死刑缓期执行期间"故意犯罪情节恶劣才核准死刑立即执行，死刑缓期执行期满后故意犯罪，即使情节恶劣，也不能核准死刑立即执行。

死刑缓期执行期间内，先重大立功，而后又故意犯罪，或者先故意犯罪没有被发现，而后有重大立功，都应采有利于被告人的原则，减为 25 年有期徒刑后再数罪并罚。

（4）另外，贪污、受贿数额特别巨大，并使国家和人民利益遭受特别重大损失的，被判处死刑缓期执行的，人民法院根据犯罪情节等情况可以同时决定在其死刑缓期执行二年期满依法减为无期徒刑后，终身监禁，不得减刑、假释。

（5）死缓期内、期满后发现漏罪的处理：

①被判处死刑缓期执行的罪犯，在死刑缓期执行期内被发现漏罪，依据刑法第七十条规定

数罪并罚，决定执行死刑缓期执行的，死刑缓期执行期间自新判决确定之日起计算，已经执行的死刑缓期执行期间计入新判决的死刑缓期执行期间内，但漏罪被判处死刑缓期执行的除外。

②被判处死刑缓期执行的罪犯，在死刑缓期执行期满后被发现漏罪，依据刑法第七十条规定数罪并罚，决定执行死刑缓期执行的，交付执行时对罪犯实际执行无期徒刑，死缓考验期不再执行，但漏罪被判处死刑缓期执行的除外。

在无期徒刑减为有期徒刑时，前罪死刑缓期执行减为无期徒刑之日起至新判决生效之日止已经实际执行的刑期，应当计算在减刑裁定决定执行的刑期以内。

经典考题

孙某因犯抢劫罪被判处死刑，缓期2年执行。在死刑缓期执行期间，孙某在劳动时由于不服管理，违反规章制度，造成重大伤亡事故。对孙某应当如何处理？（　　）[1]（2004-2-14）

A.其所犯之罪查证属实的，由最高人民法院核准，立即执行死刑

B.其所犯之罪查证属实的，由最高人民法院核准，2年期满后执行死刑

C.2年期满后减为无期徒刑

D.2年期满后减为15年以上20年以下有期徒刑

2.死刑缓期执行的期间，从判决确定之日起计算。具体而言，从判决或者裁定核准死刑缓期二年执行的法律文书宣告或送达之日起计算。死刑缓期执行减为有期徒刑的刑期，从死刑缓期执行期满之日起计算。死缓判决确定之前的羁押时间，不计算在缓期二年的期限之内。死缓减为有期徒刑的，有期徒刑的期限从死刑缓期执行期满之日起计算，而不是从裁定之日起开始计算。

3.死刑缓期执行的限制减刑制度：

（1）适用对象（三种人）：①被判处死刑缓期执行的累犯；②因故意杀人、强奸、抢劫、绑架、放火、爆炸、投放危险物质（7种暴力犯罪）；③有组织的暴力性犯罪被判处死刑缓期执行的犯罪分子。

这里对累犯、有组织的暴力性犯罪的罪名无限制。7种暴力犯罪实系7种行为，例如在拐卖妇女中强奸被判死缓，也可限制减刑。

（2）不是必须限制减刑：人民法院根据犯罪情节等情况可以同时决定对其限制减刑。

（3）死缓犯被决定限制减刑之后的后果（减刑后最少实际执行刑期受到限制）：

①缓期执行期满后依法减为无期徒刑的（死缓期内没有故意犯罪的），又经数次减刑之后，减刑以后实际执行的刑期不能少于25年。

②缓期执行期满后依法减为25年有期徒刑的（死缓期内有重大立功的），又经数次减刑之后，减刑以后实际执行的刑期不能少于20年。

③死缓犯没有被决定限制减刑的，又经数次减刑之后，减刑以后实际执行的刑期不能少于15年。

---

[1] **参考答案：C**

考点归纳

1. 不适用死刑的有三种人：犯罪的时候不满 18 周岁的人；审判的时候怀孕的妇女；审判的时候已满 75 周岁的人（以特别残忍手段致人死亡的除外）。

2. 死缓的变更的结果有三种：死缓期间没有故意犯罪，减为无期；死缓期间故意犯罪，情节恶劣的报最高院核准执行死刑，未执行死刑的死缓期重新计算并报最高院备案；死缓期间重大立功，减为 25 年。

3. 死缓限制减刑的对象有三种：累犯；7 种暴力犯罪；有组织暴力犯。

拓展习题

以下关于死刑的说法正确的有（　　）①

A. 甲女因贩毒被刑事拘留，期间自然流产，后因证据不足而被释放，半年后公安机关又发现了新的证据将其逮捕，法院经审理认定构成贩卖毒品罪数量特别巨大，对甲女可判处死刑

B. 乙 74 周岁时，以特别残忍的手段将被害人虐杀致死，法院审理此案时，乙已满 76 周岁，对乙不能判死刑

C. 丙因故意杀人罪被判处死刑缓期两年执行，甲在缓期执行半年后有重大立功，在缓期执行一年后却又故意伤害同监舍犯人致轻伤，情节并不恶劣，则对丙应当报最高人民法院核准执行死刑

D. 丁在闹市区以开车乱撞的方式撞死一人，重伤三人，因以危险方法危害公共安全罪被判处死刑缓期两年执行，对丁可以同时决定限制减刑

解析： A 选项，怀孕妇女因涉嫌犯罪在羁押期间流产后，又因同一事实被起诉，交付审判的，应当视为"审判的时候怀孕的妇女"。

B 选项，审判的时候已满 75 周岁的人，不适用死刑，但以特别残忍手段致人死亡的除外。

C 选项，按有利于被告人处理，先死缓期满减为 25 年，再与故意伤害罪数罪并罚。注：《刑法修正案（九）》已将死缓变更立即执行的条件修正为死缓期间"故意犯罪，情节恶劣"，不影响本选项的判断。

D 选项，限制减刑的对象虽不包括以危险方法危害公共安全行为，但包括杀人行为。在实施以危险方法危害公共安全中杀人的，可限制减刑。

第二节　附加刑

附加刑（从刑），是指补充主刑适用的刑罚方法。附加刑既可以附加主刑适用，也可以独立适用。我国有罚金、剥夺政治权利、没收财产、驱逐出境四种附加刑，职业禁止令（《刑法修正案（九）》增设）可视为一种"准附加刑"。

---

① **参考答案：** D

一、剥夺政治权利

适用对象	应当	①危害国家安全
		②被判处死刑、无期徒刑的
	可以	严重破坏社会秩序
剥夺内容	①选举权与被选举权；②言论、出版、集会、结社、游行、示威自由；③国家机关职务；④国有单位领导职务	
期限	死刑、无期徒刑	终身	主刑执行之日起
	减为有期	7-10年（3年）	主刑执行完毕或假释之日起
	有期徒刑、拘役附加	1-5年	
	独立适用		判决执行之日起
	管制附加	与管制同	同时执行

1.剥夺政治权利，是指剥夺犯罪人参加管理国家和政治活动的权利的刑罚方法。剥夺政治权利是剥夺下列权利：（1）选举权与被选举权；（2）言论、出版、集会、结社、游行、示威自由的权利；（3）担任国家机关职务的权利；（4）担任国有公司、企业、事业单位和人民团体领导职务的权利。

2.剥夺政治权利的适用对象。

（1）应当（必须）附加剥夺政治权利（两种人）：①危害国家安全的犯罪分子；②被判处死刑、无期徒刑的犯罪分子，应当附加剥夺政治权利终身。

（2）可以附加剥夺政治权利：故意杀人、强奸、放火、爆炸、投毒（投放危险物质）、抢劫等严重破坏社会秩序的犯罪分子，可以附加剥夺政治权利。罪名不限于前述列举。

（3）刑法分则主要对危害国家安全罪、侵犯公民人身权利、民主权利罪、妨害社会管理秩序罪、危害国防利益罪等犯罪规定了可以选择判处剥夺政治权利。

3.剥夺政治权利的期限。

（1）对于判处死刑、无期徒刑的犯罪分子，应当剥夺政治权利终身。

（2）被判处死刑缓期执行、无期徒刑的罪犯减为有期徒刑时，应当将附加剥夺政治权利的期限减为7年以上10年以下，经过一次或者几次减刑后，最终剥夺政治权利的期限不得少于3年。

（3）独立适用或者判处有期徒刑、拘役附加适用剥夺政治权利的期限，为1年以上5年以下。

（4）判处管制附加剥夺政治权利的期限与管制的期限相等。

4.剥夺政治权利的刑期起算与执行。

（1）被判处管制附加剥夺政治权利的刑期，与管制的刑期同时起算、同时执行。

（2）独立适用剥夺政治权利的，按照执行判决的一般原则，从判决执行之日起计算并执行。

（3）判处有期徒刑、拘役附加剥夺政治权利的刑期，以及死缓、无期徒刑减为有期徒刑附加剥夺政治权利的刑期，从徒刑、拘役执行完毕之日起或者从假释之日起开始计算。剥夺政治权利的效力当然施用于主刑执行期间。被判处有期徒刑、拘役、管制而没有附加剥夺政治权利的犯罪人，在执行期间仍然享有政治权利。

（4）判处死刑、无期徒刑因而剥夺政治权利终身的，从主刑执行之日起开始执行剥夺政治权利。

拓展习题

付某因犯 A 罪被判处有期徒刑 3 年，剥夺政治权利 2 年，1997 年 12 月 1 日判决生效执行，2000 年 12 月 1 日刑满释放。2001 年 12 月 1 日，付某又因重大盗窃被刑事拘留，于 2002 年 12 月 1 日被判刑执行。则以下说法正确的有（　　　）①

A．如果 A 罪是煽动分裂国家罪，付某必须被附加剥夺政治权利

B．对于盗窃罪，无论情节如何严重，对于社会秩序的破坏程序如何，都不能附加剥夺政治权利

C．如果付某的盗窃罪被判有期徒刑 5 年，服刑期至 2006 年 12 月 1 日，未附加剥夺政治权利，则从 1997 年 12 月 1 日至 2007 年 12 月 1 日期间，付某的政治权利都被剥夺

D．如果付某的盗窃罪被判有期徒刑 5 年，服刑期至 2006 年 12 月 1 日，并附加剥夺政治权利 3 年，则应将这 3 年的附加剥夺政治权利与前罪附加剥夺政治权利 2 年期限先并后减，决定总的剥夺政治权利期限

解析：A 选项，危害国家安全犯罪，应当剥夺政治权利。

B 选项，严重破坏社会秩序犯罪，可以剥夺政治权利。

C 选项，说法正确。

D 选项，应当是"先减后并"，而不是"先并后减"。

二、罚金

1.执行机关：人民法院。罚金是人民法院判处犯罪分子向国家缴纳一定数额金钱（合法财产）的刑罚方法。

2.科处方式：刑法分则对罚金的规定方式有四种情况：选处罚金、单处罚金、并处罚金、并处或者单处罚金。

3.确定数额的标准：判处罚金，应当根据犯罪情节（如违法所得的数额、造成损失的大小等）决定罚金数额，考虑犯罪人支付能力。对未成年人犯罪应当从轻或者减轻判处罚金，但罚金的最低数额不能少于 500 元。

4.缴纳：（1）应在判决指定的期限内（应为从判决发生法律效力第 2 日起最长不超过 3 个月）一次或者分期缴纳；（2）期满不缴纳的，强制缴纳；（3）对于不能全部缴纳罚金的，人民法院一旦发现被执行人有可以执行的财产时，即应随时追缴；（4）由于遭遇不能抗拒的灾祸等原因缴纳确实有困难的，经人民法院决定，可以延期缴纳、酌情减少或者免除（《刑法修正案（九）》修正）。

三、没收财产

相关法条

第 59 条【没收财产的范围】没收财产是没收犯罪分子个人所有财产的一部或者全部。没收全部财产的，应当对犯罪分子个人及其扶养的家属保留必需的生活费用。

在判处没收财产的时候，不得没收属于犯罪分子家属所有或者应有的财产。

💡 知识点讲解

1. 没收财产范围：犯罪人所有财产（合法财产）的一部或者全部。没收财产是将犯罪人所有财产的一部或者全部强制无偿地收归国有的刑罚方法。

2. 适用对象：主要为危害国家安全罪、破坏社会主义市场经济秩序罪、侵犯财产罪、贪污贿赂罪（分则规定）。没收全部财产的，应当对犯罪分子个人及其抚养的家属保留必要的生活费用。

3. 正当债务偿还。

📖 相关法条

第60条【以没收的财产偿还债务】没收财产以前犯罪分子所负的正当债务，需要以没收的财产偿还的，经债权人请求，应当偿还。

没收财产以前犯罪人所负的正当债务，即犯罪人在判决生效前所负他人的合法债务，需要以没收财产偿还的，经债权人请求，应当偿还。

4. 与追缴违法所得、没收违禁品和犯罪工具的区别。

📖 相关法条

第64条【犯罪物品的处理】犯罪分子违法所得的一切财物，应当予以追缴或者责令退赔；对被害人的合法财产，应当及时返还；违禁品和供犯罪所用的本人财物，应当予以没收。没收的财物和罚金，一律上缴国库，不得挪用和自行处理。

本条是对犯罪物品处理的规定，应当这样理解：

违法犯罪所得财物	财物仍存在	追缴	被害人的合法财产：应当及时返还
			其他财物：应当没收上缴国库
	财物已不再存在	造成损失的，则应当责令退赔	
违禁品和供犯罪所用的本人财物	应当予以没收（司法没收）		

（1）违法犯罪所得（包括犯罪直接所得，也包括犯罪产物、孳息、营利等，但不包括"犯罪所失"，并且是实际分配到的所得）：

①对于违法犯罪所得财物，如果违法所得财物存在，则应当追缴。追缴之后，对被害人的合法财产，应当及时返还；对于其他财物（没有被害人），应当没收上缴国库。

②如违法所得财物已不再存在，造成他人损失的，则应当责令退赔。

（2）违禁品和供犯罪所用的本人财物，应当予以没收。

（3）第59条"没收财产"刑罚（附加刑）的财物范围，不包括第64条追缴犯罪所得的财物、"没收"（司法没收）违禁品和供犯罪所用的本人财物。在刑事司法中正常的顺序是：先追缴犯罪所得、没收（司法没收）违禁品和供犯罪所用的本人财物；如果审判时判有没收财产刑（附加刑），则从犯罪人的其他合法财产中进行没收。

经典考题

【1】关于没收财产，下列哪些选项是错误的？（　　）① （2010-2-56）

A．甲受贿 100 万元，巨额财产来源不明 200 万元，甲被判处死刑并处没收财产。甲被没收财产的总额至少应为 300 万元

B．甲抢劫他人汽车被判处死刑并处没收财产。该汽车应上缴国库

C．甲因走私罪被判处无期徒刑并处没收财产。此前所负赌债，经债权人请求应予偿还

D．甲因受贿罪被判有期徒刑 10 年并处没收财产 30 万元，因妨害清算罪被判有期徒刑 3 年并处罚金 2 万元。没收财产和罚金应当合并执行

【2】《刑法》第 64 条前段规定："犯罪分子违法所得的一切财物，应当予以追缴或者责令退赔"。关于该规定的适用，下列哪一选项是正确的？（　　）② （2016-2-8）

A．甲以赌博为业，但手气欠佳输掉 200 万元。输掉的 200 万元属于赌资，应责令甲全额退赔

B．乙挪用公款炒股获利 500 万元用于购买房产（案发时贬值为 300 万元），应责令乙退赔 500 万元

C．丙向国家工作人员李某行贿 100 万元。除向李某追缴 100 万元外，还应责令丙退赔 100 万元

D．丁与王某共同窃取他人财物 30 万元。因二人均应对 30 万元负责，故应向二人各追缴 30 万元

四、驱逐出境

适用犯罪的外国人（包括具有外国国籍与无国籍的人）。

驱逐出境是强迫犯罪的外国人离开中国国（边）境的刑罚方法。驱逐出境仅适用犯罪的外国人（包括具有外国国籍与无国籍的人）。

★五、职业禁止令

相关法条

第 37 条之一【职业禁止令】因利用职业便利实施犯罪，或者实施违背职业要求的特定义务的犯罪被判处刑罚的，人民法院可以根据犯罪情况和预防再犯罪的需要，禁止其自刑罚执行完毕之日或者假释之日起从事相关职业，期限为三年至五年。

【违反职业禁止令的法律后果】被禁止从事相关职业的人违反人民法院依照前款规定作出的决定的，由公安机关依法给予处罚；情节严重的，依照本法第三百一十三条（拒不执行判决、裁定罪）的规定定罪处罚。

【与其他法律竞合的处理】其他法律、行政法规对其从事相关职业另有禁止或者限制性规定的，从其规定。

知识点讲解

《刑法修正案（九）》在刑法第 37 条之后增设了第 37 条之一，规定了职业禁止令条款。就该规定所处的位置来看，是将其与训诫、责令具结悔过、赔礼道歉、赔偿损失、行政处罚或行政处分等非刑罚处罚措施并列的。就其内容而言，实施的是行政处罚措施。但根据其决定（人

---

① 参考答案：ABCD（当年正确答案为 ABC）

② 参考答案：B

民法院决定）和执行方式（刑罚执行完毕之日或者假释之日执行）来看，类似于附加刑，可以视为是一种"准附加刑"。事实上，职业禁止令是由法院对犯罪人决定的行政处罚措施（非法刑罚措施）。

1.适用对象（两种人）：

（1）因利用职业便利实施犯罪被判处刑罚。▶例如：国家工作人员利用职务便利实施贪污罪、受贿罪、挪用公款罪等；非国家工作人员利用职务便利实施职务侵占罪、挪用资金罪等；银行或者其他金融机构的工作人员利用职务上的便利，以伪造的货币换取货币（金融工作人员以假币换取货币罪）；国家机关工作人员实施滥用职权犯罪；国家机关工作人员利用职权实施非法拘禁（非法拘禁罪），等等。

（2）实施违背职业要求的特定义务的犯罪被判处刑罚。▶例如：各种机构人员违反国家规定，将在履行职责或者提供服务过程中获得的公民个人信息，出售或者提供给他人（非法出售、提供公民个人信息罪）；上市公司的董事、监事、高级管理人员违背对公司的忠实义务，利用职务便利，损害上市公司的利益（背信损害上市公司利益罪）；负有保密义务的人，违反保守国家秘密法的规定，故意或者过失泄露国家秘密（故意泄露国家秘密罪、过失泄露国家秘密罪）；国家工作人员违反职责义务，玩忽职守，致使公共财产、国家和人民利益遭受重大损失（玩忽职守罪）。

2.职业禁止令的内容：禁止从事相关职业（与其利用用于犯罪，或违背职业义务的相关职业）。

3.职业禁止令的时限、起算点：（1）3~5年内禁止从事相关职业。（2）起算点：刑罚执行完毕之日或者假释之日起。当然，因利用职业便利犯罪或背职犯罪而被判处无期徒刑的，法院也可以在宣判无期徒刑时决定职业禁止令，只不过，此种情况下职业禁止令的起算点，需在无期减刑为有期徒刑刑罚执行完毕或假释后起算。

4.刑法对于职业禁止的规定与其他法律法规竞合时的处理方法：应按法律法规。

因刑法规定的职业禁止令，其本质是行政处罚措施（非法刑罚措施），故而，当刑法对于职业禁止的规定与其他法律法规竞合时，应当按其他法律、行政法规的规定处理。亦即，其他法律、行政法规的规定优先。

▶事例：甲因违背证券行业职业要求，情节严重，犯有内幕交易、泄露内幕信息罪，被判处有期徒刑1年，法院决定宣告禁止其从事证券业务。因《证券法》第233条规定，此情形可一定期限内直至终身不得从事证券业务，据此，法院可以宣告其终身从业禁止。

5.违反职业禁止令的法律后果：（1）一般治安处罚；（2）情节严重，可构成拒不执行判决、裁定罪。

6.职业禁止令与作为管制、缓刑限制内容的禁止令（第38条第2款，第72条第2款）的区别：适用对象、内容、时限均不相同。

📋 经典考题

关于职业禁止，下列哪一选项是正确的？（　　）①（2016-2-9）

A.利用职务上的便利实施犯罪的，不一定都属于"利用职业便利"实施犯罪

B.行为人违反职业禁止的决定，情节严重的，应以拒不执行判决、裁定罪定罪处罚

C.判处有期徒刑并附加剥夺政治权利，同时决定职业禁止的，在有期徒刑与剥夺政治权利均执行完毕后，才能执行职业禁止

D.职业禁止的期限均为3年至5年

---

① **参考答案：B**

第十二章 刑罚的裁量

考点说明

　　本考点之下需要掌握的知识点主要有：（1）累犯（一般累犯、特别累犯）的认定；（2）自首（一般自首、特别自首）的认定；（3）立功的认定，特别是协助抓捕同案犯、揭发同案犯犯罪事实，与自首、坦白的区别；（4）数罪并罚（简单并罚、漏罪并罚、新罪并罚）；（5）缓刑（条件、禁止缓刑对象、缓刑的撤销）。

知识点讲解

　　刑罚的裁量即量刑，就是依法对犯罪人裁量刑罚。量刑原则是以犯罪事实为根据，以刑事法律为准绳。量刑的大体步骤是先确定基准刑，然后根据量刑情节（法定情节、酌定情节）确定宣判刑。司法考试主要需要掌握各量刑情节特别是法定量刑情节的适用。

第一节　量刑概述

一、量刑的步骤和方法（《最高人民法院关于常见犯罪的量刑指导意见》[2014]）

　　司法实务中对犯罪分子定罪之后，对其进行量刑需遵循一定的步骤和方法。基本步骤是：先在法定刑幅度内确定基准刑，再寻找量刑情节，然后适用量刑情节对基准刑进行加减，最后得出宣告刑。

　　（1）量刑的步骤：①根据基本犯罪构成事实在相应的法定刑幅度内确定量刑起点；②根据其他影响犯罪构成的犯罪数额、犯罪次数、犯罪后果等犯罪事实，在量刑起点的基础上增加刑罚量确定基准刑；③根据量刑情节调节基准刑，并综合考虑全案情况，依法确定宣告刑。

　　（2）基准刑的确定。基准刑是在不考虑各种法定和酌定量刑情节的前提下，根据基本犯罪事实的既遂状态所应判处的刑罚。基本犯罪事实包括基本犯罪构成事实和其他影响犯罪构成的犯罪数额、犯罪次数、犯罪后果等犯罪事实。

（3）量刑情节调节基准刑的方法：①具有单个量刑情节的，根据量刑情节的调节比例直接调节基准刑。②具有多个量刑情节的，一般根据各个量刑情节的调节比例，采用同向相加、逆向相减的方法调节基准刑。具有未成年人犯罪、老年人犯罪、限制行为能力的精神病人犯罪、又聋又哑的人或者盲人犯罪，防卫过当、避险过当、犯罪预备、犯罪未遂、犯罪中止，从犯、胁从犯和教唆犯等量刑情节的，先适用该量刑情节对基准刑进行调节，在此基础上，再适用其他量刑情节进行调节。③被告人犯数罪，同时具有适用于各个罪的立功、累犯等量刑情节的，先适用该量刑情节调节个罪的基准刑，确定个罪所应判处的刑罚，再依法实行数罪并罚，决定执行的刑罚。

二、从重、从轻、减轻、特殊减轻的含义和限制

相关法条

第62条【从重处罚与从轻处罚】犯罪分子具有本法规定的从重处罚、从轻处罚情节的，应当在法定刑的限度以内判处刑罚。

第63条【减轻处罚】犯罪分子具有本法规定的减轻处罚情节的，应当在法定刑以下判处刑罚；本法规定有数个量刑幅度的，应当在法定量刑幅度的下一个量刑幅度内判处刑罚。

犯罪分子虽然不具有本法规定的减轻处罚情节，但是根据案件的特殊情况，经最高人民法院核准，也可以在法定刑以下判处刑罚。

可见，"从重"指在基准刑以上、该档法定刑幅度最高刑以下确定宣告刑；"从轻"指在基准刑以下、该档法定刑幅度最低刑以下确定宣告刑；"减轻"指在该档法定刑的下一档法定刑幅度内确定宣告刑。

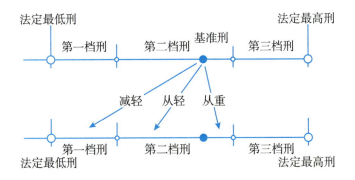

三、量刑情节

量刑情节，是指在某种行为已经构成犯罪的前提下，人民法院对犯罪人裁量刑罚时应当考虑的，据以决定量刑轻重或者免除刑罚处罚的各种情况。

量刑情节与定罪情节不一样，量刑情节必须是在某种行为已经构成犯罪的前提下，于量刑时应考虑的各种情况。量刑情节是不具有犯罪构成事实的意义、不能说明犯罪基本性质的事实情况。如果情节本身属于犯罪构成要件的内容，是区分罪与非罪、此罪与彼罪的事实因素，则属定罪情节，而不是量刑情节。

以刑法有无明文规定为标准，可以分为法定情节与酌定情节。以情节对量刑产生的轻重性质为标准，可以将量刑情节分为从宽情节与从严情节。以情节适用的约束力，可分为应当情节和可以情节。

1. 法定量刑情节：包括刑法总则规定的情节与刑法分则规定的情节。例如防卫过当、犯罪中止、从犯、累犯、自首、立功等。以下是刑法总则中规定的法定量刑情节。

	法定情节	刑事责任	犯罪形态	共犯人	防卫避险	自首坦白	立功	累犯	其他情节
1	应免处罚		无损害中止						
2	可免处罚					轻罪自首			
3	应减免			胁从犯	过当				
4	可减免								在外国犯罪已处罚
	可减免					重大立功			
5	应从减免			从犯					
6	可从减免	聋哑盲	预备						
7	应减		有损害中止						
8	可减					坦白避免特别严重后果			
9	应从减	未成年；老年过失犯							
10	可从减	老年故意犯；精神病	未遂	教唆未遂		一般自首	一般立功		
11	可从轻					一般坦白			
12	应从重			教唆未成年				累犯	

2. 酌定量刑情节：指没有被刑法明文规定，但可由裁判者根据案情具体情况认定的量刑情节。司法实践中常见的酌定情节有：犯罪的手段、犯罪的时空及环境条件、犯罪的对象、犯罪行为造成的危害结果、犯罪的动机、犯罪后的态度、犯罪人的一贯表现、前科、被害人过错、被害人谅解等。

司法考试主要是对法定量刑情节中的"罪后情节"（累犯、自首、立功等）进行考查。

第二节　量刑情节（累犯、自首、坦白、立功）

★**一、累犯（法定从重情节之一）**

累犯，是指被判处一定刑罚的犯罪人，在刑罚执行完毕或者赦免以后，在法定期限内又犯一定之罪的情况。累犯是法定从重情节之一。累犯分为一般累犯与特殊累犯。

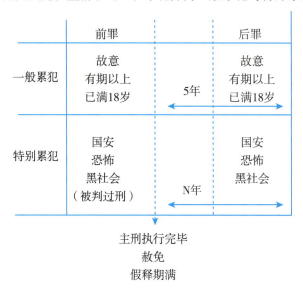

（一）一般累犯

📖 **相关法条**

第65条第1款【一般累犯】被判处有期徒刑以上刑罚的犯罪分子，刑罚执行完毕或者赦免以后，在五年以内再犯应当判处有期徒刑以上刑罚之罪的，是累犯，应当从重处罚，但是过失犯罪和不满十八周岁的人犯罪的除外。

💡 **知识点讲解**

1.前罪与后罪都必须是故意犯罪。前后两次犯罪中任何一次系过失犯罪，就不成立累犯。

2.前罪被判处有期徒刑以上刑罚，后罪应当判处有期徒刑以上刑罚。

3.后罪发生的时间，必须在前罪所判处的刑罚（主刑）执行完毕或者赦免以后的5年以内。

（1）被假释的犯罪人在假释考验期内再犯新罪的，被判处缓刑的犯罪人在缓刑考验期内再犯新罪的，不成立累犯。而应撤销假释、缓刑，数罪并罚。

（2）假释考验期满后5年内再故意犯有期徒刑之罪的，也可成立累犯。

（3）被判处缓刑的犯罪人在缓刑考验期满后视为未被判刑，再犯新罪的不构成累犯。

4.消极条件：不满18周岁的人犯罪，不构成一般累犯。

（1）前后两次犯罪中，任何一次犯罪时不满 18 周岁的，都不构成一般累犯。

（2）《刑法修正案（八）》的溯及力。行为人在 2011 年 4 月 30 日以前实施前罪，前罪实施时不满 18 周岁，无论后罪是在 2011 年 4 月 30 日以前实施，还是在 2011 年 5 月 1 日以后实施，只要案件在 2011 年 5 月 1 日以后审理的，均应适用修正后刑法，认定不构成一般累犯。

（二）特别累犯

📖 **相关法条**

第 66 条【特别累犯】危害国家安全犯罪、恐怖活动犯罪、黑社会性质的组织犯罪的犯罪分子，在刑罚执行完毕或者赦免以后，在任何时候再犯上述任一类罪的，都以累犯论处。

💡 **知识点讲解**

1. 前罪和后罪是危害国家安全犯罪、恐怖活动犯罪、黑社会性质的组织犯罪这三类犯罪。前、后罪系三类犯罪，但并不要求前、后罪系同类犯罪，或同种犯罪。

2. 是在刑罚执行完毕或者赦免以后再犯罪。要求判处过刑罚，任何刑罚均可，但前罪免予刑罚处罚，不成立特别累犯。

3. 前罪与后罪的相隔时间，不影响特别累犯的成立。

（三）累犯的法律后果

1. 对于累犯：应当从重处罚，不适用缓刑，不得假释；判处死缓的累犯，可决定限制减刑。

2. 同时符合毒品再犯（第 356 条）与累犯规定的，应同时援引毒品再犯和累犯条款。

🗂 **考点归纳**

1. 一般累犯的条件：前、后罪都是故意犯罪，都被判有期以上，都满 18 周岁，后罪在前罪刑罚执行完毕或赦免 5 年之内。

2. 特殊累犯的条件：前、后罪均是国安、恐怖、黑社会犯罪，后罪发生在前罪刑罚执行完毕或赦免以后。

📋 **经典考题**

关于累犯，下列哪一判断是正确的？（　　）[①]（2010-2-8）

A. 甲因抢劫罪被判处有期徒刑十年，并被附加剥夺政治权利三年。甲在附加刑执行完毕之日起五年之内又犯罪。甲成立累犯

B. 甲犯抢夺罪于 2005 年 3 月假释出狱，考验期为剩余的二年刑期。甲从假释考验期满之日起五年内再故意犯重罪。甲成立累犯

C. 甲犯危害国家安全罪五年徒刑期满，六年后又犯杀人罪。甲成立累犯

D. 对累犯可以从重处罚

📑 **拓展习题**

以下情形，构成累犯的有（　　）①

A.甲因犯故意泄露国家秘密罪被处有期徒刑 5 年，执行 3 年后被假释，被假释后的第 6 年又犯为境外窃取国家秘密罪，应被判处有期徒刑 1 年

B.乙因侮辱罪被判 1 年有期徒刑，刑满释放后第 3 年又犯重大责任事故罪，应被判有期徒刑 2 年

C.丙 17 周岁时因犯盗窃罪被判处有期徒刑 3 年，于 2010 年 1 月 1 日刑满释放，2011 年 4 月 5 日其又犯强奸罪（应被判处有期徒刑），并于 2011 年 5 月 2 日被审判

D.丁 1997 年 11 月 2 日因帮助恐怖活动罪被判有期徒刑 2 年，1999 年 10 月 1 日刑满释放，2012 年 6 月 1 日又犯组织、领导黑社会性质组织罪，应被判处有期徒刑

解析：A 选项，假释期满后 4 年内又犯新罪，是在刑罚执行完毕后 5 年内犯罪，构成累犯。本案前罪是故意渎职犯罪，后罪是危害国安犯罪，为一般累犯。

B 选项，重大责任事故罪是过失犯罪，不构成累犯。

C 选项，审判时《刑法修正案（八）》生效，从新法（轻法），不满 18 周岁人不构成一般累犯。

D 选项，后罪发生在《刑法修正案（八）》生效之后，从新法，构成特别累犯。

★二、自首（法定从宽情节之一）

自首是法定从宽情节之一，可以分为一般自首与特别自首。

一般自首	自动投案	如实供述
特别自首	犯 A 罪被抓	如实供述尚未掌握的 B 罪
一般可以从轻或者减轻处罚；犯罪较轻的，可以免除处罚		

（一）一般自首：自动投案，如实供述

📖 **相关法条**

第 67 条第 1 款【一般自首】犯罪以后自动投案，如实供述自己的罪行的，是自首。对于自首的犯罪分子，可以从轻或者减轻处罚。其中，犯罪较轻的，可以免除处罚。

💡 **知识点讲解**

1.犯罪以后自动投案。

（1）投案时间：被动归案之前。包括：①犯罪事实或者犯罪嫌疑人未被司法机关发觉；②虽被发觉但犯罪嫌疑人尚未受到讯问、未被采取强制措施；③犯罪后逃跑，在通缉、追捕的过程中，主动投案的；④经查实犯罪嫌疑人确已准备投案，或者正在投案途中，被司法机关捕获的；⑤形迹可疑型：罪行未被有关部门、司法机关发觉，仅因形迹可疑被盘问、教育后，主动交代了犯罪事实的，应当视为自动投案。但有关部门、司法机关在其身上、随身携带的物品、

驾乘的交通工具等处发现与犯罪有关的物品的，不能认定为自动投案。

（2）投案对象不限，但需将自己置于司法机关控制之下。犯罪嫌疑人向所在单位、城乡基层组织或者其他有关负责人员投案，愿意接受司法机关控制的，视为自动投案。

（3）投案方式不限。①代首、信首：犯罪嫌疑人因病、伤或者为了减轻犯罪后果，委托他人先代为投案的，或者先以信电投案的；②陪首：并非出于犯罪嫌疑人主动，而是经亲友规劝、陪同投案的；③送首：公安机关通知犯罪嫌疑人的亲友，或者亲友主动报案后，将犯罪嫌疑人送去投案的（具有"自动"性）。

（4）自动性。下述情形虽不积极，但也认为具有自动性：①自"报"自弃型：犯罪后主动报案，虽未表明自己是作案人，但没有逃离现场，在司法机关询问时交代自己罪行的；②束手待擒型：明知他人报案而在现场等待，抓捕时无拒捕行为，供认犯罪事实的；③惊弓之鸟型：在司法机关未确定犯罪嫌疑人，尚在一般性排查询问时主动交代自己罪行的；④因特定违法行为被采取劳动教养（现已废止）、行政拘留、司法拘留、强制隔离戒毒等行政、司法强制措施期间，主动向执行机关交代尚未被掌握的犯罪行为的；⑤其他符合立法本意，应当视为自动投案的情形。

下列情形不能视为自动投案：①绑首（"不自动"）：犯罪嫌疑人被亲友采用捆绑等手段送到司法机关，或者在亲友带领侦查人员前来抓捕时无拒捕行为，并如实供认犯罪事实的，虽然不能认定为自动投案，但可以参照法律对自首的有关规定酌情从轻处罚；②犯罪嫌疑人自动投案后又逃跑的，不认为自动投案。但逃跑后又归案的，认为是自动投案。

（5）交通肇事中的自首认定。①交通肇事后保护现场、抢救伤者，并向公安机关报告的，应认定为自动投案，构成自首；因上述行为同时系犯罪嫌疑人的法定义务，对其是否从宽、从宽幅度要适当从严掌握。②交通肇事逃逸后自动投案，如实供述自己罪行的，应认定为自首，但应依法以较重法定刑为基准，视情况决定对其是否从宽处罚以及从宽处罚的幅度。

2. 如实供述自己的罪行。

（1）如实供述基本信息：①包括姓名、年龄、职业、住址、前科等情况。②隐瞒身份：犯罪嫌疑人供述的身份等情况与真实情况虽有差别，但不影响定罪量刑的，应认定为如实供述自己的罪行。犯罪嫌疑人自动投案后隐瞒自己的真实身份等情况，影响对其定罪量刑的，不能认定为如实供述自己的罪行。

（2）如实交代自己的主要犯罪事实（包括"本人"、"主要"、"犯罪事实"三个要素）：①犯有数罪：犯罪嫌疑人仅如实供述所犯数罪中部分犯罪的，只对如实供述部分犯罪的行为，认定为自首。②同种罪行：犯罪嫌疑人多次实施同种罪行的，应当综合考虑已交代的犯罪事实与未交代的犯罪事实的危害程度，决定是否认定为如实供述主要犯罪事实。虽然投案后没有交代全部犯罪事实，但如实交代的犯罪情节重于未交代的犯罪情节，或者如实交代的犯罪数额多于未交代的犯罪数额，一般应认定为如实供述自己的主要犯罪事实。无法区分已交代的与未交代的犯罪情节的严重程度，或者已交代的犯罪数额与未交代的犯罪数额相当，一般不认定为如实供述自己的主要犯罪事实。③犯罪嫌疑人自动投案时虽然没有交代自己的主要犯罪事实，但在司法机关掌握其主要犯罪事实之前主动交代的，应认定为如实供述自己的罪行。

（3）在共同犯罪案件中：①作为一般共同犯罪成员的犯罪人，还应当供述所知的同案犯。

②主犯，则应当供述所知其他同案犯的共同犯罪事实。③揭发共犯人共同犯罪以外的犯罪事实的，成立立功。

因行贿人在被追诉前主动交代行贿行为而破获相关受贿案件的，对行贿人不适用立功的规定，依照刑法第390条第二款的规定，可以从宽。

（4）犯罪嫌疑人自动投案并如实供述自己的罪行后又翻供的，不能认定为自首；但在一审判决前又能如实供述的，应当认定为自首。

（5）犯罪人自动投案如实供述自己的罪行后，被告人对行为性质的辩解不影响自首的成立。

（二）特别自首：犯A罪被抓，供述还未掌握的B罪

📖 相关法条

第67条第2款【特别自首】被采取强制措施的犯罪嫌疑人、被告人和正在服刑的罪犯，如实供述司法机关还未掌握的本人其他罪行的，以自首论。

💡 知识点讲解

1. 主体：被采取强制措施的犯罪嫌疑人、被告人和正在服刑的罪犯（已被羁押者）。

2. 供述内容：与司法机关掌握的或者判决确定的罪行属不同种罪行。①一般应以罪名区分。②虽然罪名不同，但如实供述的其他犯罪与司法机关已掌握的犯罪属选择性罪名的，应认定为同种罪行，不属自首。③供述罪名与已掌握的罪名，在法律、事实上密切关联，也不属自首。▶例如：因受贿被采取强制措施后，又交代因受贿为他人谋取利益行为，构成滥用职权罪的，对滥用职权罪不认为是自首。④如果如实供述司法机关尚未掌握的罪行，与司法机关已掌握或者判决确定的罪行属同种罪行的（坦白），可以酌情从轻处罚；如实供述的同种罪行较重的，一般应当从轻处罚。

3. 司法机关尚未掌握：①如果该罪行已被通缉，一般应以该司法机关是否在通缉令发布范围内作出判断，不在通缉令发布范围内的，应认定为还未掌握，在通缉令发布范围内的，应视为已掌握；②如果该罪行已录入全国公安信息网络在逃人员信息数据库，应视为已掌握；③如果该罪行未被通缉、也未录入全国公安信息网络在逃人员信息数据库，应以该司法机关是否已实际掌握该罪行为标准。

4. 犯罪行为人没有自动投案，而是在办案机关调查谈话、讯问、采取调查措施或者强制措施期间交代的：①犯罪分子如实交代办案机关掌握的线索所针对的事实的，不能认定为自首；②犯罪分子如实交代办案机关未掌握的罪行，与办案机关已掌握的罪行属不同种罪行的，以自首论；③办案机关所掌握线索针对的犯罪事实不成立，在此范围外犯罪分子交代同种罪行的，成立自首。

（三）自首的法律后果

对于自首的犯罪分子，可以从轻或者减轻处罚；其中，犯罪较轻的，可以免除处罚。

（四）坦白：如实供述

相关法条

第67条第3款【坦白】犯罪嫌疑人虽不具有前两款规定的自首情节，但是如实供述自己罪行的，可以从轻处罚；因其如实供述自己罪行，避免特别严重后果发生的，可以减轻处罚。

坦白可认为是对自首的补充，对于不符合自首条件，但如实供述自己罪行的，是坦白。

考点归纳

1. 一般自首：（1）自动投案：被抓（被动归案）之前投案，因形迹可疑被盘问时交代，案发后等待抓捕也属自动投案；（2）如实供述：本人及共犯基本信息，本人、主要、犯罪事实。

2. 特别自首：本人犯 A 罪被抓，供述尚未掌握的本人实施的 B 罪。

经典考题

关于自首中的"如实供述"，下列哪些选项是错误的？（　）①（2009-2-53）

A. 甲自动投案后，如实交代自己的杀人行为，但拒绝说明凶器藏匿地点的，不成立自首

B. 乙犯有故意伤害罪、抢夺罪，自动投案后，仅如实供述抢夺行为，对伤害行为一直主张自己是正当防卫的，仍然可以成立自首

C. 丙虽未自动投案，但办案机关所掌握线索针对的贪污事实不成立，在此范围外丙交代贪污罪行的，应当成立自首

D. 丁自动投案并如实供述自己的罪行后又翻供，但在二审判决前又如实供述的，应当认定为自首

拓展习题

以下情形成立自首的有（　）②

A. 甲因在吸毒被公安机关强制戒毒，在强制戒毒期间内主动交代了司法机关未掌握的抢劫事实

B. 乙醉酒驾车，将一正常行走的行人撞成重伤后，打电话向交警部门报告，等待交警前来调查，并如实供述

C. 丙强奸致人死亡后，知道邻居报警，却不离开现场，直至等待公安人员赶来，抓捕时无拒捕行为，并如实供述了犯罪事实

D. 丁因受贿被检察机关逮捕，在逮捕期间，向检察机关主动交代了此次受贿为请托人徇私舞弊不征税款 10 万元的情况，对其所犯徇私舞弊不征税款罪

解析： A选项，行政、司法强制措施期间，主动向执行机关交代尚未被掌握的犯罪行为的，是自首。

B选项，犯交通肇事罪之后投案的，构成自首。

C选项，束手待擒型自首。

D选项，貌似犯 A 罪被抓而供述 B 罪的特别自首，但因徇私舞弊不征税款与受贿罪有紧密关联（实系受贿的请托事项），不属"不同种罪行"，不构成特别自首，属于坦白。

---

① **参考答案：** AD
② **参考答案：** ABC

☆三、立功（法定从宽情节之二）

相关法条

第 68 条【立功】犯罪分子有揭发他人犯罪行为，查证属实的，或者提供重要线索，从而得以侦破其他案件等立功表现的，可以从轻或者减轻处罚；有重大立功表现的，可以减轻或者免除处罚。

知识点讲解

立功是法定从宽情节之一，分为一般立功与重大立功。

1.立功的表现

阻止他人犯罪活动	
揭发他人犯罪，提供破案线索	与本人犯罪（包括共同犯罪）无关
技术革新成绩突出	
抗灾排除事故表现积极	
利国利民突出表现	
协助抓捕犯罪人（包括同案犯）	约至指定地点；当场指认、辨认；带抓；提供尚未掌握的联络方式、藏匿地址

（1）立功的六种表现：①阻止他人实施犯罪活动；②揭发他人犯罪：犯罪分子到案后检举、揭发他人犯罪行为，包括共同犯罪案件中的犯罪分子揭发同案犯共同犯罪以外的其他犯罪，经查证属实的；提供破案线索：提供侦破其他案件的重要线索，经查证属实的；③协助抓捕犯罪人：协助司法机关抓捕其他犯罪嫌疑人（包括同案犯）；④在生产、科研中进行技术革新，成绩突出；⑤在抗御自然灾害或者排除重大事故中，表现积极；⑥利国利民突出表现：具有对国家和社会有其他较大贡献。

（2）以上六种立功表现中，揭发他人犯罪、提供破案线索、阻止他人犯罪活动、利国利民突出表现这五种，须与本人及本人参与的共同犯罪无关联；而协助抓捕犯罪人这一种，可以是协助抓捕同案犯。▶事例：甲、乙共同杀人，甲被抓捕到案后揭发乙也参与（坦白），甲协助公安机关搜集乙参与共同杀人的证据（坦白及悔罪），甲在乙实施杀人时曾为阻止乙而将乙打昏（正当防卫、犯罪中止），都不认为是立功。但甲协助公安机关抓捕外逃的乙，属于立功。

（3）"协助司法机关抓捕其他犯罪嫌疑人"：①按照司法机关的安排，以打电话、发信息等方式将其他犯罪嫌疑人（包括同案犯）约至指定地点的；②按照司法机关的安排，当场指认、辨认其他犯罪嫌疑人（包括同案犯）的；③带领侦查人员抓获其他犯罪嫌疑人（包括同案犯）的；④提供司法机关尚未掌握的其他案件犯罪嫌疑人的联络方式、藏匿地址的，等等。但是，犯罪分子提供同案犯姓名、住址、体貌特征等基本情况，或者提供犯罪前、犯罪中掌握、使用的同案犯联络方式、藏匿地址，司法机关据此抓捕同案犯的，不能认定为协助司法机关抓捕同案犯。这也就是说，只有提供犯罪后掌握的、不属基本信息的同案犯联络方式、藏匿地址，才可构成立功。

（4）据以立功的他人罪行材料应当指明具体犯罪事实，据以立功的线索或者协助行为对于侦破案件或者抓捕犯罪嫌疑人<u>要有实际作用</u>。犯罪分子揭发他人犯罪行为时没有指明具体犯罪事实的，揭发的犯罪事实与查实的犯罪事实不具有关联性的，提供的线索或者协助行为对于其他案件的侦破或者其他犯罪嫌疑人的抓捕不具有实际作用的，不能认定为立功表现。

2. <u>立功与自首、坦白的区分</u>。交代属于自首或者坦白范围内的犯罪行为（如同案犯共同犯罪事实）、事实信息（如同案犯基本信息），不能认定为立功。犯罪分子交代的罪行，是本人的罪行（包括与他人共同犯罪的罪行），还是他人的罪行，是区分自首（坦白）与立功的界限。交代、提供的线索，如属同案犯的基本信息，也应认定为自首、坦白，而不属立功。

单独犯、共同犯罪		共同犯罪				无关犯罪	
本人信息	本人罪行	同案犯基本信息	同案犯共同犯罪罪行	同案犯基本信息以外的信息	同案犯共同犯罪以外的罪行	他人信息、线索	他人罪行
自首（坦白）		立功					

（1）对<u>本人</u>及本人参与的共同犯罪<u>以外的犯罪事实</u>揭发属于立功。▶事例：甲、乙共同盗窃，期间乙单独实施了强奸（实行过限），甲到案后揭发乙的盗窃，系自首、坦白；甲到案后揭发乙强奸，就属立功。应当根据本人所犯之罪的构成要件事实，确定揭发内容是否超过本人犯罪事实范围。例如，窝藏毒赃的乙揭发毒品犯罪分子甲的贩毒行为，因窝藏毒赃罪的构成要件的犯罪对象为"毒赃"，故而，乙揭发毒贩甲及其贩毒行为，就是交代乙本人所犯窝藏毒赃罪的基本构成要件事实，属自首、坦白，而不构成立功。

（2）交代同案犯（共同犯罪事实、基本信息）属自首、坦白，这里的"同案犯"，指共同实施过不法行为的人。包括：

①前述共同犯罪中的聚众犯、对合犯、共犯行为正犯化等情形，属同案犯。▶事例：受贿人交代行贿人，协助组织卖淫者交代组织卖淫者，就属自首、坦白，而不属立功。

②数人共同犯罪后，一人因期待不可能等责任因素的原因，法条竞合、想象竞合、事后不可罚等罪数处理原因而不追究该罪的情况，属同案犯。▶事例：甲盗窃汽车之后交与乙贩卖赃车，甲虽与乙共同实施了掩饰、隐瞒犯罪所得的行为，但因其系盗窃罪的本犯缺乏期待可能性而不追究，甲到案后揭发乙犯掩饰、隐瞒犯罪所得罪，属自首、坦白，而不构成立功。甲盗窃汽车之后又与乙一起毁坏该汽车，甲虽与乙共同实施了故意毁坏财物罪，但因系盗窃罪的事后不可罚而不单独对此罪定罪，甲到案后揭发乙犯故意毁坏财物罪，属自首、坦白，而不构成立功。当然，如果乙到案后揭发甲的盗窃犯罪，因乙揭发的内容（盗窃）超出的其参与的共同犯罪（掩饰、隐瞒犯罪所得，毁坏财物）的范围，可成立立功。

3. <u>重大立功</u>：一般是指犯罪嫌疑人、被告人可能被判处<u>无期徒刑以上</u>刑罚或者案件在<u>本省</u>、自治区、直辖市或者全国范围内有较大影响等情形。可能被判处无期徒刑以上刑罚，是指根据犯罪行为的事实、情节可能判处无期徒刑以上刑罚。案件已经判决的，以实际判处的刑罚为准。但是，根据犯罪行为的事实、情节应当判处无期徒刑以上刑罚，因被判刑人有法定情节经依法从轻、减轻处罚后判处有期徒刑的，应当认定为重大立功。▶事例：盗窃犯罪分子甲揭发乙杀人，事后查明乙确实施了杀人行为，但因乙才13周岁未被追究刑事责任，甲也构成重大立功。

★ **4.以下情形不能认定为立功**：①犯罪分子通过贿买、暴力、胁迫等<u>非法手段</u>，或者被羁押后与律师、亲友会见过程中<u>违反监管规定</u>，获取他人犯罪线索并"检举揭发"的；②犯罪分子将本人<u>以往查办犯罪职务活动中掌握</u>的，或者<u>从负有查办犯罪、监管职责的国家工作人员处获取</u>的他人犯罪线索予以检举揭发的；③犯罪分子亲友为使犯罪分子"<u>代为立功</u>"，向司法机关提供他人犯罪线索、协助抓捕犯罪嫌疑人的，不能认定为犯罪分子有立功表现。

5.立功的后果：①犯罪人有一般立功表现的，可以从轻或者减轻处罚；②有重大立功表现的，可以减轻或者免除处罚。死缓期间重大立功的，死缓期满减为25年有期徒刑；刑罚执行期间重大立功的，应当减刑。

📖 考点归纳

1.立功表现有六种：协助抓捕犯罪人，可以协抓同案犯；其他五种须与本人犯罪无关联。

2.协助抓捕同案犯：约见（约至指定地点）、辨认（当场指认辨认）、带抓、提供地址（提供犯罪后知悉的司法机关尚未掌握的联络方式地址）。

3.立功与自首、坦白的区分：交代本人犯罪（包括共同犯罪）范围内的事实、信息，属自首、坦白；交代以外的事实、信息属立功。揭发同案犯及共同犯罪事实属自首、坦白，协助抓捕同案犯属立功。

4.重大立功：被揭发者可能被判处无期徒刑以上，或省级以上重大影响。

📄 经典考题

下列哪些选项不构成立功？（   ）① （2012-2-57）

A.甲是唯一知晓同案犯裴某手机号的人，其主动供述裴某手机号，侦查机关据此采用技术侦查手段将裴某抓获

B.乙因购买境外人士赵某的海洛因被抓获后，按司法机关要求向赵某发短信"报平安"，并表示还要购买毒品，赵某因此未离境，等待乙时被抓获

C.丙被抓获后，通过律师转告其父想办法协助司法机关抓捕同案犯，丙父最终找到同案犯藏匿地点，协助侦查机关将其抓获

D.丁被抓获后，向侦查机关提供同案犯的体貌特征，同案犯由此被抓获

📄 拓展习题

以下情形中，行为人甲构成立功的有（   ）②

A.乙盗窃后让甲帮忙窝藏赃物，甲在案发前主动投案并交代了乙的盗窃事实，并带领公安人员抓获乙

B.甲教唆乙抢劫，事后甲后悔劝止乙，乙不听从，甲为制止乙犯罪而将其打死

C.乙某组织数十人偷越国境，甲某帮助乙某运输偷越人员，甲某先被抓获；后来一疑似乙某者被公安机关扣押，为确认乙某的身份，公安机关安排甲某进行场指认，甲某将乙某认出

D.某县反贪局局长甲在任期间掌握了本县大量官员受贿的线索，后甲因贪污罪而被判刑，在服刑期间甲多次举报该县官员受贿的情况，经查证属实

---

① 参考答案：ACD
② 参考答案：AC

解析：A选项，带抓共案犯。

B选项，制止共同犯罪，是犯罪中止，而不构成立功。

C选项，指认共案犯。

D选项，本人以往查办犯罪职务活动中掌握的犯罪线索，不属立功。

第三节　量刑制度

一、数罪并罚（决定总体刑罚的量刑制度）

数罪并罚，是指人民法院对一人犯数罪分别定罪量刑，并根据法定规则与方法，决定应当执行的总体刑罚（实为"数刑并罚"）。数罪并罚适用的前提是一人犯有数罪，要求并罚的犯罪未超过追诉时效，行为人可以承担刑事责任。包括：

（1）判决宣告以前发现犯罪人一人一并犯有数罪（下文称"简单并罚"）。

（2）判决宣告后，刑罚执行完毕以前，发现被判刑的犯罪人在判决宣告以前还有其他罪没有判决的（下文称"漏罪并罚"）。

（3）判决宣告后，刑罚执行完毕以前，被判刑的犯罪人又犯罪的（下文称"新罪并罚"）。

（4）被宣告缓刑或假释的犯罪人，在缓刑或假释考验期内又犯新罪，或者在考验期内发现漏罪的（缓刑、假释撤销后的漏罪并罚、新罪并罚）。

此外：（1）刑满释放后再犯新罪，或者刑满释放后发现漏罪未经处理，并且没有超过追诉时效的，应重新判刑，不适用数罪并罚。（2）在第一审人民法院的判决宣告以后，被告人提出上诉或者人民检察院提出抗诉，在判决尚未发生法律效力时，第二审人民法院在审理期间，发现原审被告人在第一审判决宣告以前还有漏罪没有判决的，应裁定撤销原判，发回原审人民法院重新审理。

数罪并罚的大体方法是：先对各罪分别量刑，再根据并罚规则（如并科、吸收、限制加重等），决定应当合并执行的总的刑罚。

★（一）判决宣告前一人犯数罪的并罚（简单并罚，数刑并罚的中"并"的规则）

相关法条

第69条【判决宣告前一人犯数罪的并罚】判决宣告以前一人犯数罪的，除判处死刑和无期徒刑的以外，应当在总和刑期以下、数刑中最高刑期以上，酌情决定执行的刑期，但是管制最高不能超过三年，拘役最高不能超过一年，有期徒刑总和刑期不满三十五年的，最高不能超过二十年，总和刑期在三十五年以上的，最高不能超过二十五年。

数罪中有判处有期徒刑和拘役的，执行有期徒刑。数罪中有判处有期徒刑和管制，或者拘役和管制的，有期徒刑、拘役执行完毕后，管制仍须执行。（《刑法修正案（九）》增设）

数罪中有判处附加刑的，附加刑仍须执行，其中附加刑种类相同的，合并执行，种类不同的，分别执行。

💡 知识点讲解

在判决宣告前发现一人犯有数罪（甲罪、乙罪），应当先对两罪分别量刑（甲罪：主刑 A1+ 附加刑 B1；乙罪：主刑 A2+ 附加刑 B2）。然后"主刑并主刑"得出总体主刑（A1 并 A2），"附加刑并附加刑"得出总体附加刑（B1 并 B2），最后将总体主刑（A1 并 A2）与总体附加刑（B1 并 B2）并科，即为总体并罚宣告刑［（A1 并 A2）+（B1 并 B2）］。

当然，在数个主刑相并、数个附加刑相并时，还需遵守一定的并罚规则和期限限制，以下予以详述。

主刑				规则	附加刑	
刑种	单罚	并罚			同种	异种
死刑	死刑	死刑（吸收死刑及以下）		吸收	合并执行（并加，吸收）	分别执行（并加）
无期徒刑	无期徒刑	无期徒刑（吸收无期及以下）				
有期徒刑	15 年	总和不满 35 年：20 年	有期吸收拘役	限制加重		
		总和 35 年以上：25 年				
拘役	1 个月~6 个月	1 年				
管制	3 个月~2 年	3 年				
有期 + 拘役 = 有期（吸收），有期 + 管制（并科），拘役 + 管制（并科）						

1. 数个主刑的并罚

（1）吸收规则：死刑 + 死刑及以下刑 = 死刑，无期 + 无期及以下刑 = 无期，有期 + 拘役 = 有期。吸收规则指重刑吸收轻刑，只执行重刑。①数罪中判处几个死刑或者最重刑为死刑时，只执行一个死刑，不执行其他主刑。②数罪中判处几个无期徒刑或者最重刑为无期徒刑时，只执行一个无期徒刑，不执行其他主刑。③数罪中有判处有期徒刑和拘役的，执行有期徒刑，不执行拘役。

（2）限制加重规则：数个有期徒刑，数个拘役，数个管制。限制加重规则指在总和刑期以下、数刑中最高刑期以上，酌情决定执行的刑期。例如有期 3 年并有期 8 年，应当在 8 年（数刑中最高刑期）以上，11 年（总和刑期）以下，决定并罚宣告刑。①限制加重规则适用于数个同种刑罚的并罚，即数个有期徒刑并罚、数个拘役并罚、数个管制并罚的情况。②数罪并罚最高刑有限制：数个有期徒刑并罚最高刑，总和不满 35 年的，不得超过 20 年；总和 35 年以上，不得超过 25 年。数个拘役并罚不得超过 1 年，数个管制并罚不得超过 3 年。

（3）管制、拘役与其他主刑并罚的情况：①拘役被重刑种吸收：拘役 + 有期 = 有期，拘役 + 无期 = 无期，拘役 + 死刑 = 死刑。②管制与有期、拘役并科：管制 + 有期 = 管制 + 有期，管制 + 拘役 = 管制 + 拘役；管制当然会被无期、死刑吸收：管制 + 无期 = 无期，管制 + 死刑 = 死刑。

2. 数个附加刑的并罚

（1）种类相同的，合并执行。①"合并执行"的基本含义为并加，不能累加才吸收。即尽量累加、都执行。数个罚金刑、数个没收部分财产刑应当累加并科。②有期限的数个剥夺政治权利刑尽量累加并科。③对于没收全部财产与没收部分财产应当吸收；剥夺政治权利终身与有期限的剥夺政治权利也应当吸收；数个驱逐出境也应吸收。

（2）种类不同的，分别执行，基本含义为并科。例如，对于没收全部财产刑与罚金刑，属于种类不同的附加刑，应当并科。关于罚金、没收全部财产如何并罚，根据《最高人民法院关于刑事裁判涉财产部分执行的若干规定》第 13 条："被执行人在执行中同时承担刑事责任、民事责任，其财产不足以支付的，按照下列顺序执行：（一）人身损害赔偿中的医疗费用；（二）退赔被害人的损失；（三）其他民事债务；（四）罚金；（五）没收财产。"

经典考题

甲因走私武器被判处 15 年有期徒刑，剥夺政治权利 5 年；因组织他人偷越国境被判处 14 年有期徒刑，并处没收财产 5 万元，剥夺政治权利 3 年；因骗取出口退税被判处 10 年有期徒刑，并处罚金 20 万元。关于数罪并罚，下列哪一选项符合《刑法》规定？（ ）[①]（2012-2-12）

A.决定判处甲有期徒刑 35 年，没收财产 25 万元，剥夺政治权利 8 年

B.决定判处甲有期徒刑 20 年，罚金 25 万元，剥夺政治权利 8 年

C.决定判处甲有期徒刑 25 年，没收财产 5 万元，罚金 20 万元，剥夺政治权利 6 年

D.决定判处甲有期徒刑 23 年，没收财产 5 万元，罚金 20 万元，剥夺政治权利 8 年

☆（二）漏罪并罚与新罪并罚（以有期徒刑为例）：先写公式，然后计算科刑期间

相关法条

第 70 条【判决宣告后发现漏罪的并罚】判决宣告以后，刑罚执行完毕以前，发现被判刑的犯罪分子在判决宣告以前还有其他罪没有判决的，应当对新发现的罪作出判决，把前后两个判决所判处的刑罚，依照本法第六十九条的规定，决定执行的刑罚。已经执行的刑期，应当计算在新判决决定的刑期以内。

第 71 条【判决宣告后又犯新罪的并罚】判决宣告以后，刑罚执行完毕以前，被判刑的犯罪分子又犯罪的，应当对新犯的罪作出判决，把前罪没有执行的刑罚和后罪所判处的刑罚，依照本法第六十九条的规定，决定执行的刑罚。

知识点讲解

1. 简单并罚：A1 并 A2=A2 ~（A1+A2）（第 69 条）
2. 发现漏罪（先并后减）：A 并 L-n（第 70 条）
3. 发现新罪（先减后并）：（A-n）并 X（第 71 条）
4. 多罪并罚（先处理漏罪再处理新罪）
（1）多个漏罪：A 并（L1 并 L2）-n
（2）多个新罪：（A-n）并（X1 并 X2）
（3）既有漏罪又有新罪：（A 并 L-n）并 X
符号注释：A（已审罪）；L（漏罪）；X（新罪）；n（已执行刑）；A2>A1

---

① **参考答案：D**

这些情形较为复杂,其计算方法是:先写公式,然后计算科刑期间。

1.判决宣告以前一人犯数罪(A1、A2)。在总和刑期(A1+A2)以下、数刑中最高刑期(A2)以上,酌情决定执行的刑期。

2.刑罚执行完毕以前发现漏罪(L),先并后减。应当对新发现的漏罪(L)作出判决,再与原罪刑罚(A),按限制加重规则并罚(A 并 L)。已经执行的刑期(n),应当计算在新判决决定的刑期以内,亦即,继续执行的刑期为:A 并 L−n。

3.刑罚执行完毕以前又犯新罪(X),先减后并。把前罪(A)没有执行的刑罚(A−n),与后罪(X)所判处的刑罚,按限制加重规则并罚,继续执行的刑期为(A−n)并 X。

4.同时发现数个漏罪(L1、L2),先对数个漏罪并罚(L1 并 L2),作为一个整体的漏罪,再按先并后减规则并罚,继续执行的刑期为:A 并(L1 并 L2)−n。

5.同时发现数个新罪(X1、X2)时,先对数个新罪并罚(X1 并 X2),作为一个整体的新罪,再按先减后并规则并罚,继续执行的刑期为:(A−n)并(X1 并 X2)。

6.既发现漏罪(1)又发现新罪(X),先处理漏罪,按先并后减规则并罚(A 并 1−n);再处理新罪,与新罪并罚,得出继续执行的刑期为:(A 并 1−n)并 X。

在数罪并罚中:对漏罪按先并后减并罚,行为人实际执行的总和刑期,有期徒刑不会超过20年(25年);但对新罪按先减后并规则并罚,则行为人实际执行的总和刑期,有期徒刑可能超过20年(25年)。

(三)死缓、无期发现漏罪的并罚

1.死缓期内、期满减刑后发现漏罪的并罚。

①被判处死刑缓期执行的罪犯,在死刑缓期执行期内被发现漏罪,依据刑法第七十条规定数罪并罚,决定执行死刑缓期执行的,死刑缓期执行期间自新判决确定之日起计算,已经执行的死刑缓期执行期间计入新判决的死刑缓期执行期间内,但漏罪被判处死刑缓期执行的除外。

②被判处死刑缓期执行的罪犯,在死刑缓期执行期满后被发现漏罪,依据刑法第七十条规定数罪并罚,决定执行死刑缓期执行的,交付执行时对罪犯实际执行无期徒刑,死缓考验期不再执行,但漏罪被判处死刑缓期执行的除外。

在无期徒刑减为有期徒刑时,前罪死刑缓期执行减为无期徒刑之日起至新判决生效之日止已经实际执行的刑期,应当计算在减刑裁定决定执行的刑期以内。

2.无期减刑后发现漏罪的并罚。

被判处无期徒刑的罪犯在减为有期徒刑后因发现漏罪,依据刑法第七十条规定数罪并罚,决定执行无期徒刑的,前罪无期徒刑生效之日起至新判决生效之日止已经实际执行的刑期,应当在新判决的无期徒刑减为有期徒刑时,在减刑裁定决定执行的刑期内扣减。

(四)剥夺政治权利的并罚(《最高人民法院关于在执行附加刑剥夺政治权利期间犯新罪应如何处理的批复》)

1.数个剥夺政治权利的并罚:

(1)有期限的数个剥夺政治权利刑,尽量累加并科。

(2)剥夺政治权利终身与有期限的剥夺政治权利,应当吸收,只执行剥夺政治权利终身。

2. 对判处有期徒刑并处剥夺政治权利的罪犯，主刑已执行完毕，在执行附加刑剥夺政治权利期间又犯新罪：

（1）如果所犯新罪无须附加剥夺政治权利的，依照刑法第71条的规定数罪并罚。前罪尚未执行完毕的附加刑剥夺政治权利的刑期，从新罪的主刑有期徒刑执行之日起停止计算，并依照刑法第58条规定，从新罪的主刑有期徒刑执行完毕之日或者假释之日起继续计算。附加刑剥夺政治权利的效力施用于新罪的主刑执行期间。

（2）对判处有期徒刑的罪犯，主刑已执行完毕，在执行附加刑剥夺政治权利期间又犯新罪，如果所犯新罪也剥夺政治权利的，依照刑法第55条、第57条、第71条（新罪先减后并）的规定并罚。

经典考题

下列关于数罪并罚的做法与说法，哪些是错误的？（ ）[1]（2002-2-39）

A. 甲犯A、B罪，分别被判处有期徒刑14年和7年，法院决定合并执行18年。甲执行8年后，又犯C罪，被判处有期徒刑5年。对此，法院应在14年以上20年以下有期徒刑的范围内决定合并执行的刑期，然后，减去已经执行的8年刑期

B. 乙犯A、B罪，分别被判处有期徒刑14年和11年，法院决定合并执行20年。在执行2年后，法院发现乙在判决宣告以前还有没有判决的C罪，并就C罪判处有期徒刑5年。这样，乙实际执行的有期徒刑必然超过20年

C. 丙犯A、B罪，分别被法院判处有期徒刑14年和11年，法院决定合并执行20年。在执行2年后，丙又犯C罪，法院就C罪判处有期徒刑5年。由于数罪并罚时有期徒刑不得超过20年，故丙实际上不可能执行C罪的刑罚

D. 丁在判决宣告以前犯有A、B、C、D四罪，但法院只判决A罪8年、B罪12年有期徒刑，决定合并执行18年有期徒刑。执行5年后发现C罪与D罪，法院判处C罪5年有期徒刑、D罪7年有期徒刑。此次并罚的"数刑中的最高刑期"应是18年，而不是12年

考点归纳

1. 简单并罚：主刑并主刑，附加刑并附加刑，最后主刑并科附加刑。（1）主刑并主刑，死刑、无期吸收，有期、管制、拘役限制加重；有期+拘役=有期（吸收），有期+管制（并科），拘役+管制（并科）；（2）附加刑并附加刑，同种合并执行（尽量并科，少数吸收），异种分别执行（都需执行）。

2. 漏罪并罚与新罪并罚：（1）漏罪并罚，先并后减（A并L-n）；（2）新罪并罚，先减后并（[A-n]并X）。

3. 计算方法：先写公式，然后计算科刑期间。

拓展习题

李某因犯强奸罪被判处有期徒刑9年，执行5年后被假释。被假释2年后，李某又犯抢劫罪，应判处有期徒刑10年；同时发现李某在犯强奸罪之前还犯有盗窃罪，应处有期徒刑7年。根据数罪并罚的理论，则（ ）[2]

---

[1] **参考答案：** ABC

[2] **参考答案：** C

A.应撤销假释，以先减后并的原则处理漏罪，再处理新罪

B.李某可能实际执行的最长刑期是 26 年

C.李某可能还需继续执行的最短刑期是 10 年

D.数罪并罚执行一定的刑期之后，对李某仍可适用假释

解析：1.假释考验期为 4 年，新罪发生在假释考验期内，不构成累犯。假释考验期内既犯新罪、又发现漏罪，应当撤销假释，数罪并罚。

2.先按先并后减的规则处理漏罪，再与新罪并罚。并罚公式为 [（9 并 7）−5] 并 10，为继续执行的刑期。并罚结果（继续执行的刑期）最长刑 20 年，最短刑为 10 年。则实际执行的最长刑期为 20+5=25 年，实际执行的最短刑期是 10+5=15 年。

（3）因抢劫罪判处有期徒刑 10 年，不得假释。

二、缓刑（量刑时决定刑罚执行方式）

相关法条

第 72 条【缓刑的适用条件】对于被判处拘役、三年以下有期徒刑的犯罪分子，同时符合下列条件的，可以宣告缓刑，对其中不满十八周岁的人、怀孕的妇女和已满七十五周岁的人，应当宣告缓刑：

（一）犯罪情节较轻；

（二）有悔罪表现；

（三）没有再犯罪的危险；

（四）宣告缓刑对所居住社区没有重大不良影响。

宣告缓刑，可以根据犯罪情况，同时禁止犯罪分子在缓刑考验期限内从事特定活动，进入特定区域、场所，接触特定的人。

被宣告缓刑的犯罪分子，如果被判处附加刑，附加刑仍须执行。

第 74 条【不适用缓刑】对于累犯和犯罪集团的首要分子，不适用缓刑。

知识点讲解

缓刑是指对符合刑法规定的犯罪人，（在量刑时由法院决定）有条件地不执行所判决的刑罚的制度（量刑制度、刑罚执行制度）。被判缓刑的犯罪人，会被马上释放，但会被设定一定期限的考验期。在考验期内遵守规定没有撤销缓刑事由，则考验期满后，不再执行原判刑罚，可视为只定过罪未被判过刑；如果考验期内不遵守规定或出现撤销缓刑事由，则撤销缓刑，执行原判刑罚。缓刑与死刑缓期执行（刑法第 48 条）、战时缓刑（刑法第 449 条）有区别。

（一）缓刑的适用条件

1.对象：被判处拘役，3 年以下有期徒刑的犯罪人。指宣告刑。（《关于数罪并罚决定执行三年以下有期徒刑的犯罪分子能否适用缓刑问题的复函》）

2.适用缓刑的实质条件：（1）犯罪情节较轻；（2）有悔罪表现；（3）没有再犯罪的危险；（4）宣告缓刑对所居住社区没有重大不良影响。

3.不适用缓刑：累犯、犯罪集团的首要分子。

4.（1）可以宣告缓刑：一般人；（2）应当宣告缓刑：①不满 18 周岁的人；②怀孕的妇女；

③已满 75 周岁的人。

（二）缓刑的考验期限

1. 拘役的缓刑考验期限为原判刑期以上 1 年以下，但是不能少于 2 个月，最长不得超过 1 年。

2. 有期徒刑的缓刑考验期限为原判刑期以上 5 年以下，但是不能少于 1 年。

3. 缓刑的考验期限，从判决确定之日起计算。判决确定以前先行羁押的，不能折抵考验期限。但如果缓刑撤销改判实刑的，则判决确定以前先行羁押可以折抵刑期。（《关于撤销缓刑时罪犯在宣告缓刑前羁押的时间能否折抵刑期的批复》）

4. 被宣告缓刑的犯罪人，如果被判处附加刑的，附加刑仍须执行。

5. 宣告缓刑，可以根据犯罪情况，同时决定禁止令。

6. 对宣告缓刑的犯罪分子，在缓刑考验期限内，依法实行社区矫正。

（三）缓刑考验期遵守规定

（1）遵守法律、行政法规，服从监督；（2）按照考察机关的规定报告自己的活动情况；（3）遵守考察机关关于会客的规定；（4）离开所居住的市、县或者迁居，应当报经考察机关批准。

（四）缓刑的撤销

1. 在缓刑考验期内犯新罪。撤销缓刑，数罪并罚。即使经过了缓刑考验期限后才发现新罪，如未超过追诉时效，也应当撤销。

2. 在缓刑考验期内发现判决宣告以前还有其他罪没有判决（漏罪）。撤销缓刑，数罪并罚。如果在缓刑考验期满后发现漏罪，则不撤销缓刑，原判刑罚不再执行。而直接另对新罪判刑。

3. 在缓刑考验期内，违反法律、行政法规，或者国务院有关部门有关缓刑的监督管理规定，情节严重的。

4. 违反人民法院判决中的禁止令，情节严重的。

🔲 考点归纳

1. 缓刑适用于轻刑犯：有期 3 年以下、拘役。

2. 两种人不适用缓刑：累犯、犯罪集团的首要分子。

3. 三种人（幼、老、孕）符合条件应当宣告缓刑：①不满 18 周岁的人；②怀孕的妇女；③已满 75 周岁的人。

4. 四种情形撤销缓刑：考验期内犯新罪（无论何时发现）；考验期内发现漏罪；违反法律；违反禁止令。

📋 经典考题

关于缓刑的适用，下列哪些选项是正确的？（　　）[1]（2015-2-59）

A. 甲犯重婚罪和虐待罪，数罪并罚后也可能适用缓刑

B. 乙犯遗弃罪被判处管制 1 年，即使犯罪情节轻微，也不能宣告缓刑

C. 丙犯绑架罪但有立功情节，即使该罪的法定最低刑为 5 年有期徒刑，也可能适用缓刑

D. 丁 17 岁时因犯放火罪被判处有期徒刑 5 年，23 岁时又犯伪证罪，仍有可能适用缓刑

---

[1] **参考答案：** ABCD

第十三章　刑罚执行

考点说明

　　本考点之下需要掌握的知识点主要有：（1）减刑（条件、限度、无期减刑后的刑期计算）；（2）假释（条件、禁止假释对象、假释的撤销）；（3）缓刑、减刑、假释的比较。

知识点讲解

一、减刑（刑罚执行期间的奖励制度）

相关法条

　　第78条【减刑的适用条件与限度】被判处管制、拘役、有期徒刑、无期徒刑的犯罪分子,在执行期间,如果认真遵守监规, 接受教育改造, 确有悔改表现的, 或者有立功表现的, 可以减刑; 有下列重大立功表现之一的, 应当减刑:……

　　【减刑的限度】减刑以后实际执行的刑期不能少于下列期限:

　　（一）判处管制、拘役、有期徒刑的, 不能少于原判刑期的二分之一;

　　（二）判处无期徒刑的, 不能少于十三年;

　　（三）人民法院依照本法第五十条第二款规定限制减刑的死刑缓期执行的犯罪分子,缓期执行期满后依法减为无期徒刑的, 不能少于二十五年,缓期执行期满后依法减为二十五年有期徒刑的, 不能少于二十年。

知识点讲解

　　减刑,是指对于被判处管制、拘役、有期徒刑、无期徒刑的犯罪人,在刑罚执行期间,如果认真遵守监规,接受教育改造,确有悔改表现,或者有立功表现的,适当减轻原判刑罚的制度。减刑分为两种情况:一是可以减刑,即具备一定条件时,人民法院可以裁定减刑。二是应当减刑,即有重大立功表现时,人民法院应当减刑。

（一）减刑的条件

　　1.对象:被判处管制、拘役、有期徒刑、无期徒刑。

2.实质条件：认真遵守监规，接受教育改造，确有悔改表现，或者有立功表现。

（1）可以减刑：确有悔改表现；有一般立功表现。

"确有悔改表现"是指同时具备以下条件：①认罪悔罪；②遵守法律法规及监规，接受教育改造；③积极参加思想、文化、职业技术教育；④积极参加劳动，努力完成劳动任务。对职务犯罪、破坏金融管理秩序和金融诈骗犯罪、组织（领导、参加、包庇、纵容）黑社会性质组织犯罪等罪犯，不积极退赃、协助追缴赃款赃物、赔偿损失，或者服刑期间利用个人影响力和社会关系等不正当手段意图获得减刑、假释的，不认定其"确有悔改表现"。

（2）应当减刑：有重大立功表现。

☆（二）减刑的限度

1.减刑以后实际执行的刑期：（1）判处管制、拘役、有期徒刑的，不能少于原判刑期的1/2。（2）判处无期徒刑的，不能少于13年。（3）一般死缓犯：不得少于15年；限制减刑的死缓犯：缓期执行期满后依法减为25年有期徒刑的，不能少于20年；缓期执行期满后依法减为无期徒刑的，不能少于25年。死刑缓期执行期间不包括在内。

2.减刑起始时间、一次减刑的幅度和两次减刑的间隔时间：

	减刑起始时间（以上）		一次减刑量（不超过）		两次减刑间隔（不得少于）	
有期徒刑	不满五年	一年	悔改或立功	九个月	不满十年	一年
	五至十年	一年六个月	悔改并立功	一年		
	十年以上	二年	重大立功	一年六个月	十年以上	一年六个月
			悔改并重大立功	二年		
	七种犯罪十年以下	二年	一年		一年以上	
	七种犯等十年以上	二年	一年		一年六个月	
无期徒刑	二年		悔改或立功	减为22年	再减刑比照前述有期减刑间隔二年以上	
			悔改并立功	减为21~22年		
			重大立功	减为20~21年		
			悔改并重大立功	减为19~20年		
	七种犯罪等无期	三年	按上格不少于20年			
死缓	减为无期后执行三年		悔改或立功	减为25年	再减刑比照前述有期减刑	
			悔改并立功	减为24~25年		
			重大立功	减为23~24年		
			悔改并重大立功	减为22~23年		
	七种犯罪等死缓	减为无期后执行三年	一般减为25年立功减为23~25年		再减刑一次不超过一年，间隔二年以上	
	限制减刑	减为无期后执行五年	按照上格		再减刑一次不超过六个月，间隔二年以上	

（三）减刑的程序与减刑后的刑期计算

1.对于犯罪分子的减刑，由执行机关向中级以上人民法院提出减刑建议书。人民法院应当组成合议庭进行审理，对确有悔改或者立功事实的，裁定予以减刑。非经法定程序不得减刑。

2.减刑后的刑期计算方法，因原判刑罚的种类不同而有所区别：（1）对于原判刑罚为管制、拘役、有期徒刑的，减刑后的刑期应从原判决执行之日（罪犯实际送交刑罚执行机关之日）起计算；原判刑期已经执行的部分时间，应计算到减刑后的刑期以内。（2）对于无期徒刑减为有期徒刑的，有期徒刑的刑期从裁定减刑之日起计算；已经执行的刑期以及判决宣告以前先行羁押的日期，不得计算在裁定减刑后的有期徒刑的刑期以内。对于无期徒刑减为有期徒刑以后再次减刑的，其刑期的计算，则应按照有期徒刑减刑的方法计算。

无期徒刑减刑的起算图示

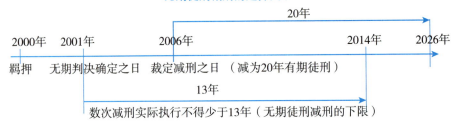

（四）减刑与数罪并罚

1.罪犯被裁定减刑后，刑罚执行期间因故意犯罪而数罪并罚时，经减刑裁定减去的刑期不计入已经执行的刑期。原判死刑缓期执行减为无期徒刑、有期徒刑，或者无期徒刑减为有期徒刑的裁定继续有效。

2.罪犯被裁定减刑后，刑罚执行期间因发现漏罪而数罪并罚的，原减刑裁定自动失效。如漏罪系罪犯主动交代的，对其原减去的刑期，由执行机关报请有管辖权的人民法院重新作出减刑裁定，予以确认；如漏罪系有关机关发现或者他人检举揭发的，由执行机关报请有管辖权的人民法院，在原减刑裁定减去的刑期总和之内，酌情重新裁定。

考点归纳

1.减刑对象：被判处管制、拘役、有期徒刑、无期徒刑。

2.减刑的限度（数次减刑后实际执行不得少于）：管制、拘役、有期为原判一半，无期为13年，死缓为15年（限制减刑20年、25年）。

3.无期徒刑的减刑：减为有期刑期从裁定减刑之日起，已执行及之前羁押的不计算在有期内；数次减刑后实际执行不得少于13年，从无期确定之日起算，之前羁押可折抵。

经典考题

关于减刑，下列哪一选项是正确的？（　　）[1]（2010-2-10）

A.减刑只适用于被判处拘役、有期徒刑、无期徒刑和死缓的犯罪分子

B.对一名服刑犯人的减刑不得超过三次，否则有损原判决的权威性

---

[1] **参考答案：C**

C.被判处无期徒刑的罪犯减刑后，实际执行时间可能超过十五年

D.对被判处无期徒刑、死缓的罪犯的减刑，需要报请高级法院核准

★二、假释

📖 相关法条

第81条【假释的适用条件】被判处有期徒刑的犯罪分子，执行原判刑期二分之一以上，被判处无期徒刑的犯罪分子，实际执行十三年以上，如果认真遵守监规，接受教育改造，确有悔改表现，没有再犯罪的危险的，可以假释。如果有特殊情况，经最高人民法院核准，可以不受上述执行刑期的限制。

对累犯以及因故意杀人、强奸、抢劫、绑架、放火、爆炸、投放危险物质或者有组织的暴力性犯罪被判处十年以上有期徒刑、无期徒刑的犯罪分子，不得假释。

对犯罪分子决定假释时，应当考虑其假释后对所居住社区的影响。

💡 知识点讲解

假释，是指对于被判处有期徒刑、无期徒刑的部分犯罪人，在执行一定刑罚之后，确有悔改表现，不致再危害社会，附条件地予以提前释放的制度。

（一）假释的适用条件

1.前提条件：被判处有期徒刑、无期徒刑的犯罪人。死刑缓期执行罪犯减为无期徒刑或者有期徒刑，原判刑罚不属不得假释情形（累犯、七种暴力犯、有组织暴力犯）的，符合以下条件的，也可假释。

2.执行刑期条件：

（1）有期徒刑执行原判刑期1/2以上。从判决执行之日起计算，判决执行以前先行羁押的，羁押一日折抵刑期一日。

（2）无期徒刑实际执行13年以上。从判决生效之日起计算，判决生效以前先行羁押的时间不予折抵。

（3）被判处死刑缓期执行的罪犯减为无期徒刑或者有期徒刑后，实际执行15年以上，方可假释，该实际执行时间应当从死刑缓期执行期满之日起计算。死刑缓期执行期间不包括在内，判决确定以前先行羁押的时间不予折抵。

（4）如果有特殊情况，经最高人民法院核准，可以不受上述执行刑期的限制。指有国家政治、国防、外交等方面特殊需要的情况。

3.实质条件：认真遵守监规，接受教育改造，确有悔改表现，没有再犯罪危险。

"没有再犯罪的危险"，除符合刑法第八十一条规定的情形外，还应当根据犯罪的具体情节、原判刑罚情况，在刑罚执行中的一贯表现，罪犯的年龄、身体状况、性格特征，假释后生活来源以及监管条件等因素综合考虑。

4.消极条件（对于以下犯罪人不得假释）：

（1）累犯。没有限定判处的刑罚。

（2）因故意杀人、强奸、抢劫、绑架、放火、爆炸、投放危险物质（七种暴力犯），单

罪被判处十年以上有期徒刑、无期徒刑。

（3）有组织的暴力性犯罪被判处的犯罪分子，单罪被判处十年以上有期徒刑、无期徒刑。这里的"暴力性犯罪"没有限定为七种暴力犯。

① "10年以上有期徒刑、无期徒刑"指原判刑期，而不是减刑后的刑期。判处死缓后减为无期、有期的，当然也不能假释。

②被判处10年以上有期徒刑，指单罪被判10年以上有期徒刑。单罪被判处10年以下有期徒刑，数罪并罚的总和刑为10年以上有期徒刑的，也可以假释。

（4）对于生效裁判中有财产性判项，罪犯确有履行能力而不履行或者不全部履行的，不予假释。

（二）假释的程序：与减刑基本相同

（三）假释的考验期限

有期徒刑的假释考验期限，为没有执行完毕的刑期；无期徒刑的假释考验期限为10年。假释考验期限，从假释之日起计算。在假释考验期内，实行社区矫正。

（四）假释的撤销：与缓刑基本相同

1. 考验期限内犯新罪，撤销假释，数罪并罚。即使经过了缓刑考验期限后才发现新罪，如未超过追诉时效，也应当撤销。数罪并罚按先减后并规则（新罪）。

2. 考验期限内发现漏罪，撤销假释，数罪并罚。数罪并罚按先并后减规则（漏罪）。如果是在考验期满后才发现漏罪，则不撤销假释，直接对漏罪判罚。

3. 考验期限内违反法律、行政法规，撤销假释，数罪并罚。

4. 考验期限内违反国务院有关部门关于假释的监督管理规定的行为，撤销假释，数罪并罚。

（五）假释与减刑的关系

1. 罪犯减刑后又假释的，间隔时间不得少于一年；对一次减去一年以上有期徒刑后，决定假释的，间隔时间不得少于一年六个月。

2. 年满八十周岁、身患疾病或者生活难以自理、没有再犯罪危险的罪犯，既符合减刑条件，又符合假释条件的，优先适用假释。

（六）再审与减刑、假释

1. 人民法院按照审判监督程序重新审理的案件，裁定维持原判决、裁定的，原减刑、假释裁定继续有效。

2. 再审裁判改变原判决、裁定的，原减刑、假释裁定自动失效，执行机关应当及时报请有管辖权的人民法院重新作出是否减刑、假释的裁定。

3. 再审改判为死刑缓期执行或者无期徒刑的，在新判决减为有期徒刑之时，原判决已经实际执行的刑期一并扣减。

4. 再审裁判宣告无罪的，原减刑、假释裁定自动失效。

	适用条件			考验期	
	对象	实质条件	限制条件	期限	撤销
缓刑	（1）3年以下有期徒刑；（2）拘役	（1）犯罪情节较轻；（2）有悔罪表现；（3）没有再犯罪的危险；（4）宣告缓刑对所居住社区没有重大不良影响	不适用缓刑：（1）累犯；（2）犯罪集团的首要分子	（1）有期：1~5年；（2）拘役：2月~1年	（1）考验期内犯新罪；（2）考验期内发现漏罪；（3）考验期内违反法律、行政法规；（4）考验期内违反国务院有关部门关于缓刑（假释）的监督管理规定	（5）考验期内，违反人民法院判决中的禁止令，情节严重
	（1）可以缓刑：一般；（2）应当缓刑：①不满18岁；②怀孕的妇女；③已满75岁				
假释	（1）有期：1/2；（2）无期：13年；（3）特殊情况不受年限	认真遵守监规，接受教育改造，确有悔改表现，没有再犯罪的危险的	不得假释：（1）累犯；（2）因7种暴力犯、有组织暴力犯被判十年以上、无期	（1）有期：剩余刑期；（2）无期：10年		
减刑	管制、拘役、有期、无期	（1）可以：认真遵守监规，接受教育改造，确有悔改表现的，或者有立功表现；（2）应当：重大立功	实际执行不得少于：（1）有期、拘役、管制：1/2；（2）无期：13年；（3）累犯、7种暴力犯、有组织暴力犯死缓限制减刑：①减为无期的：25年；②减为25年的：20年；（4）一般死缓：15年（不含考验期2年）			

考点归纳

1. 假释的刑期条件：有期徒刑执行一半以上，无期徒刑执行13年以上，特殊情况经最高院核准不受此限。

2. 三种人不得假释（与死缓限制减刑类似）：累犯；7种暴力犯判10年；有组织暴力犯判10年。

3. 两种情形撤销假释（与缓刑类似）：考验期内犯新罪（无论何时发现）、考验期内发现漏罪。

经典考题

关于假释，下列哪一选项是错误的？（　　）①（2009-2-12）

A. 甲系被假释的犯罪分子，即便其在假释考验期内再犯新罪，也不构成累犯

B. 乙系危害国家安全的犯罪分子，对乙不能假释

C. 丙因犯罪被判处有期徒刑二年，缓刑三年。缓刑考验期满后，发现丙在缓刑考验期内的第七个月犯有抢劫罪，应当判处有期徒刑八年，数罪并罚决定执行九年。丙服刑六年时，因有悔罪表现而被裁定假释

D. 丁犯抢劫罪被判有期徒刑九年，犯寻衅滋事罪被判有期徒刑五年，数罪并罚后，决定执行有期徒刑十三年，对丁可以假释

拓展习题

关于缓刑、假释，下列哪些选项是正确的？（   ）①

A.甲因收买被拐卖的妇女罪被判有期徒刑5年，刑满释放后第4年又犯非法拘禁罪，被判有期徒刑2年。则对甲既不能缓刑，也不能假释，也不能减刑

B.乙因组织、领导黑社会性质组织罪被判有期徒刑8年，爆炸罪被判有期徒刑7年，合并宣判有期徒刑14年，现刑期已执行10年。则即使其认真遵守监规，接受教育改造，确有悔改表现，没有再犯罪的危险的，也不可以假释

C.丙已满75周岁，因盗窃罪被判有期徒刑3年，其犯罪情节较轻，有悔罪表现，没有再犯罪的危险，且宣告缓刑对所居住社区没有重大不良影响。则即使其是该盗窃集团的首要分子，也应当对其宣告缓刑

D.丁因虐待罪被判有期徒刑1年缓期2年执行，法院同时决定其在缓刑考验期内不得进入幼儿园、小学。但丁在缓刑考验期内多次违反该项禁止令，情节严重，此情形在缓刑考验期满后才被发现。则应当撤销丁的缓刑，执行实刑

解析：A选项，累犯不能缓刑，也不能假释，但可以减刑。

B选项，7种暴力犯单罪判10年以下，可以假释。

C选项，盗窃集团的首要分子不能缓刑。

D选项，缓刑考验期内违反禁止令，情节严重，考验期满后发现，也应撤销缓刑。

第十四章　刑罚消灭

📝 **考点说明**

本考点之下需要掌握的知识点主要有：追诉时效的计算（起算、不受时效限制、中断）。

 知识点讲解

刑罚消灭，是指由于法定的或事实的原因，致使代表国家的司法机关不能对犯罪人行使具体的刑罚权。

刑罚消灭事由，分为在判决确定前使观念的刑罚权消灭的事由与在判决确定后使现实的刑罚权消灭的事由，其中有些事由兼有双重事由的性质。概括起来，刑罚消灭事由有：（1）超过追诉时效的；（2）经特赦令免除刑罚的；（3）告诉才处理的犯罪，没有告诉或者撤回告诉的；（4）犯罪嫌疑人、被告人死亡的；（5）其他法定事由。

☆ 第一节　追诉时效

追诉时效，是刑法规定的追究犯罪人刑事责任的有效期限。在此期限内，司法机关有权追究犯罪人的刑事责任，超过了此期限，司法机关就不能再追究刑事责任。

时限	不满 5 年经过 5 年；不满 10 年经过 10 年；10 年以上 15 年；无期死刑 20 年，仍想追诉报最高检。（法定最高刑 5 年，时效 10 年；法定最高刑 10 年，时效 15 年；法定最高刑 15 年，时效 15 年）
起算点	犯罪成立之日起算；连续犯、继续犯犯罪行为终了之日起算
不受时效限制	立案或者受理后逃避；被害人控告应当立案而不予立案
时效中断	前罪时效内犯后罪，前罪时效从后罪成立之日重新计算

一、追诉时效的期限

📖 相关法条

第 87 条【追诉时效期限】犯罪经过下列期限不再追诉：

（一）法定最高刑为不满五年有期徒刑的，经过五年；

（二）法定最高刑为五年以上不满十年有期徒刑的，经过十年；

（三）法定最高刑为十年以上有期徒刑的，经过十五年；

（四）法定最高刑为无期徒刑、死刑的，经过二十年。如果二十年以后认为必须追诉的，须报请最高人民检察院核准。

追诉时效期限以法定最高刑为标准，不是以实际应当判处的刑罚为标准。

（1）不满 5 年，经过 5 年；最高 5 年，经过 10 年。

（2）不满 10 年，经过 10 年；最高 10 年，经过 15 年。

（3）10 年以上，经过 15 年；即使 15 年，也经过 15 年。

（4）无期、死刑，经过 20 年；仍想追诉，须报最高检。

二、追诉期限的计算

1. 追诉期限的起算

（1）一般犯罪"追诉期限从犯罪之日起计算"。"犯罪之日"应是犯罪成立之日，即行为符合犯罪构成之日。对不以危害结果为要件的犯罪而言，实施行为之日即是犯罪之日；对以危害结果为要件的犯罪而言，危害结果发生之日，才是犯罪之日。（2）对于连续犯或继续犯。犯罪行为有连续或者继续状态的，从犯罪行为终了之日起计算。

2. 不受追诉期限的限制的情形（无论经过多少年都能追诉）。

📖 相关法条

第 88 条【不受追诉期限的限制的情形】在人民检察院、公安机关、国家安全机关立案侦查或者在人民法院受理案件以后，逃避侦查或者审判的，不受追诉期限的限制。被害人在追诉期限内提出控告，人民法院、人民检察院、公安机关应当立案而不予立案的，不受追诉期限的限制。

不受追诉期限的限制，是指在追诉时效的进行期间，因为发生法律规定的事由，而使案件无论经过多长时间均可追诉。

（1）司法机关立案侦查或者人民法院受理案件以后，逃避侦查或者审判的。

（2）被害人在追诉期限内提出控告，司法机关应当立案而不予立案的。

3. 追诉时效的中断

📖 相关法条

第 89 条第 2 款【追诉时效的中断】在追诉期限以内又犯罪的，前罪追诉的期限从犯后罪之日起计算。

追诉时效的中断，即在追诉期限以内又犯罪的，前罪的追诉时效便中断，其追诉时效从后罪成立之日重新计算。亦即，在 A 罪追诉期间内犯 B 罪，A 罪追诉时效从 B 罪之日起算。

考点归纳

1. 追诉期限：不满 5 年经过 5 年，不满 10 年经过 10 年，10 年以上经过 15 年，无期、死刑，经过 20 年。法定最高刑 5 年经过 10 年，法定最高刑 10 年经过 15 年，法定最高刑 15 年经过 15 年。

2. 犯罪成立之日计算追诉时效，连续犯或继续犯终了之日起算。

3. 不受追诉时限限制（无论经过多长时间均可追诉）有两种：立案后逃避；控告后应当立案不立案。

4. 前罪追诉期限内犯后罪，前罪追诉时效从后罪成立之日重新计算。

经典考题

【1】1980 年初，张某强奸某妇女并将其杀害。1996 年末，张某因酒后驾车致人重伤。两案在 2007 年初被发现。关于张某的犯罪行为，下列哪些选项是错误的？（   ）① （2009-2-55）

A. 应当以强奸罪、故意杀人罪和交通肇事罪追究其刑事责任，数罪并罚

B. 应当以强奸罪追究其刑事责任

C. 应当以故意杀人罪追究其刑事责任

D. 不应当追究任何刑事责任

【2】关于追诉时效，下列哪一选项是正确的？（   ）② （2016-2-10）

A.《刑法》规定，法定最高刑为不满 5 年有期徒刑的，经过 5 年不再追诉。危险驾驶罪的法定刑为拘役，不能适用该规定计算危险驾驶罪的追诉时效

B. 在共同犯罪中，对主犯与从犯适用不同的法定刑时，应分别计算各自的追诉时效，不得按照主犯适用的法定刑计算从犯的追诉期限

C. 追诉时效实际上属于刑事诉讼的内容，刑事诉讼采取从新原则，故对刑法所规定的追诉时效，不适用从旧兼从轻原则

D. 刘某故意杀人后逃往国外 18 年，在国外因伪造私人印章（在我国不构成犯罪）被通缉时潜回国内。4 年后，其杀人案件被公安机关发现。因追诉时效中断，应追诉刘某故意杀人的罪行

拓展习题

行为人甲于 1997 年 9 月 1 日分别实施聚众斗殴（首要分子）、寻衅滋事（随意殴打他人）二行为。司法机关对此二案没有发现，也没有立案。1979 年旧刑法第 160 条规定"聚众斗殴，寻衅滋事，侮辱妇女或者进行其他流氓活动，破坏公共秩序，情节恶劣的，处七年以下有期徒刑、拘役或者管制"；1997 年刑法（即现行刑法）第 293 条规定"实施寻衅滋事行为，破坏社会秩序的，处五年以下有期徒刑、拘役或者管制"；第 293 条规定"聚众斗殴的，对首要分子和其他积极参加的，处三年以下有期徒刑、拘役或者管制"。则关于甲的行为追诉时效以及宣判罪名，以下说法正确的是（   ）③

A. 因流氓罪现已被废除，故不能对甲的聚众斗殴、寻衅滋事行为进行追究

B. 按照 1979 年旧刑法，甲仅构成流氓罪一罪，追诉期限为 10 年；按照 1997 年刑法，甲犯了数罪，其聚众斗殴罪的最高法定刑为 3 年有期徒刑，追诉期限为 5 年；其寻衅滋事罪的最高法定刑为 5 年有

---

① 参考答案：ABD
② 参考答案：B
③ 参考答案：BCD

期徒刑，追诉期限为 10 年

C.如果司法机关在 2001 年 6 月 1 日发现甲的前述罪行，则对于聚众斗殴、寻衅滋事二行为均可追诉；因按照 1997 刑法实行数罪并罚处罚较重，则应适用 1979 年旧刑法以流氓罪一罪论处

D.如果司法机关在 2007 年 6 月 1 日发现甲的前述罪行，则对聚众斗殴行为不能再追诉，对于寻衅滋事行为可追诉，应适用 1997 年刑法认定为寻衅滋事罪

解析：行为人实施有聚众斗殴、寻衅滋事二行为，对于二行为的追诉时效应分别判断。先分别按新旧刑法判断哪些行为可追诉，再按新旧刑法对可追诉的行为定罪量刑，比较轻重。

（1）如在 2001 年 6 月 1 日（案发后 3 年多）发现：①在追诉时效上，无论按旧刑法还是新刑法，二行为均未超过追诉时效，均可追诉。②在量刑轻重比较上，按照旧刑法，甲仅构成流氓罪一罪，最高刑为 7 年；按照新刑法，聚众斗殴罪的最高法定刑为 3 年有期徒刑，寻衅滋事罪的最高法定刑为 5 年有期徒刑，数罪并罚的最高刑为 8 年。旧刑法是轻法，应按旧刑法论处。

（2）如在 2007 年 6 月 1 日（案发后 9 年多）发现：①在追诉时效上，对于聚众斗殴行为，按旧刑法可追诉，按新刑法不可追诉，则应按新刑法不能追诉。对于寻衅滋事行为，无论按旧刑法还是新刑法均可追诉。②在量刑轻重比较上，对于可追诉的寻衅滋事行为，按照旧刑法，甲仅构成流氓罪一罪，最高刑为 7 年；按照新刑法，寻衅滋事罪的最高法定刑为 5 年有期徒刑。新刑法是轻法，应按新刑法论处。

第二节 赦 免

赦免是国家宣告对犯罪人免除其罪、免除其刑的一种法律制度，包括大赦（既赦其罪，也赦其刑）与特赦（只免其刑，不赦其罪）。

大赦（既赦罪，也赦刑），通常是指国家对某一时期内犯有一定罪行的不特定犯罪人免予追诉和免除刑罚执行的制度。大赦的对象既可能是国家某一时期的各种犯罪人，也可能是某一地区的全体犯罪人，还可能是某一类或者某一事件的全体犯罪人。大赦的效果涉及罪与刑两个方面，既赦其罪，也赦其刑，即罪与刑同时免除。

特赦（不赦罪，只赦刑），一般是指国家对较为特定的犯罪人免除执行全部或者部分刑罚的制度。特赦的对象是较为特定的犯罪人。特赦的效果只是免除刑罚执行，而不免除有罪宣告。

我国现行宪法只规定了特赦，由全国人大常委会决定，由国家主席发布特赦令。（《宪法》第 67 条第 17 项、第 80 条）。新中国成立后，我国共实行过八次特赦。最近一次特赦是 2015 年 8 月 29 日，为纪念中国人民抗日战争暨世界反法西斯战争胜利 70 周年，对四类人员特赦。

刑法宝典

下编

刑法分论

刑法总论是对刑法、犯罪构成要件、刑罚的总体情况以及犯罪成立的一些共通要件（如刑事责任年龄、责任能力、故意过失等）进行阐述。刑法分论则是对具体罪名的构成条件、法定刑进行阐述。刑法分论的内容包括各具体罪名的构成条件、罪与非罪、此罪彼罪、一罪数罪、法定刑、加重减轻犯等。

我国刑法（包括《刑法修正案（九）》增设）中共有 468 个罪名（其中骗购外汇罪这个罪名规定在单行刑法中）。刑法典分则分为十章，分别是：危害国家安全罪，危害公共安全罪，破坏社会主义市场经济秩序罪，侵犯公民人身权利、民主权利罪，侵犯财产罪，妨害社会管理秩序罪，危害国防利益罪，贪污贿赂罪，渎职罪，军人违反职责罪。

司法考试大纲列出的考试罪名，包括重点罪名（100 多个）和普通罪名（100 多个）共约 200 多个。对于其中的重点罪名，要求考生能够深入了解、灵活运用；对于普通罪名，则一般只需简单知晓法条意思、能与其他罪名区分。而对于未列入重点罪名、普通罪名的另外 200 多个罪名，则一般不予考查。而事实上，司法考试对于罪名的考查，一向依循"重者恒重"的考查方式，亦即：少数重要罪名占据大量分值、知识点一再重复、考查具有一定深度；而多数非重要罪名所占分值较少，考查也较为浅显。

刑法分则中最为重要的罪名集中在"三章加两节"中，即：（1）第四章侵犯公民人身权利、民主权利罪；（2）第五章侵犯财产罪；（3）第八章贪污贿赂罪；（4）第三章破坏社会主义市场经济秩序罪之第五节金融诈骗罪；（5）第六章妨害社会管理秩序罪之第二节妨害司法罪。此外，第九章渎职罪，第二章危害公共安全罪中的以危险方法危害公共安全罪、交通肇事罪、危险驾驶罪，也是重点罪名。

尽管刑法分则罪名甚多，但司法考试的核心罪名基本固定。

在学习刑法分则罪名时，除了掌握各罪的构成条件，还需掌握其重点、难点考点，区分此罪彼罪、一罪数罪，并需要将分则罪名与总论理论结合起来，达到能够解决任何疑难刑事案件的水准。

刑法分论中的核心罪名

A114	以危险方法危害公安犯罪	与杀人、毁财区别；危险犯 / 实害犯；以危险方法危害公共安全罪
A116	破坏公共设施犯罪	对象：正在使用中的；危险犯；与盗窃 / 毁坏罪数
A127	涉枪犯罪	盗窃枪支罪 / 出法出租、出借枪支罪 / 丢失枪支不报罪
A133	交通肇事罪 / 危险驾驶罪	场所；结果；过失；逃逸、逃逸致死；教唆违章、教唆逃逸；与故意杀人罪 / 以危险方法危害公共安全罪 / 危险驾驶罪
A140	生产、销售伪劣产品罪	行为；数额；与后8罪法条竞合及处理（行为犯\危险犯\结果犯）
A153	走私犯罪	走私行为，2种准走私，2种间接走私；罪数；司法解释
A170	假币犯罪	假币；伪造\变造\出售\使用；罪数
A191	洗钱罪	7类黑钱；5种行为；解释；与掩饰、隐瞒犯罪所得、犯罪所得收益罪关系
A192	集资诈骗罪 / 非法吸收公众存款罪	非法集资行为；非法占有目的
A193	贷款诈骗罪 / 骗取贷款罪	贷款诈骗行为；非法占有目的；自然人主体
A196	信用卡诈骗罪	信用卡；4种行为；冒用、恶意透支；盗窃并使用定盗窃；信用卡关联犯罪
A198	保险诈骗罪	3种主体；5种行为；数罪并罚
A201	逃税罪	2种主体；行为；数额比例；免责条款
A217	侵犯著作权罪	4种行为：计算机软件\赝品；罪数：先制作再出售
A219	侵犯商业秘密罪	商业秘密；4种行为
A225	非法经营罪	行为形式
A232	故意杀人罪	不作为；致人自杀的处理；与绑架 / 抢劫等罪数关系
A234	故意伤害罪	后果：轻伤、重伤、致人死亡
A236	强奸罪	主体；强奸的手段；奸淫幼女的明知；致死\轮奸等加重犯
A238	非法拘禁罪	为索债而绑架构成本罪；结果加重犯，转化犯；罪数

A239	绑架罪	目的犯；包容杀人、重伤；与抢劫／非法拘禁／敲诈勒索区别
A240	拐卖妇女、儿童罪	加重犯；包容绑架／拘禁／强奸／强迫卖淫
A243	诬告陷害罪	复行为；既未遂标准；与报复陷害／伪证／徇私枉法
A247	刑讯逼供罪／暴力取证罪	主体；犯罪对象；转化犯
A261	遗弃罪／虐待（家庭成员）罪	不作为犯；犯罪对象；与故意杀人罪。虐待被监护、看护人罪
A263	抢劫罪／抢夺罪	压制反抗手段；与故杀关系；转化型抢劫；携带凶器抢夺；加重犯
A264	盗窃罪	他人占有财物；非法占有目的；与侵占／诈骗罪；破坏、毁坏型的罪数
A266	诈骗罪	骗取他人处分：转移占有；意思处分行为；与盗窃／侵占区别
A270	侵占罪	对象：本人合法占有的财物；与盗窃罪；与诈骗罪；亲告罪
A274	敲诈勒索罪	与行使正当权利区别；与诈骗关系
A277	妨害公务罪	4种情形；包含轻伤结果；暴力致重伤、死亡；暴力阻救拐；罪数
A293	寻衅滋事罪／聚众斗殴罪	4种流氓动机，行为形式，聚众斗殴的转化犯
A305	伪证罪	主体身份；刑事诉讼；与案件有重要关系的情节；与其他妨害司法罪关系
A307	妨害作证罪／帮助毁灭…	本犯教唆他人为自己伪证、毁证的定性；帮助同案犯的定性
A310	窝藏、包庇罪／掩饰…	与共犯区分；与徇私枉法／徇私舞弊不移交刑案／帮助犯罪分子逃避处罚
A347	毒品犯罪	司法解释
A363	淫秽物品犯罪	司法解释
A382	贪污罪	2种主体；利用职务便利；与职务侵占区分；与受贿罪区别；内外勾结
A384	挪用公款罪	主体身份；3种挪用方式；归个人使用；罪数；共犯；与挪用资金
A385	受贿罪／利用影响力受贿罪／行贿罪	主体；利用职务便利；索贿，收贿；为他人谋利；经济贿／斡旋受贿／变相受贿 共犯；与其他贿赂类犯罪关系。对有影响力的人行贿罪
A397	滥用职权罪／玩忽职守罪	主体身份；故意；结果的地位；与玩忽职守罪区别；罪数／受贿，共犯
A399	徇私枉法罪	主体身份；行为；受贿而枉法的罪数；与诬告／伪证／帮助逃避处罚／包庇区别

刑法分论概说

考点说明

本部分需要掌握的知识点主要有：（1）对各分则条文罪名的认定和识别，特别是选择罪名、概括罪名，只认为是一个罪名；（2）空白罪状，刑法在罪状中引述非刑法条文；（3）对刑法中注意规定与法律拟制的识别；（4）法条竞合的种类及适用规则：特别法优于一般法、整体法优于部分法、重法优于轻法、基本法优于补充法；（5）法条竞合与想象竞合的区别。

知识点讲解

一、刑法分则的条文结构

刑法分则条文一般规定有罪名、罪状、法定刑三项内容。

相关法条

第244条第1款【强迫劳动罪】以暴力、威胁或者限制人身自由的方法强迫他人劳动的，处三年以下有期徒刑或者拘役，并处罚金；情节严重的，处三年以上十年以下有期徒刑，并处罚金。

以上刑法条文中，"强迫劳动罪"即为罪名，"以暴力、威胁或者限制人身自由的方法强迫他人劳动的"即为罪状，"处三年以下……"即为法定刑。

罪名	单一罪名、选择罪名、概括罪名。 共规定了10章共468个罪名（1个罪名规定在单行刑法中）
罪状	简单罪状、叙明罪状、引证罪状、空白罪状
法定刑	绝对确定的法定刑、相对确定的法定刑、浮动法定刑（罚金）

（一）罪名

我国刑法当前共规定了10章共468个罪名（其中1个罪名规定在单行刑法中），罪名按其形式可分为：

1.单一罪名：例如故意杀人罪。指罪名的行为、对象等单一、不能分解使用的罪名形式。

2. 选择罪名：例如拐卖妇女、儿童罪。指包含了不同的行为方式或者不同的犯罪对象，既可以按照行为方式的不同或者犯罪对象的不同分别确定罪名，也可以概括为一个罪名使用的罪名形式。

3. 概括罪名：例如信用卡诈骗罪（包括恶意透支型信用卡诈骗罪等4种行为形式）。指一个罪名之下包含的犯罪构成要件内容复杂，但只能概括使用而不能分解使用的罪名形式。

（二）罪状

罪状是刑法分则条文对于犯罪的重要构成条件具体状况的描述。实际上，罪状主要是对犯罪的客观条件要素（即不法要件要素）进行规定。罪状可分为简单罪状、叙明罪状、引证罪状和空白罪状四种形式。

1. 简单罪状：指刑法分则条文对某种犯罪的具体状况不作任何描述，只是列出罪名。例如，刑法第232条（故意杀人罪）的罪状"故意杀人的"，即是简单罪状。

2. 叙明罪状：指刑法分则条文对某种犯罪的具体状况作了详细的描述，以便说明该种犯罪构成的具体条件。例如，刑法第399条（徇私枉法罪）的罪状"司法工作人员徇私枉法、徇情枉法，对明知是无罪的人而使他受追诉……"，即是叙明罪状。

3. 引证罪状：指刑法分则条文对某种犯罪的具体状况不作任何描述，但需要引用刑法分则的其他条文说明该种犯罪构成的具体条件，亦即引述其他刑法条文。例如，第115条第二款（失火罪等）的罪状"过失犯前款罪的"，引述刑法"前款"，即是引证罪状。

4. 空白罪状：指刑法分则条文只规定了某种犯罪行为，但是具体的犯罪构成条件要参照其他法律、法规的规定才能确定，亦即引述非刑法条文。例如，刑法第133条（交通肇事罪）的罪状"违反交通运输管理法规……"，引述"交通运输管理法规"即行政法条款，即是空白罪状。

（三）法定刑

法定刑是刑法条文对具体罪名适用的刑罚种类（刑种）和刑罚幅度（刑度）的规定。法定刑可分为绝对确定的法定刑（绝对死刑）、相对确定的法定刑（刑种、刑度相对确定）、浮动法定刑（罚金）三种类型。

二、注意规定（提示性、重申性规定）与法律拟制（创设性规定）

对于刑法分则规定的条款，有时需要区分是注意规定（对原有规则进行重申性的提示，没有增加新内容）还是法律拟制（创设性的新规定，改变了原有规则）。

1. 注意规定，并不改变基本规定的内容，只是对基本规定内容的重申；即使不设置注意规定，也存在相应的法律适用根据（按基本规定处理）。

▶ 事例1：刑法第382条（贪污罪）第3款规定：与前两款所列人员勾结，伙同贪污的，以共犯论处。

"以共犯论处"的规定，实际上是对刑法总论共同犯罪成立条件的提示和重申。即使没有此款规定，不具身份的人与国家工作人员、受委托管理、经营国有财产的人员勾结，伙同贪污的，也可适用刑法总论中共同犯罪与身份的规则，认定为共同犯罪。

▶ 事例2：经《刑法修正案（九）》修正后的刑法第277条（妨害公务罪）第3款规定：暴力袭击正在依法执行职务的人民警察的，依照第一款的规定（妨害公务罪）从重处罚。也是提示条款，如无此规定，对于暴力袭击正在依法执行职务的人民警察的行为，也可认定为妨害公务罪。

2.法律拟制，将原本不符合某罪构成条件的行为也按照该罪处理。

▶事例：刑法第269条（转化型抢劫）规定：犯盗窃、诈骗、抢夺罪，为窝藏赃物、抗拒抓捕或者毁灭罪证而当场使用暴力或者以暴力相威胁的，依照本法第二百六十三条的规定（抢劫罪）定罪处罚。

前述"转化型抢劫"的情形系"先取财后暴力"，并不符合第263条（普通抢劫罪）"先暴力后取财"的特征。如果没有前述刑法第269条的规定，"转化型抢劫"的情形应当认定为盗窃（诈骗、抢夺）罪、故意伤害罪数罪并罚才对。但刑法第269条的规定改变了原有规则，使之不必符合第263条（普通抢劫罪）的条件，就可认定为抢劫罪。故属创设新规则的法律拟制规定。

3.区别注意规定与法律拟制的意义：法律拟制规定构成该罪，不必符合该罪原有的构成要件；而注意规定必须符合该罪原有的构成要件。

三、刑法分则（罪名）之间的法条竞合

刑法分则规定的468个罪名之间的关系可分为两种情况：对立关系；交迭关系。大部分罪名之间都是对立关系，亦即两罪名彼此对立、没有交迭（交叉和包容），一个行为触犯此罪名就一定不触犯彼罪名，例如，盗窃罪与故意杀人罪之间即是如此。但是，也有些罪名之间存在交迭（交叉或包容），亦即立法者在制订两罪名时就设定好二者有交迭（交叉或包容）之处，一个行为触犯此罪名也可能触犯彼罪名，例如，诈骗罪与贷款诈骗罪之间即是如此，触犯贷款诈骗罪的行为一定触犯诈骗罪。

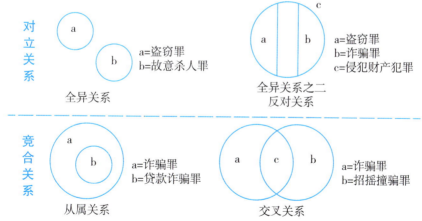

对立关系

全异关系　a=盗窃罪　b=故意杀人罪

全异关系之二 反对关系　a=盗窃罪　b=诈骗罪　c=侵犯财产犯罪

竞合关系

从属关系　a=诈骗罪　b=贷款诈骗罪

交叉关系　a=诈骗罪　b=招摇撞骗罪

▣ 经典考题

关于法条关系，下列哪一选项是正确的（不考虑数额）？[①]（2016-2-11）

A.即使认为盗窃与诈骗是对立关系，一行为针对同一具体对象（同一具体结果）也完全可能同时触犯盗窃罪与诈骗罪

B.即使认为故意杀人与故意伤害是对立关系，故意杀人罪与故意伤害罪也存在法条竞合关系

① 参考答案：D

C.如认为法条竞合仅限于侵害一犯罪客体的情形，冒充警察骗取数额巨大的财物时，就会形成招摇撞骗罪与诈骗罪的法条竞合

D.即便认为贪污罪和挪用公款罪是对立关系，若行为人使用公款赌博，在不能查明其是否具有归还公款的意思时，也能认定构成挪用公款罪

两罪名之间存在交迭（交叉或包容）的情况被称为"法条竞合"，亦即，在规范层面上两个罪名法条之间就存在逻辑上的交迭（交叉或包容），立法者也设定好了两罪名交迭时的处理规则。当一个行为触犯了数个竞合法条规定的构成要件时，只能适用其中一个罪名法条，而排除其他罪名法条的适用。例如，贷款诈骗数额较大的，只认定构成贷款诈骗罪，而不再认定构成诈骗罪。对于各个罪名而言，法条竞合可因行为对象、行为手段、结果、主体身份、目的之间的交迭关系，而使罪名之间形成法条竞合。

（一）法条竞合与想象竞合的区别：规范（罪名）层面上的交迭 VS 事实（行为）层面上的交迭

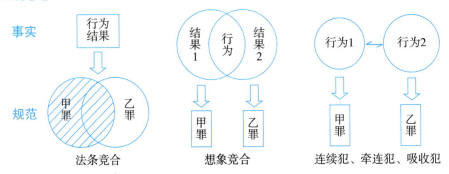

法条竞合是罪名之间本身就存在交迭关系（立法者立法制定罪名时就存在）。法条竞合时，不管现实案情如何，两个罪名条文都具有交迭关系。或者说，是否具有法条竞合关系，并不取决于案件事实，而是取决于立法者在制订罪名法条时，是否就规定了两罪之间存在包容、交叉关系（规范层面上的交迭）。

事例1：第266条规定的诈骗罪与第194条规定票据诈骗罪，均使用了"诈骗"这一动词，且诈骗的对象均为"财物"。据此就能确定二者之间具有法条竞合关系。诈骗罪是一般法，票据诈骗罪是特别法，两罪名之间是一般法与特别法的关系。

而想象竞合则是因行为人实施具体行为时的特殊性造成的，一般是因一行为造成数个结果、侵害数个法益而造成。取决于案件事实，亦即，现实行为触犯了两个不同的法条，不同法条之间不一定具有包容与交叉关系（事实层面上的交迭）。

事例2：第118条规定的破坏电力设备罪与第264条规定的盗窃罪，不存在法条竞合关系。行为人以毁坏方式盗窃正在使用中的电力设备，同时触犯两罪名，系想象竞合。

区分法条竞合与想象竞合的最简单方法：在于看刑法分则对于二罪名有无明确规定交叠关系，或者构成要件有无交叠关系。当形式上一行为触犯两罪，如果刑法明确规定两罪构成要件之间有交迭关系，就是法条竞合；没有明确规定交迭关系，就是想象竞合。

（二）法条竞合的种类

法条竞合，即交迭罪名之间的关系，可分为如下几类：

1. 特别法与一般法的竞合：特别法优于一般法。

独立竞合：特别法优于一般法

　　一般法指适用一般情况的罪名条款，特别法指适用于特别情况（例如对象、手段特殊）的罪名条款。例如诈骗罪适用于一般的诈骗情形，是一般法；而刑法规定使用假合同的方式诈骗钱财的构成合同诈骗罪，则是特殊情况，是特别法。当行为人利用假合同诈骗钱财时，必定是符合诈骗罪条款（一般法）的，但由于系法条竞合，只认为适用合同诈骗罪一个条款（特别法）。此类竞合，相当于"青苹果（特殊法）与苹果（一般法）"的关系。

　　刑法中存在着大量特别法与一般法的法条竞合情形，以下为一些较为常见的情形：（1）刑法第111条规定的为境外窃取、刺探、收买、非法提供国家秘密、情报罪，与第431条第2款规定的为境外窃取、刺探、收买、非法提供军事秘密罪。（2）盗窃罪与第127条规定的盗窃枪支、弹药、爆炸物、危险物质罪（选择性罪名中的部分）。抢夺罪与第127条规定的抢夺枪支、弹药、爆炸物、危险物质罪（选择性罪名中的部分）。（3）抢劫罪与第127条第2款规定的抢劫枪支、弹药、爆炸物、危险物质罪。（4）第133条交通肇事罪与第131条、第132条重大飞行事故罪、铁路运营安全事故罪。（5）第134条重大责任事故罪与第134条第2款～139条规定的强令违章冒险作业罪、重大劳动安全事故罪、大型群众性活动重大安全事故罪、危险物品肇事罪、工程重大安全事故罪、教育设施重大安全事故罪、消防责任事故罪，以及第133条交通肇事罪与第131条、第132条重大飞行事故罪、铁路运营安全事故罪。（6）第140条生产、销售伪劣产品罪与第141～148条规定的生产、销售假药罪，生产、销售劣药罪，生产、销售不符合安全标准的食品罪，生产、销售有毒、有害食品罪，生产、销售不符合标准的医用器材罪，生产、销售不符合安全标准的产品罪，生产、销售伪劣农药、兽药、化肥、种子罪，生产、销售不符合卫生标准的化妆品罪（注意：此竞合刑法强行规定适用重法优于轻法的规则）。（7）国有公司、企业、事业单位人员失职罪与签订、履行合同失职被骗罪。（8）掩饰、隐瞒犯罪所得、犯罪所得收益罪与窝藏、转移、隐瞒毒品、毒赃罪。（9）诈骗罪与集资诈骗罪、贷款诈骗罪、票据诈骗罪、金融凭证诈骗罪、信用证诈骗罪、信用卡诈骗罪、有价证券诈骗罪、保险诈骗罪、合同诈骗罪、骗取出口退税罪。（10）窝藏、包庇罪与包庇毒品犯罪分子罪。（11）滥用职权罪与徇私枉法罪，民事、行政枉法裁判罪，执行判决、裁定滥用职权罪，枉法仲裁罪，私放在押人员罪，徇私舞弊减刑、假释、暂予监外执行罪，徇私舞弊不移交刑事案件罪，不解救被拐卖、绑架妇女、儿童罪，阻碍解救被拐卖、绑架妇女、儿童罪，帮助犯罪分子逃避处罚罪等犯罪。（12）玩忽职守罪与失职致使在押人员脱逃罪，国家机关工作人员签订、履行合同失职被骗罪等犯罪。（13）阻碍军人执行职务罪（368条）与妨害公务罪（277条），冒充军人招摇撞骗罪（372条）与招摇撞骗罪（279条），伪造、变造、买卖武装部队公文、证件、印章罪（375条）与伪造、变造、买卖国家机关公文、证件、印章罪（280条），盗窃、抢夺武装部队公文、证件、印章罪（375条）与盗窃、抢夺、毁灭国家机关公文、证件、印章罪（280条）。

当特别法与一般法的竞合时，一般适用特别法优于一般法的处理原则，以特别法定罪。但是，如果刑法有特别规定则依其规定，例如刑法第149条规定当特别法生产、销售假药罪与一般法生产、销售伪劣产品罪竞合时，适用重法优于轻法的原则。

📋 **经典考题**

关于罪名之间的关系以及认定，以下说法正确的有（　　）（注：根据历年真题拼凑）①

A.窝藏毒品犯罪所得的财物的，属于窝藏毒赃罪与掩饰、隐瞒犯罪所得罪的法条竞合，应以窝藏毒赃罪定罪处刑（2012-2-62-D）

B.侦办案件的警察乙明知丙有罪，但为徇私情，采取毁灭证据的手段使丙未受追诉。乙的行为同时触犯徇私枉法罪与帮助毁灭证据罪、滥用职权罪，但因只有一个行为，应以徇私枉法罪论处（2014-2-63-D）

C.第266条规定的诈骗罪的法定最高刑为无期徒刑，而第198条规定保险诈骗罪的法定最高刑为15年有期徒刑。为了保持刑法的协调和实现罪刑相适应原则，对保险诈骗数额特别巨大的，应以诈骗罪论处（2004-2-86-A）

D.法官执行判决时严重不负责任，因未履行法定执行职责，致当事人利益遭受重大损失，应当认定为玩忽职守罪（2012-2-21-A）

2. 整体法与部分法的竞合：整体法优于部分法。

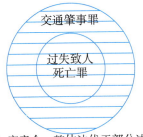

包容竞合：整体法优于部分法

当一个罪名是另一个罪名的组成部分时，就形成了整体法与部分法的竞合。📌**例如**：交通肇事罪（致死）中包括了过失致人死亡的结果，当交通肇事过失致人死亡时，只认定为交通肇事罪（致死）一罪；抢劫罪（使用杀害手段）中包括了故意杀人的手段，当以杀害手段抢劫时，只认定为抢劫罪（致死）一罪；绑架勒索时拘禁他人的，只定绑架罪一罪。此类竞合，相当于"芝麻饼（整体法）与其上芝麻（部分法）"的关系。

当一个行为触犯整体法与部分法时，应适用整体法优于部分法的原则，以整体法定罪。

3. 重法与轻法的交互竞合：重法优于轻法。

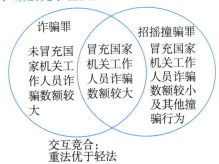

交互竞合：
重法优于轻法

当两个罪名的外延之间存在交叉关系时。►**例如：**①冒充国家机关工作人员诈骗被害人钱财数额较大的，一般被认为是诈骗罪和招摇撞骗罪的交叉部分，由此形成了交互竞合（也有论者认为此情形为想象竞合），应当认定构成重法之罪。②还有，刑法规定以非法占有为目的诈骗银行或者其他金融机构的贷款数额较大的，构成贷款诈骗罪（第193条）；亦即，规定了诈骗的对象是金融机构，而未限定诈骗手段。刑法规定使用伪造、变造、作废、冒用的汇票、本票、支票等手段进行诈骗，构成票据诈骗罪（第194条）；亦即，规定了诈骗的手段是使用不实的票据，而未限定诈骗对象。当行为人使用伪造的支票作为担保，骗取银行贷款时，理论上既符合贷款诈骗罪的规定，又符合票据诈骗罪的规定。但由于两罪名之间存在法条竞合关系，只能适用其中一个法条（由于两罪名法定刑一样，故一般按目的行为即贷款诈骗罪论处）。此类竞合，相当于"苹果梨（兼具苹果和梨的特征）是苹果还是梨"的问题。

重法与轻法的交互竞合，一般认为适用重法优于轻法的原则，以重法定罪。

4. 基本法与补充法的偏一竞合：基本法优于补充法。

基本法是适用案件基本情况的罪名条款，补充法是用于补充基本条件的罪名规定。最典型的例子是拐卖儿童罪与拐骗儿童罪。拐卖儿童罪是以出卖为目的，拐骗、绑架、收买、贩卖、接送、中转儿童的行为（以上行为均可解释为广义的拐骗儿童行为，亦即使儿童脱离监护人监护的行为）。拐卖儿童必须以拐骗儿童为前提，但又超出了拐骗儿童行为本身。两罪是偏一竞合关系，拐骗儿童罪是补充法规定，拐卖儿童罪是基本法规定。拐骗儿童用于出卖的构成拐卖儿童罪，如果不用于出卖则可以构成拐骗儿童罪。此外，传播淫秽物品牟利罪与传播淫秽物品罪之间，也有类似于偏一竞合的关系。此类竞合相当于"主角"（基本法）与"备胎"（补充法）的关系，亦即一个罪名（补充法）是另一个罪名（基本法）的"备胎"，靠不上"主角"基本法，就用"备胎"补充法。

对于基本法与补充法的偏一竞合，适用于基本法优于补充法的原则。

5. 法条竞合的处理规则。

以上法条竞合的处理原则，只是在刑法没有明文规定处理方法时才适用，如果刑法专门规定了处理方法，则应适用刑法规定。例如刑法第149条，就对特别法与一般法的竞合规定了重法优于轻法的原则，此时就不能适用特别法优于一般法的原则。

🔖 **考点归纳**

1. 特别法优于一般法，整体法优于部分法，重法优于轻法，基本法优于补充法。

2. 法条明确规定交叠，就是法条竞合；反之是想象竞合。

🔖 **经典考题**

关于罪数判断，下列哪一选项是正确的？（   ）[①]（2013-2-10）

A. 冒充警察招摇撞骗，骗取他人财物的，适用特别法条以招摇撞骗罪论处

B. 冒充警察实施抢劫，同时构成抢劫罪与招摇撞骗罪，属于想象竞合犯，从一重罪论处

C. 冒充军人进行诈骗，同时构成诈骗罪与冒充军人招摇撞骗罪的，从一重罪论处

D. 冒充军人劫持航空器的，成立冒充军人招摇撞骗罪与劫持航空器罪，实行数罪并罚

[①] **参考答案：** C

第一章　危害国家安全罪

考点说明

本章之下需要掌握的知识点主要有：（1）为境外窃取、刺探、收买、非法提供国家秘密、情报罪与各涉密犯罪（非法获取国家秘密罪，非法持有国家绝密、机密文件、资料、物品罪，故意泄露国家秘密罪，为境外窃取、刺探、收买、非法提供军事秘密罪）之间的关系；（2）叛逃罪的构成要件及罪数。

一、间谍罪

相关法条

第110条【间谍罪】有下列间谍行为之一，危害国家安全的，处十年以上有期徒刑或者无期徒刑；情节较轻的，处三年以上十年以下有期徒刑：（一）参加间谍组织或者接受间谍组织及其代理人的任务的；（二）为敌人指示轰击目标的。

知识点讲解

间谍罪，是指参加间谍组织或者接受间谍组织及其代理人的任务或者为敌人指示轰击目标，危害国家安全的行为。

<table>
<tr><td rowspan="2" colspan="1">客观不法</td><td>客体（法益）</td><td>国家安全</td></tr>
<tr><td rowspan="2">客观方面</td><td>1. 行为：三种行为
（1）参加间谍组织；
（2）接受间谍组织及其代理人的任务；
（3）为敌人指示轰击目标</td></tr>
<tr><td></td><td></td><td>2. 抽象危险结果（行为犯）：行为实施完毕即为既遂</td></tr>
<tr><td rowspan="2">主观责任</td><td>主体要件（责任能力）</td><td>责任年龄：已满16周岁
具有责任能力</td></tr>
<tr><td>主观方面（责任形式）</td><td>间谍故意：明知对方是间谍组织、间谍组织代理人；明知对方是敌人</td></tr>
</table>

1.行为：三种间谍行为。（1）参加间谍组织。指加入外国政府或者境外势力建立的旨在收集其他国家情报，对他国进行颠覆破坏活动，破坏他国国家安全和利益的组织，成为其成员。

（2）接受间谍组织及其代理人的任务。指尚未加入间谍组织，而是接受间谍组织以及间谍组织代理人的指令，完成其所交给的收集情报等任务。（3）为敌人指示轰击目标。即采用各种手段向敌人指示其所轰击（轰炸炮击）的目标。

本案是行为犯（抽象危险犯），行为实施完毕即为既遂。

2.行为主体为一般主体。对于国籍没有限制，既可以是中国公民，也可以是外国公民、无国籍人。

3.责任形式：故意。实施第一种行为须明知是外国或境外势力建立的间谍组织而参加；实施第二种行为须明知是间谍组织或间谍组织代理人的任务而接受；实施第三种行为须明知对方是敌人。敌人即与我国处于敌对关系的一方，或者与我国处于交战状态的一方。

行为人是否明知对方是间谍组织、间谍组织代理人、敌人，是区分本罪与其他涉密犯罪（如为境外窃取、刺探、收买、非法提供国家秘密、情报罪，故意泄露国家秘密罪，非法获取国家秘密罪等）的关键。

4.本罪与拒绝提供间谍犯罪证据罪的关系。《刑法》第311条规定的是拒绝提供间谍犯罪证据罪，指明知他人有间谍犯罪行为，在国家安全机关向其调查有关情况、收集有关证据时，拒绝提供，情节严重的行为。该罪属于妨害司法罪，系不作为犯。根据《国家安全法》第26条的规定，公民有提供间谍犯罪证据的作为义务，拒不提供触犯该罪。可将拒绝提供间谍犯罪证据罪理解为间谍犯罪的事后犯，行为人在他人实施间谍罪之后拒不提供犯罪证据构成该罪；但如行为人本人事前、事中参与实施了间谍活动，则构成间谍罪。

经典考题

某国家机关工作人员甲借到M国探亲的机会滞留不归。一年后甲受雇于N国的一个专门收集有关中国军事情报的间谍组织，随后受该组织的指派潜回中国，找到其在某军区参谋部工作的战友乙，以1万美元的价格从乙手中购买了3份军事机密材料。对甲的行为应如何处理？（　）[①]（2002-2-11）

A.以叛逃罪论处　　　　　　　　　B.以叛逃罪和间谍罪论处

C.以间谍罪论处　　　　　　　　　D.以非法获取军事秘密罪论处

二、为境外窃取、刺探、收买、非法提供国家秘密、情报罪

相关法条

第111条【为境外窃取、刺探、收买、非法提供国家秘密、情报罪】为境外的机构、组织、人员窃取、刺探、收买、非法提供国家秘密或者情报的，处五年以上十年以下有期徒刑；情节特别严重的，处十年以上有期徒刑或者无期徒刑；情节较轻的，处五年以下有期徒刑、拘役、管制或者剥夺政治权利。

知识点讲解

为境外窃取、刺探、收买、非法提供国家秘密、情报罪，是指明知是境外的机构、组织、人员而为其窃取、刺探、收买、非法提供国家秘密、情报的行为。

1.对象：境外的组织、机构、人员。（1）"境外"即我国大陆地区以外，包括外国和港

[①] 参考答案：C

澳台地区，并不要求境外的组织、机构、人员与我国为敌。（2）如果境外的组织、机构、人员属于间谍组织、间谍组织代理人，行为人明知而实施为其窃取、刺探、收买、非法提供国家秘密、情报的行为，应当认定构成间谍罪。（3）如果对象是境内组织、机构、人员，行为人为其窃取、刺探、收买、非法提供国家秘密、情报的行为，构成非法获取国家秘密罪、故意泄露国家秘密罪等犯罪。

2.行为对象：国家秘密、情报。国家秘密：《保守国家秘密法》及《实施办法》确定的事项，指关系国家的安全和利益，依照法定程序确定，在一定时间内只限一定范围的人员知情的事项。国家秘密的密级分为绝密、机密、秘密。情报：关系到国家安全和利益，尚未公开或者依照有关规定不应公开的事项（属缩小解释）。

3.行为：四种形式，窃取、刺探、收买、非法提供。非法提供：指违反法律规定而提供；通过互联网将国家秘密或情报非法发送给境外的机关、组织、人员的，也属非法提供，可构成本罪。

4.责任形式：故意。明知对象人是境外的组织、机构、人员，并且明知对象是国家秘密、情报，仍然窃取、刺探、收买、非法提供。行为人知道或者应当知道没有标明密级的事项关系国家安全和利益，而为境外的机构、组织、人员窃取、刺探、收买、非法提供的，也认为有故意，构成本罪。

★ 5.重点考点：各涉密犯罪之间的关系和区别。

第一章　危害国家安全罪		
第 110 条	间谍罪	可包容其他涉密犯罪
第 111 条	为境外窃取、刺探、收买、非法提供国家秘密、情报罪	可包容以下涉密犯罪
第六章　妨害社会管理秩序罪　第一节　扰乱公共秩序罪		
第 282 条第 1 款	非法获取国家秘密罪	不具合法掌管秘密资格者获取、持有
第 2 款	非法持有国家绝密、机密文件、资料、物品罪	
第九章　渎职罪		
第 398 条	故意泄露国家秘密罪	掌管秘密者泄露
	过失泄露国家秘密罪	
第十章　军人违反职责罪		
第 431 条第 1 款	非法获取军事秘密罪	特别法 军人 + 军事秘密
第 2 款	为境外窃取、刺探、收买、非法提供军事秘密罪	
第 432 条	故意泄露军事秘密罪	
	过失泄露军事秘密罪	

实际上，在原理上：军人违反职责罪中 4 个涉密犯罪与相对应的 4 个普通罪名之间，是特别法（主体身份、犯罪对象特殊）与一般法的法条竞合关系，适用特别法。间谍罪可包容为境

外窃取、刺探、收买、非法提供国家秘密、情报罪；而为境外窃取、刺探、收买、非法提供国家秘密、情报罪可包容非法获取国家秘密罪、故意泄露国家秘密罪等罪（整体法与部分法的法条竞合关系，适用整体法）。一般实务中，可如下区分：

（1）首先看行为人是否明知对象的情况。如明知对象是间谍组织或代理人，构成间谍罪。如明知对象是境外组织、机构、人员，构成为境外窃取、刺探、收买、非法提供国家秘密、情报罪。在行为人认为对象是境内人员时：如行为人本人是国家秘密的合法持有人，则构成故意、过失泄露国家秘密罪；如行为人本人没有持有国家秘密的合法权限，则构成非法获取、非法持有国家秘密犯罪。

（2）其次看主体身份，军人违反职责罪中的4个罪名只能由军人构成（系身份犯），对象是军事秘密。故而，若系军人非法获取，为境外窃取、刺探、收买、非法提供，故意泄露、过失泄露军事秘密的，构成该4个罪名。军人涉嫌其他非军事秘密的国家秘密、情报的，构成普通罪名。普通人涉嫌包括军事秘密在内的国家秘密、情报的，构成普通罪名，即（合法持有者）故意、过失泄露国家秘密罪，（非法获取者）非法获取、非法持有国家秘密犯罪，（合法持有者、非法获取者均可）为境外窃取、刺探、收买、非法提供国家秘密、情报罪。军人明知对方是间谍组织或代理人，无论提供军事秘密还是非军事秘密，均构成间谍罪。

（3）行为人主观认定与客观对象不一致的，适用总论中认识错误的处理规则，在主观、客观一致的范围内构成犯罪（较轻之罪）。

（4）相关司法解释对于利用互联网实施涉密犯罪的，也是按上述原理进行规定的。知晓是国家秘密通过互联网发送给境外，构成为境外窃取、刺探、收买、非法提供国家秘密、情报罪。将国家秘密通过互联网予以发布的，以故意泄露国家秘密罪定罪处罚。利用计算机实施窃取国家秘密的，按目的行为（非法获取国家秘密罪、为境外窃取……、间谍罪等）定罪处罚。

经典考题

某国间谍戴某，结识了我某国家机关机要员黄某。戴某谎称来华投资建厂需了解政策动向，让黄某借工作之便为其搞到密级为"机密"的《内参报告》四份。戴某拿到文件后送给黄某一部手机，并为其子前往某国留学提供了六万元资金。对黄某的行为如何定罪处罚？（　　）[①]（2009-2-13）

A.资助危害国家安全犯罪活动罪、非法获取国家秘密罪，数罪并罚

B.为境外窃取、刺探、收买、非法提供国家秘密、情报罪与受贿罪，数罪并罚

C.非法获取国家秘密罪、受贿罪，数罪并罚

D.故意泄露国家秘密罪、受贿罪，从一重罪处断

三、资助危害国家安全犯罪活动罪

相关法条

第107条【资助危害国家安全犯罪活动罪】境内外机构、组织或者个人资助实施本章第一百零二条(背叛国家罪)、第一百零三条(分裂国家罪，煽动分裂国家罪)、第一百零四条(武装叛乱、暴乱罪)、

[①] 参考答案：B

第一百零五条（颠覆国家政权罪，煽动颠覆国家政权罪）规定之罪的，对直接责任人员，处五年以下有期徒刑、拘役、管制或者剥夺政治权利；情节严重的，处五年以上有期徒刑。

💡 知识点讲解

资助危害国家安全犯罪活动罪，是指境内外机构、组织或者个人，资助他人实施背叛国家，分裂国家，煽动分裂国家，武装叛乱、暴乱，颠覆国家政权、煽动颠覆国家政权六种危害国家安全犯罪活动的行为。

1.行为主体：境内外机构、组织或者个人。对于国籍没有限制。

2.资助对象：境内外机构、组织或者个人，不限境内、境外。对于国籍没有限制。（《刑法修正案八》修正）

3.资助的对象行为（6种）：背叛国家，分裂国家，煽动分裂国家，武装叛乱、暴乱，颠覆国家政权，煽动颠覆国家政权。资助其他危害国家安全活动的，如资助间谍罪、叛逃罪等，视情况不同构成这些犯罪的共同犯罪，或窝藏、包庇罪等。

4.行为：资助行为。指提供经费、场所和物资。犯罪之前、之中、之后资助均可。资助行为既包括部分帮助行为（帮助行为正犯化），又包括不成立共同犯罪的资助行为（如在他人犯罪之后资助）。但行为人的行为如果超出资助范围，共同故意组织、策划、实行、煽动、教唆的，应认定与他人犯罪成立共同犯罪。

📋 拓展习题

某国有全资公司总经理甲，趁到某国因公出差期间，擅离岗位，拒不回国。后加入该国间谍组织，化名后潜回国内收集情报。购买了窃照专用数码相机，混入我国某地军港拍摄机密武器设备的照片。后甲的行踪被发现，遂将数码相机存放于朋友乙处，慌忙逃至国外。我国国家安全人员在向乙调查甲案时，乙拒绝交出其相机。经查，甲的另一同事丙也知情甲的行为，因对社会的不满，知情甲的情况后，曾在之前给国外的甲汇款2万元，用以"支持甲的事业"。则以下说法正确的有（   ）①

A．甲构成叛逃罪，为境外刺探国家情报罪，应当两罪并罚

B．丙构成间谍罪的帮助犯

C．丙构成资助危害国家安全犯罪活动罪

D．甲、乙、丙三人构成共同犯罪

解析：（1）对于甲，国有公司全资公司总经理不是国家机关工作人员，题意也未明示其掌握国家秘密，不符合叛逃罪的主体，甲不构成该罪。甲加入间谍组织收集情报，构成间谍罪。

（2）对于乙，乙是在甲犯罪完毕之后帮助其保管犯罪所用工具，与甲不构成共同犯罪。其拒绝交出其相机的行为构成拒不提供间谍犯罪证据罪。

（3）对于丙，丙资助甲的间谍犯罪，不属资助危害国家安全犯罪活动罪的6种资助的对象行为，不构成资助危害国家安全犯罪活动罪。但可构成帮助犯。

故而，只有选项B正确。

---

① 参考答案：B

四、叛逃罪

📖 相关法条

第109条【叛逃罪】国家机关工作人员在履行公务期间，擅离岗位，叛逃境外或者在境外叛逃的，处五年以下有期徒刑、拘役、管制或者剥夺政治权利；情节严重的，处五年以上十年以下有期徒刑。

掌握国家秘密的国家工作人员叛逃境外或者在境外叛逃的，依照前款的规定从重处罚。

💡 知识点讲解

叛逃罪是指国家机关工作人员或者掌握国家秘密的国家工作人员在履行公务期间，擅离岗位，叛逃境外或者在境外叛逃的行为。

1.两种主体，两类行为：（1）国家机关工作人员，在履行公务期间，擅离岗位，叛逃境外或者在境外叛逃的。包括：在境内履行公务期间叛逃至境外，或者在境外履行公务期间叛逃。（2）掌握国家秘密的国家工作人员，叛逃境外或者在境外叛逃。

2.行为犯（抽象危险犯）。本罪成立不再需要行为人另外实施"危害中华人民共和国国家安全"行为（《刑法修正案八》修正时已删除这一要素），行为人只要实施叛逃行为，本身就造成了危害国家安全的结果（抽象危险结果）。如果叛逃之后另外实施其他危害国家安全行为，应当数罪并罚。

3.叛逃至境外行为实施完毕才认定为既遂。"王立军叛逃案"提出的问题是：叛逃进入外国驻华使领馆，是否属于已经叛逃至"境外"，亦即，外国驻华使领馆可否解释到"境外"之中。如按地理观念进行解释，外国驻华使领馆仍系中国领土，不能认为是"境外"。

📋 经典考题

甲系海关工作人员，被派往某国考查。甲担心自己放纵走私被查处，拒不归国。为获得庇护，甲向某国难民署提供我国从未对外公布且影响我国经济安全的海关数据。关于本案，下列哪一选项是错误的？（ ）① （2012-2-14）

A.甲构成叛逃罪

B.甲构成为境外非法提供国家秘密、情报罪

C.对甲不应数罪并罚

D.即使《刑法》分则对叛逃罪未规定剥夺政治权利，也应对甲附加剥夺1年以上5年以下政治权利

---

① 参考答案：C

第二章　危害公共安全罪

考点说明

本章之下需要掌握的知识点主要有：（1）危害公共安全犯罪（投放危险物质罪、放火罪、爆炸罪等）与侵害人身权利、财产权利犯罪（故意杀人罪、故意毁坏财物罪等）的区别（"公共安全"的含义）；（2）以危险方法危害公共安全罪："危险方法"、"公共安全"的理解；（3）破坏公共设施类犯罪（如破坏电力设备罪）与盗窃罪的想象竞合；（4）涉枪犯罪的认定及罪数关系；（5）交通肇事罪：基本犯的构成要件，以及与以危险方法危害公共安全罪、重大责任事故罪的区别，因逃逸致人死亡，教唆逃逸致人死亡的"共犯"；（6）危险驾驶罪：道路、机动车、醉酒、追逐竞驶、故意，与交通肇事罪关系（《刑法修正案（九）》增设的二行为：从事校车业务或者旅客运输业务严重超载或严重超速、违规运输危险化学品）；（7）重大责任事故罪、危险物品肇事罪，系过失以危险方法危害公共安全罪的特别法。

知识点讲解

危害公共安全罪侵犯的法益是公共安全，亦即不特定或者多数人的生命、健康安全以及公众生活的平稳与安宁。这是本章之罪区别于如故意杀人罪（侵害个人人身权利）、故意毁坏财物罪（财产权利犯罪）等罪的本质特征所在，也是司法考试的重点考点之一。

公共安全：指不特定或者多数人的生命、健康安全以及公众生活的平稳与安宁。

公共安全：指不特定或者多数人的生命、健康安全以及公众生活的平稳与安宁	
"不特定"	侵害后果规模较大、无法预料和控制
"多数人"	具有公众性与社会性

（1）**"不特定"：侵害后果规模较大、无法预料和控制**。犯罪行为可能侵犯的对象和可能造成的结果事先无法确定，行为人对此既无法具体预料也难以实际控制，行为造成的危险或者侵害结果可能随时扩大或增加。例如：在公共食堂的米饭中投毒，尽管最终只造成死亡一人的结果，但可能造成不可预料的多人死亡，故构成投放危险物质罪。这里的"不特定"针对的是造成危害结果的规模，而并不是指具体侵害对象不确定。例如：在高楼上往楼下人群中扔砖头砸死一人，持单发手枪往人群中胡乱射击打死一人，具体侵害对象虽不确定，但损害后果只能致一人死亡，因此

不能构成以危险方法危害公共安全罪，只能以故意杀人罪论处。

（2）"**多数人**"：**具有公众性与社会性**，难以用具体数字表述，行为会使较多的人（即使是特定的多数人）遭受生命、健康受到威胁。**例如**：放火烧楼，尽管楼内100人具体为谁都有名有姓，但人数众多，应认定为放火罪。

（3）**纯粹的重大财产损失不属于公共安全**，"使公私财产遭受重大损失"，是以危害不特定或者多数人的生命、身体安全为前提的。**例如**：毁坏了价值极其昂贵的国宝级文物，或者在小区投放对人体无害的药物使名贵宠物猫狗大面积死亡的，尽管损失价值可能非常高昂，但均不会危害人员安全，都只能认定为故意损毁文物罪、故意毁坏财物罪，而不能认定为以危险方法危害公共安全罪或者投放危险物质罪。

判断行为人实施的行为（特别是点火、投放危险物质等）是危害公共安全类犯罪还是侵犯个人法益的犯罪，具体而言应当考虑：（1）行为发生的场景，如发生在公共领域，可能造成规模较大的损害后果，则应认定为危害公共安全类犯罪；相反，如发生在私人领域、针对特定少数人实施，则应认定为侵犯个人法益的犯罪。例如：在公用水井里投毒应认定为投放危险物质罪；在别人家里的水缸里投毒针对少数特定人的，应当认定为故意杀人罪。（2）行为本身行为形式及一次行为可以造成的损害后果规模。例如：在广场上引爆炸药，一次能炸死多人，应为爆炸罪。在广场上见人就捅，一次只能致一人死亡，应为故意杀人罪。

经典考题

甲曾向乙借款9000元，后不想归还借款，便预谋毒死乙。甲将注射了"毒鼠强"的白条鸡挂在乙家门上，乙怀疑白条鸡有毒未食用。随后，甲又乘去乙家串门之机，将"毒鼠强"投放到乙家米袋内。后乙和其妻子、女儿喝过米汤中毒，乙死亡，其他人经抢救脱险。关于甲的行为，下列哪些选项是错误的？（　　）[①]（2008-2-60）

A. 构成投放危险物质罪

B. 构成投放危险物质罪与抢劫罪的想象竞合犯

C. 构成投放危险物质罪与故意杀人罪的想象竞合犯

D. 构成抢劫罪与故意杀人罪的吸收犯

一、以危险方法危害公共安全类犯罪

以危险方法危害公共安全类犯罪包括放火罪、爆炸罪、投放危险物质罪、决水罪，以及兜底性质的以危险方法危害公共安全罪。这些犯罪的共同特征，除了针对公共安全，行为手段都要求是"危险方法"即一次行为能造成大规模人员死亡的方法。此类犯罪的责任形式均为故意，如为过失则构成对应的失火罪、过失爆炸罪、过失投放危险物质罪、过失决水罪、过失以危险方法危害公共安全罪。此类犯罪的结果有两种：发生实害结果的构成实害犯；发生具体危险结果的构成危险犯。

在司法考试中，重点考点有：（1）以危险方法危害公共安全罪；（2）放火罪、投放危险物质罪等与故意杀人罪、故意毁坏财物罪的区别；（3）过失以危险方法危害公共安全类犯罪（如失火罪、过失爆炸罪）与本章特别法条（如重大责任事故罪、危险物品肇事罪、交通肇事罪）的关系。

[①] **参考答案：ABCD**

📖 **相关法条**

第114条【放火罪、决水罪、爆炸罪、投放危险物质罪、以危险方法危害公共安全罪的危险犯】放火、决水、爆炸以及投放毒害性、放射性、传染病病原体等物质或者以其他危险方法危害公共安全，尚未造成严重后果的，处三年以上十年以下有期徒刑。

第115条【放火罪、决水罪、爆炸罪、投放危险物质罪、以危险方法危害公共安全罪的实害犯】放火、决水、爆炸以及投放毒害性、放射性、传染病病原体等物质或者以其他危险方法致人重伤、死亡或者使公私财产遭受重大损失的，处十年以上有期徒刑、无期徒刑或者死刑。

【失火罪、过失决水罪、过失爆炸罪、过失投放危险物质罪、过失以危险方法危害公共安全罪】过失犯前款罪的，处三年以上七年以下有期徒刑；情节较轻的，处三年以下有期徒刑或者拘役。

💡 **知识点讲解**

罪名	危险方法（手段行为）	危害公共安全（结果）
放火罪	放火	不特定或者多数人的人身安全及安宁 实害结果：实害犯 危险结果：危险犯
决水罪	决水	
爆炸罪	爆炸	
投放危险物质罪	投放危险物质	
以危险方法危害公共安全罪	其他危险方法：一次行为能造成大规模损害 通常形式：朝人群驾车冲撞、私设电网、破坏矿井通风设备等	
一次能造成大规模损害，方为"危险方法"		

（一）放火罪（失火罪）；爆炸罪

放火罪是指故意纵火引起火灾，危害公共安全的行为。失火罪指过失引发火灾，造成重大损失的行为。

构成特征：

1.放火行为。"放火"是指故意使对象物燃烧、引起火灾的行为。放火行为可由作为构成，也可由不作为构成（不纯正的不作为犯）。例如，负有看管职责的仓库保管员明知燃烧的蜡烛极可能倒下引起火灾，而故意不熄灭，果然引起大火，构成不作为的放火罪。放火行为一般是引燃引火物之后再引燃对象物，对于引火物并未限制，只要燃料对象物足以危害公共安全的，都属放火。例如，自焚行为足以危害公共安全的；燃烧财物（不管财物是他人所有还是自己所有）足以危害公共安全的，都属放火。

2.责任形式：故意（放火罪）。区分故意与过失（失火罪）。有意实施点火行为，但对火灾结果是过失的，应当认定为失火罪。

3.危害结果：危险和实害。本罪有危险犯和实害犯两种情形。

4.此罪彼罪、一罪数罪

①放火罪与故意毁坏财物罪、故意杀人罪的区别：放火行为是否危害公共安全。

②以爆炸的方式引发火灾、水患，如爆炸行为本身不足以危害公共安全，应当认定为放火罪、决水罪；如爆炸行为本身足以危害公共安全，则应当择一重罪处断。

③放火罪的实害犯可以包容故意伤害罪、故意杀人罪，过失致人重伤罪、过失致人死亡罪、故意毁坏财物罪等。触犯放火罪而导致人员死伤、财物毁损结果的，应当以放火罪一罪论处。

④失火罪一般发生在日常生活中。对于生产作业中由于违反操作规程而过失导致火灾的，定重大责任事故犯罪（如重大责任事故罪、危险物品肇事罪等）。

⑤实施了其他犯罪后为了销毁罪证而放火，为了骗取保险金而放火并且已经着手骗取保险金的，数罪并罚。

（二）投放危险物质罪

投放危险物质罪是指故意投放毒害性、放射性、传染病病原体等物质，危害公共安全的行为。

1.危险物质：真实的毒害性、放射性、传染病病原体等物质，包括气体、液体、固体。投放虚假的危险物质，严重扰乱社会秩序的，构成投放虚假危险物品罪。

2.投放：包括释放至公共场所，如非法开启装有放射性物质的容器。

3.投放危险物质罪与故意杀人罪的区分。前者是针对不特定多数人即公共安全，后者是针对特定对象。

4.投放危险物质罪与危险物品肇事罪（过失）的区分。投放危险物质罪是故意犯罪，在危险物品肇事罪中，行为人实施的违规行为（违反危险物品管理规章）可能是故意，但对于事故结果的造成是过失的；并且，此罪一般发生在特定的生产作业中。

5.投放危险物质罪与污染环境罪的关系。违反国家规定，排放、倾倒、处置含有毒害性、放射性、传染病病原体等物质的污染物，同时构成污染环境罪、投放危险物质罪的，是想象竞合，择一重罪处断（《最高人民法院、最高人民检察院关于办理环境污染刑事案件适用法律若干问题的解释》第8条）。

★（三）以危险方法危害公共安全罪

以危险方法危害公共安全罪是指使用放火、决水、爆炸、投放危险物质以外的其他方法（与前述列举方法性质相当的行为形式），危害公共安全的行为。

1."危险方法"：应当与放火、决水、爆炸、投放危险物质的方法性质相当，亦即，一次行为能够导致大规模人员死伤的手段方法。只造成多数人心理恐慌而无实际的重大损害危险的，不能认为是"危险方法"。例如，在公共场所开枪射击或者乱刺他人的，宜认定为故意杀人罪、故意伤害罪。

本罪"危险方法"的表现形式通常有：在繁华地段驾车任意冲撞撞死多人；在公共场所私设电网；故意破坏矿井通风设备；故意采集、输送坏血；在人多车多的道路上故意制造交通事故等。

2.必须危害到"公共安全"才能认定为本罪，仅只是直接毁坏财物、侵害个人的，不能认定为本罪。例如：盗窃公路井盖的行为，一般认定为盗窃罪；即使危害公共安全的（例如可使汽车倾覆、毁坏的），也宜认定为破坏交通设施罪。盗窃消防设备，导致火灾时无法使用的，也只能认定为盗窃罪。

3.本罪是以危险方法危害公共安全类犯罪中的兜底罪名，也是本章故意危害公共安全类犯罪中的兜底罪名（补充法）。能够以其他特别的危害公共安全罪名认定的，不认定为本罪。

▶**例如：** 在高速公路上放置大石头，故意使过往汽车撞上翻车，应认定为破坏交通设施罪。

以危险方法危害公共安全的行为

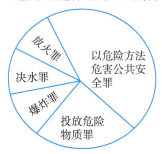

4.本罪的责任形式为故意。如对危害公共安全的结果系过失，认定为过失以危险方法危害公共安全罪。

5.已满14周岁不满16周岁的人，仅对放火、爆炸、投放危险物质行为负刑事责任，而对决水、以其他危险方法危害公共安全的行为不负刑事责任。如其决水、以其他危险方法危害公共安全致人重伤、死亡的，可构成故意伤害罪、故意杀人罪。

6.邪教组织人员以自焚、自爆或者其他危险方法危害公共安全的，分别依照放火罪等以危险方法危害公共安全罪等规定定罪处罚。

▤ **经典考题**

甲对拆迁不满，在高速公路中间车道用树枝点燃一个焰高约20厘米的火堆，将其分成两堆后离开。火堆很快就被通行车辆轧灭。关于本案，下列哪一选项是正确的？①(2016-2-12)

A.甲的行为成立放火罪

B.甲的行为成立以危险方法危害公共安全罪

C.如认为甲的行为不成立放火罪，那么其行为也不可能成立以危险方法危害公共安全罪

D.行为危害公共安全，但不构成放火、决水、爆炸等犯罪的，应以危险方法危害公共安全罪论处

▤ **拓展习题**

关于以危险方法危害公共安全类犯罪，以下说法不正确的有（　　）②

A.甲为了报复社会，在人群众多的大街上持刀见人就砍，砍死9人，砍伤14人，构成以危险方法危害公共安全罪

B.甲携带装有艾滋病患者血液的注射器，在街上见人就扎，引起社会公众的极度恐慌，构成以危险方法危害公共安全罪

---

① **参考答案：** C
② **参考答案：** ABCD

C. 甲持单发手枪，朝人多的广场上随意开枪，果然打死一人，构成以危险方法危害公共安全罪

D. 汽车修理店的甲为了多挣钱，在高速公路上放置大石头，希望来往汽车撞坏后到其店里修理；当晚乙驾驶货车经过时撞上大石头导致车毁人亡。甲构成以危险方法危害公共安全罪

解析：A选项、B选项、C选项，虽造成重大损失后果和社会秩序的混乱，但一次行为只能造成一人死亡、伤害，不属"危险方法"（一次行为可造成大规模伤亡的方法），故而应当认定为故意杀人罪、故意伤害罪，而不认定为以危险方法危害公共安全罪。D选项，以特别法破坏交通设施罪论处，不再以以危险方法危害公共安全罪定罪。

二、破坏公共设施类犯罪

破坏公共设施类犯罪的共同点是：破坏的对象都是"正在使用中的"公共设施。本类犯罪也有危险犯和实害犯的分别。

行为		对象	危险结果	罪名	罪数
破坏	正在使用中的	5种交通工具：火车、汽车（包括拖拉机）、电车（包括缆车）、船只、航空器	发生倾覆、毁坏危险	破坏交通工具罪	想象竞合：同时触犯盗窃罪的
功能性破坏	正在行驶、已交付使用、不需再检修就可使用	交通设施：轨道、桥梁、隧道、公路、机场、航道、灯塔、标志，以及其附属设施（如专用线路）		破坏交通设施罪	
		电力设备	足以危害公共安全	破坏电力设备罪	
		易燃易爆设备		破坏易燃易爆设备罪	
破坏 + 正在使用 + 特定公共设备 + 公共安全危险 = 破坏公共设施类犯罪					

☆（一）破坏交通工具罪

📖 **相关法条**

第116条【破坏交通工具罪的危险犯】破坏火车、汽车、电车、船只、航空器，足以使火车、汽车、电车、船只、航空器发生倾覆、毁坏危险，尚未造成严重后果的，处三年以上十年以下有期徒刑。

第119条【破坏交通工具罪、破坏交通设施罪、破坏电力设备罪、破坏易燃易爆设备罪的实害犯】破坏交通工具、交通设施、电力设备、燃气设备、易燃易爆设备，造成严重后果的，处十年以上有期徒刑、无期徒刑或者死刑。

💡 **知识点讲解**

破坏交通工具罪，是指故意破坏正在使用中的火车、汽车、电车、船只、航空器，足以使其发生倾覆、毁坏危险，或者造成严重后果的行为。

1. 对象：正在使用（关涉不特定或者多数人的生命、健康安全）的交通工具（火车、汽车、电车、船只、航空器5种）。

（1）大型拖拉机可扩大解释到汽车中；缆车可解释到电车中；载多人的电瓶车既可归入

汽车也可归入电车。破坏自行车、人力三轮车、马车等非机动交通工具的，不足以危害公共安全，不构成本罪。

（2）正在使用：正在行驶、已交付使用、不需再检修就可使用。

2.破坏行为：对功能进行破坏。劫持火车、电车的行为，足以使火车、电车发生倾覆、毁坏危险的，也可认定为破坏行为，而定本罪。

3.具体危险犯：足以造成交通工具倾覆、毁坏的危险。实害犯：造成严重后果。这里的"毁坏"不是指财物价值的贬损，而是指造成交通工具的性能丧失、报废或者其他重大毁损，因而对人的生命、身体产生危险。

4.此罪彼罪、一罪数罪：

（1）与盗窃罪、故意毁坏财物罪。出于贪利动机窃取交通工具的部件，或者毁坏交通工具，如非关键部件，不会造成倾覆、毁坏危险的，数额较大的，构成盗窃罪、故意毁坏财物罪。如系关键部件，会造成倾覆、毁坏危险，同时数额较大的，同时也会触犯破坏交通工具罪，应按想象竞合择一重罪处断。

（2）与放火罪、爆炸罪。放火烧车引起汽车爆炸危害公共安全的，应当以直接导致危害公共安全结果的行为认定，认定为爆炸罪。

（3）与破坏生产经营罪。由于泄愤报复或者其他个人目的，毁坏正在使用中的交通工具，以破坏生产经营的，如足以造成倾覆、毁坏危险，应当认定为破坏交通工具罪、破坏生产经营罪的想象竞合，应择一重罪处断。

☆（二）破坏电力设备罪

破坏电力设备罪，是指故意破坏正在使用中的电力设备，危害公共电力安全的行为。

1.对象系正在使用中（包括已交付使用）的电力设备。

（1）尚未安装完毕的农用低压照明电线路，不属于正在使用中的电力设备。

（2）已经通电使用，只是由于枯水季节或电力不足等原因，而暂停供电的线路，仍应认为是正在使用的电力设备。

（3）偷割已经安装完毕，但还未供电的电力线路：未正式交付电力部门使用的，不属正在使用的；已交付电力部门使用的，属于正在使用中的电力设备。

（4）拆盗某些排灌站、加工厂等生产单位正在使用中的电机设备等，没有危及社会公共安全，应按盗窃罪、破坏生产经营罪、故意毁坏财物罪处理。

2.与盗窃罪的关系。盗窃电力设备数额较大，没有危害公共电力安全的，构成盗窃罪；数额较大，同时危害公共电力安全的，按盗窃罪、破坏电力设备罪想象竞合择一重罪处断。

（三）破坏交通设施罪

📖 相关法条

第117条【破坏交通设施罪的危险犯】破坏轨道、桥梁、隧道、公路、机场、航道、灯塔、标志或者进行其他破坏活动，足以使火车、汽车、电车、船只、航空器发生倾覆、毁坏危险，尚未造成严重后果的，处三年以上十年以下有期徒刑。

💡 **知识点讲解**

破坏交通设施罪，是指故意破坏轨道、桥梁、隧道、公路、机场、航道、灯塔、标志或者进行其他破坏活动，足以使火车、汽车、电车、船只、航空器发生倾覆、毁坏危险的行为。

1.交通设施：包括轨道、桥梁、隧道、公路、机场、航道、灯塔、标志，以及其附属物（如专用线路）。

2.破坏行为：包括使交通设施本身遭受毁损和使交通设施丧失应有性能的行为，如拆卸铁轨、拔掉轨道枕木、毁损交通标志、熄灭灯塔上的灯光、在公路或机场上挖坑掘穴等。

3.具体危险犯：足以使交通工具发生倾覆、毁坏的危险。▶ **例如**：盗窃高速公路附属设施，如果足以使汽车对撞、倾覆；盗窃高速公路中央栅栏，如盗窃后路中间没有其他隔离物，或者盗窃高速公路旁边的栅栏；如栅栏外是车辆、多人通行的辅助车道，盗窃后有造成车祸事故的危险，宜认定为破坏交通设施罪。如果没有造成车祸事故的危险，例如，盗窃高速公路旁边的栅栏，栅栏外是没有车辆的平地，宜认定为盗窃罪。

（四）破坏易燃易爆设备罪

破坏易燃易爆设备罪，是指故意破坏正在使用中的燃气或者其他易燃易爆设备，危害公共安全的行为。

1.破坏易燃易爆设备：包括煤气发生炉，净化系统的燃气净化装置，输送系统的输送设备如排送机器、输送管道以及贮存设备如储气罐；石油、化工、炸药方面的油井、油库、贮油罐、石油输送管道、液化石油罐、汽油加油站，以及酒精、煤油、丙酮、炸药、火药等易燃易爆物品的生产、贮存、运送设备等。

2.正在使用的油田输油管道，属于易燃易爆设备。

3.想象竞合：在实施盗窃油气等行为过程中，采用切割、打孔、撬砸、拆卸、开关等手段，破坏正在使用中的油气设备，危害公共安全的，触犯本罪，如盗窃数额较大，也触犯盗窃罪，按想象竞合择一重罪处断。

📋 **经典考题**

陈某欲制造火车出轨事故，破坏轨道时将螺栓砸飞，击中在附近玩耍的幼童，致其死亡。陈某的行为被及时发现，未造成火车倾覆、毁坏事故。关于陈某的行为性质，下列哪一选项是 正确 的？① (2016-2-13)

A.构成破坏交通设施罪的结果加重犯

B.构成破坏交通设施罪的基本犯与故意杀人罪的想象竞合犯

C.构成破坏交通设施罪的基本犯与过失致人死亡罪的想象竞合犯

D.构成破坏交通设施罪的结果加重犯与过失致人死亡罪的想象竞合犯

---

① **参考答案：C**

拓展习题

关于危害公共安全类的犯罪，以下说法正确的有（　　）①

A. 甲为讨薪，持一块大石头砸坏一辆公交车的车门，甲构成破坏交通工具罪

B. 甲偷走供行人行走的道路上的下水井盖，甲构成破坏交通设施罪

C. 甲偷走高速公路上"前方有加油站""前方有服务区"标志（价值 3000 元），触犯盗窃罪、破坏交通设施罪，应当择一重处

D. 甲砸坏输油管道偷取石油数额较大，触犯盗窃罪、破坏易燃易爆设备罪，应当择一重处

解析： A、B、C 选项，没有造成公共安全危险的可能，不构成破坏公共设施类犯罪。D 选项说法正确。

三、恐怖犯罪

罪名	行为	考点
组织、领导、参加恐怖组织罪	组织、领导，参加恐怖活动组织	犯本罪并实施杀人、爆炸、绑架等犯罪的，数罪并罚
帮助恐怖活动罪	资助恐怖活动组织、实施恐怖活动的个人的，或者资助恐怖活动培训；招募、运送人员	与帮助行为正犯化的关系
准备实施恐怖活动罪	准备凶器、危险物品或者其他工具；组织培训或者积极参加培训；与境外恐怖活动组织或者人员联系；进行策划或者其他准备	预备行为实行化
宣扬恐怖主义、极端主义、煽动实施恐怖活动罪	以制作、散发图书、音频视频资料或者其他物品，通过讲授、发布信息等方式宣扬、煽动……	宣扬、煽动
利用极端主义破坏法律实施罪	利用极端主义煽动、胁迫群众破坏国家法律确立的婚姻、司法、教育、社会管理等制度实施	破坏具体的法律制度
强制穿戴宣扬恐怖主义、极端主义服饰、标志罪	以暴力、胁迫等方式强制他人在公共场所……	强制＋他人＋公共场所
非法持有宣扬恐怖主义、极端主义物品罪	明知……而非法持有	持有型犯罪

（一）组织、领导、参加恐怖组织罪

相关法条

第 120 条【组织、领导、参加恐怖组织罪】组织、领导恐怖活动组织的，处十年以上有期徒刑或者无期徒刑，并处没收财产；积极参加的，处三年以上十年以下有期徒刑，并处罚金；其他参加的，处三年以下有期徒刑、拘役、管制或者剥夺政治权利，可以并处罚金。

---

① **参考答案：D**

犯前款罪并实施杀人、爆炸、绑架等犯罪的，依照数罪并罚的规定处罚。

知识点讲解

组织、领导、参加恐怖组织罪，是指组织、领导或者参加恐怖活动组织的行为。

1.恐怖活动组织：为制造社会恐慌、危害公共安全或者胁迫国家机关、国际组织（恐怖目的），造成或者意图造成人员伤亡、重大财产损失、公共设施损坏、社会秩序混乱的（恐怖手段）为主要活动，而建立起来的犯罪组织。

2.组织、领导者，积极参加者，一般参加者均处罚。

3.行为犯（举动犯）。实施组织、领导、参加行为之一的，便成立本罪。事实上是否开始实施恐怖活动，不影响本罪的成立。

4.罪数。犯本罪并实施杀人、爆炸、绑架等犯罪的，依照数罪并罚的规定处罚。

（二）帮助恐怖活动罪

相关法条

第120条之一【帮助恐怖活动罪】资助恐怖活动组织、实施恐怖活动的个人的，或者资助恐怖活动培训的，处五年以下有期徒刑、拘役、管制或者剥夺政治权利，并处罚金；情节严重的，处五年以上有期徒刑，并处罚金或者没收财产。

为恐怖活动组织、实施恐怖活动或者恐怖活动培训招募、运送人员的，依照前款的规定处罚。

单位犯前两款罪的，对单位判处罚金，并对其直接负责的主管人员和其他直接责任人员，依照第一款的规定处罚。

知识点讲解

帮助恐怖活动罪，是指故意资助恐怖活动组织或者实施恐怖活动的个人、资助恐怖活动培训、为恐怖活动组织、实施恐怖活动或者恐怖活动，培训招募、运送人员的行为。

1.主体：自然人、单位。

2.帮助对象：恐怖活动组织或者实施恐怖活动的个人。包括预谋实施、准备实施和实际实施恐怖活动的组织和个人。

3.帮助恐怖活动行为：①为恐怖活动组织或者实施恐怖活动的个人，筹集、提供经费、物资或者提供场所以及其他物质便利；②资助恐怖活动培训；③为恐怖活动组织、实施恐怖活动或者恐怖活动培训，招募、运送人员。

4.本罪与帮助行为正犯化的关系。①既包括对他人实施的组织、领导、参加恐怖组织等恐怖犯罪行为进行帮助，即对组织、领导、参加恐怖组织罪等恐怖活动犯罪进行帮助（帮助行为正犯化）；不再以组织、领导、参加恐怖组织罪等恐怖犯罪的帮助犯处罚，而以帮助恐怖活动罪（正犯）论处。②又包括不成立共同犯罪的帮助行为，如单纯对恐怖组织、恐怖活动个人进行资助，事后资助等。③因帮助恐怖活动行为是正犯（实行）行为，故而，教唆、帮助他人实施帮助恐怖活动的，构成帮助恐怖活动罪的教唆犯、帮助犯。并且，因帮助恐怖活动罪是正犯，没有"共犯从属性"的要求，故该罪的成立，也不以被帮助者构成恐怖犯罪为前提。

（三）恐怖活动犯罪的罪数问题

恐怖犯罪行为	普通犯罪行为	触犯罪名	罪数规则	简要规则
组织、领导恐怖活动组织	同时组织、教唆成员实施杀人、爆炸、绑架等普通犯罪	组织、领导恐怖活动组织罪的正犯 普通犯罪的教唆犯	数罪并罚	除了准备实施恐怖活动罪择一重处以外，其他基本数罪并罚
参加恐怖活动组织	同时实施普通犯罪	参加恐怖活动组织罪的正犯 普通犯罪的正犯	数罪并罚	
帮助恐怖活动（组织、个人）	同时帮助具体普通犯罪	帮助恐怖活动的正犯 普通犯罪的帮助犯	数罪并罚	
为实施恐怖活动准备工具、培训、联络等	准备活动触犯它罪（如非法买卖枪支罪），同时系具体普通犯罪的预备	准备实施恐怖活动罪的正犯 非法买卖枪支罪的正犯 普通犯罪的预备犯	择一重处	
煽动实施恐怖活动	同时教唆实施普通犯罪	煽动实施恐怖活动罪的正犯 普通犯罪的教唆犯	数罪并罚	
不能认定为恐怖犯罪	先教唆他人实施普通犯罪，为此而传授普通犯罪方法	普通犯罪的教唆犯 传授犯罪方法罪	择一重处	先教唆后传授同一罪，择一重处

经典考题

乙成立恐怖组织并开展培训活动，甲为其提供资助。受培训的丙、丁为实施恐怖活动准备凶器。因案件被及时侦破，乙、丙、丁未能实施恐怖活动。关于本案，下列哪些选项是正确的？[1](2016-2-56)

A.甲构成帮助恐怖活动罪，不再适用《刑法》总则关于从犯的规定

B.乙构成组织、领导恐怖组织罪

C.丙、丁构成准备实施恐怖活动罪

D.对丙、丁定罪量刑时，不再适用《刑法》总则关于预备犯的规定

拓展习题

甲组织某恐怖组织，乙加入成为该组织成员。甲为制造社会恐慌，教唆乙实施爆炸，又传授乙制造爆炸装置的方法。丙知晓此事后，为甲的恐怖组织提供活动场所，并为乙实施爆炸提供物质资助。乙设置好炸弹，尚未引爆时被抓获。则关于以上恐怖活动犯罪，以下选项说法正确的有（　　）[2]

A.甲触犯组织恐怖组织罪，爆炸罪，传授犯罪方法罪，应当三罪并罚

B.乙触犯参加恐怖组织罪，爆炸罪（危险犯的既遂），应当两罪并罚

C.丙触犯帮助恐怖活动罪，爆炸罪（帮助犯），应当择一重罪处断

D.甲、乙、丙三人可构成共同犯罪

---

① **参考答案：** ABCD

② **参考答案：** BD

解析：（1）甲触犯组织恐怖组织罪、爆炸罪、传授犯罪方法罪三罪；但在罪数上，爆炸罪、传授犯罪方法罪应择一重处，再与组织恐怖组织罪并罚。

（2）乙触犯参加恐怖组织罪、爆炸罪（危险犯的既遂），应当两罪并罚。

（3）丙触犯帮助恐怖活动罪、爆炸罪（帮助犯），应当两罪并罚。

（4）虽共犯行为正犯化，但组织恐怖组织罪、参加恐怖组织罪、帮助恐怖活动罪，是共同犯罪；同时，三人对于爆炸罪也是共同犯罪。

四、劫持公共交通工具类犯罪

（一）劫持航空器罪

相关法条

第121条【劫持航空器罪】以暴力、胁迫或者其他方法劫持航空器的，处十年以上有期徒刑或者无期徒刑；致人重伤、死亡或者使航空器遭受严重破坏的，处死刑。

知识点讲解

劫持航空器罪，是指以暴力、胁迫或者其他压制反抗的方法以实力支配控制航空器的行为。

1. 对象：航空器。

（1）一般认为是正在飞行中或使用中的航空器。航空器在飞行中的整个时间为"正在使用中"，从地面人员或机组为某一特定飞行而对航空器进行飞行前的准备时起，直到降落后24小时为止，该航空器被认为是"正在使用中"。当然，当机组人员已进入航空器，还没有关闭机舱门时，行为人对机组人员使用暴力、胁迫手段进而以实力支配航空器的，也应认定为劫持航空器。

（2）劫持民用、国家航空器，都构成劫持航空器罪。只不过，对于劫持民用航空器的行为，可以适用普遍管辖原则；对于劫持国家航空器的行为，不适用普遍管辖原则。

2. 劫持：对人暴力以控制航空器。"劫"：需对自然人实施暴力、胁迫或者其他压制反抗方法进行劫夺。"劫持"：暴力控制、实力支配航空器，包括：（1）劫夺航空器，犯罪人直接驾驶或者操作航空器；（2）强迫航空器驾驶、操作人员按照自己的意志驾驶、操作。行为人控制了航空器或者控制了航空器的航行，成立本罪的既遂。没有对人实施压制反抗方法，单纯只是窃走没有他人在内的航空器的，应当认定为盗窃罪，不能认定为本罪。

3. 绝对死刑规定。犯本罪，致人重伤、死亡或者使航空器遭受严重破坏的，处死刑。这里的致人重伤、死亡，既包括过失致人重伤死亡，也包括故意致人重伤死亡；包括机组人员死亡，也包括致其他人员及地面人员重伤死亡。

4. 劫持航空器罪与暴力危及飞行安全罪之间的区别。（1）暴力危及飞行安全罪是指对飞行中的航空器上的人员使用暴力，危及飞行安全的行为。在暴力危及飞行安全罪中行为人没有控制航空器的意图，只是因行为人实施的对人暴力行为客观上危及了飞行安全。（2）劫持航空器的行为必定触犯暴力危及飞行安全罪，二罪名是整体法与部分法的法条竞合关系，整体法优先，认定为劫持航空器罪一罪。

（二）劫持船只、汽车罪

📖 相关法条

第 122 条【劫持船只、汽车罪】以暴力、胁迫或者其他方法劫持船只、汽车的，处五年以上十年以下有期徒刑；造成严重后果的，处十年以上有期徒刑或者无期徒刑。

💡 知识点讲解

劫持船只、汽车罪，是指以暴力、胁迫或者其他压制反抗的方法以实力支配控制船只、汽车的行为。

1. 对象：船只、汽车。劫持火车、电车的行为，宜以破坏交通工具罪论处。

2. 劫持与抢劫。使用暴力、胁迫方法迫使小型出租车司机开往指定地点，如已付费、答应付费或费用纠纷，则属一般民事纠纷，不构成犯罪。如逼使出租车司机横冲直撞，或者劫夺后直接驾驶出租车横冲直撞，认定为劫持汽车罪。劫持船只、汽车的行为同时触犯抢劫罪的，按想象竞合犯择一重罪处断。

3. 本罪结果加重犯中的"造成严重后果"不包括故意重伤、故意杀人。这与劫持航空器罪的加重犯"致人重伤、死亡"可以包括故意重伤、故意杀人有所不同。劫持船只、汽车的过程中故意重伤、故意杀人的，应当数罪并罚。

★五、涉枪犯罪

涉枪（涉爆）犯罪是违反枪支、弹药管理规定危害公共安全的一类犯罪。

（1）这类犯罪中大部分是抽象危险犯（行为犯），例如：盗窃、抢夺枪支、弹药、爆炸物、危险物质罪，非法持有、私藏枪支、弹药罪，非法制造、买卖、运输、邮寄、储存枪支、弹药、爆炸物罪。只要实施刑法规定的行为一般即认为具有危害公共安全的危险，而无须结合案情具体判断。

（2）也有少数具体危险犯，例如：非法制造、买卖、运输、储存危险物质罪（毒害性、放射性、传染病病原体等危险物质）。需要结合案情具体判断行为是否危害公共安全。行为人因生产、生活所需而非法制造、买卖、运输、储存危险物质，数量较小，没有造成危害结果的，不宜认定构成本罪。

（3）依法配置枪支的人员构成非法出租、出借枪支罪，依法配备公务用枪的人员构成丢失枪支不报罪，需要造成严重后果才能构成犯罪，但这里的"严重后果"是客观的超过要素，不是故意的必要认识要素。亦即，对此结果只要行为人具有认识的可能性，即使没有认识，也认为具有故意。

（一）盗窃、抢夺枪支、弹药、爆炸物、危险物质罪；抢劫枪支、弹药、爆炸物、危险物质罪；非法持有、私藏枪支、弹药罪

📖 相关法条

第 127 条【盗窃、抢夺枪支、弹药、爆炸物、危险物质罪】盗窃、抢夺枪支、弹药、爆炸物的，或者盗窃、抢夺毒害性、放射性、传染病病原体等物质，危害公共安全的，处三年以上十年以下有期徒刑；

情节严重的，处十年以上有期徒刑、无期徒刑或者死刑。

【抢劫枪支、弹药、爆炸物、危险物质罪】 抢劫枪支、弹药、爆炸物的，或者抢劫毒害性、放射性、传染病病原体等物质，危害公共安全的，或者盗窃、抢夺国家机关、军警人员、民兵的枪支、弹药、爆炸物的，处十年以上有期徒刑、无期徒刑或者死刑。

第128条第1款【非法持有、私藏枪支、弹药罪】违反枪支管理规定，非法持有、私藏枪支、弹药的，处三年以下有期徒刑、拘役或者管制；情节严重的，处三年以上七年以下有期徒刑。

知识点讲解

罪名	对象	责任	行为	罪数
（1）非法制造、买卖、运输、邮寄、储存：枪支、弹药、爆炸物罪； （2）非法制造、买卖、运输、储存：危险物质罪； （3）盗窃、抢夺：枪支、弹药、爆炸物、危险物质罪； （4）抢劫：枪支、弹药、爆炸物、危险物质罪； （5）非法持有、私藏：枪支、弹药罪。	（1）枪支、弹药、爆炸物、危险物质。 （2）枪支：《枪支管理法》中的枪支（真枪，无需有弹药）。 （3）"仿真枪"是假枪，不是真枪。	故意：明知对象是枪支等。 误将枪当普通财物而盗窃，前行为是普通盗窃罪；后行为是非法持有枪支罪，数罪并罚。 具体对象错误：同一罪名中选择性对象之间的错误，不影响故意成立。 不同罪名间对象错误：主客观统一于一般法。	（1）非法持有（控制）：不符合配备、配置枪支、弹药条件人员，违规擅自持有。 （2）私藏：依法配备、配置枪支人员，在配备、配枪条件消除后，违规私自藏匿。 （3）盗窃、抢夺、抢劫。 （4）非法制造、买卖、运输、邮寄、储存（明知前述枪支而存放）。	（1）吸收犯：之前触犯的枪支犯罪，之后非法持有枪支，持枪被吸收。 （2）之后出售枪支，数罪并罚。
枪是真枪（对象），人需明知（故意）；同类误认，仍有故意；非法持枪，它罪吸收。				

1. 枪支：《枪支管理法》中的枪支（真枪，无需有弹药）。

（1）枪支、弹药：枪支分为军用枪支、民用枪支（真枪），包括手枪、步枪、冲锋枪、机枪、射击运动的各种枪支、狩猎用的有膛线枪、散弹枪、火药枪、麻醉动物用的注射枪和能发射金属弹丸的气枪；弹药指上述枪支所使用的弹药（"弹""药"）。

（2）发射金属弹丸的钢珠枪，也属枪支。自己制作土枪出售，或者将体育运动用枪改装成火药枪的，也构成非法制造、买卖枪支罪；情节显著轻微危害不大的，不以犯罪论处。

（3）不能发射子弹的仿真手枪等，不属于本条的枪支。

2. 责任形式：故意。行为人必须明知对象是枪支。如果不明知对象是枪支，则不具有涉枪犯罪的故意，应按认识错误的原理处理。例如，误认为皮包中是现金而盗窃，事后发现是枪支而持有的。前行为认定为普通盗窃罪，而不是盗窃枪支罪；后行为认定为非法持有枪支罪，应当两罪并罚。

3. 盗窃、抢夺、抢劫，非法持有、私藏行为。（1）盗窃，违反占有者的意思，（一般是秘密地）将财物转移为自己或者第三者占有。（2）抢夺，当场直接夺取他人紧密占有财物。（3）抢劫，以暴力、胁迫或者其他压制反抗的方法强行转移占有。（4）非法持有，是指不符合配备、配置枪支、弹药条件的人员，违反枪支管理法律、法规的规定，擅自持有枪支、弹药的行为。持有（控制）包括直接持有，也包括间接持有，例如存放、藏匿在某处，通过他人保管等。（5）私藏，是指依法配备、配置枪支、弹药的人员，在配备、配置枪支、弹药的条件消除后，违反枪支管理法律、法规的规定，私自藏匿所配备、配置的枪支、弹药的行为。

盗窃、抢夺、抢劫他人枪支时，他人占有枪支、弹药是否合法，不影响犯罪的成立。非法持有枪支时，枪支的来源没有限制，非法持有他人赠与的、自己拾得的枪支，均可构成本罪。

4.罪数。（1）非法制造、盗窃、抢夺、抢劫枪支后又非法持有的，系吸收犯，只认定为非法制造、盗窃、抢夺、抢劫枪支罪一罪。（2）但如果盗窃、抢夺、抢劫枪支后又出售的，或者捡到枪支非法持有一段时间后又出售的，出售行为仍可单独以非法买卖枪支罪定罪。

（二）非法出租、出借枪支罪；丢失枪支不报罪

📖 **相关法条**

第128条第2、3、4款【非法出租、出借枪支罪】依法配备公务用枪的人员，非法出租、出借枪支的，依照前款的规定处罚。

依法配置枪支的人员，非法出租、出借枪支，造成严重后果的，依照第一款的规定处罚。

单位犯第二款、第三款罪的，对单位判处罚金，并对其直接负责的主管人员和其他直接责任人员，依照第一款的规定处罚。

第129条【丢失枪支不报罪】依法配备公务用枪的人员，丢失枪支不及时报告，造成严重后果的，处三年以下有期徒刑或者拘役。

💡 知识点讲解

罪名	主体	行为	结果	罪名类型
非法出租、出借枪支罪（自然人、单位）	依法配备公务用枪的人员	违反枪支管理规定，出租、出借枪支		行为犯
	依法配置枪支的人员	违反枪支管理规定，出租、出借枪支	造成严重后果	结果犯
丢失枪支不报罪（自然人）	依法配备公务用枪的人员	丢失枪支不及时报告	造成严重后果	结果犯、不作为犯
合法配枪人员，方可出租、出借；公务用枪人员，才能丢失不报。				

1.非法出租、出借枪支罪。是指依法配备公务用枪的人员与单位，非法出租、出借枪支，或者依法配置枪支的人员与单位，非法出租、出借枪支，造成严重后果的行为。丢失枪支不报罪：是指依法配备公务用枪的人员，丢失枪支不及时报告，造成严重后果的行为。

2.特殊主体（身份犯）。

（1）非法出租、出借枪支罪有两种主体、两种行为：其一，依法配备公务用枪的人员与单位，违反枪支管理规定出租、出借；其二，依法配置枪支的人员与单位，违反枪支管理规定出租、出借，造成严重后果。没有该主体身份的人不能认定为本罪，例如，非法持有枪支的人将枪支出租、出借给他人的，对双方均以非法持有枪支罪论处。

（2）丢失枪支不报罪只有一种主体、一种行为：依法配备公务用枪的人员，丢失枪支不及时报告，造成严重后果。依法配置枪支的人员丢失枪支不及时报告，不构成本罪。

3. 出租，有偿提供给他人使用；出借，无偿提供给他人使用。

（1）非法将公务用枪赠与给他人的，可以评价为永久性无偿提供给他人使用的行为，应认定为非法出借枪支。

（2）非法将公务用枪用作借债质押物，使枪支处于非依法持枪人的控制、使用之下的，成立非法出借枪支罪。

（3）将公务用枪非法卖出的，永久性地有偿转让给他人，认定为非法买卖枪支罪。

（4）明知他人使用枪支实施杀人、伤害、抢劫、绑架等犯罪行为，而出租、出借枪支给他人的，成立本罪与相应的共同犯罪的想象竞合犯，从一重罪论处。

4. 丢失枪支不及时报告。纯正的不作为犯。不及时报告包括两种情况：一是丢失枪支后根本不报告；二是丢失枪支后拖延一段时间才报告。

5. 结果。（1）非法出租、出借枪支罪：依法配备公务用枪的人员无须结果，依法配置枪支的人员需结果。丢失枪支不报罪：依法配备公务用枪的人员需结果。"严重后果"一般表现为枪支落入不法分子之手后，不法分子利用枪支实施犯罪行为造成严重后果。

6. 责任形式：故意。但只要求行为人对非法出租、出借枪支、丢失枪支不及时报告具有故意即可，并不要求行为人对枪支被不法分子利用的"严重后果"有故意。

经典考题

A 为某国家机关工作人员，依法配备有公务用枪。A 借用了 D 的 3 万元现金。D 多次讨债，A 无力偿还，于是 A 将公务用枪（无子弹）用做借债质押物交给 D，约定 A 还款时，D 将枪支归还 A。3 个月后，A 仍然未能门还借款，D 便将枪支送给其外甥 E 玩耍。E 在一周后使用该枪支抢劫某银行储蓄所现金 20 余万元。

（1）关于 A 将枪支质押给 D 的行为，下列哪些说法是错误的？（　　）① （2002-2-82）

A. A 的行为既不属于非法出租，也不属于非法出借，根据罪刑法定原则，不成立非法出租、出借枪支罪

B. A 的行为本身没有造成严重后果，故不成立非法出租、出借枪支罪

C. 由于枪内无子弹，A 的行为不可能危害公共安全，故不成立非法出租、出借枪支罪

D. 对 A 的行为以滥用职权罪论处较为合适

（2）关于 D 的行为，下列哪些说法是错误的？（　　）② （2002-2-83）

A. D 的行为仅成立非法持有枪支罪

B. D 的行为成立非法持有枪支罪和抢劫罪

C. D 的行为虽然不成立抢劫罪，但应对 E 抢劫银行的犯罪行为承担一定的刑事责任

D. D 的行为不成立犯罪

① **参考答案**：ABCD
② **参考答案**：BCD

📖 **拓展习题**

关于涉枪犯罪说法不正确的有（ ）①

A.甲是依法配备公务用枪的军人，其将所持枪支出借给A某玩用，但没有造成严重后果，甲的行为不能构成非法出借枪支罪

B.乙在火车站里偷得他人皮包一个，回家后打开发现其中居然有五四手枪一把，遂将该枪以每天100元的价格租给B某，B某在练习射击时误击一路人致其死亡，则乙构成盗窃枪支罪、非法出租枪支罪，应当数罪并罚

C.丙为依法配备公务用枪的森林警察，一次哥们D找丙借枪，丙问干啥，D回答说要去修理一下仇人，丙将枪借出，后D用枪将仇人打成重伤，则丙构成非法出借枪支罪、故意伤害罪（帮助犯），应当择一重罪处断

D.丁为配置民用枪支的射击场经理，一天检查发现射击场有一支步枪不见，由于担心被追责没有向公安机关报告，该步枪实为D某偷走，因未被及时追回枪支被其用于抢劫犯罪，则丁构成丢失枪支不报罪

解析：A选项，依法配备公务用枪的人员出借枪支即构成非法出借枪支罪，无须严重结果要素。

B选项，乙不是依法配备、配置枪支的人员，不能构成非法出租枪支罪；构成盗窃罪、非法持有枪支罪。

C选项，明知他人实施犯罪而出借枪支，同时可触犯非法出借枪支罪、故意伤害罪的帮助犯。

D选项，依法配置枪支的人员，不是丢失枪支不报罪的主体。

★六、交通肇事罪

📖 **相关法条**

第133条【交通肇事罪】违反交通运输管理法规，因而发生重大事故，致人重伤、死亡或者使公私财产遭受重大损失的，处三年以下有期徒刑或者拘役；交通运输肇事后逃逸或者有其他特别恶劣情节的，处三年以上七年以下有期徒刑；因逃逸致人死亡的，处七年以上有期徒刑。

💡 **知识点讲解**

交通肇事罪，是指违反交通运输管理法规，因而发生重大交通事故，致人重伤、死亡或者使公私财产遭受重大损失的行为。

肇事者	基本犯	遭受重大损失	加重犯	交通运输肇事后逃逸，恶劣情节
				因逃逸致人死亡
监督过失者	单位主管人员、机动车辆所有人、机动车辆承包人	指使、强令他人违章驾驶		造成重大交通事故
	单位主管人员、机动车辆所有人、承包人、乘车人	在交通肇事后，指使肇事人逃逸		致使被害人因得不到救助而死亡

（一）基本犯的构成特征要点

主体：一般主体	从事交通运输的人员（如司机）和非交通运输人员（乘客、行人等）都能构成本罪
时空环境：在公共交通管理范围内	（1）交通运输管理法规所能规范的范围，如公共道路（公路）、桥梁、广场等 （2）发生在厂矿区以及其他地方的汽车撞人事故，分别认定为重大责任事故罪、重大劳动安全事故罪、过失致人死亡罪、过失致人重伤罪
违规行为	违反公路、水上交通运输中的各种交通规则、操作规程
结果	致人重伤、死亡或者使公私财产遭受重大损失
因果关系	重大损失结果是由违章行为导致（规范保护目的范围内的结果）
责任形式：过失	对结果是过失：故意违章，过失结果；过失违章，过失结果
	如对造成公共安全危险的结果具有故意（直接故意、间接故意），认定为以危险方法危害公共安全罪；如对特定个人法益有故意，认定为故意杀人罪、故意伤害罪

1.**主体：一般主体**。本罪不属于身份犯，从事交通运输的人员（如司机）和非交通运输人员（乘客、行人等）都能构成本罪。

（1）在现实生活中一般由从事交通运输的人员构成。

（2）偷开机动车辆过程中因过失撞死、撞伤他人或者撞坏车辆的，也成立交通肇事罪。

（3）具有监督职责者也可构成。单位主管人员、机动车辆所有人、机动车辆承包人，指使、强令他人违章驾驶，造成重大交通事故的，也可构成本罪。车主将自己的机动车交给醉酒者、无驾驶资格者驾驶，没有防止伤亡结果发生的，驾驶者与车主均成立交通肇事罪。

（4）乘客、行人也可构成。例如，行人在高速公路上实施拉车乞讨等行为，引起交通事故的，也可能构成交通肇事罪。

🚩**事例**：甲乘坐公交车时和司机章某发生争吵，狠狠踹了章某后背一脚。章某返身打甲时，公交车失控，冲向自行车道，撞死了骑车人程某（2008-2-52-A，来源：《刑事审判参考》2002年总第28辑）。司机章某构成以危险方法危害公共安全罪（故意危害公共安全），乘客甲构成交通肇事罪（过失危害公共安全）。

2.**时空环境：在公共交通管理范围内**。重大交通事故必须发生在交通过程中以及与交通有直接关系的活动中，具有危害公共安全的性质。

（1）公共交通管理范围即交通运输管理法规所能规范的范围。如公共道路（公路）、桥梁、广场等。

（2）发生在厂矿区以及其他地方的汽车撞人事故，分别认定为重大责任事故罪、重大劳动安全事故罪、过失致人死亡罪、过失致人重伤罪。

（3）行人、自行车、三轮车肇事造成重大事故的，如发生在城区道路等行人较多、有机动车往来的公共道路上，也可认定为交通肇事罪；如在偏僻的非公共道路，则应当认定为过失致人死亡罪、过失致人重伤罪。

经典考题

甲在建筑工地开翻斗车。某夜，甲开车时未注意路况，当场将工友乙撞死、丙撞伤。甲背丙去医院，想到会坐牢，遂将丙弃至路沟后逃跑。丙不得救治而亡。关于本案，下列哪一选项是错误的？（ ）① （2013-2-12）

A. 甲违反交通运输管理法规，因而发生重大事故，致人死伤，触犯交通肇事罪

B. 甲在作业中违反安全管理规定，发生重大伤亡事故，触犯重大责任事故罪

C. 甲不构成交通肇事罪与重大责任事故罪的想象竞合犯

D. 甲为逃避法律责任，将丙带离事故现场后遗弃，致丙不得救治而亡，还触犯故意杀人罪

3. 违规行为。必须有违反交通运输管理法规的行为，主要指违反公路、水上交通运输中的各种交通规则、操作规程等。

4. 结果。交通肇事罪的结果是致人重伤、死亡或者使公私财产遭受重大损失。

	损失	责任程度	情节
一般违章	1死或3重伤	全部、主要	一般违章
	3死	同等	
	无力赔30万	全部、主要	
6种特定恶劣情节	1重伤	全部、主要	酒后、吸毒
			无照
			明知安全装置故障
			明知无牌或报废
			严重超载
			逃逸

根据司法解释，具有下列情形之一的，以交通肇事罪定罪处罚：

（1）一般违章：死亡1人或者重伤3人以上，负事故全部或者主要责任的；死亡3人以上，负事故同等责任的；造成公共财产或他人财产直接损失，无能力赔偿数额在30万元以上，负事故全部或者主要责任的。

（2）具有酒后、吸食毒品后驾驶机动车辆的，无驾驶资格驾驶机动车辆的，明知是安全装置不全或者安全机件失灵的机动车辆而驾驶的，明知是无牌证或者已报废的机动车辆而驾驶的，严重超载驾驶的，为逃避法律追究逃离事故现场的6种特定恶劣情节之一的：致1人以上重伤，负事故全部或者主要责任的。

5. 因果关系。重大损失结果是由违章行为导致。精确的说，行为人有违章行为，发生了重大损失结果，只有该危害结果是被违反的规章条文所预设防止的结果（规范保护目的范围内的结果）时，才认为违章行为与结果之间具有因果关系。例如：行为人甲酒后驾车，但并未导致驾驶能力减退或者丧失，而是因为刹车失灵而撞人；行为人乙驾驶没有年检但并无故障的汽车，因被害人横穿高速公路而撞死人，都不能认为违章行为与结果之间具有因果关系，不能认定为交通肇事罪。

① 参考答案：A

6. 责任形式：过失。

（1）行为人对违章可能有意也可能无意，但对结果要求一定是过失。故意违章，过失结果；过失违章，过失结果，均为过失犯罪。

（2）如对造成公共安全危险的结果具有故意（直接故意、间接故意），认定为以危险方法危害公共安全罪；如对特定个人有故意，认定为故意杀人罪、故意伤害罪。

（二）交通运输肇事后逃逸（3 ~ 7 年）

交通运输肇事后逃逸，是指行为人在发生了构成交通肇事罪的交通事故后，为逃避法律追究而逃跑的行为。"交通运输肇事后逃逸"是交通肇事罪的（情节）加重犯之一，应处 3 年以上 7 年以下有期徒刑。事实上：交通运输肇事后逃逸 = 交通肇事基本犯 + 逃逸。

1. 逃逸：交通肇事后，为了逃避法律追究而逃跑。交通肇事罪后中有三处出现"逃逸"：一处是 6 种特定恶劣情节中的"逃逸"，二处是"交通运输肇事后逃逸"中的"逃逸"，三处是"因逃逸致人死亡"中"逃逸"。都是同一种含义。

（1）行为人交通肇事，即对造成交通事故具有责任。

（2）逃跑：不接受交警处罚。逃逸行为不应仅限于逃离事故现场，可包括：逃离事故现场；把被害人送至医院或其他场所后，在交警前来调查前逃走；尚未接受调查就逃走。

（3）主观（明知）：逃逸时明知自己肇事（发生了交通事故）。

（4）主观（动机）：为了逃避法律追究而逃跑。例如，为了救治伤者而送医，到医院再报案；或者害怕被殴打，立即前往附近司法机关投案，都不认为是逃逸。

2. 逃逸之前成立交通肇事罪的基本犯。

3. 逃逸情节不应重复评定。▶例如：甲闯红灯致乙重伤后逃走，在甲逃逸之前，一般违章致一人重伤，并不构成交通肇事罪的基本犯；只有把逃逸情节计入，一般违章致一人重伤并逃逸，才能构成交通肇事罪的基本犯。由此，甲只构成交通肇事罪的基本犯；而不能将逃逸情节重复再用一次，认定其为交通运输肇事后逃逸。

经验法则：判断"交通运输肇事后逃逸"，看逃前：逃前基本犯；看逃后：逃后未致死。

（三）因逃逸致人死亡（7 ~ 15 年）

因逃逸致人死亡，是指行为人在交通肇事后为逃避法律追究而逃跑，致使被害人因得不到救助而死亡的情形。"因逃逸致人死亡"是交通运输肇事罪的（结果）加重犯之一，应处 7 年以上 15 年以下有期徒刑。事实上：因逃逸致人死亡 = 交通肇事（不一定构成基本犯）+ 不作为过失致人死亡。

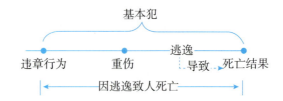

1. 客观：逃逸之前行为人交通肇事。

2. 客观：被害人在发生交通事故之后并未死亡，死亡时间发生在行为人逃逸之后。

3. 客观：被害人死亡结果与行为人的逃逸行为之间具有因果关系。亦即，是因行为人的逃逸而致使被害人得不到救助而死亡。如果死亡不是因逃逸而导致的，则二者之间不具有因果关系。▶例如：被害人在事故发生后当场死亡或不久即刻死亡，或者有证据证明即使救治也不可能存活，则不能认为是"因逃逸致人死亡"。▶例如：司机丁意外撞倒负完全责任的行人刘某后，没有立即将刘某送往医院，刘某死亡。事后查明，即使司机丁将刘某送往医院，也不可能挽救刘某的生命（2008年延试卷二第52-D）。因没有因果关系，不能认定为"逃逸致人死亡"。

4. 行为人主观上：只需知道发生交通肇事即可，无须明知被害人是否死亡。被害人没有死亡，而行为人误认为死亡，逃逸致死的，仍可成立"因逃逸致人死亡"。但要求行为人对被害人的死亡结果是过失。如有确切证据可以证明行为人对被害人的死亡结果确存有故意，则应认定为故意杀人。

5. 是不作为过失致死，而不是作为过失致死。例如，行为人在交通肇事后，以为被害人已经死亡，为了隐匿罪迹，将被害人沉入河流中，导致被害人溺死的，应将后行为认定为过失致人死亡罪，而不能认定为因逃逸致人死亡。

经验法则：判断"因逃逸致人死亡"，看一头：一头有违章；再看一尾：一尾有死亡；再看死因：死亡因逃逸（不救助）。

📋 经典考题

根据刑法规定与相关司法解释，下列哪一选项符合交通肇事罪中的"因逃逸致人死亡"？（　　）[1]（2007-2-9）

A. 交通肇事后因害怕被现场群众殴打，逃往公安机关自首，被害人因得不到救助而死亡

B. 交通肇事致使被害人当场死亡，但肇事者误以为被害人没有死亡，为逃避法律责任而逃逸

C. 交通肇事致人重伤后误以为被害人已经死亡，为逃避法律责任而逃逸，导致被害人得不到及时救助而死亡

D. 交通肇事后，将被害人转移至隐蔽处，导致其得不到救助而死亡

（四）肇事后隐藏、遗弃致死、致伤构成故意杀人罪、故意伤害罪

司法解释规定：行为人在交通肇事后为逃避法律追究，将被害人带离事故现场后隐藏或者遗弃，致使被害人无法得到救助而死亡或者严重残疾的，应当以故意杀人罪或者故意伤害罪定罪处罚。亦即，对于之后隐藏或者遗弃使被害人无法得到救助的行为认定为故意杀人罪。如果之前交通肇事行为符合交通肇事罪构成条件的，还应与交通肇事罪数罪并罚。

---

[1] 参考答案：C

司法解释将该隐藏、遗弃行为认定为故意伤害罪、故意杀人罪的基本原理在于：行为人对被害人的重伤、死亡结果具有间接故意，系间接故意重伤、杀人。

该条司法解释系注意规定（提示性、重申性规定），即对故意伤害罪、故意杀人罪构成要件的重申。即行为不符合该司法解释，但仍符合故意杀人罪构成要件，当然也可认定为故意杀人罪。例如，交通肇事后，行为人没有将被害人"带离事故现场"而是就地隐藏或者遗弃，致其重伤、死亡；或者直接轧压致其死亡的，都应认定为故意杀人罪。

经典考题

甲将私家车借给无驾照的乙使用。乙夜间驾车与其叔丙出行，途中遇刘某过马路，不慎将其撞成重伤，车辆亦受损。丙下车查看情况，对乙谎称自己留下打电话叫救护车，让乙赶紧将车开走。乙离去后，丙将刘某藏匿在草丛中离开。刘某因错过抢救时机身亡。关于该事实的分析，下列选项正确的是：（　　）①（2016-2-86）

　　A.乙交通肇事后逃逸致刘某死亡，构成交通肇事逃逸致人死亡

　　B.乙交通肇事且致使刘某死亡，构成交通肇事罪与过失致人死亡罪，数罪并罚

　　C.丙与乙都应对刘某的死亡负责，构成交通肇事罪的共同正犯

　　D.丙将刘某藏匿致使其错过抢救时机身亡，构成故意杀人罪

（五）指使、强令他人违章造成事故构成交通肇事罪

司法解释规定：单位主管人员、机动车辆所有人或者机动车辆承包人指使、强令他人违章驾驶造成重大交通事故的，以交通肇事罪定罪处罚。

　　1.三种人（单位主管人员、机动车辆所有人、机动车辆承包人）；行为：指使、强令他人违章；结果：直接违章者构成交通肇事罪的基本犯。

　　2.三种人与驾驶者均成立交通肇事罪。

（六）指使逃逸致死的"共犯"（共同过失犯罪）

司法解释规定：交通肇事后，单位主管人员、机动车辆所有人、承包人或者乘车人指使肇事人逃逸，致使被害人因得不到救助而死亡的，以交通肇事罪的"共犯"（共同过失犯罪）论处。

　　1.四种人（单位主管人员、机动车辆所有人、承包人、乘车人）；行为：指使肇事人逃逸；结果：肇事人因逃逸而致人死亡。

　　（1）必需结果：肇事人须构成"因逃逸致人死亡"，指使者才能构成交通肇事罪的"共犯"；肇事人没有致被害人死亡的，指使者不能构成交通肇事罪的"共犯"。

　　（2）只需指使逃逸，对于违章，是肇事人本人自决，还是受指使者指使，在所不论。

　　2.司法解释中的"共犯"，实际上是指共同过失犯罪。亦即，肇事人构成"因逃逸致人死亡"实为过失致人死亡，指使者进行了指使对死亡结果亦有过失。

经典考题

乙（15周岁）在乡村公路驾驶机动车时过失将吴某撞成重伤。乙正要下车救人，坐在车上的甲（乙父）说："别下车！前面来了许多村民，下车会有麻烦。"乙便驾车逃走，吴某因流血过多而亡。关

于本案，下列哪一选项是正确的？（　）① （2014-2-13）

A. 因乙不成立交通肇事罪，甲也不成立交通肇事罪

B. 对甲应按交通肇事罪的间接正犯论处

C. 根据司法实践，对甲应以交通肇事罪论处

D. 根据刑法规定，甲、乙均不成立犯罪

（七）此罪彼罪、一罪数罪

1. **法条竞合**。交通肇事罪与重大飞行事故罪、铁路运营安全事故罪是普通法条与特别法条的法条竞合关系。（1）航空人员违章造成重大飞行事故的，成立重大飞行事故罪；铁路职工违章造成铁路运营安全事故的，成立铁路运营安全事故罪；公路、水上运输人员以及其他相关人员造成公路、水上交通事故的，成立交通肇事罪。（2）航空人员、铁路职工以外的人员造成重大飞行事故或铁路运营事故的，成立交通肇事罪；航空人员违反交通运输法规，造成飞行事故以外的交通事故的，成立交通肇事罪。铁路职工违反交通运输法规，造成铁路运营安全事故以外的交通事故的，成立交通肇事罪。

2. **过失与故意**。交通肇事罪与故意杀人罪、以危险方法危害公共安全罪的区别在于过失与故意。对公共安全是过失的，构成交通肇事罪（交通肇事罪是过失以危险方法危害公共安全罪的特别法条）。对公共安全是故意的，构成以危险方法危害公共安全罪。对个人法益是故意的，构成故意杀人罪。

3. **基本犯与结果加重犯**。醉酒开车、追逐竞驶，未达交通肇事罪结果要求的，构成危险驾驶罪；醉酒开车、追逐竞驶，造成人员重伤、死亡，达到交通肇事罪结果要求的，构成交通肇事罪。

4. **数罪并罚**。在盗窃他人机动车过程中或者盗窃后，违反交通运输管理法规，造成交通事故，构成犯罪的，应当以交通肇事罪与盗窃罪数罪并罚。

考点归纳

1. 一般主体＋公交范围＋违章行为＋损失结果＋因果关系＋对结果过失＝交通肇事。

2. 结果：一般违章，一死三重伤；6种情节（酒后、吸毒；无照；安全故障；无牌、报废；超载、逃逸），只需一重伤。

3. 交通肇事后逃逸＝基本犯＋逃逸。

4. 因逃逸致人死亡：一头有违章，一尾有死亡，死亡因逃逸（不救助）。

5. 隐藏、遗弃致死（致重伤）：间接故意杀人罪（伤害罪）。

6. 三种人（主管、车主、承包人），指使、强令违章；四种人（多出乘车人），指使逃逸致死，构成交通肇事。

经典考题

关于交通肇事罪与其他犯罪关系的论述，下列哪些选项是正确的？（　）② （2008年四川延期试卷二第58题）

---

① **参考答案：** C
② **参考答案：** BCD

A.甲酒后驾车撞死一行人，下车观察时，发现死者是其情敌刘某，甲早已预谋将刘某杀死。甲的行为应为故意杀人罪，而不能定为交通肇事罪

B.乙明知车辆的安全装置不全，仍然指使其雇员王某驾驶该车辆运输货物；王某明知车辆有缺陷，仍超速行驶，造成交通事故，导致1人死亡。乙与王某均构成交通肇事罪

C.丙在施工场地卸货倒车时，不慎将一装卸工人轧死。丙的行为构成重大责任事故罪，而不是交通肇事罪

D.丁在一高速公路上驾车行驶时，因疲劳过度将车驶出高速公路，将行人常某撞死。对丁的行为应认定为交通肇事罪，而不是过失致人死亡罪

拓展习题

关于交通肇事罪以下说法错误的有（ ）[1]

A.甲在某厂矿区里驾驶挖掘机挖掘时违反操作规则章程，不小心将A轧死后逃走，甲构成交通肇事罪，属交通肇事后逃逸

B.乙闯红灯将B撞成重伤，即将B送往医院抢救，途中发现B已死亡，遂抛尸逃走，则乙构成交通肇事罪，属交通肇事因逃逸致人死亡

C.丙醉酒后驾车上路，将正常步行的行人C撞成重伤昏迷，丙以为C已经死亡，为了隐匿罪迹，将C沉入河流中，导致C溺死，则丙构成危险驾驶罪、过失致人死亡罪，应当数罪并罚

D.丁明知汽车安全装置有故障驾驶，将D撞成重伤后，拉着D在大街上转圈3个小时，见D救不活了才拖往附近医院，D果然因未得到及时救治身亡，则丁构成交通肇事罪，属因逃逸致人死亡

解析：A选项，厂矿生活区里不属公共交通场所，本案构成重大责任事故罪。

B选项，死亡非逃逸导致，不构成因逃逸致人死亡，属于交通肇事后逃逸。

C选项，死亡不是过失不作为行为（因逃逸导致被害人得不到救助而死亡）导致，而是过失的作为行为导致，不属因逃逸致人死亡，而属交通肇事罪（致人重伤）逃逸、过失致人死亡罪，应当数罪并罚。

D选项，对于被害人的死亡结果系故意，不属逃逸致人死亡，而属交通肇事罪、故意杀人罪。

★ 七、危险驾驶罪

相关法条

第133条之一【危险驾驶罪】在道路上驾驶机动车，有下列情形之一的，处拘役，并处罚金：

（一）追逐竞驶，情节恶劣的；

（二）醉酒驾驶机动车的；

（三）从事校车业务或者旅客运输，严重超过额定乘员载客，或者严重超过规定时速行驶的；

（四）违反危险化学品安全管理规定运输危险化学品，危及公共安全的。

机动车所有人、管理人对前款第三项、第四项行为负有直接责任的，依照前款的规定处罚。

有前两款行为，同时构成其他犯罪的，依照处罚较重的规定定罪处罚。

---

[1] 参考答案：ABCD

💡 知识点讲解

危险驾驶罪，是指在道路上驾驶机动车追逐竞驶，情节恶劣，或者在道路上醉酒驾驶机动车，从事校车业务或者旅客运输严重超载、超速，违规运输危险化学品危及公共安全的行为。

道路	机动车	1. 追逐竞驶（飙车），情节恶劣		故意	
公路、城市道路和虽在单位管辖范围但允许社会机动车通行的地方，包括广场、公共停车场等用于公众通行的场所	包括汽车、摩托车、拖拉机等；不包括自行车、电动自行车、马车等	随意追逐、超越其他车辆，频繁、突然并线	抽象危险犯	明知。注意：醉酒的明知只需知饮酒状态下开车，无须认识具体酒精含量。	1. 有共同犯罪。2. 本罪不是亲手犯，也不是身份犯。3. 所有人、管理人对第3、4项有直接责任，也可构成
		2. 醉酒驾驶			
		血液中的酒精含量 ≥ 80mg/100ml			
		3. 从事校车业务或者旅客运输，严重超载、超速			
		4. 违规运输危险化学品，危及公共安全	具体危险犯		
与交通肇事罪关系: 基本犯 VS 结果加重犯。与以危险方法危害公共安全罪关系: 轻罪（抽象危险犯）VS 重罪（具体危险犯）					
路是"道路"，公众通行场所。车含汽车、摩托、拖拉机。四种行为，飙车、醉酒、校车客车、运输化学品。罪是轻罪（最高拘役）；重伤、死亡，交通肇事；严重故意、具体危险，危险方法危害公安。					

1. 四种危险驾驶行为：

（1）追逐竞驶（飙车），情节恶劣。追逐竞驶，指行为人在道路上高速、超速行驶，随意追逐、超越其他车辆，频繁、突然并线，近距离驶入其他车辆之前的危险驾驶行为。既可能是二人以上基于意思联络而实施，也可能是单个人实施。

（2）醉酒驾驶机动车。醉酒驾车是指车辆驾驶人员血液中的酒精含量大于或者等于80mg/100ml 的驾驶行为。应与饮酒驾车（80mg/100ml> 含量 >=20mg/100ml）区别。前述交通肇事罪的第六种情节为"酒后"（包括饮酒、醉酒）。以血液酒精含量检验鉴定意见为认定依据；脱逃的，可以以呼气酒精含量检验结果为认定依据。

（3）从事校车业务或者旅客运输，严重超载、超速。要求从事"校车业务""旅客运输"，亦即进行专门运送学校学生上下学业务、经营性质的旅客运输业务，才可能构成本罪；在非经营性质的一般日常生活超载、超速，或者从事货运业务超载、超速，不构成本罪。

（4）违规运输危险化学品危及公共安全。仅限于运输危险化学品，运输其他危险物品不构成本罪；并要求结合实际情况判断"危及公共安全"（此项为具体的危险犯）。

2. 道路：适用道路交通安全法的有关规定，是指公路、城市道路和虽在单位管辖范围但允许社会机动车通行的地方，包括广场、公共停车场等用于公众通行的场所（《道路交通安全法》第 119 条第 1 项）。即指可危及公共安全（不特定多数人安全）的"道路"，不一定要求是"公路"。

3. 机动车：（1）适用道路交通安全法的有关规定，是指以动力装置驱动或者牵引，在道路行驶的供人员乘用或者用于运送物品以及进行工程专项作业的轮式车辆（《道路交通安全法》第119条第3项）。包括汽车、摩托车、拖拉机等。（2）不包括非机动车。"机动车"是"非机动车"的对称，"非机动车"是指以人力或者畜力驱动，在道路行驶的交通工具，以及虽有动力装置驱动但设计最高时速、空车质量、外形尺寸符合有关国家标准的残疾人机动轮椅车、电动自行车等交通工具。即不包括自行车、电动车、马车等。

4. 抽象危险犯。本罪前三项行为系抽象危险犯，场景设定为可供公众通行的场所；但在没有车辆与行人的荒野小径（道路）上醉酒驾驶机动车的，不具有抽象的危险，不应以本罪论处。

5. 故意。对于醉酒驾驶机动车而言，认识到自己是在醉酒（饮酒）状态下驾驶机动车，但无须认识到血液中的酒精具体含量。没有主动饮酒，但驾驶机动车之前或者当时意识到自己已经饮酒的，也应认定具有醉酒驾驶的故意。没有主动饮酒，也没有意识到自己已经饮酒的，不认为有故意。

6. 共同犯罪：

（1）本罪不是亲手犯，也不是身份犯。教唆他人醉酒驾驶的，成立教唆犯；明知他人即将驾驶机动车，而暗中在其饮料中掺入酒精，驾驶者不知情而驾驶机动车的，对掺入酒精者应以间接正犯论处。例如，甲明知乙即将驾驶汽车，而暗中在乙的饮料中掺入酒精，乙不知情而驾驶汽车，被交警拦车检查后酒精含量大于80mg/100ml。乙无故意，不构成犯罪；甲构成危险驾驶罪的间接正犯。

（2）机动车所有人、管理人的监督责任。机动车所有人、管理人，对于从事校车业务或者旅客运输严重超载、超速，违反危险化学品安全管理规定运输危险化学品危及公共安全的行为，负有直接责任的，也构成危险驾驶罪。（类比：单位主管人员、机动车辆所有人或者机动车辆承包人指使、强令他人违章驾驶造成重大交通事故的，以交通肇事罪定罪处罚。）

7. 与交通肇事罪、以危险方法危害公共安全罪等的区别和关系。有危险驾驶行为，同时构成其他犯罪的，依照处罚较重的规定定罪处罚（它罪均为重罪）。

（1）醉酒驾车，追逐竞驶情节恶劣，或在公路上从事客运业务严重超载、超速：没有造成损失，或者只造成轻伤结果的，构成危险驾驶罪；造成重伤、死亡等重大损失的，构成交通肇事罪。此时，交通肇事罪是危险驾驶罪的结果加重犯。

（2）违规运输危险化学品：没有造成损失，或者只造成轻伤结果的，构成危险驾驶罪；造成重伤、死亡等严重后果的，构成危险物品肇事罪。此时，危险物品肇事罪是危险驾驶罪的结果加重犯。

8. 罪数：实施醉酒驾驶机动车等危险驾驶行为，以暴力、威胁方法阻碍公安机关依法检查，又构成妨害公务罪等其他犯罪的，依照数罪并罚的规定处罚。

经典考题

下列哪一行为应以危险驾驶罪论处？[①]（2015-2-13）

A. 醉酒驾驶机动车，误将红灯看成绿灯，撞死2名行人

B. 吸毒后驾驶机动车，未造成人员伤亡，但危及交通安全

C. 在驾驶汽车前吃了大量荔枝，被交警以呼气式酒精检测仪测试酒精含量达到醉酒程度

D. 将汽车误停在大型商场地下固定卸货车位，后在醉酒时将汽车从地下三层开到地下一层的停车位

---

① 参考答案：D

📖 **拓展习题**

下列情形构成危险驾驶罪的有（　　）①

A. 甲和朋友一起喝酒，由于要开摩托车回家，担心达到醉酒的量，于是喝得较少。自认为没有醉酒，遂驾驶摩托车回家，路上因超速而将一正常行走的行人撞成轻伤。事后交警进行检验，发现甲血液中酒精含量为 88mg/100ml，达到了醉酒的程度

B. 乙严重醉酒（事后查明血液中酒精含量为 300mg/100ml）后，在车辆密集的道路上高速逆向驾驶汽车，并闯入路侧自行车专用道，因当时上班高峰期，车流量很大，汽车与人群相撞，致 6 名骑自行车的人被碾压致死，3 人受重伤

C. 丙在网上看到报道说 C 某用 15 分钟就开车跑完了某 40 公里长的城市环城高速，为了打破该记录，其遂在该环城高速高速超速驾驶，最后用 10 分钟就跑完全程

D. 丁春运期间在公路上从事客运业务，严重超过额定乘员载客，本来只能载乘 45 人的客车实际载运了 100 人

解析：A 选项，认识到自己饮酒，即应当认识到自己醉酒，构成危险驾驶罪。

B 选项，对于危害公共安全具有故意，构成以危险方法危害公共安全罪。

C 选项，追逐竞驶（飙车），情节恶劣。

D 选项，公路客运业务严重超载。

☆八、重大责任事故罪

📖 **相关法条**

第 134 条第 1 款【重大责任事故罪】在生产、作业中违反有关安全管理的规定，因而发生重大伤亡事故或者造成其他严重后果的，处三年以下有期徒刑或者拘役；情节特别恶劣的，处三年以上七年以下有期徒刑。

💡 **知识点讲解**

重大责任事故罪，是指在生产、作业中违反有关安全管理的规定，因而发生重大伤亡事故或者造成其他严重后果的行为。

1. 主体（自然人）：生产、作业人员。包括：（1）对生产、作业负有组织、指挥或者管理职责的负责人、管理人员；（2）实际控制人、投资人等人员；（3）直接从事生产、作业的人员。无照单位人员，劳改企业中直接从事生产的在押罪犯都可构成。

2. 责任形式：过失。因此需要实害结果。

3. 本罪与一般过失犯罪（如失火罪、过失致人重伤罪、过失致人死亡罪）的关系：在生产作业中发生失火、过失致人重伤死亡等，认定为本罪重大责任事故罪一罪。

4. 本罪与强令违章冒险作业罪、重大劳动安全事故罪、危险物品肇事罪等罪名的关系：一般法与特别法的法条竞合关系。符合其他条款如强令违章冒险作业罪、重大劳动安全事故罪、危险物品肇事罪的，应当以特别法即强令违章冒险作业罪、重大劳动安全事故罪、危险物品肇事罪论处。

---

① **参考答案：ACD**

九、危险物品肇事罪

相关法条

第136条【危险物品肇事罪】违反爆炸性、易燃性、放射性、毒害性、腐蚀性物品的管理规定，在生产、储存、运输、使用中发生重大事故，造成严重后果的，处三年以下有期徒刑或者拘役；后果特别严重的，处三年以上七年以下有期徒刑。

知识点讲解

危险物品肇事罪，指违反爆炸性、易燃性、放射性、毒害性、腐蚀性物品的管理规定，在生产、储存、运输、使用中，由于过失发生重大事故，造成严重后果的行为。

1.业务过失犯罪：在生产、储存、运输、使用危险物品的过程中发生重大事故。

2.危险物品：爆炸性、易燃性、放射性、毒害性、腐蚀性物品。

3.法条竞合。危险物品肇事罪与重大责任事故罪、一般过失犯罪（如失火罪、过失致人重伤罪、过失致人死亡罪）的关系是整体法与部分法的法条竞合关系，应以整体法即本罪论处。

十、不报、谎报安全事故罪

相关法条

第139条之一【不报、谎报安全事故罪】在安全事故发生后，负有报告职责的人员不报或者谎报事故情况，贻误事故抢救，情节严重的，处三年以下有期徒刑或者拘役；情节特别严重的，处三年以上七年以下有期徒刑。

知识点讲解

不报、谎报安全事故罪，是指在安全事故发生后，负有报告职责的人员不报或者谎报事故情况，贻误事故抢救，情节严重的行为。

1.主体身份："负有报告职责的人员"。包括：（1）负有组织、指挥或者管理职责的负责人、管理人员；（2）实际控制人、投资人；（3）其他负有报告职责的人员。

2.时间：必须发生在安全事故之后，但不要求发生在安全事故完全结束之后。

3.共犯：其他不具身份的人，与负有报告职责的人员串通，不报或者谎报事故情况，贻误事故抢救，以共犯论处。

4.成罪条件：本罪为情节犯，非结果犯。

5.罪数：（1）如因故意阻挠开展抢救、隐藏、遗弃等不救助行为而导致死亡重伤，触犯故意伤害罪、故意杀人罪（不作为），以故意杀人罪或者故意伤害罪定罪处罚（原理：想象竞合择一重罪）。

（2）数罪并罚：国家工作人员触犯危害生产安全犯罪，又触犯贪污、受贿犯罪。

拓展习题

以下生产作业事故犯罪认定正确的有（　　）[1]

A.某煤矿矿长甲为省电指挥工人关停矿井通风系统，导致瓦斯聚集爆炸造成 24 人死亡，甲构成重大责任事故罪

B.乙经营一非法制售烟花厂工作，乙违反操作规定，用铁器打白药引起厂房堆放的火药爆炸，致 4 人烧死，乙构成过失爆炸罪

C.丙是电气设备维修工，负责维修车间电气设备，在其当班期间发现电气受损，有引起火灾的危险，但由于对领导不满故意不予维修，以致引起火灾，丙构成重大责任事故罪

D.丁某某煤矿的实际控制人，在知悉煤矿发生煤难事故后，为逃避责任不报事故，导致事故抢救贻误，矿工死亡人数增加数十人，丁构成不报、谎报安全事故罪、故意杀人罪，应当数罪并罚

解析：A选项，构成重大责任事故罪。

B选项，构成危险物品肇事罪。

C选项，对于结果系故意，构成不作为放火罪。

D选项，"导致事故抢救贻误"，对结果是过失，不是故意，丁只构成不报、谎报安全事故罪，不数罪并罚。

第三章 破坏社会主义市场经济秩序罪

 ## 第一节 生产、销售伪劣商品罪

考点说明

本节需要掌握的知识点主要有：（1）生产、销售伪劣产品罪（数额犯），生产、销售有毒、有害食品罪（行为犯），生产、销售不符合安全标准的食品罪（危险犯），生产、销售假药罪（行为犯），生产、销售劣药罪（结果犯）等罪名的成罪条件。（2）生产、销售伪劣产品罪（第140条）与该节其他罪名之间法条竞合关系及处理（依照处罚较重的规定处罚）。（3）罪数规定。（4）《关于办理危害食品安全刑事案件适用法律若干问题的解释》（2013）中对"有毒、有害食品""不符合安全标准的食品"的解释；《关于办理危害药品安全刑事案件适用法律若干问题的解释》（2014）中关于"生产""销售"的解释以及罪数的规定。

知识点讲解

第一节生产、销售伪劣商品罪（1+8）		
第140条	生产、销售伪劣产品罪	数额犯(结果犯)：销售金额5万元(既遂)，货值金额达到15万元（未遂）
第141条	生产、销售假药罪	行为犯（抽象危险犯）
第142条	生产、销售劣药罪	结果犯：对人体健康造成严重危害
第143条	生产、销售不符合安全标准的食品罪	危险犯：足以造成严重食物中毒事故或者其他严重食源性疾患
第144条	生产、销售有毒、有害食品罪	行为犯（抽象危险犯）
第145条	生产、销售不符合标准的医用器材罪	危险犯：足以严重危害人体健康
第146条	生产、销售不符合安全标准的产品罪	结果犯：造成严重后果的
第147条	生产、销售伪劣农药、兽药、化肥、种子罪	结果犯：使生产遭受较大损失
第148条	生产、销售不符合卫生标准的化妆品罪	结果犯：造成严重后果的

本节共有9个罪名,其中生产、销售伪劣产品罪这个罪名是一般法,生产、销售假药罪等8个罪名是特别法。按照构成条件来看,生产、销售伪劣产品罪是数额犯,只有销售金额达到5万元才认为是既遂;其他8个罪名有的是行为犯(抽象危险犯),有的是危险犯(具体危险犯),有的是结果犯(实害结果犯)。由于生产特定的伪劣产品,可能涉及法条竞合问题(第149条特别规定本节出现一般法与特别法竞合时适用从重原则),并且此规定是司法考试的必考内容。故而,必须首先识记上述9个罪名成罪条件。

事实上,如按照生产的物品对人们生活重要性区分,上述成罪条件很好识记:(1)食物、药品最重要,故生产有毒、有害食品罪,生产、销售假药罪2个罪名是行为犯;(2)上述两种物品降一档,则生产、销售不符合安全标准的食品罪,生产、销售不符合标准的医用器材罪2个罪名是危险犯;(3)其他罪名例如生产、销售劣药罪均为结果犯。

★一、生产、销售伪劣产品罪

📖 相关法条

第140条【生产、销售伪劣产品罪】生产者、销售者在产品中掺杂、掺假,以假充真,以次充好或者以不合格产品冒充合格产品,销售金额五万元以上不满二十万元的,处二年以下有期徒刑或者拘役,并处或者单处销售金额百分之五十以上二倍以下罚金;销售金额二十万元以上不满五十万元的,处二年以上七年以下有期徒刑,并处销售金额百分之五十以上二倍以下罚金;销售金额五十万元以上不满二百万元的,处七年以上有期徒刑,并处销售金额百分之五十以上二倍以下罚金;销售金额二百万元以上的,处十五年有期徒刑或者无期徒刑,并处销售金额百分之五十以上二倍以下罚金或者没收财产。

💡 知识点讲解

生产、销售伪劣产品罪。指生产者、销售者故意在产品中掺杂、掺假,以假充真以次充好或者以不合格产品冒充合格产品,销售金额在5万元以上(既遂)的行为。

1.行为:四种行为。掺杂、掺假,以假充真,以次充好,以不合格产品冒充合格产品。发生在市场经营领域。

2.数额犯:销售金额5万元以上(构成既遂)。伪劣产品尚未销售,货值金额达到15万元以上的,以生产、销售伪劣产品罪(未遂)定罪处罚。

3.责任形式:故意。"获取非法利润的目的"不是本罪的构成要素。

★ 4.生产、销售伪劣产品罪与本节其他犯罪的法条竞合及处理规则(重法优于轻法)

第149条【本节法条竞合处理规则(重法优于轻法)】生产、销售本节第一百四十一条至第一百四十八条所列产品,不构成各该条规定的犯罪,但是销售金额在五万元以上的,依照本节第一百四十条的规定定罪处罚。

生产、销售本节第一百四十一条至第一百四十八条所列产品,构成各该条规定的犯罪,同时又构成本节第一百四十条规定之罪的,依照处罚较重的规定定罪处罚。

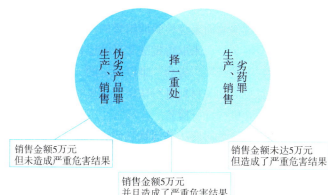

上述条款是对本节法条竞合（生产、销售伪劣产品罪为一般法，其他8罪为特别法）关系处理规则的特别规定，即：择一重处（重法优于轻法）。在具体判断上，当行为人生产、销售假药等特殊伪劣产品时：

（1）首先确定行为人生产、销售的特殊伪劣产品属于8类特殊伪劣产品中的哪一类，并根据该罪的成罪条件（行为犯、危险犯、结果犯）确认其是否构成该罪。

（2）然后根据销售数额（5万）确定行为人是否构成生产、销售伪劣产品罪：销售金额5万元以上构成此罪的既遂；销售金额未达5万、货值金额达到15万元的，构成此罪的未遂；销售金额未达5万、货值金额也未达到15万元的，一般不以此罪处理。

（3）如果行为人的行为只符合前述（1）、（2）中的一种情形，则依该符合情形一罪处理。如果行为人的行为同时符合前述（1）、（2）两种情形，则择一重罪处理。

5. 一罪数罪

（1）想象竞合：实施生产、销售伪劣商品犯罪，同时构成侵犯知识产权、非法经营等其他犯罪的，依照处罚较重的规定定罪处罚。

（2）数罪并罚：实施生产、销售伪劣商品犯罪，又妨害公务罪的，数罪并罚。

☆二、假药、劣药犯罪

生产、销售假药罪	生产、销售劣药罪
假药："假药不是药"，指与标明成分不符的药，以及未经批准的药	劣药："劣药是不合格的药"，药品成分含量不合标准
行为犯	结果犯

（一）生产、销售假药罪（行为犯）

生产、销售假药罪，是指自然人或者单位故意生产、销售假药的行为。本罪是行为犯（抽象的危险犯）。

1. 假药，是指依照《药品管理法》的规定属于假药和按假药处理的药品、非药品。"假药不是药"，指与标明成分不符的药，以及未经批准的药。包括：①药品所含成分与国家药品标准规定的成分不符的；②以非药品冒充药品或者以他种药品冒充此种药品的；③国务院药品监督管理部门规定禁止使用的；④依照《药品管理法》必须经过批准而未经批准生产、进口，或者依照《药品管理法》必须经过检验而未经检验即销售的；⑤变质的；⑥被污染的；⑦使用依照《药品管理法》必须取得批准文号而未取得批准文号的原料药生产的；⑧所标明的适应症或者功能主治超出规定范围的。"假药""劣药"难以确定的，司法机关可以根据地市级以上药品监督管理部门出具的认定意见等相关材料进行认定。必要时，可以委托省级以上药品监督管理部门设置或者确定的药品检验机构进行检验。

这里的假药指用于人体的药品。如果将兽药等物品假冒为对人体使用的药品标为人用药品出售，亦为假药。如果将某种物品假冒标为兽用药品出售，则可能涉嫌生产、销售伪劣农药、兽药罪。

2.注意：虽具有药效，但未在我国取得批准文号的外国药品，在进行经营性的生产、销售时，也属生产、销售假药。但销售少量根据民间传统配方私自加工的药品，或者销售少量未经批准进口的国外、境外药品，没有造成他人伤害后果或者延误诊治，情节显著轻微危害不大的，不认为是犯罪。

3.生产、销售的含义：

（1）生产：造。以生产、销售假药、劣药为目的，实施下列行为之一的：①合成、精制、提取、储存、加工炮制药品原料的行为；②将药品原料、辅料、包装材料制成成品过程中，进行配料、混合、制剂、储存、包装的行为；③印制包装材料、标签、说明书的行为。

（2）销售：卖。医疗机构、医疗机构工作人员明知是假药、劣药而有偿提供给他人使用，或者为出售而购买、储存的行为，应当认定为"销售"。

4.无照经营药品，生产、销售不合药用标准的原料辅料，构成非法经营罪：（1）违反国家药品管理法律法规，未取得或者使用伪造、变造的药品经营许可证，非法经营药品，情节严重的；（2）以提供给他人生产、销售药品为目的，违反国家规定，生产、销售不符合药用要求的非药品原料、辅料，情节严重的。

4.罪数：想象竞合，择一重处。实施生产、销售假药、劣药犯罪，同时构成生产、销售伪劣产品、侵犯知识产权、非法经营、非法行医、非法采供血等犯罪的，依照处罚较重的规定定罪处罚。

（二）生产、销售劣药罪（结果犯）

生产、销售劣药罪，是指生产、销售劣药，对人体健康造成严重危害的行为。本罪是结果犯（实害结果犯），"造成严重危害"指造成轻伤以上结果。

1.劣药："劣药是不合格的药"，是指药品成分的含量不符合国家药品标准。包括：①未标明有效期或者更改有效期的；②不注明或者更改生产批号的；③超过有效期的；④直接接触药品的包装材料和容器未经批准的；⑤擅自添加着色剂、防腐剂、香料、矫味剂及辅料的；⑥其他不符合药品标准规定的。

2.结果犯：对人体健康造成严重危害（轻伤以上）。

★三、食品安全犯罪

生产、销售有毒、有害食品罪	生产、销售不符合安全标准的食品罪
有毒、有害的非食品原料	不符合安全标准的食品
食品中有禁用、有毒有害物质	相关物质不达标
行为犯	危险犯

（一）生产、销售有毒、有害食品罪（行为犯）

生产、销售有毒、有害食品罪，是指在生产、销售的食品中掺入有毒、有害的非食品原料，或者销售明知掺有有毒、有害的非食品原料的食品的行为。本罪是行为犯（抽象危险犯）。

1. 三种行为：生产、销售有毒、有害的非食品原料。（1）利用有毒、有害非食品原料生产、制造食品；（2）在食品中掺入有毒、有害非食品原料，包括在有毒、有害非食品原料中掺入食品；（3）明知有毒、有害而销售。在食用农产品种植、养殖、销售、运输、贮存等过程中，使用禁用农药、兽药等禁用物质或者其他有毒、有害物质的，也构成本罪。

2. 食品：人用食物。包括自己制造的食品、打捞的有毒鱼虾、用瘦肉精喂的猪、用工业酒精勾兑的散装白酒等，保健食品也属食品。

3. "有毒、有害的非食品原料"：

（1）法律、法规禁止在食品生产经营活动中添加、使用的物质；

（2）国务院有关部门公布的《食品中可能违法添加的非食用物质名单》《保健食品中可能非法添加的物质名单》中的物质；

（3）国务院有关部门公告禁止使用的农药、兽药以及其他有毒、有害物质；

（4）其他危害人体健康的物质；

（5）利用"地沟油"生产"食用油"的，即指用餐厨垃圾、废弃油脂、各类肉及肉制品加工废弃物等非食品原料，生产、加工"食用油"，构成本罪。

4. 本罪为行为犯（抽象危险犯）。造成实害后果是其结果加重犯。

（二）生产、销售不符合安全标准的食品罪（危险犯）

生产、销售不符合安全标准的食品罪，是指生产、销售不符合食品安全标准的食品，足以造成严重食物中毒事故或者其他严重食源性疾病的行为。本罪是危险犯（具体危险犯），要求达到"足以造成严重食物中毒事故或者其他严重食源性疾病"的具体危险。

1. 不符合安全标准的食品：不符合《食品安全法》规定的安全标准的食品。

（1）含有严重超出标准限量的致病性微生物、农药残留、兽药残留、重金属、污染物质以及其他危害人体健康的物质的；

（2）属于病死、死因不明或者检验检疫不合格的畜、禽、兽、水产动物及其肉类、肉类制品的；

（3）属于国家为防控疾病等特殊需要明令禁止生产、销售的；

（4）婴幼儿食品中生长发育所需营养成分严重不符合食品安全标准的；

（5）其他足以造成严重食物中毒事故或者严重食源性疾病的情形。

（6）还能包括：超限量或者超范围滥用食品添加剂；超限量或者超范围滥用添加剂、农药、兽药等。

2. 危险犯：足以造成严重食物中毒事故或者其他严重食源性疾患。经省级以上卫生行政部门确定的机构鉴定，食品中含有可能导致严重食物中毒或者其他严重食源性疾患的超标准的有害细菌或者其他污染物。

经典考题

关于生产、销售伪劣商品罪，下列哪些选项是正确的？[①]（2016-2-57）

A. 甲既生产、销售劣药，对人体健康造成严重危害，同时又生产、销售假药的，应实行数罪并罚

B. 乙为提高猪肉的瘦肉率，在饲料中添加"瘦肉精"。由于生猪本身不是食品，故乙不构成生产有毒、有害食品罪

C. 丙销售不符合安全标准的饼干，足以造成严重食物中毒事故，但销售金额仅有500元。对丙应以销售不符合安全标准的食品罪论处

D. 丁明知香肠不符合安全标准，足以造成严重食源性疾患，但误以为没有毒害而销售，事实上香肠中掺有有毒的非食品原料。对丁应以销售不符合安全标准的食品罪论处

拓展习题

关于制售伪劣产品犯罪，以下说法正确的有（　　）[②]

A. 甲收购猪瘟病死生猪，欲出售猪肉牟利，经检验不符合食用猪肉的安全标准，尚未销售即被抓获，货值金额20万元，则甲触犯销售不符合安全标准的食品罪、销售伪劣产品罪（未遂），择一重罪处断

B. 乙在其生产的馒头中超限量滥用食品添加剂，足以造成严重食源性疾病，销售金额6万元，对乙应以生产、销售不符合安全标准的食品罪和生产、销售伪劣产品罪，择一重罪处断

C. 丙制药厂用生理盐水冒充青霉素注射液，生产该注射液十万余只，未及售出即被查获，丙制药厂的行为虽属生产、销售假药的行为，但不能认为足以严重危害人体健康，不能构成生产、销售假药罪

D. 丁未经批准大量进口国外抗癌药品，加价后销售给国内癌症病患者，牟利30万元，经鉴定该抗癌药对癌症具有显著疗效。则该药品不属假药，丁无罪

解析：A选项，出售不符合安全标准的瘟病死猪肉，认为具有造成严重食源性疾病的危险，触犯销售不符合安全标准的食品罪；货值金额超过15万元，触犯销售伪劣产品罪（未遂），应当择一重罪处断。《关于办理危害食品安全刑事案件适用法律若干问题的解释》第1条第2项。

B选项，前述解释第8条。

C选项，D选项，均构成生产、销售假药罪。

[①] 参考答案：ACD
[②] 参考答案：AB

第二节　走　私　罪

考点说明

　　本节需要掌握的知识点主要有：（1）走私行为：直接走私、变相走私、间接走私。（2）走私普通货物、物品罪（第153条）与本节其他走私特种物品犯罪之间的区别和联系。（3）罪数规定。（4）认识错误的处理。（5）《刑法修正案（九）》已废除走私武器、弹药罪，走私核材料罪，走私假币罪三罪死刑，使得走私犯罪再无死刑。

知识点讲解

第二节走私罪（9+1）				
第151条第1款	走私武器、弹药罪	禁止进出口		法益：进出口管制秩序
	走私核材料罪			
	走私假币罪			
第2款	走私文物罪	禁止出口	走私出境时构成本罪	
	走私贵重金属罪			
	走私珍贵动物、珍贵动物动物制品罪	禁止进出口		
第3款	走私国家禁止进出口的货物、物品罪	禁止进出口		
第152条第1款	走私淫秽物品罪	禁止进出口	以牟利或传播为目的	
第2款	走私废物罪	禁止进口	走私进境时构成本罪	
第153条	走私普通货物、物品罪		偷逃应缴税额10万元	法益：关税征收

　　1.本节10个罪名之间的关系。

　　本节共有10个罪名，其中：（1）走私普通货物、物品罪侵害的法益是国家的税收征管权，亦即进出口货物需按规定征缴关税，凡是偷逃关税的行为，均可能触犯走私普通货物、物品罪；（2）其他9个走私犯罪的走私对象为特定物品，其侵害的法益是国家的进出口物品管制权，亦即未经许可进出口禁止进出口物品。

　　对于国家的进出口物品管制权，应当区分为：（1）禁止出口，指文物、贵重金属2种，只有走私出境时才能构成该两罪；（2）禁止进口，指废物1种，只有走私进境时才构成该罪；（3）禁止进出口，如武器弹药、核材料、假币、珍贵动物制品、淫秽物品5种物品，另有兜底性质的走私国家禁止进出口的货物、物品罪。

　　☆当行为人：

　　（1）将禁止出口物品文物、贵重金属，走私出境时，构成走私文物罪、走私贵重金属罪；但走私入境偷逃关税时，构成走私普通货物、物品罪；

（2）将禁止进口物品废物，走私进境时，构成走私废物罪；但走私出境偷逃关税时，构成走私普通货物、物品罪；

（3）如果未经出口许可走私禁止出口物品出境，或未经进口许可走私禁止进口物品进境，或未经进出口许可走私禁止进出口物品进出境，同时偷逃关税的，如同时触犯各特定走私罪名、走私普通货物、物品罪，系想象竞合，应当择一重罪处断。

☆ 2. 走私行为：

📖 **相关法条**

第154条【变相走私行为】下列走私行为，根据本节规定构成犯罪的，依照本法第一百五十三条的规定定罪处罚：

（一）未经海关许可并且未补缴应缴税额，擅自将批准进口的来料加工、来件装配、补偿贸易的原材料、零件、制成品、设备等保税货物，在境内销售牟利的；

（二）未经海关许可并且未补缴应缴税额，擅自将特定减税、免税进口的货物、物品，在境内销售牟利的。

第155条【间接走私行为】下列行为，以走私罪论处，依照本节的有关规定处罚：

（一）直接向走私人非法收购国家禁止进口物品的，或者直接向走私人非法收购走私进口的其他货物、物品，数额较大的；

（二）在内海、领海、界河、界湖运输、收购、贩卖国家禁止进出口物品的，或者运输、收购、贩卖国家限制进出口货物、物品，数额较大，没有合法证明的。

走私行为	直接走私	绕关
		通关时不如实申报
	变相走私	未经海关许可并且未补缴应缴税额，擅自将批准进口的来料加工、来件装配、补偿贸易的原材料、零件、制成品、设备等保税货物，在境内销售牟利的
		未经海关许可并且未补缴应缴税额，擅自将特定减税、免税进口的货物、物品，在境内销售牟利的
	间接走私（准走私）	直接向走私人非法收购国家禁止进口物品的，或者直接向走私人非法收购走私进口的其他货物、物品
		在内海、领海、界河、界湖运输、收购、贩卖国家禁止进出口物品的，或者运输、收购、贩卖国家限制进出口货物、物品，数额较大，没有合法证明的

（1）直接走私行为。①绕关。即未经批准，不经过设立海关的地点，非法运输、携带物品进出国（边）境。②通关时不如实申报。即虽然通过设立海关的地点进出国（边）境，但采取隐匿、伪装、假报等欺骗手段，逃避海关监管、检查，非法盗运、偷带或者非法邮寄物品进出国（边）境。

（2）变相走私行为。①未经海关许可并且未补缴应缴税额，擅自将批准进口的来料加工、来件装配、补偿贸易的原材料、零件、制成品、设备等保税货物，在境内销售牟利的；②未经海关许可并且未补缴应缴税额，擅自将特定减税、免税进口的货物、物品，在境内销售牟利的。这两种情况的实质是偷逃关税。

（3）间接走私行为。①直接向走私人非法收购国家禁止进口物品的，或者直接向走私人非法收购走私进口的其他货物、物品，数额较大的；②在内海、领海、界河、界湖运输、收购、贩卖国家禁止进出口物品的，或者运输、收购、贩卖国家限制进出口货物、物品，数额较大，没有合法证明的。

3. 走私共犯行为：与走私罪犯通谋（事前或事中），为其提供贷款、资金、账号、发票、证明，或者为其提供运输、保管、邮寄或者其他方便的，构成走私犯罪的共同犯罪。

4.罪数：（1）以暴力、威胁方法抗拒缉私的，以走私罪和妨害公务罪数罪并罚；（2）同时走私多种不同类物品的（均有故意），数罪并罚。

5.责任形式：故意。（1）明知具体走私对象；（2）行为人主观上对走私对象不明确的，只有概括故意的，根据实际的走私对象定罪处罚（推定）。构成数罪的，数罪并罚；（3）在走私普通货物物品时，隐匿违禁物品，构成数罪的，实行数罪并罚。

6.认识错误问题（有证据证明主观上确有误认）。

（1）误将特种物品（禁止、限制进出口物品）误认为一般物品（允许进出口物品），应当以走私普通货物、物品罪定罪处理。

（2）误将一般物品（允许进出口物品）误认为特种物品（禁止、限制进出口物品），也应当以走私普通货物、物品罪定罪处理。

★一、走私普通货物、物品罪

走私普通货物、物品罪，指违反海关法规，逃避海关监管，运输、携带、邮寄普通货物、物品进出国（边）境，偷逃应缴关税税额较大（10万元以上）的行为。

1.对象是普通货物、物品。

（1）普通货物、物品．

（2）走私进口国家允许进口的黄金、文物进境，偷逃关税的，构成走私普通货物、物品罪。

（3）走私进口废物的问题。①经批准后进口废物进境，偷逃关税的，构成走私普通货物、物品罪；②经批准但超量进口，或者未经批准，且偷逃关税的，两罪择一重罪处断。

2.偷逃应缴关税税额较大（10万元以上），或者一年内曾因走私被给予二次行政处罚后又走私。

二、走私武器、弹药罪（废除死刑）

走私武器、弹药罪，指违反海关法规，逃避海关监管，非法运输、携带、邮寄武器、弹药进出国（边）境的行为。

走私真、假"枪支、弹药"的情形	
走私真枪，各种弹药的弹头、弹壳（可组装、使用）	走私武器、弹药罪
走私仿真枪、管制刀具	走私国家禁止进出口的货物、物品罪
走私报废或者无法组装并使用的各种弹药的弹头、弹壳（但不属废物）	走私普通货物、物品罪
走私属于废物的弹头、弹壳入境	走私废物罪

1.武器：不包括仿真武器（走私仿真枪、管制刀具可构成走私国家禁止进出口的货物、物品罪）。弹药：指可组装并使用的弹头、弹壳。走私报废或者无法组装并使用的各种弹药的弹头、弹壳，构成走私普通货物、物品罪；走私属于废物的弹头、弹壳入境的，构成走私废物罪。

2. 罪数：（1）走私中运输、邮寄、储存的，不另定它罪（整体法包容部分法）。
（2）走私后在境内出售的，另定非法买卖枪支、弹药罪。

三、走私文物罪（走私出境）

走私文物罪，指违反海关法规，逃避海关监管，运输、携带、邮寄国家禁止出口的文物或者具有科学价值的古脊椎动物化石、古人类化石出境的行为。

1. 对象：国家禁止出口的文物，包括具有科学价值的古脊椎动物化石、古人类化石。

2. 走私"出境"。走私文物入境偷逃关税的，误将文物当作普通金属走私出境的，构成走私普通货物、物品罪。

四、走私贵重金属罪（走私出境）

走私贵重金属罪，指违反海关法规，逃避海关监管，运输、携带、邮寄国家禁止出口的黄金、白银和其他贵重金属出境的行为。

1. 对象：黄金、白银和其他贵重金属。

2. 走私"出境"。走私贵重金属入境偷逃关税的，误将贵重金属当作普通金属走私出境的，构成走私普通货物、物品罪。

五、走私假币罪（废除死刑）

1. 走私假币罪，指违反海关法规，逃避海关监管，运输、携带、邮寄假币进出国（边）境的行为。

2. 本罪对象不包括变造的货币（按平义解释）。走私变造的货币可构成走私国家禁止进出口的其他货物、物品罪。

六、走私淫秽物品罪（目的犯）

1. 走私淫秽物品罪，指违反海关法规，逃避海关监管，以牟利或者传播为目的，运输、携带、邮寄淫秽的影片、录像带、录音带、图片、书刊或者其他淫秽物品进出国（边）境的行为。

2. 本罪是目的犯。以牟利或者传播为目的，单纯自己阅读不构成本罪。

七、走私国家禁止进出口的货物、物品罪

走私国家禁止进出口的货物、物品罪，是指违反海关法规，走私珍稀植物及其制品等国家禁止进出口的其他货物、物品的行为。

（1）国家禁止进出口的其他货物、物品包括：禁止进出口的珍稀植物、珍稀植物制品、仿真枪、管制刀具，其他在禁止目录之中但又不属本节其他条款规定的特定物品的。

（2）对象不包括限制进出口物品、允许进出口物品。

考点归纳

1. 只要偷逃关税，即可触犯走私普通货物、物品罪；违反管制规定，才触犯特种走私犯罪。

2.好东西（文物、贵重金属）不让随便出口；坏东西（废物）不让随便进口。

3.走私行为有三种六类：绕关、申报不实；保税、减税货物不缴关税；向走私人收购（二道贩子），边境运输没有证明。

经典考题

关于走私犯罪，下列哪一选项是正确的？（　　）[1]（2011-2-11）

A.甲误将淫秽光盘当作普通光盘走私入境。虽不构成走私淫秽物品罪，但如按照普通光盘计算，其偷逃应缴税额较大时，应认定为走私普通货物、物品罪

B.乙走私大量弹头、弹壳。由于弹头、弹壳不等于弹药，故乙不成立走私弹药罪

C.丙走私枪支入境后非法出卖。此情形属于吸收犯，按重罪吸收轻罪的原则论处

D.丁走私武器时以暴力抗拒缉私。此情形属于牵连犯，从一重罪论处

拓展习题

关于走私犯罪，下列哪一选项说法是正确的（　　）[2]

A.甲未经批准许可，走私国家限制进口的可用作原料的废旧金属，同时偷逃应缴税额35万元，甲构成走私废物罪和走私普通货物、物品罪，应当数罪并罚

B.乙在行李箱中夹带黄金走私入境，偷逃关税20万元，构成走私贵重金属罪

C.丙直接向走私人C某非法收购走私进口的影碟机，数额巨大，则丙、C某均构成走私普遍货物、物品罪

D.丁在领海上运输国家禁止出口的具有科学价值的古脊椎动物化石，被海关缉私人员检查时，没有合法证明，即使用暴力抗拒将缉私人员打成轻伤，丁构成走私文物罪和妨害公务罪，应数罪并罚

解析：A选项，应当择一重罪处断。

B选项，走私黄金入境偷逃关税，构成走私普通货物、物品罪。

C选项，间接走私的情况。

D选项，说法正确。

第三节　妨害对公司、企业的管理秩序罪

考点说明

本节需要掌握的知识点主要有：（1）"非国家工作人员"。（2）非法经营同类营业罪、为亲友非法牟利罪、签订、履行合同失职被骗罪等罪的主体（国有单位中的一些人员）。

---

① 参考答案：A
② 参考答案：CD

☆一、非国家工作人员受贿罪；对非国家工作人员行贿罪

📖 **相关法条**

第 163 条第 1、2 款【非国家工作人员受贿罪】公司、企业或者其他单位的工作人员利用职务上的便利，索取他人财物或者非法收受他人财物，为他人谋取利益，数额较大的，处五年以下有期徒刑或者拘役；数额巨大的，处五年以上有期徒刑，可以并处没收财产。

公司、企业或者其他单位的工作人员在经济往来中，利用职务上的便利，违反国家规定，收受各种名义的回扣、手续费，归个人所有的，依照前款的规定处罚。

第 164 条第 1、3、4 款【对非国家工作人员行贿罪】为谋取不正当利益，给予公司、企业或者其他单位的工作人员以财物，数额较大的，处三年以下有期徒刑或者拘役，并处罚金；数额巨大的，处三年以上十年以下有期徒刑，并处罚金。（注：《刑法修正案（九）》在第一档法定刑中增设了并处罚金刑）

单位犯前两款罪的，对单位判处罚金，并对其直接负责的主管人员和其他直接责任人员，依照第一款的规定处罚。

行贿人在被追诉前主动交代行贿行为的，可以减轻处罚或者免除处罚。

💡 **知识点讲解**

非国家工作人员受贿罪，是指公司、企业或者其他单位的工作人员利用职务上的便利，索取他人财物或者非法收受他人财物，为他人谋取利益，数额较大的行为。对非国家工作人员行贿罪，是指为谋取不正当利益，给予公司、企业或者其他单位的工作人员以财物，数额较大的行为。两罪系对合犯（受贿、行贿），但并不完全对合，构成对非国家工作人员行贿罪需行为人为了谋取不正当利益，构成非国家工作人员受贿罪不是必需此条件（收受型：客观上许诺为请托人谋取利益；索贿型：无须谋利条件）。

1. 身份犯：非国家工作人员，即公司、企业或者其他单位的工作人员。包括：（1）非国有的社会团体、村民委员会、居民委员会、村民小组等常设性的组织；（2）为组织体育赛事、文艺演出或者其他正当活动而成立的组委会、筹委会、工程承包队等非常设性的组织。（3）公立医疗机构人员中非国家工作人员的医生；（4）公立学校中非国家工作人员的教师；（5）依法组建的评标委员会的组成人员；（6）竞争性谈判采购中谈判小组的组成人员；（7）询价采购中询价小组的组成人员等。但是，以上组织中的国家工作人员构成受贿罪。

2. 非国家工作人员受贿罪，收受型：客观上许诺为请托人谋取利益；索贿：无须谋利条件。对非国家工作人员行贿罪，需为了谋取不正当利益。

3. 自然人或单位均可构成此二罪。

📋 **拓展习题**

以下构成非国家工作人员受贿罪的有（　　）①

A. 某民营医院儿科科室主任医师张三接受某药品公司"赠送"房屋一套（价值 30 万元），让在

_____

① **参考答案：ACD**

开处方时大量开具该药品公司药品

B.某公立大学的校长李四收受某出版社 10 万元，优先采购该出版社的教材

C.王五为某民营公司采购员，在经济往来中收受采购商给予其个人的回扣 10 万元，未向公司汇报而是据为己有

D.赵六系某依法组建的评标委员会的委员之一，曾向建筑商 B 某借款 5 万元，B 某遂让赵六在评标时关照自己，许诺中标后免除赵六的债务，赵六同意

解析：A 选项，民营医院的医生系非国家工作人员。

B 选项，公立大学的校长系国家工作人员，构成受贿罪。

C 选项，民营公司采购员暗中收受回扣，构成非国家工作人员受贿罪，

D 选项，评标委员会的委员系非国家工作人员。

二、对外国公职人员、国际公共组织官员行贿罪

📖 相关法条

第 164 条第 2、3、4 款【对外国公职人员、国际公共组织官员行贿罪】为谋取不正当商业利益，给予外国公职人员或者国际公共组织官员以财物的，依照前款的规定处罚。

单位犯前两款罪的，对单位判处罚金，并对其直接负责的主管人员和其他直接责任人员，依照第一款的规定处罚。

行贿人在被追诉前主动交代行贿行为的，可以减轻处罚或者免除处罚。

💡 知识点讲解

对外国公职人员、国际公共组织官员行贿罪，是指为谋取不正当商业利益，给予外国公职人员或者国际公共组织官员以财物，数额较大的行为。

1. 主体：自然人或单位。

2. 目的：为谋取不正当商业利益。指与国际商务有关的经济利益与商业机会，至于是否实际谋取利益，则不影响本罪的成立。

3. 对象：（1）外国公职人员，指外国经任命或经选举而担任立法、行政、行政管理、司法职务的人员，以及为外国包括为公共机构或者公营企业行使公共职能的人员；（2）国际公共组织官员，指国际公务员或者经此种组织授权代表该组织行事的人员。

4. 国际公共组织官员的国籍不限，包括具有中国国籍的国际公共组织官员。

5. 对合问题：行贿者在中国境内向具有中国国籍的国际公共组织官员行贿，后者收贿的，行贿者构成对国际公共组织官员行贿罪，受贿者构成非国家工作人员受贿罪。

三、为亲友非法牟利罪

📖 相关法条

第 166 条【为亲友非法牟利罪】国有公司、企业、事业单位的工作人员，利用职务便利，有下列情形之一，使国家利益遭受重大损失的，处三年以下有期徒刑或者拘役，并处或者单处罚金；致使国

家利益遭受特别重大损失的，处三年以上七年以下有期徒刑，并处罚金：

（一）将本单位的盈利业务交由自己的亲友进行经营的；

（二）以明显高于市场的价格向自己的亲友经营管理的单位采购商品或者以明显低于市场的价格向自己的亲友经营管理的单位销售商品的；

（三）向自己的亲友经营管理的单位采购不合格商品的。

💡 知识点讲解

为亲友非法牟利罪，指国有公司、企业、事业单位的工作人员，利用职务便利背信经营，在经营本单位业务时为亲友非法牟利，使国家利益遭受重大损失的行为。

主体	国有公司、企业、事业单位的工作人员（利用职务便利）		
行为	移交盈利业务：将本单位的盈利业务交由自己的亲友进行经营		
	高买、低卖：以明显高于市场的价格向自己的亲友经营管理的单位采购商品；以明显低于市场的价格向自己的亲友经营管理的单位销售商品的		
	买不合格商品：向自己的亲友经营管理的单位采购不合格商品		
结果	致使国家利益遭受特别重大损失		
与贪污罪的区别：本罪是利用交易行为而使亲友获利、本单位受损。			

1.本罪的主体为国有公司、企业、事业单位的工作人员。国家机关工作人员实施类似行为可能构成滥用职权罪；非国家工作人员的上市公司的董事、监事、高级管理人员实施类似行为可能构成背信损害上市公司利益罪。

2.三种行为：（1）将盈利业务交由亲友经营；（2）向亲友单位明显高价采购商品或明显低价销售商品；（3）向亲友单位采购不合格商品。

3.结果犯：使国家利益遭受重大损失。

4.与贪污罪的区分：本罪与贪污罪均是利用职权化公为私、损公肥私。但本罪为亲友谋利的手法是获取真实经营行为产生的利润，而贪污罪的典型情况是"白拿"；二者的区别在于是否是因实际经营活动而获利。对于没有实际经营活动只是借经营为名，套取国有单位已经相对确定可获取的预期利润的行为，应当认定为贪污罪。

📖 经典考题

国有化工厂副厂长乙（为国家工作人员）利用职务之便，长期以明显高于市场的价格向其远房亲戚戊经营的原料公司采购商品，使化工厂损失近300万元。戊为了使乙长期关照原料公司，让乙的妻子丁未出资却享有原料公司10%的股份（乙、丁均知情），虽未进行股权转让登记，但已分给红利58万元，每次分红都是丁去原料公司领取现金。

问题：乙构成何罪？

四、虚报注册资本罪；虚假出资、抽逃出资罪

1.虚报注册资本罪，是指申请公司登记使用虚假证明文件或者采取其他欺诈手段虚报注册

资本，欺骗公司登记主管部门，取得公司登记，虚报注册资本数额巨大、后果严重或者有其他严重情节的行为。

　　虚假出资、抽逃出资罪，是指公司发起人、股东违反公司法的规定，未交付货币、实物或者未转移财产权，虚假出资，或者在公司成立后又抽逃其出资，数额巨大、后果严重或者有其他严重情节的行为。

　　2. 虚报注册资本罪，虚假出资、抽逃出资罪的规定，只适用于依法实行注册资本实缴登记制的公司。对于实行注册资本认缴登记制的公司，不构成该二罪。在我国《公司法》修订之后，原则上实行注册资本认缴登记制，当前只有金融、证券、期货、保险等 27 类行业暂不实行注册资本认缴登记制。

　　3. 抽逃出资罪与职务侵占罪的关系。从理论上讲，出资人出资后，资金属于公司所有，抽逃出资意味着非法占有公司所有的资金，在其他股东不知情、未经公司同意的情况下抽逃出资的，就有可能触犯职务侵占罪。实施抽逃出资行为触犯职务侵占罪的，属于想象竞合犯，从一重罪论处。

五、签订、履行合同失职被骗罪

　　签订、履行合同失职被骗罪，指国有公司、企业、事业单位直接负责的主管人员，在签订、履行合同过程中，因严重不负责任被诈骗，致使国家利益遭受重大损失的行为。本罪是国有公司、企业、事业单位人员失职罪的特别法条。

　　1. 主体：国有公司、企业、事业单位直接负责的主管人员。

　　2. 责任形式：过失。因此为结果犯。

　　3. 与国有公司、企业、事业单位人员失职罪（第 168 条）的关系：特别法与一般法的法条竞合关系。

　　4. 与国家机关工作人员签订、履行合同失职被骗罪（第 406 条）的区别：主体不同。

六、本罪之节的主体身份

第 165 条	非法经营同类营业罪	国有公司、企业的董事、经理
第 166 条	为亲友非法牟利罪	国有公司、企业、事业单位的工作人员
第 167 条	签订、履行合同失职被骗罪	国有公司、企业、事业单位直接负责的主管人员
第 168 条	国有公司、企业、事业单位人员失职罪 国有公司、企业、事业单位人员滥用职权罪	国有公司、企业、事业单位的工作人员
第 169 条	徇私舞弊低价折股、出售国有资产罪	国有公司、企业或者其上级主管部门直接负责的主管人员
第 169 条之一	背信损害上市公司利益罪	上市公司的董事、监事、高级管理人员

拓展习题

关于各行为人的行为定性，以下说法正确的有（ ）①

A. A公司为了本公司利益，经公司领导集体决定，组织本单位员工以暴力方式抗拒缴纳税款，造成一名税务人员轻微伤，因抗税罪只能由自然人构成，故而A公司的领导、参与员工均不构成犯罪

B. B公司是实行注册资本认缴登记制的有限责任公司，其投资人乙在缴纳注册资本1000万后，又将该资金偷偷撤走，则乙构成抽逃出资罪

C. 丙为了制作某道地方名菜而向非法狩猎者购买其狩猎所获某珍贵野生动物，则丙触犯非法收购珍贵野生动物罪和掩饰、隐瞒犯罪所得罪，应当择一重罪处断

D. 丁不是残疾人，但伪造虚假材料谎称自己是残疾人，向当地民政部门申请骗取残疾人保障待遇，因未骗取财物，丁不能构成诈骗罪

解析： A选项，单位不能构成抗税罪，但可对参与的自然人追究自然人抗税罪的刑事责任。参见《全国人民代表大会常务委员会关于〈中华人民共和国刑法〉第三十条的解释》。

B选项，实行注册资本认缴登记制的公司的相关人员不能构成抽逃出资罪。参见《全国人民代表大会常务委员会关于〈中华人民共和国刑法〉第一百五十八条、第一百五十九条的解释》。

C选项，说法正确。参见《全国人民代表大会常务委员会关于〈中华人民共和国刑法〉第三百四十一条、第三百一十二条的解释》。

D选项，财产性利益是诈骗罪的对象，说法正确。参见《全国人民代表大会常务委员会关于〈中华人民共和国刑法〉第二百六十六条的解释》。以欺诈、伪造证明材料或者其他手段骗取养老、医疗、工伤、失业、生育等社会保险金或者其他社会保障待遇的，属于刑法第二百六十六条规定的诈骗公私财物的行为。

第四节 破坏金融管理秩序罪

考点说明

本节需要掌握的知识点主要有：（1）假币犯罪：假币、伪造、变造、出售、使用、持有的含义，罪数规定；《刑法修正案（九）》已废除所有假币犯罪（伪造货币罪、走私假币罪）的死刑。（2）洗钱罪：七种赃钱、掩饰真实来源的行为形式，认识错误的处理，与上游犯罪共犯的区别，与窝藏毒赃罪，掩饰、隐瞒犯罪所得、犯罪所得收益罪之间的关系。

① **参考答案：** C

知识点讲解

★一、假币犯罪：伪造货币罪；变造货币罪；出售、购买、运输假币罪；持有、使用假币罪

假币	犯罪对象：真币	（1）正在流通：境内或境外流通均可。使用伪造的停止流通的货币，构成诈骗罪
		（2）币种：人民币、境外（港澳台）币、外国货币。包括硬币与纸币、普通纪念币和贵金属纪念币
		（3）存在对应的真币。伪造根本就不存在的货币，可构成诈骗罪
	假币形态	外观上足以使一般人误信为真货币
行为	伪造	全部做假。真币与假币拼接（半真半假）亦属伪造
	变造	部分有真。需保留原合法货币符号；只使用原货币材质而不保留原货币符号的，系伪造货币行为
	出售；购买	一般对方知情是假币。将假币当商品，有偿转让、有偿交付伪造的货币。购买假币，有偿取得假币
	使用	一般对方不知情是假币。将假币代替真币投入流通领域（流通或兑换）使用
	持有	明知是伪造的货币而持有，包括接受赠与、保管
	运输	转移假币的存在地点
责任形式		故意。明知对象是假币
罪数		（1）伪造假币又出售、运输（同宗假币），按伪造假币罪从重处罚
		（2）购买假币后使用（同宗假币），以购买假币罪从重处罚
		（3）出售、运输假币，同时又使用的，数罪并罚
对象是国内或国外正在流通的货币。伪造是全部做假，变造是部分有真，出售是当作商品，使用是投入流通。		

1. 假币：

（1）包括人民币、境外（港澳台）币、外国货币。

（2）正在流通（无论境内外）或可兑换，在中国境内不可兑换但在外国正流通也属正在流通。伪造停止流通的货币，或者使用伪造的停止流通的货币的，以诈骗罪定罪处罚。

（3）包括硬币与纸币、普通纪念币和贵金属纪念币。

（4）存在对应的真币。伪造根本就不存在的货币，可构成诈骗罪。

（5）在外观上足以使一般人误认为是货币。

经典考题

关于货币犯罪的认定，下列哪些选项是正确的？（　　）[1]（2011-2-59）

A. 以使用为目的，大量印制停止流通的第三版人民币的，不成立伪造货币罪

B. 伪造正在流通但在我国尚无法兑换的境外货币的，成立伪造货币罪

C. 将白纸冒充假币卖给他人的，构成诈骗罪，不成立出售假币罪

---

[1]　**参考答案：** ABC

D. 将一半真币与一半假币拼接，制造大量半真半假面额 100 元纸币的，成立变造货币罪

2. 行为：

（1）伪造货币（全部做假）：伪造货币罪是指仿照货币的图案、形状、色彩、防伪技术等特征，采用机制、人工等方法，非法制造货币，冒充真币的行为。

（2）变造货币（部分有真）：变造货币罪是指采用挖补、揭层、涂改、拼接等手段，改变货币的真实形态、色彩、文字、数目等，使其升值，数额较大的行为。①变造一般需保留原真货币的符号；只使用原货币材质而不保留原货币符号的，系伪造货币行为。②同时采用伪造和变造手段，制造真伪拼凑货币（半真半假拼接）的行为，定伪造货币罪。③使用作废的货币拼接出货币，系伪造货币行为。

（3）出售假币［购买假币］：有偿转让、有偿交付伪造的货币。即将假币当商品，一般对方知情。购买假币，指有偿取得假币。

（4）运输假币：转移假币的存在地点。

（5）使用假币：将假币代替真币投入流通领域（流通或兑换）使用，如用假币去赌博、行贿、缴纳罚款、购买物品等，一般对方不知情。符合使用假币罪的，不再认定为诈骗罪。

（6）持有假币：明知是伪造的货币而持有，包括接受赠与、保管。持有（控制）包括直接持有，也包括间接持有，例如存放、藏匿在某处，通过他人保管等。

经典考题

关于货币犯罪，下列哪一选项是错误的？（ ）①（2013-2-14）

A. 伪造货币罪中的"货币"，包括在国内流通的人民币、在国内可兑换的境外货币，以及正在流通的境外货币

B. 根据《刑法》规定，伪造货币并出售或者运输伪造的货币的，依照伪造货币罪从重处罚。据此，行为人伪造美元，并运输他人伪造的欧元的，应按伪造货币罪从重处罚

C. 将低额美元的纸币加工成高额英镑的纸币的，属于伪造货币

D. 对人民币真币加工处理，使 100 元面额变为 50 元面额的，属于变造货币

3. 责任形式：故意。明知对象是假币。

4. 罪数

（1）伪造假币又出售、运输（同宗假币），按伪造假币罪从重处罚（刑法第 171 条第 3 款）。注意不能由此推论出：伪造假币又持有、使用（同宗假币）假币，应当数罪并罚；按下文解释，此情形应当择一重从重处。

（2）购买假币后使用（同宗假币），以购买假币罪从重处罚。出售、运输假币，同时又使用的，数罪并罚（《关于审理伪造货币等案件具体应用法律若干问题的解释》第 2 条）。

▶事例 1：甲伪造假币 10 万元，运输该 10 万元；后出售的其中的 5 万元，还使用剩下的 5 万元。则伪造 10 万又运输 10 万，只定伪造假币罪一罪；伪造 5 万又出售 5 万，也只定伪造假币罪一罪；但伪造 5 万又使用 5 万，应当择一重罪从重处断（伪造重）。故而，行为人甲仍只构成伪造假币罪一罪（10万元），从重处罚。

▶事例 2：乙购买假币 10 万元，运输该 10 万元；后出售的其中的 5 万元，还使用剩下的 5 万元。

则出售、购买、运输假币是一个罪名，而购买（5万）后又使用（5万）的，只定购买一罪。故而行为人甲仍只构成出售、购买、运输假币罪一罪，从重处罚。

（3）伪造货币后又持有，认定为伪造货币罪一罪（吸收犯）；其他假币犯罪中持有，持有行为均会被吸收。走私假币时运输假币，认定为走私假币罪一罪（整体法与部分法的包容竞合）。

（4）数罪并罚（异宗假币）：伪造货币，但又出售、运输、走私、使用不是自己伪造的那宗货币的，定数罪。

（5）其他情况（以下表格不适用于出售、运输假币同时又使用 [数罪并罚]）：犯罪分子实施数个相关行为的罪名确定（2001 年《全国法院审理金融犯罪案件工作座谈会纪要》）

伪造货币罪；变造货币罪；出售、购买、运输假币罪；持有、使用假币罪；走私假币罪				
同罪名 VS 异罪名	同宗 VS 异宗	一罪 VS 数罪	数额	事例
选择性罪名之内	同一宗假币	不并罚	不累计	购买假币 5 万元，后出售其中 3 万元，以出售、购买假币罪（5 万）一罪论处
	不同宗假币	不并罚	累计	从 A 处购买假币 5 万元，帮 B 运输假币 3 万元，以购买、运输假币罪（8 万）一罪论处
不同罪名之间	同一宗假币	择一重处	取一数额	运输假币 5 万元，后使用其中 3 万元，以运输假币罪（5 万）、使用假币罪（3 万），择一重处
	不同宗假币	数罪并罚	各自计算	从 A 处购买假币 5 万元，自己伪造假币 3 万元，以购买假币罪（5 万）、伪造货币罪（3 万）数罪并罚

事实上，以上的罪数规则可以归纳为：（1）异宗假币、不同罪名，数罪并罚 [骂张三，打李四，数罪并罚]。（2）同宗假币、不同罪名，原则上择一重罪从重处断 [先骂张三，后打张三，择一重处]。伪造后又出售、运输，默认伪造重；购买后使用，默认购买重。（3）例外情况是：出售、运输又使用的，数罪并罚（奇葩的司法解释！）。

5.废除死刑。《刑法修正案（九）》已废除所有假币犯罪（伪造货币罪、走私假币罪）的死刑，假币犯罪再无死刑。

📖 拓展习题

关于货币犯罪，以下说法正确的有（　　）[1]

A.甲伪造面额为"500 元"的人民币并使用的，构成伪造货币罪一罪，从重处罚

B.乙明知是他人伪造的正在流通的假美元而予以大量购买并使用的，乙构成购买假币罪一罪

C.丙采用黄金材质，仿效中国人民银行曾经发行的面值 1 万元的某稀有黄金纪念币的样式，铸造黄金纪念币 20 枚，谎称真的纪念币高价出售给 10 位货币收藏者，非法获利 8 万元，丙构成诈骗罪

D.丁伪造停止流通的第三套人民币 5000 张，到市场上专向老年人购买东西花费掉了，丁构成伪造货币罪

---

[1] 参考答案：B

解析：A选项，"500元"没有对应的真币，只涉嫌诈骗罪。

B选项，《关于审理伪造货币等案件具体应用法律若干问题的解释》第2条，购买假币后使用（同宗假币），以购买假币罪从重处罚。

C选项，黄金纪念币也属货币，构成伪造货币罪。

D选项，伪造停止流通的货币，不构成伪造货币罪，涉嫌诈骗罪。

★二、洗钱罪（赃钱洗白）

📖 **相关法条**

第191条【洗钱罪】明知是毒品犯罪、黑社会性质的组织犯罪、恐怖活动犯罪、走私犯罪、贪污贿赂犯罪、破坏金融管理秩序犯罪、金融诈骗犯罪的所得及其产生的收益，为掩饰、隐瞒其来源和性质，有下列行为之一的，没收实施以上犯罪的所得及其产生的收益，处五年以下有期徒刑或者拘役，并处或者单处洗钱数额百分之五以上百分之二十以下罚金；情节严重的，处五年以上十年以下有期徒刑，并处洗钱数额百分之五以上百分之二十以下罚金：

（一）提供资金账户的；

（二）协助将财产转换为现金、金融票据、有价证券的；

（三）通过转账或者其他结算方式协助资金转移的；

（四）协助将资金汇往境外的；

（五）以其他方法掩饰、隐瞒犯罪所得及其收益的来源和性质的。

单位犯前款罪的，对单位判处罚金，并对其直接负责的主管人员和其他直接责任人员，处五年以下有期徒刑或者拘役；情节严重的，处五年以上十年以下有期徒刑。

💡 **知识点讲解**

洗钱罪，是指明知是7种特定犯罪的所得及其产生的收益，为掩饰、隐瞒其来源与性质，而提供资金账户，协助将财产转换为现金、金融票据、有价证券，通过转账或者其他结算方式协助资金转移，协助将资金汇往境外，或者以其他方法掩饰、隐瞒犯罪所得及其收益的性质和来源的行为。

1.对象："赃钱"，即7种上流犯罪的犯罪所得及其产生的收益。

（1）7种上游犯罪的赃钱：毒品犯罪、黑社会性质的组织犯罪、恐怖活动犯罪、走私犯罪、贪污贿赂犯罪、破坏金融管理秩序犯罪、金融诈骗犯罪。想一个黑帮：走私、毒品、黑社会；恐怖、假币、金融诈骗；贪腐。

（2）7种上游犯罪指"犯罪行为"而不是指"罪名"，是指"犯罪事实"而不是指"诉讼结果"。①上游犯罪尚未依法裁判，但查证属实的；②上游犯罪事实可以确认，因行为人死亡等原因依法不予追究刑事责任的；③事实可以确认，但依法以其他罪名（如单位实施贷款诈骗行为而定合同诈骗罪）定罪处罚的，不影响洗钱罪的认定。

2.行为："洗白"，即5种掩饰、隐瞒其来源和性质的行为。任何协助流动、洗白行为（想一下资金流动过程）。

（1）提供资金账户的；

（2）协助将财产转换为现金、金融票据、有价证券的；

（3）通过转账或者其他结算方式协助资金转移的；

（4）协助将资金汇往境外的；

（5）以其他方法掩饰、隐瞒犯罪所得及其收益的来源和性质的：通过①典当、租赁、买卖、投资等方式；②与商场、饭店、娱乐场所等现金密集型场所的经营收入相混合的方式；③虚构交易、虚设债权债务、虚假担保、虚报收入等方式；④买卖彩票、奖券等方式；⑤赌博方式，协助将犯罪所得及其收益转换为赌博收益；⑥协助将犯罪所得及其收益携带、运输或者邮寄出入境；⑦通过前述规定以外的方式协助转移、转换犯罪所得及其收益的。

3. 责任形式：故意。

（1）明知对象是赃钱，在上游犯罪完结后帮人洗钱。但不能参与、帮助、实行上游犯罪行为，否则成立上流犯罪的共同犯罪。

（2）具体认识错误（同类错误）：将此种上游犯罪收益误认为彼种上游犯罪收益，不影响洗钱故意的成立。

（3）推定"明知"的依据：①知道他人从事犯罪活动，协助转换或者转移财物的；②没有正当理由，通过非法途径协助转换或者转移财物的；③没有正当理由，以明显低于市场的价格收购财物的；④没有正当理由，协助转换或者转移财物，收取明显高于市场的"手续费"的；⑤没有正当理由，协助他人将巨额现金散存于多个银行账户或者在不同银行账户之间频繁划转的；⑥协助近亲属或者其他关系密切的人转换或者转移与其职业或者财产状况明显不符的财物的；⑦其他可以认定行为人明知的情形。

4. 主体限制。上游犯罪人自己实施洗钱行为的（即"自洗钱"），不成立洗钱罪。因"洗钱"的本意即是"帮人洗钱"的意思。

5. 洗钱罪与上游犯罪共同犯罪的关系。洗钱罪属"事后犯"，亦即，是他人上游犯罪实施完毕后，行为人对犯罪所得"赃钱"洗白的行为。如果行为人与上游犯罪事前有共谋，或者参与其上游犯罪，就应当以上游犯罪的共同犯罪论处，而不以洗钱罪论处。

6. 洗钱罪与其他"事后犯"（掩饰、隐瞒犯罪所得、犯罪所得收益罪，窝藏、转移、隐瞒毒品、毒赃罪）的关系。在理论上，洗钱罪与这些"事后犯"是特别法与一般法的法条竞合关系。但司法解释规定，触犯洗钱罪，同时触犯这些罪名的，择一重处，亦即规定从一重罪处罚（重法优于轻法）。但需注意：如果触犯窝藏、转移、隐瞒毒品、毒赃罪，又触犯掩饰、隐瞒犯罪所得、犯罪所得收益罪的，还是应当按照特别法优于一般法的法条竞合适用规则，以窝藏、转移、隐瞒毒品、毒赃罪论处。

📋 经典考题

关于洗钱罪的认定，下列哪一选项是错误的？（　）[1]（2011-2-12）

A.《刑法》第一百九十一条虽未明文规定侵犯财产罪是洗钱罪的上游犯罪，但是，黑社会性质组织实施的侵犯财产罪，依然是洗钱罪的上游犯罪

B. 将上游的毒品犯罪所得误认为是贪污犯罪所得而实施洗钱行为的，不影响洗钱罪的成立

C. 上游犯罪事实上可以确认，因上游犯罪人死亡依法不能追究刑事责任的，不影响洗钱罪的认定

---

[1] 参考答案：D

D.单位贷款诈骗应以合同诈骗罪论处,合同诈骗罪不是洗钱罪的上游犯罪。为单位贷款诈骗所得实施洗钱行为的,不成立洗钱罪

拓展习题

以下情形,行为人构成洗钱罪的是（　　）[1]

A.毒品贩子张三将100万美元交给在证券公司的好友甲,称自己靠走私发了财,想投资股市云云。甲为其所骗,遂为其代买某公司股票若干。后查明此款项系张三贩毒所得,但甲一直以为是走私所得。对于甲的行为

B.贷款诈骗犯罪分子李四与在银行工作的好友乙事先约定,由乙利用自己职务便利帮李四将贷款诈骗所得汇往国外,每笔加收20%的手续费。于是,在李四贷款诈骗后,乙遂利用自己的职务便利,协助李四分三次将犯罪所得1000万元汇往境外。对于乙的行为

C.黎叔系某盗窃集团首要分子,盗窃所得财物甚多,为将其变现,黎叔找到在某典当行工作的丙,由丙协助将这些财物折价变现。丙明知这些财物是黎叔盗窃所得,仍然帮其变现。对于丙的行为

D.甲（15周岁）将走私毒品所得的10万元,交给银行工作人员乙,告诉乙其真实来源,让乙帮助存款

解析：A选项,误将贩毒所得当作走私所得,系具体认识错误,不影响洗钱罪的成立。

B选项,事先有共谋,以贷款诈骗共犯论处。

C选项,盗窃罪不是洗钱罪的上游犯罪,构成掩饰、隐瞒犯罪所得罪。

D选项,上游毒品犯罪事实存在即可。

三、伪造、变造金融票证罪

相关法条

第177条【伪造、变造金融票证罪】有下列情形之一,伪造、变造金融票证的,处五年以下有期徒刑或者拘役,并处或者单处二万元以上二十万元以下罚金;情节严重的,处五年以上十年以下有期徒刑,并处五万元以上五十万元以下罚金;情节特别严重的,处十年以上有期徒刑或者无期徒刑,并处五万元以上五十万元以下罚金或者没收财产:

（一）伪造、变造汇票、本票、支票的;

（二）伪造、变造委托收款凭证、汇款凭证、银行存单等其他银行结算凭证的;

（三）伪造、变造信用证或者附随的单据、文件的;

（四）伪造信用卡的。

单位犯前款罪的,对单位判处罚金,并对其直接负责的主管人员和其他直接责任人员,依照前款的规定处罚。

知识点讲解

伪造、变造金融票证罪,是指伪造、变造汇票、本票、支票、委托收款凭证、汇款凭证、银行存单及其他银行结算凭证、信用证或者附随的单据、文件以及伪造信用卡的行为。

---

[1] **参考答案：AD**

伪造、变造金融票证罪	伪造变造	汇票、本罪、支票	票据诈骗罪
		委托收款凭证、汇款凭证、银行存单等其他银行结算凭证	金融凭证诈骗罪
		信用证或者附随的单据、文件	信用证诈骗罪
		信用卡	信用卡诈骗罪

1.本罪四种行为中,需要注意明文规定有"伪造信用卡",而没有"变造信用卡"。但所谓"变造信用卡"的情形,是在过期卡、作废卡、盗窃卡、丢失卡等各种信息完整的真实信用卡上修改关键要素,如重新压印卡号、有效期和姓名,甚至对信用卡磁条重新写磁;有的是对非法获取的发卡银行的空白信用卡进行凸印、写磁、制成信用卡。此种所谓的"变造",除只保留有信用卡的外形以外,其信用卡的内容与银行发行的真实信用卡都已经有很大不同,其实质就是一张伪造的信用卡,应当按伪造信用卡定性为伪造金融票证罪。

2.牵连犯。伪造、变造金融票证之后,利用伪造、变造的金融票证进行诈骗的,又触犯票据诈骗罪、金融凭证诈骗罪、信用证诈骗罪、信用卡诈骗罪;两者之间是牵连犯的关系,应当择一重罪处断。

四、高利转贷罪（目的犯：以转贷牟利为目的）

相关法条

第175条【高利转贷罪】以转贷牟利为目的,套取金融机构信贷资金高利转贷他人,违法所得数额较大的,处三年以下有期徒刑或者拘役,并处违法所得一倍以上五倍以下罚金;数额巨大的,处三年以上七年以下有期徒刑,并处违法所得一倍以上五倍以下罚金。

单位犯前款罪的,对单位判处罚金,并对其直接负责的主管人员和其他直接责任人员,处三年以下有期徒刑或者拘役。

知识点讲解

高利转贷罪,是指以转贷牟利为目的,套取金融机构信贷资金高利转贷他人,违法所得数额较大的行为。

1.高利转贷行为:套取金融机构信贷资金高利转贷他人,违法所得数额较大。

2.责任要素。责任形式是故意,要求具有转贷牟利的目的,要求行为人在获取金融机构信贷资金时,主观上就必须具有转贷牟利的目的。

（1）行为人以非法占有目的套取金融机构信贷资金的,构成贷款诈骗罪。

（2）行为人在获取金融机构信贷资金时,没有转贷牟利的目的。只是在获取金融机构信贷资金之后,才产生转贷牟利的目的,继而转贷牟利的,不能构成本罪。

经典考题

X公司系甲、乙二人合伙依法注册成立的公司,以钢材批发零售为营业范围,丙因自己的公司急需资金,便找到甲、乙借款,承诺向X公司支付高于银行利息5个百分点的利息,并另给甲、乙个人好处费。甲、乙见有利可图,即以购买钢材为由,以X公司的名义向某银行贷款1000万元,贷期半年，乙将贷款按约定的利息标准借与丙，丙给甲、乙各10万元的好处费，半年后，丙将借款及利息还给X公司，甲、乙即向银行归还本息。关于甲、乙、丙行为的定性，下列哪一选项是正确的？（　　）①（2008-2-11）

A.甲、乙构成高利转贷罪，丙无罪

B.甲、乙构成骗取贷款罪，丙无罪

C.甲、乙构成高利转贷罪、非国家工作人员受贿罪，丙构成对非国家工作人员行贿罪

D.甲、乙构成骗取贷款罪、非国家工作人员受贿罪，丙构成对非国家工作人员行贿罪

五、内幕交易、泄露内幕信息罪

内幕交易、泄露内幕信息罪，指证券、期货交易内幕信息的知情人员或者非法获取证券、期货交易内幕信息的人员，在涉及证券的发行，证券、期货交易或者其他对证券、期货交易价格有重大影响的信息尚未公开前买入或者卖出该证券，或者从事与该内幕信息有关的期货交易，或者泄露该信息，或者明示、暗示他人从事上述交易活动，情节严重的行为。

1.主体：（1）证券、期货交易内幕信息的知情人员；（2）非法获取证券、期货交易内幕信息的人员。包括自然人、单位。

2.内幕信息：涉及发行、交易，或对交易价格有重大影响的信息。

3.行为：在消息尚未公开前，（1）利用信息进行交易；（2）泄露信息；（3）利用信息明示、暗示他人交易。

★ 第五节　金融诈骗罪

考点说明

本节需要掌握的知识点主要有：（1）非法占有目的的认定（7种情形）。（2）集资诈骗罪与非法吸收公众存款罪：非法集资行为的4个条件。（3）贷款诈骗罪与骗取贷款罪：贷款诈骗的行为，贷款诈骗罪只能由自然人构成，单位实施贷款诈骗的定合同诈骗罪。（4）信用卡诈骗罪：4种行为形式，盗窃信用卡并使用定盗窃罪。（5）保险诈骗罪：主体是投保人、被保险人、受益人，罪数关系，共犯。（6）《刑法修正案（九）》已废除集资诈骗罪死刑，使得诈骗犯罪再无死刑。

知识点讲解

本节金融诈骗罪共有8个罪名，均为诈骗罪的特别法条。其中的集资诈骗罪、贷款诈骗罪、票据诈骗罪、金融凭证诈骗罪、信用卡诈骗罪、保险诈骗罪，系重点罪名。

---

① **参考答案：**C

金融诈骗罪（8）+1+2+1 个诈骗罪				比较罪名
第 192 条	★集资诈骗罪	自然人、单位	无期（死刑已废）	非法吸收公众存款罪
第 193 条	★贷款诈骗罪	自然人	无期	骗取贷款罪
第 194 条第 1 款	票据诈骗罪	自然人、单位	无期	
第 2 款	金融凭证诈骗罪	自然人、单位	无期	
第 195 条	信用证诈骗罪	自然人、单位	无期	
第 196 条	★信用卡诈骗罪	自然人	无期	盗窃罪
第 197 条	有价证券诈骗罪	自然人	无期	
第 198 条	☆保险诈骗罪	自然人、单位	十五年	
第 224 条	合同诈骗罪	自然人、单位	无期	
第 279 条	招摇撞骗罪	自然人	十年	
第 372 条	冒充军人招摇撞骗罪	自然人	十年	
第 266 条	诈骗罪	自然人	无期	

本节犯罪中的罪名，犯罪对象均为财物，均需行为人主观上具有非法占有目的。根据司法解释规定，具有以下 7 种情形之一者，即认为具有"非法占有目的"（集资诈骗罪中"非法占有目的"的认定与之大同小异）：

（1）明知没有归还能力而大量骗取资金的；

（2）非法获取资金后逃跑的；

（3）肆意挥霍骗取资金的；

（4）使用骗取的资金进行违法犯罪活动的；

（5）抽逃、转移资金、隐匿资产，以逃避返还资金的；

（6）隐匿、销毁账目，或者搞假破产、假倒闭，以逃避返还资金的；

（7）其他非法占有资金、拒不返还的。

★一、集资诈骗罪；非法吸收公众存款罪

相关法条

第 192 条【集资诈骗罪】以非法占有为目的，使用诈骗方法非法集资，数额较大的，处五年以下有期徒刑或者拘役，并处二万元以上二十万元以下罚金；数额巨大或者有其他严重情节的，处五年以上十年以下有期徒刑，并处五万元以上五十万元以下罚金；数额特别巨大或者有其他特别严重情节的，处十年以上有期徒刑或者无期徒刑，并处五万元以上五十万元以下罚金或者没收财产。

第 176 条第 1 款【非法吸收公众存款罪】非法吸收公众存款或者变相吸收公众存款，扰乱金融秩序的，处三年以下有期徒刑或者拘役，并处或者单处二万元以上二十万元以下罚金；数额巨大或者有其他严重情节的，处三年以上十年以下有期徒刑，并处五万元以上五十万元以下罚金。

 **知识点讲解**

非法集资行为：未经批准、公开宣传、承诺返本付息、社会公众。	
有非法占有目的：集资诈骗罪	犯罪数额：以具有非法占有目的的部分款项认定
无非法占有目的：非法吸收公众存款罪	
符合四个条件是非法集资（未经批准、公开宣传、承诺返本付息、社会公众）；对具有非法占有目的（7种推定）的部分成立集资诈骗。	

集资诈骗罪，是指以非法占有为目的，使用诈骗方法非法集资，数额较大的行为。

1.非法集资行为：违反国家金融管理法律规定，向社会公众（包括单位和个人，不包括亲友或者单位内部针对特定对象）吸收资金，并同时具备四个条件：

（1）未经批准：未经有关部门依法批准或者借用合法经营的形式吸收资金。

（2）公开宣传：通过媒体、推介会、传单、手机短信等途径向社会公开宣传。包括以各种途径向社会公众传播吸收资金的信息，以及明知吸收资金的信息向社会公众扩散而予以放任等情形。

（3）承诺返本付息：承诺在一定期限内以货币、实物、股权等方式还本付息或者给付回报。

（4）向社会公众：向社会公众即社会不特定对象吸收资金。还可包括：在向亲友或者单位内部人员吸收资金的过程中，明知亲友或者单位内部人员向不特定对象吸收资金而予以放任的；以吸收资金为目的，将社会人员吸收为单位内部人员，并向其吸收资金的。

2.责任：故意，非法占有目的。非法占有目的认定，见相关司法集资以及上文7种情形。

3.集资诈骗罪与非法吸收公众存款罪的区别：有无非法占有目的。

（1）非法吸收公众存款罪，是指非法吸收公众存款或者非法变相吸收公众存款，扰乱金融秩序的行为。

（2）如果行为人实施了前述非法集资行为，并且具有本节可认定具有非法占有目的的7种情形之一者，就可认定为集资诈骗罪；如果行为人实施了前述非法集资行为，但并不具有非法占有目的，可构成非法吸收公众存款罪。

4.犯罪数额：行为人实施非法吸收公众存款行为，但只对其中部分款项具有非法占有目的的，则只对具有非法占有目的的部分款项认定为集资诈骗罪（数额以此部分计算）；对剩余部分可认定非法吸收公众存款罪。

经典考题

甲以银行定期存款4倍的高息放贷，很快赚了钱。随后，四处散发宣传单，声称为加盟店筹资，承诺3个月后还款并支付银行定期存款2倍的利息。甲从社会上筹得资金1000万，高利贷出，赚取息差。（事实五）甲资金链断裂无法归还借款，但仍继续扩大宣传，又吸纳社会资金2000万，以后期借款归还前期借款。后因亏空巨大，甲将余款500万元交给其子，跳楼自杀。（事实六）

（1）关于事实五的定性，下列选项正确的是（   ）① （2012-2-90）

A.以同期银行定期存款4倍的高息放贷，构成非法经营罪

B.甲虽然虚构事实吸纳巨额资金，但不构成诈骗罪

C.甲非法吸纳资金，构成非法吸收公众存款罪

① **参考答案：BC**

D.对甲应以非法经营罪和非法吸收公众存款罪进行数罪并罚

（2）关于事实六的定性，下列选项正确的是（　　）（2012-2-91）[1]

A.甲以非法占有为目的，非法吸纳资金，构成集资诈骗罪

B.甲集资诈骗的数额为2000万元

C.根据《刑法》规定，集资诈骗数额特别巨大的，可判处死刑

D.甲已死亡，导致刑罚消灭，法院对余款500万元不能进行追缴

拓展习题

关于非法吸收公众存款罪、集资诈骗罪等犯罪，以下说法正确的有（　　）[2]

A.甲在其单位内部同事间拉资金入伙，欲图合伙炒房，募集20人共资金1千万元，其行为构成非法吸收公众存款罪

B.乙以转让林权并代为管护为名，向社会募集资金500万元，实被其用于炒股，案发之前归还了大部分集资款，则乙构成集资诈骗罪

C.丙未经批准以办厂为名，向该县数千名群众集资3千余万元，被其用于购买高档轿车、旅游、吃喝，致使集资款不能返还，丙的行为构成非法吸收公众存款罪

D.丁以工程建设急需资金，承诺高额利息，向同村亲友10人借款，亲友转而向本县其他人借款以赚取利息差，丁知晓后也不制止，导致借款对象最终达到500多人，借款金额达5千万元；丁以后募集的资金归还之前的本息，在明知之后所借3千万不能归还时仍然募集，后无归还能力而不能归还。则丁可构成集资诈骗罪

解析：A选项，单位内部同事间集资，不符合非法集资的"不特定对象"条件，无罪。

B选项，没有非法占有目的，构成非法吸收公众存款罪

C选项，具有非法占有目的，构成集资诈骗罪。

D选项，对于具有非法占有目的的数额认定为集资诈骗罪。

★二、贷款诈骗罪；骗取贷款罪

相关法条

第193条【贷款诈骗罪】有下列情形之一，以非法占有为目的，诈骗银行或者其他金融机构的贷款，数额较大的，处五年以下有期徒刑或者拘役，并处二万元以上二十万元以下罚金；数额巨大或者有其他严重情节的，处五年以上十年以下有期徒刑，并处五万元以上五十万元以下罚金；数额特别巨大或者有其他特别严重情节的，处十年以上有期徒刑或者无期徒刑，并处五万元以上五十万元以下罚金或者没收财产：

（一）编造引进资金、项目等虚假理由的；

（二）使用虚假的经济合同的；

（三）使用虚假的证明文件的；

（四）使用虚假的产权证明作担保或者超出抵押物价值重复担保的；

---

[1] 参考答案：**AB**（考试当年选ABC）

[2] 参考答案：**D**

（五）以其他方法诈骗贷款的。

第175条之一【骗取贷款、票据承兑、金融票证罪】以欺骗手段取得银行或者其他金融机构贷款、票据承兑、信用证、保函等，给银行或者其他金融机构造成重大损失或者有其他严重情节的，处三年以下有期徒刑或者拘役，并处或者单处罚金；给银行或者其他金融机构造成特别重大损失或者有其他特别严重情节的，处三年以上七年以下有期徒刑，并处罚金。

第175条【高利转贷罪】以转贷牟利为目的，套取金融机构信贷资金高利转贷他人，违法所得数额较大的，处三年以下有期徒刑或者拘役，并处违法所得一倍以上五倍以下罚金；数额巨大的，处三年以上七年以下有期徒刑，并处违法所得一倍以上五倍以下罚金。

知识点讲解

贷款诈骗行为：贷款时弄虚作假		贷款诈骗罪只能由自然人构成。单位实施贷款诈骗行为的，可以合同诈骗罪（单位犯罪）处罚
有非法占有目的：贷款诈骗罪	犯罪数额：以具有非法占有目的的部分款项认定	
无非法占有目的：骗取贷款罪；高利转贷罪（以转贷牟利为目的）是骗取贷款罪的特别法		自然人、单位
只要欺骗银行，就是骗取贷款；具有非法占有目的，构成贷款诈骗		

贷款诈骗罪，是指以非法占有为目的，使用欺诈方法，诈骗银行或者其他金融机构的贷款，数额较大的行为。

1.贷款诈骗行为：贷款时弄虚作假。表现方式：（1）编造引进资金、项目等虚假理由的；（2）使用虚假的经济合同的；（3）使用虚假的证明文件的；（4）使用虚假的产权证明作担保或者超出抵押物价值重复担保的；（5）以其他方法诈骗贷款的。

2.责任：故意，非法占有为目的。非法占有目的认定，见上文7种情形。

3.主体：贷款诈骗罪只能由自然人构成。单位实施贷款诈骗行为的，可以合同诈骗罪处罚（注：关于单位犯罪的新立法解释与本规则并不冲突）。

4.贷款诈骗罪与骗取贷款罪的区别：有无非法占有目的。

（1）骗取贷款罪，指以欺骗手段取得银行或者其他金融机构贷款，给银行或者其他金融机构造成重大损失或者有其他严重情节的行为。

（2）行为人实施了骗取贷款的行为，并且具有本节可认定具有非法占有目的的7种情形之一者，就可认定为贷款诈骗罪；如果行为人实施了骗取贷款行为，但并不具非法占有目的，构成骗取贷款罪。

经典考题

【1】关于贷款诈骗罪的判断，下列哪一选项是正确的？（ ）[1]（2007-2-11）

A. 甲以欺骗手段骗取银行贷款，给银行造成重大损失的，构成贷款诈骗罪

B. 乙以牟利为目的套取银行信贷资金，转贷给某企业，从中赚取巨额利益的，构成贷款诈骗罪

C. 丙公司以非法占有为目的，编造虚假的项目骗取银行贷款。该公司构成贷款诈骗罪

---

[1] 参考答案：D

D．丁使用虚假的证明文件，骗取银行贷款后携款潜逃的，构成贷款诈骗罪

【2】甲急需 20 万元从事养殖，向农村信用社贷款时被信用社主任乙告知，一个身份证只能贷款5 万元，再借几个身份证可多贷。甲用自己的名义贷款 5 万元，另借用 4 个身份证贷款 20 万元，但由于经营不善，不能归还本息。关于本案，下列哪一选项是正确的？（　　）① （2016-2-14）

A．甲构成贷款诈骗罪，乙不构成犯罪

B．甲构成骗取贷款罪，乙不构成犯罪

C．甲构成骗取贷款罪，乙构成违法发放贷款罪

D．甲不构成骗取贷款罪，乙构成违法发放贷款罪

★ 三、信用卡诈骗罪

📖 **相关法条**

第 196 条第 1、2 款【信用卡诈骗罪】有下列情形之一，进行信用卡诈骗活动，数额较大的，处五年以下有期徒刑或者拘役，并处二万元以上二十万元以下罚金；数额巨大或者有其他严重情节的，处五年以上十年以下有期徒刑，并处五万元以上五十万元以下罚金；数额特别巨大或者有其他特别严重情节的，处十年以上有期徒刑或者无期徒刑，并处五万元以上五十万元以下罚金或者没收财产：

（一）使用伪造的信用卡，或者使用以虚假的身份证明骗领的信用卡的；

（二）使用作废的信用卡的；

（三）冒用他人信用卡的；

（四）恶意透支的。

前款所称恶意透支，是指持卡人以非法占有为目的，超过规定限额或者规定期限透支，并且经发卡银行催收后仍不归还的行为。

💡 **知识点讲解**

信用卡诈骗罪，是指以非法占有为目的，利用信用卡进行诈骗活动，骗取数额较大财物的行为。

（一）信用卡相关犯罪

造	造假卡	伪造信用卡	伪造金融票证罪
领	骗领真卡	使用虚假的身份证明骗领信用卡	
持	持假卡，非法持真卡	明知是伪造的信用卡而持有、运输的，或者明知是伪造的空白信用卡而持有、运输；非法持有他人信用卡	妨害信用卡管理罪
卖	出售、购买、提供假卡	出售、购买、为他人提供伪造的信用卡或者以虚假的身份证明骗领的信用卡	

---

① **参考答案：D**

续表

偷信息	非法获取、提供真卡信息	窃取、收买或者非法提供他人信用卡信息资料	窃取、收买或者非法提供信用卡信息罪
用	用假卡，非法用真卡	使用伪造的信用卡，或者使用以虚假的身份证明骗领的信用卡的；使用作废的信用卡的	信用卡诈骗罪
		冒用他人信用卡的；恶意透支	
偷卡	盗窃真卡并使用	盗窃信用卡并使用	盗窃罪
抢卡	抢劫真卡并使用	抢劫信用卡	抢劫罪
冒用	其他冒用	诈骗、捡拾、抢夺、敲诈真卡并使用	信用卡诈骗罪

（二）信用卡诈骗罪的构成特征

信用卡（银行卡）：指商业银行或者其他金融机构发行的具有消费支付、信用贷款、转账结算、存取现金等全部功能或者部分支付功能的电子支付卡	
使用伪造的信用卡，或者使用以虚假的身份证明骗领的信用卡	
使用作废的信用卡	
冒用他人信用卡	拾得他人信用卡并使用（柜台、ATM 机均可［最高检解释］）
	骗取他人信用卡并使用
	窃取、收买、骗取或者以其他非法方式获取他人信用卡信息资料，并通过互联网、通讯终端等使用
	其他冒用他人信用卡的情形
恶意透支：超期超额透支，经催还不归还	

1. 信用卡。

（1）信用卡是指商业银行或者其他金融机构发行的具有消费支付、信用贷款、转账结算、存取现金等全部功能或者部分支付功能的电子支付卡。亦即，既包括可透支的信用卡（贷记卡等），也包括不可透支的信用卡（借记卡、储值卡等）。刑法中的"信用卡"，相当于经济法中的"银行卡"。

（2）要求发卡机构是银行等金融机构，才属信用卡。不是由金融机构发行或未参与联合发行的消费卡、社保卡、医疗卡等，不是信用卡。

（3）利用不具有信用卡特征的其他卡片（如 IC 电话卡、校园卡）来冒充信用卡使用，也不能构成信用卡诈骗罪，只构成诈骗罪。

2. 四种信用卡诈骗行为形式：

（1）使用伪造的信用卡，或者使用以虚假的身份证明骗领的信用卡。使用，是指按照信用卡的通常使用方法，将伪造的信用卡作为真实有效的信用卡予以利用，例如支付、转账结算、刷卡消费、取现等。即：真卡能在哪儿用，假卡就能在哪儿用。但利用伪造的信用卡私下质押担保骗取他人财物的，构成（合同）诈骗罪。

（2）使用作废的信用卡。

（3）冒用他人信用卡：违反合法持卡人的意志使用其真的信用卡。①拾得他人信用卡并使用（柜台、ATM机均可），《最高人民检察院关于拾得他人信用卡并在自动柜员机（ATM）上使用的行为如何定性问题的批复》"拾得他人信用卡并在自动柜员机（ＡＴＭ机）上使用的行为，属于刑法第一百九十六条第一款第（三）项规定的'冒用他人信用卡'的情形，构成犯罪的，以信用卡诈骗罪追究刑事责任"；②骗取他人信用卡并使用；③窃取、收买、骗取或者以其他非法方式获取他人信用卡信息资料，并通过互联网、通讯终端等使用的；④其他冒用他人信用卡的情形。冒用他人信用卡，不需要行为人现实地持有他人的信用卡，如暗记下他人卡号、密码后使用，也属冒用。

（4）恶意透支：持卡人以非法占有为目的，超过规定限额或者规定期限透支，并且经发卡银行两次催收后超过3个月仍不归还。

3.数额较大。前三种行为以5000元为数额较大起点，恶意透支以1万元为数额较大的起点。

4.非法占有目的。见本节开头7种情形。

经典考题

甲和女友乙在网吧上网时，捡到一张背后写有密码的银行卡。甲持卡去ATM机取款，前两次取出5000元。在准备再次取款时，乙走过来说："注意，别出事"，甲答："马上就好。"甲又分两次取出6000元，并将该6000元递给乙。乙接过钱后站了一会儿说："我走了，小心点。"甲接着又取出7000元。关于本案，下列哪些选项是正确的？（　　）① （2015-2-57）

A.甲拾得他人银行卡并在ATM机上使用，根据司法解释，成立信用卡诈骗罪

B.对甲前两次取出5000元的行为，乙不负刑事责任

C.乙接过甲取出的6000元，构成掩饰、隐瞒犯罪所得罪

D.乙虽未持银行卡取款，也构成犯罪，犯罪数额是1.3万元

（三）"盗窃信用卡并使用的"，依照盗窃罪的规定处罚

相关法条

第196条第3款【盗窃罪】盗窃信用卡并使用的，依照本法第二百六十四条的规定（盗窃罪）定罪处罚。

知识点讲解

盗窃信用卡（盗窃行为）	冒用信用卡（兑现行为）
盗窃罪	信用卡诈骗罪
盗窃罪	

---

① 参考答案：ABD

盗窃真的、实体信用卡并使用，定盗窃罪		
盗窃真的、实体信用卡	并使用真卡	= 盗窃罪
盗窃罪	信用卡诈骗罪（事后不可罚）	
盗窃假的信用卡	并使用假卡（使用假卡）	信用卡诈骗罪
盗窃非财物	信用卡诈骗罪	
盗窃信用卡信息	使用"数字"信用卡（冒用）	= 信用卡诈骗罪
盗窃信用卡信息罪（牵连犯）	信用卡诈骗罪	

1. "盗窃信用卡并使用的"认定为盗窃罪，相当于"盗窃信用卡的行为 + 冒用信用卡（信用卡诈骗罪）= 盗窃罪"。故而，该类盗窃罪可与信用卡诈骗罪重合于信用卡诈骗罪范围。

2. 对象：真实的信用卡。"盗窃信用卡并使用的"中的"信用卡"，为真的信用卡，而不是伪造的信用卡。盗窃伪造的信用卡并使用的，对后续的使用假信用卡行为，认定为信用卡诈骗罪。

3. 故意：明知是真实的信用卡。行为人构成"盗窃信用卡并使用的"盗窃罪，也需认识到信用卡为真的信用卡。

4. 认识错误问题。

（1）主观上认为是真卡（盗窃故意），盗窃并使用，客观上确为真卡（盗窃信用卡并使用行为）：盗窃罪。

（2）主观上认为是真卡（盗窃故意），盗窃并使用，客观上实为假卡（使用伪造的信用卡行为）：信用卡诈骗罪。

（3）主观上认为是假卡（信用卡诈骗故意），盗窃并使用，客观上确为假卡（使用伪造的信用卡行为）：信用卡诈骗罪。

（4）主观上认为是假卡（信用卡诈骗故意），盗窃并使用，客观上实为真卡（盗窃信用卡并使用行为）：信用卡诈骗罪。

5. 共同犯罪问题。

（1）甲盗窃信用卡，告诉乙系盗窃得来，让乙帮忙使用。乙构成盗窃罪，系甲盗窃罪（盗窃信用卡并使用）承继的共同犯罪，二人在盗窃罪的范围内成立共同犯罪。

（2）甲盗窃信用卡，骗乙说系拾到的，让乙帮忙使用。乙构成信用卡诈骗罪（冒用他人信用卡），甲构成盗窃罪（盗窃信用卡并使用），二人在信用卡诈骗罪的范围内成立共同犯罪。

（3）甲盗窃真的信用卡，骗乙说是假的，让乙帮忙使用。乙构成信用卡诈骗罪（使用伪造的信用卡的故意），甲构成盗窃罪（盗窃信用卡并使用），二人在信用卡诈骗罪的范围内成立共同犯罪。

6. 盗窃、抢劫、抢夺、诈骗信用卡的情形：

（1）盗窃信用卡并使用的，构成盗窃罪。

（2）抢劫信用卡（不使用的），都构成抢劫罪。

（3）其他情形，如捡拾、诈骗、敲诈、抢夺信用卡后使用等，因信用卡本身不是财物，故只能以后续的使用（冒用信用卡）行为，认定为信用卡诈骗罪。

（四）一些疑难案件的性质定性

1.盗刷信用卡行为：盗窃罪。职员利用工作之便，在顾客使用信用卡购物、消费结算时，私下重复刷卡，或者骗取顾客签名让其在不知情的情况下支付，非法占有顾客信用卡账户内资金的行为，成立盗窃罪。因合法持卡人未作处分，违反其意志，其对支付并不知情，故属盗窃罪。

2.使用被止付的信用卡。发行银行因交易异常等原因对有效信用卡的某笔交易止付，因信用卡仍有效，故使用该卡不属于"使用作废的信用卡"，也不属"恶意透支"，不构成信用卡诈骗罪。应当根据具体损失者、欺骗手段认定犯罪。如果行为人在购买商品时通过先刷卡然后通知银行止付的方法骗取对方交付货物，构成诈骗罪；如果利用信用卡提现，待提出款项后利用干扰方法使信用卡止付，而使信用卡上数额不发生变动、银行受损的，构成盗窃罪。

经典考题

潜逃期间，甲窃得一张信用卡，向乙谎称该卡是从街上捡的，让乙到银行柜台取出了信用卡中的3万元现金。对于甲、乙盗窃和使用信用卡的行为，下列何种判断是错误的？（　　）[1]（2006-2-99部分题）

A.甲、乙构成盗窃罪的共同犯罪

B.甲、乙构成信用卡诈骗罪的共同犯罪

C.甲构成盗窃罪，乙构成信用卡诈骗罪

D.甲构成盗窃罪，乙构成诈骗罪

拓展习题

关于信用卡的犯罪，以下说法正确的是（　　）[2]

A.甲明知乙在伪造信用卡，而窃取乙伪造的信用卡并使用，甲构成盗窃罪

B.甲误将乙伪造的信用卡当作是真的信用卡，窃取并使用的，甲构成信用卡诈骗罪

C.甲骗取乙的信用卡并使用的，甲构成诈骗罪

D.甲通过在ATM机旁安装摄像头，获取他人信用卡卡号及密码，然后通过网络支付方式进行消费数万元，甲构成盗窃罪

解析：A选项，属于使用伪造的信用卡，构成信用卡诈骗罪。

B选项，主观上是盗窃故意，客观上是使用伪造的信用卡诈骗行为，主客观统一于信用卡诈骗罪。

C选项，属于冒用他人信用卡，构成信用卡诈骗罪。

D选项，第一个行为构成窃取他人信用卡信息资料罪，第二个行为在互联网、通讯终端等使用信用卡，构成信用卡诈骗罪，两罪是牵连犯，择一重罪处断。

★ 四、保险诈骗罪

相关法条

第198条【保险诈骗罪】有下列情形之一，进行保险诈骗活动，数额较大的，处五年以下有期徒刑或者拘役，并处一万元以上十万元以下罚金；数额巨大或者有其他严重情节的，处五年以上十年以

---

[1] 参考答案：AD

[2] 参考答案：B

下有期徒刑，并处二万元以上二十万元以下罚金；数额特别巨大或者有其他特别严重情节的，处十年以上有期徒刑，并处二万元以上二十万元以下罚金或者没收财产：

（一）投保人故意虚构保险标的，骗取保险金的；

（二）投保人、被保险人或者受益人对发生的保险事故编造虚假的原因或者夸大损失的程度，骗取保险金的；

（三）投保人、被保险人或者受益人编造未曾发生的保险事故，骗取保险金的；

（四）投保人、被保险人故意造成财产损失的保险事故，骗取保险金的；

（五）投保人、受益人故意造成被保险人死亡、伤残或者疾病，骗取保险金的。

有前款第四项、第五项所列行为，同时构成其他犯罪的，依照数罪并罚的规定处罚。

💡 知识点讲解

保险诈骗罪，是指投保人、被保险人、受益人，以使自己或者第三者获取保险金为目的，采取虚构保险标的、保险事故或者制造保险事故等方法，骗取保险金，数额较大的行为。

主体身份：特殊主体	（1）投保人、被保险人、受益人。自然人、单位均可构成。 （2）无身份者不能构成保险诈骗罪的正犯（间接正犯、直接正犯），只能构成共犯（帮助犯、教唆犯）
着手实行	开始"骗人"，即申报理赔
既遂	获得保险赔偿（与诈骗有因果关系）
罪数	故意造成保险事故，骗取保险金，如手段行为构成它罪，则数罪并罚
共犯	（1）保险事故的鉴定人、证明人、财产评估人明知保险诈骗，而故意提供虚假的证明文件，为他人诈骗提供条件的，以保险诈骗罪的共犯论处。 （2）如不明知诈骗而明知假证，可涉嫌提供虚假证明文件罪

保险诈骗罪是身份犯（投保人、被保险人、受益人）；数罪并罚要注意

1. 主体身份：特殊主体。投保人、被保险人、受益人，自然人、单位均可构成。

（1）没有投保人、被保险人、受益人身份的，不能构成保险诈骗罪的正犯，但可能构成共犯（帮助犯、教唆犯）。

（2）没有利用前述五种保险诈骗手段而是采用其他手段诈骗的，也不构成保险诈骗罪。

（3）无身份者采用欺骗手段支配、利用投保人、被保险人、受益人（被利用者对虚假事实不知情），利用五种保险诈骗手段实施诈骗，无身份者也不能构成保险诈骗罪的正犯，只能构成共犯（帮助犯、教唆犯）。

2. 五种保险诈骗行为形式，见前述第 198 条规定。

3. 非法占有目的。

4. 着手和既遂标准。保险诈骗罪应以开始"骗人"亦即申报理赔为实行着手，以获得保险赔偿为既遂标准。行为人已经着手实施保险诈骗行为，但由于意志以外的原因未能获得保险赔偿的，是保险诈骗罪未遂。行为人取得保险赔偿金，但与诈骗行为没有因果关系的，也不能认定为既遂。

5. 罪数。故意造成财产损失的保险事故，或者故意造成被保险人死亡、伤残或者疾病，以骗取保险金的，如果手段行为构成它罪，则应数罪并罚。

6.共犯。保险事故的鉴定人、证明人、财产评估人明知保险诈骗，而故意提供虚假的证明文件，为他人诈骗提供条件的，以保险诈骗罪的共犯论处（原理可能是想象竞合）。

经典考题

个体户甲开办的汽车修理厂系某保险公司指定的汽车修理厂家。甲在为他人修理汽车时，多次夸大汽车毁损程度，向保险公司多报汽车修理费用，从保险公司骗取 12 万余元。对甲的行为应如何论处？（　　）[1]（2004-2-5）

A.以诈骗罪论处　　　　　　　　　　B.以保险诈骗罪论处

C.以合同诈骗罪论处　　　　　　　　D.属于民事欺诈，不以犯罪论处

拓展习题

关于保险诈骗罪及关联犯罪，下列选项中说法正确的是（　　）[2]

A.张三为其母亲投保人寿保险后，将自己作为受益人，为骗取保险金而将母亲杀死，张三构成保险诈骗罪和故意杀人罪，因系牵连犯，应择一重处断

B.李四为自己的汽车投保后，将汽车推进水库毁损，谎称被盗，以骗取保险金，李四构成保险诈骗罪和故意毁坏财物罪，应当数罪并罚

C.王五系某国有保险公司委派到非国有保险公司中从事公务的人员，其利用职务上的便利，故意编造未曾发生的保险事故进行虚假理赔，骗取保险金归自己所有，王五的行为构成贪污罪

D.赵六系某次保险事故的鉴定人，明知投保人 A 某实施保险诈骗，仍然故意为其提供虚假证明文件，对于赵六只应以提供虚假证明文件罪定罪处刑

解析：A 选项，数罪并罚。

B 选项，毁坏自己的汽车系自损行为，不构成故意毁坏财物罪，只构成保险诈骗罪。

C 选项，构成贪污罪。

D 选项，明知他人保险诈骗还提供帮助，构成保险诈骗罪的帮助犯。

五、票据诈骗罪：汇票、本票、支票

相关法条

第 194 条第 1 款【票据诈骗罪】有下列情形之一，进行金融票据诈骗活动，数额较大的，处五年以下有期徒刑或者拘役，并处二万元以上二十万元以下罚金；数额巨大或者有其他严重情节的，处五年以上十年以下有期徒刑，并处五万元以上五十万元以下罚金；数额特别巨大或者有其他特别严重情节的，处十年以上有期徒刑或者无期徒刑，并处五万元以上五十万元以下罚金或者没收财产：

（一）明知是伪造、变造的汇票、本票、支票而使用的；

（二）明知是作废的汇票、本票、支票而使用的；

（三）冒用他人的汇票、本票、支票的；

（四）签发空头支票或者与其预留印鉴不符的支票，骗取财物的；

（五）汇票、本票的出票人签发无资金保证的汇票、本票或者在出票时作虚假记载，骗取财物的。

---

[1] 参考答案：A

[2] 参考答案：C

💡 知识点讲解

票据诈骗罪，指采用虚构事实或者隐瞒真相的方法，利用金融票据（汇票、本票、支票）骗取财物，数额较大的行为。

票据	汇票、本票、支票
票据欺骗手段	使用假票、废票
	冒用
	签发无法承兑票据
	如实施了诈骗，但非利用票据欺骗手段，也不构成本罪。
着手实行行为	利用虚假票据来骗人（如支付、承兑、交付等）；而不是对票据实施虚假行为
对象	他人占有的财物
主观	非法占有目的。如无非法占有目的，即使实施了票据欺骗手段，也不构成本罪。
利用票据欺骗手段（假票、废票、冒用、无法承兑）来骗人（实行）以骗取财物	

1. 金融票据：汇票、本票、支票。

2. 五种行为形式（可以信用卡诈骗罪类比）：

（1）使用伪造、变造的汇票、本票、支票骗取财物。"使用"指按照票据的功能及其通常使用方式使用，即将伪造、变造的票据作为真实票据利用，包括汇兑、支付货款、转让、结算等。

（2）使用作废的汇票、本票、支票骗取财物。作废的票据，指根据法律和有关规定不能使用的票据，包括过期的票据、无效的票据与依法宣布作废的票据。

（3）冒用他人的汇票、本票、支票。擅自以合法持票人的名义使用自己没有支配权利的他人票据（需为真实的票据）。

（4）签发空头支票或者与其预留印鉴不符的支票，骗取财物。空头支票，是指出票人所签发的支票超过其付款时在付款人处实有的存款金额。签发与预留印鉴不符的支票，指票据签发人在其签发的支票上加盖与其预留于银行或者其他金融机构印鉴不一致的财务章或者支票签发人的名章。签发与预留"印鉴"不符的支票，可扩大解释包括签发与预留签名不同、与预留密码不同的支票。

（5）汇票、本票的出票人签发无资金保证的汇票、本票或者在出票时作虚伪记载，骗取财物。仅限于汇票、本票的出票环节，才成立票据诈骗罪，而不包括票据的背书、提示承兑、付款以及保证环节。

3. **本质**：票据欺骗手段 + 非法占有目的。本罪的实质是利用上述票据欺骗手段，来骗取财物。

（1）如无非法占有目的，即使实施了票据欺骗手段，也不构成本罪。▶例如：签发空头支票不是为了骗取财物，而是为了延缓债务履行的，不成立本罪。

（2）如实施了诈骗，但非利用票据欺骗手段，也不构成本罪。▶例如：先骗取他人货物，事后将空白支票交付给对方的，不应认定为本罪，只能认定为（合同）诈骗罪。

4. **着手实行行为**：诈骗罪（包括本罪在内）均以骗人为着手，故而，对票据实施虚假行为，并不是本案的着手；只有利用虚假票据来骗人（如支付、承兑、交付等），才是本案的着手。

📋 **经典考题**

钱某持盗来的身份证及伪造的空头支票，骗取某音像中心 VCD 光盘 4000 张，票面金额 3.5 万元。物价部门进行赃物估价鉴定的结论为："盗版光盘无价值"。对钱某骗取光盘的行为应如何定性?( )[1]（2003-2-7）

A.钱某的行为不构成犯罪

B.钱某的行为构成票据诈骗罪的既遂，数额按票面金额计算

C.钱某的行为构成票据诈骗罪的未遂

D.钱某的行为构成诈骗罪的既遂，数额按票面金额计算

六、金融凭证诈骗罪：使用假存折、存单等

📖 **相关法条**

第 194 条第 2 款【金融凭证诈骗罪】使用伪造、变造的委托收款凭证、汇款凭证、银行存单等其他银行结算凭证的，依照前款的规定处罚。

💡 **知识点讲解**

金融凭证诈骗罪，指使用伪造、变造的委托收款凭证、汇款凭证、银行存单（存折）等其他银行结算凭证，骗取财物，数额较大的行为。

金融凭证	银行结算凭证（委托收款凭证、汇款凭证、银行存单）	
手段	使用假证：使用伪造、变造的……	
	使用真实的金融凭证进行诈骗，不构成本罪，构成诈骗罪	
法条竞合	以伪造的银行存单作抵押（质押），通过签订借款合同骗取银行贷款的。系金融凭证诈骗罪与贷款诈骗罪的交叉竞合（法条竞合），应按重法优于轻法原因，择一重罪处断	
使用假存折、存单骗财，构成金融凭证诈骗罪；使用真存折、存单骗财，构成普通诈骗罪		

1.刑法将金融凭证诈骗罪限定为"使用假证"。使用真实的金融凭证进行诈骗，例如，拾捡到存折之后冒充身份取款的，不构成本罪，构成诈骗罪。

2.以伪造的银行存单作抵押（质押），通过签订借款合同骗取银行贷款的，系金融凭证诈骗罪与贷款诈骗罪的交叉竞合（法条竞合），应按重法优于轻法原则，从一重罪处罚。

📋 **经典考题**

[案情－改]丁某系某市东郊电器厂（私营企业,不具有法人资格)厂长,2003年因厂里资金紧缺,

---

[1] **参考答案：B**

多次向银行贷款未果。为此，丁某仿照银行存单上的印章模式，伪造了甲银行的储蓄章和行政章，以及银行工作人员的人名章，伪造了户名分别为黄某和唐某在甲银行存款额均为 50 万元的存单两张。随后，丁某约请乙银行办事处（系国有金融机构）副主任朱某吃饭，并将东郊电器厂欲在乙银行办事处申请存单抵押贷款的打算告诉了朱某，承诺事后必有重谢。朱某见有利可图，就让丁某第二天到办事处找信贷料科长张某办理，并答应向张某打招呼。次日，丁某来到乙银行办事处。朱某将其介绍给张某，让其多加关照。

张某在审查丁某提交的贷款材料时，对甲银行的两张存单有所怀疑，遂发函给甲银行查询。此时，丁某通过朱某催促张某，张某遂打电话询问查询事宜。甲银行储蓄科长答应抓紧办理，但张某未等回函，就为丁某办理了抵押贷款手续，并报朱某审批。后甲银行未就查询事宜回函。

朱某审批时发现材料有问题，就把丁某找来询问。丁某见瞒不过朱某，就将假存单之事全盘托出，并欺骗朱某说有一笔大生意保证挣钱，贷款将如期归还，并当场给朱某 10 万元好处费。朱某见丁某信誓旦旦，便收受了好处费，同意批给丁某 100 万元贷款。丁某获得贷款后，以感谢为名送给张某 5 万元，张某予以收受。丁某将贷款全部投入伪劣电器制造，结果被工商部门查处（原题是：投入电器厂经营，结果亏损殆尽），致使银行贷款不能归还。检察机关将本案起诉至法院。（2005 年试卷四第 2 题）

问题： 简析丁某、朱某和张某涉嫌的犯罪行为触犯的罪名，然后根据有关的刑法理论和法律规定确定三人分别应如何定罪处罚。

拓展习题

关于金融诈骗犯罪，以下说法正确的有（   ）①

A. 甲以非法占有为目的，与乙签订购销合同，骗取乙的笔记本电脑 200 台（价值 50 万元）；后乙一直找甲索债，甲为了敷衍乙，争取时间出逃，故意签发了一张与预留签名不符的支票。则甲构成票据诈骗罪

B. 甲潜入乙家，盗窃了乙的支票票据用纸，并在其上偷盖上乙的印章，填上 10 万元，到银行兑现。则甲触犯伪造金融票证罪、票据诈骗罪，应当择一重罪处断

C. 甲捡到乙的存折之后，假冒乙的身份到柜台上取款 3 万元，甲构成金融凭证诈骗罪

D. 甲以伪造的银行存单作质押，通过签订借款合同的方式，骗取乙银行贷款 100 万，用于其个人挥霍。则甲触犯金融凭证诈骗罪、贷款诈骗罪，应当择一重罪处断

解析： A 选项，虽实施了签发与预留签名不符支票的行为，但并未通过此手段骗钱，不构成票据诈骗罪，只构成合同诈骗罪。

B 选项，"支票票据用纸"不是支票，不构成盗窃罪。甲触犯伪造金融票证罪、票据诈骗罪，是牵连犯，应当择一重罪处断。

C 选项，诈骗时使用是真存折，构成诈骗罪，不构成金融凭证诈骗罪。

D 选项，金融凭证诈骗罪与贷款诈骗罪之间存在法条竞合关系，按照重法优于轻法的原则择一重罪处断。当然，现在金融凭证诈骗罪与贷款诈骗罪的法定刑一样，法条竞合的结果是以目的行为贷款诈骗罪论处。

---

① **参考答案：BD**

第六节　危害税收征管罪

考点说明

本节需要掌握的知识点主要有：（1）逃税罪：主体身份，责任阻却事由；（2）骗取出口退税罪：罪数规定。

☆一、逃税罪

相关法条

第201条【逃税罪】纳税人采取欺骗、隐瞒手段进行虚假纳税申报或者不申报，逃避缴纳税款数额较大并且占应纳税额百分之十以上的，处三年以下有期徒刑或者拘役，并处罚金；数额巨大并且占应纳税额百分之三十以上的，处三年以上七年以下有期徒刑，并处罚金。

扣缴义务人采取前款所列手段，不缴或者少缴已扣、已收税款，数额较大的，依照前款的规定处罚。

对多次实施前两款行为，未经处理的，按照累计数额计算。

有第一款行为，经税务机关依法下达追缴通知后，补缴应纳税款，缴纳滞纳金，已受行政处罚的，不予追究刑事责任；但是，五年内因逃避缴纳税款受过刑事处罚或者被税务机关给予二次以上行政处罚的除外。

知识点讲解

逃税罪，指纳税人采取欺骗、隐瞒手段进行虚假纳税申报或者不申报，逃避缴纳税款数额较大并且占应纳税额10%以上的行为；扣缴义务人不缴或者少缴已扣已收税款数额较大的行为。

1. 主体身份：两种主体：纳税人和扣缴义务人。

主体	行为	罪量要素		责任阻却事由
纳税人	逃避缴纳税款	数额较大且10%	比例数额	补缴税款，缴纳滞纳金，已受行政处罚
扣缴义务人	不缴或者少缴已扣已收税款	数额较大	数额	无

（1）纳税人是指法律、行政法规规定的负有纳税义务的单位或者个人，扣缴义务人是指法律、行政法规规定的负有代扣代缴、代收代缴税款义务的单位或者个人。

（2）没有该两种身份的人，可构成逃税罪的共犯（教唆犯、帮助犯）。

（3）税务机关的工作人员利用职权帮助纳税人、扣缴义务人逃税的，触犯徇私舞弊不征、少征税款罪；如与纳税人、扣缴义务人相互勾结共同实施逃税行为的，还成立逃税罪的共犯，属于想象竞合犯，从一重罪论处。

2.逃税行为：三种手段行为、一种目的行为。逃税罪的行为是违反税收法律规定，虚假申报或者不申报。

（1）三种手段行为：虚假申报（作为）、不申报（不作为）；缴纳之后又骗回。

（2）目的行为：逃避缴纳，即不缴、少缴税款（不作为）。

3.责任形式：故意。过失漏税，不构成逃税罪。

★责任阻却事由。纳税人有逃税行为，经税务机关依法下达追缴通知后，补缴应纳税款，缴纳滞纳金，已受行政处罚的不予追究刑事责任；但是，五年内因逃避缴纳税款受过刑事处罚或者被税务机关给予二次以上行政处罚的除外。注意：扣缴义务人不适用此责任阻却事由。

4.税款、行政罚款、罚金的缴纳顺序：先追缴税款,如已经交纳行政罚款,行政罚款可抵罚金。

二、抗税罪

📖 **相关法条**

第 202 条【抗税罪】以暴力、威胁方法拒不缴纳税款的，处三年以下有期徒刑或者拘役，并处拒缴税款一倍以上五倍以下罚金；情节严重的，处三年以上七年以下有期徒刑，并处拒缴税款一倍以上五倍以下罚金。

💡 **知识点讲解**

抗税罪，指纳税人和扣缴义务人，以暴力、威胁方法拒不缴纳税款的行为。既逃税又抗税的，数罪并罚。

1.主体：纳税人、扣缴义务人，仅为自然人。无此身份者可为共犯。非纳税人单独以暴力、威胁方法阻碍税务机关工作人员履行税收职责的，成立妨害公务罪。

2.抗税行为：暴力、威胁手段行为 + 拒绝缴纳税款目的行为。

（1）手段行为：暴力、威胁。暴力，包括对人暴力（如对税务人员的人身实施暴力）、对物暴力（如冲击、打砸税务机关或车辆）。威胁，指对履行税收职责的税务人员实行恐吓。

（2）目的行为：拒不缴纳税款。（现有强势观点认为"拒不缴纳税款"是行为人的主观目的，从而，抗税罪是妨害公务罪的特别法条）。

3.法条竞合。本罪与妨害公务罪是特别法与一般法的法条竞合关系。

4.罪数。

（1）暴力抗税致人轻伤的，仍认定为抗税罪；暴力抗税致人重伤、死亡的，认定为故意伤害罪、故意杀人罪。

（2）既逃税又抗税的，数罪并罚。

三、骗取出口退税罪

📖 **相关法条**

第 204 条【骗取出口退税罪】以假报出口或者其他欺骗手段，骗取国家出口退税款，数额较大的，处五年以下有期徒刑或者拘役，并处骗取税款一倍以上五倍以下罚金；数额巨大或者有其他严重情节的，处五年以上十年以下有期徒刑，并处骗取税款一倍以上五倍以下罚金；数额特别巨大或者有其他特别严重情节的，处十年以上有期徒刑或者无期徒刑，并处骗取税款一倍以上五倍以下罚金或者没收财产。

【逃税罪，数罪并罚】纳税人缴纳税款后，采取前款规定的欺骗方法，骗取所缴纳的税款的，依照本法第二百零一条的规定（逃税罪）定罪处罚；骗取税款超过所缴纳的税款部分，依照前款的规定（骗取出口退税罪）处罚。

知识点讲解

骗取出口退税罪，指以假报出口或者其他欺骗手段，骗取国家出口退税款，数额较大的行为。骗取出口退税罪的对象是出口退税款，即根据出口退税政策而获得的款项。

★ 1.骗取出口退税罪与逃税罪的关系。（1）行为人已经缴纳税款，但产品并未出口而虚构出口事实，骗取所缴纳的税款，在缴纳税款额度内的，应定逃税罪。（2）骗取税款超出所缴纳的税款部分，对于骗取的部分，以骗取出口退税罪论处。（3）既逃税又骗取出口退税的，数罪并罚。

在没有任何货物出口的情况下				
已缴税款	报称出口应退税	逃交税款	骗得税款	罪名
0万元	10万元		10万元	骗取出口退税罪10万元
10万元	10万元	10万元		逃税罪10万元
10万元	15万元	10万元	5万元	逃税罪10万元 骗取出口退税罪5万元

2.实施骗取出口退税犯罪，同时构成虚开增值税专用发票罪等其他犯罪的，依照刑法处罚较重的规定定罪处罚。

经典考题

某企业生产的一批外贸供货产品因外商原因无法出口，该企业采用伪造出口退税单证和签订虚假买卖合同等方法，骗取出口退税50万元（其中包括该批产品已征的产品税、增值税等税款19万元）。对该企业应当如何处理？（　）[1]（2005-2-10）

A.以合同诈骗罪处罚

B.以偷税罪（现为逃税罪）处罚

C.以骗取出口退税罪处罚

D.以偷税罪（现为逃税罪）和骗取出口退税罪并罚

四、虚开增值税专用发票、用于骗取出口退税，抵扣税款发票罪

指违反增值税专用发票管理规定，为他人虚开、为自己虚开、让他人为自己虚开、介绍他

---

[1] 参考答案：D

人虚开增值税专用发票或者用于骗取出口退税、抵扣税款发票的行为。

1.虚开行为：为他人虚开、为自己虚开、让他人为自己虚开、介绍他人虚开。

2.罪数：以后一行为定罪。非法购买增值税专用发票或者购买伪造的增值税专用发票又虚开或者出售的，按目的行为定罪。亦即，分别依照本法第205条（虚开增值税专用发票罪）、第206条（伪造、出售伪造的增值税专用发票罪）、第207条（出售增值税专用发票罪）的规定定罪处罚（刑法第208条第2款）。

3.增值税发票可成为盗窃罪、诈骗罪的对象。盗窃、诈骗增值税发票，构成盗窃罪、诈骗罪。

4.本罪与虚开发票罪的关系：是特别法与一般法的法条竞合关系。故而：行为人主观上误认为是增值税专用发票实际为普通发票而虚开，或者行为人主观上误认为是普通发票实际为增值税专用发票而虚开，均可构成虚开发票罪。

📖 **经典考题**

对涉及增值税专用发票的犯罪案件，下列哪些处理是正确的？（   ）①（2003-2-44）

A.非法购买增值税专用发票的，按非法购买增值税专用发票罪定罪处罚

B.非法购买增值税专用发票后又虚开的，按非法购买增值税专用发票罪和虚开增值税专用发票罪并罚

C.非法购买增值税专用发票后又出售的，按非法出售增值税专用发票罪定罪处罚

D.非法购买伪造的增值税专用发票后又出售的，按出售伪造的增值税专用发票罪定罪处罚

五、虚开发票罪；持有伪造的发票罪

虚开发票罪，指虚开增值税专用发票、用于骗取出口退税、抵扣税款发票以外的其他发票，情节严重的行为。

持有伪造的发票罪，指明知是伪造的发票而持有，数量较大的行为。

📖 **拓展习题**

下涉及税收的犯罪行为，说法正确的有（   ）②

A.甲客观上虚开了可以用于骗取税款的增值税专用发票，主观上却误认为自己虚开的是不能用于骗取税款的普通发票。因虚开发票罪的对象是"第205条规定以外的其他发票"，故甲既不能构成虚开增值税专用发票也不能构成虚开发票罪

B.扣缴义务人采取欺骗手段，不缴或者少缴已扣、已收税款，数额较大；经税务机关依法下达追缴通知后，补缴应纳税款，缴纳滞纳金，已受行政处罚的，不予追究刑事责任

C.甲、乙为增加各自公司的业绩，双方以相同的数额相互为对方虚开增值税专用发票，并且已按规定向本地税务部门缴纳税款，甲、乙仍然构成虚开增值税发票罪

D.行为人丁缴纳20万元增值税后，没有任何出口而谎报有出口，向税务机关申请获得出口退税款30万元，丁构成骗取出口退税罪、逃税罪，应当数罪并罚

解析：A选项，主客观相统一认定为虚开发票罪。

B选项，只有纳税人才有该免责事由。

---

① **参考答案：**ACD

② **参考答案：**D

C选项，没有骗取税款的目的，不构成虚开增值税发票罪。

D选项，说法正确。

第七节　侵犯知识产权罪

考点说明

本节需要掌握的知识点主要有：（1）假冒注册商标罪：相同的商标；（2）侵犯著作权罪：四种侵权行为；（3）侵犯商业秘密罪：四种行为形式。

☆一、假冒注册商标罪

相关法条

第213条【假冒注册商标罪】未经注册商标所有人许可，在同一种商品上使用与其注册商标相同的商标，情节严重的，处三年以下有期徒刑或者拘役，并处或者单处罚金；情节特别严重的，处三年以上七年以下有期徒刑，并处罚金。

知识点讲解

假冒注册商标罪，指未经注册商标所有人许可，在同一种商品上使用与其注册商标相同的商标，情节严重的行为。

未经注册商标所有人许可，在同一种商品上，使用与其注册商标相同的商标
1. 相同的商标，包括：（1）完全相同。（2）极其近似。与被假冒的注册商标在视觉上基本无差别、足以对公众产生误导的商标
2. 同一种商品：以国家有关部门颁发的商品分类为标准。名称相同的商品，以及名称不同但指同一事物的商品。

☆ 1. 相同的商标，包括：

（1）与被假冒的注册商标完全相同；

（2）与被假冒的注册商标在视觉上基本无差别、足以使公众产生误导的商标：①改变注册商标的字体、字母大小写或者文字横竖排列，与注册商标之间仅有细微差别的；②改变注册商标的文字、字母、数字等之间的间距，不影响体现注册商标显著特征的；③改变注册商标颜色的；④其他与注册商标在视觉上基本无差别、足以使公众产生误导的商标。

2. 他人的注册商标。包括服务商标。

3. 同一种商品：以国家有关部门颁发的商品分类为标准。包括名称相同的商品，以及名称不同但指同一事物的商品。

4. 使用：

（1）将注册商标或者假冒的注册商标用于商品、商品包装或者容器以及产品说明书、商品交易文书；

（2）将注册商标或者假冒的注册商标用于广告宣传、展览以及其他商业活动。

5.罪数：

（1）事后不可罚：假冒注册商标并销售（同宗）假冒注册商标的商品的，以假冒注册商标罪一罪处罚。

（2）想象竞合犯：生产、销售伪劣商品，同时触犯假冒注册商标罪、非法经营罪的，应择一重处断。

☆二、侵犯著作权罪

相关法条

第217条【侵犯著作权罪】以营利为目的，有下列侵犯著作权情形之一，违法所得数额较大或者有其他严重情节的，处三年以下有期徒刑或者拘役，并处或者单处罚金；违法所得数额巨大或者有其他特别严重情节的，处三年以上七年以下有期徒刑，并处罚金：

（一）未经著作权人许可，复制发行其文字作品、音乐、电影、电视、录像作品、计算机软件及其他作品的；

（二）出版他人享有专有出版权的图书的；

（三）未经录音录像制作者许可，复制发行其制作的录音录像的；

（四）制作、出售假冒他人署名的美术作品的。

知识点讲解

侵犯著作权罪，指以营利为目的，违反著作权法，侵犯他人著作权，违法所得数额较大或者有其他严重情节的行为。

1.4种行为形式：

（1）未经著作权人许可，复制发行其文字作品、音乐、电影、电视、录像作品、计算机软件及其他作品。①"复制发行"，包括复制或者发行，以及既复制又发行的行为。②"发行"，基本含义是发售，即将文字作品、音乐、电影、电视、录像作品、计算机软件等作品发售到购买者手中，即销售转移著作权载体的所有权、使用权，或允许他人使用；仅仅只是行为人本人使用、播放、阅读、观看，没有转移著作权载体的所有权、使用权给他人或允许他人使用，不属"发行"。③侵权产品的持有人通过广告、征订等方式推销侵权产品的，属"发行"。

（2）出版他人享有专有出版权的图书。

（3）未经录音录像制作者许可，复制发行其制作的录音录像。未经录音录像制作者许可，通过信息网络传播其制作的录音录像制品的行为，属于"复制发行"。

（4）制作、出售假冒他人署名的美术作品。制作、出售假冒他人署名的美术作品（赝品的对应真作者需要有著作权），构成侵犯著作权罪。行为人在自己制作的美术作品上假冒他人（如著名画家）署名的，只侵犯了他人的姓名权，而没有侵犯他人著作权，不构成侵犯著作权罪。

2.以营利为目的。

（1）以在他人作品中刊登收费广告、捆绑第三方作品等方式直接或者间接收取费用的；

（2）通过信息网络传播他人作品，或者利用他人上传的侵权作品在网站或者网页上提供刊登收费广告服务，直接或者间接收取费用的；

（3）以会员制方式通过信息网络传播他人作品，收取会员注册费或者其他费用的；

（4）其他利用他人作品牟利的情形。

3. 罪数：（1）侵犯著作权，又销售同宗侵权复制品，只定侵犯著作权罪一罪，不实行数罪并罚。（2）不同宗，则数罪并罚。（最高人民法院《关于审理非法出版物刑事案件具体应用法律若干问题的解释》）

☆三、侵犯商业秘密罪

📖 相关法条

第219条【侵犯商业秘密罪】有下列侵犯商业秘密行为之一，给商业秘密的权利人造成重大损失的，处三年以下有期徒刑或者拘役，并处或者单处罚金；造成特别严重后果的，处三年以上七年以下有期徒刑，并处罚金：

（一）以盗窃、利诱、胁迫或者其他不正当手段获取权利人的商业秘密的；

（二）披露、使用或者允许他人使用以前项手段获取的权利人的商业秘密的；

（三）违反约定或者违反权利人有关保守商业秘密的要求，披露、使用或者允许他人使用其所掌握的商业秘密的。

明知或者应知前款所列行为，获取、使用或者披露他人的商业秘密的，以侵犯商业秘密论。

本条所称商业秘密，是指不为公众所知悉，能为权利人带来经济利益，具有实用性并经权利人采取保密措施的技术信息和经营信息。

本条所称权利人，是指商业秘密的所有人和经商业秘密所有人许可的商业秘密使用人。

💡 知识点讲解

侵犯商业秘密罪，指采取不正当手段，获取、披露、使用或者允许他人使用权利人的商业秘密，给商业秘密权利人造成重大损失的行为。

1. 商业秘密：指不为公众所知悉，能为权利人带来经济利益，具有实用性并经权利人采取保密措施的技术信息和经营信息。

2.4种行为形式：直接非法获取者（第一手者）构成本罪，被其允许使用者、再披露者（第二手者）也构成本罪。

（1）以盗窃、利诱、胁迫或者其他不正当手段获取。包括抢劫、勒索等，不包括捡拾。

（2）披露、使用或者允许他人使用以前项手段获取的权利人的商业秘密的。

（3）违反约定或者违反权利人有关保守商业秘密的要求，披露、使用或者允许他人使用其所掌握的商业秘密的。

（4）明知或者应知前款所列行为，获取、使用或者披露他人的商业秘密的。

3. 结果：给权利人造成了重大损失。这里的"重大损失"，指商业秘密本身的价值，而不一定是行为人的获利价值。侵犯商业秘密的行为导致被害人丧失了商业秘密（不可能再利用该商业秘密），应当将该商业秘密本身的价值作为损失数额。

📋 **经典考题**

下列关于侵犯商业秘密罪的说法哪些是正确的？（   ）①（2004-2-52）

A.窃取权利人的商业秘密，给其造成重大损失的，构成侵犯商业秘密罪

B.捡拾权利人的商业秘密资料而擅自披露，给其造成重大损失的，构成侵犯商业秘密罪

C.明知对方窃取他人的商业秘密而购买和使用，给权利人造成重大损失的，构成侵犯商业秘密罪

D.采取利诱手段，获取权利人的商业秘密，给权利人造成重大损失的，构成侵犯商业秘密罪

📋 **拓展习题**

关于侵犯知识产权犯罪，以下说法正确的有（   ）②

A.甲以揭发丙的隐私要相挟，逼迫丙交出其掌管的A公司的商业秘密；乙明知甲所持商业秘密来路不正，仍从甲处购买用于本公司生产，给A公司造成重大损失。则甲构成敲诈勒索罪，乙构成侵犯商业秘密罪

B.甲见B公司生产的某注册商标的奶制品畅销，遂仅改变该注册商标颜色，用于其工厂生产的奶制品上，因两商标视觉上基本无差别公众无法识别，甲因此销售该奶制品获利数额巨大。则甲触犯假冒注册商标罪、销售假冒注册商标的商品罪，应当数罪并罚

C.网站经营者甲未经权利人乙的许可，擅自在其网站上传播其破解的某商业软件的源代码；甲的网站采用会员制方式，会员交纳注册费后方可登录阅读。可认定甲具有"以营利为目的"，如数额较大可构成侵犯著作权罪

D.甲画了一幅油画，并在该油画上伪造在世著名画家乙的署名，以100万元销售牟利；但事后查明，画家乙从来就没有画过此幅或此类油画，该画系甲自己创作。则甲构成侵犯著作权罪

解析：A选项，二人均构成侵犯商业秘密罪。

B选项，应当按假冒注册商标罪一罪论处，后罪是事后不可罚。

C选项，说法正确。

D选项，甲只侵犯的姓名权，没有侵犯著作权。

🐚 第八节　扰乱市场秩序罪

📖 **考点说明**

本节需要掌握的知识点主要有：（1）非法经营罪的行为形式（刑法规定、司法解释规定）。（2）强迫交易罪。

一、合同诈骗罪

合同诈骗罪，是指以非法占有为目的，在签订、履行合同过程中，使用欺诈手段，骗取对方当事人财物，数额较大的行为。

---

① **参考答案：ACD**

② **参考答案：C**

1. 合同：经济合同，即合同的内容是通过市场行为获得利润。利用其他合同，如个人之间的非市场合同、人事合同，进行诈骗的，认定为（普通）诈骗罪。

2. 本罪发生在特定的市场交易活动中，需至少一方主体为市场交易主体，否则构成普通诈骗罪。

3. 非法占有目的。

4. 法条竞合。合同诈骗罪与普通诈骗罪是特别法与一般法的关系，应按特别法即合同诈骗罪论处；但合同诈骗罪与有些金融诈骗犯罪（利用贷款合同的贷款诈骗罪）是一般法与特别法的关系，应按特别法即金融诈骗犯罪（如贷款诈骗罪）论处。

★二、非法经营罪

📖 **相关法条**

第 225 条【非法经营罪】违反国家规定，有下列非法经营行为之一，扰乱市场秩序，情节严重的，处五年以下有期徒刑或者拘役，并处或者单处违法所得一倍以上五倍以下罚金；情节特别严重的，处五年以上有期徒刑，并处违法所得一倍以上五倍以下罚金或者没收财产：

（一）未经许可经营法律、行政法规规定的专营、专卖物品或者其他限制买卖的物品的；

（二）买卖进出口许可证、进出口原产地证明以及其他法律、行政法规规定的经营许可证或者批准文件的；

（三）未经国家有关主管部门批准非法经营证券、期货、保险业务的，或者非法从事资金支付结算业务的；

（四）其他严重扰乱市场秩序的非法经营行为。

💡 **知识点讲解**

非法经营罪，是指自然人或者单位，违反国家规定，故意从事非法经营活动，扰乱市场秩序，情节严重的行为。

1. "违反国家规定"，即违反全国人民代表大会及其常务委员会制定的法律和决定，国务院（包括部分符合条件的以国务院办公厅名义制发的文件）制定的行政法规、规定的行政措施、发布的决定和命令。即违反"国字"级别规定的。没有违反国家规定的，只是违反其他规定，即使在工商管理意义上属于非法经营，也不得认定为本罪。

2. 未经许可经营法律、行政法规规定的专营、专卖物品或者其他限制买卖的物品的。通常有：

①非法经营食盐。

②非法经营烟草制品。

③非法经营盐酸克仑特罗（瘦肉精）等禁止在饲料和动物饮用水中使用的药品。在生产、销售的饲料中添加盐酸克仑特罗（瘦肉精）等禁止在饲料和动物饮用水中使用的药品，或者销售明知是添加有该类药品的饲料。

3. 买卖进出口许可证、进出口原产地证明以及其他法律、行政法规规定的经营许可证或者批准文件的。

4. 未经国家有关主管部门批准非法经营证券、期货或者保险业务的，或者非法从事资金结算业务。

（1）中介机构非法代理买卖非上市公司股票，也构成非法经营罪。

（2）银行业务中只有从事"资金结算业务"，才是非法经营罪。私放高利贷的行为，一般不能以非法经营罪论处。

5. 其他严重扰乱市场秩序的非法经营行为。通常有：

其一，金融：

（1）在国家规定的交易场所以外非法买卖外汇。

（2）未经依法核准擅自发行基金份额募集基金，构成非法经营罪。

（3）POS 机套现。违反国家规定，使用销售点终端机具（POS 机）等方法，以虚构交易、虚开价格、现金退货等方式向信用卡持卡人直接支付现金，情节严重的，以非法经营罪论处。

其二，传媒：

（4）非法经营出版物。违反国家规定，出版、印刷、复制、发行严重危害社会秩序和扰乱市场秩序的非法出版物（构成其他较重犯罪的除外），或者非法从事出版物的出版、印刷、复制、发行业务，严重扰乱市场秩序。

（5）非法经营国际电信业务或者涉港澳台电信业务进行营利活动。

（6）非法经营互联网业务。违反国家规定，擅自设立互联网上网服务营业场所，或者擅自从事互联网上网服务经营活动。

（7）违反国家规定，以营利为目的，通过信息网络有偿提供删除信息服务，或者明知是虚假信息，通过信息网络有偿提供发布信息等服务，扰乱市场秩序，属于非法经营。

（8）擅自设置手机基站，发布广告信息等。

其三，食品、药品：

（9）以提供给他人生产、销售食品为目的，违反国家规定，生产、销售国家禁止用于食品生产、销售的非食品原料，情节严重的，定非法经营罪。

（10）违反国家规定，生产、销售国家禁止生产、销售、使用的农药、兽药，饲料、饲料添加剂，或者饲料原料、饲料添加剂原料，情节严重的，定非法经营罪。

（11)违反国家规定,私设生猪屠宰厂（场），从事生猪屠宰、销售等经营活动,情节严重的,定非法经营罪。

（12）违反国家药品管理法律法规，未取得或者使用伪造、变造的药品经营许可证，非法经营药品，情节严重的，定非法经营罪。

（13）以提供给他人生产、销售药品为目的，违反国家规定，生产、销售不符合药用要求的非药品原料、辅料，情节严重的，定非法经营罪。

（14）违反国家规定，非法买卖人体器官（已经摘取下来的人体器官），也可认定为非法经营罪。

（15)违反国家在预防、控制突发传染病疫情等灾害期间,有关市场经营、价格管理等规定,哄抬物价，牟取暴利，严重扰乱市场秩序，违法所得数额较大或者有其他严重情节的行为。

其四，博彩：

（16）未经国家批准擅自发行、销售彩票。

（17）以提供给他人开设赌场为目的，违反国家规定，非法生产、销售具有退币、退分、退钢珠等赌博功能的电子游戏设施设备或者其专用软件，情节严重的。

对被告人的行为是否属于《刑法》第225条第（四）项规定的"其他严重扰乱市场秩序的非法经营行为"，有关司法解释未作明确规定的，应当作为法律适用问题，逐级向最高人民法院请示。

6.注意：组织、领导传销活动行为，已独立成为新的罪名，不再以非法经营罪论处。其他不构成组织、领导传销活动罪的传销或者变相传销活动，可认定为非法经营。

经典考题

下列哪些行为构成非法经营罪？（　）① （2009-2-57）

A.甲违反国家规定，擅自经营国际电信业务，扰乱电信市场秩序，情节严重

B.乙非法组织传销活动，扰乱市场秩序，情节严重

C.丙买卖国家机关颁发的野生动物进出口许可证

D.丁复制、发行盗版的《国家计算机考试大纲》

拓展习题

以下构成非法经营罪的有（　）②

A.甲某，私自发行"六合彩"彩票，买中者付钱、未买中者收钱，倒还很讲诚信，非法获利10万余元

B.乙某，无业游民，没有收取物业费、停车费的权限，在道路边公共道路上私自划出"停车位"收取他人停车费两年，共计收费20万余元

C.丙某，设立地下钱庄，经营高利贷业务，放贷资金累计1亿元，收取利息2000余万

D.丁某，未取得药品经营许可证，设立"黑药店"，非法经营药品，情节严重

解析：A选项，未经国家批准擅自发行、销售彩票，构成非法经营罪。

B选项，不符合"违反国家规定"的前提，只违反了一般地方性的行政管理规则，不构成非法经营罪。

C选项，擅自从事大宗资金结算业务，构成非法经营罪。但单纯地放高利贷行为不构成非法经营罪。

D选项，未取得药品经营许可证非法经营药品情节严重，构成非法经营罪。

☆三、强迫交易罪

相关法条

第226条【强迫交易罪】以暴力、威胁手段，实施下列行为之一，情节严重的，处三年以下有期徒刑或者拘役，并处或者单处罚金；情节特别严重的，处三年以上七年以下有期徒刑，并处罚金：

（一）强买强卖商品的；

（二）强迫他人提供或者接受服务的；

（三）强迫他人参与或者退出投标、拍卖的；

（四）强迫他人转让或者收购公司、企业的股份、债券或者其他资产的；

（五）强迫他人参与或者退出特定的经营活动的。

---

① 参考答案：AC
② 参考答案：AD

💡 **知识点讲解**

强迫交易罪，是指自然人或者单位，实施刑法规定的五种强迫交易，情节严重的行为。

暴力、威胁手段	强迫交易致人轻伤的，仍按强迫交易罪论处；强迫交易致人重伤、死亡的，认定为故意伤害罪、故意杀人罪（原理：想象竞合，择一重处）。
五种强迫交易行为	（1）强买强卖商品。 （2）强迫他人提供或者接受服务。强行借贷的，属于强迫提供金融服务。 （3）强迫他人参与或者退出投标、拍卖。 （4）强迫他人转让或者收购公司、企业的股份、债券或者其他资产。 （5）强迫他人参与或者退出特定的经营活动。
强迫交易罪与抢劫罪的区别：交易是否真实、价金是否悬殊。	
买卖商品、提供服务、投标拍卖、股份债权、借贷经营，都是交易。	

1. 暴力、威胁手段。暴力可以包容致人轻伤，强迫交易致人轻伤的，仍按强迫交易罪论处；强迫交易致人重伤、死亡的，认定为故意伤害罪、故意杀人罪（原理为：想象竞合，择一重处）。

2. 五种强迫交易行为：违背对方交易者的交易意愿（不愿交易、不愿按此价格交易、不愿以此交易方式交易、不愿与此人交易等）：（1）强买强卖商品的；（2）强迫他人提供或者接受服务的；（3）强迫他人参与或者退出投标、拍卖的；（4）强迫他人转让或者收购公司、企业的股份、债券或者其他资产的；（5）强迫他人参与或者退出特定的经营活动的。使用暴力、威胁手段强行借贷的，属于强迫提供金融服务，构成强迫交易罪。

3. 交易罪与抢劫罪的区别：交易是否真实、价金是否悬殊。从事正常商品买卖、交易或者劳动服务的人，以暴力、胁迫手段迫使他人交出与合理价钱、费用相差不大钱物，情节严重的，以强迫交易罪定罪处罚；以非法占有为目的，以买卖、交易、服务为幌子采用暴力、胁迫手段迫使他人交出与合理价钱、费用相差悬殊的钱物的，以抢劫罪定罪处刑。在具体认定时，既要考虑超出合理价钱、费用的绝对数额，还要考虑超出合理价钱、费用的比例，加以综合判断。

📖 **经典考题**

张某到加盟店欲批发1万元调味品，见甲态度不好表示不买了。甲对张某拳打脚踢，并说"涨价2000元，不付款休想走"。张某无奈付款1.2万元买下调味品。（事实四）关于事实四甲的定性，下列选项正确的是（ ）①（2012-2-89）

A.应以抢劫罪论处　　　　　　B.应以寻衅滋事罪论处

C.应以敲诈勒索罪论处　　　　D.应以强迫交易罪论处

📖 **拓展习题**

以下情形构成强迫交易罪的有（ ）②

A.乙向甲收购某"文物花瓶"时，发现甲的花瓶是赝品，市场价值最多1000元；甲被识破后，恼羞成怒，持枪威胁乙，强行让乙以2万元买下该花瓶

B.甲在拍卖会中，采用恐吓的方式，不准其他人与自己竞标，从而以最低价拍卖下该拍卖物品

---

① **参考答案：** D
② **参考答案：** BCD

C.甲见乙参股的A公司非常赚钱，就假称自己是黑社会威逼乙，让其将所持的A公司股票以市价转给自己

D.甲向A银行申请贷款而不符合条件被拒绝，遂持刀进入行长乙家中，威胁乙在贷款申请书上批准签字，从而从A银行贷款10万元，后因经营不善不能归还

解析：见前文的法条。D选项属强迫他人提供借贷服务。

☆ 四、提供虚假证明文件罪

相关法条

第229条第1、2款【提供虚假证明文件罪】承担资产评估、验资、验证、会计、审计、法律服务等职责的中介组织的人员故意提供虚假证明文件，情节严重的，处五年以下有期徒刑或者拘役，并处罚金。

前款规定的人员，索取他人财物或者非法收受他人财物，犯前款罪的，处五年以上十年以下有期徒刑，并处罚金。

知识点讲解

提供虚假证明文件罪，是指承担资产评估、验资、验证、会计、审计、法律服务等职责的中介组织或者中介组织的人员，故意提供虚假证明文件，情节严重的行为。

1.主体身份（身份犯）：承担资产评估、验资、验证、会计、审计、法律服务等职责的中介组织的人员。

2.行为：提供与事实不相符合的资产评估报告、验资证明、验证证明、会计报告、审计报告、法律文书等虚假的证明文件。提供包括制作（无形伪造）与交付。

3.责任形式：故意，明知是虚假证明文件。过失则构成出具证明文件重大失实罪。

4.与它罪共犯的关系：行为人如明知向他人提供的虚假证明文件会被用于犯罪用途，则构成他人犯罪共犯（实为想象竞合犯应择一重罪处断，一般情况下它罪共犯更重）。

5.罪数：提供虚假证明文件罪 + 非国家工作人员受贿罪 = 提供虚假证明文件罪。索取他人财物或者非法收受他人财物，又提供虚假证明文件，系提供虚假证明文件罪情节加重犯，按提供虚假证明文件罪一罪论处。

五、组织、领导传销活动罪

相关法条

第224条之一【组织、领导传销活动罪】组织、领导以推销商品、提供服务等经营活动为名，要求参加者以缴纳费用或者购买商品、服务等方式获得加入资格，并按照一定顺序组成层级，直接或者间接以发展人员的数量作为计酬或者返利依据，引诱、胁迫参加者继续发展他人参加，骗取财物，扰乱经济社会秩序的传销活动的，处五年以下有期徒刑或者拘役，并处罚金；情节严重的，处五年以上有期徒刑，并处罚金。

 知识点讲解

1.传销活动：以推销商品、提供服务等经营活动为名，要求参加者以缴纳费用或者购买商品、服务等方式获得加入资格，并按照一定顺序组成层级，直接或者间接以发展人员的数量作为计酬或者返利依据，引诱、胁迫参加者继续发展他人参加，骗取财物，扰乱经济社会秩序。

2.本法条中的"骗取财物"是对传销活动（组织）的描述。亦即，具有"骗取财物"性质的（不一定要求实际骗到财物），即是传销活动（组织）。如果实际骗到财物的，另行触犯其他诈骗犯罪（诈骗罪、集资诈骗罪等），系想象竞合犯，需从一重罪处断。

3.处罚组织者、领导者，不处罚参加者。

经典考题

关于破坏社会主义市场经济秩序罪的认定，下列哪一选项是错误的？（　　）①（2014-2-14）

A.采用运输方式将大量假币运到国外的，应以走私假币罪定罪量刑

B.以暴力、胁迫手段强迫他人借贷，情节严重的，触犯强迫交易罪

C.未经批准，擅自发行、销售彩票的，应以非法经营罪定罪处罚

D.为项目筹集资金，向亲戚宣称有高息理财产品，以委托理财方式吸收10名亲戚300万元资金的，构成非法吸收公众存款罪

---

① **参考答案：D**

★ **第四章　侵犯公民人身权利、民主权利罪**

一、故意杀人罪：故意非法剥夺他人生命

考点说明

本罪需要掌握的知识点主要有：（1）不作为故意杀人。（2）引起（教唆、帮助、逼迫）他人自杀行为的定性。（3）罪数规定（转化犯、结果加重犯等）。

相关法条

第232条【故意杀人罪】故意杀人的，处死刑、无期徒刑或者十年以上有期徒刑；情节较轻的，处三年以上十年以下有期徒刑。

知识点讲解

故意杀人罪，是指故意非法剥夺他人生命的行为，即故意他杀。故意杀人罪的法益是他人的生命权。

（一）故意杀人罪的犯罪构成要件

<table>
<tr><td rowspan="5">客观不法</td><td colspan="2">客体（法益）</td><td>他人的生命权</td></tr>
<tr><td rowspan="4">客观要件：非法剥夺他人生命的行为（他杀）</td><td>1. 行为：杀人行为（非法剥夺生命）</td><td>（1）杀人行为的本质：非自然地提前结束他人生命
（2）行为方式和手段：
①作为，间接正犯
②不作为故意杀人：作为义务；与作为行为价值相当（等值性）</td></tr>
<tr><td>2. 行为对象：他人</td><td>（1）人：生命的起始（出生）和终止（死亡）。婴儿、胎儿问题
（2）他人。自杀不属不法</td></tr>
<tr><td>3. 结果：死亡</td><td>基本构成要件的结果要素，即既遂标准</td></tr>
<tr><td>4. 行为与死亡结果之间具有因果关系</td><td></td></tr>
<tr><td rowspan="2">主观责任</td><td>主体要件</td><td>责任年龄：已满14周岁 具有责任能力</td><td></td></tr>
<tr><td>主观要件</td><td>杀人故意</td><td>故意的认定：与过失
故意内容：与故意伤害</td></tr>
</table>

1.行为对象：他人。

（1）活人。人的生命，始于出生，终于死亡。溺婴、杀害婴儿构成故意杀人罪。胎儿不能成为故意杀人罪的对象，自行堕胎不构成犯罪；对母体进行打击导致胎儿流产，也只构成对母体的故意伤害罪（轻伤、重伤）。对尸体进行侵害、侮辱、毁损，构成侮辱、故意毁坏尸体罪。

（2）他人。杀害自己（自杀）不构成故意杀人罪，自杀行为也不是我国刑法中的不法行为。

2.行为：杀人行为。剥夺他人生命，即提前非自然地结束他人生命的行为。可以是作为，如刀砍、斧劈、拳击、枪杀等，也可以是不作为，如母亲故意不给婴儿哺乳致其死亡等。可以是物理方式，如刺杀、毒杀，也可以是心理方法，如以精神冲击方法致心脏病患者死亡。

3.责任形式：故意。明知行为会导致死亡结果。

★（二）不作为故意杀人

不作为致死的情况要构成故意杀人罪（不纯正的不作为犯）：

1.客观上符合不作为犯的成立条件（有作为义务，有履行能力而不履行，造成结果和危险）；还要求不作为与作为行为有等价性，即可以将不作为行为认定为"杀"的行为。

2.行为人对死亡结果的主观心态为故意。并非一切不作为犯都是间接故意。

▶例如：母亲甲将残疾的新生婴儿乙放在民政局门口，希望被人捡走收养，结果当晚突然降温导致乙被冻死，应当认定为遗弃罪（致人死亡）；而如甲将乙弃之荒郊野外，导致乙被饿死，则应当认定为故意杀人罪。

★（三）引起他人自杀的问题

刑法中的杀人指杀害"他人"，故而，只有杀害他人的行为，才是刑法中的不法行为；杀害本人的自杀行为，并不是刑法中的不法行为。根据共犯从属说的原理进行推理，教唆、帮助有认知能力的他人自杀，因所谓"实行者"（自杀者）没有实施不法行为，没有杀人（他杀）行为的存在，则教唆者、帮助者也难以成立故意杀人罪的教唆犯、帮助犯。从而，教唆、帮助有认知能力、有意志自由的他人自杀，不能构成犯罪。只有教唆者、帮助者系间接正犯（对自杀者有支配关系）的情况下，才能成立故意杀人罪（间接正犯）。

1.对于行为人引起、促成他人自杀行为的定性：只有在构成间接正犯的情况下，才能认定其为"杀人"行为。

（1）教唆他人自杀构成故意杀人罪间接正犯的情形：教唆者利用对于生死没有认知能力的人自杀；教唆者利用自杀者不能理解自杀的真实意义而欺骗其自杀（此处可比照被害人承诺中的重大错误的承诺予以理解，即使自杀者对法益的有无、程度、情节产生错误）；或者不具有心理意志自由而强迫其自杀。例如，教唆未成年人、精神病人自杀；组织、策划、煽动、教唆、帮助邪教组织人员自杀、自残的，以故意杀人罪、故意伤害罪（间接正犯）定罪处罚。（《关于办理组织和利用邪教组织犯罪案件具体应用法律若干问题的解释（二）》第9条）。

（2）自杀者能够理解自杀的真实意义，具有心理意志自由，教唆者、迫使者、引起者不构成故意杀人罪。

2.教唆自杀、逼迫自杀、帮助自杀、相约自杀的性质定性都是如此。

（1）行为人直接实施了杀害（直接实行）行为，构成故意杀人罪。

（2）行为人没有实行杀人，又不构成间接正犯，仅提供便利条件或提议（帮助、教唆自杀），则无法构成故意杀人罪。

3.对于违法行为引起他人自杀的情况，一般只能成为构成犯罪的条件，如刑讯逼供、侮辱致人自杀。

（1）无过错或轻微过错行为引起，不构成犯罪。例如，教师轻微体罚学生导致其自杀，不能构成犯罪。

（2）构成犯罪的情节要素（致人自杀作为情节严重的客观依据之一）。例如，侮辱行为构成侮辱罪需具备"情节严重"的要素，如果侮辱他人导致他人自杀，就可能认为是情节严重，可以侮辱罪进行刑事立案。

（3）结果加重犯中的"致人死亡"可否包括致人自杀？一般不包括。例如，甲非法拘禁乙之后乙自杀的，不能认定甲系非法拘禁致人死亡，而只构成非法拘禁罪的基本犯。故意伤害、强奸、抢劫他人致人自杀的，都不构成结果加重犯。

（4）转化犯中的"致人死亡"可否包括致人自杀？一般不包括。例如，甲刑讯逼供乙之后乙自杀的，不能认定甲构成故意杀人罪，而只构成刑讯逼供罪的基本犯。

（四）罪数

1.一些罪名的结果或加重犯中包容了故意杀人，不再对故意杀人单独定罪。（1）绑架罪过程中杀害被绑架人的，认定为绑架罪（绑架罪过程中故意伤害致人重伤、死亡也认定为绑架罪一罪）；（2）以杀人为暴力手段的抢劫，认定为抢劫罪（致人死亡）；（3）劫持航空器的过程中故意杀人的，认定为劫持航空器罪（致人死亡）。还有，一些危害公共安全类的犯罪（放火罪、爆炸罪、投放危险物质罪……）中包容了故意杀人的结果。

2.转化犯（非常态）：以故意杀人罪论处。（1）非法拘禁使用暴力致人死亡；（2）刑讯逼供致人死亡；（3）暴力取证致人死亡；（4）虐待被监管人致人死亡；（5）聚众斗殴致人死亡。

3.数罪并罚（常态）。（1）犯组织、领导、参加恐怖组织罪，并故意杀人的；（2）犯组织、领导、参加黑社会性质组织罪，并故意杀人的；（3）为实施保险诈骗罪而故意杀人的；（4）犯罪（抢劫罪、强奸罪、盗窃罪等，不包括绑架）之后为灭口而杀人的，数罪并罚。

🔁 **考点归纳**

1.自杀不是不法，教唆自杀不是犯罪，除非构成间接正犯。

2.绑架、抢劫、劫机中杀人只定一罪，危害公安可包容杀人结果；拘禁、刑讯、取证、虐待被监管人（三种职权犯罪）、斗殴致死，转化为故意杀人。

📝 **经典考题**

关于自伤，下列哪一选项是错误的？（ ）① （2011-2-13）

A.军人在战时自伤身体、逃避军事义务的，成立战时自伤罪

B.帮助有责任能力成年人自伤的，不成立故意伤害罪

---

① **参考答案：** C

C.受益人唆使60周岁的被保险人自伤、骗取保险金的，成立故意伤害罪与保险诈骗罪

D.父母故意不救助自伤的12周岁儿子而致其死亡的，视具体情形成立故意杀人罪或者遗弃罪

二、过失致人死亡罪

相关法条

第233条【过失致人死亡罪】过失致人死亡的，处三年以上七年以下有期徒刑；情节较轻的，处三年以下有期徒刑。本法另有规定的，依照规定。

知识点讲解

过失致人死亡罪是指由于过失而引起他人死亡的行为。行为人实施了致人死亡的行为，并且已经造成死亡结果。由于本罪为过失犯罪，如无结果出现，则不构成犯罪。

1.过失致人死亡罪与无罪过事件的区分。本罪的责任形式为过失，行为人对自己的行为造成他人的死亡结果具有预见可能性，或者已经预见而轻信能够避免。如果没有预见可能性，则应认定为意外事件，不构成犯罪。

2.法条竞合。《刑法》第233条规定，本法另有规定的，依照规定。当其他罪名中包含过失致人死亡内容时，形成整体法与部分法的法条竞合，应以整体法定罪。例如失火罪、过失投放危险物质罪、过失爆炸罪、重大责任事故罪、交通肇事罪等犯罪中都包含过失致人死亡。此外，还有很多犯罪的结果加重犯（或情节加重犯）中也可包容过失致人死亡的结果，例如故意伤害罪、抢劫罪、抢夺罪。根据整体法优于部分法的原则，应以上述其他犯罪论处。

经典考题

下列哪些情形不能认定为过失致人死亡罪？（　　）① （2008年四川延期试卷二第54题）

A.甲在运输放射性物质过程中发生事故，造成4人死亡

B.乙在工地塌方之后，仍然强令6名工人进入隧道抢救价值2000万元的机械，6名工人由此遇难

C.丙遭受不法侵害，情急之下失手将不法侵害人打死，法院认为丙防卫过当，应当负刑事责任

D.聚众斗殴致人死亡

三、故意伤害罪：故意伤害他人身体

考点说明

本罪需要掌握的知识点主要有：（1）故意伤害致人死亡（结果加重犯）。（2）故意伤害罪与故意杀人罪、过失致人死亡罪的区别。（3）罪数（转化犯、想象竞合犯）。（4）共同犯罪犯意不同时各人的责任。

相关法条

第234条【故意伤害罪】故意伤害他人身体的，处三年以下有期徒刑、拘役或者管制。

犯前款罪，致人重伤的，处三年以上十年以下有期徒刑；致人死亡或者以特别残忍手段致人重伤造成严重残疾的，处十年以上有期徒刑、无期徒刑或者死刑。本法另有规定的，依照规定。

💡 **知识点讲解**

故意伤害罪，是指故意非法损害他人身体健康的行为。故意伤害罪的法益（客体）是生理机能健全，亦即，身体功能的正常运作，包括器官功能健全、精神正常、健康无疾病等。只侵犯身体的完整性但不侵害生理机能健全的，不构成故意伤害罪，例如，使用暴力强行剪除他人头发或指甲的行为，只构成侮辱罪。只侵害心理状态的健康但不侵害生理机能健全的，例如，导致被害人长时期存在焦虑感，不构成故意伤害罪，但造成被害人精神失常的，可构成伤害罪。

（一）构成特征

1. 行为对象：他人身体。

（1）伤害自己身体的，不成立故意伤害罪；但自伤行为侵犯其他法益的，可能构成其他犯罪，例如，军人战时自伤身体，逃避军事义务，构成战时自伤罪（第434条）。

（2）伤害胎儿的，一般认为是对母体的伤害。但是，故意使用药物伤害胎儿，旨在使该胎儿出生后严重残疾，事实上也造成了这种伤害的，虽行为时对象不是人但结果发生时对象是人（隔隙犯），故仍成立故意伤害罪。

2. 伤害行为：非法损害他人身体健康的行为。 例如暴力伤害、使人染病、使人精神失常、强迫、欺骗他人捐献器官等。

3. 结果（既遂的结果）：造成对他人健康的损害，可分为轻伤（基本犯结果）、重伤（加重结果之一）、伤害致人死亡（加重结果之二）三种情形。注意：这里的结果仅是作为既遂标准的结果（基本犯结果）。故意伤害罪当然有未遂形态。只不过，故意轻伤未遂一般不处罚，不以犯罪处理；故意重伤未遂可处罚，未造成结果的，认定为故意伤害罪未遂，造成轻伤结果的，认定故意伤害罪（轻伤）既遂。

4. 责任形式：伤害故意。 要求对伤害结果（轻伤、重伤）具有认识和希望或放任的态度。

（1）包括轻伤故意和重伤故意。系概括的故意（伤害故意），以轻伤故意造成重伤结果构成故意伤害罪（重伤），以重伤故意造成轻伤结果构成故意伤害罪（轻伤），即以实际结果认定。因轻伤故意和重伤故意均系伤害故意。

（2）应当区分伤害故意与殴打故意。仅有一般殴打的故意（明知造成轻微伤、皮肉伤，或暂时疼痛），不能认定具有伤害故意。出于一般殴打意图而无伤害故意实施殴打行为，而造成他人死亡或重伤害的，不认定为故意伤害罪，而构成过失致人死亡（重伤）罪。

5. 责任年龄。 年满14周岁的人，对故意伤害致人重伤、死亡承担刑事责任。年满16周岁的人，对故意伤害致人轻伤、重伤、死亡都承担刑事责任。

6. 被害人承诺的问题。

（1）被害人对于轻伤的承诺有效，行为人经被害人承诺实施轻伤，不构成犯罪。

（2）一般认为，被害人对于重伤、死亡的承诺无效，行为人虽经被害人承诺，仍构成故意伤害罪、故意杀人罪。

（3）有处分能力的成年人承诺行为人摘取其器官，造成重伤后果的，行为人的行为视情况可构成组织出卖人体器官罪（非法摘取后组织出卖）、故意伤害罪（非法摘取）、无罪（通过合法途径将器官移植给近亲属患者）。

★（二）结果加重犯：故意伤害致人死亡

故意伤害罪有两种结果加重犯的情形：故意伤害致人重伤、故意伤害致人死亡。以下重点介绍故意伤害致人死亡的情况。

1. 故意伤害过程中，因伤害行为而过失致人死亡。要求：（1）伤害行为与死亡结果之间具有直接性因果关系；（2）行为人对死亡具有预见可能性。

2. 致人死亡中的"人"：致死对象与伤害对象可以不是同一人，例如因认识错误、打击错误导致第三人死亡，也属故意伤害致人死亡。

（三）此罪彼罪

与故意杀人罪、故意伤害（致人死亡）罪、过失致人死亡罪的区别。主要在于责任形式及故意内容不同：故意伤害罪要求行为人具有伤害故意；而故意杀人罪要求行为人具有杀人故意；过失致人死亡罪要求行为人既无伤害故意，也无杀害故意，而只对死亡结果具有过失。出于一般殴打意图而致人死亡，一般认定为过失致人死亡罪。

★（四）罪数

1. 转化犯：以故意伤害罪论处。（1）非法拘禁使用暴力致人伤残；（2）刑讯逼供致人伤残；（3）暴力取证致人伤残；（4）虐待被监管人致人伤残；（5）聚众斗殴致人伤残；（6）非法组织或者强迫他人出卖器官造成伤害（应理解为重伤）。

注意：这里转化的条件均为"伤残"，即造成重伤结果；如只造成轻伤结果，理论上属故意伤害罪（轻伤）与前述各罪的想象竞合，应当择一重罪处断；但由于前述各罪与故意伤害罪（轻伤）的法定刑大体相同，故仍以更为特别的罪名，即前述各罪论处。例如，刑讯逼供致人轻伤，最终认定为刑讯逼供罪一罪。

2. 想象竞合。妨害公务致人伤害、强迫交易致人伤害，都应以想象竞合论处，择一重罪处断。（1）由此，造成轻伤的，以更为特别的罪名论处，即认定为妨害公务罪、强迫交易罪；（2）造成重伤的，以重罪故意伤害罪（重伤）论处。

3. 数罪并罚规定。组织他人偷越国（边）境罪，运送他人偷越国（边）境罪，组织、领导参加黑社会性质组织罪，组织、领导、参加恐怖组织罪，保险诈骗罪以及其他犯罪中实施故意伤害罪的，数罪并罚。

（五）共同犯罪时的责任认定

1. 在教唆或帮助他人实施故意伤害的情况下，实行犯造成了他人死亡的结果。（1）对于实行犯，如果对死亡结果是过失，实行犯构成故意伤害罪（致人死亡）；对死亡结果是故意，则构成故意杀人罪。（2）对于教唆犯和帮助犯，一般认为对死亡结果存在过失，构成故意伤害罪（致人死亡）。

经典考题

甲、乙、丙共谋要"狠狠教训一下"他们共同的仇人丁。到丁家后，甲在门外望风，乙、丙进屋打丁。但当时只有丁的好友田某在家，乙、丙误把体貌特征和丁极为相似的田某当作是丁进行殴打，遭到田某强烈抵抗和辱骂，二人分别举起板凳和花瓶向田某头部猛击，将其当场打死。关于本案的处理，下列哪些判断是正确的？（　　）[1]（2008 年四川延期试卷二第 61 题）

A. 甲、乙、丙构成共同犯罪　　　　　　B. 甲、乙、丙均成立故意杀人罪

C. 甲不需要对田某的死亡后果负责　　　D. 甲成立故意伤害罪

2. 承继的共同犯罪。

（1）前行为人已经着手对被害人实施伤害行为，后行为人中途参与伤害行为，被害人身体遭受重伤，但不能证明该重伤结果是在后行为人参与之前就已经形成还是参与之后才形成；则前行为人的行为成立故意伤害罪（重伤）既遂，后行为人的行为属于故意伤害罪未遂（重伤未遂一般需处罚）。

（2）如果上述行为仅使被害人遭受轻伤的，则对前行为人的行为以故意伤害罪（既遂）论处，对后行为人的行为可不以犯罪论处（轻伤未遂一般不处罚）。

拓展习题

关于故意伤害罪说法正确的有（　　）[2]

A. 甲欲伤害 A，在人群众多的大街上持刀砍 A，A 被砍成轻伤后转身欲夺路而逃，不料将身后一老人 B 撞倒在地致死，则甲构成故意伤害罪（致人死亡）

B. 乙酒后与 C 发生争执，乙打了 C 一耳光，约半小时后 C 在厕所内昏迷送医院不治身亡，经诊断 C 系外力致脑内肿瘤破裂死亡，则乙构成故意伤害罪（致人死亡）

C. 丙教唆 D 轻伤 E，D 却对 E 实施强奸，在强奸过程中因用力过猛过失致 E 肋骨骨折（重伤），则丙构成故意伤害罪既遂

D. 丁与 F 一起共谋伤害 G，丁持刀将 G 腿部砍成轻伤，F 却持刀向 G 心脏部位猛刺数刀致其死亡，则丁构成故意伤害罪（致人死亡）

解析：A 选项，成立故意伤害致人死亡，并不要求致死对象与伤害对象为同一人，只需伤害行为与死亡结果有因果关系、行为人对死亡结果有预见可能性。

B 选项，行为人没有伤害故意，充其量定过失致人死亡罪。

C 选项，实行犯强奸（过失）致人重伤，没有实施伤害的实行行为，强奸中的压制反抗行为与故意伤害行为并不重合；本选项中的伤害结果是由强奸行为造成，教唆者丙不能构成故意伤害罪的教唆犯。

D 选项，F 构成故意杀人罪，丁只有伤害故意，与 F 在故意伤害的范围内成立共同犯罪；但对死亡结果具有过失，丁构成故意伤害罪（致人死亡）。

---

① 参考答案：AD
② 参考答案：AD

四、强奸罪：违背意志强行奸淫妇女、奸淫幼女（包括嫖宿卖淫幼女）

考点说明

本罪需要掌握的知识点主要有：（1）妇女主体的问题。（2）奸淫幼女型强奸罪的构成。（3）加重犯：强奸致人重伤、死亡，轮奸。（4）罪数。

相关法条

第 236 条【强奸罪】以暴力、胁迫或者其他手段强奸妇女的，处三年以上十年以下有期徒刑。奸淫不满十四周岁的幼女的，以强奸论，从重处罚。

强奸妇女、奸淫幼女，有下列情形之一的，处十年以上有期徒刑、无期徒刑或者死刑：

（一）强奸妇女、奸淫幼女情节恶劣的；

（二）强奸妇女、奸淫幼女多人的；

（三）在公共场所当众强奸妇女的；

（四）二人以上轮奸的；

（五）致使被害人重伤、死亡或者造成其他严重后果的。

知识点讲解

强奸罪，指违背妇女意志，使用暴力、胁迫或者其他手段，强行与妇女发生性交的行为（普通强奸）；以及奸淫不满 14 周岁的幼女的行为（奸淫幼女型强奸）。强奸罪的法益是妇女的性自主权（性自由权）。

（一）构成特征

主体身份（男、女）	（1）"奸"的实行者为男性；"强"的实行者可以是女性 （2）妇女可以成为强奸罪的教唆犯、帮助犯；共同正犯、间接正犯	
	行为	责任：故意
强奸妇女	"强"（违背意志）、"奸"＋妇女	明知对象是女性
奸淫幼女	"奸"＋幼女；无须"强"	明知对象是不满 14 周岁的幼女

1.主体身份："奸"行为的直接实行者为男性，"强"行为的实行者男女皆可。

（1）一般是男性。指"奸"的实行者须为男性。

（2）妇女可以成为强奸罪的共同正犯（实施强的行为）、间接正犯（利用男性实施奸的行为）、教唆犯、帮助犯。妇女教唆没有刑事责任能力的人强奸的，可以构成强奸罪的间接正犯。因为妇女可以构成强奸罪的正犯，所以强奸罪并不是真正的身份犯。

（3）丈夫"婚内强奸"妻子的问题。①原则上认为婚内无奸，亦即，丈夫使用暴力等强制手段强行与妻子性交的行为，一般不认为构成强奸罪。涉及虐待、伤害，达到犯罪程度的，可按虐待罪、故意伤害罪论处。②但是，在实质上的婚姻关系破裂的场合（例如一审离婚判决已下达尚未生效，包办、买卖、强迫婚姻期间等），"丈夫"可构成强奸罪。③丈夫教唆、帮助他人强奸妻子的，也可构成强奸罪。

2. 对象：女性（妇女、幼女）。

（1）强奸罪的对象是女性，包括妇女（已满 14 周岁）与幼女（不满 14 周岁）。

（2）男性或妇女强"奸"男性的，即妇女使用暴力、胁迫等手段与男子性交的，以及男子强行与其他男子实施非自然性交的（如口交、肛交），不成立强奸罪。可构成强制猥亵、侮辱罪（《刑法修正案（九）》修正）。

3. 强奸行为。强奸罪的行为有两种情形：一是强奸妇女，通常表现为"强""奸"组成的复合行为（但核心行为仍为"奸"，"强"指违背意志，并一定要有客观行为）；二是奸淫幼女，只需"奸"的行为即可。

（1）强奸（已满 14 周岁）妇女行为。强奸妇女行为是使用暴力、胁迫或者其他手段，强行与妇女发生性关系。实质是违背妇女意志。

① "强"（手段行为，违背意志）：暴力手段，是指不法对被害妇女行使有形力的手段，即直接对被害妇女采取殴打、捆绑、堵嘴、卡脖子、按倒等危害人身安全或人身自由，使妇女不能反抗的手段。胁迫手段，是指为了使被害妇女产生恐惧心理，使妇女不敢反抗的手段。包括暴力威胁、揭发隐私、毁坏名誉、利用教养关系、从属关系、职务权利等。其他手段，是指采用其他使被害妇女不知抗拒、不敢反抗或者不能抗拒的手段，如用酒灌醉、药物麻醉等。利用妇女熟睡、醉酒、吸毒、患重病而没有意识能力，或冒充妇女的丈夫或情夫、组织和利用会道门、邪教组织或者利用迷信欺骗奸淫妇女的，尽管客观上没有实施"强"的行为，但实质上违背妇女意志，也构成强奸罪。

② "奸"（目的行为）：男女之间的性交行为。性交以外的猥亵、侮辱行为，不构成强奸罪，构成强制猥亵、侮辱罪。

（2）奸淫（不满 14 周岁）幼女行为（包括嫖宿卖淫幼女）。

奸淫幼女行为是指与不满 14 周岁的幼女发生性关系。不要求行为人使用暴力、胁迫或者其他手段，无论幼女是否同意，与之发生性关系即以强奸论。《刑法修正案（九）》已废除嫖宿幼女罪，嫖宿卖淫幼女的，以强奸罪论处。

4. 责任年龄。年满 14 周岁的人，对强奸罪承担刑事责任。

5. 责任形式：故意，明知对象是女性。

（1）奸淫幼女型的强奸罪，要求行为人主观上明知对象是不满 14 周岁的幼女。行为人确实不知对方是不满 14 周岁的幼女，双方自愿发生性关系，不以强奸罪论处。"明知"采用推断方式确认，包括知道或者应当知道。

推定规则：①对于不满 12 周岁的被害人实施奸淫等性侵害行为的，应当认定行为人"明知"对方是幼女。②对于已满 12 周岁不满 14 周岁的被害人，从其身体发育状况、言谈举止、衣着特征、生活作息规律等观察可能是幼女，而实施奸淫等性侵害行为的，应当认定行为人"明知"对方是幼女。③对幼女负有特殊职责的人员与幼女发生性关系的，以强奸罪论处。

（2）具体认识错误。有合理依据地误将不满 14 周岁的幼女误认为已满 14 周岁的妇女，而使用暴力、胁迫手段强行性交，构成普通强奸。

★（二）加重犯

强奸罪具有五种加重犯情形，以下对其中三种细致讲解：

1. 二人以上轮奸的。轮奸是指二男以上在同一段时间内，共同对同一妇女（或幼女）连续地轮流或同时强奸（或奸淫）的行为。即共同正犯类型的强奸，要求二人以上均强奸（正犯）得逞。

（1）轮奸需二人以上共同强奸均得逞。A、B二人以轮奸的犯意对乙女实施暴力，A得逞，B未得逞；则A、B二人成立强奸罪的共同犯罪，均为犯罪既遂，但A、B二人不成立"轮奸"。

（2）轮奸不考虑刑事责任年龄。A（15周岁）、B（13周岁）二人以轮奸的犯意对乙女实施暴力，A、B均得逞；则A、B二人成立强奸罪的共同犯罪，均为"轮奸"。只是对A追究强奸罪的刑事责任（轮奸），对B不追究强奸罪的刑事责任。

（3）轮奸适用于所有的共同犯罪人。A、B、C三人以轮奸的犯意对乙女实施暴力，A、B均奸淫得逞，C未得逞；则A、B、C三人成立强奸罪的共同犯罪，均为犯罪既遂，且A、B、C三人均适用"轮奸"的法定刑。

（4）轮奸有帮助、教唆。A、B二人以轮奸的犯意对乙女实施暴力，C为A、B放风（帮助），或者教唆A、B（教唆）；则A、B、C三人成立强奸罪的共同犯罪，均为犯罪既遂，且A、B、C三人均适用"轮奸"的法定刑。

2.（过失）致使被害人重伤、死亡或者造成其他严重后果的。

（1）强奸"致使被害人重伤、死亡"，是指强奸行为导致被害人性器官严重损伤，或者造成其他严重伤害，甚至当场死亡或者经抢救无效死亡。亦即，强奸行为过失导致被害人重伤、死亡，要求死亡与强奸行为之间具有因果关系。

（2）强奸被害人后被害人事后自杀身亡的（无因果关系），不属强奸致使被害人死亡，而属造成其他严重后果。

（3）不包括故意杀人。先强奸后杀人的，构成强奸罪、故意杀人罪，数罪并罚；先杀害后奸尸的，构成故意杀人罪、侮辱尸体罪，数罪并罚；以杀人为故意采用强奸手段致死的，系强奸罪、故意杀人罪的想象竞合，择一重罪处断。

3. 在公共场所当众强奸妇女的。

（1）指在不特定多数人或者众人可能看到、感觉到的公共场所强奸妇女，而并不需要实际看到。在校园、游泳馆、儿童游乐场等公共场所实施强奸，只要有其他多人在场，不论在场人员是否实际看到，均为在公共场所"当众"强奸妇女。

（2）"众"不应当包括行为人，例如三人以上在没有人的公共场所轮奸被害人，不属"当众"。

（3）在公共场所当众奸淫幼女的，属于奸淫幼女情节恶劣（第236条第3款第1项）。

（三）此罪彼罪、一罪数罪

★ 1. 强奸行为被它罪（加重情节）包容：拐卖妇女、儿童中强奸被拐卖的妇女、幼女，只构成拐卖妇女、儿童罪一罪，系该罪加重犯。

2. 数罪并罚（常态）：

（1）收买拐卖妇女、儿童（幼女）后强奸，数罪并罚；

★（2）强迫卖淫、组织卖淫中强奸，数罪并罚（《刑法修正案（九）》新修正）。

（3）组织他人偷越国（边）境、运送他人偷越国（边）境中强奸，数罪并罚

（4）其他，如绑架、非法拘禁中强奸，均数罪并罚。

经典考题

关于强奸罪及相关犯罪的判断，下列哪一选项是正确的？（　　）① （2007-2-12）

A．甲欲强奸某妇女遭到激烈反抗，一怒之下卡住该妇女喉咙，致其死亡后实施奸淫行为。甲的行为构成强奸罪的结果加重犯

B．乙为迫使妇女王某卖淫而将王某强奸，对乙的行为应以强奸罪与强迫卖淫罪实行数罪并罚

C．丙在组织他人偷越国（边）境过程中，强奸了被组织的妇女李某。丙的行为虽然触犯了组织他人偷越国（边）境罪与强奸罪，但只能以组织他人偷越国（边）境罪定罪量刑

D．丁在拐卖妇女的过程中，强行奸淫了该妇女。丁的行为虽然触犯了拐卖妇女罪与强奸罪，但根据刑法规定，只能以拐卖妇女罪定罪量刑

拓展习题

关于强奸罪，说法不正确的有（　　）②

A．甲误认为13周岁的乙女有18岁，而使用暴力、胁迫手段强行与之性交的，则甲构成强奸罪，属于奸淫幼女型的强奸罪，应当从重处罚

B．甲男是乙女的上级领导，其明知乙女是现役军人的配偶，经乙女的同意与之发生性关系，则甲男仍然构成强奸罪

C．甲以金钱财物引诱幼女乙与自己发生性关系，甲构成引诱幼女卖淫罪，不构成强奸罪

D．甲教唆精神病人乙先对妇女丙实施奸淫，之后其本人也对妇女丙实施了奸淫，甲不属轮奸，乙不承担刑事责任

解析：A选项，甲不明知对象为幼女，只构成一般的强奸罪，不构成奸淫幼女型的强奸罪。

B选项，乙女自愿同意，不属强奸。

C选项，"卖淫"的意思是以交换金钱为目的而与不特定人发生性关系，本项引诱与其本人发生性关系，构成强奸罪，不构成引诱幼女卖淫罪。

D选项，两名以上的男子对同一妇女进行轮流奸淫，构成轮奸。

五、强制猥亵、侮辱罪；猥亵儿童罪

考点说明

本罪需要掌握的知识点主要有：（1）强制猥亵、侮辱罪的对象是"他人"，男女均可；（2）"猥亵"的含义：猥亵男子、男童时可包括性交，猥亵妇女、女童时不包括性交；（3）强制猥亵、侮辱罪与侮辱罪的想象竞合。

相关法条

第237条【强制猥亵、侮辱罪】以暴力、胁迫或者其他方法强制猥亵他人或者侮辱妇女的，处五年以下有期徒刑或者拘役。

聚众或者在公共场所当众犯前款罪的，或者有其他恶劣情节的，处五年以上有期徒刑。

---

① **参考答案：** BD（当年正确答案为D）
② **参考答案：** ABCD

【猥亵儿童罪】猥亵儿童的，依照前两款的规定从重处罚。

知识点讲解

强制猥亵、侮辱罪，是指以暴力、胁迫或者其他方法强制猥亵妇女、男子或者侮辱妇女的行为。本罪的法益是他人（妇女、男子）的涉及性尊严（性羞耻心）的身体权。

1.主体身份：没有要求，男性、女性均可。妇女也可构成本罪的正犯（直接正犯、间接正犯）。丈夫在公共场所公然强制猥亵妻子，或公然强奸妻子，也可构成强制猥亵妇女罪。

2.对象：妇女、男子（已满14周岁）。猥亵不满14周岁的女童、男童，构成猥亵儿童罪。

3.行为：强制 + 猥亵、侮辱。

（1）强制，指以暴力、胁迫或者其他使妇女、男子不能反抗、不敢反抗、不知反抗的方法，违背其意志。

（2）猥亵、侮辱：

①就猥亵、侮辱妇女而言，指针对妇女实施的非性交的性行为。包括直接对妇女实施猥亵行为、迫使妇女对行为人或者第三者实施猥亵行为、强迫妇女自行实施猥亵行为、强迫妇女观看他人的猥亵行为等。通常表现为强行抠摸妇女阴部、乳房、脱光衣裤、接吻、搂抱、手淫、口交等。

②就猥亵男子而言，包括性交行为。

4.责任形式：故意。注意：本罪的成立不需要行为人出于刺激或者满足性欲的内心倾向（动机）。只要猥亵、侮辱行为在客观上侵害了他人的涉及性尊严（性羞耻心）的身体权，就应按强制猥亵、侮辱罪论处。

5.猥亵儿童罪，是指猥亵不满14周岁儿童（男童、女童）的行为，包括妇女与男童发生性关系。男子与女童发生性关系的，构成强奸罪。

（1）对象：儿童，包括不满14周岁的男童、女童。

（2）不需要"强制"的条件。即使儿童同意，也构成本罪。

（3）猥亵儿童中"猥亵"的含义：①就男性猥亵女童而言，不包括性交。男性与不满14周岁的女童发生性交行为的，构成强奸罪。②就猥亵男童而言，可包括性交。

6.强奸罪与强制猥亵、侮辱罪之间的关系：简言之，强奸罪（男性强行性交妇女、性交幼女）是强制猥亵、侮辱罪的特别法和高度行为。男对女实施强制性交，构成强奸罪（性交是最严重的猥亵）；除此之外，其他异性间（男对女、女对男）、同性间（男对男、女对女）的强制性行为（性交、非性交的其他性行为），构成强制猥亵、侮辱罪。

误认性别而认识错误的处理。误认对方是女性实为男性而"强奸"的，行为人构成强制猥亵、侮辱罪；误认对方是男性实为女性而强制猥亵的，行为人也构成强制猥亵、侮辱罪。

7.强制猥亵、侮辱罪与侮辱罪的想象竞合。强制猥亵他人、侮辱妇女侵害他人的性尊严，同时通过该行为贬损他人名誉的，同时触犯强制猥亵、侮辱罪与侮辱罪，系想象竞合，应当择一重罪处断。

经典考题

甲男与乙女发生纠纷，乙将脏物泼在甲的身上，甲便揪住乙上衣，并向乙下身猛击几拳，乙骂声不止，甲便唤来自家养的大公狗，在有许多围观村民的情况下，甲扒下乙的裤子，使其当众赤身裸体，并叫狗扑在的身上。甲的行为构成何罪？（　　）① （2000-2-28）

A.强制猥亵、侮辱妇女罪（现罪名为"强制猥亵、侮辱罪"）

B.侮辱罪

C.公然猥亵罪

D.诽谤罪

🖐 **拓展习题**

关于妇女主体，下列选项说法不正确的有（　　）②

A.甲女在张女的水杯中放了麻醉药，将其麻醉后让9岁的A男对其实施奸淫，则甲女构成强奸罪

B.乙女将5岁男童赵某诱拐到自己屋里，与之发生性关系，则乙女构成猥亵儿童罪

C.丙女将李女捆绑起来，剥光衣服，强行将异物插入李女性腔中，让众人观看，以丢李女的脸，则对于丙女的行为应当以侮辱罪定罪处罚

D.女流氓丁在公园闲逛时遇到谈恋爱的A男和B女，为追求刺激，丁用绳子将A男和B女捆起来，扒光二人衣服，用刀架住A男的脖子，强行让A男与B女发生性关系，A男B女虽极不情愿，但为保命A男不得已为之。丁在一旁围观取乐，则丁的行为构成强制猥亵、侮辱罪

解析： A选项，实施了强奸罪的直接正犯（麻醉）、间接正犯（教唆不负责任人）行为，构成强奸罪的正犯。

B选项，妇女与男童性交的，构成猥亵儿童罪。

C选项，同是触犯强制猥亵、侮辱罪，侮辱罪两罪，择一重罪处断构成更为特殊的强制猥亵、侮辱罪。

D选项，构成强奸罪的间接正犯。

六、非法拘禁罪

📑 **考点说明**

本罪需要掌握的知识点主要有：（1）索债型非法拘禁。（2）非法拘禁罪的结果加重犯和转化犯。

📖 **相关法条**

第238条【非法拘禁罪】非法拘禁他人或者以其他方法非法剥夺他人人身自由的，处三年以下有期徒刑、拘役、管制或者剥夺政治权利。具有殴打、侮辱情节的，从重处罚。

犯前款罪，致人重伤的，处三年以上十年以下有期徒刑；致人死亡的，处十年以上有期徒刑。使用暴力致人伤残、死亡的，依照本法第二百三十四条、第二百三十二条的规定定罪处罚。

为索取债务非法扣押、拘禁他人的，依照前两款的规定处罚。

国家机关工作人员利用职权犯前三款罪的，依照前三款的规定从重处罚。

---

① 参考答案：A
② 参考答案：CD

💡知识点讲解

　　非法拘禁罪，是指故意非法拘禁他人或者以其他方法非法剥夺他人人身自由的行为。本罪的法益是人的身体活动的自由，一般指现实的自由，例如，甲将夜间熟睡的乙反锁在房间里，次日清晨在乙醒来之前就打开了锁。如果乙中途没有醒来，则甲的行为只是侵害了乙可能的自由，不构成非法拘禁罪；如果乙中途醒来因被甲反锁而不能离开房间，则侵害了乙现实的自由，构成非法拘禁罪。亦即，本罪不是危险犯，而是实害犯。

（一）构成特征

　　1.行为对象：他人，系具有身体活动自由的自然人。能够行走的幼儿、精神病患者、残疾人，可成为本罪的对象。不能活动的婴儿，不属于本罪对象。

　　2.拘禁行为：剥夺他人人身自由。包括有形方式，也可以是无形方式。▶例如：将妇女洗澡时的换洗衣服拿走，使其基于羞耻心无法走出浴室；使被害人进入货车车厢后高速行驶，使之不敢轻易跳下车，都属拘禁行为。

　　3.非法性：不具合法性。包括没有拘禁权而拘禁，以及有拘禁权而非法越权拘禁。▶例如：司法机关对于有犯罪事实和重大嫌疑的人，依法采取拘留、逮捕强制措施，是合法拘禁。但发现不应拘捕时，借故不予释放，继续羁押的，或者故意超期羁押的，应认定为非法拘禁罪。

★（二）索债型非法拘禁

　　为索取债务非法扣押、拘禁他人的，依照非法拘禁罪定罪处罚。

为索取债务非法扣押、拘禁他人的，依照非法拘禁罪定罪处罚	
原理：此种情形认为主观上不具有非法占有的目的	
"债务"	为了索取合法债务；为了索取高利贷、赌债等法律不予保护的债务
"他人"	债务人本人，也包括其近亲属、其他具有关联的人
行为人	债权人，也包括为了债权人利益帮助其索债的人

　　1.原理：之所以此种情形不以绑架罪、抢劫罪论处而构成非法拘禁罪，其基本原理在于，行为人不具备非法占有目的，不符合绑架罪、抢劫罪成立的责任（主观）要件。绑架罪主观方面（责任）要求以勒赎、扣为人质为目的，抢劫罪要求以非法占有为目的；为索取债务而非法扣押、拘禁他人，行为人的主观目的是索取债务，自认为是获取其本人应得的财物，而不是认为获取不应得的财物，故而不能认为具有勒赎、非法占有目的。由此，行为人为了索取非法债务，甚至误认为有债务但实际上无债务，而扣押他人，均应认定为非法拘禁罪。

　　2.法条解释。

　　（1）"债务"既包括合法债务，也包括高利贷、赌债等法律不予保护的债务。为了索取高利贷、赌债而拘禁他人的，也构成非法拘禁罪。

　　（2）"他人"包括债务人本人，也包括其近亲属、其他具有关联的人。例如，债权人扣禁债务人的儿子，逼债务人还债的，也构成非法拘禁罪。

　　（3）行为人既包括债权人，也包括为了债权人利益帮助其索债的人。例如，"欠债公司"

受债权人所托，采用拘禁手段索债的，也构成非法拘禁罪。

（4）在手段、方式上，为索债而采用暴力威胁（包括严重暴力威胁）而未将暴力变为现实的，仍然认定为非法拘禁罪；在其过程中使用暴力造成轻伤，认定为非法拘禁罪与故意伤害罪（轻伤）的想象竞合，择一重处仍认为是非法拘禁罪；在其过程中使用暴力造成重伤、死亡的，应当认为是转化犯，构成故意伤害罪（重伤）、故意杀人罪。

★（三）非法拘禁罪的结果加重犯和转化犯

	结果加重犯	转化犯
法条	"致人重伤的，致人死亡的"	"使用暴力致人伤残、死亡的"
原理（理论）	过失（结果加重犯）	故意（转化犯）
实务（推定）	未使用超过拘禁行为本身范围的暴力（轻伤以下），推定为过失	使用了超出拘禁行为本身范围的暴力（轻伤及以上），推定为故意。但允许反证
不属结果加重犯也不属转化犯的情况： （1）想象竞合：在非法拘禁的过程中，因拘禁使用暴力致人轻伤的，触犯非法拘禁罪、故意伤害罪（轻伤），择一重罪处断，一般以非法拘禁罪论处 （2）数罪并罚：在非法拘禁的过程中，另起杀人故意而直接实施杀人行为（暴力与拘禁无关）的，应当直接认定为非法拘禁罪、故意杀人罪，数罪并罚 （3）基本犯：死亡与拘禁行为没有因果关系		

1.结果加重犯和转化犯的法条规定：

（1）非法拘禁罪的结果加重犯。犯非法拘禁罪而（过失）致人重伤或者致人死亡的，仍然认定为非法拘禁罪，是本罪的结果加重犯。

（2）非法拘禁的转化犯。非法拘禁使用暴力（故意）致人伤残、死亡的，构成故意伤害罪、故意杀人罪。

2.二者的区别。

（1）在理论层面，可以过失、故意进行区分：结果加重犯中，行为人对于致人重伤、死亡的结果，主观上是过失心态；在转化犯中，行为人对于致人重伤、死亡的结果，主观上是故意心态。

（2）在实务层面，可以暴力是否超出拘禁行为所需范围（一般如捆绑、关押、殴打等，最高限不能是轻伤）进行区分（推定规则）：致人重伤、死亡，但没有使用超出拘禁行为所需范围的暴力的，推定行为人对结果是过失的，仍为结果加重犯；致人重伤、死亡，但使用超出拘禁行为所需范围的暴力的，推定行为人对结果是故意的，认定为转化犯，构成故意伤害罪、故意杀人罪。例如，在非法拘禁过程中因捆绑过紧导致被害人死亡的，应当认定为结果加重犯。

3.不属结果加重犯也不属转化犯的情况：

（1）数罪并罚：在非法拘禁的过程中，另起杀人故意而直接实施杀人行为的，应当直接认定为非法拘禁罪、故意杀人罪，数罪并罚。

（2）想象竞合：在非法拘禁的过程中，因拘禁使用暴力致人轻伤的，触犯非法拘禁罪、故意伤害罪（轻伤），择一重罪处断，一般以非法拘禁罪论处。

（四）从重情节

1.国家机关工作人员利用职权进行非法拘禁的，从重处罚。国家机关工作人员系量刑身份，须"利用职权"（外观上是否利用职权，如以逮捕、拘留、调查、审查为名）才从重；如国家机关工作人员未利用职权，则不从重。

2.具有殴打、侮辱情节的，从重处罚。

（1）此从重情节在字面是对基本犯（第1款）的规定，但仍可适用第2款、第3款。

（2）适用于第2款（加重犯、转化犯）时应当注意禁止重复评价。▶例如：①使用暴力致人死亡，同时该暴力也是殴打，则只认定为故意杀人罪；为了避免重复评价，不能再认为具有"殴打"（暴力）情节。②使用暴力致人死亡，期间还进行了非暴力侮辱，则认定为故意杀人罪，并且认为还具有"侮辱"情节，应从重处罚。③因捆绑过紧而致人死亡，期间还进行了非暴力侮辱，则认定为非法拘禁罪（致人死亡），并且认为还具有"侮辱"情节，应从重处罚。这都没有重复评价。

（五）罪数

1.一罪。

（1）犯组织他人偷越国（边）境罪，剥夺或者限制被组织人人身自由的，以组织他人偷越国（边）境罪一罪论处（情节加重犯）。

（2）实施绑架、抢劫、拐卖等犯罪，以拘禁作为"暴力"手段的，应当以整体绑架、抢劫、拐卖定罪，不再单独认定构成非法拘禁罪。

2.数罪并罚。

（1）犯收买被拐卖的妇女、儿童罪，又非法拘禁被拐卖的妇女、儿童，应当数罪并罚。

（2）非法拘禁罪为继续犯，在继续状态中又另起犯意犯它罪，例如先非法拘禁，在拘禁过程中又临时起意实施绑架、抢劫、拐卖、强奸等犯罪，应当数罪并罚。

经典考题

甲为要回30万元赌债，将乙扣押，但2天后乙仍无还款意思。甲等5人将乙押到一处山崖上，对乙说："3天内让你家人送钱来，如今天不答应，就摔死你。"乙勉强说只有能力还5万元。甲刚说完"一分都不能少"，乙便跳崖。众人慌忙下山找乙，发现乙已坠亡。关于甲的行为定性，下列哪些选项是错误的？（ ）①（2014-2-59）

A.属于绑架致使被绑架人死亡　　B.属于抢劫致人死亡

C.属于不作为的故意杀人　　　　D.成立非法拘禁，但不属于非法拘禁致人死亡

拓展习题

乙参与赌博，欠甲3万元赌债不还。甲遂持刀拦住乙，让乙还债。乙拒绝，甲强行搜身，从乙身上搜出1万元。甲接着将乙捆绑到一间空房内，打电话让乙的妻子归还余下的2万元赌债，否则不放人。期间，乙因被捆绑太紧而窒息身亡。则甲的行为构成（ ）②

---

① **参考答案：ABC**

② **参考答案：A**

A.非法拘禁罪　　　B.抢劫罪　　　C.故意杀人罪　　　D.绑架罪

解析：为索取债务非法扣押、拘禁他人的，依照非法拘禁罪定罪处罚。

★七、绑架罪

📄 考点说明

本罪需要掌握的知识点主要有：（1）绑架罪与抢劫罪、敲诈勒索罪、非法拘禁罪的区分。（2）绑架罪的既遂标准。（3）绑架罪的死刑规定。（4）绑架罪与承继的共同犯罪。（5）绑架罪与故意杀人罪、故意伤害罪的罪数关系。

📖 相关法条

第239条【绑架罪】以勒索财物为目的绑架他人的，或者绑架他人作为人质的，处十年以上有期徒刑或者无期徒刑，并处罚金或者没收财产；情节较轻的，处五年以上十年以下有期徒刑，并处罚金。

犯前款罪，杀害被绑架人的，或者故意伤害被绑架人，致人重伤、死亡的，处无期徒刑或者死刑，并处没收财产。

以勒索财物为目的偷盗婴幼儿的，依照前两款的规定处罚。

💡 知识点讲解

绑架罪，是指意图利用被绑架人的近亲属或者其他负有保护职责的人对被绑架人安危的忧虑，以勒索财物或满足其他不法要求为目的，使用暴力、胁迫或者麻醉方法劫持或以实力控制他人的行为。绑架罪的法益是被绑架人的身体安全与行动自由（自由权、生命权等人身权益），财产权益、近亲属或他人的担心不是绑架罪的必要法益。因此，行为人经"被绑架人"有效承诺而实施假"绑架"行为，即使给其近亲属造成恐惧，也不构成绑架罪，有可能涉嫌他罪（如敲诈勒索罪、诈骗罪）。

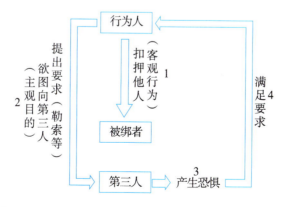

（一）解析罪名

1.绑架罪有三种行为方式：为勒索财物而绑架他人，绑架他人作为人质，为勒索财物偷盗婴幼儿。

2.绑架罪是单行为犯：在客观方面只需具有扣押、控制、杀害他人等一个绑架行为即可。

而不是复行为犯，勒赎或扣为人质是主观目的要素（法定的目的犯），并不是客观行为要素。当然，当主观目的体现为客观行为时，也不单独定罪。

（二）构成要件注意要点

1.绑架行为：使用暴力、胁迫、麻醉方法劫持或以实力控制他人。

（1）绑架行为的本质是实力支配、控制。并不要求使被害人离开原来的生活场所，在原处实力控制、支配也是绑架。

（2）需要实际扣押、控制他人，而不是假扣押、假控制。没有实际扣押、控制而谎称扣押、控制（"假绑架"），以此向他人勒索财物，不构成绑架罪，可构成敲诈勒索罪与诈骗罪的想象竞合。

（3）绑架行为可以包容杀人，以勒赎为目的杀害被害人，只构成绑架罪一罪（绑架中杀害被绑架人）。

（4）绑架行为包括偷盗婴幼儿行为，以勒赎为目的偷盗婴幼儿，构成绑架罪。

📖 经典考题

甲、乙合谋勒索丙的钱财。甲与丙及丙的儿子丁（17岁）相识。某日下午，甲将丁邀到一家游乐场游玩，然后由乙向丙打电话。乙称丁被绑架，令丙赶快送3万元现金到约定地点，不许报警，否则杀害丁。丙担心儿子的生命而没有报警，下午7点左右准备了3万元后送往约定地点。乙取得钱后通知甲，甲随后与丁分手回家。下列罪名哪些不符合甲、乙的行为性质？（ ）① （2003-2-50）

A.绑架罪　　B.抢劫罪　　C.敲诈勒索罪　　D.非法拘禁罪

2.法定的目的犯：具有勒索或扣为人质的目的。

绑架罪成立，要求行为人主观上具有勒索或扣为人质的目的。

（1）"勒赎"（意图要挟第三人向第三人要钱）要素定位于主观目的要素，而不是客观行为要素。只要行为人在扣押他人时在主观上有勒赎目的，即使客观上没有实施勒赎行为，也能认定为绑架罪。

①"勒赎"是意图向第三人（被绑架人的近亲属或者其他负有保护责任的人）要钱；与抢劫故意不同，抢劫故意指欲图向被控制者本人要钱。由此可区分绑架罪（想向第三方要钱，勒赎目的）与抢劫罪（想向被控制者本人要钱，抢劫故意）。即：行为人是想向第三方要钱（绑架），还是想向被控制者本人要钱（抢劫）。

②利用第三人对被绑架人安危的担心也是行为人的主观意图，无需第三人现实上知情被害人（人质）被绑架的事实。行为人有此主观意图，被害人（人质）却欺骗第三人使其不知情绑架事，行为人仍构成绑架罪。

📖 经典考题

【1】甲持刀将乙逼入山中，让乙通知其母送钱赎人。乙担心其母心脏病发作，遂谎称开车撞人，需付五万元治疗费，其母信以为真。关于甲的行为性质，下列哪一选项是正确的？（ ）② （2010-2-16）

A.非法拘禁罪　　　B.绑架罪　　　C.抢劫罪　　　D.诈骗罪

---

① 参考答案：ABD
② 参考答案：B

【2】甲使用暴力将乙扣押在某废弃的建筑物内，强行从乙身上搜出现金 3000 元和 1 张只有少量金额的信用卡，甲逼迫乙向该信用卡中打入人民币 10 万元。乙便给其妻子打电话，谎称自己开车撞伤他人，让其立即向自己的信用卡打入 10 万元救治伤员并赔偿。乙妻信以为真，便向乙的信用卡中打入 10 万元，被甲取走。甲在得款后将乙释放。对甲的行为应当按照下列哪一选项定罪？（　　）① （2006-2-14）

　　A.非法拘禁罪　　　　B.绑架罪　　　　C.抢劫罪　　　　D.抢劫罪和绑架罪

　　（2）**目的与行为需同时存在**。要求行为人在实施扣押、控制他人，或者对他人实施暴力（包括杀害）的**当时**，在主观上就有之后**向第三人**勒赎或提出请求（人质）的**目的**。如果目的与行为不同时，即为其他目的而实施杀害行为之后，而后才产生勒索意图，因行为当时没有勒索目的，不能构成绑架罪。一般后一行为认定为敲诈勒索罪（与诈骗罪想象竞合），与前行为（故意杀人罪等）数罪并罚。例如：甲以报仇为目的杀害乙，杀死乙之后临时起意谎称绑架向乙妻勒索，则甲构成故意杀人罪、敲诈勒索罪（与诈骗罪想象竞合）数罪并罚；而不构成绑架罪。

经典考题

　　甲、乙为劫取财物将在河边散步的丙杀死，当场取得丙随身携带的现金 2000 余元。甲、乙随后从丙携带的名片上得知丙是某公司总经理。两人经谋划后，按名片上的电话给丙的妻子丁打电话，声称丙已被绑架，丁必须于次日中午 12 点将 10 万元现金放在某处，否则杀害丙。丁立即报警，甲、乙被抓获。关于本案的处理，下列哪一种说法是正确的？（　　）② （2005-2-14）

　　A.抢劫罪和绑架罪并罚

　　B.以故意杀人罪、盗窃罪和绑架罪并罚

　　C.以抢劫罪和敲诈勒索罪并罚

　　D.以故意杀人罪、侵占罪和敲诈勒索罪并罚

3.责任年龄：已满 16 周岁可构成本罪。已满 14 周岁不满 16 周岁的人在绑架过程中杀害被绑架人的，应以故意杀人罪追究。但"致使被绑架人死亡"也就是过失致死的，不承担刑事责任。

（三）既遂标准

　　绑架罪是单行为犯，以绑架行为实施完毕，控制人质使之逃脱显著困难的，就应当成立本罪既遂。行为人是否勒索到赎金，是否提出要求、取得财物，不是绑架罪的既遂标准。

经典考题

　　甲在一豪宅院外将一个正在玩耍的男孩（3 岁）骗走，意图勒索钱财，但孩子说不清自己家里的联系方式，无法进行勒索。甲怕时间长了被发现，于是将孩子带到异地以 4000 元卖掉。对甲应当如何处理？（　　）③ （2005-2-17）

　　A.以绑架罪与拐卖儿童罪的牵连犯从一重处断

　　B.以绑架罪一罪处罚

---

① **参考答案：** C
② **参考答案：** C
③ **参考答案：** D

C. 以拐卖儿童罪一罪处罚

D. 以绑架罪与拐卖儿童罪并罚

（四）刑罚

第 239 条第 2 款　犯绑架罪，杀害被绑架人的，或者故意伤害被绑架人，致人重伤、死亡的，处无期徒刑或者死刑，并处没收财产。

1. 《刑法修正案（九）》废除了原"绝对死刑"的规定；改为"处无期徒刑或者死刑"。

2. 可能适用死刑的情况有：

（1）"杀害被绑架人的"，指故意杀害被绑架人（基本犯情形为"杀人既遂"）。

仍然涉及"杀而未死"的处理。在量刑时，以绑架故意杀害被绑架人为基准刑（死刑或无期）；再结合未遂的规定"可以从轻、减轻"。情节恶劣，则不从轻、减轻。

亦即，绑架中杀害被绑架人，典型情形指绑架中故意杀人既遂，即"结果加重犯的既遂"（绑架罪＋故意杀人既遂＝绑架中杀害被绑架人）。如果绑架中杀人未遂，则属"结果加重犯的未遂"（此为基本犯既遂、加重结果未遂类型），应当适用《刑法》第 239 条"杀害被绑架人，处死刑"的规定确定基准刑，同时适用《刑法》关于未遂犯从轻、减轻处罚的规定。

杀而未死的处理。[王建平绑架案] 2001 年 1 月 6 日上午，被告人王建平到西良村学校附近，找到其表弟之子高朝蓬（10 岁），以找高的叔叔为由将高骗走。王建平挟持高朝蓬乘车先后到河南安阳、山西省长治市、榆社县和河北省武安县、涉县等地。此间，王建平用事先准备好的手机亲自或胁迫高朝蓬多次向高家打电话索要现金 5 万元。在索要未果的情况下，王建平将高朝蓬挟持到涉县境内一火车隧道内，乘高不备，用石头砸击其头部，将高击昏后将其放到下水道内，并用水泥板盖住后逃离现场。1 月 13 日下午，高朝蓬被铁路工人发现，抢救后脱险。经法医鉴定，高颅骨多发性骨折，属轻伤。

就应如何理解《刑法》第 239 条规定的致使被绑架人死亡或者杀害绑架人的，处死刑的问题，最高人民法院有关部门经向全国人大法工委刑法室有关同志请示，全国人大法工委的答复是：《刑法》第 239 条规定的致使被绑架人死亡或者杀害绑架人，在一般情况下主要是指对绑架罪的结果和主犯处罚的规定。根据这一规定，一般应对造成被绑架人死亡后果的行为人处死刑；对于实施了杀人行为，由于行为人主观意志以外的原因而未能造成被绑架人死亡的情形，如果情节恶劣的，也可以判处死刑。

故而，本案王建平构成绑架罪，在量刑时，以绑架故意杀害被绑架人为基准刑（无期或死刑）；再结合未遂的规定"可以从轻、减轻"。情节恶劣，则不从轻、减轻。最后，法院没有从轻、减刑，判处王建平死刑。

（2）"故意伤害被绑架人，致人重伤、死亡的"，指故意伤害致人重伤或死亡。在绑架中故意伤害致人轻伤，以及仅仅只是单纯的过失致人重伤、过失致人死亡（没有杀害和伤害行为的），不能处死刑（如有数个实行行为数罪并罚，如只有一个实行行为只能认为是想象竞合）；这与抢劫致人重伤、死亡可处死刑的规定不同。

（3）要求杀害、故意伤害行为发生在绑架过程中（之时、之中），与绑架行为有关联（包括之后为了灭口而杀害）。如杀害、故意伤害行为不发生在绑架过程中，与绑架无关联，则应数罪并罚。

（4）《刑法修正案（九）》修正前后轻重比较

	行为	修正前	修正后	轻重比较
犯绑架罪	杀害被绑架人	绝对死刑	处无期或死刑	新法轻
	故意伤害被绑架人，致人死亡	绝对死刑	处无期或死刑	新法轻
	故意伤害被绑架人，致人重伤	绑架罪、故意伤害罪；数罪并罚	处无期或死刑	新法重
	故意伤害被绑架人，致人轻伤	数罪并罚（数实行行为）或想象竞合（同一行为）	相同
	过失致人死亡	绝对死刑	想象竞合（同一行为）	新法轻
	强奸、侮辱等它罪	数罪并罚	数罪并罚	相同

经典考题

为谋财绑架他人的，在下列哪一种情形下不应当判处死刑？（　　）①（2009-2-8）

A．甲绑架并伤害被绑架人致其残疾的

B．乙杀死人质后隐瞒事实真相向人质亲友勒索赎金10万元的

C．丙绑架人质后害怕罪行败露杀人灭口的

D．丁控制人质时因捆绑太紧过失致被害人死亡的

（五）共同犯罪以及承继共犯的问题（中途参加者的定性）

绑架罪是继续犯，其犯罪终了指人质控制的状态消灭。先行为人实施绑架之后，后行为人加入：

（1）如后行为人在人质控制状态消失之前加入，属在犯罪终了之前加入，如有绑架故意和勒赎目的（或扣为人质目的），构成承继的共同犯罪，前行为人、后行为人系绑架罪的共同犯罪。

（2）如后行为人在人质控制状态消失之后（如前行为已杀死被绑架人，被绑架人已逃走）加入，属在犯罪终了之后加入，不构成承继的共同犯罪；如后行为人实施勒索行为，则后行为人仅构成敲诈勒索罪（与诈骗罪想象竞合）；前行为人构成绑架罪；二人在敲诈勒索罪的范围内成立共同犯罪。

（3）后行为人加入还需绑架故意和勒赎目的（或扣为人质目的）。仅有杀人故意，即使在控制状态消失之前加入，也只构成故意杀人罪，与前行为人（绑架罪）在故意杀人罪的范围内成立共同犯罪。

▶**事例**：三名被告人以勒索财物为目的将无证出租车司机李某绑架后，用刀砍李某的脖子，用尼龙绳捆绑李某双手和双脚，然后将李某活埋于农田的渣土中，并用石头压着李某的身体。李某被埋一夜后，于次日清晨被过路人救出。三名被告人不知道李某被解救，次日，第四名被告人加入，并于次日早晨仍然向李某家打电话勒索财物。则前三名被告人构成绑架罪，系绑架中杀害被绑架人"结果加重犯的未遂"。第四名被告人构成敲诈勒索罪（与诈骗罪想象竞合），与前三名被告人在敲诈勒索罪的范围内成立共同犯罪。

---

① **参考答案**：D（当年正确答案为A）

（六）此罪彼罪

1. 绑架罪与非法拘禁罪的区别：

（1）关键看行为人主观上有无勒赎目的。

（2）为索取债务非法扣押、拘禁他人的，不构成绑架罪，依照非法拘禁罪定罪处罚。

（3）行为人扣押被害人之后，如向被害人家属索取的钱款数额超过债务数额，则应当认为是非法拘禁罪（债务数额以内）与绑架罪（债务数额以外）的想象竞合。

经典考题

韩某在向张某催要赌债无果的情况下，纠集好友把张某挟持至韩家，并给张家打电话，声称如果再不还钱，就砍掉张某一只手，韩某的行为（　　）①（2004-2-1）

A. 构成非法拘禁罪

B. 构成绑架罪

C. 构成非法拘禁罪和绑架罪的想象竞合犯

D. 构成敲诈勒索罪

2. 绑架罪与抢劫罪的区别：

（1）意图索财的对象（目的）不同，绑架罪是意图第三人勒赎（勒赎的目的），抢劫罪是意图向被控制人本人要钱（抢劫的故意）。

（2）绑架罪的本质是将人质作为交换条件，抢劫罪是压制反抗以取财。

（3）行为人对财产共管人中的一人实施暴力而向近在咫尺的另外一人取财，时空间隔较短的，未将人质作为交换条件，而只是将暴力作为恐吓手段的，亦认定为抢劫。

经典考题

陈某见熟人赵某做生意赚了不少钱便产生歹意，勾结高某，谎称赵某欠自己10万元货款未还，请高某协助索要，并承诺要回款项后给高某1万元作为酬谢，高某同意。某日，陈某和高某以谈生意为名把赵某诱骗到稻香楼宾馆某房间，共同将赵扣押，并由高某对赵某进行看管。次日，陈某和高某对赵某拳打脚踢，强迫赵某拿钱。赵某迫于无奈给其公司出纳李某打电话，以谈成一笔生意急需10万元现金为由，让李某将现金送到宾馆附近一公园交给陈某。陈某指派高某到公园取钱。李某来到约定地点，见来人不认识，就不肯把钱交给高某。高某威胁李某说："赵某已被我们扣押，不把钱给我，我们就把赵某给杀了"。李某不得已将10万元现金交给高某。（2007-4-2）

问题：陈某构成何罪？为什么？

3. 绑架罪与敲诈勒索罪（诈骗罪）：

（1）没有实际扣押、控制行为的"假绑架"，是敲诈勒索罪（与诈骗罪想象竞合）。

（2）虽扣押他人，但不是以被扣押的生命、身份相威胁而要求赎金，例如是以揭发隐私等要挟要钱的，构成敲诈勒索罪（同时可能触犯非法拘禁罪）。

（七）罪数

1. 与杀人的关系：（1）在绑架之时、之中、之后杀人的，只认定为绑架罪一罪（仍要求杀人与绑架有关）。（2）**在绑架之时、之中、之后故意伤害致人重伤、死亡的，只认定为绑架罪一罪（要求伤害与绑架有关）**。（3）为其他目的杀人（伤害）后，再勒索财物的，定故意杀人罪（故意伤害罪）及敲诈勒索罪（与诈骗罪想象竞合）两罪。

2. 数罪并罚：（1）绑架过程中实施了其他犯罪行为，如强奸，应数罪并罚。（2）绑架过程中实施拐卖妇女、儿童罪，应数罪并罚。

3. 绑架过程中当场抢劫被害人随身携带财物的（亦即绑架暴力与抢劫暴力为同一暴力行为），按绑架罪、抢劫罪从一重罪处断（需符合想象竞合犯条件）。如绑架暴力与抢劫暴力可明显区分为两个暴力行为的，数罪并罚。

📘 考点归纳

1. 绑架罪是单行为犯，勒赎只是主观目的；控制人身（包括杀死），即为既遂。

2. 结果加重犯（无期至死刑）有三：杀人、重伤、伤害致死；单纯过失致死，不能再判死刑。

📋 经典考题

甲为勒索财物，打算绑架富商之子吴某（5岁）。甲欺骗乙、丙说："富商欠我100万元不还，你们帮我扣押其子，成功后给你们每人10万元。"乙、丙将吴某扣押，但甲无法联系上富商，未能进行勒索。三天后，甲让乙、丙将吴某释放。吴某一人在回家路上溺水身亡。关于本案，下列哪一选项是正确的？（　　）① （2016-2-15）

A.甲、乙、丙构成绑架罪的共同犯罪，但对乙、丙只能适用非法拘禁罪的法定刑

B.甲未能实施勒索行为，属绑架未遂；甲主动让乙、丙放人，属绑架中止

C.吴某的死亡结果应归责于甲的行为，甲成立绑架致人死亡的结果加重犯

D.不管甲是绑架未遂、绑架中止还是绑架既遂，乙、丙均成立犯罪既遂

📋 拓展习题

下述关于绑架罪说法不正确的有（　　）②

A.甲欲将A女卡昏后实施奸淫，不料因用力过猛致其死亡，甲遂临时起意翻出A女的家庭电话号码，谎称已控制A女，向其家人要10万元赎金，甲去取赎金时被抓获。则甲构成强奸罪（致人死亡）、绑架罪两罪

B.乙为了索债扣押了丙，甲见此情形，就打电话给丙的家人，谎称自己扣押了丙，让丙的家人拿钱赎人，则甲构成绑架罪，乙构成非法拘禁罪

C.丙拦截C后，从其身上没有搜到钱，就押着C到ATM机上取钱未果，又押着C去C的临时居住地准备拿钱。不料C的同居男友D正好在C处，见丙用刀对着C，C随时有人身危险，给丙1000元块，让丙放人，丙拿到钱后释放了C。则丙构成绑架罪

D.丁（15周岁）以勒索为目的偷来婴儿，向婴儿家属勒索后，为灭口而将其杀死。则丁构成绑架罪，属绑架中杀害被绑架人

解析：A选项，甲构成强奸罪（致人死亡）、敲诈勒索罪（与诈骗罪想象竞合）两罪。

B选项，乙构成非法拘禁罪，甲构成敲诈勒索罪（与诈骗罪想象竞合）。

---

① **参考答案：** D
② **参考答案：** ABCD

C 选项，丙构成抢劫罪。

D 选项，丁实施了绑架、杀人二行为，但 15 周岁的人不对绑架行为承担刑事责任，故只认定为故意杀人罪一罪。

★八、拐卖妇女、儿童罪；拐骗儿童罪

 考点说明

本罪需要掌握的知识点主要有：（1）拐卖行为。（2）被害人承诺问题。（3）罪数。

相关法条

第 240 条【拐卖妇女、儿童罪】拐卖妇女、儿童的，处五年以上十年以下有期徒刑，并处罚金；有下列情形之一的，处十年以上有期徒刑或者无期徒刑，并处罚金或者没收财产；情节特别严重的，处死刑，并处没收财产：

（一）拐卖妇女、儿童集团的首要分子；

（二）拐卖妇女、儿童三人以上的；

（三）奸淫被拐卖的妇女的；

（四）诱骗、强迫被拐卖的妇女卖淫或者将被拐卖的妇女卖给他人迫使其卖淫的；

（五）以出卖为目的，使用暴力、胁迫或者麻醉方法绑架妇女、儿童的；

（六）以出卖为目的，偷盗婴幼儿的；

（七）造成被拐卖的妇女、儿童或者其亲属重伤、死亡或者其他严重后果的；

（八）将妇女、儿童卖往境外的。

拐卖妇女、儿童是指以出卖为目的，有拐骗、绑架、收买、贩卖、接送、中转妇女、儿童的行为之一的。

知识点讲解

拐卖妇女、儿童罪，是指以出卖为目的，拐骗、绑架、收买、贩卖、接送、中转妇女、儿童的行为。亦即，以"卖"为目的（"卖"是主观目的）而"拐"（"拐"是客观行为）。本罪的法益是妇女、儿童的人身自由与身体安全，以及人格尊严（不能将人作为商品买卖）。

1. 实行行为：拐骗、绑架、收买、贩卖、接送、中转妇女、儿童的行为之一。

（1）行为人实施上述任一行为时，就是着手。例如，实施接送、中转行为的，也是拐卖妇女、儿童罪的实行犯（正犯），而不是帮助犯（共犯）。

（2）强抢（抢劫、抢夺）行为，使妇女、儿童脱离家庭，也是拐卖行为（"拐骗"中"拐"的行为）。

（3）拐卖妇女、儿童罪，是单行为犯（"拐"的行为），既遂只要"拐"行为实施完毕，并不要求卖出。一般认为，行为人实施前述任一行为完毕并使被害者处于行为人或者第三者的事实支配范围内时，就是既遂。但是，特殊的出卖亲生子女型的拐卖儿童罪，因行为人只实施"贩卖"行为，故而须以贩卖行为完毕即卖出为既遂。

2. 对象：妇女（已满 14 周岁的女性）、儿童（不满 14 周岁的女童、男童）。

（1）妇女、儿童的国籍没有限定。

（2）以营利为目的出卖（"贩卖"）亲生子女，或者捡拾的婴幼儿，也认定为拐卖儿童罪。不以营利为目的将亲生子女给他人，情节严重的构成遗弃罪。

以下情形认为具有营利目的：①将生育作为非法获利手段，生育后即出卖子女的；②明知对方不具有抚养目的，或者根本不考虑对方是否具有抚养目的，为收取钱财将子女送给他人的；③为收取明显不属于"营养费、感谢费"的巨额钱财将子女送给他人的；④其他足以反映行为人具有非法获利目的的"送养"行为的。

（3）医疗机构、社会福利机构等单位的工作人员将所诊疗、护理、抚养的儿童贩卖给他人的，以拐卖儿童罪论处（自然人犯罪）。

3. 目的：以出卖为目的。"出卖"目的不等于"营利"目的。没有出卖目的，可能涉嫌非法拘禁罪、拐骗儿童罪。

4. 承诺的问题。

（1）儿童及儿童家属的承诺无效。被拐卖的儿童或其家属对被拐卖的事实予以认同、承诺，不影响拐卖儿童罪的成立。

（2）被"拐卖"妇女如在拐卖之前，同意自己被"拐卖"，则行为人的行为难以成立"拐卖"行为，不能构成拐卖妇女罪。

5. 罪数：

（1）一罪。拐卖妇女、儿童罪中，可以包容：①非法拘禁罪；②（过失）致人重伤、死亡罪（造成被拐卖的妇女、儿童或者其亲属重伤、死亡或者其他严重后果的）；③强奸罪（奸淫被拐卖妇女的）、引诱卖淫罪、强迫卖淫罪。其中后两项为加重犯情节。不能包括强制猥亵妇女等，拐卖中猥亵的，应当数罪并罚。

（2）想象竞合。有关场所的经营管理人员事前与拐卖妇女的犯罪人通谋的，对该经营管理人员以拐卖妇女罪的共犯论处，行为同时构成拐卖妇女罪和组织卖淫罪的，择一重罪论处。

（3）数罪并罚。在拐卖妇女儿童的过程中，故意杀害、伤害妇女儿童的，应该按照拐卖妇女儿童罪和故意杀人罪、故意伤害罪数罪并罚。拐卖之后未卖出而向被害人家属勒索，构成拐卖妇女儿童罪、绑架罪数罪。

6. 拐骗儿童罪，是指采用蒙骗、利诱或其他方法，使不满14周岁的未成年人脱离家庭或者监护人的行为。行为人基于出卖目的而拐骗，构成拐卖儿童罪。

经典考题

甲拐骗了5名儿童，偷盗了2名婴儿，并准备全部卖往A地。在运送过程中甲因害怕他们哭闹，给他们注射了麻醉药。由于麻醉药过量，致使2名婴儿死亡，5名儿童处于严重昏迷状态，后经救治康复。对甲的行为应以何罪论处？（　）[1]（2004-2-82）

　　A.拐卖儿童罪　　　B.拐骗儿童罪　　　C.过失致人死亡罪　　　D.绑架罪

---

[1] 参考答案：A

📋 **拓展习题**

下列说法正确的是（　　）①

A. 甲拣拾二名被遗弃的儿童，收养一年后，发现麻烦遂出卖给他人，则甲构成拐卖儿童罪

B. 甲欠乙10万，乙到甲家讨债，见甲的1岁大的儿子A某很可爱，就对甲说，你如不想还钱，就把你的儿子A某给我抵债，我们俩之间的债务一笔勾销。甲觉得很划算，就把儿子送给乙，乙自己扶养A某，亦无虐待。则甲不能构成犯罪

C. 甲收买被拐卖的妇女C，本想作为老婆，但C不从；于是甲产生了将其出卖的意思，到处联系买家，期间将C关押了10来天，而后又强奸了C，还未找到买主即被抓获。则甲构成拐卖妇女罪一罪

D. 甲见某火车候车室里一瘦弱的妇女A某抱着一个两岁左右小男孩儿B某，遂猛地冲过去趁其不备夺走小男孩儿，不料A某因被拽倒头部着地死亡。甲将B某卖往外地，在运送过程中甲因害怕他哭闹，给他注射了麻醉药。由于麻醉药过量，致使B某也死亡。则甲构成拐卖儿童罪、过失致人死亡罪，应择一重处

解析：A选项，出卖捡拾的婴幼儿，认定为拐卖儿童罪。

B选项，以营利为目的出卖亲生子女，认定为拐卖儿童罪。

C选项，先收买后出卖，定拐卖妇女罪一罪。拐卖妇女中强奸、拘禁，认定为拐卖妇女罪一罪。

D选项，以出卖为目的抢夺儿童，认定为拐卖儿童罪，过失致其近亲属、被拐儿童死亡，认定为拐卖儿童罪的结果加重犯。

☆九、收买被拐卖的妇女、儿童罪

📖 **相关法条**

第241条【收买被拐卖的妇女、儿童罪】收买被拐卖的妇女、儿童的，处三年以下有期徒刑、拘役或者管制。

【强奸罪】收买被拐卖的妇女，强行与其发生性关系的，依照本法第二百三十六条的规定定罪处罚。

【非法拘禁罪；故意伤害罪；侮辱罪】收买被拐卖的妇女、儿童，非法剥夺、限制其人身自由或者有伤害、侮辱等犯罪行为的，依照本法的有关规定定罪处罚。

收买被拐卖的妇女、儿童，并有第二款、第三款规定的犯罪行为的，依照数罪并罚的规定处罚。

【拐卖妇女、儿童罪】收买被拐卖的妇女、儿童又出卖的，依照本法第二百四十条的规定定罪处罚。

【从轻、减轻条款】收买被拐卖的妇女、儿童，对被买儿童没有虐待行为，不阻碍对其进行解救的，可以从轻处罚；按照被买妇女的意愿，不阻碍其返回原居住地的，可以从轻或者减轻处罚。

💡 **知识点讲解**

收买被拐卖的妇女、儿童罪，是指故意用金钱或其他财物收买被拐卖的妇女、儿童的行为。本罪是拐卖妇女、儿童罪的对合犯。

1. 本罪在主观上是不以出卖为目的。如果以出卖为目的而收买，则构成拐卖妇女、儿童罪。

2. 结合犯：收买＋拐卖＝拐卖。收买被拐卖的妇女、儿童又出卖的，应以拐卖妇女、儿童罪论处。

---

3. 从轻、减轻处罚条款（儿童从轻，妇女从轻、减轻）。①收买被拐卖的儿童，对被买儿童没有虐待行为，不阻碍对其进行解救的，可以从轻处罚；②收买被拐卖的妇女，按照被买妇女的意愿，不阻碍其返回原居住地的，可以从轻或者减轻处罚。注意：（《刑法修正案（九）》修正）已对该款进行了修正，不再是原来的"可以免除"，而是对收买儿童可以从轻，对收买妇女可以从轻、减轻。

从宽事由	修正前	修正后	轻重比较
对被买儿童没有虐待行为，不阻碍对其进行解救	可以不追究刑事责任	可以从轻	新法重
按照被买妇女的意愿，不阻碍其返回原居住地		可以从轻或者减轻	

收买被拐卖的妇女，业已形成稳定的婚姻家庭关系，解救时被买妇女自愿继续留在当地共同生活的，可以视为"按照被买妇女的意愿，不阻碍其返回原居住地"。

4. 数罪并罚。

（1）收买被拐卖的妇女，强行与其发生性关系的，应以收买被拐卖妇女罪与强奸罪实行数罪并罚。

（2）收买被拐卖的妇女、儿童，非法剥夺、限制人身自由或者伤害、侮辱等犯罪行为的，分别构成非法拘禁罪、故意伤害罪、侮辱罪，并与收买被拐卖的妇女、儿童罪实行数罪并罚。

（3）收买被拐卖的妇女、儿童后又组织、强迫卖淫或者组织乞讨、进行违反治安管理活动等构成其他犯罪的，依照数罪并罚的规定处罚。

（4）收买被拐卖的妇女、儿童，又以暴力、威胁方法阻碍国家机关工作人员解救被收买的妇女、儿童，或者聚众阻碍国家机关工作人员解救被收买的妇女、儿童，构成妨害公务罪、聚众阻碍解救被收买的妇女、儿童罪的，依照数罪并罚的规定处罚。

5. 关联犯罪：聚众阻碍解救被收买的妇女、儿童罪（第242条第2款），不解救被拐卖、绑架妇女、儿童罪（第416条第1款），阻碍解救被拐卖、绑架妇女、儿童罪（第416条第2款）。

考点归纳

1. 收买是轻罪，拘禁、强奸均数罪并罚。

2. 收买＋拐卖＝拐卖。

3. 不阻解救，拐儿童从轻，拐妇女从轻减轻；不再是不追究责任。

经典考题

赵某拖欠张某和郭某6000多元的打工报酬一直不付。张某与郭某商定后，将赵某15岁的女儿甲骗到外地扣留，以迫使赵某支付报酬。在此期间（共21天），张、郭多次打电话让赵某支付报酬，但赵某仍以种种理由拒不支付。张、郭遂决定将甲卖给他人。在张某外出寻找买主期间，郭某奸淫了甲。张某找到了买主陈某后，张、郭二人以6000元将甲卖给了陈某。陈某欲与甲结为夫妇，遭到甲的拒绝。陈某为防甲逃走，便将甲反锁在房间里一月余。陈某后来觉得甲年纪小、太可怜，便放甲返回家乡。陈某找到张某要求退回6000元钱。张某拒绝退还，陈某便于深夜将张某的一辆价值4000元的摩托车骑走。（2003-4-1）

问题： 根据上述案情，分析张某、郭某、陈某的刑事责任。

十、诬告陷害罪

📖 **相关法条**

第243条【诬告陷害罪】捏造事实诬告陷害他人，意图使他人受刑事追究，情节严重的，处三年以下有期徒刑、拘役或者管制；造成严重后果的，处三年以上十年以下有期徒刑。

国家机关工作人员犯前款罪的，从重处罚。

不是有意诬陷，而是错告，或者检举失实的，不适用前两款的规定。

💡 **知识点讲解**

诬告陷害罪，是指故意向公安、司法机关或有关国家机关告发捏造的犯罪事实，意图使他人受刑事追究，情节严重的行为。本罪的法益是公民的人身权利，而不是司法秩序。故而，向外国司法机关诬告中国公民，可成立诬告陷害罪。基于被害人承诺而向司法机关的诬告行为，承诺有效，不构成诬告陷害罪；诬告虚无人员的行为，虽妨害司法秩序但不侵害个人法益，不构成诬告陷害罪。

1.诬告陷害行为。诬告陷害行为虽然通常表现为捏造犯罪事实、向有关机关告发两个部分，但是，本罪并不是复行为犯；而是单行为犯，只有一个实行行为，即向有关机关虚假告发虚构的犯罪事实的行为。亦即，捏造犯罪事实行为不是本罪的实行行为，告发行为才是实行行为。

（1）向有关机关虚假告发。有关机关指有权行使刑事追究活动的公安、司法机关，或可引起刑事追诉的其他机关。告发指自发诬告，证人在司法机关调查取证时，作虚假陈述的，构成伪证罪。不向有关机关告发，而是在社会上宣扬，涉嫌诽谤罪。

（2）告发的是虚构的犯罪事实。犯罪事实指"不法"犯罪事实，虚假告发精神病人杀人，也是诬告陷害。告发的犯罪事实属实（轻罪），只是故意夸大数额的（重罪），不属告发虚假犯罪事实。诬告他人行政违法（诬告如卖淫娼妓吸毒），不构成诬告陷害罪，如在社会上宣扬，涉嫌诽谤罪。

（3）既遂标准。告发行为实施完毕，即构成诬告陷害罪既遂。不以司法机关立案、追诉为既遂标准。

2.对象：他人。

（1）诬告没有达到法定年龄或者没有责任能力的人犯罪的，仍可构成诬告陷害罪。

（2）是自然人，不包括单位。但形式上诬告单位犯罪，但所捏造的事实导致可能对自然人进行刑事追诉的，也成立本罪。

3. 责任形式：故意，并且要求行为人必须意图使他人受刑事追究的目的。不是有意诬陷，而是错告，或者检举失实的，行为人在主观上没有诬告的故意，不构成本罪（对故意要素的提示性规定）。当行为人自认为他人有实施犯罪事实的可能性时而予以告发的，也不认为有故意。

4.诬告陷害罪与伪证罪、徇私枉法罪的区别。（1）伪证罪的主体是特定身份人。（2）徇私枉法罪是职务犯罪，司法工作人员利用本人职权栽赃陷害，构成徇私枉法罪。

📖 **经典考题**

下列哪种情形构成诬告陷害罪？（　）① （2007-2-13）

A.甲为了得到提拔，便捏造同事曹某包养情人并匿名举报，使曹某失去晋升机会

B.乙捏造"文某明知王某是实施恐怖活动的人而向其提供资金"的事实，并向公安部门举报

C.丙捏造同事贾某受贿 10 万元的事实，并写成 500 份传单在县城的大街小巷张贴

D.丁匿名举报单位领导王某贪污救灾款 50 万元。事后查明，王某只贪污了救灾款 5000 元

📖 **拓展习题**

以下情形构成诬告陷害罪的有（　）②

A.甲的弟弟 A 某杀人后逃走，甲为了帮弟弟脱罪，到公安机关"投案自首"谎称自己作案

B.乙因涉嫌非法持有大量毒品海洛因而被公安机关逮捕，乙怀疑是邻居 B 某报的案，在公安人员讯问称其要立功揭发他人犯罪，称曾看见 B 某实施了当地一起久未破获的强奸杀人案

C.丙为把与自己竞争处长职位的 C 某搞垮，编造 C 某多次嫖娼及嫖宿幼女的事实，在网络上广为散布，纪检部门在网上看到相关消息后进行了调查

D.某刑事法庭的法官丁在审理曾与自己有过节的 D 某的案件时，为报复 D 某，违背事实将 D 某的轻罪判成重罪

解析：A 选项，诬告陷害罪是将无罪之人陷害有罪，本项构成包庇罪。

B 选项，诬告他人强奸杀人，构成诬告陷害罪。

C 选项，没有向司法机关告发，构成诽谤罪。

D 选项，利用职权错判，构成徇私枉法罪。

十一、侮辱罪；诽谤罪

📖 **相关法条**

第 246 条【侮辱罪；诽谤罪】以暴力或者其他方法公然侮辱他人或者捏造事实诽谤他人，情节严重的，处三年以下有期徒刑、拘役、管制或者剥夺政治权利。

前款罪，告诉的才处理，但是严重危害社会秩序和国家利益的除外。

通过信息网络实施第一款规定的行为，被害人向人民法院告诉，但提供证据确有困难的，人民法院可以要求公安机关提供协助。

💡 **知识点讲解**

侮辱罪，是指使用暴力或者其他方法，公然败坏他人名誉，情节严重的行为。诽谤罪，是指，足以败坏他人名誉，情节严重的行为。本两罪的法益是他人的名誉。

---

① 参考答案：B
② 参考答案：B

侮辱罪	诽谤罪
以暴力或者其他方法公然侮辱他人	（以）捏造事实诽谤他人
"公然"：不特定多数人可能知悉	实行行为（单行为）："诽谤"（散布）；"捏造事实"不是实行行为，不捏造仅转发虚假消息也能成立诽谤
可以是真实的事实（如揭露隐私）	只能是虚假事实
一般是亲告；通过信息网络实施，被害人向人民法院告诉，但提供证据确有困难的，人民法院可以要求公安机关提供协助。严重危害社会秩序和国家利益的不亲告。	

1. 侮辱罪

（1）侮辱行为包括：暴力侮辱、非暴力的动作侮辱、言语侮辱、文字或图画侮辱。可以包括揭发隐私（真实事实）情节严重。

（2）公然，指采用不特定或者多数人可能知悉的方式对他人进行侮辱；只要求可能知悉，不要求现实上知悉。

2. 诽谤罪：故意捏造并散布虚构的事实，损害他人人格，破坏他人名誉。注意：诽谤行为的真正实行行为是"散布""捏造"并非必要行为，故而诽谤罪不是复行为犯。

（1）诽谤行为：无中生有、凭空制造有损他人名誉的虚假事实。明知是损害他人名誉的虚假事实而散布的，也属于诽谤。必须是虚假事实。

（2）要求散布（公然）。

（3）捏造损害他人名誉的事实，将信息网络上涉及他人的原始信息内容篡改为损害他人名誉的事实，明知是捏造的损害他人名誉的事实，在信息网络上散布，或者组织、指使人员在信息网络上散布的，均属"捏造事实诽谤他人"。

3. 亲告罪：犯侮辱罪、诽谤罪，告诉的才处理，但是严重危害社会秩序和国家利益的除外。被害人向人民法院告诉，但提供证据确有困难的，人民法院可以要求公安机关提供协助。不亲告的情形包括：侮辱、诽谤情节特别严重，引起了被害人自杀身亡或者精神失常等后果，被害人丧失自诉能力的；侮辱、诽谤党和国家领导人、外国元首、外交代表等特定对象，既损害他人名誉，又危害国家利益的。对地方机关工作人员的侮辱、诽谤不属于"严重危害社会秩序和国家利益"的情形。

罪名	亲告	不亲告
侮辱罪	一般情况亲告	严重危害社会秩序和国家利益的
诽谤罪		
暴力干涉婚姻自由罪	一般情况亲告	致使被害人死亡的
虐待罪	一般情况亲告	没有能力告诉，或受强制、威吓无法告诉；致使被害人重伤、死亡的
侵占罪	全部亲告	
		遗弃罪、重婚罪、虐待被监护、看护人罪，不是亲告罪

经典考题

关于侮辱罪与诽谤罪的论述，下列哪一选项是正确的？（　　）① （2013-2-16）

A. 为寻求刺激在车站扒光妇女衣服，引起他人围观的，触犯强制猥亵、侮辱妇女罪（现为强制猥亵、侮辱罪），未触犯侮辱罪

B. 为报复妇女，在大街上边打妇女边骂"狐狸精"，情节严重的，应以侮辱罪论处，不以诽谤罪论处

C. 捏造他人强奸妇女的犯罪事实，向公安局和媒体告发，意图使他人受刑事追究，情节严重的，触犯诬告陷害罪，未触犯诽谤罪

D. 侮辱罪、诽谤罪属于亲告罪，未经当事人告诉，一律不得追究被告人的刑事责任

☆十二、刑讯逼供罪；暴力取证罪；虐待被监管人罪

相关法条

第247条【刑讯逼供罪；暴力取证罪】司法工作人员对犯罪嫌疑人、被告人实行刑讯逼供或者使用暴力逼取证人证言的，处三年以下有期徒刑或者拘役。致人伤残、死亡的，依照本法第二百三十四条（故意伤害罪）、第二百三十二条（故意杀人罪）的规定定罪从重处罚。

第248条【虐待被监管人罪】监狱、拘留所、看守所等监管机构的监管人员对被监管人进行殴打或者体罚虐待，情节严重的，处三年以下有期徒刑或者拘役；情节特别严重的，处三年以上十年以下有期徒刑。致人伤残、死亡的，依照本法第二百三十四条（故意伤害罪）、第二百三十二条（故意杀人罪）的规定定罪从重处罚。

监管人员指使被监管人殴打或者体罚虐待其他被监管人的，依照前款的规定处罚。

知识点讲解

刑讯逼供罪，是指司法工作人员对犯罪嫌疑人、被告人使用肉刑或者变相肉刑，逼取供述的行为。暴力取证罪，是指司法工作人员使用暴力逼取证人证言的行为。本两罪都是职权犯罪，两罪的法益，首先是犯罪嫌疑人、被告人、证人的人身权利，其次是司法活动的正当性。刑讯逼供罪、暴力取证罪两罪之间，除了对象不同，其他构成要件均基本相同。

虐待被监管人罪，是指监狱、拘留所、看守所等监管机构的监管人员，对被监管人进行殴打或体罚虐待，或者指使被监管人殴打或体罚虐待其他被监管人，情节严重的行为。

	主体	时空	对象	手段	目的	转化犯
刑讯逼供罪	司法工作人员	刑事诉讼中	犯罪嫌疑人、被告人	肉刑、变相肉刑	逼取口供	致人伤残、死亡的，定故意伤害罪、故意杀人罪
暴力取证罪		各种诉讼中	证人（包括被害人）	暴力	逼取证言	
虐待被监管人罪	监管机构的监管人员	监管时	被监管人（刑事、行政监管）	殴打或者体罚虐待；监管人员指使被监管人殴打或者体罚虐待其他被监管人（间接正犯＋帮助犯）		

① 参考答案：B

1. 主体身份（身份犯）：

（1）刑讯逼供罪、暴力取证罪行为主体：司法工作人员。即有侦查、检察、审判、监管职责的工作人员。未受公安机关正式录用，受委托履行侦查、监管职责的人员或者合同制民警，也可以成为本罪主体。其他人员可构成共犯（教唆犯、帮助犯）。

（2）虐待被监管人罪的主体：监管机构的监管人员。包括监狱、拘留所、看守所等刑事监管机构中的监管人员，也包括劳动教养所（已废除）、缉捕戒毒所、收容教养所等行政监管机构的监管人员。检察院、法院的司法警察在押解被监管人的途中或者在提讯时、法院休庭时殴打或体罚虐待被监管人，也可构成本罪。

2. 时空环境：

（1）刑讯逼供罪发生刑事诉讼中。发生在民事诉讼、行政诉讼中的，不构成刑讯逼供罪；情节严重的，构成故意伤害罪、非法拘禁罪、滥用职权罪等。

（2）暴力取证罪发生在各种诉讼中，包括刑事诉讼、民事诉讼、行政诉讼。

（3）虐待被监管人罪发生在监管过程中。

3. 刑讯逼供行为、暴力取证、虐待被监管人行为。

（1）手段行为。刑讯方法、暴力取证方法，即使用肉刑或者变相肉刑。肉刑指对被害人的肉体施行暴力，如吊打、捆绑、殴打以及其他折磨人的肉体的方法。变相肉刑指对被害人使用类似于暴力的摧残和折磨，如冻、饿、烤、晒、不准睡觉等。没有使用肉刑与变相肉刑的诱供、指供，不成立刑讯逼供罪、暴力取证罪。

（2）目的行为：逼供行为、取证行为。即逼迫犯罪嫌疑人、被告人、证人做出某种供述（包括口供与书面陈述）。不限于逼取有罪供述，也可以强迫其作无罪辩解（同时触犯其他犯罪的，从一重罪论处）。

（3）虐待行为：直接实施殴打或者体罚虐待；指使被监管人殴打或者体罚虐待其他被监管人（指使者为虐待被监管人罪的间接正犯，被指使者为间接正犯的帮助犯）。

4. 对象人：

（1）刑讯逼供罪的对象人：犯罪嫌疑人、刑事被告人。不能完全按照刑事诉讼法的规定理解犯罪嫌疑人，只要是被公安、司法机关作为嫌疑人对待或者被采取刑事追诉手段的人。

（2）暴力取证罪的对象人：各种诉讼中的证人。证人宜作广义理解：被害人、鉴定人属于本罪中的证人；不具有作证资格的人，不知道案件真相的人，也可能成为本罪中的证人。此外，民事诉讼、行政诉讼中的证人，也能成为本罪中的证人。

（3）虐待被监管人的对象人：被监管人。包括：已决或未决的在押犯罪嫌疑人和被告人，及其他依法拘留、监管的人。如在监狱、劳动改造管教队、少年犯管教所中服刑的已决犯，在看守所、拘留所关押的犯罪嫌疑人、被告人，以及被行政拘留、刑事拘留、司法拘留、劳动教养（已废除）的人。

5. 转化犯：在刑讯逼供、暴力取证的过程，致人伤残（重伤和残废）、死亡的，定故意伤害罪（重伤）、故意杀人罪。造成轻伤的，仍定刑讯逼供罪、暴力取证罪。先刑讯逼供、暴力取证，后故意伤害、杀人的，数罪并罚。致人自杀的，系二罪基本犯，而不是转化犯。

第四章　侵犯公民人身权利、民主权利罪 ◆ 刑法分论　◁◁◁　**381**

📖 经典考题

关于刑讯逼供罪的认定，下列哪些选项是错误的？（　　）① （2012-2-60）

A.甲系机关保卫处长，采用多日不让小偷睡觉的方式，迫其承认偷盗事实。甲构成刑讯逼供罪

B.乙系教师，受聘为法院人民陪审员，因庭审时被告人刘某气焰嚣张，乙气愤不过，一拳致其轻伤。乙不构成刑讯逼供罪

C.丙系检察官，为逼取口供殴打犯罪嫌疑人郭某，致其重伤。对丙应以刑讯逼供罪论处

D.丁系警察，讯问时佯装要实施酷刑，犯罪嫌疑人因害怕，承认犯罪事实。丁构成刑讯逼供罪

📖 拓展习题

关于刑讯逼供罪、暴力取证罪、虐待被监管人罪，以下说法正确的有（　　）②

A.公安人员甲在巡逻时，盘问乙时乙出言不逊，甲为报复乙将其带回派出所，对其拳打脚踢，逼迫乙承认自己是在吸毒时被抓，之后甲将乙行政拘留15天。则甲构成刑讯逼供罪

B.检察官甲在调查一起合同诈骗案时，被害人乙不积极配合，甲遂扇了乙几个耳光，逼乙叙明被骗事实。则甲可构成暴力取证罪

C.法警甲在押解刑事被告人乙前往法院审判的过程，因乙对押解有抵触情绪，甲遂踢了乙几脚致乙轻伤。则甲构成刑讯逼供罪

D.收容教养所的监管人员甲教唆被收容教养的乙（15周岁）对另一被收容教养的丙（17周岁）进行体罚，致乙受重伤。甲、乙均构成虐待被监管人罪

解析： A选项，行政拘留不是刑事诉讼过程，应当认定为非法拘禁罪（与滥用职权罪竞合）。

B选项，被害人是刑法中的"证人"，可构成暴力取证罪。

C选项，没有逼取证言的目的。

D选项，构成转化犯故意伤害罪（重伤）。

☆十三、虐待罪；虐待被监护、看护人罪；遗弃罪

📖 相关法条

第260条【虐待罪】虐待家庭成员，情节恶劣的，处二年以下有期徒刑、拘役或者管制。

犯前款罪，致使被害人重伤、死亡的，处二年以上七年以下有期徒刑。

第一款罪，告诉的才处理，但被害人没有能力告诉，或者因受到强制、威吓无法告诉的除外。

第260条之一【虐待被监护、看护人罪】对未成年人、老年人、患病的人、残疾人等负有监护、看护职责的人虐待被监护、看护的人，情节恶劣的，处三年以下有期徒刑或者拘役。

单位犯前款罪的，对单位判处罚金，并对其直接负责的主管人员和其他直接责任人员，依照前款的规定处罚。

有第一款行为，同时构成其他犯罪的，依照处罚较重的规定定罪处罚。（《刑法修正案（九）》增设）

第261条【遗弃罪】对于年老、年幼、患病或者其他没有独立生活能力的人，负有扶养义务而拒绝扶养，情节恶劣的，处五年以下有期徒刑、拘役或者管制。

---

① **参考答案：** ACD
② **参考答案：** B

💡 **知识点讲解**

虐待罪，虐待被监护、看护人罪，遗弃罪三罪虽有很多区别，但考生经常混淆，故以下放在一起对比学习。

	虐待罪	虐待被监护、看护人罪	遗弃罪（不作为犯）
主体	共同生活的家庭成员	负有监护、看护职责的人	负有扶养义务的人（义务来源可根据刑法总论不作为犯的四种义务来源确定，不限于家庭成员）
	自然人	自然人，单位	自然人
对象	共同生活的家庭成员	被监护、看护的未成年人、老年人、患病的人、残疾人等	年老、年幼、患病或者其他没有独立生活能力的家庭成员；以及其他被扶养人员，如养老院、孤儿院等
行为	肉体或精神虐待（长期性、轻伤以下）	肉体或精神虐待	不作为：负有扶养义务而拒绝扶养
罪数	结果加重犯：过失致人重伤、死亡	想象竞合：同时触犯它罪，择一重处	
亲告罪否	一般虐待（家庭成员）罪是亲告罪。没能力、受强制、威吓的不是；加重犯的不是	不是亲告罪	不是亲告罪

1. **虐待罪**的构成要件要点：

虐待罪，是指对共同生活的家庭成员，经常以打骂、冻饿、强迫过度劳动、有病不予治疗、限制自由、凌辱人格等手段，从肉体上和精神上进行摧残、折磨，情节恶劣的行为。

（1）**对象：共同生活的同一家庭成员。**

（2）主体：家庭成员，虐待人与被虐待人之间存在亲属关系或收养关系。

（3）虐待行为：具有长期性，包括肉体、精神虐待。偶尔打骂、冻饿的行为，不是虐待行为。虐待行为的最高限度是轻伤以下，超过限度的轻伤、重伤、杀害行为可另行评价。

（4）结果加重犯：虐待致人重伤、死亡。指**过失致人重伤、死亡**，即由于被害人经常受虐待逐渐造成身体的严重损伤或导致死亡。行为人故意造成被害人伤害或死亡的，应认定为构成故意伤害罪或故意杀人罪；如果之前的长期虐待还可构成虐待罪，应当数罪并罚。

2. **虐待被监护、看护人罪**的构成要件要点：

（1）**对象：被监护、看护的未成年人、老年人、患病的人、残疾人**等。

（2）主体：监护、看护人，对未成年人、老年人、患病的人、残疾人等负有监护、看护职责的人。例如，幼儿园阿姨、孤儿院员工、养老院护工、民政部门救助站职工等。

（3）虐待行为（与前述虐待［家庭成员］罪一样）：具有长期性，包括肉体、精神虐待。偶尔打骂、冻饿的行为，不是虐待行为。

3. **遗弃**罪的构成要件要点：

遗弃罪，是指对于年老、年幼、患病或者其他没有独立生活能力的人，负有扶养义务而拒绝扶养，情节恶劣的行为。遗弃罪的通常表现形式是遗弃家庭成员，但并不限于家庭成员，故而，遗弃罪的法益是人身权利，而不是家庭关系。

（1）遗弃罪的对象：年老、年幼、患病或者其他没有独立生活能力的人。没有独立生活能力的人，包括严重醉酒者、因吸毒而缺乏生活能力人、手脚被捆绑的人、事故的受伤者、溺水者以及其他生命、身体陷入危险境地的人。行为对象不必与行为主体具有亲属关系。

（2）遗弃罪的主体：对前述人员负有扶养义务的人。义务来源可根据刑法总论不作为犯的四种义务来源确定，包括：①因婚姻家庭关系而负有扶养义务的人；②基于其他法律关系而负有扶养义务的人，例如孤儿院、养老院、精神病院、医院的管理人员，对所收留的孤儿、老人、精神病人、患者具有扶养义务；③基于职务、业务而负有扶养义务的人；④基于先前行为而负有扶养义务的人，例如，将他人的未成年子女带往外地乞讨的人，对该未成年人具有扶养义务；先前行为使他人生命、身体处于危险状态的人，具有扶养义务（义务来源可根据总论不作为犯的义务来源确定）。

（3）遗弃行为（不作为）：拒绝扶养。包括：将需要扶养的人移置、遗留在危险场所，或者转移至更危险的场所，自己离家出走，不提供扶助，或者妨碍其他人扶养等。

（4）遗弃罪与不作为故意杀人罪的区别。理论上，不作为构成故意杀人罪，需不作为行为对被害人生命具有决定作用（被害人的生命依赖于行为人的作为义务），行为人主观上对死亡结果是故意。而遗弃行为对于被害人生命没有决定性，行为人对于死亡结果系过失。例如：将婴儿置于行人较多的场所或者国家机关门前的，认定为遗弃罪。如果将婴儿置于没有行人的场所，将行动艰难的老人带往悬崖边上、寒冷的荒山野外扔下不管的，则应认定为故意杀人罪。

经典考题

甲与乙（女）2012年开始同居，生有一子丙。甲、乙虽未办理结婚登记，但以夫妻名义自居，周围群众公认二人是夫妻。对甲的行为，下列哪些分析是正确的？（　　）① （2015-2-62）

A. 甲长期虐待乙的，构成虐待罪

B. 甲伤害丙（致丙轻伤）时，乙不阻止的，乙构成不作为的故意伤害罪

C. 甲如与丁（女）领取结婚证后，不再与乙同居，也不抚养丙的，可能构成遗弃罪

D. 甲如与丁领取结婚证后，不再与乙同居，某日采用暴力强行与乙性交的，构成强奸罪

拓展习题

蔡某因其儿子A某（9周岁）患有先天性病毒性心抽，经常酒后对其进行殴打，并用烟头烫、火钩子烙身体。某日，蔡某发现A某欲离家，怒火中烧，遂用木棒殴打其腹部长达半个小时，不料导致A某十二指肠破裂（重伤）。A某被其姑姑送往医院治疗无效，在10天后死亡。则关于蔡某的行为，说法正确的有（　　）②

A. 蔡某构成虐待罪，系虐待致人死亡

B. 对于蔡某所犯虐待罪，仍需告诉才能处理，但被虐待的人没有能力告诉，或者因受到强制、威吓无法告诉的除外

C. 蔡某还构成故意杀人罪

---

① **参考答案：** ABCD
② **参考答案：** BD

D.蔡某还构成故意伤害致人死亡罪

解析： 本案分两阶段行为，第一阶段蔡某长期虐待其子，构成虐待罪基本犯；第二阶段对于重伤是故意对于死亡是过失，构成故意伤害罪（致人死亡），不是亲告罪。

★十四、组织出卖人体器官罪

 考点说明

本罪需要掌握的知识点主要有：（1）涉及人体器官犯罪的罪名区分。（2）被害人承诺问题。

相关法条

第234条之一【组织出卖人体器官罪】组织他人出卖人体器官的，处五年以下有期徒刑，并处罚金；情节严重的，处五年以上有期徒刑，并处罚金或者没收财产。

【故意伤害罪，故意杀人罪】未经本人同意摘取其器官，或者摘取不满十八周岁的人的器官，或者强迫、欺骗他人捐献器官的，依照本法第二百三十四条（故意伤害罪）、第二百三十二条的规定（故意杀人罪）定罪处罚。

【盗窃、侮辱、故意毁坏尸体罪】违背本人生前意愿摘取其尸体器官，或者本人生前未表示同意，违反国家规定，违背其近亲属意愿摘取其尸体器官的，依照本法第三百零二条的规定（盗窃、侮辱尸体罪）定罪处罚。

知识点讲解

组织出卖人体器官罪，是指非法组织他人出卖人体器官的行为。我国《人体器官移植条例》规定了合法移植人体器官的程序（禁止活体移植给非近亲属者），非法组织他人活体移植出卖人体器官（即经器官的供体自愿同意后非法组织的摘取其器官后出卖）即构成本罪。

经活人同意非法组织出卖器官	（1）组织：组织多人、组织流程 （2）他人：活人（18周岁以上、有处分能力）自愿 （3）出卖：换钱，无须营利	组织出卖人体器官罪
未经同意摘取活人器官	未经本人同意摘取其器官	故意伤害罪，故意杀人罪
	摘取不满18周岁的人的器官（无论是否同意）	
	强迫、欺骗他人捐献器官	
违背意愿摘取死人器官	违背本人生前意愿摘取其尸体器官	盗窃、侮辱、故意毁坏尸体罪
	本人生前未表示同意，违反国家规定，违背其近亲属意愿摘取其尸体器官	
非法贩卖已经摘取下来的人体器官者		非法经营罪

1. 组织者构成本罪。非法组织出卖人体器官的组织者才能构成本罪；器官的出卖者本人（供体）不构成本罪，也不构成帮助犯；与组织者共谋负责摘取器官的医生等可构成帮助犯。

2. 行为：组织他人出卖人体器官的行为。

（1）"组织"行为，包括：①组织数人出卖，即出卖器官者为数人；②组织流程，即出卖器官者为一人，但组织者以招募、雇佣、介绍、引诱等手段使他人出卖。

（2）仅有出卖行为，或者只有购买行为，而没有"组织"出卖行为的，不能构成本罪。为了购买而组织他人出卖的，依然成立本罪。仅是组织"捐献"，而没有组织"出卖"，也不构成本罪。

（3）"他人"即器官供体提供者必须自愿同意。强迫、欺骗他人出卖人体器官的，构成故意杀人罪、故意伤害罪。

3. 人体器官：包括具有特定功能的心脏、肺脏、肝脏、肾脏或者膜腺等器官的全部或者部分，也包括眼角膜、肢体、骨头等。血液、骨髓、脂肪、细胞不是器官。本罪中的人体器官，是活体的器官，而不包括尸体的器官。

4. 人体器官涉及的犯罪：

（1）经活人同意非法组织出卖器官，构成前述组织出卖人体器官罪。

（2）未经同意摘取活人器官：未经本人同意摘取其器官；或者摘取不满18周岁的人的器官（即使经未成年人同意也不行）；或者强迫、欺骗他人捐献器官的。构成故意伤害罪、故意杀人罪。

（3）违背意愿摘取死人器官：违背本人生前意愿摘取其尸体器官；或者本人生前未表示同意，违反国家规定，违背其近亲属意愿摘取其尸体器官的。构成盗窃、侮辱、故意毁坏尸体罪。

（4）非法贩卖已经摘取下来的人体器官者，构成非法经营罪。

5. 经被害人承诺行为人摘取人体器官的行为的定性：

活体移植，只有在经已满18周岁、精神正常、具有认知的能力、处分能力的成年人同意，移植给近亲属这唯一的一种情况，还有可能是合法的。

（1）不满18周岁的未成年人对于移植器官无承诺能力，故而，即使行为人经不满18周岁的人同意而摘取其器官，无论用于何处，行为人均构成故意伤害罪、故意杀人罪。

（2）已满18周岁、精神正常的成年人对于移植器官有承诺能力，但如果违背成年人真实意愿、强迫、欺骗（指对于法益错误的重大欺骗）其出卖人体器官的，承诺无效，行为人也构成故意杀人罪、故意伤害罪。

（3）已满18周岁、精神正常的成年人对于移植器官有承诺能力，成年人自愿同意将自己的器官移植给近亲属以外的其他人，从而承诺行为人摘取其器官，造成重伤、死亡结果，行为人摘取器官的行为仍然违法，构成故意杀人罪、故意伤害罪。

经典考题

关于故意伤害罪与组织出卖人体器官罪，下列哪一选项是正确的？（ ）①（2011-2-14）

A. 非法经营尸体器官买卖的，成立组织出卖人体器官罪

B. 医生明知是未成年人，虽征得其同意而摘取其器官的，成立故意伤害罪

C. 组织他人出卖人体器官并不从中牟利的，不成立组织出卖人体器官罪

D. 组织者出卖一个肾脏获15万元，欺骗提供者说只卖了5万元的，应认定为故意伤害罪

📝 **拓展习题**

关于组织出卖人体器官罪，以下说法正确的有（　　）①

A.甲劝说乙无偿捐献肾脏，乙表示同意，但甲事实上将乙的肾脏出卖给他人的；则被害人的承诺无效，甲的行为成立故意伤害罪

B.甲想出卖自己的器官，并且唆使乙组织出卖并介绍他人购买其器官。即使乙成立组织出卖人体器官罪，甲也不成立本罪的教唆犯

C.甲经过精神病人A、B、C等人的同意，摘取其器官出售，甲构成组织出卖人体器官罪

D.组织者甲让同伙乙诱使已满18周岁的人出卖人体器官，但乙却诱使不满18周岁的人A、B、C等人出卖人体器官。则甲构成组织出卖人体器官罪，乙构成故意伤害罪，二人在组织出卖人体器官罪的范围内成立共同犯罪

解析：A选项，因被骗对于法益处分的用途目的重大错误，承诺无效，说法正确。

B选项，乙组织出卖器官的流程，可构成组织出卖人体器官罪。器官移植者甲本人组织出卖自己的器官不构成组织出卖人体器官罪，也不能构成教唆犯。

C选项，精神病人无处分能力，构成故意伤害罪。

D选项，正犯乙构成故意伤害罪，组织者甲认识错误，主观上组织出卖人体器官罪故意，客观上教唆的结果（正犯）却是故意伤害罪，主客观统一组织出卖人体器官罪。

十五、重婚罪；破坏军婚罪

📖 **相关法条**

第258条【重婚罪】有配偶而重婚的，或者明知他人有配偶而与之结婚的，处二年以下有期徒刑或者拘役。

第259条【破坏军婚罪】明知是现役军人的配偶而与之同居或者结婚的，处三年以下有期徒刑或者拘役。

【强奸罪的提示条款】利用职权、从属关系，以胁迫手段奸淫现役军人的妻子的，依照本法第二百三十六条的规定定罪处罚。

💡 **知识点讲解**

重婚罪，是指有配偶而又与他人结婚，或者明知他人有配偶而与之结婚的行为。破坏军婚罪，是指明知是现役军人的配偶，而与之结婚或者同居的行为。

1.重婚罪：法律婚+法律婚、法律婚+事实婚。

（1）重婚：法律婚+法律婚、法律婚+事实婚。重婚罪中有两个以上的婚姻：第一个婚姻是受刑法保护的婚姻，故须为合法婚姻（登记婚）；第二个婚姻是犯罪行为（重婚行为），并不要求一定是法律婚（登记婚），既可以是法律婚（登记婚），也可以是事实婚。即：法律婚+法律婚、法律婚+事实婚，后一行为均是重婚犯罪行为。司法解释规定：新的《婚姻登记管理条例》发布施行（1994年2月1日）后，有配偶的人与他人以夫妻名义同居生活的，或者明知他人有配偶而与之以夫妻名义同居生活的，仍应按重婚罪定罪量刑。这里的事实婚，指

---
① **参考答案：ABD**

以共同生活为目的，以夫妻名义长期同居生活。通奸、临时姘居，不属事实婚。

（2）一人同时与另外二人成立婚姻关系，例如一名男子同时与两名女子举行婚礼，两名女子均以妻子的名义、身份与男子共同生活，也构成重婚罪。

（3）对合犯：既处罚重婚者，也处罚相婚者。

（4）责任阻却事由。因遭受自然灾害外流谋生而重婚的，因配偶长期外出下落不明，造成家庭生活严重困难，又与他人结婚的，因强迫、包办婚姻或因婚后受虐待外逃重婚的，被拐卖后再婚的。由于都是受客观条件所迫，故不应以重婚罪论处。

2.破坏军婚罪：与军人的配偶结婚、同居。

（1）军人的配偶。现役军人，包括武警，具有军籍的人员；不包括复员军人、退伍军人、转业军人，以及没有军籍的工作人员。配偶，指合法配偶（法律婚、登记婚），不包括未婚妻。

（2）破坏军婚行为：结婚、同居。①结婚：法律婚、事实婚；②同居，是指在一定时期内与现役军人的配偶姘居且共同生活。不包括通奸。

（3）军人的配偶本人，破坏其本人与军人的婚姻，不构成破坏军婚罪，只构成重婚罪。

3.重婚罪与破坏军婚罪存在交叉性质法条竞合关系。

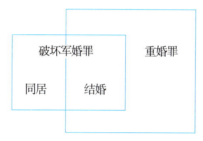

▶事例：甲明知乙是军人的配偶，而与乙结婚；甲触犯重婚罪（明知他人有配偶而相婚）、破坏军婚罪（明知对方系军人配偶），此时重婚罪与破坏军婚罪系一般法与特别法的法条竞合关系，应按特别法破坏军婚罪论处。而乙仅构成重婚罪，其破坏其本人与军人的婚姻，不构成破坏军婚罪。

经典考题

A在有配偶（B女，生活在外地）的情况下，长期与C女共同生活，并生有一子（周围群众均认为A与C为夫妻关系）。关于A与C共同生活的行为，下列哪些说法是错误的？（　　）[①]（2002-2-81题部分）

A.法律不承认事实婚姻，所以，A不成立重婚罪

B.事实婚姻是无效的，所以，A不成立重婚罪

C.A与C女属于同居而非事实婚姻，所以，A不成立重婚罪

D.重婚罪侵犯的是配偶权，如果B女同意，则A不成立重婚罪

十六、强迫劳动罪；雇用童工从事危重劳动罪

相关法条

第244条【强迫劳动罪】以暴力、威胁或者限制人身自由的方法强迫他人劳动的，处三年以下有

―――――――――
① 参考答案：ABCD

期徒刑或者拘役，并处罚金；情节严重的，处三年以上十年以下有期徒刑，并处罚金。

明知他人实施前款行为，为其招募、运送人员或者有其他协助强迫他人劳动行为的，依照前款的规定处罚。

单位犯前两款罪的，对单位判处罚金，并对其直接负责的主管人员和其他直接责任人员，依照第一款的规定处罚。

第244条之一【雇用童工从事危重劳动罪】违反劳动管理法规，雇用未满十六周岁的未成年人从事超强度体力劳动的，或者从事高空、井下作业的，或者在爆炸性、易燃性、放射性、毒害性等危险环境下从事劳动，情节严重的，对直接责任人员，处三年以下有期徒刑或者拘役，并处罚金；情节特别严重的，处三年以上七年以下有期徒刑，并处罚金。

有前款行为，造成事故，又构成其他犯罪的，依照数罪并罚的规定处罚。

 知识点讲解

（一）强迫劳动罪

强迫劳动罪，是指自然人或者单位以暴力、威胁或者限制人身自由的方法强迫他人劳动（直接强迫劳动），或者明知他人以暴力、威胁或者限制人身自由的方法强迫他人劳动，而为其招募、运送人员或者以其他方式协助强迫他人劳动的行为（协助强迫劳动）。

1. 主体既可以是自然人，也可是单位。

2. 强迫劳动行为。强迫手段包括三种：暴力、威胁、限制人身自由。违反劳动者的意愿强迫劳动。行为人是否提供劳动报酬，不影响本罪的成立。

3. 对象：可以是任何"他人"，不限于"职工"。

4. 明知他人实施前款行为，为其招募、运送人员或者有其他协助强迫他人劳动行为（协助强迫劳动）的，也构成本罪。

5. 想象竞合：采取剥夺人身自由的方法强迫劳动，则成立强迫劳动罪、非法拘禁罪的想象竞合，在法定刑相同时，一般仍按强迫劳动罪一罪论处。

（二）雇用童工从事危重劳动罪

雇用童工从事危重劳动罪，是指违反劳动管理法规，雇用未满16周岁的未成年人从事超强度体力劳动的，或者从事高空、井下作业的，或者在爆炸性、易燃性、放射性、毒害性等危险环境下从事劳动，情节严重的行为。

1. 童工：未满16周岁的未成年人。危重劳动：超强度体力劳动，或者从事高空、井下作业的，或者在爆炸性、易燃性、放射性、毒害性等危险环境下从事劳动。情节严重。

2. 童工的承诺无效。

3. 数罪并罚。

（1）雇用童工从事危重劳动，同时造成事故，构成他罪（如重大责任事故罪）的，应当数罪并罚。

（2）雇用童工从事危重劳动，同时强迫童工劳动的，构成雇用童工从事危重劳动罪、强迫劳动罪，应当数罪并罚。

经典考题

甲承包经营某矿井采矿业务。甲为了降低采矿成本，提高开采量，便动员当地矿工和村民将子女带到矿井上班，并许诺给他们的子女以高工资。矿工和村民纷纷将他们的子女带到矿井上班，从事井下采矿作业，其中有二十余人为10周岁～16周岁的未成年人。后因甲所承诺的高工资未兑现，二十余名童工表示不想再干，要求离开矿井。甲不同意，并在矿井周围布上电铁丝网，雇用数十名守卫，禁止所有的矿工包括这二十余名童工离开矿井，强制他们为其采矿，其中一名年约12岁的童工因体质瘦弱而累死在井下。甲的行为构成何罪？（　　）[①]（2003-2-46）

A.非法拘禁罪　　　　　　　　　B.强迫劳动罪

C.雇用童工从事危重劳动罪　　　D.重大责任事故罪

十七、非法侵入住宅罪

相关法条

第245条【非法搜查罪；非法侵入住宅罪】非法搜查他人身体、住宅，或者非法侵入他人住宅的，处三年以下有期徒刑或者拘役。

司法工作人员滥用职权，犯前款罪的从重处罚。

知识点讲解

非法侵入住宅罪是指非法强行闯入他人住宅，或者经要求退出仍拒绝退出，影响他人正常生活和居住安宁的行为。本罪的法益是公民的住宅安宁权。非法侵入不属住宅的其他建筑物的，不成立非法侵入住宅罪。

1.行为对象：住宅，指起居寝食之用的场所、日常生活所占居的场所（用于住人住所）。注意："住宅"（住人的场所）的范围比"户"（家庭生活场所）的范围要大。

（1）相对封闭、隔离的建筑物或空间。乞丐、流浪者日常生活的天桥下、野外的土洞、寺院的檐下，不认为是住宅。

（2）与人的居住（长期、短期）有关，但并不要求侵入时屋中有人。长期的住所、临时租住的房屋、大学生宿舍、供人住宿的宾馆房间，属于住宅。办公室、研究室、商场、厂房、教室、电影院，无人居住的空房、仓库等，不属于住宅。

2.侵入住宅的行为：强行进入他人住宅（作为），或者经要求退出而拒不退出的行为（不作为）。

3.非法性：未经法定机关批准或者未经住宅主人同意。房东将合法租房的房客赶走而侵入房客居住的房间时，也属于非法侵入他人住宅。

4.罪数：

（1）吸收犯：入户盗窃、入户抢劫；非法侵入他人住宅后，进行杀人、伤害、强奸等犯罪活动，认为是吸收犯，按盗窃罪、抢劫罪、故意杀人罪、故意伤害罪、强奸罪一罪处断。

（2）非法侵入他人住宅，又不构成其他犯罪的，才以非法侵入住宅罪论处。

（3）想象竞合：非法侵入住宅后非法搜查住宅的，按非法侵入住宅罪、非法搜查罪从一重罪论处。

[①] **参考答案：BC**

十八、侵犯通信自由罪；私自开拆、隐匿、毁弃邮件、电报罪

📖 **相关法条**

第252条【侵犯通信自由罪】隐匿、毁弃或者非法开拆他人信件，侵犯公民通信自由权利，情节严重的，处一年以下有期徒刑或者拘役。

第253条【私自开拆、隐匿、毁弃邮件、电报罪】邮政工作人员私自开拆或者隐匿、毁弃邮件、电报的，处二年以下有期徒刑或者拘役。

【盗窃罪】犯前款罪而窃取财物的，依照本法第二百六十四条的规定定罪从重处罚。

💡 **知识点讲解**

侵犯通信自由罪，是指故意隐匿、毁弃或者非法开拆他人信件，侵犯公民通信自由权利，情节严重的行为。私自开拆、隐匿、毁弃邮件、电报罪，是指邮政工作人员私自开拆、隐匿、毁弃邮件、电报的行为。

	侵犯通信自由罪	私自开拆、隐匿、毁弃邮件、电报罪
主体身份	一般主体	邮政工作人员
行为	隐匿、毁弃或者非法开拆他人信件；邮件、电报	
	窃取财物数额较大的，构成盗窃罪	

1. 侵犯通信自由罪的构成要点：

（1）"信件"：信件指向特定人转达意思、表达感情、记载事实的文书。既包括纸质信件，也包括电子邮件，不包括单位之间的公函。隐匿、毁弃、非法开拆单位信函，如果符合毁灭国家机关公文罪或故意泄露国家秘密罪的犯罪构成，以这些犯罪论处；其他情形难以认定为犯罪。信件并不要求通过邮政局投递。

（2）行为：隐匿、毁弃、非法开拆。

2. 私自开拆、隐匿、毁弃邮件、电报罪的构成要点：

（1）主体身份（身份犯）：邮政工作人员。包括邮政部门的管理人员、营业员、分拣员、投递员、押运员，以及监管国际邮件的海关人员等。要求利用职务便利实施。

（2）邮件，是指通过邮政部门寄递的信件、印刷品、邮包、汇款通知、报刊等。

（3）窃取其中财物的，以盗窃罪从重处罚。

☆ 3. 侵犯通信自由罪与私自开拆、隐匿、毁弃邮件、电报罪的关系：

（1）一般公民乙，教唆邮政工作人员甲，让甲利用邮递丙的信件之机，毁弃丙的信件。甲是私自毁弃邮件罪的正犯，乙是该罪的教唆犯。

（2）邮政工作人员甲，教唆一般公民乙，利用甲邮递丙的信件之机，毁弃丙的信件。甲是私自毁弃邮件罪的间接正犯、侵犯通信自由罪教唆犯的想象竞合，乙是私自毁弃邮件罪的帮助犯、侵犯通信自由罪的直接正犯的想象竞合。

十九、组织未成年人进行违反治安管理活动罪

相关法条

第262条之二【组织未成年人进行违反治安管理活动罪】组织未成年人进行盗窃、诈骗、抢夺、敲诈勒索等违反治安管理活动的，处三年以下有期徒刑或者拘役，并处罚金；情节严重的，处三年以上七年以下有期徒刑，并处罚金。

知识点讲解

组织未成年人进行违反治安管理活动罪，是指组织未成年人进行盗窃、诈骗、抢夺、敲诈勒索等违反治安管理活动的行为。注意以下情形：

（1）行为人组织未成年人进行只违反治安管理活动、不符合刑法犯罪构成的行为，例如组织未成年人嫖娼，则行为人只构成组织未成年人进行违反治安管理活动罪。

（2）行为人组织未成年人进行符合刑法犯罪构成的行为类型，但未达犯罪数额的行为，例如组织未成年人小偷小摸、小骗小抢夺，则行为人只构成组织未成年人进行违反治安管理活动罪。

（3）行为人组织未成年人进行符合刑法犯罪构成的行为类型，并且达到犯罪数额，例如组织未成年人进行盗窃、诈骗、抢夺、敲诈勒索，数额较大；则行为人触犯组织未成年人进行违反治安管理活动罪，同时也触犯盗窃罪、诈骗罪、抢夺罪、敲诈勒索罪的间接正犯（未成年人无独立规范认识能力）或教唆犯（未成年人有独立规范认识能力），系想象竞合，应当择一重罪处断。

二十、侵犯公民个人信息罪

第253条之一【侵犯公民个人信息罪】违反国家有关规定，向他人出售或者提供公民个人信息，情节严重的，处三年以下有期徒刑或者拘役，并处或者单处罚金；情节特别严重的，处三年以上七年以下有期徒刑，并处罚金。

违反国家有关规定，将在履行职责或者提供服务过程中获得的公民个人信息，出售或者提供给他人的，依照前款的规定从重处罚。

窃取或者以其他方法非法获取公民个人信息的，依照第一款的规定处罚。

单位犯前三款罪的，对单位判处罚金，并对其直接负责的主管人员和其他直接责任人员，依照各该款的规定处罚。

主体	一般主体，单位、个人
行为	违反规定，出售、提供；窃取，非法获取（包括收买、骗取）
对象	公民个人信息：涉及隐私的信息
从重	履行职责或者提供服务过程中非法提供
特别法	窃取、收买、非法提供信用卡信息罪

拓展习题

关于侵犯公民个人信息罪，以下说法正确的有（　　）①

A. 甲侵入某市工商登记部门的内部数据库，窃取了当地2万家企业的注册信息、年检信息、税务信息、财务报表信息等信息（多数信息系不予公开的信息），以每条2元的价格出售，甲构成侵犯公民个人信息罪

B. 宾馆前台接待员乙在给旅客办理入住手续时，将10万条旅客身份证号码、手机号码、住店信息私自留存，汇集成"开房信息"，在网上倒卖牟利，甲构成侵犯公民个人信息罪

C. 丙冒充法院法官，谎称调查经济犯罪，欺骗银行工作人员C某，让C某将数百人在银行的个人存取款信息、财产状况信息提供给其。则丙构成侵犯公民个人信息罪，C某不构成犯罪

D. 丁从网络公开渠道获取某当红明星D某的身高、体重、三围等个人信息后，在自己的微博中转引并评论称该明星"实际上又矮又肥"，引起D某粉丝的恶评。丁构成侵犯公民个人信息罪

解析： A选项，不是公民个人信息，触犯非法获取计算机信息系统数据罪。

B选项，C选项，构成侵犯公民个人信息罪。

D选项，公民个人信息是从网上合法获取的，不属于非法获取。

经典考题

关于侵犯公民人身权利罪的认定，下列哪些选项是正确的？（　　）②（2016-2-58）

A. 甲征得17周岁的夏某同意，摘其一个肾脏后卖给他人，所获3万元全部交给夏某。甲的行为构成故意伤害罪

B. 乙将自己1岁的女儿出卖，获利6万元用于赌博。对乙出卖女儿的行为，应以遗弃罪追究刑事责任

C. 丙为索债将吴某绑于地下室。吴某挣脱后，驾车离开途中发生交通事故死亡。丙的行为不属于非法拘禁致人死亡

D. 丁和朋友为寻求刺激，在大街上追逐、拦截两位女生。丁的行为构成强制侮辱罪

★ 第五章　侵犯财产罪

侵犯财产罪一章,共有抢劫罪、抢夺罪、聚众哄抢罪、敲诈勒索罪、盗窃罪、诈骗罪、侵占罪、职务侵占罪、挪用资金罪、挪用特定款物罪、故意毁坏财物罪、破坏生产经营罪、拒不支付劳动报酬罪共 13 个罪名,是刑法分则中罪名最少但考试分值最多的一章。

本章概说部分需要掌握的知识点主要有:(1)侵犯财产罪法益"财产权"的理解。(2)对侵犯财产罪对象"财物"的理解。(3)"他人占有的财物"的认定。(4)"非法占有目的"的认定。

💡 知识点讲解

（一）侵犯财产罪的法益（财产权）

侵犯财产罪一章的整体法益是财产权,这里的"财产权"如何理解?在民法中,财产权的含义包括所有权、占有权(合法的占有)、占有事实?刑法中的财产权与民法有何区别?侵犯财产罪的对象是财物,财物如何界定?下文讲解侵犯财产罪的法益即财产权的含义。

1. 应当注意的是,本章 13 个罪名,保护的具体法益各有不同。可具体区分:

（1）侵占罪、职务侵占罪保护的法益是所有权;

（2）挪用资金罪保护的法益是占有、使用权,挪用特定款物罪保护的法益是特定款物的专用权;

（3）故意毁坏财物罪的法益是财物本身的效能,破坏生产经营罪的法益是正常生产权,拒不支付劳动报酬罪的法益是劳动报酬的求偿权;

（4）抢劫罪、抢夺罪、聚众哄抢罪、敲诈勒索罪、盗窃罪、诈骗罪 6 个罪名,称为攫取型的财产犯罪（转移占有型的财产犯罪）,保护的法益是效力更高的事实占有。

2. 就本章犯罪整体法益"财产权"而言:

（1）首先保护所有权及其他本权（如担保物权、抵押权、租赁权等合法占有的权利）。

（2）其次保护需要通过法定程序才可恢复的占有（效力更高的事实占有）。

（3）当占有与本权对抗时,如本权具有更高效力,则保护本权;如果占有具有更高效力,则保护占有。

3. 对于 6 个攫取型的财产犯罪保护的法益"效力更高的事实占有"的理解:

（1）首先是事实占有，既包括合法占有（如所有权人合法占有），也包括非法占有（如非法占有赃物）。🚩例如：刑法规定盗窃、抢劫赃物、违禁品，也构成盗窃罪、抢劫罪，保护的即是事实占有，而不是占有权（合法占有）。

（2）其次占有者的占有相对于行为人的占有而言效力更高，则受保护。🚩例如：小偷甲盗窃丙的财物，而乙抢劫小偷甲盗窃所得赃物。对于甲盗窃丙的财物的行为，丙的占有效力更高，故甲构成盗窃罪；对于乙抢劫甲盗窃所得赃物的行为，尽管甲的占有系非法占有，但相对于乙的占有而言，甲的占有效力更高，甲的占有（占有事实）受到相对保护，乙构成抢劫罪。而如果是失主丙抢回甲偷走的财物，则丙的占有效力更高，丙不构成抢劫罪。

（3）最后，所有权人的占有并不一定效力更高。🚩例如：甲将自己所有的摩托车借给乙使用，甲趁乙不在家又偷偷窃回。则在民法上，借用人乙对摩托车的占有，比所有权人甲的占有效力更高；甲侵犯了效力更高的占有，可以构成盗窃罪。

（二）侵犯财产罪的对象（财物）

我国刑法中"财物"是指具有价值、具有管理控制可能性的一切有体物、无体物和财产性利益。财物具有两项基本特征：其一是有价值，其二是管理可能性。

1. 财物的有价值性，一般包括客观经济价值（交换价值）和主观价值（使用价值）。

客观价值，是指财物具有客观的经济价值，可以金钱来衡量、可以进行交换，具有交换价值。例如汽车、食物、金钱等，都具有经济价值。主观价值，是指财物对于所有者、占有者而言具有客观上的作用或者精神（感情）上的意义、可用性，即具有使用价值。

刑法理论学说通常认为，只要具备客观价值或者主观价值二者之一者，即可认为具有价值，可成为财物，并成为财产犯罪的对象。🚩例如：信用卡、存折、身份证、出入境证件、具有纪念意义的照片、信件等，其本身并不一定具有客观上的交换价值，但对所有人、占有人具有一定主观上的使用价值，刑法认可是具有价值的财物。

只有既无客观价值（交换价值）也无主观价值（使用价值）的物，才不属财物。🚩例如：已经使用且没有利用价值的车票、名片、餐巾纸等，既无客观价值也无主观价值，即不能认定为财物。当然，对于所有人、占有人来说没有积极价值，但被他人获取之后可能会被直接用于不当活动，而使所有人、占有人遭受财产损害的物，也属于有价值之物。🚩例如：银行收回准备销毁的残损货币，对于银行而言没有积极价值，但落入他人手中后仍有使用可能性，该残损货币即应认定为财物，窃取该残损货币的，可以成立盗窃罪。

价值极其低廉微薄的物品，例如一两张白纸、一小滴墨水等，不值得动用刑法手段进行保护，不具法益侵害性，不认为是我国刑法值得保护的财物。

2. 财物的管理可能性，指物可被人类支配利用，具有管理控制的可能。

一般情况下，物在有物理管理可能性的范围之内，即可认为是刑法中的财物；特殊情况下，财产性利益之类的权利等仅有事务管理可能性的东西也属于财物。例如，电、热、能源，如果能被人类支配，即可认定为财物；如果没有管理的可能，无法归人类支配，就不能认定为财物。以牟利为目的，盗接他人通信线路、复制他人电信号码或者明知是盗接、复制的电信设备、设施而使用的，盗电、盗水行为，都认定为盗窃罪。

（三）攫取型财产犯罪中的两个必要要素

攫取型财产犯罪，即抢劫罪、抢夺罪、聚众哄抢罪、敲诈勒索罪、盗窃罪、诈骗罪6个罪名，在构成要件要素上有两个共通要素：客观对象都是他人占有的财物，主观目的上均需非法占有为目的，各罪之间的主要区分在于转移占有财物的手段方式不同。以下先讲解两个共通要素，以方便之后具体罪名的讲解。

★ 1. 他人占有的财物：事实上占有、观念上占有。

刑法中的"他人占有"包括事实上占有（也称物理上的占有）、观念上占有两种情况，其中的事实上占有，与民法上的占有（事实占有）同义；而观念上占有是不符合民法上的占有，但社会公众观念上认为归占有人占有的情形。"占有"事实是一种法律评价，与"持有"状态（即纯粹拿着的事实）有所不同，"持有"并不一定"占有"。▶例如：甲把钢笔临时借给站在一旁的乙填表格使用，乙在事实上虽"持有"钢笔，但因物主甲近在咫尺，在法律上钢笔仍归甲"占有"。

事实上占有	他人直接支配下的财物	物主、管理人近在咫尺，或他人短暂离开
	他人的事实支配领域内的财物	房子、家、办公室、宿舍
	据存在状态可以推知由他人事实支配	路边汽车内
	原占有者丧失了占有，但有临时占有者	该财物被置于相对隔离的，处于归临时占有人事实支配领域内
	委托人（物主、原管理人）委托受托人（现管理人）管理的封缄物	委托人未授权受托人占有封缄物内财物
	辅助占有人非独立性的占有管理财物，财物仍在上位占有人事实支配领域内	二人均占有，上位人效力更高
	存款的占有归银行	存款归银行，数字归存款人
观念上占有	死者的遗物；坟墓上和坟墓里的祭葬品	社会观念认为占有

符合以下情形之一者，即为"他人占有"。

（1）他人直接支配下的财物，如物主、管理人近在咫尺，或他人短暂离开，财物仍处于他人支配力所能涉及的范围，归他人占有。例如，放在他人脚边的电脑，去旁边上厕所临时放在餐馆椅子上的皮包，因物主近在咫尺，都归他人占有。

（2）他人的事实支配领域内的财物，归他人占有。例如，放在空无一人他人家里的东西，放在他人办公室里的东西，都归他人占有。

（3）根据存在状态可以推知由他人事实支配，归他人占有。例如，自行车停车棚里的自行车、路边停放的汽车，马路边立的电线杆，公众都知有占有人，故属他人占有的财物。

（4）原占有者丧失了占有，但该财物被置于相对隔离的、他人（临时占有者）的事实支配领域内的，应认为转移为临时占有者占有，而不属于无占有人的遗忘物。例如，乘客遗忘在小型出租车上的财物，归出租车司机临时占有；旅客遗忘在旅馆房间的财物，归旅馆管理者临时占有；甲遗忘在乙家的财物，由乙临时占有。

（5）委托人（物主、原管理人）委托受托人（现管理人）管理的封缄物，如委托人握有占有标志（如钥匙），并排除受托人控制的，对于封缄物内的物品，受托人（现管理人）相对于委托人（物主、原管理人）而言，财物归委托人（物主、原管理人）占有；对于封缄物整体，归受托人（现管理人）占有。例如，甲将上锁的箱子委托乙保管，甲自己握有钥匙，则箱子里的财物仍认为可归甲占有，乙只占有箱子整体。乙若自行配置钥匙将箱子打开拿走其中财物，构成盗窃罪，而不是侵占罪。

（6）**辅助占有人非独立性的占有管理财物，财物仍在上位占有人事实支配领域内的。**相对于第三人而言，辅助占有人的占有效力较高，可认为财物归辅助占有人占有；但相对于上位占有人而言，辅助占有人的占有效力较低，应认为财物归上位占有人占有。例如，装卸工甲在某工厂内装卸货物，相对于外人丙而言，甲占有该货物（辅助占有人）；但甲相对于工厂而言，工厂是上位占有人，如装卸工甲将货物偷偷拿出工厂，可认定为盗窃罪。

（7）存款的占有归属。存款人一旦将现金存入银行，就与银行形成了债权债务关系，存款人是债权人，银行是债务人。存折是债权凭证，而不是现金本身。债权所指向的现金，应由银行占有（所有），而不是存款人占有。亦即：现金归银行占有，存款人占有财产凭证。

（8）**观念上的占有**，指民法上认为没有占有，但社会公众认为有占有的情形，也认为刑法上有占有。例如，**死者的遗物**，社会公众认为仍归死者占有，拿走遗物可构成盗窃罪（《最高人民法院关于审理抢劫、抢夺刑事案件适用法律若干问题的意见》第8条）。坟墓上和坟墓里的**祭葬品**，也是观念上的他人占有物。地震之后废墟上的财物，在尚未确权之前，也认为归他人占有，拿走可认定为盗窃。

🚩 **事例1**：甲捡到乙的存折后，冒充乙的身份到银行柜台上取款。存折本身并不是现金，故甲捡到存折的行为不构成侵占罪；只有骗取银行信任取款的行为，才是转移占有财物（现金）的行为，故甲认定为诈骗罪（诈骗银行从而取得乙的钱款）。甲捡到乙的存折后，利用存折从自动取款机取出现金的，应认定为盗窃罪（盗窃银行占有的乙所有的钱款）。

🚩 **事例2**：乙将自己的存折交给甲，告诉甲密码，委托甲帮忙取款1万元后再归还给债权人丙。结果甲在自动取款机自动取款10万元全部据为己有。则甲对1万元构成侵占罪，对9万元成立盗窃罪。如果乙交给甲的是信用卡，如甲在柜台取出10万元全部据为己有，则甲对1万元构成侵占罪，对9万元成立信用卡诈骗罪（冒用）。

🚩 **事例3**：甲盗窃乙的存折之后，利用存折从自动取款机取出现金的，应认定为盗窃罪（盗窃存折后兑现）。甲盗窃乙的存折之后，冒充乙的身份到银行柜台上取款，前行为是盗窃行为，后行为是诈骗行为，由于后行为为前行为兑现的行为，系事后不可罚，故仍应认定为盗窃罪一罪。

有时候会出现不同的人分别符合以上他人占有的不同情形，则应分析谁的占有效力更高。

🚩 **事例1**：甲到乙家做客，甲出门去散步，将皮包放在乙家沙发上，乙偷偷藏起据为己有，等甲回来时假装不知。则乙也占有该皮包（皮包置于乙家中），甲也占有该皮包（近在咫尺），但甲的占有效力更高。甲是上位占有人，乙是辅助占有人，故乙构成盗窃罪。

🚩 **事例2**：单位司机甲送单位会计乙到银行存取款后，乙将现金置于车内，去旁边的银行结算，司机甲为非法占有现金而驾车逃离的，甲只是辅助占有人，构成盗窃罪。

在司法考试中，判断财物归谁占有，是必考内容。该考查内容往往会以区分盗窃罪与侵占罪的形式体现出来。因为盗窃罪的对象是"他人占有的财物"；侵占罪的对象是"他人失去占有、本人占有的财物"。

经典考题

【1】下列哪些行为构成盗窃罪（不考虑数额）？（　　）① （2016-2-59）

A.酒店服务员甲在帮客人拎包时，将包中的手机放入自己的口袋据为己有

B.客人在小饭馆吃饭时，将手机放在收银台边上充电，请服务员乙帮忙照看。乙假意答应，却将手机据为己有

C.旅客将行李放在托运柜台旁，到相距20余米的另一柜台问事时，机场清洁工丙将该行李拿走据为己有

D.顾客购物时将车钥匙遗忘在收银台，收银员问是谁的，丁谎称是自己的，然后持该钥匙将顾客的车开走

【2】下列哪些行为属于盗窃？（　　）② （2010-2-62）

A.甲穿过铁丝网从高尔夫球场内"拾得"大量高尔夫球

B.甲在夜间翻入公园内，从公园水池中"捞得"旅客投掷的大量硬币

C.甲在宾馆房间"拾得"前一顾客遗忘的笔记本电脑一台

D.甲从一辆没有关好门的小轿车内"拿走"他人公文包

【3】关于侵占罪的认定（不考虑数额），下列哪些选项是错误的？（　　）③ （2011-2-62）

A.甲将他人停放在车棚内未上锁的自行车骑走卖掉。甲行为构成侵占罪

B.乙下车取自己行李时将后备厢内乘客遗忘的行李箱一并拿走变卖。乙行为构成侵占罪

C.丙在某大学食堂将学生用占座的手机拿走卖掉。丙行为成立侵占罪

D.丁受托为外出邻居看房，将邻居锁在柜里的手提电脑拿走变卖。丁行为成立侵占罪

【4】菜贩刘某将蔬菜装入袋中，放在居民小区路旁长条桌上，写明"每袋20元，请将钱放在铁盒内"。然后，刘某去3公里外的市场卖菜。小区理发店的店员经常好奇地出来看看是否有人偷菜。甲数次公开拿走蔬菜时假装往铁盒里放钱。关于甲的行为定性（不考虑数额），下列哪一选项是正确的？（　　）④ （2015-2-19）

A.甲乘人不备，公然拿走刘某所有的蔬菜，构成抢夺罪

B.蔬菜为经常出来查看的店员占有，甲构成盗窃罪

C.甲假装放钱而实际未放钱，属诈骗行为，构成诈骗罪

D.刘某虽距现场3公里，但仍占有蔬菜，甲构成盗窃罪

★ 2.非法占有（所有）目的：以所有人自居而利用

构成攫取型财产犯罪，在责任（主观）方面都要求行为人具有非法占有目的，所谓非法占有目的，实际上就是非法所有目的的意思，亦即，排除他人占有之后以所有人自居对财物进行占有、处分、利用的意思。

（1）排除意思：排除权利人，将他人的财物作为自己的财物进行支配。

（2）利用意思：遵从财物的用途进行利用、处分的意思。

---

① 参考答案：ABCD
② 参考答案：ABCD
③ 参考答案：ABCD
④ 参考答案：D

（3）以下情形不认为具有非法占有目的：①意图获取之后当即毁坏；②意图获取之后再归还。

▶**事例1**：甲杀害乙之后，为了避免公安机关识别被害人身份，将被害人乙的钱包等物拿走丢弃，后行为不具非法占有目的，应当认定为故意毁坏财物罪。

▶**事例2**：甲以当场毁坏的意图，使用暴力强迫乙交出财物；在乙交出财物甲拿去毁坏时又改变犯意据为己有，甲在实施前一行为时无非法占有目的，构成故意毁坏财物罪（中止）；实施后一行为时有非法占有目的，但未转移占有，构成侵占罪。

（4）对于抢劫、盗窃机动车用于犯罪工具情形中非法占有目的的推定规则规定：

①《最高人民法院关于审理抢劫、抢夺刑事案件适用法律若干问题的意见》第6条第2款：为抢劫其他财物，劫取机动车辆当作犯罪工具或者逃跑工具使用的，被劫取机动车辆的价值计入抢劫数额；为实施抢劫以外的其他犯罪劫取机动车辆的，以抢劫罪和实施的其他犯罪实行数罪并罚。推定行为人对机动车辆具有非法占有目的。

②《最高人民法院最高人民检察院关于办理盗窃刑事案件适用法律若干问题的解释》第10条：偷开机动车，导致车辆丢失的，以盗窃罪定罪处罚；为盗窃其他财物，偷开机动车作为犯罪工具使用后非法占有车辆，或者将车辆遗弃导致丢失的，被盗车辆的价值计入盗窃数额；为实施其他犯罪，偷开机动车作为犯罪工具使用后非法占有车辆，或者将车辆遗弃导致丢失的，以盗窃罪和其他犯罪数罪并罚；将车辆送回未造成丢失的，按照其所实施的其他犯罪从重处罚。

📋 **经典考题**

下列哪些选项的行为人具有非法占有目的？（   ）①（2011-2-61）

A.男性基于癖好入户窃取女士内衣

B.为了燃柴取暖而窃取他人木质家具

C.骗取他人钢材后作为废品卖给废品回收公司

D.杀人后为避免公安机关识别被害人身份，将被害人钱包等物丢弃

★一、抢劫罪（法益：财产、人身权利双重法益）

🔖 **考点说明**

本罪需要掌握的知识点主要有：（1）抢劫罪与抢夺罪、敲诈勒索罪、绑架罪的区别。（2）转化型抢劫：当场、暴力、三种目的；承继的共同犯罪。（3）携带凶器抢夺定抢劫罪：凶器、携带。（4）抢劫罪的加重犯：抢劫致人重伤、死亡；入户抢劫；持枪抢劫。（5）抢劫罪与杀人罪的罪数关系。

📖 **相关法条**

第263条【普通抢劫】以暴力、胁迫或者其他方法抢劫公私财物的，处三年以上十年以下有期徒刑，并处罚金；有下列情形之一的，处十年以上有期徒刑、无期徒刑或者死刑，并处罚金或者没收财产：

---

① **参考答案：ABC**

（一）入户抢劫的；（二）在公共交通工具上抢劫的；（三）抢劫银行或者其他金融机构的；（四）多次抢劫或者抢劫数额巨大的；（五）抢劫致人重伤、死亡的；（六）冒充军警人员抢劫的；（七）持枪抢劫的；（八）抢劫军用物资或者抢险、救灾、救济物资的。

第267条第2款【携带凶器抢夺定抢劫罪】携带凶器抢夺的，依照本法第二百六十三条的规定（抢劫罪）定罪处罚。

第269条【转化型抢劫】犯盗窃、诈骗、抢夺罪，为窝藏赃物、抗拒抓捕或者毁灭罪证而当场使用暴力或者以暴力相威胁的，依照本法第二百六十三条的规定（抢劫罪）定罪处罚。

第289条【聚众打砸抢的首要分子】聚众"打砸抢"，致人伤残、死亡的，依照本法第二百三十四条、第二百三十二条的规定定罪处罚。毁坏或者抢走公私财物的，除判令退赔外，对首要分子，依照本法第二百六十三条的规定定罪处罚。

知识点讲解

（一）普通抢劫罪的构成：利用对人暴力劫夺

抢劫罪（普通抢劫），是指以非法占有为目的，以暴力、胁迫或者其他方法，强取公私财物的行为。本罪的法益是财产、人身权利双重法益。

1.行为。抢劫罪的行为是以暴力、胁迫或者其他方法，强行夺取公私财物。抢劫罪是复行为犯，包括手段行为与目的行为。

（1）手段行为：抢（对人暴力）。使用暴力（如杀害、伤害、殴打、捆绑、伤害、禁闭等）、胁迫（以当场实施暴力相威胁）或者其他压制被害人反抗的方法（如麻醉、灌醉等使他人失去意识）。暴力包括杀害，以劫财为目的而杀人，构成抢劫罪一罪（抢劫致人死亡）。

①人身暴力。抢的手段要求以对人身的暴力为内容。虚假的人身暴力威胁也是抢的行为，例如以假炸弹、假枪使被害人感到人身威胁。以当场立即实现损毁财物、贬损名誉等非针对人身的暴力内容进行威胁的，构成敲诈勒索罪。

②当场。暴力、以暴力为内容的威胁要求当场实施，这里"当场"的含义，是指使被害人感受到当场会受到人身威胁，而并不要求行为人就在现场。例如：甲在乙家安放了炸弹，威胁乙不给钱就遥控引爆炸弹，构成抢劫罪。以事后实施暴力相威胁的，构成敲诈勒索罪。

③暴力对象。暴力一般针对的是财物的直接占有人或持有人、有权处分人、辅助占有人，针对占有者的家人（包括有一定看守能力的儿童）以及其他具有财物共管关系的人，以及其他协助占有、管理财物的人使用暴力的，也构成抢劫。对无关的第三者实施暴力取得财物的，不构成抢劫。例如：甲误将站在摩托车（系上楼取东西的乙所有）旁的路人丙认作车主，将丙打伤后骑着摩托车逃走。甲构成盗窃罪、故意伤害罪，应数罪并罚。

（2）结果行为：劫（当场强取财物）。当场强取公私财物、违背物主意志转移占有（双当场性）。

①取财行为与暴力行为有因果关系。转移占有系因之前的暴力、胁迫或者其他压制反抗的方法导致。若无因果关系，则不属抢劫既遂。例如：甲以抢劫故意实施暴力，导致被害人逃跑时不小心失落财物，甲在追赶时拾得该财物的，不属于强取财物，宜认定为抢劫未遂、侵占罪。

②双当场性。即当场暴力、当场取财。对于"双当场性"不能狭隘理解，在被害人交付财物当时，对其人身暴力或威胁仍然同时存在，即认为具有双当场性；并不要求暴力、取财时空地点一致。▶例如：甲对乙实施暴力，迫使其交付财物，但乙身无分文，甲即与乙一道前往乙家中取得财物的，应认定为抢劫罪。

③取财对象人。被实施暴力胁迫的人和交付财物的人一般表现为同一人；特殊情况下也可以是不同的人。行为人对具有财产共管关系的一人实施暴力，强迫近旁的另外一人交财，时空间距很近，可视为是对整体财产管理人实施暴力，构成抢劫罪。▶例如：对银行保安实施暴力，恐吓强迫近旁的柜台服务员当场交钱，是抢劫罪。

2.对象。抢劫罪的对象是人身和财物，是双重对象。作为抢劫对象的他人占有的财物，包括：

（1）一般财物（包括财产性利益）。

（2）财产凭证：信用卡；存折。

抢劫信用卡后使用、消费的，以行为人实际使用、消费的数额为抢劫数额。由于行为人意志以外的原因无法实际使用、消费的部分，虽不计入抢劫数额，但应作为量刑情节考虑。通过银行转账或者电子支付、手机银行等支付平台获取抢劫财物的，以行为人实际获取的财物为抢劫数额。

（3）毒品、假币、淫秽物品等违禁品。抢劫违禁品后又以违禁品实施其他违禁品犯罪侵害新的法益的，应以抢劫罪与具体实施的其他犯罪实行数罪并罚。

（4）抢劫赌资、犯罪所得的赃款赃物的，以抢劫罪定罪。但行为人仅以其所输赌资或所赢赌债为抢劫对象，一般不以抢劫罪定罪处罚。构成其他犯罪的，依照刑法的相关规定处罚。

（5）司法解释规定：为个人使用，以暴力、胁迫等手段取得家庭成员或近亲属财产的，一般不以抢劫罪定罪处罚，构成其他犯罪的，依照刑法的相关规定处理；教唆或者伙同他人采取暴力、胁迫等手段劫取家庭成员或近亲属财产的，可以抢劫罪定罪处罚。

3.刑事责任年龄。

（1）已满14周岁的人：实施普通抢劫；携带凶器抢夺；系聚众打砸抢的首要分子，毁坏或者抢走公私财物，均构成抢劫罪。抢劫枪支、弹药的，也构成抢劫罪。

（2）已满14周岁不满16周岁的人盗窃、诈骗、抢夺他人财物，为窝藏赃物、抗拒抓捕或者毁灭罪证，当场使用暴力，故意伤害致人重伤或者死亡，或者故意杀人的，应当分别以故意伤害罪或者故意杀人罪定罪处罚。即以暴力手段行为定罪。

4.责任（主观方面）：抢劫故意，以非法占有为目的。根据同时性原则，要求实施暴力行为当时即有劫财的故意、非法占有目的。

（1）行为人出于其他故意，于正在实施暴力、胁迫的过程中（暴力、胁迫没有结束时）产生夺取财物的意思，并当场劫取财物的，可成立抢劫罪（借势抢劫）。▶例如：行为人实施伤害、强奸等犯罪行为，在被害人未失去知觉，利用被害人不能反抗、不敢反抗的处境，临时起意劫取他人财物的，应以此前所实施的具体犯罪与抢劫罪实行数罪并罚。

（2）如果基于其他故意或目的实施暴力，之后在被害人不知情的情况下临时起意取财的，不构成抢劫罪，取财行为视情况认定为盗窃罪（如物品已不再归他人占有，则构成侵占罪）。

▶例如：行为人实施伤害、强奸等犯罪行为，在被害人失去知觉或者没有发觉的情形下，以及实施故意杀人犯罪行为之后，临时起意拿走他人财物的，应以此前所实施的具体犯罪与盗窃罪实行数罪并罚。

经典考题

甲对乙使用暴力，欲将其打残。乙慌忙掏出手机准备报警，甲一把夺过手机装进裤袋并将乙打成重伤。甲在离开现场五公里后，把乙价值 7000 元的手机扔进水沟。甲的行为构成何罪？（　　）①（2009-2-17）

A.故意伤害罪、盗窃罪　　　　　　　B.故意伤害罪、抢劫罪

C.故意伤害罪、抢夺罪　　　　　　　D.故意伤害罪、故意毁坏财物罪

★（二）转化型抢劫（事后抢劫）：先取财后暴力

相关法条

第 269 条【转化型抢劫】犯盗窃、诈骗、抢夺罪，为窝藏赃物、抗拒抓捕或者毁灭罪证而当场使用暴力或者以暴力相威胁的，依照本法第二百六十三条的规定（抢劫罪）定罪处罚。

知识点讲解

1. 犯盗窃、诈骗、抢夺罪，是转化型抢劫的前提条件。

（1）这里的"犯盗窃、诈骗、抢夺罪"，是指已经着手实施前述三种行为（正犯实施实行行为，或同时共犯实施帮助行为、教唆行为），并不要求既遂；只要正犯实施了实行行为即可。仅实施预备行为的，不能转化。

（2）并非一定要求达到数额较大、次数。未达到数额较大，但对于人身具有较大威胁的，也可转化为抢劫罪。但是所涉财物数额明显低于"数额较大"的标准，又不具有《两抢意见》第五条所列五种情节之一的，不构成抢劫罪。

（3）盗窃、诈骗、抢夺罪，包括该三罪的特别法条，例如盗伐林木、合同诈骗、抢夺枪支等，都可转化为抢劫罪。但不包括不针对财物的盗、骗、抢行为，例如盗窃、抢夺印章、国有档案的行为。

（4）已满 14 周岁不满 16 周岁的人，因为不能承担"犯盗窃、诈骗、抢夺罪"的刑事责任，故其实施转化型抢劫行为，不构成抢劫罪，而以暴力行为追究刑事责任（故意伤害罪 [重伤]、故意杀人罪）。

2. 当场使用暴力或者以暴力相威胁。

（1）当场性。指在盗窃、诈骗、抢夺的现场，以及行为人刚离开现场即被他人发现并抓捕的情形。即之后的暴力与之前盗窃、诈骗、抢夺行为时空间隔较小。有明显时空间隔的，不认定为抢劫罪，而以之前的犯罪与之后的暴力数罪并罚。

经典考题

某晚，甲潜入乙家中行窃，被发现后携所窃赃物（价值 900 余元）逃跑，乙紧追不舍。甲见杂货

店旁有一辆未熄火摩托车，车主丙正站在车旁吸烟，便骑上摩托车继续逃跑。次日，丙在街上发现自己的摩托车和甲，欲将甲扭送公安局，甲一拳将丙打伤，后经法医鉴定为轻伤。本案应当以下列哪些罪名追究甲的刑事责任？（   ）① (2003-2-32)

    A.抢劫罪   B.抢夺罪   C.盗窃罪   D.故意伤害罪

（2）暴力、暴力威胁**达到压制反抗的程度**（与普通抢劫中的暴力、暴力威胁相同）。对于以摆脱的方式逃脱抓捕，暴力强度较小，未造成轻伤以上后果的，可不认定为"使用暴力"，不以抢劫罪论处。▶**例如**：在逃跑时仅是推搡、用身体冲撞他人、拨开他人的手脚，不能认定为暴力。

（3）暴力的**对象是他人**。①是他人而不是自己，对自己实施暴力不构成转化型抢劫。②他人包括财产占有人、管理人、警察、路人等抓捕行为人的人等。③误将他人当作失主，以特定三种目的而实施暴力，也构成转化型抢劫（这与普通抢劫要求暴力对象人是财物占有人、妨碍转移占有的人有所不同）。▶**例如**：甲在丙家盗窃了财物，刚出门时遇到乙；甲以为乙是失主，为抗拒抓捕对乙实施暴力。即使乙不是失主，既没有认识到甲的盗窃行为，也没有抓捕甲的想法与行为，甲也构成抢劫。

📋 经典考题

《刑法》第二百六十九条对转化型抢劫作出了规定，下列哪些选项不能适用该规定？（   ）② (2008-2-62)

    A.甲入室盗窃，被主人李某发现并追赶，甲进入李某厨房，拿出菜刀护在自己胸前，对李某说："你千万别过来，我胆子很小。"然后，翻窗逃跑

    B.乙抢夺王某的财物，王某让狼狗追赶乙。乙为脱身，打死了狼狗

    C.丙骗取他人财物后，刚准备离开现场，骗局就被识破。被害人追赶丙。走投无路的丙从身上摸出短刀，扎在自己手臂上，并对被害人说："你们再追，我就死在你们面前。"被害人见丙鲜血直流，一下愣住了。丙迅速逃离现场

    D.丁在一网吧里盗窃财物并往外逃跑时，被管理人员顾某发现。丁为阻止顾某的追赶，提起网吧门边的开水壶，将开水泼在顾某身上，然后逃离现场

（4）**使用暴力或暴力威胁的目的（三种目的）**：为窝藏赃物、抗拒抓捕或者毁灭罪证。以直接夺财为目的，而实施暴力，构成普通抢劫。

3.转化型抢劫的共同犯罪

（1）**共同实施**盗窃、诈骗、抢夺而后转化的情形。

两人以上共同实施盗窃、诈骗、抢夺犯罪，其中部分行为人为窝藏赃物、抗拒抓捕或者毁灭罪证而当场使用暴力或者以暴力相威胁的，对于其余行为人是否以抢劫罪共犯论处，主要看其对实施暴力或者以暴力相威胁的行为人是否形成共同犯意、提供帮助。基于一定意思联络，对实施暴力或者以暴力相威胁的行为人提供帮助或实际成为帮凶的，可以抢劫共犯论处。

（2）**继承的共同犯罪**。

转化型抢劫的构成，可视为是两部分组成：盗窃、诈骗、抢夺 + 暴力 = 抢劫。故而，如

---

① **参考答案**：BCD
② **参考答案**：ABC

果先行为人构成转化型抢劫，而后行为人在先行为人实施部分行为（如盗窃、诈骗、抢夺行为）之后，在犯罪未终了之前加入，以抢劫故意加入实施另外部分行为（如暴力）的，也构成转化型抢劫罪的承继的共同犯罪。注意以下事例的区分：

①甲与乙共谋盗窃，甲入室行窃，乙在门外望风，但甲在盗窃时为抗拒抓捕而当场对被害人 A 实施暴力，乙对此并不知情。甲构成抢劫罪（转化型抢劫），乙构成盗窃罪。二人在盗窃罪的范围内成立共同犯罪，乙应当对甲抢劫财物的数额承担盗窃罪的责任。

②甲犯盗窃罪被被害人 A 发现，在甲逃跑和 A 抓捕的途中，知道真相的乙，唆使甲对 A 实施暴力，以便逃避抓捕。甲接受乙的教唆，对 A 实施了暴力。甲、乙构成抢劫罪（转化型抢劫）的共同犯罪，乙系承继的共同犯罪。或者，甲在逃跑途中，教唆知道真相的乙对 A 实施暴力，以便逃避抓捕。甲、乙同样构成抢劫罪（转化型抢劫）的共同犯罪，乙系承继的共同犯罪。

③甲单独入室盗窃被发现后逃离现场（盗窃已既遂）。在甲逃离过程中，知道真相的乙为了使甲逃避抓捕，而对抓捕者 A 实施暴力，造成 A 轻伤。但甲对此并不知情。甲构成盗窃罪，乙的行为构成窝藏罪、故意伤害罪的想象竞合，二人不是共同犯罪。

④甲邀约乙为自己的盗窃望风。甲入室行窃，乙在门外望风。甲在盗窃时为抗拒抓捕而当场对被害人 A 实施暴力，乙知情但并没有阻止甲的行为，也没有离开现场，而是继续望风。甲、乙同样构成抢劫罪（转化型抢劫）的共同犯罪。

（三）携带凶器抢夺定抢劫罪

相关法条

第 267 条第 2 款【携带凶器抢夺定抢劫罪】携带凶器抢夺的，依照本法第二百六十三条的规定（抢劫罪）定罪处罚。

知识点讲解

此条规定为法律拟制，无须符合普通抢劫罪的构成要件。亦即，对于携带凶器抢夺，具有使用可能性但没有实施使用的行为，以本条认定为抢劫罪。由于法律规定本行为至始即为抢劫行为，故 14~16 周岁也可构成；无须实际使用凶器劫财，否则构成普通抢劫。

1. 凶器。凶器，是指在性质上或者用法上，足以杀伤他人的器物。

（1）凶器包括两类：①性质上的凶器：枪支（可以没有子弹）、爆炸物、管制刀具等国家禁止个人携带的器械。即专门用于杀伤人员的专用器械。

②用法上的凶器：为了实施犯罪而携带其他具有杀伤性的器械。即器械的功用本来不是为了杀伤人员，但附带具有杀伤的属性，被行为人利用以杀伤。

（2）"为了实施犯罪而携带"指的是为了"杀伤人员"而携带，而不是仅用于犯罪本身的工具。▶例如：为了入户盗窃而携带各种钥匙以及用于划破他人衣服口袋、手提包的不足以杀伤他人的微型刀片，不是凶器。

（3）需物品通常具有杀伤机能。物品通常不具杀伤机能，被行为人特殊地用于杀伤的，不是凶器。▶例如：行为人系着领带抢夺，心想他人反抗就用领带勒死人，领带不是凶器，不属于携带凶器抢夺。

2.携带。

（1）指随身携带，要求具有随时使用或当场及时使用的可能性。

（2）不要求行为人显示凶器（将凶器暴露在身体外部），也不要求行为人向被害人暗示自己携带着凶器。如行为人显示凶器相威胁，则成立普通抢劫。

（3）共同抢夺时，一人携带凶器另一人未携带，如携带凶器者有随时使用的可能性，未携带者也知情，二人都成立抢劫罪。

3.故意：需认识到携带凶器，并具有准备使用的意识。

（四）聚众打砸抢毁坏或者抢走财物的首要分子定抢劫罪

相关法条

第289条【对聚众"打砸抢"行为的处理规定】聚众"打砸抢"，致人伤残、死亡的，依照本法第二百三十四条(故意伤害罪)、第二百三十二条(故意杀人罪)的规定定罪处罚。毁坏或者抢走公私财物的，除判令退赔外，对首要分子，依照本法第二百六十三条（抢劫罪）的规定定罪处罚。

知识点讲解

1.聚众"打砸抢"不是独立的罪名，而是一种犯罪现象。

2.甲聚集乙、丙、丁打砸抢。（1）如乙故意伤害，丙故意杀人，但诸人均未毁坏或者抢走财物；则乙构成故意伤害罪，丙构成故意杀人罪，首要分子甲构成故意杀人罪（与故意伤害罪想象竞合）。（2）如乙故意伤害，丙故意杀人，丁毁坏了财物；则乙构成故意伤害罪，丙构成故意杀人罪，丁构成故意毁坏财物罪，首要分子甲构成抢劫罪（致人重伤、死亡）。

（五）抢劫罪的既遂标准

犯抢劫罪，具备劫取财物（控制说）或者造成他人轻伤以上后果两者之一的，属抢劫既遂。系转化型抢劫的，在行为人实施暴力或暴力威胁之后，如控制了财物或造成他人轻伤，构成既遂。

经典考题

甲持西瓜刀冲入某银行储蓄所，将刀架在储蓄所保安乙的脖子上，喝令储蓄所职员丙交出现金1万元。见丙故意拖延时间，甲便在乙的脖子上划了一刀。刚取出5万元现金的储户丁看见乙血流不止，于心不忍，就拿出1万元扔给甲，甲得款后迅速逃离。对甲的犯罪行为，下列哪一选项是正确的?( )[①]（2008-2-12）

A.抢劫罪（未遂）　　B.抢劫罪（既遂）　　C.绑架罪　　D.敲诈勒索罪

（六）处罚：八种加重犯

知识点讲解

☆ 1.入户抢劫。是指为实施抢劫行为而进入他人生活的与外界相对隔离的住所。

（1）户。即家庭住所，他人生活的与外界相对隔离的住所，核心是家庭生活（"户"的范围小于"住宅"）。

[①] 参考答案：B

①封闭的院落、牧民的帐篷、渔民作为家庭生活场所的渔船、为生活租用的房屋，都是户。

②不是家庭居住的集体宿舍、旅店宾馆、临时搭建工棚等，不是户。

③对于部分时间从事经营、部分时间用于生活起居的场所，行为人在非营业时间强行入内抢劫或者以购物等为名骗开房门入内抢劫的，应认定为"入户抢劫"。

④对于部分用于经营、部分用于生活且之间有明确隔离的场所，行为人进入生活场所实施抢劫的，应认定为"入户抢劫"；如场所之间没有明确隔离，行为人在营业时间入内实施抢劫的，不认定为"入户抢劫"，但在非营业时间入内实施抢劫的，应认定为"入户抢劫"。

（2）入户的犯罪目的性。

①以侵害户内人员的人身、财产为目的，入户后实施抢劫，包括入户实施盗窃、诈骗等犯罪而转化为抢劫的，应当认定为"入户抢劫"。

②因访友办事等原因经户内人员允许入户后，临时起意实施抢劫，或者临时起意实施盗窃、诈骗等犯罪而转化为抢劫的，不应认定为"入户抢劫"。亦即，合法目的入户后临时起意抢劫的，不属"入户抢劫"，属于"在户内抢劫"。

③以抢劫目的侵入甲的住宅，抢劫在甲的住宅停留的乙的财物，系入户抢劫。

④甲、丙合住一室，甲让乙进入该户内抢劫，乙是入户抢劫，因甲可合法进入，故甲不属入户抢劫。

（3）暴力、威胁等强制行为发生在户内。在户外实施暴力、威胁等强制行为的，不属入户抢劫。入户或者在公共交通工具上盗窃、诈骗、抢夺后，为了窝藏赃物、抗拒抓捕或者毁灭罪证，在户内或者公共交通工具上当场使用暴力或者以暴力相威胁的，构成"入户抢劫"或者"在公共交通工具上抢劫"。

（4）行为人主观上须认识到自己进入的是他人的家庭住所（户）。没有认识到是"户"而实际是"户"，不属入户抢劫。

（5）对在户外为入户抢劫的正犯望风的共犯，也属入户抢劫。

2. 在公共交通工具上抢劫。包括从事旅客运输的各种公共汽车，大、中型出租车，火车，地铁、轻轨、轮船、飞机等，不含小型出租车。对于虽不具有商业营运执照，但实际从事旅客运输的大、中型交通工具，可认定为"公共交通工具"。接送职工的单位班车、接送师生的校车等大、中型交通工具，视为"公共交通工具"。

"在公共交通工具上抢劫"，既包括在处于运营状态的公共交通工具上对旅客及司售、乘务人员实施抢劫，也包括拦截运营途中的公共交通工具对旅客及司售、乘务人员实施抢劫，但不包括在未运营的公共交通工具上针对司售、乘务人员实施抢劫。以暴力、胁迫或者麻醉等手段对公共交通工具上的特定人员实施抢劫的，一般应认定为"在公共交通工具上抢劫"。

☆ **3. 抢劫银行或者其他金融机构**（的钱）。指抢劫银行或者其他金融机构的经营资金、有价证券和客户的资金等。抢劫正在使用中的银行或者其他金融机构的运钞车的，视为抢劫银行或者其他金融机构。抢劫金融机构的办公用品、车辆，不属于抢劫金融机构。

4. 多次抢劫或者抢劫数额巨大。多次抢劫指抢劫三次以上。抢劫数额以实际抢劫到的财物数额为依据。对以数额巨大的财物为明确目标，由于意志以外的原因，未能抢到财物或实际抢得的财物数额不大的，应同时认定"抢劫数额巨大"和犯罪未遂的情节，根据刑法有关规定，结合未遂犯的处理原则量刑。抢劫信用卡后使用、消费的，以行为人实际使用、消费的数额为抢劫数额。由于行为人意志以外的原因无法实际使用、消费的部分，虽不计入抢劫数额，但应作为量刑情节考虑。通过银行转账或者电子支付、手机银行等支付平台获取抢劫财物的，以行为人实际获取的财物为抢劫数额。

☆ 5. 抢劫致人重伤、死亡。

（1）包括故意致人重伤、死亡，也包括过失致人重伤、死亡。

（2）重伤、死亡结果与抢劫行为具有因果关系。被害人自杀、被害人追捕因自己原因导致死亡，不属抢劫致人重伤、死亡。

6. 冒充军警人员抢劫。指通过着装、出示假证件或者口头宣称等方法，使被害人得知其为军警人员，假充军警人员实施抢劫。

①行为人是否穿着军警制服、携带枪支、是否出示军警证件等情节进行综合审查，判断是否足以使他人误以为是军警人员。对于行为人仅穿着类似军警的服装或仅以言语宣称系军警人员但未携带枪支、也未出示军警证件而实施抢劫的，要结合抢劫地点、时间、暴力或威胁的具体情形，依照常人判断标准，确定是否认定为"冒充军警人员抢劫"。

②军警人员利用自身的真实身份实施抢劫的，不认定为"冒充军警人员抢劫"，应依法从重处罚。（注意：此系《最高人民法院关于审理抢劫刑事案件适用法律若干问题的指导意见》[2016]第2条第4项的明文规定！）

7. 持枪抢劫。

（1）枪，系真枪（可以无子弹）。枪支的概念和范围，适用《枪支管理法》的规定（真枪）。

（2）持，指行为人使用枪支或者向被害人显示持有、佩带的枪支进行抢劫。

8. 抢劫军用物资或者抢险、救灾、救济物资。仅限于武装部队（包括武警部队）使用的物资，不包括公安警察使用的物资。行为人主观上须明知是军用物资或者抢险、救灾、救济物资。

📋 考点归纳

1. 抢劫抢劫，先抢（对人暴力）后劫（当场取财）。

2. 盗窃、诈骗、抢夺＋当场暴力（三种目的：窝藏赃物、抗拒抓捕、毁灭罪证）＝转化型抢劫。

3. 携凶抢夺定抢劫，凶器包括两大种（禁止器械，为犯罪而携带的器械）。

4. "入户抢劫"三要素：家庭住所才是户、为了犯罪而入户、暴力发生在户内。

📝 经典考题

【1】贾某在路边将马某打倒在地，劫取其财物。离开时贾某为报复马某之前的反抗，往其胸口轻踢了一脚，不料造成马某心脏骤停死亡。设定贾某对马某的死亡具有过失，下列哪一分析是正确的？（　）① （2016-2-16）

　　A. 贾某踢马某一脚，是抢劫行为的延续，构成抢劫致人死亡

　　B. 贾某踢马某一脚，成立事后抢劫，构成抢劫致人死亡

　　C. 贾某构成抢劫罪的基本犯，应与过失致人死亡罪数罪并罚

---

① 参考答案：C

D.贾某构成抢劫罪的基本犯与故意伤害（致死）罪的想象竞合犯

【2】某晚，崔某身穿警服，冒充交通民警，骗租到个体女司机何某的夏利出租车。当车行至市郊时，崔某持假枪抢走何某人民币1000元，并将何某一脚踹出车外，使何某身受重伤，崔某乘机将出租车开走。本案中属于抢劫罪法定加重情节的有哪些？（　　）① （2003-2-39）

　　A.持枪抢劫　　　　　　B.冒充军警人员抢劫
　　C.抢劫致人重伤　　　　D.在公共交通工具上抢劫

拓展习题

以下情形属于刑法规定的"抢劫致人死亡"（　　）②

A.甲某预谋将A某用沙袋打昏后抢劫A某，但打击A某后其却死亡，经解剖系其脑瘤破裂所致，一般人在当时的打击力度下均不会死亡

B.乙进入B某的住宅宅用持枪对B某进行射击，欲图将B打死后再取财，B某逃到阳台上，沿着阳台边的下水道管爬下去，结果下水道折断B某摔死

C.丙某抢劫C某10万元后离开，C某一路追赶，不顾马路上车来车往而横穿，结果被车撞死

D.丁入室抢劫取得财物后，仓皇出逃时，不小心将睡在地上的婴儿踩死

解析：A选项，特殊体质与因果关系，暴力行为与死亡结果有因果关系，构成抢劫致人死亡。

B选项，介入因果关系，被害人受严重暴力威胁采用危险方法逃走致死，不中断因果关系。

C选项，被害人自己的追赶行为导致死亡，非因抢劫行为导致。

D选项，系行为人的逃跑行为导致他人死亡，构成抢劫罪（入户抢劫）、过失致人死亡罪，数罪并罚。

（七）此罪彼罪

★ 1.抢劫罪与绑架罪。①意图向暴力对象本人索财，是抢劫罪（暴力是劫夺财物的手段）；意图向被控制人的亲属及第三人要索财，是绑架罪（将人作为交换赎金的条件）。②行为人对具有财产共管关系的一人实施暴力，强迫近旁的另外一人交财，时空距很近，暴力的目的是恐吓而不是将人质作为交换条件的，可视为是对整体财产管理人实施暴力，构成抢劫罪。

2.抢劫罪与抢夺罪。一般情况下，抢劫是对人暴力压制反抗，抢夺是对物强力。亦即，抢劫是使用暴力使被害人受暴力、胁迫压制而不能抗拒、不敢抗拒而劫财，抢夺是使被害人来不及抗拒而取财。抢夺有时也伴随着对人的轻微暴力，只是未达到了足以压制他人反抗的程度。

例如：朝被害人撒一把泥土，利用其来不及反抗迅速取财，是抢夺而不是抢劫。

3.抢劫罪与招摇撞骗罪。是否对人实施了暴力或暴力威胁。行为人冒充正在执行公务的人民警察"抓赌""抓嫖"，没收赌资或者罚款的行为，构成犯罪的，以招摇撞骗罪从重处罚；在实施上述行为中使用暴力或者暴力威胁的，以抢劫罪定罪处罚。行为人冒充治安联防队员"抓赌""抓嫖"、没收赌资或者罚款的行为，构成犯罪的，以敲诈勒索罪定罪处罚；在实施上述行为中使用暴力或暴力威胁的，以抢劫罪定罪处罚。

4.抢劫罪与强迫交易罪。是否存在真实交易，价金是否相差悬殊。

① 参考答案：BC
② 参考答案：AB

（八）一罪数罪

1. 数罪：

（1）行为人实施伤害、强奸等犯罪行为，在被害人未失去知觉，利用被害人不能反抗、不敢反抗的处境，临时起意劫取他人财物的，应以此前所实施的具体犯罪与抢劫罪实行数罪并罚。

（2）行为人实施伤害、强奸等犯罪行为，在被害人失去知觉或者没有发觉的情形下，以及实施故意杀人犯罪行为之后，临时起意拿走他人财物的，应以此前所实施的具体犯罪与盗窃罪实行数罪并罚（《最高人民法院关于审理抢劫、抢夺刑事案件适用法律若干问题的意见》第8条）。

★ 2. 抢劫过程中或之后杀人的。

（1）以杀人为手段的抢劫行为应定抢劫罪一罪。行为人为劫取财物而预谋故意杀人；或者在劫取财物过程中，为制服被害人反抗而故意杀人的，以抢劫罪定罪（致人死亡）处罚。

（2）行为人实施抢劫后，为灭口而故意杀人的，以抢劫罪、故意杀人罪定罪，实行数罪并罚。

📋 **经典考题**

下列哪些行为应认定为抢劫罪一罪？（　　）①（2005-2-61）

A. 甲将仇人杀死后，取走其身上的5000元现金

B. 甲持刀拦路行抢，故意将受害人杀死后取走其财物

C. 甲在抢劫过程中，为压制被害人的反抗，故意将被害人杀死，取走其财物

D. 甲实行抢劫罪后，为防止受害人报案，将其杀死

📋 **拓展习题**

以下关于抢劫罪说法错误的有（　　）②

A. 甲单独入室盗窃（盗窃已得手），失主发现后追赶其到大街上。在甲逃离过程中，遇到以前的同伙乙，即呼喊乙打失主以帮自己脱身，乙知道真相后，当场对失主实施暴力。则甲、乙构成抢劫罪的共同犯罪，甲系入户抢劫

B. 乙在公交车上窃取B某提包被B某识破，B某遂一路追赶乙，不料B某踩上一块石头跌倒在地，脑溢血而导致死亡，乙构成抢劫罪，属抢劫致人死亡

C. A在五楼阳台上打手机，不小心将手机掉到了一楼的草坪上，适逢丙经过，不顾楼上A的呼喊仍当着A的面将手机取走，恰巧有警察经过将丙抓获，从丙身上搜出匕首一把，丙构成抢劫罪

D. 丁系着领带去实施抢夺，欲图在被害人D反抗时用领带勒人，由于抢夺得逞而未使用领带。因其为了犯罪而携带领带，应当认定为凶器。其携带凶器抢夺，应当以抢劫罪论处

解析： A选项，乙系转化型抢劫的继承共同犯罪，甲、乙构成抢劫共同犯罪。但暴力发生在户外，不属入户抢劫。

B选项，行为人盗窃之后没有实施暴力，被害人之死因其本人追赶行为导致，不转化为抢劫。

C选项，行为人虽携带凶器，但对被害人没有使用的可能性，不属"携带凶器"，不构成抢劫罪。

---

① **参考答案：BC**

② **参考答案：ABCD**

D选项，"领带"虽可被用于犯罪，但不是"凶器"。

☆二、抢夺罪：公然夺取紧密占有的财物

📖 考点说明

本罪需要掌握的知识点主要有：（1）抢夺罪与抢劫罪的区别。（2）"飞车抢夺"的定性。（3）抢夺致人重伤、死亡（情节加重犯）。

📖 相关法条

第267条第1款【抢夺罪】抢夺公私财物，数额较大的，或者多次抢夺的，处三年以下有期徒刑、拘役或者管制，并处或者单处罚金；数额巨大或者有其他严重情节的，处三年以上十年以下有期徒刑，并处罚金；数额特别巨大或者有其他特别严重情节的，处十年以上有期徒刑或者无期徒刑，并处罚金或者没收财产。（《刑法修正案（九）》增加了"多次"的成罪条件）

💡 知识点讲解

抢夺罪，是指以非法占有为目的，当场公然直接夺取他人紧密占有的数额较大的公私财物的行为（通说）。其中"公然"的含义是指被害人虽然当场可以得知财物被夺取，但来不及抗拒；而不是指当着众人的面实施。亦即，"公然"是相对于被害人而言，而并不要求"当众"。

1.抢夺行为。抢夺罪的行为是公然夺取他人紧密占有财物。抢夺的主要特点是对他人紧密占有的财物行使有形力（即对物暴力，也不排除行为人使用轻微的对人暴力抢夺财物），利用被害人来不及反抗而取财。乘人不备并非抢夺的必要条件，他人有防备但利用被害人来不及反抗而取财的，仍为抢夺。

2.成罪要素：数额较大，或者多次。

3.抢夺行为造成被害人重伤、死亡的定性。

（1）抢夺公私财物，（过失）导致他人重伤的，导致他人自杀的，属抢夺有"其他严重情节"（抢夺罪的情节加重犯）。抢夺（过失）导致他人死亡的，属抢夺"其他特别严重情节"（情节加重犯）。这里行为人对死伤结果是过失。注意：旧的司法解释（认为是想象竞合）已废止。

（2）明知行为可能造成被害人重伤、死亡仍暴力夺取（故意伤害），是抢劫罪。这里行为人对死伤结果是故意。

4."飞车抢夺"的定性：这里的"飞车抢夺"指驾驶车辆（机动车、非机动车）夺取财物的现象，而不一定认定为抢夺罪。

（1）"飞车抢夺"一般认定为抢夺罪。

（2）具有下列情形之一，应当以抢劫罪定罪处罚（《最高人民法院关于办理抢夺刑事案件适用法律若干问题的解释》第6条）：

①夺取他人财物时因被害人不放手而强行夺取的；

②驾驶车辆逼挤、撞击或者强行逼倒他人夺取财物的；

③明知会致人伤亡仍然强行夺取并放任造成财物持有人轻伤以上后果的。

以上三种情形，均是将"飞车"作为直接取财的暴力手段，符合普通抢劫利用对人暴力取

财的特征，系对普通抢劫的重申性解释。

📋 **经典考题**

根据犯罪构成理论，并结合刑法分则的规定，下列哪些说法是正确的？（　　）① （2003-2-35）

A.甲某晚潜入胡某家中盗窃贵重物品时，被主人发现。甲夺门而逃，胡某也没有再追赶。甲就躲在胡某家墙根处的草垛里睡了一晚，第二天早上村长高某路过时，发现甲行踪诡秘，就对其盘问。甲以为高某发现了自己昨晚的盗窃行为，就对高某进行打击，致其重伤。甲构成盗窃罪、故意伤害罪，应数罪并罚

B.乙在大街上见赵某一边行走一边打手机，即起歹意，从背后用力将其手机抢走。但因用力过猛，致使赵某绊倒摔成重伤。乙同时构成抢夺罪、过失致人重伤罪，但不应数罪并罚

C.丙深夜入室盗窃，被主人李某发现后追赶。当丙跨上李某家院墙，正准备往外跳时，李某抓住丙的脚，试图拉住他。但丙顺势踹了李某一脚，然后逃离现场。丙构成抢劫罪

D.丁骑摩托车在大街上见妇女田某提着一个精致皮包在行走，即起歹意，从背后用力拉皮包带，试图将皮包抢走。田某顿时警觉，拽住皮包带不放。丁见此情景，突然对摩托车加速，并用力猛拉皮包带，田某当即被摔成重伤。丁构成抢劫罪而不构成抢夺罪

☆三、敲诈勒索罪：利用暴力威胁、非暴力要挟强迫他人交财

📱 **考点说明**

本罪需要掌握的知识点主要有：（1）敲诈勒索罪与抢劫罪的区别。（2）敲诈勒索与权利行使（民事纠纷）的区别。（3）敲诈勒索罪与诈骗罪的区别和关系。

📖 **相关法条**

第274条【敲诈勒索罪】敲诈勒索公私财物，数额较大或者多次敲诈勒索的，处三年以下有期徒刑、拘役或者管制，并处或者单处罚金；数额巨大或者有其他严重情节的，处三年以上十年以下有期徒刑，并处罚金；数额特别巨大或者有其他特别严重情节的，处十年以上有期徒刑，并处罚金。

💡 **知识点讲解**

敲诈勒索罪，是指以非法占有为目的，对他人实行威胁、要挟，利用被害人的恐惧心理，索取公私财物数额较大或者多次敲诈勒索的行为。

	敲诈勒索罪	抢劫罪
行为手段	手段既可是暴力威胁（暴力威胁时不能具有双当场性），也可以为非暴力要挟行为（如毁财、名誉、揭发隐私）	暴力或胁迫以及其他足以压制被害人的反抗的方式，具有双当场性
财物转移占有方式	被害人基于恐惧心理而处分财物	当场强行劫取财物

1.敲诈勒索行为：暴力威胁、非暴力要挟，使被害人产生恐惧心理，而处分（转移占有）财物。

---

① **参考答案：AD**

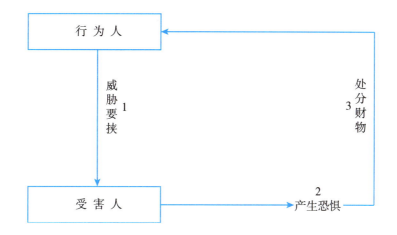

（1）暴力威胁，指以对人身实施暴力伤害、杀害、加害、拘禁为内容，恐吓被害人。暴力威胁，既可以加害被害人为内容，也可以加害与被害人有密切关系的第三人为内容。行为人实施暴力威胁而取财，具有"单当场性"的，即以日后加害相威胁，当场取财的，系敲诈勒索。如具有"双当场性"的，即以当场加害相威胁，当场取财的，系抢劫。

（2）非暴力要挟，以毁财、毁人名誉、揭发犯罪或隐私为内容，恐吓被害人。以非暴力相要挟时，既可以是当场加害，也可以非当场加害，无论事后取财还是当场取财，构成敲诈勒索。

（3）被害人基于恐惧心理而处分（转移占有）财物。 🚩例如：拾得他人财物后告知对方，如果不给付一定的酬谢费就不返还财物的，被害人仅有困惑而不恐惧，不成立敲诈勒索，无罪。如果声称不给付一定的酬谢费就毁坏财物的，被害人会产生恐惧，构成敲诈勒索。

（4）暴力威胁、非暴力要挟时行为人应声称本人会实施加害行为，或者会指使他人实施（威胁、要挟的加害内容需由行为人实施）。如果行为人声明暴力、加害与本人无关的，不构成敲诈勒索，可能构成诈骗。 🚩例如：甲向丙谎称乙会加害丙，让丙把钱交给甲，以带给乙平息乙的怒气，甲只构成诈骗，不构成敲诈勒索。

2. 目的：非法占有财物，而非其他。行为人威胁被害人与之发生性关系，构成强奸；威胁被害人交出商业秘密，构成侵犯商业秘密等罪。

3. 成罪条件：数额较大（2000元至5000元；有七种恶劣情况，数额折半），或者多次敲诈勒索（二年内敲诈勒索三次以上的）。

4. 责任阻却事由。敲诈勒索近亲属的财物，获得谅解的，一般不认为是犯罪；认定为犯罪的，应当酌情从宽处理。被害人对敲诈勒索的发生存在过错的，根据被害人过错程度和案件其他情况，可以对行为人酌情从宽处理；情节显著轻微危害不大的，不认为是犯罪。

5. 敲诈勒索与权利行使（民事纠纷）的区别。因存在真实的民事纠纷，而以实施合法的解决问题途径（如向法院告诉、投诉、留置质押物等）为要挟内容，强迫对方交付财物，不能认定为敲诈勒索，系民事纠纷。如不存在真实的民事纠纷，而以实施非法加害为手段，强迫对方交付财物，可构成敲诈勒索。

经典考题

下列哪种行为构成敲诈勒索罪？（　　）① （2006-2-15）

A.甲到乙的餐馆吃饭，在食物中发现一只苍蝇，遂以向消费者协会投诉为由进行威胁，索要精神损失费3000元。乙迫于无奈付给甲3000元

B.甲到乙的餐馆吃饭，偷偷在食物中投放一只事先准备好的苍蝇，然后以砸烂桌椅进行威胁，索要精神损失费3000元。乙迫于无奈付给甲3000元

C.甲捡到乙的手机及身份证等财物后，给乙打电话，索要3000元，并称若不付钱就不还手机及身份证等物。乙迫于无奈付给甲3000元现金赎回手机及身份证等财物

D.甲妻与乙通奸，甲获知后十分生气，将乙暴打一顿.乙主动写下一张赔偿精神损失费2万元的欠条。事后，甲持乙的欠条向其索要2万元，并称若乙不从，就向法院起诉乙

6.敲诈勒索罪与诈骗罪的关系

行为人行为	被害人反应	罪名
仅欺骗	认识错误→恐惧心理	诈骗罪
仅威胁要挟	主要基于恐惧心理	敲诈勒索罪
欺骗与威胁要挟	认识错误	诈骗罪
欺骗与威胁要挟	恐惧心理	敲诈勒索罪
欺骗与威胁要挟	认识错误→恐惧心理	诈骗罪与敲诈勒索罪的想象竞合犯

行为人假称加害，既欺骗被害人又胁迫被害人，恐吓被害人交付财物；被害人基于认识错误而产生恐惧心理，进行交付财物的，行为人触犯诈骗罪与敲诈勒索罪，系想象竞合犯，应当择一重罪处断。 **例如：** 甲因交通肇事撞死乙后，向乙的家属丙打电话，谎称乙活着，如不交钱赎人即杀死乙，丙信以为真而交财。则甲系诈骗罪与敲诈勒索罪的想象竞合犯。

经典考题

关于敲诈勒索罪的判断，下列哪些选项是正确的？（　　）② （2007-2-63）

A.甲将王某杀害后，又以王某被绑架为由，向其亲属索要钱财。甲除构成故意杀人罪外，还构成敲诈勒索罪与诈骗罪的想象竞合犯

B.饭店老板乙以可乐兑水冒充洋酒销售，向实际消费数十元的李某索要数千元。李某不从，乙召集店员对其进行殴打，致其被迫将钱给乙。乙的行为构成抢劫罪而非敲诈勒索罪

C.职员丙被公司辞退，要求公司支付10万元补偿费，否则会将所掌握的公司商业秘密出卖给其他公司使用。丙的行为构成敲诈勒索罪

D.丁为谋取不正当利益送给国家工作人员刘某10万元。获取不正当利益后，丁以告发相要挟，要求刘某返还10万元。刘某担心被告发，便还给丁10万元。对丁的行为应以行贿罪与敲诈勒索罪实行并罚

---

① **参考答案：B**
② **参考答案：ABCD**

拓展习题

下列情形触犯敲诈勒索罪的有（　　）[1]

A.乙欠甲1万元的赌债，甲声称乙如果不还钱，就将乙嫖娼的事实公布于众，乙基于恐惧交付赌债。对于甲的行为

B.甲捡到乙的贵重文物花瓶，打电话向乙索要酬谢费2万元，并声称如果乙不给钱，就要将花瓶毁坏。对于甲的行为

C.甲因A厂生产的产品质量问题而受伤（花去医药费3千元），于是向A厂"索赔"500万，称如不给钱就起诉A厂，还要将事情贴到网上。对于甲的行为

D.甲不满10岁的儿子A不慎走失，甲到处张贴寻人启事：发现其儿子或者提供相关线索都可以获得1万元感谢费。乙看到寻人启事后给甲打电话，谎称A被自己绑架，要求甲向指定的银行账户汇款10万元，否则撕票。甲为了保住A的性命按照乙的要求向指定账户汇款10万元。则乙的行为

解析：A选项，揭发违法事实虽可构成恐吓，但目的是为追索赌债，不具非法占有目的，不构成敲诈勒索罪。

B选项，索要酬谢费，如扬言不给钱就不归还，不构成敲诈勒索，系民事权利纠纷；但扬言毁坏财物，可构成敲诈勒索罪。

C选项，系民事权利纠纷。

D选项，假绑架，触犯敲诈勒索罪（与诈骗罪想象竞合）。

★四、盗窃罪：秘密窃取、平和转移占有

考点说明

本罪需要掌握的知识点主要有：（1）盗窃行为的界定。（2）所有权人偷回被他人合法占有、控制下的本人所有财物行为的定性。（3）盗窃罪的成罪要素：入户盗窃、携带凶器盗窃、扒窃。（4）盗窃罪的既遂标准。

相关法条

第264条【盗窃罪】盗窃公私财物，数额较大的，或者多次盗窃、入户盗窃、携带凶器盗窃、扒窃的，处三年以下有期徒刑、拘役或者管制，并处或者单处罚金；数额巨大或者有其他严重情节的，处三年以上十年以下有期徒刑，并处罚金；数额特别巨大或者有其他特别严重情节的，处十年以上有期徒刑或者无期徒刑，并处罚金或者没收财产。

知识点讲解

盗窃罪，是指以非法占有为目的，窃取他人占有的数额较大的财物，或者多次盗窃、入户盗窃、携带凶器盗窃、扒窃的行为。

---

[1] 参考答案：BD

（一）构成特征

1.盗窃行为。

（1）通常为秘密窃取：物主或管理人不知情（原占有人没有处分意识）。即在物主或管理人不知情的情况下转移占有，为盗窃。至于其他人是否知情，在所不论。例如，在公交车上趁被害乘客不注意而扒窃钱包，即使全车其他乘客都看着，因被害人不知情，行为人也构成盗窃。

（2）但有时也存在"公然盗窃"的情况。行为人自认为物主或管理人不知情，而实际上其知情，也被认为是盗窃。例如，夜间潜入屋内认为他人熟睡而取财，实则被害人睁眼看着，也是盗窃。

观点辨析：盗窃 VS 抢夺	
通说观点：秘密 VS 公然	少数观点：平和 VS 迅猛

【观点辨析】关于"盗窃行为"如何界定（盗窃 VS 抢夺）：

①主流观点（秘密窃取说）：盗窃行为的本质是秘密窃取（原占有人没有处分意识）；相对应的，抢夺行为的本质是公然夺取。

②少数观点（平和转移占有说）：盗窃行为的本质是平和转移占有（无论秘密、公然均可）；相对应的，抢夺行为的本质是对物暴力、迅猛夺取（对人身具有危险性）。

经典考题

甲潜入他人房间欲盗窃，忽见床上坐起一老妪，哀求其不要拿她的东西。甲不理睬而继续翻找，拿走一条银项链（价值400元）。关于本案的分析，下列哪些选项是正确的？（　　）[①]（2013-2-60）

A.甲并未采取足以压制老妪反抗的方法取得财物，不构成抢劫罪

B.如认为区分盗窃罪与抢夺罪的关键在于是秘密取得财物还是公然取得财物，则甲的行为属于抢夺行为；如甲作案时携带了凶器，则对甲应以抢劫罪论处

C.如采取B选项的观点，因甲作案时未携带凶器，也未秘密窃取财物，又不符合抢夺罪"数额较大"的要件，无法以侵犯财产罪追究甲的刑事责任

D.如认为盗窃行为并不限于秘密窃取，则甲的行为属于入户盗窃，可按盗窃罪追究甲的刑事责任

2.盗窃对象：他人占有的财物。法条上措辞为"公私财物"，具体解释为他人占有的财物，占有分为事实上占有、观念上占有两类（见本章前部）。

（1）信用卡并使用。盗窃信用卡并使用的，以盗窃罪定罪处罚。

（2）增值税专用发票或者可以用于骗取出口退税、抵扣税款的其他发票。

（3）电力、煤气、天然气等无形物。

（4）电信码号、电信卡、上网账号、密码等电信资费相关。①以牟利为目的，盗接他人通信线路、复制他人的电信码号或明知是盗接、复制的电信设备、设施而使用。②将电信卡非法充值后使用，造成电信资费损失数额较大。③盗用他人公共信息网络上网账号、密码上网，造成他人电信资费损失数额较大。

（5）违禁品。盗窃枪支、弹药、爆炸物的不构成普通盗窃罪，构成特定罪名。但盗窃其他违禁品如毒品、假币、侵权物品、淫秽物品，构成盗窃罪。

（6）财产凭证。①不记名、不挂失的：按票面数额和盗窃时应得的孳息、奖金或者奖品等可得收益一并计算盗窃数额；②记名：按照兑现部分的财物价值计算盗窃数额；没有兑现，但失主无法通过挂失、补领、补办手续等方式避免损失的，按照给失主造成的实际损失计算盗窃数额。盗窃后的支取、使用行为视为事后不可罚之行为。

（7）所有权人偷回被他人合法占有、控制下的本人所有财物。

▶事例1：甲的汽车被交管局合法扣押，甲趁交管局不注意而偷回，事后索赔。甲是汽车所有权人，交管局是汽车合法占有人；因盗窃罪的对象是"他人占有的财物"，而不限于"他人所有的财物"，且此时占有人的占有效力高于所有权人的占有，故该汽车仍可成为盗窃对象。

▶事例2：甲将自己的汽车质押给乙，向乙借款100万挥霍，之后又偷偷将该车偷回。该汽车也可可成为盗窃对象。

注意：这种情形符合盗窃对象的要求，但是否构成盗窃罪，还需看行为人主观上有无非法占有目的。当前，最高人民法院发布的一系列判例对有无非法占有目的的推定规则是：如果事后索赔或欲图索赔，或者盗窃行为会必然使被害人受到损失，就推定行为人有非法占有目的，可构成盗窃罪。如果行为人没有事后索赔或无索赔欲图，就推定行为人不具有非法占有目的，不构成盗窃罪；但可能以手段行为定罪（如盗窃被司法机关合法扣押的本人所有财物，可触犯非法处置查封、扣押、冻结的财产罪）。

（8）死者的财物、祭葬品，系观念上的他人占有物，拿走可构成盗窃罪。

观点辨析：盗走死者遗物	
通说观点：盗窃罪	少数观点：侵占罪
刑法认为死者遗物是观念上的他人占有的财物	民法认为死者遗物是无人占有的继承人所有物

【观点辨析】关于非法取走死者遗物行为的定性：

①主流观点（观念占有说）：社会观念认为死者遗物归死者占有，非法取走死者遗物行为构成盗窃罪。

②少数观点（死者不能占有说）：根据民法，死者不能占有，非法取走死者遗物行为构成侵占罪。

（9）盗窃以下物品，不构成盗窃罪（普通盗窃罪），而构成相应其他罪名（有的罪名为盗窃罪的特别法条）：侵犯商业秘密罪，盗窃国家档案罪，盗窃国家机关公文、印章罪，盗窃枪支、弹药、爆炸物罪，盗掘古文化遗址、古墓葬罪。

🔲 经典考题

李某花5000元购得摩托车一辆。半年后，其友王某提出借用摩托车，李同意。王某借用数周不还，李某碍于情面，一直未讨还。某晚，李某乘王某家无人，将摩托车推回。次日，王某将摩托车丢失之事告诉李某，并提出用4000元予以赔偿。李某故意隐瞒真情，称："你要赔就赔吧。"王某于是给付李某摩托车款4000元。后李某恐事情败露，又将摩托车偷偷卖给丁某，获得款项3500元。李某的

行为构成何罪？（ ）① （2003-2-10）

  A.盗窃罪　　　　　　　　　B.诈骗罪

  C.销售赃物罪　　　　　　　D.盗窃罪和诈骗罪的牵连犯

拓展习题

  下列哪些行为属于盗窃？（ ）②

  A.甲夜间进入 A 的房间偷东西，A 醒来不敢声张，假装不知情蒙头大睡，等甲拿走东西出门后，A 才大声呼喊

  B.A 雇用甲为其装修祖传的房屋，甲发现 A 房屋墙中藏有大量祖上流传的金条，对此 A 并不知情，甲将金条拿走

  C.甲开厢式货车去乙的公司提货，本来按合同只能提走 10 台电视机，但甲趁乙不注意将 1 台电视机放在驾驶室座位下，在清点货物数量时，甲对乙说"怎么只有 9 台呢"，乙清点了厢式货车里的数目，果然只有 9 台，于是又取了一台给甲

  D.甲帮助卖淫女 A 保管其卖淫所得的嫖资 5 万元，后甲将该款挥霍，然后打破自家门窗，伪造了他人入室盗窃的现场，对 A 谎称家里被盗

  解析： A 选项，属"公然盗窃"的情形。

  B 选项，祖传的房屋的金条，物主虽不知情，但位于特定控制区域，应认定为归物主占有。

  C 选项，藏起来的 1 台电视为犯罪对象，是趁他人不注意而取得，被害人未处分。

  D 选项，基于不法原因而委托给付的财物，也能成立侵占的对象，构成侵占罪。

  ★ **3. 五种盗窃罪形式**

  （1）**数额较大**。以 1000 元至 3000 元为起点。有"曾因盗窃受过刑事处罚的"等八种恶劣情节的，"数额较大"的标准折半。

  （2）**多次盗窃**。指二年内盗窃三次以上。

  （3）**入户盗窃**。非法进入供他人家庭生活，与外界相对隔离的住所盗窃。可比照前文"入户抢劫"的构成条件进行理解。要求入的是"户"，入户的目的是为了犯罪（入户具有非法性），盗窃行为发生在户内。

  （4）**携带凶器盗窃**。携带枪支、爆炸物、管制刀具等国家禁止个人携带的器械盗窃，或者为了实施违法犯罪携带其他足以危害他人人身安全的器械盗窃。可比照前文"携带凶器抢夺"进行理解，但与"携带凶器抢夺"不同的是，本处携带凶器并不严格要求有随时使用的可能性，只要求有携带事实即可。

  （5）**扒窃**（近身盗窃）。在公共场所或者公共交通工具上盗窃他人随身携带的财物的，应当认定为"扒窃"。不要求必须盗窃贴身携带的财物才构成犯罪。亦即"扒窃"的含义是在公共场所"近身盗窃"，而不限于"贴身盗窃"。

  ①发生在**公共场所**。即不特定人可以进入、停留的场所以及有多数人在内的场所，如马路上、公共汽车、地铁、火车、公园、影剧院、大型商场等。

  ②他人**随身携带**的财物。即他人带在身上或者置于身边附近的财物，如口袋内、提包内、

---

① **参考答案：A**

② **参考答案：ABC**

火车、地铁上置于货架上、床底下的财物。

经典考题

关于盗窃罪的理解，下列哪一选项是正确的？（　　）[①]（2011-2-16）

A.扒窃成立盗窃罪的，以携带凶器为前提

B.扒窃仅限于窃取他人衣服口袋内体积较小的财物

C.扒窃时无论窃取数额大小，即使窃得一张白纸，也成立盗窃罪既遂

D.入户盗窃成立盗窃罪的，既不要求数额较大，也不要求多次盗窃

4.责任：盗窃故意（明知他人占有的财物），以及非法占有的目的。

（1）明知是财物。即要求明知对象物具有一般人认可的价值。

一般情况下，对数额的认识错误不影响故意的成立，只要认识到对象具有相当的价值（认识到了财物属性），即使误认为价值较小，例如，误将人价值30万的进口手表认为是6000块的国产手表，也认为具有盗窃故意。

但是，误认为对象物价值极其微薄（即没有认识到财物属性），实则对象物价值数额较大、巨大乃至特别巨大，一般不认为有盗窃故意。**例如：** 误认为对象物就是一张废纸实则是价值连城的文物书画而窃取，可认为行为人没有认识到对象的财物属性，不认为有盗窃故意。

（2）明知他人占有。误将他人占有的财物认作已脱离他人占有的财物（侵占对象），是事实认识错误，系侵占故意，不构成盗窃罪，可构成侵占罪。

（3）多次盗窃不要求认识到次数；但入户盗窃要求认识到"户"；携带凶器盗窃要求认识到自己携带了凶器。

5.责任阻却事由。 偷拿家庭成员或者近亲属的财物，获得谅解的，一般可以不认为是犯罪；追究刑事责任的，应当酌情从宽。

（二）盗窃的数额认定

1.被盗财物有有效价格证明的，根据有效价格证明认定；无有效价格证明，或者根据价格证明认定盗窃数额明显不合理的，应当按照有关规定委托估价机构估价。盗窃行为给失主造成的损失大于盗窃数额的，损失数额可以作为量刑情节考虑。

2.盗窃有价支付凭证、有价证券、有价票证的：

①盗窃不记名、不挂失的有价支付凭证、有价证券、有价票证的，应当按票面数额和盗窃时应得的孳息、奖金或者奖品等可得收益一并计算盗窃数额。

②盗窃记名的有价支付凭证、有价证券、有价票证，已经兑现的，按照兑现部分的财物价值计算盗窃数额；没有兑现，但失主无法通过挂失、补领、补办手续等方式避免损失的，按照给失主造成的实际损失计算盗窃数额。

（三）盗窃罪的既遂标准

1.理论上：以控制说为基础，以失控说为补充。亦即，一般以行为人控制住财物为既遂，若行为人未控制财物但被害人失去控制，也认为既遂。**例如：** 保姆窃取家里的财物，将其藏

在雇主家的隐蔽场所的；从火车上将他人财物扔到偏僻的轨道旁，打算下车后再捡回的，都成立盗窃既遂。注意：作为既遂标准的"控制"（实际更接近民法的"持有"），与作为对象的他人"占有"，含义并不相同。▶**例如：** 黑客甲将被害人乙账户中的 10 万转自其本人的账户上，还未去银行取出款项即被抓获；钱款虽认为归银行事实占有，但认为已归甲控制（法律控制），故为盗窃罪既遂。

2. 具体标准：（1）小宗物品，行为人将该财物握在手里、放入口袋、藏入怀中、夹在腋下，即为既遂。（2）大宗物品，移出特定控制范围即为既遂，如搬出商店、带出工厂、挪到门外等。

3. 五种形式的盗窃罪的既遂，都需取得刑法上认为值得保护的一定价值财物。

（1）数额较大的盗窃，要求盗窃到数额较大的财物，才是既遂，否则是未遂（此时"数额较大"是犯罪既遂的标准，而不是成立盗窃罪与否的标准）。▶**例如：** 甲潜入银行金库去盗窃，因慌乱只偷到 300 元，应当认定为是盗窃未遂。

（2）多次盗窃、入户盗窃、携带凶器盗窃、扒窃成立既遂，虽不要求盗窃到数额较大的财物，但要求取得刑法上认为值得保护的一定价值财物，例如几百块钱。窃得价值极其微薄的物品，例如一张白纸、一根圆珠笔芯等，不认为值得科处刑罚。

4. 盗窃未遂，但是以数额巨大的财物、珍贵文物为盗窃目标或者具有其他情节严重的情形的，应当依法追究刑事责任。

经典考题

陈某趁珠宝柜台的售货员接待其他顾客时，伸手从柜台内拿出一个价值2300元的戒指，握在手中，然后继续在柜台边假装观看。几分钟后，售货员发现少了一个戒指并怀疑陈某，便立即报告保安人员。陈某见状，速将戒指扔回柜台内后逃离。关于本案，下列哪些说法是正确的？（   ）[①]（2002-2-42）

A. 陈某的盗窃行为已经既遂

B. 陈某的盗窃行为属于未遂

C. 陈某将戒指扔回柜台内不属于中止行为

D. 陈某将戒指扔回柜台内属于犯罪既遂后返还财物的行为

（四）一罪数罪

1. 盗窃罪与故意毁坏财物罪。

（1）以毁坏为盗窃手段，只有一行为，系想象竞合，择一重罪处罚。实施盗窃犯罪，造成公私财物损毁的，以盗窃罪从重处罚；又构成其他犯罪的，择一重罪从重处罚；盗窃公私财物未构成盗窃罪，但因采用破坏性手段造成公私财物损毁数额较大的，以故意毁坏财物罪定罪处罚。盗窃广播电视设施、公用电信设施价值数额不大，但是构成危害公共安全犯罪的，以危害公共安全类犯罪定罪处罚；盗窃广播电视设施、公用电信设施、电力设备同时构成盗窃罪和破坏广播电视设施、公用电信设施罪、破坏电力设备罪的，择一重罪处罚。

（2）盗窃此财物之后，以其他目的毁坏非盗窃所得的彼财物，有两行为，应当数罪并罚。盗窃后，为掩盖盗窃罪行或者报复等，故意破坏公私财物构成犯罪的，应当以盗窃罪和构成的其他罪实行数罪并罚。

（3）以非法占有为目的盗窃之后，毁坏盗窃所得的物品，有两行为，但毁坏行为属事后

[①] **参考答案：** ACD

不可罚行为，认定为一罪。但是，如果盗窃特定物品属违禁品，之后对处分违禁品的行为侵害其他法益，则不符合"同一对象、同一法益、前行为已评价"的事后不可罚情形，应当数罪并罚。例如，盗窃毒品后又出售该毒品，以盗窃罪、贩卖毒品罪数罪并罚。

金点口诀

1. 盗窃本人所有财物后索赔，只要他人占有效力更高，也可构成盗窃罪。
2. 扒窃：公共场所、随身携带（触手可及）。
3. 盗窃既遂：小宗物品握在手里，大宗物品移出控制区域。

经典考题

下列哪些说法是错误的？（　　）① （2006-2-59）

A. 甲盗窃乙的存折后，假冒乙的名义从银行取出存折中的 5 万元存款。甲的行为构成盗窃罪与诈骗罪

B. 甲盗窃了乙的 200 克海洛因，因本人不吸毒，就将海洛因转卖给丙。甲的行为构成盗窃罪和贩卖毒品罪

C. 甲盗窃了博物馆的一件国家珍贵文物，以 20 万元的价格转卖给乙。甲的行为构成盗窃罪和倒卖文物罪

D. 甲盗窃了乙的一块名表，以 2 万元的价格转卖给丙，甲的行为构成盗窃罪和销售赃物罪

拓展习题

关于盗窃罪以下说法正确的有（　　）②

A. 甲与 A 某夫妇合租一套二室一厅的房屋，各住一室；甲趁 A 某夫妇外出时，进入其屋内盗窃，甲属于入户盗窃

B. 乙在公交车上，趁乘客 B 睡觉时，拿走其放在头顶行车架上的口袋，内装有价值 300 元钱的二手手机一部，则乙属扒窃盗窃罪既遂

C. 丙系 C 某雇用的住家保姆，某日趁丙外出时进入 C 的卧室将价值 10 万元的钻石首饰拿走，物藏匿于其所睡的沙发床下，准备一有机会就带回家中。当日 C 发现失窃后报案，未破案。一个月后丙准备藏于行李中带走时，被 C 家人看见而案发。则丙构成盗窃罪，系犯罪既遂

D. 丁盗窃 D 某的面额为 5000 元的不可挂失、补办的记名购物卡一张，购物消费 2000 元之后将购物卡遗失，丁的盗窃数额为 2000 元

解析：A 选项，"户"指为家庭生活而居住相对隔离的场所，A 某夫妇租住的一室与甲租住的一室隔离，属于"户"。

B 选项，拿走他人头顶行车架上的口袋，属扒窃；取得财物即为既遂，无须取得数额较大的财物。

C 选项，家里的东西归屋主人占有，丙是盗窃罪；虽未拿出家门但被害人失去控制，认定为既遂。

D 选项，盗窃记名的有价票证，失主无法通过挂失、补领、补办手续等方式避免损失的，按照给失主造成的实际损失计算盗窃数额。故而本项盗窃数额是 5000 元。

---

① **参考答案：AD**
② **参考答案：ABC**

★五、诈骗罪：骗取他人处分（转移占有）

本罪需要掌握的知识点主要有：（1）意思处分行为说。（2）三角诈骗。（3）诈骗罪与盗窃罪的区别。

相关法条

第266条【诈骗罪】诈骗公私财物，数额较大的，处三年以下有期徒刑、拘役或者管制，并处或者单处罚金；数额巨大或者有其他严重情节的，处三年以上十年以下有期徒刑，并处罚金；数额特别巨大或者有其他特别严重情节的，处十年以上有期徒刑或者无期徒刑，并处罚金或者没收财产。本法另有规定的，依照规定。

知识点讲解

诈骗罪，是指以非法占有为目的，使用欺骗方法（虚构事实、隐瞒真相），骗取数额较大的公私财物的行为。诈骗罪的本质是骗取他人处分（转移占有），仅有欺骗行为（虚构事实、隐瞒真相），尚不一定构成诈骗罪，只有当有处分权利的人因欺骗而作出处分（转移占有），才是诈骗罪。从而，诈骗罪是骗人的犯罪，精确地说，是骗取他人处分的犯罪。刑法中的"处分"，指的是转移占有，而不限于转移所有，这与民法有所不同。

（一）构成要件要点：骗取他人处分行为

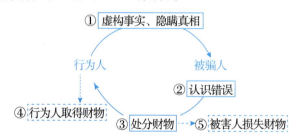

诈骗罪是由五个环环相扣的环节组成：行为人实施欺骗行为（虚构事实、隐瞒真相）→被骗人产生（或继续维持）认识错误→被骗人基于错误认识处分财产→行为人或第三者取得财物→被害人遭受财物损失。

1.行为人实施欺骗行为：虚构事实、隐瞒真相。虚构事实指虚构不存在的事实，隐瞒真相指的是有揭示真相的义务而不揭示，利用其骗人。欺骗行为无须达到一般人误信的程度，只需足以使欺骗对象产生认识错误即可。例如，冒充孙中山诈骗，也是诈骗行为。

2.被骗人（有处分权限的人）因行为人的欺骗，而产生认识错误，或者被强化、维持原有认识错误。

（1）被骗人是人。机器不能被骗，但司法解释规定冒用信用卡在ATM机上提款可构成信用卡诈骗罪。（《最高人民检察院关于拾得他人信用卡并在自动柜员机（ATM机）上使用的行为如何定性问题的批复》：拾得他人信用卡并在自动柜员机（ATM机）上使用的行为，属于刑法第一百九十六条第一款第（三）项规定的"冒用他人信用卡"的情形，构成犯罪的，以信用卡诈骗罪追究刑事责任。)

（2）被骗人是具有财物处分能力的人。"骗取"幼儿、严重精神病患者等没有财物处分能力人的财物的，成立盗窃罪。

（3）被骗人与受害人可以是同一人，也可能是不同的人，只要是具有财物处分权限即可。亦即被骗人可以是财物的所有人、管理人（受害人），也可以是其他在法律或者事实上具有处分财产的权限或者处于可以处分财产地位的人（处分人）。这里的"处分权限"，指的是具有转移占有的权限（从客观上判断）。

①甲骗乙而取得丙的财物，当乙有处分丙的财物的权限时，甲构成诈骗罪（即"三角诈骗"）。

▶例如：张某到李某家，骗李某家保姆王某，假称李某让其来拿名贵大衣去干洗，王某误信为真而交付大衣，张某据为己有。被骗人王某有将被害人李某大衣转移占有（送洗）的权限，故张某构成诈骗罪（"三角诈骗"）。

②甲骗乙而取得丙的财物，当乙没有处分丙的财物的权限时，甲构成盗窃罪（间接正犯）。

▶例如：张某看到李某名贵的狗在草坪上玩，欺骗一旁的王某，谎称狗是其本人的，让王某将狗抱来给自己，张某将狗据为己有。被骗人王某没有将狗转移占有的权限和地位，故张某构成盗窃罪（利用王某作为工具的间接正犯）。

经典考题

丙是乙的妻子。乙上班后，甲前往丙家欺骗丙说："我是乙的新任秘书，乙上班时好像忘了带提包，让我来取。"丙信以为真，甲从丙手中得到提包（价值 3300 元）后逃走。关于甲的行为，下列哪些选项是错误的？（　）[1]（2008 年四川延期试卷二第 59 题）

A.盗窃罪的直接正犯　　　　　　B.诈骗罪的间接正犯

C.盗窃罪的间接正犯　　　　　　D.诈骗罪的直接正犯

拓展习题

以下行为人甲的行为构成诈骗罪的有（　）[2]

A.洗衣店店主甲发现丙家一楼阳台上晾有三套西服（价值 1 万元），就骗员工乙说"丙有洗衣服，但没时间送来，晾在阳台上，让我们去取，你去取来吧。"乙信以为真，到丙家阳台上取来衣服交给甲，甲据为己有

B.甲在超市里捡到失主丙遗失在该超市里的取包牌后，拿着取包牌从超市存包处的保管员乙处，将丙存放在乙处的皮包取走（同装有价值 2 万元的财物）

C.乙进入地铁车厢后，发现自己的座位边上有一个钱包（实为旁边另一个乘客丙的），于是问身边的甲："这是您的钱包吗？"尽管不是甲的钱包，但甲却说："是的，谢谢！"于是乙将钱包递给甲

D.乙上班后，保姆丙在家做家务，甲敲门后骗保姆丙说："乙让我上门取她的晚礼服去干洗。"丙信以为真，将乙的晚礼服（价值 2 万元）交给甲

解析：本题考查三角诈骗与盗窃罪的间接正犯的区别，关键要看被骗人有无处分权限。

A 选项、D 选项，D 选项中的保姆有有处分（转移占有，将衣物送洗）权限，行为人构成诈骗罪；

---

① 参考答案：ABC

② 参考答案：BD

A选项与D选项情形不同，员工没有处分权限，甲系盗窃罪的间接正犯。

B选项，存包处的保管员看到取包牌后，有处分（转移占有）权限。

C选项，乘客没有没有处分另一乘客财物的权限，甲系盗窃罪的间接正犯。

3. 被骗人基于认识错误，而处分（转移占有）财物。

（1）处分：转移占有。这里的转移占有，指使被骗人不再占有财物，而由行为人独立占有该财物。无论被骗人是基于放弃所有权意思（如售出、赠与），还是基于保留所有权意思（如借出）而转移占有，都属刑法中的处分。但是，仅仅只转移"持有"而不会使行为人独立占有该财物的，不认为有处分。📍**例如：**甲骗乙让乙将手机临时借给其拨打，乙受骗将手机交给甲，将甲在旁边拨打，甲趁乙不注意而开溜，取得乙的手机。乙将手机交给甲让其在旁边拨打时，乙仅转移了"持有"；甲拿到手机之后，因物主乙近在身旁，手机仍归乙占有，故而乙并未转移"占有"。甲取得手机的占有是趁乙不注意而开溜，故甲构成盗窃罪，而不是诈骗罪。

（2）被骗人有处分财物的意识（意识处分行为说）。即被骗人在交付财物时，主观上需认识到自己将特定财物转移给行为人占有，对于财物的性质、数量需要都要有认识。

①对被处分的**特定物品的性质有认识。**📍**例如：**甲发现书店里的书中夹有一张非常珍贵的邮票（价值10万），遂拿着该书到店主乙那里结账，支付书价10元后将书与邮票一起拿走。则乙在交付财物时，只认识到了书，对于书有处分；但未认识到邮票，对于邮票不能认为有处分。故甲对邮票构成盗窃罪（夹带型盗窃）。

②对被处分的**特定物品的数量有认识。**📍**例如：**甲到仓库提货电视10台，另偷偷藏起1台，仓库管理员乙误认为只有10台，将甲放行。则乙未认识到藏起来的那台电视机，不认为对其有处分。故甲对该台电视机构成盗窃罪（添附型盗窃）。

并不要求被骗人对于特定物品的真实价值有认识。被骗人认识到了特定物品的性质和数量，但没有认识到其真实价值而交付的，也认为有处分。📍**例如：**珍宝鉴定师甲知道乙的宝石价值1000万，却骗乙说该宝石有瑕疵不值钱，价值只有1000，而以1000元购得该宝石。乙认识到了被处分财物的性质和数量，只是没有认识到其真实价值，也应认为有处分。甲构成诈骗罪。

4. 行为人取得财物，或使第三人取得财物。取得财物有两种情况：

（1）积极财产的增加，如将被害人的财物转移给行为人或第三者占有。

（2）消极财产的减少，如使对方免除或者减少行为人应当支付的债务，骗免规费等。

5. 被害人财物损失。

（1）存在欺骗，但未使被害人财物损失，不构成诈骗罪。例如，甲打算从丙处购买汽车，而乙冒充自己是丙，将自己的汽车出售给甲。乙并无财物损失，甲不构成诈骗罪。

（2）骗取被害人的劳务，不构成诈骗罪。例如，甲假充自己是大款，骗取卖淫女的卖淫服务，之后未支付性交易费用而溜走，甲不构成诈骗罪。

（3）骗取被害人同意延缓债务，而不是免除债务，不构成诈骗罪。

📘 **经典考题**

关于诈骗罪，下列哪些选项是正确的？（ ）① （2007-2-62）

---

① **参考答案：AB**

A. 收藏家甲受托为江某的藏品进行鉴定，甲明知该藏品价值 100 万，但故意贬其价值后以 1 万元收买。甲的行为构成诈骗罪

B. 文物贩子乙收购一些赝品，冒充文物低价卖给洪某。乙的行为构成诈骗罪

C. 店主丙在柜台内陈列了两块标价 5 万元的玉石，韩某讲价后以 3 万元购买其中一块，周某讲价后以 3000 元购买了另一块。丙对韩某构成诈骗罪

D. 画家丁临摹了著名画家范某的油画并署上范某的名章，通过画廊以 5 万元出售给田某，丁非法获利 3 万元。丁的行为构成诈骗罪

（二）刑法对于诈骗罪的提示性规定

1. 电信资费诈骗。以虚假、冒用的身份证件办理入网手续并使用移动电话，造成电信资费损失数额较大的，构成诈骗罪。

2. 骗免规费型诈骗。伪造或者租用武装部队车辆号牌，骗免养路费、通行费等各种规费，数额较大，构成诈骗罪。

3. 组织和利用邪教组织以各种欺骗手段，收取他人财物的，构成诈骗罪。

4. 使用欺骗手段骗取增值税专用发票或者可以用于骗取出口退税、抵扣税款的其他发票的，构成诈骗罪。

5. 利用发送短信、拨打电话、互联网等电信技术手段对不特定多数人实施诈骗，构成诈骗罪。

6. 以欺诈、伪造证明材料或者其他手段骗取养老、医疗、工伤、失业、生育等社会保险金或者其他社会保障待遇的，构成诈骗罪。

7. 诉讼诈骗。以捏造的事实提起民事诉讼（虚假诉讼罪），妨害司法秩序或者严重侵害他人合法权益的，非法占有他人财产或者逃避合法债务，又构成其他犯罪（诈骗罪、职务侵占罪、贪污罪等）的，依照处罚较重的规定定罪从重处罚。

（三）处罚规定

1. 诈骗近亲属的财物，近亲属谅解的，一般可不按犯罪处理。诈骗近亲属的财物，确有追究刑事责任必要的，具体处理也应酌情从宽。

2. 诈骗未遂，以数额巨大的财物为诈骗目标的，或者具有其他严重情节的，应当定罪处罚。（对不特定多数人的同样如此）

3. 诈骗既有既遂，又有未遂，分别达到不同量刑幅度的，依照处罚较重的规定处罚；达到同一量刑幅度的，以诈骗罪既遂处罚。

★（四）盗窃罪与诈骗罪的区分：有诈骗不一定是诈骗罪，被骗人有处分才是诈骗罪

诈骗罪中被骗人因受骗而处分（转移占有）的行为，盗窃罪中被害人没有处分行为。

1. 有诈骗不一定是诈骗罪，被骗人有处分（转移占有）才是诈骗罪。

（1）被骗人有无处分（转移占有）的行为。

（2）被骗人有无处分财物的意识。

2. 三角诈骗与盗窃罪间接正犯的区分：被骗人有无处分权限。

💡 考点归纳

1.诈骗罪与盗窃罪等的区分：有骗不一定构成诈骗罪，被骗人（欺骗有处分权的人）有处分（转移占有）才是诈骗罪。

2.处分指转移占有（被骗人放弃占有），而不只是转移持有；处分需要有意识（意识处分行为说），财物性质、数量均需认识。

3.三角诈骗与盗窃罪间接正犯的区分：骗甲而取得乙的财物，乙有处分权，甲是诈骗罪（三角诈骗）；乙无处分权，甲是盗窃罪（间接正犯）。

🚩**事例**：甲在逛商场时发现一A牌名贵新西服（价值4万）即有占有之意，则以下情形：

（1）甲穿着新西服，大摇大摆走出商场，售货员乙以为是客人穿来的衣服。售货员乙并无处分行为，甲构成盗窃罪。

（2）甲试好新西服后，欺骗售货员乙说："我去上一下厕所，一会儿来交钱。"售货员乙同意并站在厕所门口等待，甲穿着新西服从厕所窗户跳窗溜走。售货员乙只有转移"持有"行为，没有转移占有，不认为有处分行为，甲构成盗窃罪。

（3）甲假装说自己没带够钱，并将身份证压下，让售货员乙允许其穿着新西服回家拿钱，乙误信为真同意后溜走。乙有转移占有行为，甲成诈骗罪。

（4）甲趁售货员不注意将A牌名贵西服在包装盒取出，装入一箱方便面之中，以方便面的价格（30元）在售货员乙结账后离开。售货员乙没有处分西服的意识，甲构成盗窃罪。同样，将A牌名贵西服从包装盒取出，装入价值低廉的B牌名贵西服从包装盒中，以B牌名贵西服的价格（100元）在售货员乙结账后离开。售货员乙没有处分A牌名贵西服的意识，甲构成盗窃罪（调包型盗窃）。

（5）甲趁售货员不注意将A牌名贵西服的价格标签（4万）进行了涂改，改为400元。让售货员乙结账，乙虽有疑惑但误信标签为真，以400元出售了A牌西服。乙对物品性质没有误认，只是对价金有误认，认为有处分。甲构成诈骗罪。

📝 经典考题

关于诈骗罪的认定，下列哪一选项是正确的（不考虑数额）？（   ）① （2016-2-17）

A.甲利用信息网络，诱骗他人点击虚假链接，通过预先植入的木马程序取得他人财物。即使他人不知点击链接会转移财产，甲也成立诈骗罪

B.乙虚构可供交易的商品，欺骗他人点击付款链接，取得他人财物的，由于他人知道自己付款，故乙触犯诈骗罪

C.丙将钱某门前停放的摩托车谎称是自己的，卖给孙某，让其骑走。丙就钱某的摩托车成立诈骗罪

D.丁侵入银行计算机信息系统，将刘某存折中的5万元存款转入自己的账户。对丁应以诈骗罪论处

📝 拓展习题

【1】甲某系某无照经营的货运"黑车"司机，一次帮A某搬运台式电脑20台，A某随车押运。甲某见A某人老实好骗，就想占有电脑。于是假装肚子疼停车在一药店旁，让A某下车帮自己去买药。A某下车后甲某将电脑拖走卖掉，甲某构成（   ）②

　　A.诈骗罪　　　B.侵占罪　　　C.盗窃罪　　　D.职务侵占罪

---

① **参考答案：B**

② **参考答案：C**

解析：物主 A 某就在附近，财物归物主占有。甲某不独立占有，不构成侵占罪。甲某虽有诈骗，但 A 某并没有转移占有的行为，甲某不构成诈骗罪。是趁其不注意拖走，构成盗窃罪。

【2】以下行为人甲的行为，不构成诈骗罪的有（　　）[1]

A.甲假扮顾客到商场选购金银首饰，对售货员谎称旁边另有顾客需要帮助，待售货员离开后将一枚金戒指装入兜中离开

B.甲在超市乘营业员不注意之机，打开不同价位白酒的外包装，置换商品，将 5 瓶价值高昂的"五粮液"酒放入价格相对较低的"郎酒"包装盒中，在超市交款台交少量现金给收银员 B，骗得价值高的财物的

C.乙进入地铁车厢后，发现自己的座位边上有一个钱包（实为旁边另一个乘客丙的），于是问身边的甲："这是您的钱包吗？"尽管不是甲的钱包，但甲却说："是的，谢谢！"于是乙将钱包递给甲

D.洗衣店店主甲发现丙家一楼阳台上晾有三套西服（价值 1 万元），就骗员工乙说："丙有洗衣服，但没时间送来，晾在阳台上，让我们去取，你去取来吧。"乙信以为真，到丙家阳台上取来衣服交给甲，甲据为己有

解析：A 选项，被骗人没有转移占有的处分行为，行为人构成盗窃罪。

B 选项，被骗人在转移占有时没有意识到是"五粮液"酒，没有意识到处分"五粮液"酒，行为人不构成诈骗罪，构成盗窃罪。

C 选项，被骗人乙没转移占有权限，甲不构成三角诈骗，构成盗窃罪间接正犯。

D 选项，被骗人乙没转移占有权限，甲不构成三角诈骗，构成盗窃罪间接正犯。

★六、侵占罪：将合法占有的财物非法所有

📖 考点说明

本罪需要掌握的知识点主要有：（1）侵占罪的对象：本人合法占有、他人失去占有的、他人所有的财物。（2）盗窃罪与侵占罪的区分。

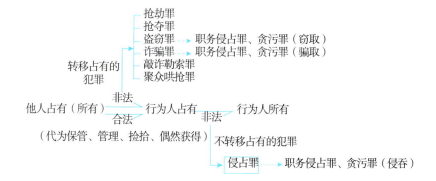

经典考题

乙女在路上被铁丝绊倒，受伤不能动，手中钱包（内有现金 5000 元）摔出七八米外。路过的甲捡起钱包时，乙大喊："我的钱包不要拿。"甲说："你不要喊，我拿给你。"乙信以为真没有再喊。

甲捡起钱包后立即逃走。关于本案，下列哪一选项是正确的？（　　）①（2016-2-18）

A.甲以其他方法抢劫他人财物，成立抢劫罪

B.甲以欺骗方法使乙信以为真，成立诈骗罪

C.甲将乙的遗忘物据为己有，成立侵占罪

D.只能在盗窃罪或者抢夺罪中，择一定性甲的行为

📖 相关法条

第270条【侵占罪】将代为保管的他人财物非法占为己有，数额较大，拒不退还的，处二年以下有期徒刑、拘役或者罚金；数额巨大或者有其他严重情节的，处二年以上五年以下有期徒刑，并处罚金。

将他人的遗忘物或者埋藏物非法占为己有，数额较大，拒不交出的，依照前款的规定处罚。

本条罪，告诉的才处理。

💡 知识点讲解

侵占罪，是指将行为人本人合法占有的他人所有财物，非法占为己有，数额较大的行为。侵占罪的法益是财物所有权。因行为人在侵犯财物所有权时，已合法占有财物，故侵占罪并不侵犯财物占有权。侵占行为即指侵犯财物所有权的行为。事实上，财产犯罪可分为转移占有型的犯罪（如抢劫罪、盗窃罪、诈骗罪、抢夺罪、聚众哄抢罪、敲诈勒索罪）、不转移占有型的犯罪（侵占罪）。转移占有型的犯罪中，转移占有的行为是非法的（违背原占有人意思）；而侵占罪中，转移占有的行为是合法的（不违背原占有人意思），只是之后非法所有的行为（侵占行为）是非法的。故而，侵占罪与其他犯罪（如诈骗罪）的区分也在于：看之前转移占有的行为是否非法。由此，也可以认为是侵占罪是其他财产犯罪的补充法：在行为人转移占有的行为不能评定为诈骗罪、盗窃罪，但对财物有非法所有行为时，即认定为侵占罪。

（一）构成特征要点

1.侵占罪的对象：系行为人合法占有的、独立占有的、他人所有的财物。

（1）合法的占有，指基于受委托、租赁、借用、加工承揽、运输等一切民法上具有占有内容的合同，以及无因管理、不当得利的原因而占有。应当注意的是：刑法上的"合法占有"与民法上的"合法占有"含义不同。

观点辨析：侵吞基于不法原因而取得的保管物	
通说观点：构成侵占罪	少数观点：不构成侵占罪
刑法侵占对象的"合法的占有"，不是对占有行为本身法律性质的评价，而是指之前转移占有行为不构成犯罪	民法上基于不法原因而委托给付的财物，不属"合法占有"，财物不受民法保护，也当然不受刑法保护，委托人没有返还请求权，对象不能成为侵占罪的对象

【观点辨析】基于不法原因而取得的保管物是否属于侵占罪的对象

①主流观点：这里的"合法的占有"，不是对占有行为本身法律性质的评价，而是指后占有人的占有不违反前占有人意愿。占有行为本身违法，但并不违背前占有人的意愿，也认为是

"合法的占有"，对该财物非法所有，也认为是侵占罪。 ▶例如：乙将犯罪所得赃物给甲保管，甲趁机据为己有，尽管甲对赃物的占有在法律性质上非法（系掩饰、隐瞒犯罪所得罪），但其占有并不违反前占有人乙的意愿，故而非法所有行为也触犯侵占罪。

②但也有少数观点认为：基于不法原因而委托给付的财物，不属"合法占有"，财物不受民法保护，也当然不受刑法保护，委托人没有返还请求权，对象不能成为侵占罪的对象。

经典考题

甲、乙因涉嫌犯罪被起诉。在甲、乙被起诉后，甲父丙为使甲获得轻判，四处托人，得知丁的表兄刘某是法院刑庭庭长，遂托丁将15万元转交刘某。丁给刘某送15万元时，遭到刘某坚决拒绝。丁告知丙事情办不成，但仅退还丙5万元，其余10万元用于自己炒股。在甲被定罪判刑后，无论丙如何要求，丁均拒绝退还余款10万元。丙向法院自诉丁犯有侵占罪。

问题：有人认为丁构成侵占罪，有人认为丁不构成侵占罪。你赞成哪一观点？具体理由是什么？（2013年试卷四第2题部分）

解析：认为构成侵占罪理由：①丁将代为保管的他人财物非法占为己有，数额较大，拒不退还，完全符合侵占罪的犯罪构成。②无论丙对10万元是否具有返还请求权，10万元都不属于丁的财物，因此该财物属于"他人财物"。③虽然民法不保护非法的委托关系，但刑法的目的不是确认财产的所有权，而是打击侵犯财产的犯罪行为，如果不处罚侵占代为保管的非法财物的行为，将可能使大批侵占赃款、赃物的行为无罪化，这并不合适。

认为不构成侵占罪的理由：①10万元为贿赂款，丙没有返还请求权，该财物已经不属于丙，因此，丁没有侵占"他人的财物"。②该财产在丁的实际控制下，不能认为其已经属于国家财产，故该财产不属于代为保管的"他人财物"。据此，不能认为丁虽未侵占丙的财物但侵占了国家财产。③如认定为侵占罪，会得出民法上丙没有返还请求权，但刑法上认为其有返还请求权的结论，刑法和民法对相同问题会得出不同结论，法秩序的统一性会受到破坏。

（2）已脱离他人占有的**独立占有**：独立于原占有人的独立占有。亦即财物已脱离原占有人（物主人、管理人、委托人）的占有、控制；现归行为人独立占有。

如果财物并未脱离原占有人的占有，则行为人的占有不属独立占有，一般被认为是辅助占有人，原占有人为上位占有人。行为人将财物据为己有的，仍系将他人（上位占有人）占有的财物据为己有，不构成侵占罪，可能是盗窃罪。 ▶例如：商店店主乙委托顾客甲帮其临时看店，乙到十米开外的小摊拿东西，甲趁机将店里的货物拿走。甲在看店时，因货物仍在店中，仍系乙所占有，甲并未独立占有。故甲构成盗窃罪。

（3）表现为代为保管物、遗忘物、埋藏物，均系行为人合法占有的、他人所有的财物（有主物）。与民法（合同法、物权法）相对照，刑法中的"代为保管物"指一切基于具有委托保管内容的合同的物品。刑法中的"遗忘物"不仅包括物权法中的遗失物，还包括漂流物和失散饲养的动物，以及非基于他人本意而脱离他人占有，偶然（不是基于委托关系）由行为人占有的财物，例如他人因为认识错误而交付给行为人的财物、邮局误投的邮件、楼下飘落的衣物，等等。刑法中的"埋藏物"即是指物权法中现所有人不明但应当归国家所有的埋藏物、隐藏物，例如埋藏在地下或沉没在水中的文物。只要将其理解为"脱离他人占有物"即可。

2.侵占行为：非法所有，据为己有。侵占行为指的是侵犯所有权的一切行为，即行为人（占有人）以所有权人自居，实施只能由所有权人实施的侵犯所有权的行为。

（1）通常表现为：非法处分（利用使物丧失），非法转移所有权，拒不归还，谎称被盗、被抢，自盗、自抢，用假冒品归还，等等。

（2）法条规定的"拒不退还、拒不交出"，与非法所有同义。并不表明侵占罪是不作为犯。因外观上占有和所有难以区分，故而行为人"拒不退还、拒不交出"，推断其非法所有。

（3）应当注意的是，对于种类物，如果基于租赁、借用关系而借出，因承租人、借用人不仅享有占有权，也享有所有权，故而拒不归还，不能侵害财物的所有权，因此不构成侵占罪，只属于民事违约。

3.责任：侵占故意，要求行为明知对象物已脱离他人占有；非法所有的目的。

★（二）盗窃罪与侵占罪的区分：财物归他人占有还是归行为人占有，盗窃故意还是侵占故意

盗窃罪是将他人占有的财物，在被害人不知情的情况下，非法转移占有归行为人所有；侵占罪是将行为人本人合法占有的财物，非法所有。

	盗窃罪	侵占罪
犯罪对象	他人占有的财物，包括：事实上占有、观念占有	本人合法占有的、他人所有的财物（其占有为脱离原占有人的独立占有）
行为	非法转移占有	非法所有
责任内容	明知系他人占有的财物，非法占有目的	行为人明知他人对财物失去占有，非法占有目的

故而从理论上讲，两罪的区分：（1）盗窃罪的对象是他人占有的财物（盗窃对象），侵占罪的对象是他人失去占有、本人合法占有的财物（侵占对象）；（2）盗窃故意需行为人明知财物归他人占有（盗窃故意），侵占故意需行为人明知他人对财物已失去占有（侵占故意）。区分关键：客观上财物归谁占有，物主是否失去占有（是盗窃对象还是侵占对象）？主观上的故意内容（是盗窃故意还是侵占故意）。

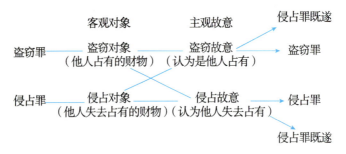

1. 客观对象上，财物是归行为人本人占有还是归他人占有？

符合本章财产罪前文所述七种"他人占有"情形的财物，亦即，他人直接支配下的财物（物主、管理人近在咫尺，或短暂离开），位于他人的事实支配领域内的财物，根据存在状态可以推知由他人事实支配的财物，原占有者丧失了占有但归临时占有者占有的财物，归委托人占有的封缄物，归上位占有人占有的财物，观念占有的财物，都属归"他人占有"，为盗窃罪的对象。

经典考题

【1】乙驾车带甲去海边游玩。到达后，乙欲游泳。甲骗乙说："我在车里休息，把车钥匙给我。"趁乙游泳，甲将该车开往外地卖给他人。甲构成何罪？（　　）① （2013-2-17）

A.侵占罪　　　B.盗窃罪　　　C.诈骗罪　　　D.盗窃罪与诈骗罪的竞合

【2】甲在8楼阳台上浇花时，不慎将金镯子（价值3万元）甩到了楼下。甲立即让儿子在楼上盯着，自己跑下楼去拣镯子。路过此处的乙看见地面上有一只金镯子，以为是谁不慎遗失的，在甲到来之前拾起镯子迅速逃离现场。甲经多方查询后找到乙，但乙否认捡到金镯子。乙的行为构成何罪？（　　）② （2008年四川延期试卷二第16题）

A.盗窃罪　　　B.侵占罪　　　C.抢夺罪　　　D.不构成犯罪

【3】乙（16周岁）进城打工，用人单位要求乙提供银行卡号以便发放工资。乙忘带身份证，借用老乡甲的身份证以甲的名义办理了银行卡。乙将银行卡号提供给用人单位后，请甲保管银行卡。数月后，甲持该卡到银行柜台办理密码挂失，取出1万余元现金，拒不退还。甲的行为构成下列哪一犯罪？（　　）③ （2014-2-18）

A.信用卡诈骗罪　　　B.诈骗罪　　　C.盗窃罪（间接正犯）　　　D.侵占罪

2. 主观故意上，盗窃故意（认为财物归他人占有）还是侵占故意（认为财物失去他人占有）？

如行为人主观上认为财物归他人占有，系盗窃故意，可能涉嫌盗窃罪。如行为人主观上认为他人对财物已失去占有，则只有侵占故意，无论客观上财物是他人占有还是他人失去占有，都难以成立盗窃罪。

经典考题

甲潜入乙的住宅盗窃，将乙的皮箱（内有现金3万元）扔到院墙外，准备一会儿翻墙出去再捡。偶尔经过此处的丙发现皮箱无人看管，遂将其拿走，据为己有。15分钟后，甲来到院墙外，发现皮箱已无踪影。对于甲、丙行为的定性，下列哪一选项是正确的？（　　）④ （2008-2-6）

A.甲成立盗窃罪（既遂），丙无罪

B.甲成立盗窃罪（未遂），丙成立盗窃罪（既遂）

C.甲成立盗窃罪（既遂），丙成立侵占罪

D.甲成立盗窃罪（未遂），丙成立侵占罪

3. 认识错误问题。

（1）客观上财物是他人占有的财物（盗窃对象），但行为人主观上误认为是他人失去占有的财物（侵占故意），而取走。因行为人无盗窃故意，故不成立盗窃罪。因将他人占有的财物（盗窃对象）取走后，财物就转变为他人失去占有的财物（侵占对象），加之行为人具有侵占故意。故而行为人构成侵占罪。

（2）客观上财物是他人失去占有的财物（侵占对象），但行为人主观上误认为是他人占

---

① 参考答案：B
② 参考答案：B
③ 参考答案：D
④ 参考答案：C

有的财物（盗窃故意），而取走。虽行为人主观上有盗窃故意，但因客观上无盗窃对象的存在，故不构成盗窃罪。行为人取得财物系不当得利，将其非法所有，构成侵占罪。

经典考题

甲乘坐长途公共汽车时，误以为司机座位后的提包为身边的乙所有（实为司机所有）；乙中途下车后，甲误以为乙忘了拿走提包。为了非法占有该提包内的财物（内有司机为他人代购的13部手机，价值26万元），甲提前下车并将提包拿走。司机到站后发现自己的手提包丢失，便报案。公安人员发现甲有重大嫌疑，便询问甲，但甲拒不承认，也不交出提包。关于本案，下列说法正确的是（　　）① （2004-2-88）

A.由于甲误认为提包为遗忘物，所以，甲的认识错误属于事实认识错误

B.由于甲误认为提包为遗忘物，因而没有盗窃他人财物的故意，根据主客观相统一的原则，甲的行为成立侵占罪

C.由于提包实际上属于司机的财物，所以，甲的行为成立盗窃罪

D.由于提包实际上属于司机的财物，而甲又没有盗窃的故意，所以，甲的行为不成立盗窃罪；又由于甲具有侵占遗忘物的故意，但提包事实上不属于遗忘物，所以，甲的行为也不成立侵占罪

（三）侵占罪与职务侵占罪的区分

职务侵占罪是指利用职务上的便利非法占有（侵吞、窃取、骗取）本单位的财物，将其行为分解开来，包括将自己基于职务或业务而代为保管的单位财物非法占为己有（业务侵占），还包括利用职务上的便利窃取、骗取本单位财物。当单位职员将代为保管的单位财物非法占为己有时，是认定为职务侵占罪，还是普通侵占罪，关键是要看代为保管是否基于职务或业务。是基于职务业务而保管，则为职务侵占；并非基于职务业务而保管，即为普通侵占罪。例如，A公司员工甲以个人名义向A公司借用一台电脑，后擅自将其卖出逃走，则甲构成普通侵占罪；如果A公司是基于工作需要而发放给甲电脑供其工作使用，甲擅自将其卖出，则构成职务侵占罪。

考点归纳

1.侵占罪对象：行为人合法占有的、独立占有的、他人所有的财物。

2.盗窃罪与侵占罪的区分：对象是他人占有还是行为人占有，独立占有还是辅助占有；盗窃对象、侵占故意，构成侵占罪。

经典考题

甲在某公司招聘司机时，用假身份证应聘并被录用。甲在按照公司安排独自一人将价值7万元的货物从北京运往山东途中。在天津将该货物变卖后潜逃，得款2万元。甲的行为构成何罪？（　　）② （2008年四川延期试卷二第18题）

A.盗窃罪　　　　B.诈骗罪　　　　C.职务侵占罪　　　　D.侵占罪

---

① 参考答案：AB
② 参考答案：C

拓展习题

以下构成侵占罪的有（　　）[1]

A.A出差时让其同事甲帮忙照看房子，甲在翻看A家的杂志时发现其中夹有1万元现金，即将其拿走，后又伪造被盗现场掩盖罪行

B.某国有公司的司机乙拉该公司出纳B去银行存款，B下车去银行时忘拿皮包（内有20万元），乙趁机将其藏在电瓶盒中，B回来发现皮包不见问乙是否知情，乙假装不知，并帮B沿路寻找，之后将皮包拿回家中

C.丙发现租车只需身份证即可，想以此搞钱，遂用捡来的身份证从C那里租赁来一辆奔驰汽车，当即转手将其出卖给他人，得钱15万元后逃走

D.丁受某画院委托为其装裱一副名画（估价200万元），丁用一张赝品将其调包，在赝品上装裱后冒充真迹归还画院

解析：A选项，房子里的财物归屋主占有，照看者充其量仅为辅助占有人，构成盗窃罪。

B选项，物主暂时离开，物仍归其占有；司机充其量仅为辅助占有人，构成盗窃罪。

C选项，隐瞒非法占有目的的真相，骗取他人转移占有，构成诈骗罪。

D选项，基于装裱而合法占有，非法所有构成侵占罪。

七、故意毁坏财物罪：效用减损

相关法条

第275条【故意毁坏财物罪】故意毁坏公私财物，数额较大或者有其他严重情节的，处三年以下有期徒刑、拘役或者罚金；数额巨大或者有其他特别严重情节的，处三年以上七年以下有期徒刑。

知识点讲解

故意毁坏财物罪，是指故意毁坏公私财物，数额较大或者有其他严重情节的行为。本罪的法益是财物的效用。

"毁坏"的本质是损害财物的效用（一般的效用侵害说）。通常，毁坏表现为非法毁灭或者损坏财物。毁灭，是指使某一财物的使用价值完全丧失。损坏，是指使某一财物的使用价值部分丧失。物品虽未灭失，但使物品丧失使用可能性，也认为是毁坏。

毁坏不限于从物理上变更或者消灭财物的形体，而是包括丧失或者减少财物的效用的一切行为。包括：

（1）使用物理上、客观上的损害方法而导致财物的效用丧失、减少。例如：砸坏他人汽车，毁坏他人的房子。

（2）使财物本身丧失，或者使被害人丧失对财物占有。例如：使他人鱼池的鱼游失、将他人的戒指扔入海中，低价抛售他人股票。将他人财物隐藏，为了报复泄愤将他人的现金扔入水沟。

（3）使财物的心理上、感情上效用丧失、减少。例如：将粪便投入他人餐具，使他人不再使用餐具。向他人的美术作品泼洒脏物，涂黑他人的广告牌内容。

---

[1] 参考答案：D

☆八、拒不支付劳动报酬罪：负有支付义务有能力支付而不支付

相关法条

第276条之一【拒不支付劳动报酬罪】以转移财产、逃匿等方法逃避支付劳动者的劳动报酬或者有能力支付而不支付劳动者的劳动报酬，数额较大，经政府有关部门责令支付仍不支付的，处三年以下有期徒刑或者拘役，并处或者单处罚金；造成严重后果的，处三年以上七年以下有期徒刑，并处罚金。

单位犯前款罪的，对单位判处罚金，并对其直接负责的主管人员和其他直接责任人员，依照前款的规定处罚。

有前两款行为，尚未造成严重后果，在提起公诉前支付劳动者的劳动报酬，并依法承担相应赔偿责任的，可以减轻或者免除处罚。

拒不支付劳动报酬罪，是以转移财产、逃匿等方法逃避支付劳动者的劳动报酬或者有能力支付而不支付劳动者的劳动报酬，数额较大，经政府有关部门责令支付仍不支付的行为。

1. 本罪为不作为犯。即负有支付劳动报酬的自然人或单位，有能力履行而不履行支付劳动报酬的义务。

2. 构成要件：

（1）主体：负有支付劳动报酬义务的自然人或单位。

（2）两种不作为行为（不履行支付劳动报酬的义务）：逃避支付；有能力支付而不支付。

（3）对象：不支付的是劳动报酬。劳动者依照《中华人民共和国劳动法》和《中华人民共和国劳动合同法》等法律的规定应得的劳动报酬，包括工资、奖金、津贴、补贴、延长工作时间的工资报酬及特殊情况下支付的工资。而非一般债务。

（4）数额较大。①拒不支付一名劳动者三个月以上的劳动报酬且数额在五千元至二万元以上的；②拒不支付十名以上劳动者的劳动报酬且数额累计在三万元至十万元以上的。

（5）程序前置条件：经政府有关部门责令支付仍不支付。经人力资源社会保障部门或者政府其他有关部门依法以限期整改指令书、行政处理决定书等文书责令支付劳动者的劳动报酬后，在指定的期限内仍不支付的。但有证据证明行为人有正当理由未知悉责令支付或者未及时支付劳动报酬的除外。行为人逃匿，无法将责令支付文书送交……如果有关部门已通过在行为人的住所地、生产经营场所等地张贴责令支付文书等方式责令支付，并采用拍照、录像等方式记录的，应当视为"经政府有关部门责令支付"。

（6）责任形式为故意，即故意不支付。漏发后经责令支付而不支付的，也具有故意。

3. 可以减轻或者免除处罚的条件：（1）尚未造成严重后果；（2）在提起公诉前支付劳动者的劳动报酬；（3）并依法承担相应赔偿责任。

拓展习题

关于拒不支付劳动报酬案件，以下说法正确的有（　　）[1]

A. 拒不支付劳动报酬罪中的"劳动者的劳动报酬"，泛指一切报酬，无论是依照《中华人民共和国劳动法》和《中华人民共和国劳动合同法》等法律的规定应得的劳动报酬，还是依照其他法律应得的报酬，只要拒不支付，就可能涉嫌本罪

[1] 参考答案：D

B.因本罪保护合法的劳动关系，故而不具备用工主体资格的单位或者个人，违法用工且拒不支付劳动者的劳动报酬，数额较大，经政府有关部门责令支付仍不支付的，不能构成本罪

C.因本罪的成立需"经政府有关部门责令支付仍不支付"的程序前置条件，故而，因行为人逃匿，而使有关部门无法将责令支付文书送交其本人的，就无法追究行为人的刑事责任

D.拒不支付劳动报酬的行为人在提起公诉前支付劳动者的劳动报酬，并依法承担相应赔偿责任的，可以减轻或者免除刑事处罚

解析：A选项，需为依据劳动法的报酬。

B选项，不具备用工主体资格的单位或者个人违法用工，也可构成本罪。

C选项，行为人逃匿，有关部门履行一定程序后，视为已责令支付，此后可追究其刑事责任。

D选项，说法正确。

九、职务侵占罪（与贪污罪对比）

相关法条

第271条第1款【职务侵占罪】公司、企业或者其他单位的人员，利用职务上的便利，将本单位财物非法占为己有，数额较大的，处五年以下有期徒刑或者拘役；数额巨大的，处五年以上有期徒刑，可以并处没收财产。

知识点讲解

职务侵占罪是指公司、企业或者其他单位的人员，利用职务上的便利，将本单位财物非法占为己有，数额较大的行为。本罪与第八章贪污罪的唯一区别在于主体身份不同，即职务侵占罪的主体身份是公司、企业或者其他单位的人员，贪污罪的主体身份是国家工作人员（以及受委托经营管理国有财产的人员）。故而，可以在学习第八章贪污罪之后，再来学习本罪。职务侵占罪即是"公司、企业、单位人员贪污罪"。本罪的法益是单位财物所有权。

1.主体（身份犯）：公司、企业或者其他单位的人员。 例如：民营公司、企业或者其他单位中人员，村民委员会等村基层组织人员（不协助政府从事公务时），短期聘任人员，等等。

2.利用职务上的便利，即利用自己主管、管理、经营、经手单位财物的便利条件。

3.非法占为己有，包括侵吞（侵占）、窃取（盗窃）、骗取（诈骗）等一切非法侵犯单位财物所有权的行为。数额较大。

4.责任：故意，具有非法占有目的。

十、挪用资金罪（与挪用公款罪对比）

相关法条

第272条第1款【挪用资金罪】公司、企业或者其他单位的工作人员，利用职务上的便利，挪用本单位资金归个人使用或者借贷给他人，数额较大、超过三个月未还的，或者虽未超过三个月，但数额较大、进行营利活动的，或者进行非法活动的，处三年以下有期徒刑或者拘役；挪用本单位资金数额巨大的，或者数额较大不退还的，处三年以上十年以下有期徒刑。

💡 **知识点讲解**

挪用资金罪，是指公司、企业或者其他单位的工作人员，利用职务上的便利，挪用本单位资金归个人使用或者借贷给他人使用，数额较大、超过三个月未还的，或者虽未超过三个月，但数额较大、进行营利活动的，或者进行非法活动的行为。本罪与第八章挪用公款罪的唯一区别在于主体身份不同，即挪用资金罪的主体身份是公司、企业或者其他单位的人员，挪用公款罪的主体身份是国家工作人员。故而，可以在学习第八章挪用公款罪之后，再来学习本罪。挪用资金罪即是"公司、企业、单位人员挪用公款罪"。本罪的法益是单位财物占有、使用权。

十一、挪用特定款物罪：挪作其他公用

📖 **相关法条**

第 273 条【挪用特定款物罪】挪用用于救灾、抢险、防汛、优抚、扶贫、移民、救济款物，情节严重，致使国家和人民群众利益遭受重大损害的，对直接责任人员，处三年以下有期徒刑或者拘役；情节特别严重的，处三年以上七年以下有期徒刑。

💡 **知识点讲解**

挪用特定款物罪，是指将专用于救灾、抢险、防汛、优抚、扶贫、移民、救济款物挪作他用，情节严重，致使国家和人民群众利益遭受重大损害的行为。本罪的法益是专用款物的专用权。

1.挪作其他公用。本罪须为挪作其他公用（改变专用款物的专用用途），而不是挪作私用（挪作个人使用）。挪作私用的，根据主体身份的不同，分别构成挪用公款罪、挪用资金罪。例如，县长决定将上级拨付的专用救灾资金用于建设政府办公大楼，构成挪用特定款物罪；将该救灾资金借给亲属开公司，构成挪用公款罪。

2.结果为成罪的必要要素。本罪是故意犯罪，但要求致使国家和人民群众利益遭受重大损害的结果。

第六章　妨害社会管理秩序罪

第一节　扰乱公共秩序罪

考点说明

本节需要掌握的知识点主要有：（1）妨害公务罪：四种妨害公务的情形；罪数。（2）招摇撞骗罪：与诈骗罪的交互竞合。（3）伪造、变造、买卖印章、公文、证件类犯罪：伪造、变造的含义。（4）寻衅滋事罪、聚众斗殴罪：主观方面的理解和认定（所谓"流氓动机"）；聚众斗殴转化为故意伤害、故意杀人。（5）投放虚假危险物质罪；编造、故意传播虚假恐怖信息罪；编造、故意传播虚假险情、疫情、警情、灾情罪。（6）黑社会性质组织犯罪的四项特征。（7）盗窃、侮辱、故意毁坏尸体、尸骨、骨灰罪：对象；认识错误的处理；罪数。

一、妨害公务罪

相关法条

第277条【妨害公务罪】以暴力、威胁方法阻碍国家机关工作人员依法执行职务的，处三年以下有期徒刑、拘役、管制或者罚金。

以暴力、威胁方法阻碍全国人民代表大会和地方各级人民代表大会代表依法执行代表职务的，依照前款的规定处罚。

在自然灾害和突发事件中，以暴力、威胁方法阻碍红十字会工作人员依法履行职责的，依照第一款的规定处罚。

故意阻碍国家安全机关、公安机关依法执行国家安全工作任务，未使用暴力、威胁方法，造成严重后果的，依照第一款的规定处罚。

暴力袭击正在依法执行职务的人民警察的，依照第一款的规定从重处罚。

💡 知识点讲解

妨害公务罪，是指以暴力、威胁方法阻碍国家机关工作人员依法执行职务，阻碍人大代表依法执行代表职务，阻碍红十字会工作人员依法履行职责的行为，以及故意阻碍国家安全机关、公安机关依法执行国家安全工作任务，未使用暴力、威胁方法，造成严重后果的行为。

暴力、威胁方法	国家机关工作人员（暴力袭击正在依法执行职务的人民警察，从重处罚）	阻碍依法执行职务
	各级人民代表大会代表	
	在自然灾害和突发事件中，红十字会工作人员	
无须暴力、威胁	国家安全机关、公安机关依法执行国家安全工作任务；但需造成严重后果	
一罪（加重犯）：组织或运送偷越国边境；走私、制造、贩卖、运输毒品又暴力抗拒缉查；其他数罪并罚		

三种人员需暴力，国安工作要结果；暴力袭警从重罚，毒品边境定一罪

1. 四种妨害公务的情形。

（1）需暴力、胁迫方法的：①国家机关工作人员。指中国的国家机关工作人员合法执行公务；妨害不属国家机关工作人员的一般国家工作人员，不构成本罪；妨害外国公务员、国际公务员，也不构成本罪；阻止非法的公务行为，也不构成本罪。②人大代表。③红十字会工作人员。时间限定为在自然灾害、突发事件中。

这里的暴力，既包括对人暴力，例如对正在执行职务的国家机关工作人员实施殴打；也包括对物暴力，例如对公务用车打砸以产生物理影响。这里的胁迫的内容是对人暴力还是对物损毁，没有限制。只要能迫使国家机关工作人员放弃职务行为或者不正确执行职务，都属这里的暴力、胁迫。

（2）无须暴力、胁迫方法，但需后果：故意阻碍国家安全机关、公安机关依法执行国家安全工作任务，虽未使用暴力、威胁方法，但造成严重后果的行为。如果对此种人员使用暴力、胁迫方法的，则归入前述情形①，当然也构成妨害公务罪。

2. 其他重申性规定：聚众阻碍解救被收买的妇女、儿童中，首要分子构成聚众阻碍解救被收买的妇女、儿童罪；使用暴力、威胁的参加者，构成妨害公务罪。

3. 罪数。

（1）一罪（加重犯）：组织或运送偷越国边境又暴力抗拒缉查（第318条第5项、第321条第2款）；走私、制造、贩卖、运输毒品又暴力抗拒缉查（第347条第2项）。

（2）数罪并罚：犯走私犯罪又暴力抗拒缉查；生产、销售伪劣产品又暴力抗拒缉查；危险驾驶又妨害公务；以及其他犯罪中妨害公务的，应当数罪并罚。

（3）想象竞合。暴力妨害公务造成轻伤的，系妨害公务罪、故意伤害罪（轻伤）的想象竞合犯，因两罪法定刑差不多，故仍以妨害公务罪一罪论处。暴力妨害公务造成重伤的，系妨害公务罪、故意伤害罪（重伤）的想象竞合犯，择一重罪处断，以故意伤害罪（重伤）一罪论处。

经典考题

下列哪一行为应以妨害公务罪论处？（　　）[1]（2016-2-19）

A.甲与傅某相互斗殴，警察处理完毕后让各自回家。傅某当即离开，甲认为警察的处理不公平，朝警察小腿踢一脚后逃走

B.乙夜间入户盗窃时，发现户主戴某是警察，窃得财物后正要离开时被戴某发现。为摆脱抓捕，乙对戴某使用暴力致其轻微伤

C.丙为使其弟逃跑，将前来实施行政拘留的警察打倒在地，其弟顺利逃走

D.丁在组织他人偷越国（边）境的过程中，以暴力方法抗拒警察检查

☆二、招摇撞骗罪

相关法条

第279条【招摇撞骗罪】冒充国家机关工作人员招摇撞骗的，处三年以下有期徒刑、拘役、管制或者剥夺政治权利；情节严重的，处三年以上十年以下有期徒刑。

冒充人民警察招摇撞骗的，依照前款的规定从重处罚。

知识点讲解

招摇撞骗罪，是指冒充国家机关工作人员进行招摇撞骗活动，损害国家机关工作人员的形象、威信和正常活动，扰乱社会公共秩序的行为。

1.冒充国家机关工作人员的身份。冒充其他人员（如不属国家机关工作人员的一般国家工作人员、国家机关工作人员的近亲属）不构成本罪。包括：（1）非国家机关工作人员冒充国家机关工作人员，离职的国家机关工作人员冒充在职的国家机关工作人员；（2）此种国家机关工作人员冒充他种国家机关工作人员，如行政机关工作人员冒充司法机关工作人员；（3）职务低的国家机关工作人员冒充职务高的国家机关工作人员；（4）冒充已被撤销的国家机关的工作人员，冒充根本就不存在的"国家机关"的工作人员，只要足以使对方信以为是国家机关工作人员，也可构成本罪。

2.进行招摇撞骗。招摇撞骗，是指以假冒的身份进行炫耀、欺骗，但不以骗取某种利益为要件。一般如骗取荣誉、职位、资格，进行炫耀、欺骗等。"招摇撞骗"暗含的意思是"做坏事"，损害国民对国家机关的信赖。如果以假冒的身份做好事，如进行捐款、给别人好处，当然不能构成犯罪。

3.重法与轻法的法条竞合（也有人认为是想象竞合）：招摇撞骗罪与诈骗罪。冒充国家机关工作人员诈骗财物：冒充国家机关工作人员进行诈骗，同时构成诈骗罪（数额较大）和招摇撞骗罪的，依照处罚较重的规定定罪处罚（最高人民法院、最高人民检察院《关于办理诈骗刑事案件具体应用法律若干问题的解释》第8条）。

4.一般法与特别法的法条竞合：招摇撞骗罪（冒充国家机关工作人员）与冒充军人招摇撞骗罪。

---

[1] **参考答案：C**

经典考题

甲潜入某公安交通管理局会计室盗窃，未能打开保险柜，却意外发现在该局工作的乙的警官证，随即将该证件拿走。随后，甲到偏僻路段，先后向 9 个驾车超速行驶的司机出示警官证，共收取罚款 900 元。对于本案，下列哪些选项是正确的？（   ）① (2008 延 -2-56)

A. 甲潜入会计室盗窃的行为，成立盗窃未遂

B. 甲收取罚款的行为，构成敲诈勒索罪

C. 甲收取罚款的行为，构成招摇撞骗罪

D. 甲收取罚款的行为，构成诈骗罪

☆三、伪造、变造、买卖公文、证件、印章类犯罪

相关法条

第 280 条【伪造、变造、买卖国家机关公文、证件、印章罪；盗窃、抢夺、毁灭国家机关公文、证件、印章罪】伪造、变造、买卖或者盗窃、抢夺、毁灭国家机关的公文、证件、印章的，处三年以下有期徒刑、拘役、管制或者剥夺政治权利，并处罚金；情节严重的，处三年以上十年以下有期徒刑，并处罚金。

【伪造公司、企业、事业单位、人民团体印章罪】伪造公司、企业、事业单位、人民团体的印章的，处三年以下有期徒刑、拘役、管制或者剥夺政治权利，并处罚金。

【伪造、变造、买卖身份证件罪】伪造、变造、买卖居民身份证、护照、社会保障卡、驾驶证等依法可以用于证明身份的证件的，处三年以下有期徒刑、拘役、管制或者剥夺政治权利，并处罚金；情节严重的，处三年以上七年以下有期徒刑，并处罚金。

第 280 条之一【使用虚假身份证件、盗用身份证件罪】在依照国家规定应当提供身份证明的活动中，使用伪造、变造的或者盗用他人的居民身份证、护照、社会保障卡、驾驶证等依法可以用于证明身份的证件，情节严重的，处拘役或者管制，并处或者单处罚金。

有前款行为，同时构成其他犯罪的，依照处罚较重的规定定罪处罚。

伪造、变造、买卖	国家机关	公文、证件、印章	
盗窃、抢夺、毁灭			
伪造、变造、买卖		身份证件	罪
使用		虚假身份证件、盗用身份证件	
伪造	公司、企业、事业单位、人民团体	印章	

知识点讲解

1. 伪造、变造：全部造假、部分有真。

（1）有形伪造（无权者制造），指没有制作权限的人，冒用国家机关名义制作公文、证件。例如，私自刻制国家机关假章。

（2）无形伪造（有权制作者制作与事实不符的），指有制作权限的人，擅自以国家机关

的名义制作与事实不相符合的公文、证件。例如，国家机关办事人员在空白公文上填上虚假内容；保管国家机关印章的人，出具内容虚假并加盖国家机关印章的公文、证件，成立伪造国家机关公文罪。

（3）"伪造"出的公文、证件、印章，并不要求一定存在对应的真的公文、证件、印章，只要足以使他人误信为真的公文、证件、印章，侵害公共信用即可。例如，将"甲省乙县人民检察院"印章伪造成"甲省乙县检察院"的，仿造真公文的样式造出根本没有发布过的假公文，擅自制作非真实的国家机关（如"国家警视厅"）印章，只要能使他人误信为真的公文、印章，都可成立本罪。

2.对象：公文、证件、印章。

（1）公文：是指以国家机关名义制作的处理公务的文书即公文书。公文必须具有表达意思或观念的内容，而无实际内容的空白纸张不属于公文。机动车牌证、入户过户验有关证明文件，海关签发的报关单、进口证明、外汇管理部门核准件等凭证和单据，林木采伐证、狩猎证等，都属公文。

（2）证件：有权制作的国家机关颁发的，用以证实身份、权利义务关系或者其他事项的凭证。注意：普通机动车号牌不属国家机关证件，但可认为是财物；而军车号牌也不属于国家机关证件，而属于武装部队专用标志。

（3）印章：包括用于证明国家机关名称的实体印章、印形和印影。在纸张等物体上表示出足以使一般人误认为是真实印章的印影，如用红笔描绘公章印影。购买伪造的国家机关印形后加盖在具有证明力的文书上的，都属于伪造公文、印章。省略文书章，例如法院在判决书上所加盖的"本件与原件核对无异"的骑缝章，不属于印章。

3.伪造、变造、买卖身份证件罪（《刑法修正案（九）》修正）：实际上是伪造、变造、买卖国家机关证件罪的特别法（居民身份证、护照、社会保障卡、驾驶证等依法可以用于证明身份的证件是特别的国家机关证件）。对于单纯只是使用假证的行为：刑法只规定使用伪造、变造的或者盗用他人的居民身份证、护照、社会保障卡、驾驶证等依法可以用于证明身份的证件，可构成犯罪（《刑法修正案（九）》增设的使用虚假身份证件、盗用身份证件罪）；单纯只是使用其他普通国家机关证件的，使用行为本身未规定为犯罪。

4.伪造、贩卖伪造的高等院校学历、学位证明的，构成伪造事业单位印章罪（《最高人民法院、最高人民检察院关于办理伪造、贩卖伪造的高等院校学历、学位证明刑事案件如何适用法律问题的解释》）。

5.罪数。

（1）特别法：伪造、变造、买卖（盗窃、抢夺）武装部队公文、证件、印章罪，与伪造、变造、买卖（盗窃、抢夺）国家机关公文、证件、印章罪是特别法与一般法的关系，适用特别法。毁灭武装部队公文、证件、印章的，可构成毁灭国家机关公文、证件、印章罪。

（2）牵连犯：本罪可与其他犯罪（如诈骗罪）构成牵连犯，从一重罪处断。

（3）想象竞合：买卖进出口许可证、进出口原产地证明以及其他法律、行政法规规定的经营许可证或者批准文件，一般认定为非法经营罪；如按买卖国家机关公文、证件罪处罚更重，则定此罪。

📋 考点归纳

1. 无权者制作内容相符、有权者制作内容不符，均是伪造行为。
2. 本罪法益是公信力，印章包括印章、印形和印影，名称虽错但使人误信为真也可构成。
3. 买卖身份证件，使用虚假、盗用身份证件，《刑法修正案（九）》增设已可构成犯罪。

📝 拓展习题

以下关于伪造、变造的行为，说法正确的有（　　）①

A.对变造或者倒卖变造的邮票数额较大的，应当依照伪造、倒卖伪造的有价票证罪。刘某将短途普快火车票变造为起点到终点的长途火车票，以长途票价格出卖，获利 1 万元，其行为构成伪造、倒卖伪造的有价票证罪。亦即伪造、倒卖伪造的有价票证罪中的"伪造"可以包括"变造"

B.具有制作权的国家机关工作人员，制作内容虚假的国家机关公文，应以伪造国家机关公文罪论处。亦即伪造国家机关公文罪中的"伪造"可解释为包括无形伪造（具有制作权限的人制作虚假文书）

C.将变造货币的行为，认定为伪造货币罪，属类推解释。亦即伪造货币罪中的"伪造"不包括"变造"

D.《刑法》第412条第1款（商检徇私舞弊罪）"国家商检部门、商检机构的工作人员徇私舞弊，伪造检验结果的"，构成商检徇私舞弊罪。因此，不属商检部门、商检机构的工作人员的其他一般人员，单独伪造商检结果的，不成立商检徇私舞弊罪，而应成立伪造国家机关公文、印章罪。亦即商检徇私舞弊罪中的"伪造"只包括无形伪造与无形变造（具有制作权限的人制作虚假文书）

解析：A选项，伪造、倒卖伪造的有价票证罪中的"伪造"可以包括"变造"。

B选项，具有制作权限的人制作虚假文书，也属"伪造"。

C选项，伪造货币罪、变造货币罪，是两个不同罪名，此时即不能将"变造货币行为"解释到"伪造货币"之中。

D选项，商检徇私舞弊罪已设定好只有制作权限的人制作虚假文书，才构成此罪；则无权制作者不构成此罪，而构成伪造国家机关公文、印章罪。

★ 四、寻衅滋事罪

📖 相关法条

第293条【寻衅滋事罪】有下列寻衅滋事行为之一，破坏社会秩序的，处五年以下有期徒刑、拘役或者管制：

（一）随意殴打他人，情节恶劣的；

（二）追逐、拦截、辱骂、恐吓他人，情节恶劣的；

（三）强拿硬要或者任意损毁、占用公私财物，情节严重的；

（四）在公共场所起哄闹事，造成公共场所秩序严重混乱的。

纠集他人多次实施前款行为，严重破坏社会秩序的，处五年以上十年以下有期徒刑，可以并处罚金。

《最高人民法院、最高人民检察院关于办理寻衅滋事刑事案件适用法律若干问题的解释》。

---

① **参考答案：ABCD**

知识点讲解

寻衅滋事罪，指实施刑法规定的四种寻衅滋事行为，破坏社会秩序的行为。

1. 寻衅滋事的主观方面（所谓"流氓动机"）。

（1）无事生非。行为人为寻求刺激、发泄情绪、逞强耍横等，无事生非，实施四种行为的，应当认定为"寻衅滋事"。

（2）借故生非。行为人因日常生活中的偶发矛盾纠纷，借故生非，实施四种行为的，应当认定为"寻衅滋事"；但矛盾系由被害人故意引发或者被害人对矛盾激化负有主要责任的除外。

（3）虽事出有因，但不听劝止。行为人因婚恋、家庭、邻里、债务等纠纷，实施殴打、辱骂、恐吓他人或者损毁、占用他人财物等行为的，一般不认定为"寻衅滋事"；但经有关部门批评制止或者处理处罚后，继续实施前列行为，破坏社会秩序的，可认定为"寻衅滋事"。

2. 四种寻衅滋事行为。

（1）随意殴打。"随意"：行为人"乱打人"，公众觉得行为人"乱打人"。

（2）追逐、拦截、辱骂、恐吓。

（3）强拿硬要或者任意损毁、占用公私财物。

（4）在公共场所起哄闹事。起哄闹事，指对于公共秩序的破坏具有煽动性、蔓延性、扩展性的行为。

3. 结果犯。需造成结果，才构成本罪，即情节恶劣、造成公共场所秩序严重混乱。关于量化结果的具体标准，可参见《最高人民法院、最高人民检察院关于办理寻衅滋事刑事案件适用法律若干问题的解释》。

4. 想象竞合：实施寻衅滋事行为，同时符合寻衅滋事罪和故意杀人罪、故意伤害罪、故意毁坏财物罪、敲诈勒索罪、抢夺罪、抢劫罪等罪的构成要件的，依照处罚较重的犯罪定罪处罚。

5. 关于所谓"网络寻衅滋事"问题。《最高人民法院、最高人民检察院关于办理利用信息网络实施诽谤等刑事案件适用法律若干问题的解释》第5条规定："利用信息网络辱骂、恐吓他人，情节恶劣，破坏社会秩序的，以寻衅滋事罪定罪处罚。编造虚假信息，或者明知是编造的虚假信息，在信息网络上散布，或者组织、指使人员在信息网络上散布，起哄闹事，造成公共秩序严重混乱的，以寻衅滋事罪定罪处罚。"应当将该解释条款理解为：利用网络将网络作为犯罪手段实施《刑法》第293条第1款第2、4项行为，符合第293条寻衅滋事罪规定的全部条件的（特别是网上起哄闹事，需要造成实体公共场所秩序严重混乱的结果），才构成寻衅滋事罪。亦即：以网络为犯罪手段的寻衅滋事，网上传谣，只造成"虚拟网络空间"混乱，没有造成实体的公共场所秩序混乱的，不能构成寻衅滋事罪。

经典考题

甲在公园游玩时遇见仇人胡某，顿生杀死胡某的念头，便欺骗随行的朋友乙、丙说："我们追逐胡某，让他出洋相。"三人捡起木棒追逐胡某，致公园秩序严重混乱。将胡某追到公园后门偏僻处后，乙、丙因故离开。随后甲追上胡某，用木棒重击其头部，致其死亡。关于本案，下列哪

些选项是正确的？^①（2015-2-58）

    A．甲触犯故意杀人罪与寻衅滋事罪

    B．乙、丙的追逐行为是否构成寻衅滋事罪，与该行为能否产生救助胡某的义务是不同的问题

    C．乙、丙的追逐行为使胡某处于孤立无援的境地，但无法预见甲会杀害胡某，不成立过失致人死亡罪

    D．乙、丙属寻衅滋事致人死亡，应从重处罚

📖 拓展习题

有下列行为之一，破坏社会秩序的，构成寻衅滋事罪（　　）^②

    A．甲某在大街上惹是生非，恐吓他人，情节恶劣

    B．乙某因与B女有矛盾，遂在马路上追逐、拦截、辱骂B女，为满足变态性刺激，撕破其衣服、抚摸其身体，令其做下流动作

    C．丙某因C某欠其债未还，遂到水果市场C某的摊位上讨债，C某不还，丙某就强拿硬要了几个水果，逼其还债，还打骂，扇其耳光；保安来后制止丙才离开

    D．丁某为寻刺激，在电影院里故意撒放面粉，谎称是致命病菌，造成秩序大乱，观众惊慌失措

    解析：A选项，构成寻衅滋事罪。

    B选项，符合寻衅滋事罪的主观方面，但已触犯强制猥亵、侮辱妇女罪。

    C选项，因事出有因，一般不认为是"寻衅滋事"，严重的治安处罚。

    D选项，构成投放虚假危险物质罪。

☆五、聚众斗殴罪

📖 相关法条

    第292条【聚众斗殴罪】聚众斗殴的，对首要分子和其他积极参加的，处三年以下有期徒刑、拘役或者管制；有下列情形之一的，对首要分子和其他积极参加的，处三年以上十年以下有期徒刑：

    （一）多次聚众斗殴的；

    （二）聚众斗殴人数多，规模大，社会影响恶劣的；

    （三）在公共场所或者交通要道聚众斗殴，造成社会秩序严重混乱的；

    （四）持械聚众斗殴的。

    【故意伤害罪；故意杀人罪】聚众斗殴，致人重伤、死亡的，依照本法第二百三十四条、第二百三十二条的规定定罪处罚。

💡 知识点讲解

    聚众斗殴罪，是指聚集多人攻击对方身体或者相互攻击对方身体的行为。

    1. 只处罚首要分子和积极参加者。

    2. 聚众斗殴行为。本罪是单行为犯，实行行为是多人在一起打斗，即应当理解成"聚众形式的斗殴"，而不是复合行为犯，不能认为是由"聚众""斗殴"两个行为组成，即不能理解

---

① **参考答案：** ABC

② **参考答案：** A

"先聚众后斗殴"。

（1）聚众的形式：一方三人以上。并不要求双方、多方每方都是三人以上。当一方三人以上，另外一方三人以下时，三人以上一方的首要分子和积极参加者可构成聚众斗殴罪。例如，甲（首要分子）纠集乙（积极参加者）、丙（一般参加者）与 A、B 二人相互对打，甲、乙构成聚众斗殴罪，丙、A、B 可涉嫌寻衅滋事罪。

（2）斗殴的行为："斗"（双方相互殴打）或者"殴"（多人一方攻击对方）。

3. 责任要素：故意、"流氓动机"。

（1）成立本罪需"流氓动机"。从历史沿革上讲，聚众斗殴罪来源于 1979 年刑法的流氓罪，成立流氓罪要求"流氓动机"。根据最高检的指导性案例"检例第 1 号：施某某等 17 人聚众斗殴案"，比照《最高人民法院、最高人民检察院关于办理寻衅滋事刑事案件适用法律若干问题的解释》对寻衅滋事罪主观方面的规定，成立本罪仍需"流氓动机"。

（2）"流氓动机"的理解：不限于流氓为争地盘而打群架，还包括基于报复他人、争霸一方、寻求刺激或者其他公然蔑视国家法纪和社会公德的不法动机。无事生非、借故生非、虽事出有因但不听劝止，都属"流氓动机"。亦即明知扰乱社会秩序的，一般推定具有"流氓动机"。可比照前述寻衅滋事罪的四种"流氓动机"。

4. **转化犯**：致人重伤、死亡的，转化为故意伤害罪、故意杀人罪。

（1）在能查明重伤、死亡具体由谁造成时，对首要分子以及直接造成重伤、死亡的斗殴者认定为故意伤害罪、故意杀人罪；其他积极参加者认定为聚众斗殴罪。

（2）在不能查明重伤、死亡具体由谁造成时，仅对首要分子以故意伤害罪、故意杀人罪论处；其他积极参加者认定为聚众斗殴罪。

经典考题

首要分子甲通过手机指令所有参与者"和对方打斗时，下手重一点"。在聚众斗殴过程中，被害人被谁的行为重伤致死这一关键事实已无法查明。关于本案的分析，下列哪一选项是正确的？（　）[①]（2014-2-20）

A. 对甲应以故意杀人罪定罪量刑

B. 甲是教唆犯，未参与打斗，应认定为从犯

C. 所有在现场斗殴者都构成故意杀人罪

D. 对积极参加者按故意杀人罪定罪，对其他参加者按聚众斗殴罪定罪

☆六、投放虚假危险物质罪；编造、故意传播虚假恐怖信息罪；编造、故意传播虚假信息罪

相关法条

第 291 条之一【投放虚假危险物质罪；编造、故意传播虚假恐怖信息罪】投放虚假的爆炸性、毒害性、放射性、传染病病原体等物质，或者编造爆炸威胁、生化威胁、放射威胁等恐怖信息，或者明知是编造的恐怖信息而故意传播，严重扰乱社会秩序的，处五年以下有期徒刑、拘役或者管制；造成

---

① **参考答案：A**

严重后果的，处五年以上有期徒刑。

【编造、故意传播虚假信息罪】编造虚假的险情、疫情、警情、灾情，在信息网络或者其他媒体上传播，或者明知是上述虚假信息，故意在信息网络或者其他媒体上传播，严重扰乱社会秩序的，处三年以下有期徒刑、拘役或者管制；造成严重后果的，处三年以上七年以下有期徒刑。

知识点讲解

投放虚假危险物质罪，是指投放虚假的爆炸性、毒害性、放射性、传染病病原体等物质，严重扰乱社会秩序的行为。编造、故意传播虚假恐怖信息罪，指编造爆炸威胁、生化威胁、放射威胁等恐怖信息，或者明知是编造的恐怖信息而故意传播，严重扰乱社会秩序的行为。

1.投放的"危险物质"须是虚假的，如为真的构成投放危险物质罪。编造、故意传播"恐怖信息""险情、疫情、警情、灾情"也应是虚假的。如信息事后查明属实，无论行为人有无故意，均不构成犯罪。

2.虚假恐怖信息：以发生爆炸威胁、生化威胁、放射威胁、劫持航空器威胁等严重威胁公共安全的事件为内容，可能引起社会恐慌或者公共安全危机的不真实信息。

3.虚假信息：指险情、疫情、警情、灾情，以地震、洪水、决坝、火灾、瘟疫、重大刑事案件信息等为内容，可能引起社会恐慌或者公共安全危机的不真实信息。编造、故意传播其他的虚假信息，例如政治事件传闻、公众人物、英雄人物丑闻等，难以成立本罪。

4.编造、故意传播的行为。包括：（1）编造：编造后向特定对象散布；（2）故意传播：明知是他人编造的恐怖信息而故意向不特定对象散布；（3）编造并故意传播：既编造之后又向不特定对象散布；（4）注意："编造、故意传播"的真正实行行为是"散布"。只是单纯编造，而不向他人（特定人、不特定人）散布，不能认为实行；行为人有散布意图的，是本罪的预备犯；行为人没有散布意图的，不构成犯罪。

5.结果犯："严重扰乱社会秩序"。具体标准参见《最高人民法院关于审理编造、故意传播虚假恐怖信息刑事案件适用法律若干问题的解释》。

6.想象竞合：编造、故意传播虚假恐怖信息，严重扰乱社会秩序，同时又构成其他犯罪的，择一重罪处罚。

经典考题

甲给机场打电话谎称"3架飞机上有炸弹"，机场立即紧急疏散乘客，对飞机进行地毯式安检，3小时后才恢复正常航班秩序。关于本案，下列哪一选项是正确的？（　）①（2013-2-1）

A.为维护社会稳定，无论甲的行为是否严重扰乱社会秩序，都应追究甲的刑事责任

B.为防范危害航空安全行为的发生，保护人民群众，应以危害公共安全相关犯罪判处甲死刑

C.从事实和法律出发，甲的行为符合编造、故意传播虚假恐怖信息罪的犯罪构成，应追究其刑事责任

D.对于散布虚假信息，危及航空安全，造成国内国际重大影响的案件，可突破司法程序规定，以高效办案取信社会

---
① **参考答案：C**

七、组织、领导、参加黑社会性质组织罪

📖 **相关法条**

第 294 条【组织、领导、参加黑社会性质组织罪；入境发展黑社会组织罪；包庇、纵容黑社会性质组织罪】组织、领导黑社会性质的组织的，处七年以上有期徒刑，并处没收财产；积极参加的，处三年以上七年以下有期徒刑，可以并处罚金或者没收财产；其他参加的，处三年以下有期徒刑、拘役、管制或者剥夺政治权利，可以并处罚金。

境外的黑社会组织的人员到中华人民共和国境内发展组织成员的，处三年以上十年以下有期徒刑。

国家机关工作人员包庇黑社会性质的组织，或者纵容黑社会性质的组织进行违法犯罪活动的，处五年以下有期徒刑；情节严重的，处五年以上有期徒刑。

犯前三款罪又有其他犯罪行为的，依照数罪并罚的规定处罚。

黑社会性质的组织应当同时具备以下特征：

（一）形成较稳定的犯罪组织，人数较多，有明确的组织者、领导者，骨干成员基本固定；

（二）有组织地通过违法犯罪活动或者其他手段获取经济利益，具有一定的经济实力，以支持该组织的活动；

（三）以暴力、威胁或者其他手段，有组织地多次进行违法犯罪活动，为非作恶，欺压、残害群众；

（四）通过实施违法犯罪活动，或者利用国家工作人员的包庇或者纵容，称霸一方，在一定区域或者行业内，形成非法控制或者重大影响，严重破坏经济、社会生活秩序。

💡 **知识点讲解**

组织、领导、参加黑社会性质组织罪，是指组织、领导、参加黑社会性质的组织的行为。

1. 黑社会性质组织犯罪的四项特征（第 294 条第 5 款明文规定）。

（1）"组织"。组织结构特征：形成较稳定的犯罪组织，人数较多，有明确的组织者、领导者，骨干成员基本固定。

（2）"钱"。经济实力特征：有组织地通过违法犯罪活动或者其他手段获取经济利益，具有一定的经济实力，以支持该组织的活动。

（3）"黑"。行为特征：以暴力、威胁或者其他手段，有组织地多次进行违法犯罪活动，为非作歹，欺压、残害群众。

（4）"社会"。非法控制特征：通过实施违法犯罪活动，或者利用国家工作人员的包庇或者纵容，称霸一方，在一定区域或者行业内，形成非法控制或者重大影响，严重破坏经济、社会生活秩序。

注意：保护伞不是必需特征，而只是可选择的特征。

2. 责任主体：首要分子、积极参加者、一般参加者。

3. 罪数。犯本罪又有其他犯罪行为的，依照数罪并罚的规定处罚。

4. 从重身份。国家机关工作人员组织、领导、参加黑社会性质组织的，从重处罚。

5. 关联罪名：包庇、纵容黑社会性质组织罪（身份犯），系由国家机关工作人员构成的职务犯罪。

八、赌博罪；开设赌场罪

相关法条

第303条【赌博罪】以营利为目的，聚众赌博或者以赌博为业的，处三年以下有期徒刑、拘役或者管制，并处罚金。

【开设赌场罪】开设赌场的，处三年以下有期徒刑、拘役或者管制，并处罚金；情节严重的，处三年以上十年以下有期徒刑，并处罚金。

知识点讲解

赌博罪，是指以营利为目的的聚众赌博或者以赌博为业的行为。开设赌场罪，是指开设供他人赌博的场所的行为。

赌博罪	开设赌场罪
以营利为目的：（1）聚众赌博（抽头）；（2）以赌博为业（职业犯）	开设赌场，包括网络赌场（赌博网站） 设置赌博机是开设赌场，生产赌博机是非法经营

1.赌博罪的构成要件要点：

（1）两种类型的赌博行为：聚众赌博（赌头），即纠集多人从事赌博；以赌博为业（赌棍），即将赌博作为职业或者兼职。

（2）以营利为目的。指通过在赌博活动中取胜进而获取财物的目的，或者通过抽头渔利或者收取各种名义的手续费、入场费等获取财物的目的。

（3）共犯：明知他人实施赌博犯罪活动，而为其提供资金、计算机网络、通讯、费用结算等直接帮助的，以赌博罪的共犯论处。

2.开设赌场罪的构成要件要点：

（1）开设赌场：指营业性地为赌博提供场所，设定赌博方式，提供赌具、筹码、资金等。

利用互联网、移动通讯终端等传输赌博视频、数据，组织赌博活动，具有下列情形之一的，也属于"开设赌场"行为：①建立赌博网站并接受投注的；②建立赌博网站并提供给他人组织赌博的；③为赌博网站担任代理并接受投注的；④参与赌博网站利润分成的。

设置赌博机：设置具有退币、退分、退钢珠等赌博功能的电子游戏设施设备，并以现金、有价证券等贵重款物作为奖品，或者以回购奖品方式给予他人现金、有价证券等贵重款物组织赌博活动的，属于"开设赌场"行为。

单纯在境内组织、招揽他人前往境外赌场去赌博的行为，并不是开设赌场罪的实行行为。

（2）刑法并未规定营利目的，尽管事实上一般都以营利为目的。

（3）共犯：明知他人开设赌场而提供互联网、资金支付结算服务、投放广告等，构成共犯。

（4）境外赌博属人管辖的特别规定：中国公民在我国领域外周边地区聚众赌博、开设赌场，以吸引中国公民为主要客源，构成赌博罪、开设赌场罪的，可以依照刑法规定追究刑事责任。

3.此罪彼罪的区分：

（1）赌博罪与赌博形式的受贿。国家工作人员利用职务上的便利为请托人谋取利益，通过赌博方式收受请托人财物的，构成受贿（明显是"白给"或"故意输钱"而不是"赌输"）。

（2）未经国家批准擅自发行、销售彩票，构成犯罪的，以非法经营罪定罪处罚。

（3）以提供给他人开设赌场为目的，违反国家规定，非法生产、销售具有退币、退分、退钢珠等赌博功能的电子游戏设施设备或者其专用软件，以非法经营罪定罪处罚。

九、传授犯罪方法罪

相关法条

第295条【传授犯罪方法罪】传授犯罪方法的，处五年以下有期徒刑、拘役或者管制；情节严重的，处五年以上十年以下有期徒刑；情节特别严重的，处十年以上有期徒刑或者无期徒刑。

知识点讲解

传授犯罪方法罪，是指故意使用各种手段向他人传授犯罪方法的行为。

1. 被传授人年龄不限、责任能力不限。

2. 犯罪方法，是指实施犯罪的技术、步骤、办法等。例如，盗窃的方法，生产伪劣产品、生产不符合安全标准或者有毒、有害食品的方法等。

3. 本罪与教唆犯的关系：

（1）想象竞合：对同一犯罪内容既传授又教唆。即对同一犯罪内容同时实施教唆行为与传授犯罪方法的行为，或者用传授犯罪方法的手段使他人产生犯罪决意，系想象竞合，应择一重罪处断。

（2）数罪并罚：对不同人、不同内容分别传授、教唆。即分别对不同的对象实施教唆行为与传授犯罪方法，或者向同一对象教唆此罪而传授彼罪的犯罪方法，则构成教唆的罪与传授犯罪方法罪，数罪并罚。

十、聚众淫乱罪；引诱未成年人聚众淫乱罪

相关法条

第301条【聚众淫乱罪】聚众进行淫乱活动的，对首要分子或者多次参加的，处五年以下有期徒刑、拘役或者管制。

【引诱未成年人聚众淫乱罪】引诱未成年人参加聚众淫乱活动的，依照前款的规定从重处罚。

知识点讲解

聚众淫乱罪，是指聚集众人进行集体淫乱活动的行为。

1. 聚众：纠集三人以上。

2. 淫乱：性交、其他性活动（即其他刺激、兴奋、满足性欲的行为，如手淫、口交、鸡奸等）。

3. 参加者自愿，不能具有被迫性。如果行为人强迫他人参加淫乱活动，则涉嫌强奸罪、强制猥亵罪；如果其中部分人自愿的，另外构成聚众淫乱罪，应当数罪并罚。

4. 处罚首要分子、多次参加者。一般参加者未达多数的，不构成犯罪。

5. 引诱未成年人聚众淫乱罪，是指勾引、诱惑、强迫不满18周岁的人参加聚众淫乱活动。

（1）引诱未成年人参加秘密聚众淫乱活动的，也应以本罪论处。

（2）想象竞合：引诱不满14周岁的幼女参加聚众性交淫乱的，除触犯引诱未成年人聚众淫乱罪，另外还触犯奸淫幼女类型的强奸罪，系想象竞合，应择一重罪处断。引诱不满14周岁的幼女参加聚众非性交的淫乱，或者引诱不满14周岁的男童参加聚众淫乱的，除触犯引诱未成年人聚众淫乱罪，另外还触犯猥亵儿童罪，系想象竞合，应择一重罪处断。

☆十一、盗窃、侮辱、故意毁坏尸体、尸骨、骨灰罪

📖 相关法条

第302条【盗窃、侮辱、故意毁坏尸体、尸骨、骨灰罪】盗窃、侮辱、故意毁坏尸体、尸骨、骨灰的，处三年以下有期徒刑、拘役或者管制。

💡 知识点讲解

盗窃、侮辱、故意毁坏尸体、尸骨、骨灰罪，是指窃取尸体、尸骨、骨灰，或者对其进行侮辱、毁坏的行为。本罪的法益是公众对死者尸体、尸骨、骨灰的尊敬情感（社会法益），而不是死者家属的名誉（个人法益）。因此，盗窃、侮辱、故意毁坏无主、无人识别的尸体、尸骨、骨灰，足以引起社会恶感的，均可构成本罪。

1.对象：尸体、尸骨、骨灰。

（1）尸体，指已经死亡的人的身体的全部或者一部分，包括整体或部分（如残损的肢体）。即"有肉"（体）的骸体。因胎儿不是人，故而孕妇腹中的死亡胎儿，也不是尸体。

（2）尸骨，死者的骸骨、遗骨。即"无肉"的遗骨。

（3）骨灰，死者骸体、骸骨焚化成灰。

不对尸体、尸骨、骨灰实体，而对死者名誉进行贬损，例如，以书面、文字等方式侮辱死者名誉的，不属于侮辱尸体、尸骨、骨灰行为。

2.盗窃、侮辱、故意毁坏行为。

（1）盗窃，指无权处理尸体、尸骨、骨灰的人将其转移，亦即非法转移。抢夺、抢劫尸体、尸骨、骨灰行为中也包含在非法转移的内部，可解释为更为严重的盗窃尸体行为。

盗窃有价值的尸体，同时侵犯公众对尸体的尊敬情感的，例如盗窃医院太平间内的尸体后出售给他人，同时触犯盗窃罪、盗窃尸体罪，系想象竞合，应当择一重罪处断。

（2）侮辱，是指直接对尸体、尸骨、骨灰实施凌辱行为，如将尸体扔至公共场所、使尸体裸露、对尸体涂画羞辱、奸污女尸、抠摸尸体阴部等。

（3）故意毁坏，指破坏尸体、尸骨、骨灰的原型，如分割尸体、击碎尸骨等。将尸体、尸骨、骨灰抛弃，使死者家属无从寻找、祭奠，也可扩大解释为毁坏行为。

"侮辱尸体、尸骨、骨灰"系规范的构成要素，涉及价值观念，简言之，好的行为不能认定为"侮辱尸体、尸骨、骨灰"行为，坏的行为才能认定为"侮辱尸体、尸骨、骨灰"行为。故而，依法对尸体进行解剖、对尸骨进行检查等行为，死者家属或者其他有处理权限的人依照风俗习惯处理尸体、尸骨、骨灰的行为，不属于侮辱尸体、尸骨、骨灰行为。

3.提示性规定：《刑法》第234条之一第3款，违背本人生前意愿摘取其尸体器官，或者

本人生前未表示同意，违反国家规定，违背其近亲属意愿摘取其尸体器官的，依照刑法第 302 条的规定（盗窃、侮辱、故意毁坏尸体罪）定罪处罚。

4. 认识错误的处理：

（1）以为是尸体而实施奸淫行为，但事实上被害人当时并未死亡。客观上有强奸行为、强奸对象，但主观上无强奸故意（未认识到对象是活的妇女）；主观上有侮辱尸体的故意，客观上侮辱到活人，因活人与尸体是整体与部分的关系，侮辱到活人就认为侮辱到尸体，故而认定为侮辱尸体罪既遂。

（2）以为是活人而乱刀砍杀，实际为尸体。主观有杀人故意，客观上是尸体，如果对象非偶然死亡并且周遭没有其他人，则为不能犯；客观上侮辱尸体行为，主观上虽为杀人故意，但此杀人故意中也包含着侮辱尸体的故意，故而构成侮辱尸体罪既遂。当然，如果对象系偶然死亡或周遭有其他人，则为故意杀人罪未遂与侮辱尸体罪既遂的想象竞合。

5. 数罪：

（1）杀人后碎尸的，分别触犯故意杀人罪、故意毁坏尸体罪，应当两罪并罚。不宜将碎尸作为杀人的从重情节，认为"杀人手段残忍、情节恶劣"而判处死刑；因"杀人手段残忍、情节恶劣"应指杀人行为本身的手段和情节。

（2）先故意杀害妇女，然后再实施奸尸或者其他侮辱行为的，应认定为故意杀人罪、侮辱尸体罪，数罪并罚。

十二、信息网络类犯罪

知识点讲解

自然人、单位均可构成		
非法侵入计算机信息系统罪	入侵	侵入国家事务、国防建设、尖端科学技术领域的计算机信息系统
非法获取计算机信息系统数据、非法控制计算机信息系统罪	木马	侵入其他计算机信息系统，或获取数据，或非法控制
提供侵入、非法控制计算机信息系统的程序、工具罪	帮助行为正犯化	提供专门程序、工具，或者明知他人违法犯罪而提供
破坏计算机信息系统罪	病毒	对系统功能进行删除、修改、增加、干扰，或对数据和应用程序进行删除、修改、增加
拒不履行信息网络安全管理义务罪	不作为犯	经监管部门通知采取改正措施而拒绝执行
非法利用信息网络罪	补充法	设立用于实施诈骗、传授犯罪方法、制作或者销售违禁物品、管制物品等违法犯罪活动的网站、通讯群组的；发布前述信息
帮助信息网络犯罪活动罪	帮助行为正犯化	为信息网络犯罪提供互联网接入等技术支持，或提供广告推广、支付结算等帮助
罪数：1. 利用计算机实施金融诈骗、盗窃、贪污、挪用公款、窃取国家秘密或者其他犯罪的，定他罪（目的行为） 2. 帮助信息网络犯罪活动罪同时触犯他罪（他人犯罪的共犯），择一重罪处断		

1.各罪名大概含义和通常形式

非法侵入计算机信息系统罪（入侵），是指违反国家规定，侵入国家事务、国防建设、尖端科学技术领域的计算机信息系统的行为。

非法获取计算机信息系统数据、非法控制计算机信息系统罪（木马），是指违反国家规定，侵入国家事务、国防建设、尖端科学技术领域以外的计算机信息系统或者采用其他技术手段，获取该计算机信息系统中存储、处理或者传输的数据，或者对该计算机信息系统实施非法控制，情节严重的行为。

破坏计算机信息系统罪（病毒），是指违反国家规定，对计算机信息系统功能进行删除、修改、增加、干扰，造成计算机信息系统不能正常运行，或者对信息系统中存储、处理、传输的数据和应用程序进行删除、修改、增加的操作，或者故意制作、传播计算机病毒等破坏性程序，影响计算机系统正常运行，后果严重的行为。

前述信息网络类犯罪，现均可由单位主体构成。

2.罪数规则

（1）按目的行为定罪：利用计算机（手段行为）实施金融诈骗、盗窃、贪污、挪用公款、窃取国家秘密或者其他犯罪（目的行为）的，依照本法有关规定（目的行为）定罪处罚。

（2）想象竞合或牵连犯：犯拒不履行信息网络安全管理义务罪，非法利用信息网络罪，帮助信息网络犯罪活动罪三罪，同时构成其他犯罪（如妨害公务罪、诈骗罪、贩卖毒品罪、非法买卖枪支罪、传播淫秽物品牟利罪等）的，依照处罚较重的规定定罪处罚。

经典考题

【1】下列哪些情形应以破坏计算机信息系统罪论处？（　　）[1]（2005-2-63）

A.甲采用密码破解手段，非法进入国家尖端科学技术领域的计算机信息系统，窃取国家机密

B.乙因与单位领导存在矛盾，即擅自对单位在计算机中存储的数据和应用程序进行修改操作，给单位的生产经营管理造成严重的混乱

C.丙通过破解密码的手段，进入某银行计算机信息系统，为其朋友的银行卡增加存款额10万元

D.丁为了显示自己在计算机技术方面的本事，设计出一种计算机病毒，并通过互联网进行传播，影响计算机系统正常运行，造成严重后果

【2】关于利用计算机网络的犯罪，下列哪一选项是正确的？（　　）[2]（2007-2-18）

A.通过互联网将国家秘密非法发送给境外的机构、组织、个人的，成立故意泄露国家秘密罪

B.以营利为目的，在计算机网络上建立赌博网站，或者为赌博网站担任代理，接受投注的，属于《刑法》第303条规定的"开设赌场"

C.以牟利为目的，利用互联网传播淫秽电子信息的，成立传播淫秽物品罪

D.组织多人故意在互联网上编造、传播爆炸、生化、放射威胁等虚假恐怖信息，严重扰乱社会秩序的，成立聚众扰乱社会秩序罪

---

[1] 参考答案：BD

[2] 参考答案：B

十三、考试作弊犯罪

相关法条

第284条之一【组织考试作弊罪】在法律规定的国家考试中，组织作弊的，处三年以下有期徒刑或者拘役，并处或者单处罚金；情节严重的，处三年以上七年以下有期徒刑，并处罚金。

为他人实施前款犯罪提供作弊器材或者其他帮助的，依照前款的规定处罚。

【非法出售、提供试题、答案罪】为实施考试作弊行为，向他人非法出售或者提供第一款规定的考试的试题、答案的，依照第一款的规定处罚。

【代替考试罪】代替他人或者让他人代替自己参加第一款规定的考试的，处拘役或者管制，并处或者单处罚金。

在法律规定的国家考试中	
组织考试作弊罪	组织作弊的（组织者）； 提供作弊器材或者其他帮助的（帮助犯）
非法出售、提供试题、答案罪	为实施考试作弊行为，向他人非法出售或者提供考试的试题、答案
代替考试罪	代替他人考试，让他人代替自己参加考试
想象竞合：非法获取国家秘密罪，非法生产、销售间谍专用器材罪，故意泄露国家秘密罪	

经典考题

2016年4月，甲利用乙提供的作弊器材，安排大学生丙在地方公务员考试中代替自己参加考试。但丙考试成绩不佳，甲未能进入复试。关于本案，下列哪些选项是正确的？（　）①（2016-2-60）

A.甲组织他人考试作弊，应以组织考试作弊罪论处

B.乙为他人考试作弊提供作弊器材，应按组织考试作弊罪论处

C.丙考试成绩虽不佳，仍构成代替考试罪

D.甲让丙代替自己参加考试，构成代替考试罪

拓展习题

（1）在某次全国高考中，考生张三因病住院不能参加，张三的父亲乙找到甲，让甲找人帮张三替考，甲遂找到A某为张三替考。对此张三并不知情。（2）甲找到参加高考命题的丙，丙将部分高考考试题目（后经鉴定属国家秘密）提供给甲。（3）甲在之后，索性又组织B、C、D等人为李四、王五、赵六等人替考。（4）为此，甲将张三、李四、王五、赵六的身份证上的照片挖去，替换为A、B、C、D照片，并骗取了准考证。（5）另将从丙处获取的试题提供供给A、B、C、D。在进考场时，替考行为被监考官发现。以上诸人均被抓获。则以下说法正确的有（　）②

A.甲的行为触犯了组织考试作弊罪、非法获取国家秘密罪、非法提供试题罪、变造身份证件罪，应当以组织考试作弊罪一罪论处

---

① **参考答案：** CD

② **参考答案：** AB

B.乙系代替考试罪中"代替他人参加考试"的教唆犯

C.丙的行为触犯了故意泄露国家秘密罪、非法提供试题罪，应当数罪并罚

D.A、B、C、D，张三、李四、王五、赵六构成代替考试罪

解析：（1）甲触犯了组织考试作弊罪、非法提供试题罪，该两罪是整体法与部分法的法条竞合关系，以组织考试作弊罪论处；之前实施的非法获取国家秘密罪、变造身份证件罪，是前述行为的手段行为，是牵连犯，故而最终应当以组织考试作弊罪一罪论处。

（2）乙教唆别人帮自己的儿子替考，系代替考试罪中"代替他人参加考试"的教唆犯。

（3）丙触犯了故意泄露国家秘密罪、非法提供试题罪，是一行为而不是数行为，想象竞合。

（4）丁不知情没有故意，不构成代替考试罪。

★ 第二节　妨害司法罪

📑 考点说明

本节需要掌握的知识点主要有：（1）伪证罪，妨害作证罪，帮助毁灭、伪造证据罪的犯罪构成，区分罪与非罪关系。（2）窝藏、包庇罪，掩饰、隐瞒犯罪所得、犯罪所得收益罪的犯罪构成，与共犯的区别。（3）脱逃罪：主体身份，脱逃行为。（4）本犯教唆他人为本人犯罪而妨害司法行为的定性；共同犯罪人为同案犯妨害司法行为的定性。（5）《刑法修正案（九）》增设的虚假诉讼罪，泄露不应公开的案件信息罪，披露、报道不应公开的案件信息罪。

罪名	时空条件	主体	行为方式	对象
伪证罪	刑事诉讼	证人、鉴定人、记录人、翻译人	作虚假证明、鉴定、记录、翻译	证明、鉴定、记录、翻译
辩护人、诉讼代理人毁灭证据、伪造证据、妨害作证罪	刑事诉讼	辩护人、诉讼代理人	（1）毁灭、伪造证据 （2）帮助毁灭、伪造证据 （3）威胁、引诱证人违背事实改变证言作伪证	实体证据 言词证据
妨害作证罪	各类诉讼	一般主体	阻止证人作证，指使他人作伪证	言词证据
帮助毁灭、伪造证据罪	各类诉讼	一般主体	帮助毁灭、伪造证据	实体证据

★一、伪证罪：刑事诉讼中，证人、鉴定人、记录人、翻译人

📖 相关法条

第305条【伪证罪】在刑事诉讼中，证人、鉴定人、记录人、翻译人对案件有重要关系的情节，故意作虚假证明、鉴定、记录、翻译，意图陷害他人或者隐匿罪证的，处三年以下有期徒刑或者拘役；

情节严重的，处三年以上七年以下有期徒刑。

💡 知识点讲解

伪证罪，是指在刑事诉讼中，证人、鉴定人、记录人、翻译人对与案件有重要关系的情节，故意作虚假证明、鉴定、记录、翻译，意图陷害他人或者隐匿罪证的行为。

1.时空条件：刑事诉讼中。在民法诉讼、行政诉讼中作伪证的，不构成伪证罪。"刑事诉讼"一般指在立案侦查后、审判终结前的过程中，但可扩展至公安机关在决定是否立案、进行初步调查之时。在诉讼之前主动作虚假告发，意图使他人受刑事追究的，成立诬告陷害罪。

2. 主体身份（身份犯）：证人、鉴定人、记录人、翻译人。刑法中的"证人"相当于英美刑事诉讼中的证人，而比中国刑事诉讼法中证人的范畴大，包括一切作证的人，被害人也可被包括到证人之中。例如，被害人作证人违背事实，否认自己的法益被犯罪行为侵害的，也可能成立伪证罪。但本罪主体不包括犯罪嫌疑人、被告人本人。

3.伪证行为：作虚假证明、鉴定、记录、翻译。

（1）包括捏造或者夸大事实以陷人入罪、掩盖或者缩小事实以开脱罪责。

（2）虚假：指违反证人的记忆与实际体验，并且不符合客观事实的陈述（客观标准）。①想作假证实为真证，即违反证人的记忆与实际体验但符合客观事实，不可能妨害司法活动，不成立伪证罪。②想作真证实为假证，即符合证人的记忆与实际体验但与客观事实不相符合，则行为人没有伪证罪的故意，也不成立伪证罪。

（3）不作为的问题。证人单纯保持沉默而不陈述的行为，不成立伪证罪。但如证人在陈述时，部分内容进行了陈述，而对关键内容部分保持沉默，而使整体上的陈述成为虚假陈述时，成立伪证罪。

4.对与案件有重要关系的情节。指对案件是否构成犯罪、犯罪的性质、罪行的轻重、量刑的轻重具有重要关系的情节，即对结论（包括实体结论与程序结论）有重要影响的情节。对不影响定罪、量刑的情节作假证陈述，不构成伪证罪。

5.责任：故意，并且具有意图陷害他人或者隐匿罪证的意图。不是故意伪证，而是记忆偏差，或过失鉴定、漏记、错译，不构成本罪。

6.责任阻却事由（缺乏期待可能性）：

（1）犯罪嫌疑人、被告人本人为自己作虚假陈述的，因缺乏期待可能性，不构成伪证罪。

（2）犯罪嫌疑人、被告人指使他人为自己作伪证的：

①如果犯罪嫌疑人、被告人采用一般方法，例如教唆、请求，而未实施暴力、威胁、贿买方法，教唆证人为自己作伪证的，证人可成立伪证罪，但犯罪嫌疑人、被告人不构成妨害作证罪（原本为伪证罪的教唆犯）。可认为是当然解释的结论：犯罪嫌疑人、被告人自己作伪证都不构成伪证罪，因教唆行为是比实行行为更轻缓，举重以明轻，则教唆他人为自己作伪证，也不应处罚。

②如果犯罪嫌疑人、被告人采用暴力、威胁、贿买的非法方法，阻止指使他人作伪证，并不缺乏期待可能性，只是期待可能性较小，可构成妨害作证罪，但可从轻。

（3）同案犯针对共同犯罪事实作假证陈述的，同样因缺乏期待可能性，不构成伪证罪。

（4）同案犯阻止其他同案犯作伪证或指使作伪证的：

①采取一般的请求、利诱方法，例如串供，缺乏期待可能性，不构成妨害作证罪。

②采取暴力、威胁、贿买等非法方法，可构成妨害作证罪。

经典考题

下列哪一种行为可以构成伪证罪？（　　）①（2004-2-7）

A. 在民事诉讼中，证人作伪证的

B. 在刑事诉讼中，辩护人伪造证据的

C. 在刑事诉讼中，证人故意作虚假证明意图陷害他人的

D. 在刑事诉讼中，诉讼代理人帮助当事人伪造证据的

★二、妨害作证罪：所有诉讼中，针对证人

相关法条

第307条第1款【妨害作证罪】以暴力、威胁、贿买等方法阻止证人作证或者指使他人作伪证的，处三年以下有期徒刑或者拘役；情节严重的，处三年以上七年以下有期徒刑。

知识点讲解

妨害作证罪，是指以暴力、威胁、贿买等方法阻止证人作证，或者指使他人作伪证的行为。

1. 时空条件：所有诉讼中，包括刑事、民事（经济）、行政诉讼中。

2. 妨害的对象：证人。

（1）"证人"不仅包括狭义的证人，还包括被害人、鉴定人、翻译人、记录人。指使证人作虚假证言，鉴定人作虚假鉴定，翻译人作虚假翻译，记录人作虚假记录；阻止证人作证，阻止鉴定人作鉴定，均可认定为妨害作证罪。

（2）"证人"不包括司法工作人员，例如司法机关的勘验人、检查人。①行为人以暴力、威胁方法阻止司法工作人员进行勘验、检查的，成立妨害公务罪。②行为人以贿买方法阻止司法工作人员进行勘验、检查，或者作虚假勘验、检查的，行为人成立行贿罪；司法工作人员接受贿赂的，成立受贿罪，另触犯徇私枉法罪，应当择一重罪处断。

3. 妨害作证的行为：阻止证人作证（不作证），指使他人作伪证（作假证）。手段方法包括：暴力、威胁、贿买等方法，当然包括唆使、嘱托、请求、引诱等方法。

4. 采用教唆方法的妨害他人作证（阻止作证、指使伪证），可认为是"教唆行为正犯化"，即将原本伪证罪的教唆犯规定为妨害作证罪的实行犯。

5. 犯罪嫌疑人、被告人（当事人）妨害他人作证（阻止作证、指使伪证），同案犯妨害其他同案犯作证（阻止作证、指使伪证）：

（1）采取一般的请求、利诱方法，例如串供，缺乏期待可能性，不构成妨害作证罪。

（2）采取暴力、威胁、贿买等非法方法，可构成妨害作证罪。

6. 法条竞合：刑事诉讼中的辩护人、诉讼代理人，威胁、引诱证人违背事实改变证言或者作伪证（妨害作证）的，构成特别法即辩护人、诉讼代理人妨害作证罪（俗称的"律师伪证罪"）。

---

① 参考答案：C

经典考题

律师王某在代理一起民事诉讼案件时，编造了一份对自己代理的一方当事人有利的虚假证言，指使证人李某背熟以后向法庭陈述,致使本该败诉的己方当事人因此而胜诉。王某的行为构成何罪?(　　)[1]（2003-2-11）

A.伪证罪

B.诉讼代理人妨害作证罪

C.妨害作证罪

D.帮助伪造证据罪

★三、帮助毁灭、伪造证据罪：所有诉讼中，针对实体证据

相关法条

第 307 条第 2 款【帮助毁灭、伪造证据罪】帮助当事人毁灭、伪造证据，情节严重的，处三年以下有期徒刑或者拘役。

知识点讲解

帮助毁灭、伪造证据罪，是指帮助当事人毁灭、伪造证据，情节严重的行为。

1.本罪发生在所有诉讼中，包括刑事、民事（经济）、行政诉讼中。

2."帮助"的含义。这里的"帮助"是援助、支援的意思，比帮助犯中"帮助"的含义更为广泛，故而本罪的成立无须被帮助者成立犯罪。"帮助毁灭、伪造证据"是本罪的实行行为，故而以下情节中行为人均实施了实行行为，为正犯，而不是帮助犯、教唆犯。

（1）行为人单独为当事人毁灭、伪造证据（亲自实施）；

（2）行为人与当事人共同毁灭、伪造证据（共同实施）；

（3）行为人为当事人毁灭、伪造证据提供各种便利条件（帮助他人实施）；

（4）行为人唆使当事人毁灭、伪造证据（教唆他人实施）。

3.毁灭、伪造证据行为。

（1）毁灭证据，包括从物理上使证据消失，也包括妨碍证据显现、使证据的证明价值减少、消失的一切行为。隐匿证据的行为，也属于毁灭证据。

（2）伪造证据，指制作出不真实的证据。如将与犯罪无关的物改变成为证据的行为，就属于伪造。变造证据的行为，也属于伪造证据。

4.对象：证据（实体证据）。

（1）证据，指实体证据，即限于物证、书证、鉴定意见、勘验、检查笔录与视听资料，物体化（转化为书面或者视听资料）的证人证言、被害人陈述、犯罪嫌疑人、被告人供述和辩解等。而不包括证人证言等言辞证据。迫使证人、被害人改变证言，或者隐匿证人与被害人，不构成帮助毁灭、伪造证据罪，而构成妨害作证罪。

（2）证据，指证据资料或证据的原始素材。既包括已经查证属实的、作为定案根据的证据，也包括查证属实之前的证据素材。

---

[1]　**参考答案：**C

（3）既包括有罪证据，也包括无罪证据。

5.当事人承诺无效。因本罪保护的法益是司法秩序，故当事人承诺无效。经过犯罪嫌疑人、被告人同意，帮助其毁灭无罪证据，也妨害了刑事司法的客观公正性，应当认定为帮助毁灭证据罪。

6.责任阻却事由（缺乏期待可能性）：

（1）当事人本人直接毁灭、伪造证据，缺乏期待可能性，不构成帮助毁灭、伪造证据罪。

（2）当事人教唆他人为自己毁灭、伪造证据的，也缺乏期待可能性，当事人不构成帮助毁灭、伪造证据罪。但他人（毁灭、伪造者）构成帮助毁灭、伪造证据罪。

（3）同案当事人（同案犯）之间毁灭、伪造证据：

①行为人专门为了本人毁灭、伪造证据，或者既为本人也为其他同案当事人（共犯人）毁灭、伪造证据，缺乏期待可能性，不构成帮助毁灭、伪造证据罪。

②行为人专门为了其他同案当事人（共犯人）毁灭、伪造证据，且该证据在客观上仅对或主要对其他当事人起作用，而对行为人本人不起作用，则具有期待可能性，可构成帮助毁灭、伪造证据罪。

经典考题

甲的下列哪些行为成立帮助毁灭证据罪（不考虑情节）？（　　）①（2014-2-61）

A.甲、乙共同盗窃了丙的财物。为防止公安人员提取指纹，甲在丙报案前擦掉了两人留在现场的指纹

B.甲、乙是好友。乙的重大贪污罪行被丙发现。甲是丙的上司，为防止丙作证，将丙派往境外工作

C.甲得知乙放火致人死亡后未清理现场痕迹，便劝说乙回到现场毁灭证据

D.甲经过犯罪嫌疑人乙的同意，毁灭了对乙有利的无罪证据

7.法条竞合：刑事诉讼中的辩护人、诉讼代理人，毁灭、伪造证据，帮助当事人毁灭、伪造证据的，构成特别法即辩护人、诉讼代理人妨害作证罪（俗称"律师伪证罪"）。

8.妨害证据的四个罪名（伪证罪，妨害作证罪，帮助毁灭、伪造证据罪，辩护人、诉讼代理人毁灭证据、伪造证据、妨害作证罪）的区分与关系

经典考题

【1】王某担任辩护人时，编造了一份隐匿罪证的虚假证言，交给被告人陈小二的父亲陈某，让其劝说证人李某背熟后向法庭陈述，并给李某5000元好处费。陈某照此办理。李某收受5000元后，向法庭作了伪证，致使陈小二被无罪释放。后陈某给陈小二10万美元，让其逃往国外。关于本案，下列哪些选项是错误的？（　　）① （2007-2-64）

A. 王某的行为构成辩护人妨害作证罪

B. 陈某劝说李某作伪证的行为构成妨害作证罪的教唆犯

C. 李某构成辩护人妨害作证罪的帮助犯

D. 陈某让陈小二逃往国外的行为构成脱逃罪的共犯

【2】甲杀丙后潜逃。为干扰侦查，甲打电话让乙将一把未留有指纹的斧头粘上丙的鲜血放到现场。乙照办后报案称，自己看到"凶手"杀害了丙，并描述了与甲相貌特征完全不同的"凶手"情况，导致公安机关长期未将甲列为嫌疑人。关于本案，下列哪一选项是错误的？（　　）② （2016-2-20）

A. 乙将未留有指纹的斧头放到现场，成立帮助伪造证据罪

B. 对乙伪造证据的行为，甲不负刑事责任

C. 乙捏造事实诬告陷害他人，成立诬告陷害罪

D. 乙向公安机关虚假描述"凶手"的相貌特征，成立包庇罪

拓展习题

以下关于妨害司法类的犯罪，说法正确的有（　　）③

A. 被害人甲收受被告人乙的钱财后，在刑事审判中违背事实进行陈述，否认自己的法益受到被告人乙的侵害，以袒护被告人乙的，甲的行为可能成立伪证罪

B. 甲与乙共同实施故意杀人，乙被捕之后甲将乙使用的凶器扔到河中。甲除了构成故意杀人罪以外，还构成帮助毁灭、伪造证据罪

C. 涉嫌杀人犯罪的犯罪嫌疑人丙的父亲甲，贿买证人乙，让乙将目击杀人的时间提前一个小时，以便使丙有不在场证明，乙按照甲的指使作了伪证。则乙构成伪证罪，甲构成伪证罪的教唆犯

D. 帮助毁灭、伪造证据罪中的"毁灭"，能够包括隐匿证据的行为，使证据不能被司法机关发现的行为；"伪造"能够包括变造证据的行为，即对真正的证据进行加工，从而改造证据证明价值的行为

解析：A选项，被害人作证时属刑法中的"证人"，可构成伪证罪。

B选项，同案犯帮助同案犯毁灭、伪造证据，既为本人也为其他同案犯的，不构成帮助毁灭、伪造证据罪

C选项，甲构成妨害作证罪（伪证罪教唆行为正犯化）。

D选项，说法正确。

---

① **参考答案：** BCD
② **参考答案：** C
③ **参考答案：** AD

★四、窝藏、包庇罪：针对犯人

📖 相关法条

第310条【窝藏、包庇罪】明知是犯罪的人而为其提供隐藏处所、财物，帮助其逃匿或者作假证明包庇的，处三年以下有期徒刑、拘役或者管制；情节严重的，处三年以上十年以下有期徒刑。

第362条【窝藏、包庇罪】旅馆业、饮食服务业、文化娱乐业、出租汽车业等单位的人员，在公安机关查处卖淫、嫖娼活动时，为违法犯罪分子通风报信，情节严重的，依照本法第三百一十条的规定（窝藏、包庇罪）定罪处罚。

💡 知识点讲解

窝藏罪，是指明知是犯罪的人而为其提供隐藏处所、财物，帮助其逃匿的行为。包庇罪，是指明知是犯罪的人而作假证明包庇的行为。本罪是事后犯。

（一）两种窝藏、包庇情形

1.第一种情形：窝藏、包庇犯罪的人。

（1）对象：犯罪的人。

①包括判决之后和之中的犯罪人，也包括判决之前的犯罪人（已被或者将被作为侦查、起诉对象的人）。

②实施了不法行为但没有达到法定年龄、不具有责任能力的人，原则上属于"犯罪的人"。

③不包括行政违法者，例如被行政拘留人员、被强制戒毒人员。例如，甲在强制戒毒所戒毒时，无法抗拒毒瘾，设法逃出戒毒所，逃往乡下，告知朋友乙详情，请乙收留。则甲不构成脱逃罪，乙也不构成窝藏罪。

（2）行为：窝藏、包庇。

①窝藏：为其提供隐藏处所、财物，帮助其逃匿。包括一切妨害司法机关发现犯罪的人的行为，不限于前述例举，例如，向犯罪的人通报侦查或追捕的动静，提供化装的用具、提供虚假身份证明等，都属于帮助其逃匿的窝藏行为。但系为其"逃匿"而提供帮助。

②包庇：作假证明包庇，即向司法机关提供虚假证明掩盖犯罪的人，例如谎称自己是犯罪人而冒名"顶包"等。

③作为与不作为的问题。本罪应为作为形式，单纯的知情不举一般不构成本罪。例如，司法机关对知情他人犯罪事实的人进行调查取证时，其单纯不提供证言（不作为）的，不构成犯罪。但是，如果提供虚假证明包庇犯罪人（作为），则成立包庇罪或伪证罪。当然，在刑法特别规定行为人负有作证义务或证明义务时，可成立犯罪。例如，拒不提供间谍犯罪证据的，可构成拒绝提供间谍犯罪证据罪。取保候审的保证人，与该被告人串通，协助被告人在取保候审期间逃匿，或者明知藏匿地点而拒绝向司法机关提供的，保证人构成窝藏罪。

（3）责任形式：故意，明知对象是犯罪的人。

2.第二种情形：特种行业人员为卖淫嫖娼违法犯罪分子通风报信（第362条），系法律拟制。

（1）主体身份：旅馆业、饮食服务业、文化娱乐业、出租汽车业等单位的人员，即与卖淫嫖娼行为关联紧密的服务行业的人员。

（2）窝藏、包庇对象：卖淫、嫖娼违法犯罪分子，不仅包括犯罪分子，也包括一般卖淫、嫖娼违法人员。注意：窝藏、包庇其他违法人员，例如吸毒人员，不能构成窝藏、包庇罪。

（3）行为：在公安机关查处卖淫、嫖娼活动时，为违法犯罪分子通风报信。

（二）责任阻却事由（缺乏期待可能性）

1. 犯罪人本人窝藏、包庇自己的，缺乏期待可能性，不构成窝藏、包庇罪。犯罪人教唆他人对自己实施窝藏、包庇的，也缺乏期待可能性，不构成窝藏、包庇罪；但他人构成窝藏、包庇罪。

2. 犯罪人窝藏、包庇共犯人的：①专门为了本人或者既为本人也为共犯人逃避法律责任而窝藏、包庇共犯人的，缺乏期待可能性，不构成本罪。②专门为了使共犯人逃避法律责任而窝藏、包庇的，构成本罪。③明知共犯人另犯有其他罪而窝藏、包庇的，构成窝藏、包庇罪。

（三）本罪与其他特别包庇犯罪的法条竞合关系

1. 包庇毒品犯罪分子罪（第349条第1款），是指包庇走私、贩卖、运输、制造毒品的犯罪分子的行为。该罪是一种特殊的包庇罪，即包庇罪的特别法条。包庇毒品犯罪分子的，应当以特别法包庇毒品犯罪分子罪论处。

2. 包庇、纵容黑社会性质组织罪（第294条第3款），是指国家机关工作人员，利用职务上的便利包庇黑社会性质的组织，或者纵容黑社会性质的组织进行违法犯罪活动的行为。该罪是职务犯罪。符合此情形的，也应以包庇、纵容黑社会性质组织罪论处。

（四）本罪与伪证罪，帮助毁灭、伪造证据罪的区别

1. 包庇罪与伪证罪的区分，可认为两罪发生的阶段不同。

（1）在刑事诉讼之外（通常是进行正式刑事诉讼之前、抓捕到真凶之前）作假证明包庇犯罪人，使司法机关不能正常进入刑事诉讼活动的，成立包庇罪。

（2）在刑事诉讼之中，证人等作虚假陈述，意图隐匿罪证的，影响已经进入刑事诉讼活动的司法机关公正办案的，成立伪证罪。

（3）既在刑事诉讼之前包庇，又在刑事诉讼中作伪证，应当择一重罪处断。如果"情节严重"，包庇罪的法定最高刑（10年）更高。

2. 包庇罪与帮助毁灭、伪造证据罪的区分。

（1）包庇罪的包庇行为仅限于作假证明包庇犯罪的人，而不包括帮助犯罪人毁灭、伪造证据。帮助犯罪人毁灭、伪造证据的，构成帮助毁灭、伪造证据罪。

（2）包庇罪中的"作假证明包庇"，仅限于作使犯罪人逃避或减轻法律责任的假证明，例如，写出"他表现一贯良好不可能犯罪"的假证明。单纯毁灭有罪、重罪证据的行为本身，例如毁灭杀人犯的凶器，构成帮助毁灭、伪造证据罪。

（五）本罪是事后犯：与事前有通谋的共犯、承继共犯的区别

1. 本罪是事后犯，在他人犯罪之后窝藏、包庇，构成本罪。

2. 事前有通谋，商定待犯罪人实行犯罪后予以窝藏、包庇的，成立共同犯罪。即使共同犯罪所犯之罪的法定刑低于窝藏、包庇罪的法定刑，也应以共犯论处。

经典考题

乙交通肇事致人死亡，为逃避刑事责任，乙找到有驾照的丁，让丁去公安机关"自首"，谎称案发当晚是丁驾车。丁照办。公安机关找甲取证时，甲想到若说是乙造成事故，自己作为被保险人就无法从保险公司获得车损赔偿，便谎称当晚将车借给了丁。关于此事实的分析，下列选项错误的是：（   ）①
（2016-2-87）

A.伪证罪与包庇罪是相互排斥的关系，甲不可能既构成伪证罪又构成包庇罪

B.甲的主观目的在于骗取保险金，没有妨害司法的故意，不构成妨害司法罪

C.乙唆使丁代替自己承担交通肇事的责任，就此构成教唆犯

D.丁的"自首"行为干扰了司法机关的正常活动，触犯包庇罪

拓展习题

关于窝藏、包庇罪，掩饰、隐瞒犯罪所得、犯罪所得收益罪，以下说法正确的有（   ）②

A.某宾馆老板甲在公安部门抓捕吸毒违法人员时，给在其宾馆内吸毒的乙等五人（仅吸食少量毒品）通风报信，导致乙等逃走，甲构成窝藏罪

B.乙开着一辆几乎崭新的豪华车（新车价格80万），在二手车市场上以2万元的价格销售，甲见便宜，明知该汽车没有合法有效的来历凭证还购买，事后查明该车果系乙诈骗所得。则甲构成掩饰、隐瞒犯罪所得罪

C.13周岁的乙绑架并杀害丙，将从丙家人那里取得的赎金20万交给甲保管，甲明知其来历仍然保管，可构成掩饰、隐瞒犯罪所得罪

D.甲明知乙是贩卖毒品的犯罪分子而作假证明包庇，甲构成包庇罪

解析：A选项，是给吸毒违法的人报信，不是给卖淫嫖娼违法犯罪分子通风报信，不构成窝藏罪。

B选项，根据价格悬殊的事实可推定行为人应当明知是赃物。

C选项，"犯罪所得"指不法所得，无须考虑本犯的责任年龄。

D选项，构成包庇毒品犯罪分子罪。

★五、掩饰、隐瞒犯罪所得、犯罪所得收益罪：针对赃物

相关法条

第312条【掩饰、隐瞒犯罪所得、犯罪所得收益罪】明知是犯罪所得及其产生的收益而予以窝藏、转移、收购、代为销售或者以其他方法掩饰、隐瞒的，处三年以下有期徒刑、拘役或者管制，并处或者单处罚金；情节严重的，处三年以上七年以下有期徒刑，并处罚金。

单位犯前款罪的，对单位判处罚金，并对其直接负责的主管人员和其他直接责任人员，依照前款的规定处罚。

知识点讲解

掩饰、隐瞒犯罪所得、犯罪所得收益罪，是指明知是犯罪所得及其产生的收益，而予以窝藏、

---

① **参考答案：** ABC
② **参考答案：** BC

转移、收购、代为销售或者以其他方法掩饰、隐瞒的行为。本罪也是事后犯。

1. 对象：犯罪所得、犯罪所得收益（即赃物）。

（1）犯罪所得，指通过犯罪行为所获得的财物（包括财产性利益），用于犯罪之用的犯罪工具不是犯罪所得。犯罪所得产生的收益，指利用犯罪所得的赃物获得的利益。例如，受贿所得钱款存入银行后所获得的利息，利用走私犯罪所得投资房地产所获取的利润等。

（2）没有达到法定刑事责任年龄、没有刑事责任能力的人，实施不法行为所获收益，也属本罪对象。例如，13岁的人抢劫所得。犯罪事实存在，但本犯死亡或因其他原因未追究责任，其犯罪所得，也属本罪对象。例如，甲以赌博为业构成赌博罪后死亡，其赌博所得。

（3）犯罪所得中的"犯罪"，指犯罪既遂、未遂，如果仅是违法所得，不属于本罪对象。亦即，本犯构成犯罪（不考虑刑事责任），赃物犯罪才处罚。例如，公司员工职务侵占公司2000元的财物，因未达成罪数额，不能成为本罪对象。

2. 掩饰、隐瞒行为：窝藏、转移、收购、代为销售或者以其他方法掩饰、隐瞒。

（1）采用任何方法，使司法机关难以发现赃物或者难以分辨赃物性质的，均有可能构成本罪。

（2）司法解释：明知是盗窃、抢劫、诈骗等犯罪所得的机动车而予以窝藏、转移、买卖、介绍买卖、典当、拍卖、抵押、用其抵债的，或者拆解、拼装、组装的，或者修改发动机号、车辆识别代号的，或者更改车身颜色或者车辆外形的，或者提供或出售机动车来历凭证、整车合格证、号牌以及有关机动车的其他证明和凭证的，或者提供或出售伪造、变造的机动车来历凭证、整车合格证、号牌以及有关机动车的其他证明和凭证的，以本罪论处。

3. 责任形式：故意，明知是赃物，包括已知和应当知道。

4. 本犯的问题（责任阻却事由）。

（1）本犯（包括获取赃物的原犯罪的正犯、教唆犯与帮助犯），实施赃物犯罪行为的，因欠缺期待可能性，不成立赃物犯罪。例如，甲教唆乙实施盗窃行为，乙盗窃财物后，甲又窝藏乙所盗窃的财物的，甲只成立盗窃罪，而不成立掩饰、隐瞒犯罪所得罪。

（2）本犯教唆他人实施赃物犯罪行为的，同样欠缺期待可能性，不成立赃物犯罪；但他人可构成赃物犯罪。例如，甲盗窃后，教唆乙帮助自己销赃，甲只成立盗窃罪，乙成立掩饰、隐瞒犯罪所得罪。

（3）本犯实施赃物犯罪行为，行为人帮助、教唆其实施，行为人可成立赃物犯罪的共犯（帮助犯、教唆犯）。例如，本犯甲为了窝藏自己所盗窃的大型赃物，需要特殊工具分割赃物、需要卡车转移赃物，乙知道真相而将特殊工具、卡车提供给甲，使甲顺利窝藏、转移了赃物。甲不构成掩饰、隐瞒犯罪所得罪，但乙构成掩饰、隐瞒犯罪所得罪的帮助犯。

5. 本罪与特别的赃物犯罪的关系。

（1）法条竞合：窝藏、转移、隐瞒毒品、毒赃罪（第349条第1款）是更为特别的赃物犯罪，实施该行为，应当以特别法即窝藏、转移、隐瞒毒品、毒赃罪定罪。

（2）想象竞合：明知是毒品犯罪、黑社会性质的组织犯罪、恐怖活动犯罪、走私犯罪、贪污贿赂犯罪、破坏金融管理秩序犯罪、金融诈骗犯罪的所得及其产生的收益，而对其来源和性质进行掩饰、隐瞒，触犯洗钱罪（第191条）以及本罪，系想象竞合，应当择一重罪处断。

6.本罪是事后犯，在本犯犯罪获取犯罪所得、犯罪所得收益（即赃物）之后，进行掩饰、隐瞒，构成本罪。如果事先有通谋，或者在本犯犯罪既遂、犯罪未终了之前参与则应认定为共同犯罪。

经典考题

下列哪一选项的行为应以掩饰、隐瞒犯罪所得罪论处？（　）① （2011-2-17）

A.甲用受贿所得 1000 万元购买了一处别墅

B.乙明知是他人用于抢劫的汽车而更改车身颜色

C.丙与抢劫犯事前通谋后代为销售抢劫财物

D.丁明知是他人盗窃的汽车而为其提供伪造的机动车来历凭证

☆六、脱逃罪

相关法条

第316条【脱逃罪】依法被关押的罪犯、被告人、犯罪嫌疑人脱逃的，处五年以下有期徒刑或者拘役。

知识点讲解

脱逃罪，是指依法被关押的罪犯、被告人、犯罪嫌疑人脱逃的行为。

1.主体身份（身份犯）：依法被关押的罪犯、被告人、犯罪嫌疑人。

（1）犯罪或涉嫌犯罪的罪犯、被告人、犯罪嫌疑人。罪犯指因犯罪已被监禁的已决犯，被告人、犯罪嫌疑人指因犯罪而被司法机关采取羁押措施（拘留、逮捕）的未决犯。行政拘留、因行政违法等而限制人身的违法者，不构成本罪。

（2）"被关押"，指被司法机关采取羁押措施（拘留、逮捕）。虽被采取强制措施但未被关押的人，如被监视居住、取保候审；或者虽是已决罪但未关押（社区矫正），如被判管制、缓刑、假释、单科附加刑，不能成为本罪主体。行为人在被群众扭送的过程中逃走的，也不成立本罪。

（3）"依法"，原则上只要司法机关在关押的当时符合法定的程序与实体条件，就应认为是依法关押，包括被关押的罪犯、被告人、犯罪嫌疑人。从而，虽然事实上没有犯罪，但被合理怀疑为犯罪的人，依照刑事诉讼法被关押的人脱逃的，也有可能成立本罪的行为主体（但有可能属紧急避险或者缺乏期待可能性而不构成本罪）。

2.脱逃：脱离监管、控制。

（1）脱逃，指脱离监管机关的实力支配的行为，具体表现为逃离关押场所。行为摆脱了监管机关与监管人员的实力支配（控制）时，就是脱逃既遂。虽已逃出关押场所，但仍明显处于被监管人员追捕的过程中，认为是未遂。

（2）包括作为、不作为形式。例如，受到监狱奖励，节假日受准回家的罪犯，故意不在规定时间返回监狱，而逃往外地的，也构成脱逃罪。

---

① 参考答案：D

（3）脱逃一般是永久性或长期性逃避监管，但一时性脱离监管、控制的，也构成脱逃。例如，在监狱劳改农场服刑的罪犯，为了在某段艰苦时间逃避执行机关的监管，逃离半个月后又回到该劳改农场的，也认定为脱逃罪。

3. 责任阻却事由。

事实上无罪、但被依法被关押的罪犯、被告人、犯罪嫌疑人，实施脱逃行为的，因缺乏期待可能性，不构成脱逃罪。但教唆、帮助其他有罪之人脱逃的，可构成脱逃的共犯（教唆犯、帮助犯）。

经典考题

下列哪些行为不应当认定为脱逃罪？（　　）①（2006-2-61）

A. 犯罪嫌疑人在从甲地押解到乙地的途中，乘押解人员不备，偷偷溜走

B. 被判处管制的犯罪分子未经执行机关批准到外地经商，直至管制期满未归

C. 被判处有期徒刑的犯罪分子组织多人有计划地从羁押场所秘密逃跑

D. 被判处无期徒刑的 8 名犯罪分子采取暴动方法逃离羁押场所

七、破坏监管秩序罪：依法被关押的罪犯

相关法条

第315条【破坏监管秩序罪】依法被关押的罪犯，有下列破坏监管秩序行为之一，情节严重的，处三年以下有期徒刑：

（一）殴打监管人员的；

（二）组织其他被监管人破坏监管秩序的；

（三）聚众闹事，扰乱正常监管秩序的；

（四）殴打、体罚或者指使他人殴打、体罚其他被监管人的。

知识点讲解

破坏监管秩序罪，是指依法被关押的罪犯，违反监管法规，破坏监管秩序，情节严重的行为。

1. 主体身份（身份犯）：依法被关押的已决犯。依法被关押的被告人、犯罪嫌疑人不是本罪主体。

2. 破坏监管秩序的行为：（1）殴打监管人员；（2）组织其他被监管人破坏监管秩序；（3）聚众闹事，扰乱正常监管秩序；（4）殴打、体罚或者指使他人殴打、体罚其他被监管人。

3. 此罪与彼罪

（1）监管人员指使依法被关押的罪犯，殴打或者体罚虐待被监管人的。监管人员构成虐待被监管人罪（间接正犯），被指使的罪犯也构成虐待被监管人罪（帮助犯）。

（2）故意对监管人员或被监管人员实施杀害、伤害行为的，应认定为故意杀人罪与故意伤害罪。

---

① **参考答案：BCD**

罪名	主体身份	对象人
私放在押人员罪 失职致使在押人员脱逃罪	司法工作人员	在押的犯罪嫌疑人、被告人、罪犯
刑讯逼供罪	司法工作人员	犯罪嫌疑人、被告人
暴力取证罪		证人（包括被害人）
虐待被监管人罪	监狱、拘留所、看守所、劳教所等监管机构的监管人员	被监管人
脱逃罪 组织越狱罪 暴动越狱罪	依法被关押的罪犯、被告人、犯罪嫌疑人	
破坏监管秩序罪	依法被关押的罪犯	监管人员、其他被监管人，监管秩序

八、拒不执行判决、裁定罪（《刑法修正案（九）》修正）

相关法条

第 313 条【拒不执行判决、裁定罪】对人民法院的判决、裁定有能力执行而拒不执行，情节严重的，处三年以下有期徒刑、拘役或者罚金；情节特别严重的，处三年以上七年以下有期徒刑。

单位犯前款罪的，对单位判处罚金，并对其直接负责的主管人员和其他直接责任人员，依照前款的规定处罚。（《刑法修正案（九）》修正）

知识点讲解

拒不执行判决、裁定罪，是指对人民法院的判决、裁定有能力执行而拒不执行，情节严重的行为。本罪是不作为犯，即负有执行判决、裁定义务的人（被执行人、担保人、协助执行义务人），有能力执行，应当执行而不执行。

1. 主体身份（身份犯）：负有执行人民法院判决、裁定义务的人，包括被执行人、担保人、协助执行义务人。包括自然人、单位。

2. 不执行的对象：人民法院的判决、裁定。指人民法院依法作出的、具有执行内容、并已发生法律效力的判决、裁定。包括人民法院为依法执行支付令、生效的调解书、仲裁裁决、公证债权文书等所作的裁定。注意：调解书、仲裁裁决、公证文书本身不属"判决、裁定"，人民法院针对其作出的裁定，才属"判决、裁定"。

3. 有能力执行而拒不执行的 5 种情形：①被执行人隐藏、转移、故意毁损财产或者无偿转让财产、以明显不合理的低价转让财产；②担保人或者被执行人隐藏、转移、故意毁损或者转让已向人民法院提供担保的财产；③协助执行义务人接到人民法院协助执行通知书后，拒不协助执行；④与国家机关工作人员通谋，利用国家机关工作人员的职权妨害；⑤其他。

4. 暴力抗拒人民法院执行判决、裁定，杀害、重伤执行人员的，构成故意杀人罪、故意伤害罪。

5. 国家机关工作人员与被执行人、担保人、协助执行义务人通谋，利用国家机关工作人员的职权妨害执行，致使判决、裁定无法执行的，以拒不执行判决、裁定罪的共犯追究刑事责任。

经典考题

甲欠乙10万元久拖不还，乙向法院起诉并胜诉后，甲在履行期限内仍不归还。于是，乙向法院申请强制执行。当法院的执行人员持强制执行裁定书到甲家执行时，甲率领家人手持棍棒在门口守候，并将试图进入室内的执行人员打成重伤。甲的行为构成何罪？（　）[1]（2008-2-17）

A.拒不执行判决、裁定罪

B.聚众扰乱社会秩序罪

C.妨害公务罪

D.故意伤害罪

九、非法处置查封、扣押、冻结的财产罪

相关法条

第314条【非法处置查封、扣押、冻结的财产罪】隐藏、转移、变卖、故意毁损已被司法机关查封、扣押、冻结的财产，情节严重的，处三年以下有期徒刑、拘役或者罚金。

知识点讲解

非法处置查封、扣押、冻结的财产罪，是指隐藏、转移、变卖、故意毁损已被司法机关查封、扣押、冻结的财产，情节严重的行为。

1. 对象：已被司法机关查封、扣押、冻结的财产。不包括被行政机关依法扣押的财产。
2. 非法处置行为：隐藏、转移、变卖、故意毁损。

第三节　妨害国（边）境管理罪

考点说明

本节需要掌握的知识点主要有：（1）组织他人偷越国（边）境罪、运送他人偷越国（边）境罪的罪数规定；（2）骗取出境证件罪需以为了组织他人偷越国（边）境而使用为目的；（3）共犯行为正犯化，虽不再成为共犯（帮助犯、教唆犯），但仍为共同犯罪。

★一、组织他人偷越国（边）境罪

相关法条

第318条【组织他人偷越国（边）境罪】组织他人偷越国（边）境的，处二年以上七年以下有期徒刑，并处罚金；有下列情形之一的，处七年以上有期徒刑或者无期徒刑，并处罚金或者没收财产：

（一）组织他人偷越国（边）境集团的首要分子；

（二）多次组织他人偷越国（边）境或者组织他人偷越国（边）境人数众多的；

（三）造成被组织人重伤、死亡的；

（四）剥夺或者限制被组织人人身自由的；

（五）以暴力、威胁方法抗拒检查的；

（六）违法所得数额巨大的；

（七）有其他特别严重情节的。

犯前款罪，对被组织人有杀害、伤害、强奸、拐卖等犯罪行为，或者对检查人员有杀害、伤害等犯罪行为的，依照数罪并罚的规定处罚。

知识点讲解

组织他人偷越国（边）境罪，是指违反国（边）境管理法规，组织他人偷越国（边）境的行为。本罪的法益是出入境管理秩序。

组织他人偷越国（边）境罪，运送他人偷越国（边）境罪的罪数	
一罪（加重犯）	可包括：过失致人重伤、死亡罪，非法拘禁罪，妨害公务罪
数罪（常态）	杀害、伤害、强奸、拐卖等
牵连犯	实施组织他人偷越国（边）境犯罪，同时构成骗取出境证件罪（此罪主观目的是为了组织他人偷越国（边）境而使用）、提供伪造、变造的出入境证件罪、出售出入境证件罪、运送他人偷越国（边）境罪的，依照处罚较重的规定定罪处罚。

1.组织他人偷越国（边）境行为：领导、策划、指挥他人偷越国（边）境或者在首要分子指挥下，实施拉拢、引诱、介绍他人偷越国（边）境等行为的。

2.既未遂标准：偷越国（边）境者是否偷越成功。以组织他人偷越国（边）境为目的，招募、拉拢、引诱、介绍、培训偷越国（边）境人员，策划、安排偷越国（边）境行为，在他人偷越国（边）境之前或者偷越国（边）境过程中被查获的，应当以组织他人偷越国（边）境罪（未遂）论处；具有《刑法》第318条第1款规定的情形之一的，应当在相应的法定刑幅度基础上，结合未遂犯的处罚原则量刑（情节加重犯的未遂）。

3.罪数。

（1）只定组织他人偷越国（边）境罪一罪，系加重犯：造成被组织人重伤、死亡的（过失致人重伤、死亡罪）；剥夺或者限制被组织人人身自由的（非法拘禁罪）；以暴力、威胁方法抗拒检查的（妨害公务罪）。

（2）数罪并罚：杀害、伤害、强奸、拐卖。

（3）牵连犯：实施组织他人偷越国（边）境犯罪，同时构成骗取出境证件罪、提供伪造、变造的出入境证件罪、出售出入境证件罪、运送他人偷越国（边）境罪的，依照处罚较重的规定定罪处罚。

二、运送他人偷越国（边）境罪

相关法条

第321条【运送他人偷越国（边）境罪】运送他人偷越国（边）境的，处五年以下有期徒刑、拘役或者管制，并处罚金；有下列情形之一的，处五年以上十年以下有期徒刑，并处罚金：

（一）多次实施运送行为或者运送人数众多的；

（二）所使用的船只、车辆等交通工具不具备必要的安全条件，足以造成严重后果的；

（三）违法所得数额巨大的；

（四）有其他特别严重情节的。

在运送他人偷越国（边）境中造成被运送人重伤、死亡，或者以暴力、威胁方法抗拒检查的，处七年以上有期徒刑，并处罚金。

犯前两款罪，对被运送人有杀害、伤害、强奸、拐卖等犯罪行为，或者对检查人员有杀害、伤害等犯罪行为的，依照数罪并罚的规定处罚。

🔆 知识点讲解

运送他人偷越国（边）境罪，是指违反国（边）境管理法规，运送他人偷越国（边）境的行为。

1.运送他人偷越国（边）境行为：使用车辆、船只等交通工具将偷越国（边）境的人运送出、入国（边）境。徒步带领他人偷越国（边）境的，不属"运送"，构成偷越国（边）境罪的共犯。

2.行为人帮助组织他人偷越国（边）境的组织者运送他人偷越国（边）境，不构成组织他人偷越国（边）境罪的帮助犯，而是运送他人偷越国（边）境罪的实行犯。

3.罪数。

（1）只定运送他人偷越国（边）境罪一罪，系加重犯：造成被运送人重伤、死亡（过失致人重伤、死亡罪），以暴力、威胁方法抗拒检查的（妨害公务罪）。

（2）数罪并罚：杀害、伤害、强奸、拐卖。

三、骗取出境证件罪（目的犯）

📖 相关法条

第319条【骗取出境证件罪】以劳务输出、经贸往来或者其他名义，弄虚作假，骗取护照、签证等出境证件，为组织他人偷越国（边）境使用的，处三年以下有期徒刑，并处罚金；情节严重的，处三年以上十年以下有期徒刑，并处罚金。

🔆 知识点讲解

骗取出境证件罪，指以组织他人偷越国（边）境使用为目的，以劳务输出、经贸往来或者其他名义，弄虚作假，骗取护照、签证等出境证件，为组织他人偷越国（边）境使用的行为。

1.目的犯：骗取证据的主观目的是为了组织他人偷越国（边）境而使用。基于其他目的而骗取出境证件的，不构成本罪。例如，甲制作虚假公司文书，证明7名出境人员为其公司人员，并出具财产担保证明，为7名出境人员办理旅游签证，使7名人员得以出境旅游。甲不构成犯罪。

2.出境证件：包括护照或者代替护照使用的国际旅行证件，中华人民共和国海员证，中华人民共和国出入境通行证，中华人民共和国旅行证，中国公民往来香港、澳门、台湾地区证件，边境地区出入境通行证，签证、签注，出国（境）证明、名单，以及其他出境时需要查验的资料。

3.弄虚作假：编造出境事由、身份信息或者相关的境外关系证明的。

四、偷越国（边）境罪

相关法条

第322条【偷越国（边）境罪】违反国（边）境管理法规，偷越国（边）境，情节严重的，处一年以下有期徒刑、拘役或者管制，并处罚金；为参加恐怖活动组织，接受恐怖活动培训或者实施恐怖活动，偷越国（边）境的，处一年以上三年以下有期徒刑，并处罚金。

知识点讲解

偷越国（边）境罪，是指违反国（边）境管理法规，偷越国（边）境，情节严重的行为。

1.偷越国（边）境行为：

（1）无证：没有出入境证件出入国（边）境或者逃避接受边防检查的；

（2）使用假证：使用伪造、变造、无效的出入境证件出入国（边）境的；

（3）冒用真证：使用他人出入境证件出入国（边）境的；

（4）假事由、假身份：使用以虚假的出入境事由、隐瞒真实身份、冒用他人身份证件等方式骗取的出入境证件出入国（边）境的；

（5）采用其他方式非法出入国（边）境的。

2.中国公民、外国公民均可构成本罪。

拓展习题

甲组织A、B、C等人偷越国（边）境，在甲的策划指使下，乙为此而以劳务输出为名，向有关机关骗取了签证。在A、B、C三人持证件出境时，A顺利出境，B、C被识破未能出境。甲遂联系丙让丙帮助将B、C藏在货车车柜里偷偷运送出境，在运送途中，B因车柜缺氧窒息身亡。后丙在过境时遇边防人员检查，而将边防人员打成轻伤后逃走，C未能出境即被抓获。关于本案，以下说法正确的有（   ）[①]

A.甲构成组织他人偷越国（边）境罪，A构成偷越国（边）境罪

B.乙构成组织他人偷越国（边）境罪的帮助犯

C.丙构成运送他人偷越国（边）境罪、过失致人死亡罪、妨害公务罪，应当数罪并罚

D.甲、乙、丙构成共同犯罪

解析：（1）甲构成组织他人偷越国（边）境罪，骗取出境证件、组织运送、指使偷越的行为都被包容在内。（2）乙构成骗取出境证件罪，帮助行为正犯化。（3）丙构成运送他人偷越国（边）境罪，帮助行为正犯化；过失致死、妨害公务系加重犯。（4）甲、乙、丙构成共同犯罪。（5）A使用以虚假的出入境事由等方式骗取的出入境证件出入国（边）境的，构成偷越国（边）境罪。

第四节　妨害文物管理罪

考点说明

本节需要掌握的知识点主要有：（1）盗掘古文化遗址、古墓葬罪的罪数规定。（2）具有科学价值的古脊椎化石、古人类化石，也认为是文物。

☆一、盗掘古文化遗址、古墓葬罪

相关法条

第328条第1款【盗掘古文化遗址、古墓葬罪】盗掘具有历史、艺术、科学价值的古文化遗址、古墓葬的，处三年以上十年以下有期徒刑，并处罚金；情节较轻的，处三年以下有期徒刑、拘役或者管制，并处罚金；有下列情形之一的，处十年以上有期徒刑或者无期徒刑，并处罚金或者没收财产：

（一）盗掘确定为全国重点文物保护单位和省级文物保护单位的古文化遗址、古墓葬的；

（二）盗掘古文化遗址、古墓葬集团的首要分子；

（三）多次盗掘古文化遗址、古墓葬的；

（四）盗掘古文化遗址、古墓葬，并盗窃珍贵文物或者造成珍贵文物严重破坏的。

知识点讲解

盗掘古文化遗址、古墓葬罪，是指盗掘具有历史、艺术、科学价值的古文化遗址、古墓葬的行为。

盗掘古文化遗址、古墓葬罪		
罪数	一罪（加重犯）	可包括：盗窃（盗窃罪）、盗掘中毁坏（故意损毁文物罪、过失损毁文物罪）
	数罪（常态）	之后又故意毁坏珍贵文物(故意损毁文物罪)或名胜古迹(故意损毁名胜古迹罪)的，或者走私文物出境（走私文物罪）等
既遂标准		已损害其历史、艺术、科学价值
倒卖文物罪：以牟利为目的，倒卖（出售或者为出售而收购、运输、储存）国家禁止经营的文物		
具有科学价值的古脊椎化石、古人类化石，也适用文物规定		

1. 盗掘：未经批准，私自开挖。即未经国家文物主管部门批准，私自挖掘古文化遗址、古墓葬。可通俗地将其理解为盗窃加损毁。公开盗掘的，也属盗掘。

2. 对象：具有历史、艺术、科学价值的古文化遗址、古墓葬。即清代和清代以前的具有历史、艺术、科学价值的古文化遗址、古墓葬，辛亥革命后与著名历史事件有关的名人墓葬、遗址和纪念地。古文化遗址，包括古窟、地下城、古建筑等；古墓葬，包括皇帝陵墓、革命烈士墓地等。

3. 罪数。

（1）盗掘可包容盗窃、毁坏，定盗掘古文化遗址、古墓葬罪一罪，系加重犯：在盗掘古文化遗址、古墓葬的过程中，造成古文化遗址、古墓葬中的珍贵文物等毁坏的（故意损毁文物罪、过失损毁文物罪）；将其中的文物非法据为己有的（盗窃罪）。

（2）数罪并罚：盗掘古文化遗址、古墓葬之后，又故意毁坏古文化遗址、古墓葬中的珍贵文物（故意损毁文物罪）或者名胜古迹（故意损毁名胜古迹罪）的，或者走私文物（走私文物罪），应当数罪并罚。

📖 经典考题

甲盗掘国家重点保护的古墓葬，窃取大量珍贵文物，并将部分文物偷偷运往境外出售牟利。司法机关发现后，甲为毁灭罪证将剩余珍贵文物损毁。关于本案，下列哪些选项是错误的？（   ）[1]（2010-2-63）

A.运往境外出售与损毁文物，属于不可罚的事后行为，对甲应以盗掘古墓葬罪、盗窃罪论处

B.损毁文物是为自己毁灭证据的行为，不成立犯罪，对甲应以盗掘古墓葬罪、盗窃罪、走私文物罪论处

C.盗窃文物是盗掘古墓葬罪的法定刑升格条件，对甲应以盗掘古墓葬罪、走私文物罪、故意损毁文物罪论处

D.盗掘古墓葬罪的成立不以盗窃文物为前提，对甲应以盗掘古墓葬罪、盗窃罪、走私文物罪、故意损毁文物罪论处

二、倒卖文物罪

📖 相关法条

第 326 条【倒卖文物罪】以牟利为目的，倒卖国家禁止经营的文物，情节严重的，处五年以下有期徒刑或者拘役，并处罚金；情节特别严重的，处五年以上十年以下有期徒刑，并处罚金。

单位犯前款罪的，对单位判处罚金，并对其直接负责的主管人员和其他直接责任人员，依照前款的规定处罚。

💡 知识点讲解

倒卖文物罪，是指以牟利为目的，倒卖国家禁止经营的文物，情节严重的行为。

1.倒卖：低价买进高价卖出，或者转手贩卖文物。亦即，先买进再卖出（其他罪名中的"倒卖"不一定要求买进后再卖出）。将自己所有的文物出售给他人，不成立倒卖文物罪。盗窃珍贵文物后卖出的，卖出行为不属倒卖，故仍以盗窃罪一罪论处。

2.对象：国家禁止经营的文物。

3.以牟利为目的。

---

[1] **参考答案：ABD**

三、故意损毁文物罪；过失损毁文物罪

故意损毁文物罪，是指故意损毁国家保护的珍贵文物或者被确定为全国重点文物保护单位、省级文物保护单位的文物的行为。

1. 对象：（1）国家保护的珍贵文物；（2）被确定为全国重点文物保护单位、省级文物保护单位的文物；（3）具有科学价值的古脊椎化石、古人类化石，也认为是文物。

2. 损毁：损坏、毁坏、破坏文物以及其他使文物的历史、艺术、科学、史料、经济价值或纪念意义、教育意义丧失或者减少。

四、抢夺、窃取国有档案罪

抢夺、窃取国有档案罪，是指抢夺、窃取国家所有的档案的行为。

1. 对于抢劫国有档案的行为，因"抢劫"包含着"抢夺"的内容，故而可认定为抢夺国有档案罪。

2. 想象竞合：

（1）抢劫属于财物的国有档案，触犯抢夺国有档案罪、抢劫罪，系想象竞合犯，应从一重罪论处。

（2）盗窃属于国家秘密的国家档案，触犯了窃取国有档案罪、非法获取国家秘密罪，系想象竞合犯，应从一重罪论处。

（3）抢夺、窃取国有档案又构成他罪的（如危害国家安全的犯罪），系想象竞合犯，应从一重罪论处。

拓展习题

以下涉及文物的犯罪说法正确的有（　　）[1]

A. 甲盗掘国家重点保护的古墓葬，窃取大量珍贵文物，并将部分文物偷偷运往境外出售牟利。司法机关发现后，甲为毁灭罪证将剩余珍贵文物损毁。对甲应以盗掘古墓葬罪、盗窃罪、走私文物罪、故意损毁文物罪，应当数罪并罚

B. 甲晚上潜入一博物馆，将馆内国家珍贵文物金佛的头用钢锯锯下后偷走（价值10万元）。甲触犯故意损毁文物罪与盗窃罪，应择一重处断

C. 甲走私境外文物入境，偷逃关税20万元，构成走私文物罪

D. 全国人大常委会的立法解释规定，刑法有关文物的规定，适用于具有科学价值的古脊椎动物化石、古人类化石。因恐龙蛋化石属于古生物化石，故而甲倒卖恐龙蛋化石，可构成倒卖文物罪

解析：A选项，盗掘古墓葬过程中盗窃，只以盗掘古墓葬罪一罪论处，其他行为数罪并罚。

B选项，说法正确。

C选项，构成走私普通货物、物品罪。

D选项，恐龙蛋化石不属于"古生物"化石，而是"古生物"的蛋。

🛡 第五节　危害公共卫生罪

📋 考点说明

　　本节需要掌握的知识点主要有：（1）医疗事故罪：医务人员、过失、结果。（2）非法行医罪："未取得医生执业资格"，行医行为，结果加重犯。

☆一、医疗事故罪

📖 相关法条

　　第335条【医疗事故罪】医务人员由于严重不负责任，造成就诊人死亡或者严重损害就诊人身体健康的，处三年以下有期徒刑或者拘役。

💡 知识点讲解

　　医疗事故罪，是指医务人员由于严重不负责任，造成就诊人死亡或者严重损害就诊人身体健康的行为。本罪是业务过失犯罪。

　　1.主体身份（身份犯）：医务人员。即直接从事诊疗护理事务的人员，包括国家、集体医疗单位的医生、护士、药剂人员，以及经主管部门批准开业的个体行医人员，从事医疗管理、后勤服务等人员。没有取得医生执业资格，在医院里实习的医校学生，认为是临时的医务人员。

　　2.医疗责任事故：在诊疗护理工作中，因医务人员严重不负责任，诊疗护理过失而造成事故。可以是作为，如打错针、发错药；也可以不作为，如擅离职守、没做皮试等。是否具有责任，主要判断标准是看是否违反诊疗护理规章制度和技术操作规程。

　　3.结果（必要构成要件要素）：造成就诊人死亡或者严重损害就诊人身体健康。参照《医疗事故处理条例》，医疗事故造成患者重伤或者多名患者轻伤，可构成本罪。只造成一名患者轻伤，或造成轻微伤，反应轻微，无明显不良后果者，不构成本罪。

　　4.责任形式：过失。没有过失的医疗意外事故、技术事故，不认为构成犯罪。

★二、非法行医罪

📖 相关法条

　　第336条【非法行医罪】未取得医生执业资格的人非法行医，情节严重的，处三年以下有期徒刑、拘役或者管制，并处或者单处罚金；严重损害就诊人身体健康的，处三年以上十年以下有期徒刑，并处罚金；造成就诊人死亡的，处十年以上有期徒刑，并处罚金。

💡 知识点讲解

　　非法行医罪，是指未取得医生执业资格的人非法行医，情节严重的行为。

1.主体身份（身份犯）：未取得医生执业资格的人（是一种消极的身份）。

（1）"未取得医生执业资格"，包括：①未取得或者以非法手段取得医师资格从事医疗活动的；②被依法吊销医师执业证书期间从事医疗活动的；③未取得乡村医生执业证书，从事乡村医疗活动的；④家庭接生员实施家庭接生以外的医疗行为的。（《最高人民法院关于审理非法行医刑事案件具体应用法律若干问题的解释》《最高人民法院关于修改〈关于审理非法行医刑事案件具体应用法律若干问题的解释〉的决定》）。注意："个人未取得《医疗机构执业许可证》开办医疗机构"不再认为是刑法中的"非法行医"。

（2）具体解释：①"医师执业资格"，指先考试取得"医师资格"，再注册取得"执业资格""医师资格""执业资格"任缺其一即是非法行医。②医生应按注册的执业类别在执业范围内执业，超出执业类别也是非法行医，如眼科医生从事牙医医疗。

2.行医行为。

"行医"行为，参照《医疗机构管理实施细则》中的"诊疗活动""医疗美容"认定。

（1）指从事专业诊疗活动（医疗业务）。即只能由医师根据医学知识与技能实施，否则便对人体产生危险的活动（狭义的行医）。包括：

①诊断，即就患者的伤病、身体的现状等进行诊察（包括问诊、视诊、听诊、触诊、打诊、检查等），根据现代医学的立场大体上可以判断疾病原因、选择治疗方法的活动。

②治疗，是指以恢复患者的伤病、增进健康为目的且应由医生实施的行为，包括手术、注射、投药、处置、理学疗法、针灸等。

③如果不是根据医学知识与技能，而是根据生活常识来治疗、预防、保健，就不属刑法上的"行医"。例如，给人涂抹伤口、按摩、刮痧。

（2）职业犯。即以实施医疗行为为业（专职、兼职均可），要求行为人反复、多次、继续实施。如果基于偶然一两次而实施，就不属刑法上的"行医"。例如，甲某次偶然帮助邻居乙注射青霉素，导致乙死亡，甲有可能涉嫌过失致人死亡罪，而不是非法行医罪。

3.结果在本罪的地位。本罪结果不是必要构成要件要素（成罪要素），而是结果加重犯的要素。本罪的成罪要素是"情节严重"；造成重伤、死亡，成立结果加重犯，当然，要求行医行为与结果之间具有因果关系。

4.被害人承诺无效。因本罪的法益是公共卫生和医疗管理秩序，是社会法益，被害人承诺无效。医患知悉行为人非法行医仍要求诊治的，不影响行为人构成非法行医罪。但是，如行为人的行为不属非法行医，而只是生活治疗，则被害人承诺有效。

5.共同犯罪。非法行医罪是身份犯（未取得医生执业资格的人），无此身份者（取得医生执业资格的人），可构成共犯（教唆犯、帮助犯）。

（1）取得医生执业资格的人，雇请未取得该资格的人和自己共同行医的，成立非法行医罪的共犯。

（2）医院或卫生行政管理机关的负责人（具有医生执业资格），明知对方没有取得医生执业资格，而且以前因非法行医致人死亡，但仍然雇请其到本医院行医。对于这种行为，应认定为非法行医罪的共犯。

罪名	医疗事故罪	非法行医罪	
主体身份	医务人员	未取得医生执业资格的人	无资格、无证、无照：①未取得或者以非法手段取得医师资格从事医疗活动的；②被依法吊销医师执业证书期间从事医疗活动的；③未取得乡村医生执业证书，从事乡村医疗活动的；④家庭接生员实施家庭接生以外的医疗行为的。
行为	医疗事故	行医行为：职业犯，技术性诊疗	
结果要素的地位	是结果犯，只有造成就诊人死亡、严重损害就诊人身体健康才构成犯罪	要求情节严重；（过失）致人重伤、死亡，构成结果加重犯	
责任形式	过失	故意	

经典考题

医生甲退休后，擅自为人看病2年多。某日，甲为乙治疗，需注射青霉素。乙自述以前曾注射过青霉素，甲便未做皮试就给乙注射青霉素，乙因青霉素过敏而死亡。关于本案，下列哪一选项是正确的？（　　）① （2013-2-18）

A.以非法行医罪的结果加重犯论处

B.以非法行医罪的基本犯论处

C.以过失致人死亡罪论处

D.以医疗事故罪论处

拓展习题

以下说法正确的有（　　）②

A.乙腰疼，甲便将自己调制的药酒倒给乙喝，乙喝后死亡，对甲应当认定为非法行医罪致人死亡

B.甲强迫乙卖血致乙重伤，触犯强迫卖血罪、故意伤害罪，应择一重罪处断

C.医生甲退休后，擅自开设诊所为人看病2年多。乙明知甲无证看病，仍到甲的诊所请甲治疗，甲未做皮试就给乙注射青霉素，导致乙因青霉素过敏而死亡。因甲得到了乙的承诺，应当认定为无罪

D.非法行医的甲将身患严重肺炎的乙误诊为普遍感冒，让乙到药店里购买普遍感冒药治疗，而使乙没有得到正常治疗死亡，对甲应当认定为非法行医罪致人死亡

　　解析： A选项，"将自己调制的药酒倒给乙喝"不属技术诊疗型的"行医"行为，可能构成过失致死，或意外事件。

　　B选项，按故意伤害罪论处。

　　C选项，非法行医罪的保护法益是社会秩序，不因承诺而无罪。

　　D选项，有因果关系，说法正确。

---

① 参考答案：A
② 参考答案：D

第六节　破坏环境资源保护罪

📋 考点说明

本节需要掌握的知识点主要有：(1)盗伐林木罪与滥伐林木罪的区别，"林木"的含义。(2)污染环境罪的成罪条件为"严重污染环境"（情节或结果）。

★一、盗伐林木罪；滥伐林木罪

📖 相关法条

第345条第1、2款【盗伐林木罪】盗伐森林或者其他林木，数量较大的，处三年以下有期徒刑、拘役或者管制，并处或者单处罚金；数量巨大的，处三年以上七年以下有期徒刑，并处罚金；数量特别巨大的，处七年以上有期徒刑，并处罚金。

【滥伐林木罪】违反《森林法》的规定，滥伐森林或者其他林木，数量较大的，处三年以下有期徒刑、拘役或者管制，并处或者单处罚金；数量巨大的，处三年以上七年以下有期徒刑，并处罚金。

💡 知识点讲解

盗伐林木罪，是指盗伐森林或者其他林木，数量较大的行为。本罪的法益是森林资源。滥伐林木罪，是指违反森林法的规定，滥伐森林或者其他林木，数量较大的行为。本罪的法益是森林管理秩序。

1. 对象：林木，指活的树木、成片（大面积、小面积，成规模）的树林。

（1）活的树，把活树弄死。本二罪的法益都包括森林资源，即保护"树的生命"，只有把"活树"砍倒使其死亡，才能触犯本二罪。故而，盗伐已经枯死、病死的林木的，以及偷走已经被他人砍倒的树木，不构成盗伐林木罪，应认定为盗窃罪。砍伐树枝，不至于使树木死亡的，也不构成本二罪。非法实施采种、采脂、挖笋、掘根、剥树皮等行为，牟取经济利益数额较大的，以盗窃罪定罪处罚。将"活树"连根盗挖走，又卖给别人移栽别处，也只构成盗窃罪。

（2）成片的林。偷砍他人房前屋后、自留地种植的零星树木，数量较大或多次偷砍的，应认定为盗窃罪。成片的竹林，也是本罪对象。

2. 盗伐林木罪：盗伐行为；滥伐林木罪：滥伐行为。

（1）盗伐，指以非法占有为目的擅自砍伐他人林木。聚众盗伐（哄砍）林木的行为，也可纳入盗伐中。"盗伐"内含有"盗窃"（非法占有）、"伐倒"（砍死林木）两层含义。因此，只有以非法占有为目的，未经林木占有人、所有人同意（盗），而砍伐他人占有的林木（伐），才构成盗伐林木罪。

（2）滥伐，指无证、违规砍伐。所有合法砍伐林木的行为，都需经林业主管部门批准林木采伐许可证，在林木采伐许可证许可范围内进行。故而，即使是行为人本人所有的林木，未经批准而砍伐的，也属滥伐林木，也可构成滥伐林木罪。

3.责任要素：

（1）盗伐林木罪：要求具有非法占有目的。

（2）滥伐林木罪：要求不具有非法占有目的。

4.盗伐林木罪与盗窃罪的关系："盗伐"内含有"盗窃"的内容。

（1）盗伐林木，达到"数量较大"（以2至5立方米或者幼树100至200株为起点），构成盗伐林木罪；未达到"数量较大"，但价值达到数额较大的，构成盗窃罪。

（2）盗伐林木，为抗拒抓捕、窝藏赃物、隐匿罪证，当场使用暴力或以暴力相威胁的，可构成转化型抢劫。

经典考题

甲公司竖立的广告牌被路边树枝遮挡，甲公司在未取得采伐许可的情况下，将遮挡广告牌的部分树枝砍掉，所砍树枝共计6立方米。关于本案，下列哪一选项是正确的？（　　）[1]（2013-2-19）

A.盗伐林木包括砍伐树枝，甲公司的行为成立盗伐林木罪

B.盗伐林木罪是行为犯，不以破坏林木资源为要件，甲公司的行为成立盗伐林木罪

C.甲公司不以非法占有为目的，只成立滥伐林木罪

D.不能以盗伐林木罪判处甲公司罚金

二、非法猎捕、杀害珍贵、濒危野生动物罪

非法猎捕、杀害珍贵、濒危野生动物罪，是指非法猎捕、杀害国家重点保护的珍贵、濒危野生动物的行为。

1.对象：国家重点保护的珍贵、濒危野生动物。主要指列入国家重点保护野生动物名录的国家一、二级保护野生动物。"野生动物"是一个词，而不是指正在野外生存的，例如，人工繁殖的大熊猫，也是本罪对象。

2.行为：猎捕、杀害，而不包括故意伤害、虐待。故意伤害珍贵、濒危野生动物的，应以故意毁坏财物罪论处。但杀害珍贵、濒危野生动物未遂的，应认定非法杀害珍贵、濒危野生动物罪（未遂）。

3.责任形式：故意。只要求认识到是此种动物（事实认识），不要求认识到野生动物的级别与具体名称；也不要求认识到保护法规的存在（违法性认识）。

4.罪数：

（1）想象竞合：使用爆炸、投毒、设置电网等危险方法破坏野生动物资源，触犯非法猎捕、杀害珍贵、濒危野生动物罪，同时触犯以危险方法危害公共安全类犯罪，系想象竞合犯，应当择一重罪处断。

（2）想象竞合：非法猎捕、杀害行为同时触犯盗窃罪的，系想象竞合犯，应从一重罪论处。

（3）实施本罪，又暴力、威胁抗拒查处的，数罪并罚。

---

[1] **参考答案：D**

三、污染环境罪

📖 **相关法条**

第 338 条【污染环境罪】违反国家规定，排放、倾倒或者处置有放射性的废物、含传染病病原体的废物、有毒物质或者其他有害物质，严重污染环境的，处三年以下有期徒刑或者拘役，并处或者单处罚金；后果特别严重的，处三年以上七年以下有期徒刑，并处罚金。

💡 **知识点讲解**

污染环境罪，是指自然人或者单位违反国家规定，排放、倾倒或者处置有放射性的废物、含传染病病原体的废物、有毒物质或者其他有害物质，严重污染环境的行为。

1. 违反国家规定，这主要是指违反《环境保护法》《大气污染防治法》《固体废物污染环境防治法》《水污染防治法》《海洋环境保护法》等法律以及国务院颁布的有关实施细则。

2. 排放、倾倒或者处置有放射性的废物、含传染病病原体的废物、有毒物质或者其他危险废物。

3. 严重污染环境。本罪不再是结果犯，不再是"造成重大环境污染事故，致使公私财产遭受重大损失或者人身伤亡的严重后果"；现已修订为"严重污染环境"。根据《最高人民法院最高人民检察院关于办理环境污染刑事案件适用法律若干问题的解释》，这里的"严重污染环境"涉及排放地点、数量、物质毒性、情节、结果等诸多因素。

4. 责任形式：故意，指明知排放行为违法仍然排放，不要求对造成的结果有故意。

5. 共犯。行为人明知他人无经营许可证或者超出经营许可范围，向其提供或者委托其收集、贮存、利用、处置危险废物，严重污染环境的，以污染环境罪的共同犯罪论处。

6. 罪数。想象竞合：违反国家规定，排放、倾倒、处置含有毒害性、放射性、传染病病原体等物质的污染物，同时构成污染环境罪、非法处置进口的固体废物罪、投放危险物质罪等犯罪的，依照处罚较重的犯罪定罪处罚。

📝 **拓展习题**

关于破坏环境资源保护犯罪，以下说法正确的有（　　）[①]

A. 某村甲承包林场里一大片树林因雷击着火被烧死，甲未经批准而砍伐枯死树木栽上小松树，甲构成滥伐林木罪

B. 乙在夜间将 A 市马路两旁栽植的银杏树 80 棵偷偷连根挖走，谎称自己是林木公司人员，将其卖给 B 市市政绿化部门，重新栽种在 B 市，乙构成盗伐林木罪

C. 丙为了用作食材，购买某濒危野生动物，但丙并不知该野生动物已被列入濒危野生动物名录受刑法保护，则仍应认定丙具有收购濒危野生动物罪的故意

D. 丁在 2011 年 1 月 1 日违反国家规定处置放射性废物，严重污染环境，但尚未导致人员伤亡和财产损失；此案在 2012 年 3 月 1 日进行审理，不能认定丁构成污染环境罪

解析：A 选项，没有把树砍死，没有侵害到该罪法益。

B 选项，同样，树没有死，只构成盗窃罪。

[①] **参考答案：CD**

C选项，违法性认识错误，仍有故意。

D选项，说法正确。

第七节　走私、贩卖、运输、制造毒品罪

考点说明

　　本节需要掌握的知识点主要有：（1）走私、贩卖、运输、制造毒品罪无论数量多少；本节其他罪名有数量要求。（2）走私、贩卖、运输、制造行为的理解。（3）非法持有毒品罪：吸毒者及代购者的定性。（4）引诱、教唆、欺骗、强迫、容留行为的理解。（5）包庇毒品犯罪分子罪，与包庇罪的法条竞合；窝藏、转移、隐瞒毒品、毒赃罪，与掩饰、隐瞒犯罪所得罪的法条竞合。

★一、走私、贩卖、运输、制造毒品罪

相关法条

　　第347条【走私、贩卖、运输、制造毒品罪】走私、贩卖、运输、制造毒品，无论数量多少，都应当追究刑事责任，予以刑事处罚。

　　走私、贩卖、运输、制造毒品，有下列情形之一的，处十五年有期徒刑、无期徒刑或者死刑，并处没收财产：

　　（一）走私、贩卖、运输、制造鸦片一千克以上、海洛因或者甲基苯丙胺五十克以上或者其他毒品数量大的；

　　（二）走私、贩卖、运输、制造毒品集团的首要分子；

　　（三）武装掩护走私、贩卖、运输、制造毒品的；

　　（四）以暴力抗拒检查、拘留、逮捕，情节严重的；

　　（五）参与有组织的国际贩毒活动的。

　　走私、贩卖、运输、制造鸦片二百克以上不满一千克、海洛因或者甲基苯丙胺十克以上不满五十克或者其他毒品数量较大的，处七年以上有期徒刑，并处罚金。

　　走私、贩卖、运输、制造鸦片不满二百克、海洛因或者甲基苯丙胺不满十克或者其他少量毒品的，处三年以下有期徒刑、拘役或者管制，并处罚金；情节严重的，处三年以上七年以下有期徒刑，并处罚金。

　　单位犯第二款、第三款、第四款罪的，对单位判处罚金，并对其直接负责的主管人员和其他直接责任人员，依照各该款的规定处罚。

　　利用、教唆未成年人走私、贩卖、运输、制造毒品，或者向未成年人出售毒品的，从重处罚。

　　对多次走私、贩卖、运输、制造毒品，未经处理的，毒品数量累计计算。

💡 **知识点讲解**

走私、贩卖、运输、制造毒品罪，是指自然人或者单位，故意走私、贩卖、运输、制造毒品的行为。本节犯罪的考点一般集中于对《全国部分法院审理毒品犯罪案件工作座谈会纪要》（2008）、《全国法院毒品犯罪审判工作座谈会纪要》（2015）的理解。

1. 对象：毒品。指鸦片、海洛因、甲基苯丙胺（冰毒）、吗啡、大麻、可卡因以及国家规定管制的其他能够使人形成瘾癖的麻醉药品和精神药品。

2. 行为：走私、贩卖、运输、制造。

（1）走私毒品，是指非法运输、携带、邮寄毒品进出国（边）境。走私入境型的走私毒品罪，以毒品到达我国领土内时为既遂，否则为未遂。

（2）贩卖毒品，是指有偿转让毒品的行为。既可能是获取金钱，也可能是获取其他物质利益。并不要求一定要求营利，亦即，是"换钱"，而不是"赚钱"。①有偿。无偿转让毒品，如赠与等，则不属于贩卖毒品。②"贩卖"的实行行为是"出卖"，并不需要先购买再出卖，出于贩卖目的而非法收买毒品的，系贩卖毒品的预备。③贩卖毒品罪，以毒品实际上转移给买方为既遂，贩卖者是否收取到金钱在所不论。

（3）运输毒品，是指采用携带、邮寄、利用他人或者使用交通工具等方法在我国领域内转移毒品。运输毒品进出国（边）境，属于走私毒品。只有与走私、贩卖、制造具有关联性的行为，才宜认定为运输。为了自己吸食、注射而将毒品从此地带往彼地的，不应认定为运输，而认为是持有。运输毒品罪，运输行为使毒品离开原处或者转移了存放地的，则为既遂；而不以到达目的地为既遂。

（4）制造毒品，不仅包括非法用毒品原植物直接提炼和用化学方法加工、配制毒品的行为，也包括以改变毒品成分和效用为目的，用混合等物理方法加工、配制毒品的行为，如将甲基苯丙胺或者其他苯丙胺类毒品与其他毒品混合成麻古或者摇头丸。为便于隐蔽运输、销售、使用、欺骗购买者，或者为了增重，对毒品掺杂使假，添加或者去除其他非毒品物质，不属于制造毒品的行为。已经制造出粗制毒品或者半成品的，以制造毒品罪的既遂论处。购进制造毒品的设备和原材料，开始着手制造毒品，但尚未制造出粗制毒品或者半成品的，以制造毒品罪的未遂论处。

3. 吸毒者、代购者、居间介绍者的定性。

（1）吸毒者在购买、存储毒品过程中被查获，没有证据证明其是为了实施贩卖毒品等其他犯罪，毒品数量达到《刑法》第348条规定的最低数量标准的，以非法持有毒品罪定罪处罚。吸毒者在运输毒品过程中被查获，没有证据证明其是为了实施贩卖毒品等其他犯罪，毒品数量达到较大以上的，以运输毒品罪定罪处罚。

吸毒者	
为了实施贩卖毒品等其他犯罪	贩卖毒品罪等其他犯罪
购买、存储	非法持有毒品罪
运输	运输毒品罪

（2）行为人为吸毒者代购毒品，在运输过程中被查获，没有证据证明托购者、代购者是

为了实施贩卖毒品等其他犯罪，毒品数量达到较大以上的，对托购者、代购者以运输毒品罪的共犯论处。行为人为他人代购仅用于吸食的毒品，在交通、食宿等必要开销之外收取"介绍费""劳务费"，或者以贩卖为目的收取部分毒品作为酬劳的，应视为从中牟利，属于变相加价贩卖毒品，以贩卖毒品罪定罪处罚。

托购者、代购者	
购买、储存时查获	非法持有毒品罪
为了实施贩卖而运输	运输毒品罪
加价或变相加价（收取费用、部分毒品作为酬劳）	贩卖毒品罪

（3）居间介绍者在毒品交易中处于中间人地位，发挥介绍联络作用，通常与交易一方构成共同犯罪，但不以牟利为要件；居中倒卖者属于毒品交易主体，与前后环节的交易对象是上下家关系，直接参与毒品交易并从中获利。居间介绍者受贩毒者委托，为其介绍联络购毒者的，与贩毒者构成贩卖毒品罪的共同犯罪；明知购毒者以贩卖为目的的购买毒品，受委托为其介绍联络贩毒者的，与购毒者构成贩卖毒品罪的共同犯罪；受以吸食为目的的购毒者委托，为其介绍联络贩毒者，毒品数量达到刑法第348条规定的最低数量标准的，一般与购毒者构成非法持有毒品罪的共同犯罪；同时与贩毒者、购毒者共谋，联络促成双方交易的，通常认定与贩毒者构成贩卖毒品罪的共同犯罪。居间介绍者实施为毒品交易主体提供交易信息、介绍交易对象等帮助行为，对促成交易起次要、辅助作用的，应当认定为从犯；对于以居间介绍者的身份介入毒品交易，但在交易中超出居间介绍者的地位，对交易的发起和达成起重要作用的被告人，可以认定为主犯。

居间介绍者	
受贩毒者委托，为其介绍联络购毒者	贩卖毒品罪共犯
明知购毒者以贩卖为目的购买毒品，受委托为其介绍联络贩毒者	贩卖毒品罪共犯
受以吸食为目的的购毒者委托，为其介绍联络贩毒者	非法持有毒品罪共犯
同时与贩毒者、购毒者共谋，联络促成双方交易的	通常认定为贩卖毒品罪共犯

4.责任形式：故意，要求明知是毒品，并不要求具有营利的目的。

（1）明知是毒品包括确实明知、应当知道（知道可能是毒品）。明知不是毒品而欺骗他人说是毒品以获取利益的，不构成贩卖毒品罪，应当以诈骗罪论处。

（2）对毒品种类产生错误认识的，系属具体认识错误，不影响故意的成立。

（3）本罪不要求以营利为目的。不以营利为目的实施本罪行为的，也构成本罪。例如，为了赠与而制造毒品，为了自己吸食而走私毒品，单纯受贩卖者委托运输毒品等，都构成犯罪，为了吸食而买进大量毒品，又低价亏本将部分毒品出卖的，仍然构成贩卖毒品罪。

📖 **经典考题**

　　甲、乙均为吸毒人员，且关系密切。乙因买不到毒品，多次让甲将自己吸食的毒品转让几克给乙，

甲每次均以购买价转让毒品给乙，未从中牟利。关于本案，下列哪些选项是错误的?(　)①（2008-2-65）

　　A. 贩卖毒品罪必须以营利为目的，故甲的行为不成立贩卖毒品罪

　　B. 贩卖毒品罪以获利为要件，故甲的行为不成立贩卖毒品罪

　　C. 甲属于无偿转让毒品，不属于贩卖毒品，故不成立贩卖毒品罪

　　D. 甲只是帮助乙吸食毒品，《刑法》没有将吸食毒品规定为犯罪，故甲不成立犯罪

　　5. 主体：自然人、单位。贩卖毒品罪的主体可以是已满 14 周岁并具有刑事责任能力的自然人；走私、运输、制造毒品罪的主体可以是已满 16 周岁并具有刑事责任能力的自然人。

　　6. 走私、贩卖、运输、制造毒品，无论数量多少，都应当追究刑事责任。

　　7. 毒品的数量：①办理毒品犯罪案件，无论毒品纯度高低，一般均应将查证属实的毒品数量认定为毒品犯罪的数量，并据此确定适用的法定刑幅度，但司法解释另有规定或者为了隐蔽运输而临时改变毒品常规形态的除外。涉案毒品纯度明显低于同类毒品的正常纯度的，量刑时可以酌情考虑。②制造毒品案件中，毒品成品、半成品的数量应当全部认定为制造毒品的数量，对于无法再加工出成品、半成品的废液、废料则不应计入制造毒品的数量。对于废液、废料的认定，可以根据其毒品成分的含量、外观形态，结合被告人对制毒过程的供述等证据进行分析判断，必要时可以听取鉴定机构的意见。

　　8. 对贩卖假毒品案件的处理。如果行为人明知是假毒品而当作毒品贩卖，应以诈骗罪定罪处罚；如果行为人不知是假毒品而进行贩卖的，应以贩卖毒品罪（未遂）追究刑事责任（最高人民法院 1994 年 12 月 20 日《关于执行〈全国人民代表大会常务委员会关于禁毒的决定〉的若干问题的解释》第 17 条，最高人民检察院 1991 年 4 月 2 日《关于贩卖假毒品案件如何定性问题的批复》）。这是想将该行为作为一种抽象的危险犯。

　　9. 毒品再犯。

　　（1）《刑法》第 356 条［毒品再犯］：因走私、贩卖、运输、制造，非法持有毒品（2 种罪名、5 种行为）被判过刑，又犯走私、贩卖、运输、制造毒品罪（本节任一罪名）的，从重处罚。

　　（2）构成再犯无须前罪执行完毕。因走私、贩卖、运输、制造、非法持有毒品罪被判刑的犯罪分子，在缓刑、假释或者暂予监外执行期间又犯刑法分则第六章第七节规定的犯罪的，应当在对其所犯新的毒品犯罪适用刑法第 356 条（毒品再犯）从重处罚的规定确定刑罚后，再依法数罪并罚。

　　（3）关于同时构成再犯和累犯的被告人适用法律和量刑的问题。对依法同时构成毒品再犯和累犯的被告人，同时援引再犯条款和累犯条款。但只进行一次从重处罚。（最高人民法院 2008 年《全国部分法院审理毒品犯罪案件工作座谈会纪要》）

　　10. 盗窃、抢夺、抢劫毒品。盗窃、抢夺、抢劫毒品的，应当分别以盗窃罪、抢夺罪、抢劫罪定罪，但不计犯罪数额，根据情节轻重予以定罪量刑。盗窃、抢夺、抢劫毒品后又实施其他毒品犯罪的，对盗窃罪、抢夺罪、抢劫罪和所犯的具体毒品犯罪分别定罪，依法数罪并罚。

　　11. 罪数。

　　（1）走私、贩卖、运输、制造毒品，又以暴力拒绝检查、拘留、逮捕，构成走私、贩卖、运输、制造毒品罪一罪的加重犯。

（2）走私毒品，又走私其他物品构成犯罪的，以走私毒品罪和其所犯的其他走私罪分别定罪，依法数罪并罚。

经典考题

关于毒品犯罪，下列哪些选项是正确的？（　　）[1]（2016-2-61）

A.甲无牟利目的，为江某代购仅用于吸食的毒品，达到非法持有毒品罪的数量标准。对甲应以非法持有毒品罪定罪

B.乙为蒋某代购仅用于吸食的毒品，在交通费等必要开销之外收取了若干"劳务费"。对乙应以贩卖毒品罪论处

C.丙与曾某互不知情，受雇于同一雇主，各自运输海洛因500克。丙将海洛因从一地运往另一地后，按雇主吩咐交给曾某，曾某再运往第三地。丙应对运输1000克海洛因负责

D.丁盗窃他人200克毒品后，将该毒品出卖。对丁应以盗窃罪和贩卖毒品罪实行数罪并罚

二、本节其他罪名

非法持有毒品罪	构罪需达到一定数量
非法生产、买卖、运输制毒物品、走私制毒物品罪	修九增设生产、运输行为
非法种植毒品原植物罪	在收获前自动铲除的，可以免除处罚
引诱、教唆、欺骗他人吸毒罪；强迫他人吸毒罪；容留他人吸毒罪	引诱、教唆、欺骗：他人有认识能力和意志自由； 强迫：他人无认识能力和意志自由（例如婴儿）； 容留：行为人对空间有管控力
包庇毒品犯罪分子罪；窝藏、转移、隐瞒毒品、毒赃罪	是窝藏、包庇罪，掩饰、隐瞒犯罪所得、犯罪所得收益罪的特别法

（一）非法持有毒品罪

相关法条

第348条【非法持有毒品罪】非法持有鸦片一千克以上、海洛因或者甲基苯丙胺五十克以上或者其他毒品数量大的，处七年以上有期徒刑或者无期徒刑，并处罚金；非法持有鸦片二百克以上不满一千克、海洛因或者甲基苯丙胺十克以上不满五十克或者其他毒品数量较大的，处三年以下有期徒刑、拘役或者管制，并处罚金；情节严重的，处三年以上七年以下有期徒刑，并处罚金。

知识点讲解

非法持有毒品罪，是指明知是毒品而非法持有且数量较大的行为。

1.持有，指事实上的支配。通常表现为直接占有、携有、藏匿、托管或者以其他方法支配毒品。不仅包括物理上直接握有，也包括不直接握有但可以间接管理、支配。例如，甲将毒品委托给乙保管，甲、乙都持有该毒品。

2.持有具有非法性。基于正当化事由，或经过有权机关批准持有毒品，不是非法持有。

3.数量较大。

4.责任形式：故意，明知是毒品，无须知具体种类。

5.运输毒品罪与非法持有毒品罪的区分。只有与走私、贩卖、制造有关联的行为，才认定为运输毒品罪；当然，运输可包容持有。例如，走私进境后再运输、制造毒品后再运输、为了贩卖而运输，构成运输毒品罪。与这些行为没有关联，应当认定为非法持有毒品罪。例如，为了自己吸食购买毒品后，由甲地带至乙地，认定为非法持有毒品罪。

6.吸收犯。行为人是因为走私、贩卖、运输、制造毒品而非法持有毒品的，应认定为走私、贩卖、运输、制造毒品罪一罪。因必然非法持有毒品，故而持有行为被这些罪名吸收。只认定为走私、贩卖、运输、制造毒品罪一罪，不与非法持有毒品罪实行并罚。

经典考题

关于非法持有毒品罪，下列哪一选项是正确的？（　　）[1]（2011-2-18）

A.非法持有毒品的，无论数量多少都应当追究刑事责任

B.持有毒品不限于本人持有，包括通过他人持有

C.持有毒品者而非所有者时，必须知道谁是所有者

D.因贩卖而持有毒品的，应当实行数罪并罚

（二）非法生产、买卖、运输制毒物品、走私制毒物品罪

相关法条

第350条【非法生产、买卖、运输制毒物品、走私制毒物品罪】违反国家规定，非法生产、买卖、运输醋酸酐、乙醚、三氯甲烷或者其他用于制造毒品的原料、配剂，或者携带上述物品进出境，情节较重的，处三年以下有期徒刑、拘役或者管制，并处罚金；情节严重的，处三年以上七年以下有期徒刑，并处罚金；情节特别严重的，处七年以上有期徒刑，并处罚金或者没收财产。

【制造毒品罪的共犯】明知他人制造毒品而为其生产、买卖、运输前款规定的物品的，以制造毒品罪的共犯论处。

单位犯前两款罪的，对单位判处罚金，并对其直接负责的主管人员和其他直接责任人员，依照前两款的规定处罚。

知识点讲解

非法生产、买卖、运输制毒物品、走私制毒物品罪，是指违反国家规定，生产、在境内非法买卖、运输醋酸酐、乙醚、三氯甲烷或者其他用于制造毒品的原料或者配剂，或者携带上述物品进出境的行为。

1.非法生产、买卖、运输、走私制毒物品行为。

2.涉及其他毒品犯罪行为的，按目的定罪。

为了制造毒品或者走私、非法买卖制毒物品犯罪而采用生产、加工、提炼等方法非法制造易制毒化学品的，按照其制造易制毒化学品的不同目的，分别以制造毒品、走私制毒物品、非法买卖制毒物品的预备行为论处。

---

[1]　**参考答案：** B

（三）引诱、教唆、欺骗他人吸毒罪；强迫他人吸毒罪；容留他人吸毒罪

1.引诱、教唆他人吸毒，指在他人原本无吸食毒品意愿的情况下，说服他人自愿同意吸食、注射毒品。通常是在他人知情的情况，通过向他人宣扬吸食、注射毒品后的感受、传授或示意吸毒方法、技巧以及利用金钱、物质等进行诱惑的方法，引起他人产生吸食、注射毒品的意愿或者欲望。

2.欺骗他人吸毒，是指隐瞒真相或者制造假象，使他人吸食、注射毒品。亦即在他人不知情的情况下使他人吸食毒品。例如，出售食品的行为人在食品中掺入罂粟壳的，以吸收回头客的，构成欺骗他人吸毒罪。

3.强迫他人吸毒，是指使用暴力、威胁等生理强制或心理强制方法，违背他人意志迫使他人吸食、注射毒品。使他人暂时丧失知觉，在此状态下给他人注射毒品，应认定为强迫他人吸毒罪。在婴幼儿的奶粉中掺入毒品，使之吸食的，因婴幼儿无意志选择自由，也应认定为强迫他人吸毒罪。但引诱、教唆、欺骗未成年人吸食、注射毒品的，因未成年人有意志选择自由，故而仍认定为引诱、教唆、欺骗他人吸毒罪，而不认定为强迫他人吸毒罪。强迫使人吸食造成他人身体伤害或者死亡的，触犯本罪与故意伤害罪、故意杀人罪，系想象竞合犯，从一重罪论处。

4.容留他人吸毒，是指允许他人在自己管理的场所吸食、注射毒品，或者为他人吸食、注射毒品提供场所。主动、被动，有偿、无偿，都可构成本罪。出售毒品时，容留他人吸食、注射毒品的，应认定为贩卖毒品罪一罪。

（四）包庇毒品犯罪分子罪；窝藏、转移、隐瞒毒品、毒赃罪

📖 相关法条

第349条【包庇毒品犯罪分子罪；窝藏、转移、隐瞒毒品、毒赃罪】包庇走私、贩卖、运输、制造毒品的犯罪分子的，为犯罪分子窝藏、转移、隐瞒毒品或者犯罪所得的财物的，处三年以下有期徒刑、拘役或者管制；情节严重的，处三年以上十年以下有期徒刑。

缉毒人员或者其他国家机关工作人员掩护、包庇走私、贩卖、运输、制造毒品的犯罪分子的，依照前款的规定从重处罚。

犯前两款罪，事先通谋的，以走私、贩卖、运输、制造毒品罪的共犯论处。

💡 知识点讲解

1.法条竞合：特别法与一般法。

（1）包庇毒品犯罪分子罪，是指包庇走私、贩卖、运输、制造毒品的犯罪分子（具体罪名）的行为。为包庇罪（《刑法》第310条）的特别法条。

（2）窝藏、转移、隐瞒毒品、毒赃罪，是指为走私、贩卖、运输、制造毒品的犯罪分子窝藏、转移、隐瞒毒品或者犯罪所得的财物的行为。为掩饰、隐瞒犯罪所得、犯罪所得收益罪（《刑法》第312条）的特别法条。

2.两罪的对象：走私、贩卖、运输、制造毒品罪的犯罪分子。

（1）是《刑法》第347条具体罪名，而不是本节全部罪名。亦即他人实施走私、贩卖、运输、制造毒品行为的，包庇者、窝藏者构成包庇毒品犯罪分子罪，窝藏、转移、隐瞒毒品、毒赃罪。但他人实施非法持有毒品、走私制毒物品、非法买卖制毒物品、引

诱、教唆、欺骗他人吸毒等行为的，包庇者、窝藏者构成包庇罪、掩饰、隐瞒犯罪所得、犯罪所得收益罪。

（2）不要求走私、贩卖、运输、制造毒品罪的犯罪分子，达到法定年龄、具有责任能力。包庇15周岁的制造毒品者，也构成包庇毒品犯罪分子罪；为其窝藏毒赃，构成窝藏毒赃罪。

3.窝藏、转移、隐瞒毒品罪与非法持有毒品罪、运输毒品罪的关系。窝藏毒品的行为同时触犯非法持有毒品罪、运输毒品罪的，应从一重罪处罚。

4.本二罪与走私、贩卖、运输、制造毒品罪的共犯的关系。

（1）本二罪是事后犯，事先无共谋，才可构成本二罪；事先有通谋的，以走私、贩卖、运输、制造毒品罪的共犯论处。

（2）在他人走私、贩卖、运输、制造毒品犯罪未终了（既遂）之前，为他人窝藏、转移、隐瞒毒品、毒赃的，是走私、贩卖、运输、制造毒品罪的共犯。

拓展习题

关于毒品犯罪，以下说法正确的有（　　）[1]

A.行为人既走私海洛因，又制造冰毒，应当认定为走私毒品罪、制造毒品罪，实行数罪并罚

B.行为人不以牟利为目的，为他人代购仅用于吸食的毒品，毒品数量达到数量标准的，对于代购者应以非法持有毒品罪定罪

C.抢夺毒品后又贩卖的，认定为抢夺罪、贩卖毒品罪，实行数罪并罚

D.为了增重而对毒品掺杂使假，添加其他非毒品物质，冒充含量高的毒品高价卖给吸毒者的，应认定为制造、贩卖毒品罪和制造、销售伪劣产品罪，实行数罪并罚

解析：A选项，走私、贩卖、运输、制造毒品罪是一个选择性罪名，只构成一罪。

B选项，"贩卖"的意思是交换金钱为目的而出售，代购不属贩卖，构成非法持有毒品罪。

C选项，两行为虽针对同一对象，但侵害不同法益，构成数罪。

D选项，为了增重，对毒品掺杂使假，添加或者去除其他非毒品物质，不属于制造毒品的行为。

第八节　组织、强迫、引诱、容留、介绍卖淫罪

考点说明

本节需要掌握的知识点主要有：（1）"卖淫"的含义。（2）组织卖淫罪、强迫卖淫罪的罪数规定（《刑法修正案（九）》对罪数规则的修正）。（3）协助组织卖淫罪：帮助行为正犯化。（4）引诱幼女卖淫罪、引诱卖淫罪是两个不同罪名。（5）传播性病罪：卖淫嫖娼、明知。（6）《刑法修正案（九）》已废除嫖宿幼女罪，嫖宿卖淫幼女的，以强奸罪论处。

---

[1] **参考答案：BC**

★一、组织卖淫罪；强迫卖淫罪；协助组织卖淫罪；引诱、容留、介绍卖淫罪

相关法条

第 358 条【组织卖淫罪；强迫卖淫罪】组织、强迫他人卖淫的，处五年以上十年以下有期徒刑，并处罚金；情节严重的，处十年以上有期徒刑或者无期徒刑，并处罚金或者没收财产。

组织、强迫未成年人卖淫的，依照前款的规定从重处罚。

犯前两款罪，并有杀害、伤害、强奸、绑架等犯罪行为的，依照数罪并罚的规定处罚。

【协助组织卖淫罪】为组织卖淫的人招募、运送人员或者有其他协助组织他人卖淫行为的，处五年以下有期徒刑，并处罚金；情节严重的，处五年以上十年以下有期徒刑，并处罚金。

第 359 条第 1 款【引诱、容留、介绍卖淫罪】引诱、容留、介绍他人卖淫的，处五年以下有期徒刑、拘役或者管制，并处罚金；情节严重的，处五年以上有期徒刑，并处罚金。

知识点讲解

1.卖淫，指非法的性交易。亦即，以营利为目的，满足不特定对方的性欲的行为。

（1）卖淫既包括异性之间的性交易，也包括同性之间的性交易。卖淫者既包括女性，也包括男性。

（2）性行为的内容一般为性交，也包括类似性交行为，如口交、肛交等。但是，单纯为他人（异性、同性）手淫的，组织女性用乳房摩擦男性生殖器的，不属刑法中的"卖淫"。

（3）卖淫是与不特定的人发生性关系，与特定的个人发生性关系的，例如，女性被特定人"包养"的，难以认定为"卖淫"。同样，强迫妇女仅与自己发生性交，并支付性行为对价的，应认定为强奸罪，不得认定为强迫卖淫罪。以金钱、财物引诱妇女与自己通奸的行为，也不成立引诱卖淫罪，而是无罪。

（4）卖淫要求以营利为目的，即发生性关系以获取金钱或物质性利益。无偿的性关系，发生性关系以获取升职、工作机会、考试录取等，不属于"卖淫"。

卖淫行为本身不是犯罪行为，但关联行为即组织、强迫、协助组织、引诱、容留、介绍卖淫的，都可构成犯罪。

2.组织、强迫、协助组织、引诱、容留、介绍卖淫行为。

（1）组织卖淫，即控制多名卖淫者从事卖淫。即以招募、雇佣、强迫、引诱、容留等手段，控制他人从事卖淫活动。通常表现为：①开妓院。设置卖淫场所或者变相卖淫场所，控制卖淫者，招揽嫖娼者。②组织卖淫者。没有固定的卖淫场所，通过控制卖淫人员，有组织地进行卖淫活动。

（2）强迫卖淫，即违背他人意志，迫使原本无卖淫意图的人从事卖淫。即使用暴力、威胁、虐待等强制方法迫使他人卖淫。强迫他人与特定的个人性交或者从事猥亵活动的，成立强奸、强制猥亵等罪。

（3）协助组织卖淫，即帮助组织卖淫者。是指为组织卖淫的人，招募、运送人员或者以其他方法协助组织他人卖淫。通常表现为为组织者充当皮条客、保镖、管账、管人、联络等。协助组织卖淫罪，事实上是"帮助行为正犯化"，即原本为组织卖淫罪，因刑法规定为协助组

织卖淫罪的正犯。

（4）引诱卖淫，即制造他人同意卖淫的意图。即在他人本无卖淫意愿的情况下，使用勾引、利诱等手段使他人从事卖淫活动。

（5）容留卖淫，是指允许他人在自己管理的场所卖淫，或者为他人卖淫提供场所。

（6）介绍卖淫，即拉皮条。是指在卖淫者与嫖客之间牵线搭桥，沟通撮合，使他人卖淫得以实现。单纯向意欲嫖娼者介绍卖淫场所，而与卖淫者没有任何联络的，系"介绍他人嫖娼"，不属介绍卖淫。

3. 罪数。

（1）组织卖淫罪可以包容强迫、引诱、容留、介绍卖淫行为。

①在组织他人卖淫的活动中，对被组织者实施强迫、引诱、容留、介绍行为的，只认定为组织卖淫罪一罪。

②组织 A、B、C 等卖淫，又强迫 D 卖淫，引诱、容留、介绍 E 卖淫，应当数罪并罚。

（2）为组织卖淫者充当打手的定性。

①为协助组织卖淫者组织卖淫，某次殴打卖淫者强迫其卖淫，对此次行为认定为强迫卖淫罪，不认定为协助组织卖淫罪。如果除此之外还有其他协助行为，则应数罪并罚。

②为协助组织卖淫者组织卖淫，充当打手，不是出于强迫卖淫的意图，而是出于避免他人干涉、抗拒他人检查、防止嫖客闹事、维护卖淫组织而殴打他人，认定为协助组织卖淫罪。

★（3）数罪并罚：组织卖淫罪、强迫卖淫罪中有杀害、伤害、强奸、绑架等犯罪行为的，依照数罪并罚的规定处罚（《刑法修正案（九）》对罪数规则的修正）。

📖 经典考题

对刑法关于组织、强迫、引诱、容留、介绍卖淫罪的规定，下列解释正确的是（　）[1]（2004-2-89）

A．引诱、容留、介绍卖淫罪，包括引诱、容留、介绍男性向同性恋者卖淫

B．引诱成年人甲卖淫、容留成人乙卖淫的，成立引诱、容留卖淫罪，不实行并罚

C．引诱幼女甲卖淫，容留幼女乙卖淫的，成立引诱幼女卖淫罪与容留卖淫罪，实行并罚

D．引诱幼女向他人卖淫后又嫖宿该幼女的，以引诱幼女卖淫罪论处，从重处罚

二、引诱幼女卖淫罪

📖 相关法条

第359条第2款【引诱幼女卖淫罪】引诱不满十四周岁的幼女卖淫的，处五年以上有期徒刑，并处罚金。

💡 知识点讲解

引诱幼女卖淫罪，指引诱不满 14 周岁的幼女卖淫的行为。

1. 构成要件。

（1）对象是幼女。引诱幼女卖淫的，构成引诱幼女卖淫罪；引诱成年女性卖淫的，构成引诱卖淫罪。

---

[1] **参考答案：ABC**

（2）行为仅限于引诱行为。引诱幼女卖淫的，构成引诱幼女卖淫罪；单纯容留、介绍幼女卖淫的，仅成立容留、介绍卖淫罪。引诱幼女卖淫，同时又容留、介绍其卖淫的，应分别认定为引诱幼女卖淫罪与容留、介绍卖淫罪，实行数罪并罚。

（3）引诱的目的是使幼女向不特定人卖淫。引诱幼女向不特定人卖淫的，构成引诱幼女卖淫罪；以物质引诱幼女与行为人本人或者其他特定人性交的，构成强奸罪。

2.与本节其他罪名的关系。

行为	对象	性行为对象	罪名
引诱	幼女	不特定人：卖淫	引诱幼女卖淫罪
	成年女性		引诱卖淫罪
容留、介绍 组织 强迫	幼女		容留、介绍卖淫罪； 组织卖淫罪； 强迫卖淫罪
	成年女性		
引诱、容留、介绍 组织 强迫	幼女	行为人本人或特定个人：性交	强奸罪
	成年女性		无罪（非强迫）
			强奸罪（强迫）

三、传播性病罪

相关法条

第360条【传播性病罪】明知自己患有梅毒、淋病等严重性病卖淫、嫖娼的，处五年以下有期徒刑、拘役或者管制，并处罚金。

知识点讲解

传播性病罪，指明知自己患有梅毒、淋病等严重性病而卖淫、嫖娼的行为。本罪属于抽象的危险犯，不要求发生将性病传染于他人的结果，也不要求具有引起性病传播的具体危险。

主体身份	患有梅毒、淋病等严重性病患者	无此身份不能构成正犯（直接、间接正犯）
行为	卖淫、嫖娼	传染给特定人涉嫌伤害
故意	明知身份	不明知系过失，不构成本罪

1.主体身份（身份犯）：严重性病患者。

2.行为：限于卖淫、嫖娼行为。卖淫是指以营利为目的，满足不特定对方的性欲的行为；嫖娼则是指以交付金钱或其他财物为代价，使对方满足自己性欲的行为。

3.责任形式：故意，要求行为人明知自己患有梅毒、淋病等严重性病。不知自己患有严重性病，卖淫、嫖娼导致性病传播的，不构成犯罪。

4.传播性病罪与故意伤害罪的关系。

（1）行为人明知自己患有严重性病，但未实施卖淫、嫖娼行为，而是故意与特定人发生性关系，使对方染上严重性病，造成轻伤、重伤结果的，构成故意伤害罪。

（2）行为人为了伤害他人，以卖淫、嫖娼为手段，意在使他人染上性病，且客观上造成了伤害结果的，是传播性病罪与故意伤害罪的想象竞合犯，应从一重罪处断。

拓展习题

关于卖淫类犯罪，以下说法正确的有（　　）[1]

A.甲组织女娼A女、B女、男妓C男等人卖淫，还单独实施了对D女的强迫行为，对于甲只认定为组织卖淫罪一罪

B.乙帮助组织卖淫的夜总会经理A某，某次该夜总会中的卖淫女B某不愿"接客"，乙遂对B某实施殴打，为迫使B某卖淫还强奸了B某；某次一嫖客在夜总会闹事，乙为了维持秩序还打了该嫖客致其轻微伤。则乙构成协助组织卖淫罪、强迫卖淫罪、强奸罪，应当数罪并罚

C.丙以给予金钱为交换引诱A女仅与自己发生通奸，对于丙可认定为引诱卖淫罪；如其是强迫A女仅与自己发生性行为并支付发生性关系的对价的，可构成强迫卖淫罪

D.丁引诱幼女A某卖淫，还为A某卖淫提供场所、为A某拉嫖客"介绍生意"。则丁构成引诱幼女卖淫罪，容留、介绍卖淫罪，应当数罪并罚

解析：A选项，组织卖淫的对象和强迫卖淫的对象分别不同人的，应当数罪并罚。

B选项，为协助组织卖淫者组织卖淫，而殴打卖淫者强迫其卖淫，认定为强迫卖淫罪；强迫卖淫罪中强奸，按《刑法修正案（九）》应数罪并罚；但进行其他协助行为，构成协助组织卖淫罪。本案应当三罪并罚。

C选项，引诱A女仅与自己发生通奸不构成犯罪，强迫A女仅与自己发生通奸构成强奸罪。

D选项，说法正确。

第九节　制作、贩卖、传播淫秽物品罪

考点说明

本节需要掌握的知识点主要有：（1）淫秽物品：规范构成要件要素。（2）"牟利"与"不牟利"，构成不同罪名。（3）司法解释的规定。

★一、制作、复制、出版、贩卖、传播淫秽物品牟利罪

相关法条

第363条第1款【制作、复制、出版、贩卖、传播淫秽物品牟利罪】以牟利为目的，制作、复制、出版、贩卖、传播淫秽物品的，处三年以下有期徒刑、拘役或者管制，并处罚金；情节严重的，处三年以上十年以下有期徒刑，并处罚金；情节特别严重的，处十年以上有期徒刑或者无期徒刑，并处罚金或者没收财产。

第367条【淫秽物品的范围】本法所称淫秽物品，是指具体描绘性行为或者露骨宣扬色情的诲淫性的书刊、影片、录像带、录音带、图片及其他淫秽物品。

有关人体生理、医学知识的科学著作不是淫秽物品。

包含有色情内容的有艺术价值的文学、艺术作品不视为淫秽物品。

（最高人民法院、最高人民检察院《关于办理利用互联网、移动通讯终端、声讯台制作、复制、出版、贩卖、传播淫秽电子信息刑事案件具体应用法律若干问题的解释（一）（二）》）

💡 **知识点讲解**

制作、复制、出版、贩卖、传播淫秽物品牟利罪，是指以牟利为目的，制作、复制、出版、贩卖、传播淫秽物品的行为。

1. 淫秽物品，规范的构成要件要素。

（1）淫秽性：诲淫性地具体描绘性行为或者露骨宣扬色情，无端挑起人们的性欲，损害普通人的正常的性行为观念。

（2）物品：

①书刊、影片、录像带、录音带、图片及其他淫秽物品。

②在网络上传播前述淫秽物品转化成的电子信息和声讯台语音信息，也以淫秽物品犯罪论处。例如，在互联网上建立淫秽网站、网页，提供淫秽站点链接服务，或者传播淫秽书刊、影片、音像、图片（《全国人大常委会关于维护互联网安全的决定》第3条第5项）。"其他淫秽物品"，包括具体描绘性行为或者露骨宣扬色情的诲淫性的视频文件、音频文件、电子刊物、图片、文章、短信息等，即互联网、移动通讯终端电子信息和声讯台语音信息（《最高人民法院、最高人民检察院关于办理利用互联网、移动通讯终端、声讯台制作、复制、出版、贩卖、传播淫秽电子信息刑事案件具体应用法律若干问题的解释》）。立法解释解释的实际上是"传播"行为。

2. 制作、复制、出版、贩卖、传播行为。

（1）制作，是指生产、录制、编写、绘画、印刷等创造、产生、形成淫秽物品。

（2）复制，是指通过翻印、翻拍、复印、转录等方式将原已存在的淫秽物品制作成一份或多份。

（3）出版，是指将淫秽作品编辑加工后，经过复制向公众发行。

（4）贩卖，是指有偿转让淫秽物品。不要求先买后卖，只要求有卖出行为即可。例如，捡到淫秽物品再卖出，也是贩卖。

（5）传播，是指通过播放、陈列、在互联网上建立淫秽网站、网页等方式使淫秽物品让不特定或者多数人感知以及通过出借、赠送等方式散布、流传淫秽物品。

3. 以牟利为目的。牟利的意思不是"赚钱"而是"换钱"，亦即有偿转让、提供等。

4. 关于利用互联网等犯淫秽物品犯罪的司法解释（《最高人民法院、最高人民检察院关于办理利用互联网、移动通讯终端、声讯台制作、复制、出版、贩卖、传播淫秽电子信息刑事案件具体应用法律若干问题的解释（二）》）规定，下列行为属于传播淫秽物品牟利行为：

（1）以牟利为目的，网站建立者、直接负责的管理者明知他人制作、复制、出版、贩卖、传播的是淫秽电子信息，允许或者放任他人在自己所有、管理的网站或者网页上发布的。

（2）电信业务经营者、互联网信息服务提供者明知是淫秽网站，为其提供互联网接入、服务器托管、网络存储空间、通讯传输通道、代收费等服务，并收取服务费的。

（3）明知是淫秽网站，以牟利为目的，通过投放广告等方式向其直接或者间接提供资金，或者提供费用结算服务的。

5. 罪数。

先走私后传播，数罪并罚。行为人以牟利、传播为目的，从境外走私淫秽物品，然后在境内贩卖、传播走私进境的淫秽物品的，以走私淫秽物品罪，制作、复制、出版、贩卖、传播淫秽物品牟利罪，或者传播淫秽物品罪，数罪并罚。

二、传播淫秽物品罪；组织播放淫秽音像制品罪

📖 相关法条

第364条【传播淫秽物品罪】传播淫秽的书刊、影片、音像、图片或者其他淫秽物品，情节严重的，处二年以下有期徒刑、拘役或者管制。

【组织播放淫秽音像制品罪】组织播放淫秽的电影、录像等音像制品的，处三年以下有期徒刑、拘役或者管制，并处罚金；情节严重的，处三年以上十年以下有期徒刑，并处罚金。

制作、复制淫秽的电影、录像等音像制品组织播放的，依照第二款的规定从重处罚。

向不满十八周岁的未成年人传播淫秽物品的，从重处罚。

💡 知识点讲解

传播淫秽物品罪，是指传播淫秽的书刊、影片、音像、图片或者其他淫秽物品，情节严重的行为。组织播放淫秽音像制品罪，是指组织播放淫秽的电影、录像等音像制品的行为。

1. 此二罪一般不以牟利为目的；如果行为人具有牟利目的，则构成传播淫秽物品牟利罪。

2. 共同犯罪。具有牟利目的的甲，与不具牟利目的的乙，共同传播淫秽物品，甲构成传播淫秽物品牟利罪，乙构成传播淫秽物品罪，二人在传播淫秽物品罪的范围内成立共同犯罪。

📋 拓展习题

关于淫秽物品犯罪，以下说法正确的有（ ）①

A. 甲购买淫秽书籍自己阅读，阅读完毕后又以低于原购书价的价格，将淫秽书籍低价出售给乙，数量较大；不能认定甲具有牟利目的，故而不能将其认定为贩卖淫秽物品牟利罪，而只能认定为传播淫秽物品罪

B. 乙为自己观看而偷偷携带淫秽光盘入境，数量较大，可以构成走私淫秽物品罪

C. 网站建立者丙为多获取网站点击量，以使网站能挣更多钱，明知C某在其网站上发布淫秽电子信息，而放任其发布不予以删除，情节严重，丙可以构成传播淫秽物品牟利罪

D. 丁组织播放淫秽电影，暗中收费，却骗D某说是免费播放给别人看的，让D某给其提供片源。则D某构成组织播放淫秽音像制品罪，丁构成传播淫秽物品牟利罪，二人可成立共同犯罪

解析：

A选项，贩卖淫秽物品牟利罪中"牟利"的含义不是"挣钱"，而是"换钱"。

B选项，走私淫秽物品罪的成立需有传播或牟利目的。

C选项，根据司法解释，属于传播牟利行为，亦即无须是以传播手段直接牟利。

D选项，按部分犯罪共同说，说法正确。

第七章　危害国防利益罪

一、阻碍军人执行职务罪（第 368 条）

阻碍军人执行职务罪，是指以暴力、威胁方法阻碍军人依法执行职务的行为。本罪与妨害公务罪（《刑法》第 277 条），是特别法与一般法的法条竞合关系。

二、冒充军人招摇撞骗罪（第 372 条）

冒充军人招摇撞骗罪，是指冒充军人身份进行招摇撞骗的行为。

1、本罪与招摇撞骗罪（《刑法》第 279 条），是特别法与一般法的法条竞合关系。

2、本罪与诈骗罪，是重法与轻法的法条竞合关系，应当择一重罪处断。

三、盗窃、抢夺武装部队公文、证件、印章罪（第 375 条第 1 款）

盗窃、抢夺武装部队公文、证件、印章罪，是指盗窃、抢夺武装部队的公文、证件、印章的行为。本罪与盗窃、抢夺国家机关公文、证件、印章罪（《刑法》第 280 条），是特别法与一般法的法条竞合关系。

四、破坏武器装备、军事设施、军事通信罪（第 369 条第 1 款）

破坏武器装备、军事设施、军事通信罪，是指故意破坏部队的武器装备、军事设施、军事通信的行为。

1. 罪数：破坏武器装备、军事设施、军事通信的行为同时触犯其他犯罪的，属于想象竞合犯，从一重罪论处。

（1）破坏军事通信，造成公用电信设施损毁，危害公共安全，同时触犯本罪和破坏广播电视设施、公用电信设施罪（《刑法》第 124 条）的，依照处罚较重的规定定罪处罚。

（2）盗窃军事通信线路、设备，同时触犯本罪和盗窃罪（《刑法》第 264 条）的，依照处罚较重的规定定罪处罚。

（3）违反国家规定，侵入国防建设、尖端科学技术领域的军事通信计算机信息系统，对军事通信造成破坏，同时触犯本罪和非法侵入计算机信息系统罪、非法获取计算机信息系统数据、非法控制计算机信息系统罪（《刑法》第 285 条）的，依照处罚较重的规定定罪处罚。

（4）违反国家规定，擅自设置、使用无线电台、站，或者擅自占用频率，经责令停止使用后拒不停止使用，干扰无线电通讯正常进行，造成军事通信中断或者严重障碍，同时触犯本罪和扰乱无线电通讯管理秩序罪（《刑法》第288条）的，依照处罚较重的规定定罪处罚。

本节小结

行为	侵害对象	罪名	法条竞合
妨害公务	国家机关工作人员	妨害公务罪	一般法
	军人	阻碍军人执行职务罪	特别法
招摇撞骗	冒充国家机关工作人员	招摇撞骗罪	一般法
	冒充军人	冒充军人招摇撞骗罪	特别法
盗窃、抢夺公文、证件、印章	国家机关公文、证件、印章	盗窃、抢夺国家机关公文、证件、印章罪	一般法
	武装部队的公文、证件、印章	盗窃、抢夺武装部队公文、证件、印章罪	特别法

2. 认识错误问题：

（1）误将特别对象（客观）错认为一般对象（主观），认定为一般法之罪。例如误将军人错认为国家机关工作人员，而暴力妨害其执行公务，即妨害公务罪。

（2）误将一般对象（客观）错认为特别对象（主观），也认定为一般法之罪。例如误将国家机关公文错认为武装部队公文，而盗窃的，即盗窃国家机关公文罪。

3. 数行为数罪：例如，行为人在一段时间内冒充军人招摇撞骗，在另一段时间又冒充其他国家机关工作人员招摇撞骗，分别构成冒充军人招摇撞骗罪、招摇撞骗罪，数罪并罚。

★ 第八章 贪污贿赂罪

本章贪污贿赂罪，主要包括：贪污罪、挪用公款罪；贿赂犯罪（受贿罪、行贿罪以及利用影响力受贿罪、对有影响力的人行贿罪等）；私分类犯罪（私分国有资产罪、私分罚没财物罪）；兜底型罪名（巨额财产来源不明罪、隐瞒境外存款罪）。侵害的法益是职务行为的廉洁性。实际上主要是以主体身份命名的犯罪，贪污罪、挪用公款罪、受贿罪、巨额财产来源不明罪、隐瞒境外存款罪的共同主体是国家工作人员。本章的罪名主要是国家工作人员利用职务便利实施的获取财产利益的犯罪以及对合犯罪、关联犯罪。

本章的很多罪名（贪污罪、挪用公款罪、受贿罪）有两个共同要素，即主体身份是国家工作人员，要求利用职务上的便利。以下先讲解这两个共同要素。

★（一）国家工作人员

相关法条

第93条【国家工作人员】本法所称国家工作人员，是指国家机关中从事公务的人员。

国有公司、企业、事业单位、人民团体中从事公务的人员和国家机关、国有公司、企业、事业单位委派到非国有公司、企业、事业单位、社会团体从事公务的人员，以及其他依照法律从事公务的人员，以国家工作人员论。

 知识点讲解

国家工作人员	国家机关中从事公务的人员	国家权力机关、行政机关、司法机关、军事机关中从事公务的人员	依照法律从事公务
		参照公务员法管理的党、政、机关人员	
		立法解释规定的3种人： ①依照法律、法规规定行使职权的组织中从事公务的人员； ②在受国家机关委托代表国家机关行使职权的组织中从事公务的人员； ③虽未列入国家机关人员编制，但在国家机关中行使职权的人员	

续表

国家工作人员	国有公司、企业、事业单位、人民团体中从事公务的人员	国有公司、企业指国有全资公司、企业；人民团体（如乡级以上工会、共青团、妇联），区别于社会团体	依照法律从事公务
	国家机关、国有公司、企业、事业单位委派到非国有公司、企业、事业单位、社会团体从事公务的人员	行政委派	
	其他依照法律从事公务的人员	立法解释：村民委员会等村基层组织人员协助政府从事公务（7种公务）	
		人民陪审员、人大代表、政协委员等	

国家工作人员有四类，国家机关、国有单位、委派人员、村官协办；只要从事公务，即使没有编制，也是国家工作人员。

根据《刑法》第93条的规定，国家工作人员包括以下四类人员：

1. 国家机关中从事公务的人员。此类人员不仅是本章贪污贿赂罪的主体，而且是刑法分则第九章渎职罪的主体。

（1）国家机关中从事公务的人员，指各级国家权力机关（各级人大及常委会）、行政机关（各级政府及职能部门）、司法机关（各级法院、各级检察院）、军事机关（各级军区）中从事公务的人员。

（2）参照国家《公务员法》管理的人员，应当以国家机关工作人员论。例如，根据中央和国务院有关规定，参照国家《公务员法》管理的各级党委、政协机关中从事公务的人员，应视为国家机关工作人员。

（3）根据2002年12月28日全国人大常委会《关于〈中华人民共和国刑法〉第九章渎职罪主体适用问题的解释》，以下人员（三种人）也视为国家机关工作人员：

①在依照法律、法规规定行使职权的组织中从事公务的人员。例如银监会、保监会、证监会中从事监督管理工作的人员，系国家机关工作人员。

②在受国家机关委托代表国家机关行使职权的组织中从事公务的人员。例如在行政机关委托某公司从事某项行政管理工作（委托行政），在该受委托行政的公司中从事行政管理工作的人员，系国家机关工作人员。

③虽未列入国家机关人员编制，但在国家机关从事公务的人员。例如，合同制民警在从事警察工作时，系国家机关工作人员。

2. 国有公司、企业、事业单位、人民团体中从事公务的人员。

（1）国有公司，是指依照公司法成立，财产全部属于国家所有的公司。国有资本控股及参股的股份有限公司，不属于国有公司。

（2）国有企业，是指财产全部属于国家所有，从事生产、经营活动的营利性的非公司化经济组织。

（3）国有事业单位，是指受国家机关领导，财产属于国家所有的非生产、经营性单位，包括国有医院、科研机构、体育、广播电视、新闻出版等单位。

（4）人民团体，是指由国家组织成立的、财产属于国家所有的各种群众性组织，包括乡级以上工会、共青团、妇联等组织。

3. 国家机关、国有公司、企业、事业单位委派到非国有公司、企业、事业单位、社会团体从事公务的人员。

这里的委派是指受有关国有单位委任而派往非国有单位从事公务（行政委派），关键在于派出单位是国家机关、国有单位。被委派的人员，在被委派以前可以是国家工作人员，也可以是非国家工作人员。不论被委派以前具有何种身份，只要被有关国有单位委派到非国有单位从事公务，就应视为国家工作人员。

根据《最高人民法院、最高人民检察院关于办理国家出资企业中职务犯罪案件具体应用法律若干问题的意见》以及《全国法院审理经济犯罪案件工作座谈会纪要》，这里的"委派"包括经由国家机关、国有单位、监管组织提名、推荐、任命、批准、决定。①经国家机关、国有公司、企业、事业单位提名、推荐、任命、批准等，在国有控股、参股公司及其分支机构中从事公务的人员，应当认定为国家工作人员。具体的任命机构和程序，不影响国家工作人员的认定。②经国家出资企业中负有管理、监督国有资产职责的组织批准或者研究决定，代表其在国有控股、参股公司及其分支机构中从事组织、领导、监督、经营、管理工作的人员，应当认定为国家工作人员。③国家出资企业中的国家工作人员，在国家出资企业中持有个人股份或者同时接受非国有股东委托的，不影响其国家工作人员身份的认定。

4. 其他依照法律从事公务的人员。

其他依照法律从事公务的人员的特征是，在一定条件下代表国家行使国家管理职能。

（1）协助政府从事管理工作的村民委员会等村基层组织人员。根据2000年4月29日全国人大常委会关于《刑法》第93条第2款的立法解释：村民委员会等村基层组织人员协助人民政府从事下列行政管理工作，属于《刑法》第93条第2款规定的"其他依照法律从事公务的人员"：①救灾、抢险、防汛、优抚、扶贫、移民、救济款物的管理；②社会捐助公益事业款物的管理；③国有土地的经营和管理；④土地征收、征用补偿费用的管理；⑤代征、代缴税款；⑥有关计划生育、户籍、征兵工作；⑦协助人民政府从事的其他行政管理工作。

比照上述解释的精神，协助政府从事管理工作的居民委员会等城镇基层组织人员，也属国家工作人员。例如，协助街道办事处从事行政管理工作的居民委员会的工作人员，亦属国家工作人员。

当然，由此解释也可知：村基层组织人员（如村长、村支书）、城镇基层组织人员（如居委会主任），具有两种身份：在协助政府从事公务时是国家工作人员；在不是协助政府从事公务时是单位人员。

（2）其他依照法律从事公务的人员，还包括：①依法履行职责的各级人民代表大会代表；②依法履行职责的各级人民政协委员；③依法履行审判职责的人民陪审员；④协助人民政府从事行政管理工作的居民委员会等基层组织人员；⑤其他由法律授权从事公务的人员。

5. 国家工作人员的本质特征：依照法律从事公务。

我国刑法对国家工作人员的本质界定，采用"公务说"的标准，亦即凡是依照法律从事公务的人员，均为国家工作人员，而无论其是否具有国家工作人员的资格身份（干部身份）。例如，国有事业单位里的工人被事业单位授权管理事业单位资金的，认为是国家工作人员。国有企业中临时聘用的出纳，虽无正式编制，但因其从事管理国有资产的工作，也认为是国家工作人员。还有，通过伪造国家机关公文、证件担任了国家工作人员的，只要其从事公务，也是国家工作人员。

（1）"从事公务"，是指代表国家机关、国有公司、企业、事业单位、人民团体等履行组织、领导、监督、管理等职责。

公务主要表现为与职权相联系的公共事务以及监督、管理国有财产的职务活动。如国家机关工作人员依法履行职责，国有公司的董事、经理、监事、会计、出纳人员等管理、监督国有财产等活动，均属于从事公务。公务一般关系到多数人或不特定人的利益，公务是由国家机关或者其他法定的公共机构或者公共团体（如国有企业、事业单位、人民团体等）组织或者安排的事务，系职权活动。公民自发从事的公益性活动，不属于公务。公务一般表现为裁量性、判断性、决定性的事务，与一般劳务有明显区别但与劳务并不绝对对立。当然，那些不具备职权内容的劳务活动、技术服务工作，如售货员、售票员等所从事的工作，一般不认为是公务。

（2）"依照法律"，实质上是依法的含义，指行为人所从事的公务行为等具有法律上的根据，其从事的事务是基于其任用、地位、职务，要求主体必须代表国家从事活动或者以国家的名义从事活动。至于行为人取得国家工作人员这一特殊身份的途径是否正当，则不影响国家工作人员的认定。

（二）利用职务上的便利

利用职务上的便利，通常是指利用职务权力与地位所形成的主管、管理、经营、经手公务或公共财物的便利条件。

1. 主管，是指国家工作人员不具体负责经手、管理公务或公共财物，但依其职权范围具有调拨、使用或者以其他方式支配公共财物的权力。

2. 管理，是指具有监守公务或保管公共财物的职权。

3. 经营，是指从事经营性的公务，将公共财物投放市场进行营利活动，或者利用公共财物从事非营利活动。经营者在经营期间通常同时行使管理职权，对公共财物具有处置权。

4. 经手，是指具有领取、支出等经办公共财物的流转事项的权限，经手人虽然不负责公共财物的管理和处置，但具有基于职务产生的对公共财物的临时控制权。

利用与职务无关仅因工作关系熟悉作案环境，或者易于接近作案目标，或者凭工作人员身份容易进入某些单位等方便条件，不属于利用职务上的便利，不构成贪污贿赂罪，而应构成普通犯罪，例如盗窃罪、诈骗罪、侵占罪、敲诈勒索罪等。

贪污罪、挪用公款中的利用职务上的便利，是指主管、管理、经营、经手公共财物的便利条件，即基于公务（职权）对公共财物有占有、控制、支配关系。而受贿罪中的利用职务上的便利，含义更为宽泛。除包括前述内容以外，还有"利用职位上便利条件"的含义，亦即，只要收受的钱物与国家工作人员的职权、职位存在关联，都可认为是受贿罪。

📖 经典考题

【1】关于贪污罪的认定，下列哪些选项是正确的？（　　）① （2011-2-63）

A.国有公司中从事公务的甲，利用职务便利将本单位收受的回扣据为己有，数额较大。甲行为构成贪污罪

B.土地管理部门的工作人员乙，为农民多报青苗数，使其从房地产开发商处多领取20万元补偿款，自己分得10万元。乙行为构成贪污罪

C.村民委员会主任丙，在协助政府管理土地征用补偿费时，利用职务便利将其中数额较大款项据为己有。丙行为构成贪污罪

D.国有保险公司工作人员丁，利用职务便利编造未发生的保险事故进行虚假理赔，将骗取的5万元保险金据为己有。丁行为构成贪污罪

【2】关于贿赂犯罪的认定，下列哪些选项是正确的？（　　）② （2016-2-62）

A.甲是公立高校普通任课教师，在学校委派其招生时，利用职务便利收受考生家长10万元。甲成立受贿罪

B.乙是国有医院副院长，收受医药代表10万元，承诺为病人开处方时多开相关药品。乙成立非国家工作人员受贿罪

C.丙是村委会主任，在村集体企业招投标过程中，利用职务收受他人财物10万元，为其谋利。丙成立非国家工作人员受贿罪

D.丁为国有公司临时工，与本公司办理采购业务的副总经理相勾结，收受10万元回扣归二人所有。丁构成受贿罪

📖 拓展习题

以下关于贪污贿赂犯罪，说法正确的有（　　）③

A.村民委员会主任甲在任职期间，利用职务上的便利，在村自来水改道工程、道路维修等工程中，侵吞有关款项8万元，甲构成贪污罪

B.乙在某个受国家机关委托的代表国家机关行使职权的组织中从事公务，系企业编制人员，在其履行职务期间将收取的办事费用据为己有挥霍，乙构成贪污罪

C.丙与某国有公司签订承包租赁合同承包该公司供销部门，丙利用经营便利，将该供销部门的机器设备盗卖后将款项挪用炒股，丙构成挪用公款罪

D.某国有公司A公司委派其工作人员丁到A公司参股的B公司担任总经理，丁利用B公司总经理职务便利，让有生意往来的C公司免费为其装修私房（装修价值100万元），丁构成受贿罪

解析：A选项，"在村自来水改道工程、道路维修等工程中"，不是协助政府从事公务，构成职务侵占罪，不是国家工作人员。

B选项，在受国家机关委托代表国家机关行使职权的组织中从事公务的人员，是国家工作人员。

C选项，是受国家机关、国有公司、企业、事业单位、人民团体"委托"管理、经营国有财产的人员，不是国家机关、国有公司、企业、事业单位"委派"到非国有公司、企业、事业单位、社会团体从事

① 参考答案：ACD
② 参考答案：ABCD
③ 参考答案：BD

公务的人员，不是国家工作人员，不是挪用公款罪的主体，构成挪用资金罪。

D选项，属于国家机关、国有公司、企业、事业单位"委派"到非国有公司、企业、事业单位、社会团体从事公务的人员，是国家工作人员。

★一、贪污罪：监守自盗

考点说明

本罪需要掌握的知识点主要有：（1）贪污罪的两种主体：国家工作人员，受委托管理、经营国有财产的人员。（2）贪污罪的共同犯罪。

相关法条

第382条【贪污罪】国家工作人员利用职务上的便利，侵吞、窃取、骗取或者以其他手段非法占有公共财物的，是贪污罪。

受国家机关、国有公司、企业、事业单位、人民团体委托管理、经营国有财产的人员，利用职务上的便利，侵吞、窃取、骗取或者以其他手段非法占有国有财物的，以贪污论。

与前两款所列人员勾结，伙同贪污的，以共犯论处。

第394条【贪污罪的提示条款】国家工作人员在国内公务活动或者对外交往中接受礼物，依照国家规定应当交公而不交公，数额较大的，依照本法第三百八十二条、第三百八十三条（贪污罪）的规定定罪处罚。

知识点讲解

贪污罪，是指国家工作人员，以及受国家机关、国有单位委托管理、经营国有财产的人员，利用职务上的便利，侵吞、窃取、骗取或者以其他手段非法占有公共财物的行为。本罪的法益是职务行为的廉洁性和公共财物的所有权。

（一）构成要件要点

1.主体身份（身份犯）包括两类：国家工作人员，受委托管理、经营国有财产的人员。

（1）国家工作人员。指《刑法》第93条规定的四类依照法律从事公务的人员。

国有保险公司的工作人员和国有保险公司委派到非国有保险公司从事公务的人员（第183条第2款），国有公司、企业或者其他国有单位委派到非国有公司、企业以及其他非国有单位从事公务的人员（第271条第2款），属于前述《刑法》第93条国家工作人员第三类人员。其利用职务上的便利，故意编造未曾发生的保险事故进行虚假理赔，骗取保险金归自己所有的，或者将本单位财物非法占为己有的，当然以贪污罪论处。

通过伪造国家机关公文、证件担任国家工作人员，之后利用担任该职的便利非法占有公共财物的，以伪造国家机关公文、证件罪，贪污罪数罪并罚。

（2）受国家机关、国有公司、企业、事业单位、人民团体委托管理、经营国有财产的人员（以下简称"受委托管理、经营国有财产的人员"）。"受委托管理、经营国有财产的人员"是指因承包、租赁、临时聘用等管理、经营国有财产的人员。

①受委托：与国有单位签订承包、租赁、临时聘用合同（民事合同）。这里的"受委托"

（民事委托）与前述国家工作人员第三类人员"受委派"（行政委派）不同，受委托是民事委托，受委托人员不是国家工作人员（是贪污罪主体，不是受贿罪、挪用公款罪主体）；受委派是行政委派，受委派人员是国家工作人员（系贪污罪、受贿罪、挪用公款罪主体）。

②被委托人原本不是管理、经营国有财产的人员。

③委托单位必须是国有单位，即国家机关、国有公司、企业、事业单位、人民团体。

④此类人员属于非国家工作人员，只能成为本罪即贪污罪的主体，不能成为受贿罪、挪用公款罪的主体，其受贿构成非国家工作人员受贿罪，挪用单位资金构成挪用资金罪。

2. 利用职务上的便利。

指利用职务上主管、管理、经营、经手公共财物的权力及方便条件，而不是单纯地利用职务便利熟悉作案环境。

3. 以侵吞、窃取、骗取或者其他手段非法占有公共财物。

（1）侵吞、窃取、骗取。

①侵吞就是侵占的意思，将自己因为职务而占有、管理的公共财物据为己有。例如，国有单位出纳将收取的货款据为己有。

②窃取就是盗窃的意思，即将行为人与他人共同占有的公共财物，窃取据为己有。例如，国有银行共管金库的一人，趁其他共管人不注意拿走金库里的现金。

③骗取就是诈骗的意思，即假借职务上的合法形式，采用欺骗手段，使具有处分权的受骗人产生认识错误，而取得公共财物。例如，国有保险公司工作人员，利用经手保险理赔的职务便利，编造未曾发生的保险事故，骗取保险金据为己有。

（2）其他手段。

只要利用职务上的便利非法占有公共财物，都可构成贪污，并不限定手段、形式。例如，国有公司的保管人员，不侵吞、窃取、骗取，而是直接破坏自己保管仓库的锁具，将保管物品据为己有，也认定是贪污。

（3）国家工作人员在国内公务活动或者对外交往中接受礼物，依照国家规定应当交公而不交公，数额较大的，构成本罪（第394条）。

4. 对象是公共财物，包括：

（1）国有财物。

（2）在国家机关、国有公司、企业、集体企业和人民团体管理、使用或者运输中的私人财产。

（3）国家工作人员基于职务而主管、管理、经营、经手的非国有财物。例如，委派到非国有公司中从事公务的人员，主管、管理、经营、经手的该单位财物。

5. 责任：故意，以非法占有为目的。

6. 贪污罪的既遂标准：实际控制财物。

贪污罪是一种以非法占有为目的的财产性职务犯罪，与盗窃、诈骗、抢夺等侵犯财产罪一样，应当以行为人是否实际控制财物作为区分贪污罪既遂与未遂的标准。对于行为人利用职务上的便利，实施了虚假平账等贪污行为，但公共财物尚未实际转移，或者尚未被行为人控制就被查获的，应当认定为贪污未遂。行为人控制（事实控制、法律控制）公共财物后，是否将财物据为己有，不影响贪污既遂的认定。例如，将公款划入自己本人控制的账户后，还未取出即被抓获，也构成既遂。

看 经典考题

下列哪些行为应当以贪污罪论处？（ ）[1]（2008延–2-65）

A.国家工作人员甲在国内公务活动中收受礼物，依照国家规定应当交公而不交公，数额较大

B.乙受国家机关的委托经营某小型国有企业，利用职务上的便利，将该国有企业的资产转移到个人名下

C.国家工作人员丙利用职务上的便利，挪用公款数额巨大不能退还

D.国家工作人员丁利用职务之便，将依法扣押的陈某私人所有的汽车据为己有

（二）此罪与彼罪

1. 贪污罪与侵占罪、盗窃罪、诈骗罪的区别：关键看是否利用了职务上的便利。

例如，国有公司的会计（只管账不管钱），窃取了出纳的保险柜钥匙，盗走保险柜里的单位公款，没有利用职务上的便利，应当认定为盗窃罪。而国有公司的出纳（管理保险柜），将自己掌管的保险柜里的现金据为己有，然后伪造盗窃现场，谎称被盗，获取现金利用了职务上的便利，应当认定为贪污罪。

看 经典考题

李某系A市建设银行某储蓄所记账员。2002年3月20日下午下班后，李某发现本所出纳员陈某将2万元营业款遗忘在办公桌抽屉内（未锁）。当日下班后，李某趁所内无人之机，返回所将该2万元取出，用报纸包好后藏到自己办公桌下面的垃圾袋内，并用纸箱遮住垃圾袋。次日上午案发，赃款被他人找出。对此，下列哪一说法是正确的？（ ）[2]（2002-2-9）

A.李某的行为属于贪污既遂　　　　　　B.李某的行为属于贪污未遂

C.李某的行为属于盗窃既遂　　　　　　D.李某的行为属于盗窃未遂

2. 贪污罪与职务侵占罪的区分：主体身份不同。

一般可从主体身份上进行区分：国家工作人员非法占有本单位财产构成贪污罪；非国家工作人员（即一般单位人员）非法占有本单位财产构成职务侵占罪。当行为人同时具有国家工作人员、非国家工作人员双重身份时，看其占有本单位财物，实际利用的是何种身份。例如，某民营工厂的厂长被选为副镇长，但利用厂长身份将民营工厂的财物据为己有，构成职务侵占罪；若利用副镇长身份将该民营工厂上缴给镇政府的财物据为己有，构成贪污罪。

事实上，贪污罪应是职务侵占罪的特别法条，因为国家工作人员是更为特别的单位人员。

3. 贪污罪与受贿罪的区分：财物权属归谁。

贪污罪与受贿罪的关键区分在于钱款的应然权属：国家工作人员获取的钱款的应然权属是公共财物或国有财物的，是贪污罪；国家工作人员获取的钱款是请托人的财物的，是受贿罪。

看 经典考题

交警甲和无业人员乙勾结，让乙告知超载司机"只交罚款一半的钱，即可优先通行"；司机交钱后，乙将交钱司机的车号报给甲，由在高速路口执勤的甲放行。二人利用此法共得32万元，乙留下10万元，余款归甲。关于本案的分析，下列哪一选项是错误的？（ ）[3]（2014-2-21）

---

① **参考答案：ABD**

② **参考答案：C**

③ **参考答案：B**

A.甲、乙构成受贿罪共犯　　　　　　　B.甲、乙构成贪污罪共犯
C.甲、乙构成滥用职权罪共犯　　　　　D.乙的受贿数额是 32 万元

（三）贪污罪与共同犯罪

贪污罪是身份犯，无身份者与有身份共同犯罪（内外勾结），适用总论中共同犯罪与身份的规则。

1.一般公民与具备贪污罪主体身份的人员（国家工作人员，受委托管理、经营国有财产的人员）相勾结，主要利用其职务便利，伙同贪污的，以贪污罪的共犯论处。

2.无身份者与有身份者相勾结，没有利用有身份者的职务便利，而是主要利用其他手段（如诈骗、盗窃），则不能构成贪污罪，应以诈骗罪、盗窃罪等论处。

3.公司、企业或者其他单位中，不具有国家工作人员身份的人与国家工作人员勾结，分别利用各自的职务便利，共同将本单位财物非法占为己有的，按照主犯的犯罪性质定罪（《最高人民法院关于审理贪污、职务侵占案件如何认定共同犯罪几个问题的解释》）。这里的"主犯"以职务作用大者为主犯；都主管该项事务，职位高者为主犯；只有一人主要主管该项事务，实际主管者为主犯。

考点归纳

1.两类人员（国家工作人员，受委托人员），利用职务监守自盗，应当交公不交公，构成贪污罪。
2.终身监禁：犯贪污罪、受贿罪，判处死缓，审判时决定，减为无期后不得减刑、假释。

经典考题

【案情】镇长黄某负责某重点工程项目占地前期的拆迁和评估工作。黄某和村民李某勾结，由李某出面向某村租赁可能被占用的荒山 20 亩植树，以骗取补偿款。后李某获得补偿款 50 万元，分给黄某 30 万元。黄某认为自己应分得 40 万元，二人发生争执，李某无奈又给黄某 10 万元。（2012 年试卷四第 2 题部分）

【问题】对黄某、李某取得补偿款的行为，应如何定性？二人的犯罪数额应如何认定？

解析：镇长黄某是国家工作人员，李某不是国家工作人员。伙同他人贪污的，以共犯论。黄某、李某取得补偿款的行为构成贪污罪，二人是贪污罪共同犯罪。因为二人共同利用了黄某的职务便利骗取公共财物。二人要对共同贪污的犯罪数额负责，犯罪数额都是 50 万元，而不能按照各自最终分得的赃物确定犯罪数额。

（四）贪污罪（受贿罪）的处罚

相关法条

第383条【对犯贪污罪、受贿罪的处罚规定】对犯贪污罪的,根据情节轻重,分别依照下列规定处罚:

（一）贪污数额较大或者有其他较重情节的,处三年以下有期徒刑或者拘役,并处罚金。

（二）贪污数额巨大或者有其他严重情节的,处三年以上十年以下有期徒刑,并处罚金或者没收财产。

（三）贪污数额特别巨大或者有其他特别严重情节的,处十年以上有期徒刑或者无期徒刑,并处罚金或者没收财产;数额特别巨大,并使国家和人民利益遭受特别重大损失的,处无期徒刑或者死刑,

并处没收财产。

对多次贪污未经处理的，按照累计贪污数额处罚。

犯第一款罪，在提起公诉前如实供述自己罪行、真诚悔罪、积极退赃，避免、减少损害结果的发生，有第一项规定情形的，可以从轻、减轻或者免除处罚；有第二项、第三项规定情形的，可以从轻处罚。

犯第一款罪，有第三项规定情形被判处死刑缓期执行的，人民法院根据犯罪情节等情况可以同时决定在其死刑缓期执行二年期满依法减为无期徒刑后，终身监禁，不得减刑、假释。（《刑法修正案（九）》修正）

1. 将法定刑标准改为"数额较大"或"较重情节""数额巨大"或"严重情节""数额特别巨大"或"特别严重情节"。

2. 数额特别巨大，并使国家和人民利益遭受特别重大损失的，处无期徒刑或者死刑，并处没收财产。

3. 把紧从宽标准。在提起公诉前如实供述自己罪行、真诚悔罪、积极退赃，避免、减少损害结果的发生：

（1）"数额较大"或"较重情节"，可以从轻、减轻或者免除处罚。

（2）"数额巨大"或"严重情节"、"数额特别巨大"或"特别严重情节"，可以从轻处罚。

4. 增设终身监禁制度。贪污、受贿数额特别巨大，并使国家和人民利益遭受特别重大损失的，被判处死刑缓期执行的，人民法院根据犯罪情节等情况可以同时决定在其死刑缓期执行二年期满依法减为无期徒刑后，终身监禁，不得减刑、假释。

适用条件：（1）因贪污罪、受贿罪被判死缓（其他罪名不可以）；（2）人民法院根据犯罪情节等情况可以同时决定（不是一律必判）；（3）死缓减为无期后终身监禁（死缓期间故意，犯罪情节恶劣仍立即执行，死缓期间重大立功仍减为25年）。

法条	一般量刑标准	法定刑	其他较重情节
			"两高"司法解释贪污受贿定罪量刑标准
数额较大	3万以上不满20万	依法判处三年以下有期徒刑或者拘役，并处罚金	贪污数额在1万元以上不满3万元，具有下列情形之一的，应当认定为刑法第三百八十三条第一款规定的"其他较重情节"，依法判处三年以下有期徒刑或者拘役，并处罚金： （一）贪污救灾、抢险、防汛、优抚、扶贫、移民、救济、防疫、社会捐助等特定款物的； （二）曾因贪污、受贿、挪用公款受过党纪、行政处分的； （三）曾因故意犯罪受过刑事追究的； （四）赃款赃物用于非法活动的； （五）拒不交待赃款赃物去向或者拒不配合追缴工作，致使无法追缴的； （六）造成恶劣影响或者其他严重后果的。 受贿数额在一万元以上不满三万元，具有前款第二项至第六项规定的情形之一，或者具有下列情形之一的，应当认定为刑法第三百八十三条第一款规定的"其他较重情节"，依法判处三年以下有期徒刑或者拘役，并处罚金： （一）多次索贿的； （二）为他人谋取不正当利益，致使公共财产、国家和人民利益遭受损失的； （三）为他人谋取职务提拔、调整的。

续表

			"两高"司法解释贪污受贿定罪量刑标准
法条	一般量刑标准	法定刑	其他较重情节
数额巨大	20万以上不满300万	依法判处三年以上十年以下有期徒刑，并处罚金或者没收财产	数额不满"数额巨大"，但达到起点一半（10万元），同时具有特定情节的，亦应认定为"严重情节"，依法从重处理
数额特别巨大	300万以上	依法判处十年以上有期徒刑、无期徒刑或者死刑，并处罚金或者没收财产	数额不满"数额特别巨大"，但达到起点一半（150万），同时具有特定情节的，亦应认定为"特别严重情节"，依法从重处罚
死刑适用		死刑立即执行适用于犯罪数额特别巨大，犯罪情节特别严重，社会影响特别恶劣，造成损失特别重大的贪污、受贿犯罪分子。对于符合死刑立即执行条件但同时具有法定从宽等处罚情节，不是必须立即执行的，可以判处死刑缓期二年执行。	
死缓终身监禁适用		判处死刑立即执行过重，判处一般死缓又偏轻的重大贪污受贿罪犯，可以决定终身监禁。同时，凡决定终身监禁的，在一、二审作出死缓裁判的同时应当一并作出终身监禁的决定，而不能等到死缓执行期间届满再视情况而定。终身监禁一经作出应无条件执行，不得减刑、假释。	

拓展习题

下列情形中应当以贪污罪论处的有（　　）[①]

A. A市市长甲，在出国考察时接受该国政府赠送给A市的贵重礼物，回国后甲隐瞒未报、据为己有

B. 甲与某小型国有全资企业签订承包租赁合同，经营该企业，在经营管理期间，以制造假证明的方式，将该企业5处房产（价值300万元）过户转移到其个人名下

C. A理财公司受某国家机关委托经营、管理社会保险基金，甲在该公司管理社保基金期间，将20万元挪出用于炒期货，营利甚丰；案发之后，甲虽有能力归还但拒不归还

D. 某派出所干警甲某，某日身着警服巡逻。发现一辆无牌照白色天津大发车停放在路边，遂上前查问司机的驾驶证，没想到司机没回话就逃走了。甲某见司机弃车逃走，怀疑此车是偷来的，就设法将该车拉回自己家中，并将车喷涂成红色，将车据为己有。后经调查证实该车确系被盗车辆

解析：A选项，国家工作人员在国内公务活动或者对外交往中接受礼物，依照国家规定应当交公而不交公，数额较大的，构成贪污罪。

B选项，甲系"受委托管理、经营国有财产的人员"，不动产可成为贪污对象。

C选项，在受国家机关委托经营、管理的组织中从事公务的人员，属国家机关工作人员，有能力归还但拒不归还认定有非法占有目的，可构成贪污罪。

D选项，警察因职权行为而占有赃物，认定为归国家所有，利用职权据为己有，构成贪污罪。

[①] 参考答案：ABCD

★ 二、挪用公款罪：挪作私用

📖 考点说明

本罪需要掌握的知识点主要有：（1）"挪用公款归个人使用"。（2）三种成罪条件。（3）罪数。（4）挪用公款罪的共同犯罪（特别是各共同犯罪人主观意图不同的情形）。

📖 相关法条

第384条【挪用公款罪】国家工作人员利用职务上的便利，挪用公款归个人使用，进行非法活动的，或者挪用公款数额较大、进行营利活动的，或者挪用公款数额较大、超过三个月未还的，是挪用公款罪，处五年以下有期徒刑或者拘役；情节严重的，处五年以上有期徒刑。挪用公款数额巨大不退还的，处十年以上有期徒刑或者无期徒刑。

挪用用于救灾、抢险、防汛、优抚、扶贫、移民、救济款物归个人使用的，从重处罚。

💡 知识点讲解

挪用公款罪，是指国家工作人员利用职务上的便利，挪用公款归个人使用，进行非法活动的，或者挪用公款数额较大、进行营利活动的，或者挪用公款数额较大、超过三个月未还的行为。本罪的法益是职务行为的廉洁性和公款的占有、使用、收益权。

（一）构成要件要点

1. 主体身份（身份犯）：仅为国家工作人员。受国家机关、国有公司、企业、事业单位、人民团体委托管理、经营国有财产的人员（非国家工作人员）挪用本单位资金的，认定为挪用资金罪。

2. 利用职务上的便利。指利用职务上主管、管理、经营、经手公共财物的权力及方便条件。国有单位领导利用职务上的便利指令具有法人资格的下级单位将公款供个人使用的，也系利用职务上的便利，属于挪用公款行为，构成犯罪的，应以挪用公款罪定罪处罚。

3. "挪用公款归个人使用"（公款私用）

决定者	公款去向	名义	谋取利益
个人决定	供自然人（本人、亲友等）使用	—	—
	供其他单位（私有、国有）使用	以个人名义	—
		以单位名义	谋取个人利益

（1）（个人决定）将公款供本人、亲友或者其他自然人使用的。指个人擅自决定将公款借给自然人；单位集体决定将公款借给自然人的，不属挪用。

（2）（个人决定）以个人名义将公款供其他单位使用的。指个人擅自决定将公款借给其他单位；单位集体决定以个人名义将公款借出的，也不属挪用。

①"以个人名义"是指挪用人在出借公款时，是以自然人名义出借，而不是单位名义出借的。"以个人名义"，不能只看形式，要从实质上把握。对于行为人逃避财务监管，或者与使用人

约定以个人名义进行，或者借款、还款都以个人名义进行，将公款给其他单位使用的，应认定为"以个人名义"。

②"其他单位"既包括私营单位、合伙单位、民营单位，也包括国有单位。

（3）个人决定以单位名义将公款供其他单位使用，谋取个人利益的。

①"个人决定"指未经单位集体决策，个人擅自决定。既包括行为人在职权范围内决定，也包括超越职权范围决定。

②"以单位名义"是指挪用人在出借公款时，是以单位名义出借的。如以自然人名义出借，则属前述第二项。

③"谋取个人利益"指出借公款的主观目的是为了个人得到好处。其中的"个人利益"，既包括财产性利益，也包括非财产性利益，但这种非财产性利益应当是具体的实际利益，如升学、就业等。既包括不正当利益，也包括正当利益。"个人利益"不必实际获取，既包括行为人与使用人事先约定谋取个人利益实际尚未获取的情况，也包括虽未事先约定但实际已获取了个人利益的情况。

（4）不属于"挪用公款归个人使用"的情形：单位决定、为了单位利益。

①经单位领导集体研究决定，将公款给个人使用；或者单位负责人为了单位的利益，决定将公款给个人使用的，不属"挪用公款归个人使用"，不构成挪用公款罪。上述行为致使单位遭受重大损失，构成其他犯罪的，依照刑法的有关规定对责任人员定罪（如国有公司、企业、事业单位人员滥用职权罪，国有公司、企业、事业单位人员失职罪，签订、履行合同失职被骗罪）处罚。

②个人决定以单位名义将公款供其他单位使用，没有谋取个人利益的，不属"挪用公款归个人使用"，不构成挪用公款罪。触犯其他罪名的，如受贿罪，国有公司、企业、事业单位人员滥用职权罪，以其他犯罪论处。

📋 经典考题

下列哪些情形，属于挪用公款归个人使用，从而可能构成挪用公款罪？（ 　 ）①（2003-2-31）

A. 国有公司经理甲将公款供亲友使用

B. 国有企业财会人员乙以个人名义将公款供其他国有单位使用

C. 国家机关负责人丙个人决定以单位名义将公款供其他单位使用，但未谋取个人利益

D. 国有企业的单位领导集体研究决定将公款给私有企业使用

4. 三种用途（主观欲图用于何处）及构成犯罪的条件

	用途	立法数额	时间	司法数额
挪用公款归个人使用	进行非法活动	—	—	3万元
	进行营利活动	数额较大	—	5万元
	其他活动（生活消费使用）	数额较大	3个月	5万元

---

① 参考答案：**AB**

（1）挪用公款归个人使用，进行非法活动。

①用途：进行非法活动。既包括进行犯罪活动，也包括进行一般行政违法活动。例如，挪用公款进行走私、贩毒、赌博、行贿、生产伪劣产品等等。

②立法层面上无须数额，司法实务中以 3 万为起点。

③不需要时间条件，不受时间限制。

（2）挪用公款归个人使用，进行营利活动 + 数额较大。

①用途：进行营利活动。营利活动指合法的、可能获利的经营性活动，欲图营利实际未获得利益，也认为是营利活动。用于营利活动的表现形式，通常如：挪用公款用于个人办公司、申报注册资本、验资，挪用公款存入银行吃利息，用于购买股票、国债、集资入股，挪用公款炒房、炒期货、放贷。挪用公款进行营利活动，所获取的利息、收益等违法所得，应当追缴，但不计入挪用公款的数额。

②需要数额，要求数额较大。

③不需要时间条件，不受时间限制。亦即，即使挪用一会儿、一天，也构成犯罪。例如，国有公司人员将单位公款 100 万挪用借给朋友开公司验资之用，上午挪用下午归还，也认定为挪用公款罪。

（3）挪用公款归个人使用，进行非法活动、营利活动之外的其他活动 + 数额较大 + 超过 3 个月。

①用途：进行非法活动、营利活动之外的其他活动，一般指生活消费使用。例如挪用公款给家里买房子、买车，供子女上学临时借用，借给亲友治病周转等等。

②需要数额，要求数额较大。

③需要时间，挪用公款的时间超过 3 个月。刑法法条措辞为"超过 3 个月未还"，是指行为人挪用公款后在 3 个月之内没有归还，也就是说"未还"二字是多余的。挪用公款超过 3 个月，即使在 3 个月之后案发之前已经主动归还了本金，也构成挪用公款罪，只不过在量刑时可以从轻处罚或者免除处罚。

挪用公款归还个人欠款的，应当根据产生欠款的原因，分别认定属于挪用公款的何种情形。归还个人进行非法活动或者进行营利活动产生的欠款，应当认定为挪用公款进行非法活动或者进行营利活动。归还个人生活消费产生的欠款，应当认定为挪用公款进行非法活动、营利活动之外的其他活动。

（4）三种用途在立法原理上系主观用途（主观欲图用于何处）。即行为人主观上计划的用途，而不要求一定需客观上实际使用。亦即是行为人"想怎么用"，而不是"实际用了没有"。

①一般情况下，行为人挪用公款后实际使用的，一般根据其实际使用的情况来推断其用途；实际使用时改变原计划用途的，原则上也根据实际使用来确认用途（证据推断规则）。例如，国家工作人员为了购房而挪出公款，但因为房屋涨价而没有购房，于是将公款用于赌博，宜认定为挪用公款进行非法活动。原本打算挪出公款赌博，但因为股市行情好而用于炒股的，宜认定为挪用公款进行营利活动。

②尚未投入实际使用，不能查明挪用人的主观用途具体内容的，以上述第一种用途认定，即认定为挪用公款归个人使用，进行非法活动、营利活动之外的其他活动，需数额较大，超过 3 个月，才能构成挪用公款罪。例如，行为人挪出，公款案发时一直没有使用，又没有证据证

明其具体用途为何，宜认定为挪用公款归个人使用进行其他活动。

③行为人挪用公款后未实际使用的，有确切证据证明挪用人挪用时主观用途具体内容的，以该用途认定。例如，国家机关的工作人员甲挪用了 100 万元，放置在家里没有使用，2 个月后被发现抓获。如能查明其挪用用途是想开公司，即以挪用进行营利活动认定；如能查明其挪用用途是欲图走私，即以挪用进行非法活动认定。

④对于用途存在认识错误，以主观上认识的用途确定。特别是在挪用公款的共同犯罪中，挪用人与使用人认识的用途不一致时，以各自认识的用途确定用途，以本人认识作为构成犯罪的根据。例如，乙以进行营利活动为名，向国家工作人员甲借用公款，而实际上乙的用途是进行非法活动。则认定甲系挪用进行营利活动，乙系挪用进行非法活动。

5. 对象：公款、特定公物，不包括一般公物。

（1）公款，包括现金，股票、国库券、债券等有价证券等。

（2）失业保险基金和下岗职工基本生活保障资金。

（3）用于救灾、抢险、防汛、优抚、扶贫、移民、救济款和物。

挪用金融凭证、有价证券用于质押，使公款处于风险之中，与挪用公款为他人提供担保没有实质的区别，符合刑法关于挪用公款罪规定的，以挪用公款罪定罪处罚，挪用公款数额以实际或者可能承担的风险数额认定。

挪用非特定公物归个人使用的，不以挪用公款罪论处。构成其他犯罪的（如滥用职权罪），依照刑法的相关规定定罪处罚。

（二）挪用公款罪的数额认定

1. 挪用公款数额累计计算。多次挪用公款不还，挪用公款数额累计计算。

2. 拆东墙补西墙，以案发时未还的实际数额认定。

3. 多次挪用公款，分别用于非法活动、营利活动与其他活动等不同用途，各项用途均未达到定罪数额的，可采用"向下累计"的方法计算数额。

（1）如 3 个月内均未归还，累计计算数额时，应当累计至较为轻缓（严重程度：非法活动＞营利活动＞生活消费）的用途。▶例如：以下假设挪用进行非法活动 3 万元成罪，进行营利活动、生活消费使用 5 万元成罪。甲挪用公款 1 万元用于非法活动，挪用公款 2 万元进行营利活动，挪用公款 3 万元进行其他活动，均超过 3 个月未还。应认定甲挪用公款 6 万元进行其他活动，超过 3 个月，成立挪用公款罪。乙挪用公款 2 万元进行走私非法活动，挪用公款 3 万元进行营利活动。应认定乙挪用公款 5 万元进行营利活动，数额较大，成立挪用公款罪。

（2）如 3 个月内部分归还、部分未归还，则应将归还的部分累计，未归还的部分累计，分别累计至较为轻缓的用途，看对应的用途是否达到成罪条件。▶例如：丙挪用公款 2 万元进行营利活动，并在 3 个月内归还，又挪用公款 7 万元进行其他活动，超过 3 个月未还。案发时有 2 万元已还（营利），5 万元未还（其他活动）应当认定丙挪用公款 5 万元进行其他活动。

📖 经典考题

根据《刑法》与司法解释的规定，国家工作人员挪用公款进行营利活动、数额达到 1 万元或者挪用公款进行非法活动、数额达到 5000 元的，以挪用公款罪论处。国家工作人员甲利用职务便利挪用公款 1.2 万元，将 8000 元用于购买股票，4000 元用于赌博，在 1 个月内归还 1.2 万元。关于本案的分析，下列哪些选项是错误的？（　　）①（2014-2-62）

A. 对挪用公款的行为，应按用途区分行为的性质与罪数；甲实施了两个挪用行为，对两个行为不能综合评价，甲的行为不成立挪用公款罪

B. 甲虽只实施了一个挪用公款行为，但由于既未达到挪用公款进行营利活动的数额要求，也未达到挪用公款进行非法活动的数额要求，故不构成挪用公款罪

C. 国家工作人员购买股票属于非法活动，故应认定甲属于挪用公款 1.2 万元进行非法活动，甲的行为成立挪用公款罪

D. 可将赌博行为评价为营利活动，认定甲属于挪用公款 1.2 万元进行营利活动，故甲的行为成立挪用公款罪

（三）挪用公款罪与贪污罪的关系

1. 区分原理：贪污罪要求行为人具有非法占有目的。行为人在挪用公款之后，如果查明具有非法占有目的（不归还公款的意思），则以贪污罪论处。也就是说，贪污罪可包容挪用公款罪（整体法与部分法的法条竞合关系）。可查明有非法占有目的的，由挪用公款罪"转化"为贪污罪。

2. 证明行为人主观上具有非法占有目的，构成贪污罪的事实依据（证据推断规则）：

（1）携带挪用的公款潜逃的。

（2）挪用公款后采取虚假发票平账、销毁有关账目等手段，使所挪用的公款已难以反映在单位财务账目上，且没有归还行为的。

（3）截取单位收入不入账，非法占有，使所占有的公款难以反映在单位财务账目上，且没有归还行为的。

（4）有证据证明行为人有能力归还所挪用的公款而拒不归还，并隐瞒挪用的公款去向的。

3. 携带挪用的公款潜逃的，对其携带挪用的公款部分，以贪污罪定罪处罚。剩余的部分数额，如符合挪用公款罪的构成要件，对此部分数额认定为挪用公款罪，可数罪并罚。 例如：行为人挪用 100 万元炒股，案发后携带 10 万元潜逃。认定为贪污罪 10 万元，挪用公款罪 90 万元，数罪并罚。

4. "挪用公款不退还"与贪污罪：

（1）挪用公款，主观上想还，但因客观原因在一审宣判前不能退还的，仍认定挪用公款罪；如数额巨大，系"挪用公款数额巨大不退还"，处十年以上有期徒刑或者无期徒刑。

（2）挪用公款，查明行为人主观上不想还的，以贪污论处。

经典考题

【1】国有公司财务人员甲于 2007 年 6 月挪用单位救灾款 100 万元，供自己购买股票，后股价大跌，甲无力归还该款项。2008 年 1 月，甲挪用单位办公经费 70 万元为自己购买商品房。两周后，甲采取销毁账目的手段，使挪用的办公经费 70 万元中的 50 万元难以在单位财务账上反映出来。甲一直未归还上述所有款项。关于甲的行为定性，下列选项正确的是（　　）②（2008-2-92）

---

① **参考答案**：ABC（注：司法解释已经修订成罪数额。）
② **参考答案**：ACD

A. 甲挪用救灾款的行为，不构成挪用特定款物罪

B. 甲挪用办公经费的行为构成挪用公款罪，挪用数额为 70 万元

C. 甲挪用办公经费后销毁账目且未归还的行为构成贪污罪，贪污数额为 50 万元

D. 对于甲应当以挪用公款罪、贪污罪实行并罚

【2】甲是 A 公司（国有房地产公司）领导，因私人事务欠蔡某 600 万元。蔡某让甲还钱，甲提议以 A 公司在售的商品房偿还债务，蔡某同意。甲遂将公司一套价值 600 万元的商品房过户给蔡某，并在公司财务账目上记下自己欠公司 600 万元。三个月后，甲将账作平，至案发时亦未归还欠款。关于该事实的分析，下列选项正确的是：（   ）① （2016-2-89）

A. 甲将商品房过户给蔡某的行为构成贪污罪

B. 甲将商品房过户给蔡某的行为构成挪用公款罪

C. 甲虚假平账，不再归还 600 万元，构成贪污罪

D. 甲侵占公司 600 万元，应与挪用公款罪数罪并罚

（四）罪数

1. 因挪用公款索取、收受贿赂构成犯罪的，数罪并罚。

2. 挪用公款进行非法活动，构成其他犯罪的，数罪并罚。

3. 挪用生息公款后将利息据为己有，认定为挪用一罪。所获取的利息、收益等违法所得，应当追缴，但不计入挪用公款的数额。

经典考题

甲找到某国有企业出纳乙称自己公司生意困难，让乙想办法提供点资金，并许诺给乙好处。乙便找机会从公司账户中拿出 150 万借给甲。甲从中拿了 2 万元给乙。之后，甲因违法行为被公安机关逮捕，乙害怕受牵连，携带 100 万元公款潜逃。关于乙的全部犯罪行为，下列哪些说法是错误的?（   ）② （2008 延 -2-64）

A. 挪用公款罪与受贿罪，应择一重罪从重处罚

B. 应以挪用资金罪、职务侵占罪论处，实行数罪并罚

C. 应以挪用公款罪、贪污罪论处，实行数罪并罚

D. 应以挪用公款罪、贪污罪、受贿罪论处，实行数罪并罚

（五）挪用公款罪的共同犯罪

1. 挪用公款给他人使用，使用人与挪用人共谋，指使或者参与策划取得挪用款的，以挪用公款罪的共犯定罪处罚。

（1）此规定须符合刑法总论中共同犯罪的成立条件，亦即共同故意、共同行为。使用人需与挪用人对于挪用公款行为具有故意，并且共同参与挪用行为，例如指使（教唆）、参与策划（共谋），甚至参与挪用（实行）。如果挪用人已经实施完毕挪用行为在挪用出公款之后，使用人明知是挪用的公款提出借用的，不构成挪用公款的共犯。或者，使用人只是单纯提出要

① **参考答案：** C
② **参考答案：** ABC

求借用公款，并未要求挪用人使用挪用的非法手段借出公款，是挪用人本人产生挪用犯意的，使用人也不构成挪用公款的共犯。

（2）共同犯罪人不限于使用人。其他具有共同故意、对挪用公款行为有教唆、帮助、共同实行行为的人，也可构成挪用公款的共同犯罪。

（3）使用人具有诈骗故意或者其他犯罪故意，而国家工作人员具有挪用故意。使用人有可能构成它罪，但不影响国家工作人员成立挪用公款罪。▶**例如：** 甲对国家工作人员许以高额回报，让乙挪用公款100万，谎称用于炒股，乙挪出公款后交给甲，甲卷款潜逃。甲构成诈骗罪，乙构成挪用公款罪。

2. 各共同犯罪人，对于挪用公款的用途认识不一致的，应依据本人认识来确定挪用用途。

▶**例如：** 甲教唆国家工作人员乙挪用公款300万，谎称自己买房之用，乙信以为真而挪用，实际上甲用于贩毒。则乙认定为挪用公款进行其他活动（生活消费），需数额较大、3个月未还才能构成犯罪；甲认定挪用公款进行非法活动，无须数额（司法数额为3万元）、时间，即可构成犯罪。

📖 考点归纳

1. 挪作私用有三种：挪给个人，个人名义挪给单位，个人决定以单位名义挪给单位为了谋利。

2. 成罪条件有三类：非法活动无须数额、时间，营利活动需要数额无须时间，生活消费既需数额又需时间。

3. 共犯各怀鬼胎，以各自主观确定用途。

📖 拓展习题

以下哪些情况构成挪用公款罪（　　）①

A.某某村村长甲，在受乡政府委托发放救灾专用大米期间，利用管理救灾公物的便利，个人决定以个人名义将100吨大米（价值45万元）借与本地一粮油公司出售，甲未谋取个人利益

B.某县县长乙，与县领导集体研究后将该县下岗职工基本生活保障资金100万元挪出，以该县政府的名义借给一家证券公司，乙得到好处费10万元

C.丙与某国有公司签订承包租赁合同，承包经营该公司的购销部，在经营该部门期间，未经该公司议事程序，擅自将公司拨付的流动资金50万元挪用进行贩毒

D.丁与某国有全资企业聘用的会计人员D某（企业编制）是同学，丁指使D某将该企业的购货款偷偷导出，用于合伙投资公司，对于丁的行为

解析： A选项，村长受乡政府委托协助从事公务，是国家工作人员；救灾物资系挪用公款对象；以个人名义借给其他公司，无须谋利，即为挪归个人使用；借与公司销售，系进行营利活动，只需数额较大。

B选项，集体研究决定，不属挪归个人使用；乙构成受贿罪。

C选项，受国有单位委托管理、经营国有财产的人员（非国家工作人员）挪用资金的，构成挪用资金罪。

D选项，D某构成挪用公款罪，丁是教唆犯。

① **参考答案：AD**

★三、受贿罪：权钱交易

考点说明

本罪需要掌握的知识点主要有：（1）收受贿赂"为他人谋取利益"条件的理解。（2）变相受贿的形式。（3）离职后受贿：在职时谋利、约定离职后收钱。（4）斡旋型受贿的构成条件。（5）受贿罪的共犯，与利用影响力受贿罪的区别。

相关法条

第385条【普通受贿罪】国家工作人员利用职务上的便利，索取他人财物的，或者非法收受他人财物，为他人谋取利益的，是受贿罪。

【收受回扣型的受贿罪】国家工作人员在经济往来中，违反国家规定，收受各种名义的回扣、手续费，归个人所有的，以受贿论处。

第388条【斡旋型的受贿罪】国家工作人员利用本人职权或者地位形成的便利条件，通过其他国家工作人员职务上的行为，为请托人谋取不正当利益，索取请托人财物或者收受请托人财物的，以受贿论处。

知识点讲解

受贿罪，大体上是指国家工作人员，利用职务上的便利，或者利用本人职权或者地位形成的便利条件，索取他人财物的，或者非法收受他人财物为他人谋取利益的行为。受贿罪的法益是职务行为的不可收买性。受贿罪的本质也就是权钱交易。受贿罪的构成，主体身份都要求为国家工作人员，都要求利用职务（职权、职位）上的便利，对象都是贿赂（系职务行为的不正当对价，包括财物、财产性利益）。受贿行为的表现形式多种多样，大体可分为普通受贿（索取贿赂、收受贿赂）、收受回扣型受贿（经济受贿）、变相受贿、离职后受贿（在任时谋利、离职后收钱）、斡旋型受贿等情况，以下分别予以讲解。

（一）普通受贿（索取贿赂、收受贿赂）

第385条第1款（普通受贿）国家工作人员利用职务上的便利，索取他人财物的，或者非法收受他人财物，为他人谋取利益的，是受贿罪。

普通受贿即通常的索取贿赂（国家工作人员主动向行贿者索要贿赂）、收受贿赂（国家工作人员被动接受行贿者给予的贿赂）。索取贿赂、收受贿赂的区分，在于给予贿赂的要求是谁先提出的：国家工作人员先提出约定的，属于索取贿赂；对方（行贿者）先提出约定的，国家工作人员属于收受贿赂。

索取贿赂（主动要）	无须为他人谋取利益	
收受贿赂（被动收）	需为他人谋取利益（正当，不正当）	客观构成要件要素（客观上承诺即可）
		1. 实际或者承诺为他人谋取利益的； 2. 明知他人有具体请托事项的； 3. 履职时未被请托，但事后基于该履职事由收受； 4. 索取、收受具有上下级关系的下属或者具有行政管理关系的被管理人员的财物，可能影响职权行使

1.索取贿赂，无须为他人谋取利益。

索取贿赂，即国家工作人员利用职务便利，主动向对方要求、索要、勒索贿赂。索取贿赂只需要利用职务上的便利就成立受贿罪，不要求为他人谋取利益。

2.收受贿赂，需为他人谋取利益。

收受贿赂，指对方（行贿者）提出给予贿赂的约定，国家工作人员被动接受行贿者给予的贿赂。收受贿赂的，只有为他人谋取利益，才成立受贿罪。

（1）"为他人谋取利益"是客观构成要件要素。

（2）"为他人谋取利益"内容的最低要求是：承诺为他人谋取利益。包括：

①实际或者承诺为他人谋取利益的。

②明知他人有具体请托事项的。

③履职时未被请托，但事后基于该履职事由收受。

④索取、收受具有上下级关系的下属或者具有行政管理关系的被管理人员的财物，可能影响职权行使。

（3）需要注意以下几点：

①只要行为人作出了为他人谋取利益的承诺，为他人谋取利益这一客观要件就已经具备。而无论行为人是否心中真的想着要为他人谋取利益；也无论行为人之后是否实施了为他人谋取利益的举动或努力；无论最终是否为他人谋取到了利益。

②承诺既可以是明示的，也可以是默示的。当他人主动行贿并提出为其谋取利益的要求后，国家工作人员虽未明确承诺，但只要不予拒绝，就应当认为是一种默示的承诺。

③承诺既可以是真实的，也可以是虚假的。国家工作人员主观上并不打算为他人谋取利益，却在客观上虚假承诺要利用本人的职务为他人谋取利益，也构成受贿。当然，如行为人没有为他人谋取利益的职权与职务条件的，应当认定为诈骗罪。

④承诺谋取的利益，既包括正当利益，也包括不正当利益。

（二）收受回扣型受贿（经济受贿）

第385条第2款（经济受贿）国家工作人员在经济往来中，违反国家规定，收受各种名义的回扣、手续费，归个人所有的，以受贿论处。

经济受贿是受贿的一种特殊表现形式，指国家工作人员在经济往来中，违反国家规定，收受各种名义的回扣、手续费，归个人所有。

在经济往来中	
回扣、手续费	应当指账外"暗扣"，即以"手续费"为名义，实为职务行为的不正当对价
归个人所有	对方单位给予个人的，最后归个人私有。如对方单位给予本单位，而被本单位个人私占，则可能构成贪污罪

1.回扣、手续费。这里的"回扣、手续费"应当指账外"暗扣"，即卖方暗中给予国家工作人员的金钱、实物或者其他物质利益，以及以"手续费"为名义，实为职务行为不正当对价的款项。

2.经济交往。指国家工作人员依据职务参与的国家经济管理活动，以及其他经济交往活动。

3.违反国家规定。指违反全国人民代表大会及其常委会制定的法律，国务院制定的行政法规和行政措施、发布的决定和命令。例如《反不正当竞争法》第8条规定："经营者不得采用财物或者其他手段进行贿赂以销售或者购买商品。在账外暗中给予对方单位或者个人回扣的，以行贿论处；对方单位或者个人在账外暗中收受回扣的，以受贿论处。"由此，账外暗中收受回扣是违法的，应以受贿论处。

4.归个人所有。回扣、手续费归个人所有，中饱私囊或者少数人私分的，个人构成受贿罪。如果收受回扣、手续费用于集体福利或者奖励，包括对在经济活动中做出贡献的业务人员的奖励，或者收受回扣、手续费归单位所有，并有单位发票、按照会计制度进账的，个人不构成受贿罪。符合单位受贿罪构成要件的，应以该罪论处。

（三）变相受贿（《最高人民法院、最高人民检察院关于办理受贿刑事案件适用法律若干问题的意见》）

受贿罪中"贿赂"的形式通常表现为财物，受贿行为也通常以直接收受财物的形式表现出来。但是，贿赂还可以表现为财产性利益，"权钱交易"的行为也常常以合法的外表予以掩饰。为此，《最高人民法院、最高人民检察院关于办理受贿刑事案件适用法律若干问题的意见》，对一些特殊形式的受贿进行了规定。本书称为"变相受贿"。

交易形式的受贿	表面上是你情我愿的买卖交易，实际上国家工作人员明显不当获利
收受干股形式的受贿	未出资而获得干股
以开办公司等合作投资名义的受贿	表面上是合作开办公司，实际上是出卖职权
委托理财型受贿	表面上是委托理财，实际上明显不当获利
赌博型受贿	表面上是赌博，实际上是收钱
挂名领薪型受贿	表面上是领薪，实际上是收钱
名借实给（汽车、房产）型受贿	表面上借用，实际上送与
贿赂（财物）：包括货币、物品和财产性利益。财产性利益包括可以折算为货币的物质利益，如房屋装修、债务免除等，以及需要支付货币的其他利益，如会员服务、旅游等。	

1.交易形式的受贿。表面上是你情我愿的买卖交易，实际上国家工作人员明显不当获利。

以国家工作人员利用职务上的便利为请托人谋取利益，以下列交易形式收受请托人财物的，以受贿论处：以明显低于市场的价格向请托人购买房屋、汽车等物品的；以明显高于市场的价格向请托人出售房屋、汽车等物品的；以其他交易形式非法收受请托人财物的。

受贿数额按照交易时当地市场价格与实际支付价格的差额计算。前款所列市场价格包括商品经营者事先设定的不针对特定人的最低优惠价格。根据商品经营者事先设定的各种优惠交易条件，以优惠价格购买商品的，不属于受贿。

2.收受干股形式的受贿。未出资而获得干股，是受贿。

干股是指未出资而获得的股份。国家工作人员利用职务上的便利为请托人谋取利益，收受请托人提供的干股的，以受贿论处。进行了股权转让登记，或者相关证据证明股份发生了实际转让的，受贿数额按转让时股份价值计算，所分红利按受贿孳息处理。股份未实际转让，以股份分红名义获取利益的，实际获利数额应当认定为受贿数额。

3. 以开办公司等合作投资名义的受贿。表面上是合作开办公司，实际上是出卖职权。

国家工作人员利用职务上的便利为请托人谋取利益，由请托人出资，"合作"开办公司或者进行其他"合作"投资的，以受贿论处。受贿数额为请托人给国家工作人员的出资额。国家工作人员利用职务上的便利为请托人谋取利益，以合作开办公司或者其他合作投资的名义获取"利润"，没有实际出资和参与管理、经营的，以受贿论处。

4. 委托理财型受贿。表面上是委托理财，实际上明显不当获利。

国家工作人员利用职务上的便利为请托人谋取利益，以委托请托人投资证券、期货或者以其他委托理财的名义，未实际出资而获取"收益"；或者虽然实际出资，但获取"收益"明显高于出资应得收益的，以受贿论处。受贿数额，前一情形，以"收益"额计算；后一情形，以"收益"额与出资应得收益额的差额计算。

5. 赌博型受贿。表面上是赌博，实际上是收钱。

根据《最高人民法院、最高人民检察院关于办理赌博刑事案件具体应用法律若干问题的解释》第 7 条规定，国家工作人员利用职务上的便利为请托人谋取利益，通过赌博方式收受请托人财物的，构成受贿。

实践中应注意区分贿赂与赌博活动、娱乐活动的界限。具体认定时，主要应当结合以下因素进行判断：赌博的背景、场合、时间、次数；赌资来源；其他赌博参与者有无事先通谋；输赢钱物的具体情况和金额大小。

6. 挂名领薪型受贿。表面上是领薪，实际上不干活。

国家工作人员利用职务上的便利为请托人谋取利益，要求或者接受请托人以给特定关系人（国家工作人员的近亲属、情妇情夫等有共同利益关系的人）安排工作为名，使特定关系人不实际工作却获取所谓薪酬的，以受贿论处。

7. 名借实给（汽车、房产）型受贿。表面上借用，实际上送与。

国家工作人员利用职务上的便利为请托人谋取利益，收受请托人房屋、汽车等物品，未变更权属登记或者以借用他人名义办理权属变更登记的，不影响受贿的认定。

认定以房屋、汽车等物品为对象的受贿，应注意与借用的区分。具体认定时，除双方交代或者书面协议之外，主要应当结合以下因素进行判断：有无借用的合理事由；是否实际使用；借用时间的长短；有无归还的条件；有无归还的意思表示及行为。

（四）离职后受贿：在职时谋利、约定离职后收钱

国家工作人员利用职务上的便利为请托人谋取利益之前或者之后，约定在其离职后收受请托人财物，并在离职后收受的，以受贿论处。国家工作人员利用职务上的便利为请托人谋取利益，离职前后连续收受请托人财物的，离职前后收受部分均应计入受贿数额。

离职后受贿	在职时谋利、离职后收钱，须事前有约定。无事前约定，不构成犯罪。
事后受贿	在职时谋利、在职时收钱，无须事前有约定。只需收受财物时知晓财物性质为贿赂（职务行为的不正当对价）即可。

1. **在职时（有身份）谋利、离职后（无身份）收钱，须事前有约定。** 对于此种在职时为请托人谋利，离职后收受财物的"离职后受贿"情形，应事前有约定（将收钱约定等同于收钱，视为贿赂延期支付），才能构成受贿罪。如果国家工作人员在职为请托人谋利时，没有收受贿赂的约定，而是国家工作人员在离职之后向请托人索要，或者请托人主动给予钱财的，不能构成受贿罪。

2. **在职时（有身份）谋利、在职时（有身份）收钱，无须事前有约定。** 另应当注意的是：国家工作人员利用职务上的便利为请托人谋取利益，谋利当时并无收受贿赂的约定，但如果之后收受请托人财物时其仍然在职，只要国家工作人员在收受财物时知财物系其职务的不正当对价，即可认定构成受贿罪。亦即，谋利在前、收钱在后，如果收钱时行为人在职，则无需具备事前有约定的条件，也能构成受贿罪。

（五）斡旋型受贿：出卖便利条件

第 388 条（斡旋型受贿）国家工作人员利用本人职权或者地位形成的便利条件，通过其他国家工作人员职务上的行为，为请托人谋取不正当利益，索取请托人财物或者收受请托人财物的，以受贿论处。

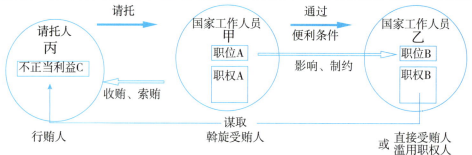

国家工作人员利用本人职权或者地位形成的便利条件，通过其他国家工作人员职务上的行为，为请托人谋取不正当利益，索取请托人财物或者收受请托人财物的，以受贿论处，被称为**斡旋受贿**。斡旋受贿的例子如：请托人丙给某县公安局局长甲送钱 10 万，请求甲给该县税务局局长乙说情打招呼，为其非法减免税款。甲利用自己公安局局长的职位，使乙为丙非法减免税款，则甲构成受贿罪（斡旋受贿）。如果乙也收受了钱财，则乙也构成受贿罪（直接受贿）。如果乙没有收受钱财，则乙也构成徇私舞弊不征、少征税款罪。丙构成行贿罪。

主体身份：国家工作人员	要有"官位"
利用本人职权或者地位形成的便利条件	要利用自己的"官位"，给别的官员"打招呼"会听从。包括制约（上下级关系）和影响（同级同事关系、下上级关系）关系
通过其他国家工作人员职务上的行为	不是直接利用本人职权，而是利用"官位"

为请托人谋取不正当利益	为请托人谋取正当利益的，不构成斡旋受贿；视情况不同可涉嫌介绍贿赂罪、受贿罪的共犯、滥用职权罪的教唆犯等
索取或收取请托人财物	以钱换"官位"影响，也是一种权钱交易

1. **主体身份是国家工作人员**。受贿罪的主体都是国家工作人员。

2. **利用本人职权或者地位形成的便利条件**。这里"利用本人职权或者地位形成的便利条件"，通俗地理解，就是利用自己的"官位"，自己当官有一定的地位，"打招呼"别的官员会听从。具体而言，"便利条件"包括制约和影响关系。

（1）**制约关系**，指行为人与被其利用的国家工作人员之间在职务上具有隶属、制约关系。例如，上级国家工作人员甲对下级国家工作人员乙有人事管辖权，但对下级国家工作人员管理的事务没有管理权限，此时可认为甲对乙有制约关系。

（2）**影响关系**。指行为人利用了本人职权或者地位产生的影响和一定的工作联系。如单位内不同部门的国家工作人员之间，上下级单位没有职务上隶属、制约关系的国家工作人员之间，有工作联系的不同单位的国家工作人员之间，都可认为有影响关系。

总之，上下级关系、同级同事关系、下上级关系，都可认定为具有制约、影响关系，利用此种关系属于利用本人职权或者地位形成的便利条件。

两个国家工作人员不具制约、影响关系的情形，系职位没有任何交叠的情况。例如，A 省某县的教育局局长甲与 B 省某市的旅游局局长乙，就不存在制约、影响关系。

3. **通过其他国家工作人员职务上的行为**。

斡旋受贿不是国家工作人员就自身的职务行为索取或者收受贿赂，而是利用国家工作人员的职权或者地位形成的便利条件，就其他国家工作人员的职务行为进行斡旋，使其他国家工作人员利用职务上的便利为请托人谋取不正当利益，从而索取或者收受贿赂。由此可以认为，普通受贿（直接受贿）是"出卖自身职权"，而斡旋受贿是"出卖职位便利条件"。

如果国家工作人员本人对某项事务具有主管、负责、承办的职权，其在索取收受贿赂之后，令其下属经办此项事务；或者担任单位领导职务的国家工作人员，其在索取收受贿赂之后，令其下级部门的国家工作人员经办此项事务，为他人谋取利益的。都不属于斡旋受贿，而应当直接适用《刑法》第 385 条，以普通受贿（直接受贿）罪论处。

4. **为请托人谋取不正当利益**。

不正当利益指内容上不正当，或者程序上不正当的利益。行为人只要认识到请托人的事项不正当，客观上许诺为请托人谋取该不正当利益即可构成斡旋受贿。而无须主观上有谋利意图，或者有谋取利益的努力行为，也无须谋取到了不正当利益。为请托人谋取正当利益的，不构成斡旋受贿。此要素亦应理解为客观要素，但只要求许诺即可。

5. **索取或收取请托人财物**。受贿罪的本质是权钱交易，故行为人需索取或收取财物，作为出卖职位便利条件的对价，才能构成受贿罪。斡旋受贿也是一种权钱交易，虽不直接利用职权，但出卖职位影响。当然，无论是索取或收取贿赂，都需具备为请托人谋取不正当利益的条件。这与普通受贿中收受贿赂需为他人谋利、索取贿赂不需为他人谋利的情况有所不同。

请托人丙	行为人（国家工作人员）甲	被利用者（国家工作人员）乙	
不正当利益	收钱	收钱	不收钱
行贿罪	受贿罪（斡旋受贿）	受贿罪	滥用职权类犯罪
正当利益	收钱、不收钱	收钱	不收钱
无罪	介绍贿赂罪、受贿罪共犯	受贿罪	甲、乙、丙均无罪

（六）受贿罪的既遂：取得控制说

1. 受贿罪以取得、控制贿赂（事实控制、法律控制）为既遂。

2. 控制了有价票证可随时兑现，即认为是既遂。例如，收受了他人交付的转账支票后，还没有提取现金的；收受购物卡后，即使还没有购物；收受银行卡后，还没有实际使用的，都认为是既遂，数额以卡上记载的数额认定。

3. 指令请托人将贿赂给予特定关系人（近亲属、情妇情夫等有共同利益关系的人）的，不影响受贿既遂的认定。收受贿赂后，将贿赂用于公益事业的，相当于先收钱后使用，也不影响受贿既遂的认定。

4. 名借实给（房屋、汽车）型的受贿中，收受请托人房屋、汽车，未变更权属登记的，不影响受贿的认定，也不影响受贿既遂的成立。

5. 国家工作人员受贿后，因自身或者与其受贿有关联的人、事被查处，为掩饰犯罪而退还或者上交的，不影响受贿罪的认定和既遂的成立。但国家工作人员收受请托人财物后及时退还或者上交的，不是受贿。

经典考题

甲的女儿2003年参加高考，没有达到某大学录取线。甲委托该高校所在市的教委副主任乙向该大学主管招生的副校长丙打招呼，甲还交付给乙2万元现金，其中1万元用于酬谢乙，另1万元请乙转交给丙。乙向丙打了招呼，并将1万元转交给丙。丙收下1万元，并答应尽量帮忙，但仍然没有录取甲的女儿。1个月后，丙的妻子丁知道此事后，对丙说："你没有帮人家办事，不能收这1万元，还是退给人家吧。"丙同意后，丁将1万元退给甲。关于本案，下列哪些说法是错误的？（ ）[①]（2004-2-59）

A. 乙的行为成立不当得利与介绍贿赂罪

B. 丙没有利用职务上的便利为他人牟取利益，所以不成立受贿罪

C. 丙在未能为他人牟取利益之后退还了财物，所以不成立受贿罪

D. 丁将1万元贿赂退给甲而不移交司法机关，构成帮助毁灭证据罪

（七）受贿罪的共犯（有通谋是共犯，无通谋是利用影响力受贿罪）

受贿罪是身份犯，正犯的身份要求是国家工作人员，非国家工作人员可构成受贿罪的共犯。构成共同犯罪，需符合共同故意、共同行为的条件。在司法实务中，经常出现国家工作人员的近亲属（配偶、子女）、情妇情夫等关系密切的人，收受财物，为请托人谋利的情况。该关系

[①] **参考答案：ABCD**

密切人是构成受贿罪的共犯，还是利用影响力受贿罪，大体上要看关系密切人与国家工作人员对于受贿是否具有共同故意。简言之，有通谋是共犯，无通谋是利用影响力受贿罪。

国家工作人员的近亲属或者关系密切的人，收受请托人财物：

1. 如与国家工作人员有通谋，关系密切的人构成受贿罪的共犯。例如：①关系密切的人代请托人向国家工作人员转达请托事项，国家工作人员明知其收受了请托人的财物，仍按照家庭成员的要求利用职权为他人谋取利益的。国家工作人员构成受贿罪，关系密切的人构成受贿罪的共犯。②国家工作人员授意请托人将财物给予特定关系人的，特定关系人与国家工作人员通谋，共同实施前款行为的，特定关系人构成受贿罪的共犯。③特定关系人以外的其他人，即与国家工作人员没有共同利益关系的人，与国家工作人员通谋，由国家工作人员利用职务上的便利为请托人谋取利益，收受请托人财物后双方共同占有的，以受贿罪的共犯论处。

2. 如与国家工作人员无通谋，国家工作人员并不明知收受了请托人的财物，关系密切的人利用国家工作人员职务上的便利，为请托人谋取不正当利益的，关系密切的人可构成利用影响力受贿罪。

📘 经典考题

【案情】副县长赵某带队前来开展拆迁、评估工作的验收。李某给赵某的父亲（原县民政局局长，已退休）送去1万元现金，请其帮忙说话。赵某得知父亲收钱后答应关照李某，令人将邻近山坡的树苗都算到李某名下。（2012年试卷四第2题部分）

【问题】对赵某父亲收受1万元现金，对赵某父亲及赵某应如何定罪？为什么？

解析：赵某父亲与赵某构成受贿罪共犯。赵某父亲不成立利用影响力受贿罪。因为只有在离退休人员利用过去的职务便利收受财物，且与国家工作人员没有共犯关系的场合，才有构成利用影响力受贿罪的余地。

（八）受贿罪的罪数

1. 因受贿而进行其他违法活动构成其他罪的，一般依照数罪并罚的规定处罚。

2. 国家机关工作人员收受贿赂并实施渎职犯罪，同时构成受贿罪的，除刑法另有规定外（徇私枉法罪，民事、行政枉法裁判罪，执行判决、裁定滥用职权罪），以渎职犯罪和受贿罪数罪并罚。

3. 国家机关工作人员收受贿赂，并实施徇私枉法罪，民事、行政枉法裁判罪，执行判决、裁定滥用职权罪的，依照处罚较重的规定定罪处罚。

📘 考点归纳

1. 索贿无须谋利，收贿需要谋利，承诺谋利即可，无须实际行动。

2. 在职时谋利、约定离职后收钱，也构成受贿罪。

3. 出卖"官位"影响，通过其他国家工作人员，谋取不当利益，构成斡旋受贿。

📘 经典考题

【1】下列关于受贿罪的说法哪些是不正确的？（　　）① （2003-2-38）

---

① 参考答案：ABCD

A.甲系地税局长，1993年向王某借钱3万元。1994年王某所办企业希望免税，得到甲的批准，王当时就对甲说："上次借给你的钱就不用还了，算我给你的感谢费"。但甲始终不置可否。2003年5月甲因其他罪被抓获时，主动交待了借钱不还的事实。甲不构成受贿罪

B.乙的妻子在乡村小学教书，乙试图通过关系将其妻调往县城，就请县公安局长胡某给教育局长黄某打招呼，果然事成。事后，乙给胡某2万元钱，胡将其中1万元给黄某，剩余部分自己收下。本案中，黄某构成受贿罪、胡某构成介绍贿赂罪、乙构成行贿罪

C.丙为贷款而给某银行行长李某5万元钱，希望在贷款审批时多多关照。李某收过钱，点了点头。但事后，在行长办公会上，由于其他领导极力反对发放此笔贷款，丙未获取分文贷款资金。李某虽然收受他人财物，但由于没有为他人谋取利益，所以不构成受贿罪

D.丁系工商局长，1995年在对赵某所办企业进行年检时，发现该企业并不完全符合要求，就要求其补充材料。在某些主要材料难以补齐的情况下，赵某多次找到丁，希望高抬贵手。丁见赵某开办企业也不容易，就为其办理了年检手续，但未向赵提出任何不法要求。2001年丁退休后欲自己开办公司，就向赵某提出：6年前自己帮助了赵，希望赵给2万元作为丁自己公司的启动资金，赵推脱不过，只好给钱。丁应当构成受贿罪

【2】关于受贿罪的判断，下列哪些选项是错误的？（　　）①（2007-2-65）

A.公安局副局长甲收受犯罪嫌疑人家属10万元现金，允诺释放犯罪嫌疑人，因为局长不同意未成。由于甲并没有为他人谋取利益，所以不构成受贿罪

B.国家机关工作人员乙在退休前利用职务便利为钱某谋取了不正当利益，退休后收受了钱某10万元。尽管乙与钱某事前并无约定，仍应以受贿罪论处

C.基层法院法官丙受被告人孙某家属之托，请中级法院承办法官李某对孙某减轻处罚，并无减轻情节的孙某因此被减轻处罚。事后，丙收受孙某家属10万元现金。丙不具有制约李某的职权与地位，不成立受贿罪

D.海关工作人员丁收受10万元贿赂后徇私舞弊，放纵走私，触犯受贿罪和放纵走私罪。由于具有牵连关系，应从一重罪论处

拓展习题

【案情】被告人潘某，原系某市某区工业委员会书记。2003年8、9月间，潘某利用其担任的职务便利，为A房地产开发有限公司总经理陈某在低价获取100亩土地等提供帮助。于9月3日分别以其亲属名义与陈某共同注册成立C公司，以"开发"上述土地。潘某既未实际出资，也未参与该公司经营管理。2004年6月，潘某参与利润分配名义，收受C公司"分红"480万元。（事实一）2004年上半年，潘某为B发展有限公司（总经理为许某）受让D项目减免税款提供帮助，而给该区税务局长王某打电话说情，使B公司得到违法少交税款100万元。事后，B公司让潘某帮忙转给王某10万元"感谢费"，王某收受。后来，潘某在购买B发展有限公司开发的一处房产时，该房价含税费原本为120万元，但B公司总经理为许某表示可以为潘某"打五折"，潘遂支付60万元购买该房产。2006年4月，潘某从一内情人处知悉了有人举报此事的情况，遂补还给许某60万元。在检察机关正式立式立案前，许某向检察机关投案并如实交待了案情事实，并揭发了潘某，使得本案案发。（事实二）

【问题】

1.对于事实一，潘某是否构成犯罪？构成何罪？

2.对于事实二，潘某、王某构成何罪？是否属于中止？

3.许某承担何罪的责任？是否成立立功？如何处罚？

解析：

（1）对于事实一，潘某以合伙办公司的名义收受分红，构成受贿罪；C公司构成单位行贿罪。

（2）对于事实二，王某构成徇私舞弊少征税款罪、受贿罪，数罪并罚。潘某构成受贿罪（斡旋型受贿，交易形式的受贿）。担心案情发现而返款，属既遂，不属中止。

（3）B公司构成单位行贿罪、逃税罪，许某承担此两罪的责任。因交待自己犯罪及同案犯，不构成立功，但可认定为自首。行贿人在被追诉前主动交待行贿行为而破获相关受贿案件的，对行贿人不适用《刑法》第68条（立功）的规定，依照《刑法》第390条第2款的规定，可以减轻或者免除处罚（《关于办理行贿刑事案件具体应用法律若干问题的解释》第7条）。

★ 四、利用影响力受贿罪；对有影响力的人行贿罪

📝 考点说明

本罪需要掌握的知识点主要有：（1）成立利用影响力受贿罪的三种情形，"关系密切的人"的界定。（2）利用影响力受贿罪与受贿罪及其共犯的区别。

📖 相关法条

第388条之一【利用影响力受贿罪】国家工作人员的近亲属或者其他与该国家工作人员关系密切的人，通过该国家工作人员职务上的行为，或者利用该国家工作人员职权或者地位形成的便利条件，通过其他国家工作人员职务上的行为，为请托人谋取不正当利益，索取请托人财物或者收受请托人财物，数额较大或者有其他较重情节的，处三年以下有期徒刑或者拘役，并处罚金；数额巨大或者有其他严重情节的，处三年以上七年以下有期徒刑，并处罚金；数额特别巨大或者有其他特别严重情节的，处七年以上有期徒刑，并处罚金或者没收财产。

离职的国家工作人员或者其近亲属以及其他与其关系密切的人，利用该离职的国家工作人员原职权或者地位形成的便利条件实施前款行为的，依照前款的规定定罪处罚。

第390条之一【对有影响力的人行贿罪】为谋取不正当利益，向国家工作人员的近亲属或者其他与该国家工作人员关系密切的人，或者离职的国家工作人员或者其近亲属以及其他与其关系密切的人行贿的，处三年以下有期徒刑或者拘役，并处罚金；情节严重的，或者使国家利益遭受重大损失的，处三年以上七年以下有期徒刑，并处罚金；情节特别严重的，或者使国家利益遭受特别重大损失的，处七年以上十年以下有期徒刑，并处罚金。

单位犯前款罪的，对单位判处罚金，并对其直接负责的主管人员和其他直接责任人员，处三年以下有期徒刑或者拘役，并处罚金。

💡 知识点讲解

收钱者	行为				送钱者
利用影响力受贿罪	国家工作人员的近亲属或者关系密切的人	利用国工职务或利用便利条件	为请托人谋取不正当利益	索取或收受请托人财物数额较大或有较重情节	对有影响力的人行贿罪
	离职的国家工作人员	利用原职权或利用便利条件			
	离职的国家工作人员的近亲属或者关系密切的人	利用离职国工原职权或利用便利条件			

　　利用影响力受贿罪（收钱者），大体上是指国家工作人员的关系密切的人、离职的国家工作人员、离职的国家工作人员的关系密切的人，利用国家工作人员的职务、离职国家工作人员的原职权，或者利用其职权或原职权地位形成的便利条件，为请托人谋取不正当利益，收受、索取请托人财物，数额较大或者有其他较重情节的行为。具体可将利用影响力受贿罪的情形分为上述表格的三种情形。《刑法修正案（九）》将其对合行为人（送钱者）也规定为犯罪，可暂称为"对有影响力的人行贿罪"。

（一）对利用影响力受贿罪关键构成要素的解释

　　1. 关系密切的人，是指与国家工作人员或者离职的国家工作人员具有共同利益关系的人，包括有共同的物质利益以及其他方面的利益的人。例如，近亲属关系、密切的姻亲或血亲关系；情人关系、恋人关系、前妻前夫关系；密切的上下级关系（如国家工作人员的秘书、司机等）等。只要能够影响国家工作人员或者离职的国家工作人员，利用其职权或者地位形成的便利条件的人，均可认定为关系密切的人。因此，难以从关系的形式上予以限定，需从实质层面即是否"足以施加影响"方面进行解释。

　　2. 两种利用职务的方式：（1）通过国家工作人员职务上的行为，即直接利用国家工作人员职务；（2）利用国家工作人员、离职的国家工作人员职权或者地位形成的便利条件，即利用国家工作人员、离职的国家工作人员对其他国家工作人员的影响、制约，通过其他国家工作人员职务，进行斡旋谋利。

　　3. 须为请托人谋取不正当利益，才构成利用影响力受贿罪。谋取正当利益的，不能构成本罪。

　　4. 对合犯：国家工作人员的关系密切的人、离职的国家工作人员、离职的国家工作人员的关系密切的人（收钱者）可构成利用影响力受贿罪，被利用的国家工作人员（不知收钱的被利用者）可能涉嫌滥用职权类犯罪，给予财物的请托人（送钱者）可构成对有影响力的人行贿罪。

（二）利用影响力受贿罪与受贿罪共犯、受贿罪的区别

　　1. 关系密切的人：利用影响力受贿罪与受贿罪共犯的区别。有通谋为受贿罪共犯，无通谋为利用影响力受贿罪。

　　国家工作人员的近亲属或者关系密切的人，收受请托人财物，为请托人谋取不正当利益。

（1）如关系密切的人与国家工作人员有通谋，亦即国家工作人员知情收钱事，并且许诺为请托人谋取不正当利益，对于收钱事与关系密切的人有意思联络。则国家工作人员构成受贿罪，关系密切的人构成受贿罪的共犯，请托人构成行贿罪。

（2）如关系密切的人与国家工作人员没有通谋，亦即国家工作人员并不知情收钱事，只是许诺为请托人谋取不正当利益，对于收钱事与关系密切的人没有意思联络。则国家工作人员构成滥用职权类犯罪，关系密切的人构成利用影响力受贿罪，请托人可能涉嫌滥用职权类犯罪的教唆犯对影响力的人行贿罪。

2.离职的国家工作人员：利用影响力受贿罪与受贿罪（在职时谋利、离职后收钱）区别。在职时谋利为受贿罪，离职后谋利为利用影响力受贿罪。

离职的国家工作人员，收受请托人财物，为请托人谋取不正当利益。

（1）如离职的国家工作人员，在职时为请托人谋取不正当利益，并约定好离职后收受财物。则离职的国家工作人员构成受贿罪，请托人构成行贿罪。

（2）如离职的国家工作人员，是在离职后才为请托人谋取不正当利益，并在离职后收受财物。则离职的国家工作人员可能涉嫌利用影响力受贿罪，请托人可能涉嫌对影响力的人行贿罪。

考点归纳

1.利用影响力受贿罪与受贿罪共犯的区别：有通谋为受贿罪共犯，无通谋为利用影响力受贿罪。

2.利用影响力受贿罪与斡旋型受贿罪的区分：利用人身影响是影响力受贿，利用"官位"影响是斡旋受贿，仅居中介绍是介绍贿赂。

经典考题

根据《刑法》有关规定，下列哪些说法是正确的？（ ）[1]（2009-2-64）

A.甲系某国企总经理之妻，甲让其夫借故辞退企业财务主管，而以好友陈某取而代之，陈某赠甲一辆价值12万元的轿车。甲构成犯罪

B.乙系已离职的国家工作人员，请接任处长为缺少资质条件的李某办理了公司登记，收取李某10万元。乙构成犯罪

C.丙系某国家机关官员之子，利用其父管理之便，请其父下属将不合条件的某企业列入政府采购范围，收受该企业5万元。丙构成犯罪

D.丁系国家工作人员，在主管土地拍卖工作时向一家房地产公司通报了重要情况，使其如愿获得黄金地块。丁退休后，该公司为表示感谢，自作主张送与丁价值5万元的按摩床。丁构成犯罪

拓展习题

关于贿赂犯罪，下列哪些选项是错误的？（ ）[2]

A.某省建设厅厅长A之妻甲（不具国家工作人员身份），在A完全不知情的情况下，向开发商索要10万元现金，称其可以帮其批地，后甲找到该省所辖某县的建设局局长，声明自己厅长夫人的身份，

---

[1] 参考答案：ABC
[2] 参考答案：ABCD

果然事成，则甲构成受贿罪

B.某县水务局科长甲不符合晋职条件仍想晋职，于是送给该水务局局长乙3万元，请托乙给该县组织部部长丙打招呼，果然事成，甲另行送给丙2万元。则乙构成介绍贿赂罪

C.某公立医院医生甲收受某药厂药商乙2万元，故意在给病患开药方时多开该药厂的药品，则甲可构成受贿罪

D.丁某原系某市市委书记，在任期间多次将大型公益广告项目批给广告商Y，Y多次表示要"感谢"，丁都回答说："退休后再说吧。"在丁退休后，Y给了丁了200万元作为"感谢"，丁收下，则丁构成利用影响力受贿罪

解析：

A选项，构成利用影响力受贿罪。

B选项，构成斡旋型受贿罪。

C选项，构成非国家工作人员受贿罪。

D选项，国家工作人员在职时为人谋利，事先有约定，退休后受贿，构成受贿罪。

★五、行贿罪

📇 考点说明

本罪需要掌握的知识点主要有：（1）"不正当利益"的形式、定位。（2）因被勒索给予国家工作人员以财物，没有获得不正当利益的，不是行贿。（3）追诉前交待从宽（注意：《刑法修正案（九）》已修正此款）。（4）行贿罪与受贿罪的对合关系。

📖 相关法条

第389条【行贿罪】为谋取不正当利益，给予国家工作人员以财物的，是行贿罪。

在经济往来中，违反国家规定，给予国家工作人员以财物，数额较大的，或者违反国家规定，给予国家工作人员以各种名义的回扣、手续费的，以行贿论处。

【违法阻却事由】因被勒索给予国家工作人员以财物，没有获得不正当利益的，不是行贿。

第390条【行贿罪的处罚】对犯行贿罪的，处五年以下有期徒刑或者拘役，并处罚金；因行贿谋取不正当利益，情节严重的，或者使国家利益遭受重大损失的，处五年以上十年以下有期徒刑，并处罚金；情节特别严重的，或者使国家利益遭受特别重大损失的，处十年以上有期徒刑或者无期徒刑，并处罚金或者没收财产。

［追诉前交待从宽］行贿人在被追诉前主动交待行贿行为的，可以从轻或者减轻处罚。其中，犯罪较轻的，对侦破重大案件起关键作用的，或者有重大立功表现的，可以减轻或者免除处罚。

💡 知识点讲解

行贿罪，是指为谋取不正当利益，给予国家工作人员以财物的行为。

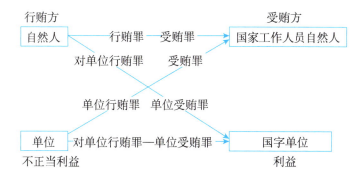

1. 主体及对象。行贿罪的主体是自然人，如果主体是单位的，构成单位行贿罪。对象是国家工作人员（自然人），如对象为国有单位，构成对单位行贿罪。

2. "谋取不正当利益"。

（1）"不正当利益"的内容：

①内容违法。指行贿者谋取的利益违反法律、法规、规章、政策规定。

②程序违法。指行贿者要求国家工作人员违反法律、法规、规章、政策、行业规范的规定，为自己提供帮助或者方便条件。

③不当竞争。违背公平、公正原则，在经济、组织人事管理等活动中，谋取竞争优势的，应当认定为"谋取不正当利益"。

（2）"谋取不正当利益"的定位：主观目的要素，即行贿者意图谋取不正当利益，而并不一定要求实际上谋取到了不正当利益。在行贿者谋取到不正当利益之后，再主动给予国家工作人员财物，作为职务行为的报酬的，也认为具有"谋取不正当利益"的意图。

（3）行为人为了谋取正当利益，给予国家工作人员财物的，不构成行贿罪。但国家工作人员构成受贿罪。

📖 经典考题

下列行为人所谋取的利益，哪些是行贿罪中的"不正当利益"？（　）①（2005-2-65）

A. 甲向某国有公司负责人米某送 2 万元，希望能承包该公司正在发包的一项建筑工程

B. 乙向某高校招生人员刘某送 2 万元，希望刘某在招生时对其已经进入该高校投档线的女儿优先录取

C. 丙向某法院国家赔偿。委员会委员高某送 2 万元，希望高某按照国家赔偿法的规定处理自己的赔偿申请

D. 丁向某医院药剂科长程某送 2 万元，希望程某在质量、价格相同的条件下优先采购丁所在单位生产的药品

3. 违法阻却事由：因被勒索给予国家工作人员以财物，没有获得不正当利益的，不是行贿。

对此应当完整的解释为：国家工作人员主动向行为人勒索财物，行为人主观上为了谋取不正当利益，被动给予国家工作人员财物，但事实上、客观上行为人没有谋取到不正当利益，行为人不构成行贿罪，但国家工作人员构成受贿罪。

---

① 参考答案：ABD

行贿者				受贿者
为了谋取不正当利益	主动给予	已获得不正当利益	行贿罪	国家工作人员：受贿罪
		未获得不正当利益		
	因勒索被动给予	已获得不正当利益		
		未获得不正当利益	无罪	
为了谋取正当利益	主动给、被动给	已获得、未获得正当利益		

4.量刑从宽事由：追诉前主动交待，可以从轻、减轻、免除。

行贿人在被追诉前主动交待行贿行为的（自首）				
修正前	修正后			轻重比较
可以减轻或免除	一般	犯罪较轻的，对侦破重大案件起关键作用	有重大立功表现	旧法是轻法
	可以从轻或减轻	可以减轻或免除		

（1）行贿人在被追诉前主动交待行贿行为的，不属立功，属于自首。

①属于自首，不属于立功。这是因为：行贿人揭发受贿者，是揭发对合犯（同案犯）共同犯罪事实，不构成立功，只能认为是《刑法》第67条自首。

②在处罚结果上，可以从轻或者减轻；犯罪较轻的，对侦破重大案件起关键作用的，或者有重大立功表现的，可以减轻或免除处罚。

③注意：《刑法修正案（九）》已经删除原来"可以减轻或者免除处罚"的分则特别规定，从而使前述情形的处罚与《刑法》第67条（自首）的处罚规定相一致。

（2）行贿人揭发受贿人与其行贿无关的其他犯罪行为，查证属实的，依照《刑法》第68条关于立功的规定，可以从轻、减轻处罚。

（3）行贿人被追诉之后才如实供述自己罪行的，依照《刑法》第67条第3款（坦白）的规定，可以从轻处罚；因其如实供述自己罪行，避免特别严重后果发生的，可以减轻处罚。

5.罪数。行贿人谋取不正当利益的行为构成其他犯罪的，应当与行贿犯罪实行数罪并罚。

📋 **考点归纳**

1.不当利益有三种：内容违法、程序违法、不当竞争。

2.意图不当利益，因被勒索，没有获取，不是犯罪。

3.追诉前交待，一般只从轻、减轻；重大才减轻或免除。

📄 **拓展习题**

关于行贿犯罪，以下说法正确的有（　　）①

A.某交通局科员甲为了在组织人事管理中谋取竞争优势，主动送给该局党委书记乙10万元，希望

---
① **参考答案：CD**

乙在人事提拔中能够优先考虑其；乙虽答应，但并未在之后的人事任用中提拔甲。则甲不能构成行贿罪

B.甲为违规获得黄金地块，而向市长乙送钱100万；因乙只拿钱不办事，甲遂向检察机关检举乙的受贿罪，为此而使甲的受贿罪受到追诉。则甲构成行贿罪，应当免除处罚

C.请托人甲为了谋取不正当利益，到国家工作人员乙家中做客时，偷偷将一张价值6万元的购物卡放在乙家沙发垫下，当时并未告诉乙；后甲多次向乙暗示，乙都不知情；一个月后有人举报乙受贿事，纪检机关调查此事，乙才检查沙发发现购物卡。则甲可构成行贿，但乙不构成受贿罪

D.甲因被某民营公司总经理乙勒索，而为了谋取不正当利益，送给乙一辆汽车，但甲并未获取到不正当利益，则甲不能构成对非国家工作人员行贿罪

解析：

A选项，行贿人为了谋取不正当利益主动给予贿赂，虽然没有实际谋取到不正当利益，也不符合被动索贿没有谋取到不正当利益不属行贿的免责规定，仍然构成行贿罪。该选项说法错误。

B选项，根据现行《刑法修正案（九）》的规定，行贿人在被追诉前主动交待行贿行为的，可以从轻或者减轻，犯罪较轻的，检举揭发行为对侦破重大案件起关键作用，或者有其他重大立功表现的，可以免除处罚。而不是"应当免除处罚"。

C选项，乙不知情收钱事，不具受贿故意，不构成受贿罪。

D选项，因被勒索给予国家工作人员以财物，没有获得不正当利益的，不是行贿。举重以明轻，因被勒索给予非国家工作人员以财物的行为危害性更轻，并没有获得不正当利益的，更不应构成犯罪。

六、介绍贿赂罪

相关法条

第392条【介绍贿赂罪】向国家工作人员介绍贿赂，情节严重的，处三年以下有期徒刑或者拘役，并处罚金。

【追诉前交待可以减免】介绍贿赂人在被追诉前主动交待介绍贿赂行为的，可以减轻处罚或者免除处罚。

知识点讲解

介绍贿赂罪，是指向国家工作人员介绍贿赂，情节严重的行为。

罪名	行贿罪的共犯	介绍贿赂罪	受贿罪的共犯
行为	站在行贿人一方为其帮助（送钱）	居中介绍，提供信息	站在受贿人一方为其提供帮助（收钱）
追诉前交待	一般，从、减；重大，减免	可减、免	三年以下，可从、减、免；三年以上，可从轻

1.介绍贿赂罪的介绍对象：国家工作人员（自然人）。

（1）行为人介绍自然人、单位向国家工作人员（自然人）行贿、受贿，才能构成介绍贿赂罪。

（2）行为人介绍自然人、单位向国有单位（单位）行贿、受贿，不构成介绍贿赂罪。

（3）行为人介绍自然人、单位向非国家工作人员（如民营公司、企业的工作人员）行贿、

受贿，也不构成介绍贿赂罪。

2.介绍贿赂：居中介绍，提供信息。

（1）指行为人在行贿人与国家工作人员之间进行引见、沟通、撮合，促使行贿与受贿得以实现。行为人是否获得利益，不影响本罪成立。

（2）如果行为人站在行贿人一方为其提供帮助，构成行贿罪共犯；如果行为人站在受贿人一方为其提供帮助，构成受贿罪共犯。介绍贿赂罪，只能站在中立立场上，明知某人欲通过行贿谋求国家工作人员的职务行为，而向国家工作人员提供该信息。

3.责任减免事由。介绍贿赂人在被追诉前主动交待，可以减轻处罚或者免除处罚。

📋 经典考题

【案情】甲、乙因涉嫌犯罪被起诉。在甲、乙被起诉后，甲父丙为使甲获得轻判，四处托人，得知丁的表兄刘某是法院刑庭庭长，遂托丁将15万元转交刘某。丁给刘某送15万元时，遭到刘某坚决拒绝。（事实四）丁告知丙事情办不成，但仅退还丙5万元，其余10万元用于自己炒股。在甲被定罪判刑后，无论丙如何要求，丁均拒绝退还余款10万元。丙向法院自诉丁犯有侵占罪。（事实五）（2013年试卷四第2题部分）

【问题】就事实四，丁是否构成介绍贿赂罪？是否构成行贿罪（共犯）？是否构成利用影响力受贿罪？理由分别是什么？

解析：

（1）丁没有在丙和法官刘某之间牵线搭桥，没有促成行贿受贿事实的介绍行为，不构成介绍贿赂罪。

（2）丁接受丙的委托，帮助丙实施行贿行为，构成行贿罪（未遂）共犯。

（3）丁客观上并未索取或者收受他人财物，主观上并无收受财物的意思，不构成利用影响力受贿罪。

七、单位受贿罪

📖 相关法条

第387条【单位受贿罪】国家机关、国有公司、企业、事业单位、人民团体，索取、非法收受他人财物，为他人谋取利益，情节严重的，对单位判处罚金，并对其直接负责的主管人员和其他直接责任人员，处五年以下有期徒刑或者拘役。

前款所列单位，在经济往来中，在账外暗中收受各种名义的回扣、手续费的，以受贿论，依照前款的规定处罚。

💡 知识点讲解

对单位行贿罪，是指个人或者单位为谋取不正当利益，给予国家机关、国有公司、企业、事业单位、人民团体以财物，或者在经济往来中，违反国家规定，给予各种名义的回扣、手续费的行为。

1.主体是国家机关、国有公司、企业、事业单位、人民团体。

2.对象(行贿方)既可以是自然人(构成对单位行贿罪)，也可是单位(也构成对单位行贿罪)。

3.单位在经济往来中，在账外暗中收受各种名义的回扣、手续费的，以受贿论处。

八、巨额财产来源不明罪

相关法条

第 395 条【巨额财产来源不明罪】国家工作人员的财产、支出明显超过合法收入，差额巨大的，可以责令该国家工作人员说明来源，不能说明来源的，差额部分以非法所得论，处五年以下有期徒刑或者拘役；差额特别巨大的，处五年以上十年以下有期徒刑。财产的差额部分予以追缴。

知识点讲解

巨额财产来源不明罪，是指国家工作人员的财产、支出明显超过合法收入，差额巨大，不能说明来源的行为。在立法原理上，本罪是贪污罪、受贿罪的补充法，亦即在能够查明财产来源于贪污、受贿所得时，以贪污罪、受贿罪论处，在不能查明巨额财产的来源时，以本罪论处。

主体身份	国家工作人员
事实前提	财产、支出明显超过合法收入，差额巨大（以家庭计，超 30 万）；可责令其说明来源
行为	不作为：不能说明来源（合法）
推定结论	差额部分以非法所得论

1. 主体身份（身份犯）：国家工作人员。

2. 构成本罪的事实前提：国家工作人员的家庭财产、支出明显超过合法收入，差额巨大（差额在 30 万元以上）。

差额即"非法所得"的计算方法，一般是指行为人的家庭全部财产与能够认定的所有支出的总和减去能够证实的有真实来源的所得。在具体计算时，应注意以下问题：（1）以家庭财产为计算基础。应把国家工作人员个人财产和与其共同生活的家庭成员的财产、支出等一并计算，而且一并减去他们所有的合法收入以及确属与其共同生活的家庭成员个人的非法收入。（2）行为人所有的财产包括房产、家具、生活用品、学习用品及股票、债券、存款等动产和不动产；行为人的支出包括合法支出和不合法的支出，包括日常生活、工作、学习费用、罚款及向他人行贿的财物等；行为人的合法收入包括工资、奖金、稿酬、继承等法律和政策允许的各种收入。（3）为了便于计算犯罪数额，对于行为人的财产和合法收入，一般可以从行为人有比较确定的收入和财产时开始计算。

3. 行为人不能说明来源：指不能说明其来源合法，即推定为非法所得。在立法原理上是举证责任倒置，但在刑法层面上应当理解为不作为犯（对差额财产有说明来源合法的义务而不能说明）。

包括以下情况：（1）行为人拒不说明财产来源；（2）行为人无法说明财产的具体来源；（3）行为人所说的财产来源经司法机关查证并不属实；（4）行为人所说的财产来源因线索不具体等原因，司法机关无法查实，但能排除存在来源合法的可能性和合理性的。

4. 家庭财产差额巨大，夫妻双方均为国家工作人员的：只要夫妻双方都拥有超出合法收入的巨额财产（家庭财产超过合法收入 60 万元以上），有关机关可责令双方说明来源，夫妻双方均不能说明财产来源，二人均应认定为本罪。

5.判决生效后发现新案情的处理。

（1）巨额财产来源不明罪判决生效后，发现不明财产来源于其他较重犯罪（如系贪污、受贿、盗窃、走私犯罪所得）的，除非启动审判监督程序，一般不再改判。

（2）巨额财产来源不明罪判决生效，后发现不明财产来源合法（如系炒股、做生意所得），或者来源于一般违法（如卖淫、制假所得）的，应以发现新证据为由（《刑事诉讼法》242 条第 1 款），改判无罪。

📋 **经典考题**

国家工作人员甲与民办小学教师乙是夫妻。甲、乙支出明显超过合法收入，差额达 300 万元。甲、乙拒绝说明财产来源。一审中，甲交代 300 万元系受贿所得，经查证属实。关于本案，下列哪些选项是正确的？（　　）① （2012-2-63）

A. 甲构成受贿罪

B. 甲不构成巨额财产来源不明罪

C. 乙不构成巨额财产来源不明罪

D. 乙构成掩饰、隐瞒犯罪所得罪

九、私分国有资产罪

📖 **相关法条**

第 396 条【私分国有资产罪】国家机关、国有公司、企业、事业单位、人民团体，违反国家规定，以单位名义将国有资产集体私分给个人，数额较大的，对其直接负责的主管人员和其他直接责任人员，处三年以下有期徒刑或者拘役，并处或者单处罚金；数额巨大的，处三年以上七年以下有期徒刑，并处罚金。

💡 **知识点讲解**

私分国有资产罪是指国家机关、国有公司、企业、事业单位、人民团体，违反国家规定，以单位名义将国有资产集体私分给个人，数额较大的行为。这里的"国有资产"指归国家所有或全民所有的资产。私分国有资产罪成罪的原理在于：国有单位将其占有的归国家（大集体）所有的资产，私分给本单位个人（小集体），从而侵犯国有资产所有权。

> 私分国有资产罪：国有单位，以单位名义，将国有资产集体私分给个人
>
> 私分国有资产罪与集体贪污的区分：单位行为 VS 个人行为。（1）私分人员的多少；（2）单位集体研究与否；（3）单位内部员工知情与否

1.主体：国有单位。 本罪是纯正单位犯罪，主体为国家机关、国有公司、企业、事业单位、人民团体（国有单位）。

既然本罪是单位犯罪，就要求符合单位犯罪的一般要求，亦即以单位名义，为单位（单位或单位大部分员工）利益，经单位集体研究决定。如有一项不符合，例如，没有分配给单位大

部分员工而只是分配给少部分员工，没有经单位集体研究决定而是个人私自决定，都应认定为个人犯罪（贪污罪），而不认为是单位犯罪（私分国有资产罪）。

2. 对象：国有资产。

国有资产即国家所有的财产，即国有单位占有、使用的，依法确认为国家所有的财产。包括流动资产、固定资产、无形资产和对外投资等。

3. 集体私分给个人：未经国家同意而只经单位集体研究决定，将国有资产分配给单位的所有成员或者多数人。

4. 本罪采单罚制。只对直接负责的主管人员和其他直接责任人员追究刑事责任，对单位不判处罚金。

5. 私分国有资产罪与集体贪污的区分（单位行为 VS 个人行为）

（1）私分人员的多少。将国有资产分配给单位的所有成员或者多数人的，构成私分国有资产罪；分配给少数人甚至仅在领导班子成员内部私分的，构成贪污罪。

（2）单位集体研究与否。单位集体研究分配给多数人的，构成私分国有资产罪；个人决定私分给少数人的，构成贪污罪。

（3）单位内部员工知情与否。单位内部员工知情，在单位内部公开分配，分配给多数人的，构成私分国有资产罪；单位内部员工不知情，秘密分配，分配给少数人的，构成贪污罪。

🗒 经典考题

【案情】徐某系某市国有黄河商贸公司的经理，顾某系该公司的副经理。2005年，黄河商贸公司进行产权制度改革，将国有公司改制为管理层控股的股份有限公司。其中，徐某、顾某及其他15名干部职工分别占40％、30％、30％股份。在改制过程中，国有资产管理部门委托某资产评估所对黄河商贸公司的资产进行评估，资产评估所指派周某具体参与评估。在评估时，徐某与顾某明知在公司的应付款账户中有100万元系上一年度为少交利润而虚设的，经徐某与顾某以及公司其他领导班子成员商量，决定予以隐瞒，转入改制后的公司，按照股份分配给个人。当周某发现了该100万元应付款的问题时，公司领导班子决定以辛苦费的名义，从公司的其他公款中取出1万元送给周某。周某收下该款后，出具了隐瞒该100万元虚假的应付款的评估报告。随后，国有资产管理部门经研究批准了公司的改制方案。在尚未办理产权过户手续时，徐某等人因被举报而案发。（2008-4-2）

【问题】徐某与顾某构成贪污罪还是私分国有资产罪？为什么？

解析：本题的原型为《刑事审判参考》2004年总第39集"杨代芳贪污、受贿案私分国有资产与共同贪污的区分"，解题的关键是看行为人的行为是个人行为还是单位行为。私分国有资产罪是纯正的单位犯罪，而贪污罪是纯正的自然人犯罪。故而，如是单位行为，则构成私分国有资产罪；如是个人行为，则构成贪污罪（集体贪污）。《最高人民法院关于审理单位犯罪案件具体应用法律有关问题的解释》第3条也规定，盗用单位名义实施犯罪，违法所得由实施犯罪的个人私分的，依照自然人犯罪的规定定罪处罚。本案中徐某等人私分国有财产归单位中在改制后持股的个人，而不是全体单位成员，并且按照股份分配，主要归管理层的几个人，因此属于盗用单位名义进行的为个人谋利益的犯罪，属于个人行为，系集体贪污，即贪污罪共同犯罪。私分国有资产罪要求单位集体研究决定，将国有资产分配给单位的所有成员或者多数人。将国有资产私自分给单位少数成员的，应认定为共同贪污。

★ 第九章　渎职罪

本罪概说中需要掌握的知识点主要有：（1）本章罪名的法条竞合关系及处理方法。（2）受贿后又实施渎职犯罪的罪数认定。（3）国家机关工作人员与对象犯罪人构成共同犯罪及罪数认定。

💡 知识点讲解

渎职罪，是指国家机关工作人员在职务活动中滥用职权、玩忽职守，使国家与人民利益遭受重大损失，损害职务行为公正性的犯罪。

★ 1. 本章罪名的法条竞合关系及处理方法。

在法条竞合方面，第 397 条规定的滥用职权罪、玩忽职守罪为一般法，本章其他罪名均为该两罪的特别法。

（1）滥用职权罪、玩忽职守罪为一般法，其他罪名是特别法。

滥用职权罪、玩忽职守罪两罪的区别在于：滥用职权罪是故意犯罪，玩忽职守罪是过失犯罪。从而，本章罪名也分为故意犯、过失犯。其中：①故意犯中，滥用职权罪的一般法条，徇私枉法罪，私放在押人员罪，帮助犯罪分子逃避处罚罪，执行判决、裁定滥用职权罪，徇私舞弊减刑、假释、暂予监外执行罪，故意泄露国家秘密罪，徇私舞弊不征、少征税款罪，放纵走私罪，不解救被拐卖、绑架妇女、儿童罪等是滥用职权罪的特别法条。②过失犯中，玩忽职守罪是一般法条，失职致使在押人员脱逃罪，执行判决、裁定失职罪，过失泄露国家秘密罪，国家机关工作人员签订、履行合同失职被骗罪等是玩忽职守罪的特别法条。食品监管渎职罪既可以由故意构成，也可以由过失构成，可谓是确定罪名时的疏忽造成的。

一般法条	滥用职权罪（故意犯）	玩忽职守罪（过失犯）	国家机关工作人员
特别法条	徇私枉法罪		司法工作人员（刑诉职责）
	私放在押人员罪	失职致使在押人员脱逃罪	司法工作人员（看管职责）
	帮助犯罪分子逃避处罚罪		有查禁犯罪活动职责的国家机关工作人员
	执行判决、裁定滥用职权罪	执行判决、裁定失职罪	司法工作人员（执行职责）
	徇私舞弊减刑、假释、暂予监外执行罪		司法工作人员（减刑、假释、暂予监外执行职责）
	故意泄露国家秘密罪	过失泄露国家秘密罪	一般主体（保密义务）
	徇私舞弊不征、少征税款罪		税务机关工作人员
	放纵走私罪		海关工作人员
	不解救被拐卖、绑架妇女、儿童罪		负有解救职责的国家机关工作人员
		国家机关工作人员签订、履行合同失职被骗罪	国家机关工作人员

（2）法条竞合的处理规则：特别法优于一般法

①国家机关工作人员实施滥用职权或者玩忽职守犯罪行为，触犯刑法分则第九章第398条至第419条规定（特别法）的，依照该规定（特别法）定罪处罚。

②国家机关工作人员滥用职权或者玩忽职守，因不具备徇私舞弊等情形，不符合刑法分则第九章第398条至第419条的规定（特别法），但依法构成第397条规定（一般法）的犯罪的，以滥用职权罪或者玩忽职守罪定罪处罚。

📖 **经典考题**

下列哪一行为应以玩忽职守罪论处？（　　）①（2012-2-21）

A. 法官执行判决时严重不负责任，因未履行法定执行职责，致当事人利益遭受重大损失

B. 检察官讯问犯罪嫌疑人甲，甲要求上厕所，因检察官违规打开械具后未跟随，致甲在厕所翻窗逃跑

C. 值班警察与女友电话聊天时接到杀人报警，又闲聊10分钟后才赶往现场，因延迟出警，致被害人被杀、歹徒逃走

D. 市政府基建负责人因听信朋友介绍，未经审查便与对方签订建楼合同，致被骗300万元

2. 渎职罪的主体身份：国家机关工作人员。

本章罪名，除故意泄露国家秘密罪、过失泄露国家秘密罪的主体系一般主体以外，渎职罪的主体均为国家机关工作人员。

---

① **参考答案：** C

国家机关中从事公务的人员	（1）国家权力机关、行政机关、司法机关、军事机关中从事公务的人员
	（2）参照公务员法管理的党、政、机关人员
	（3）立法解释规定的 3 种人： ①依照法律、法规规定行使职权的组织中从事公务的人员； ②在受国家机关委托代表国家机关行使职权的组织中从事公务的人员； ③虽未列入国家机关人员编制，但在国家机关中行使职权的人员

国家机关工作人员，通常包括三类人员：

（1）在国家权力机关（各级人大及常委会）、行政机关（各级政府及职能部门）、司法机关（各级法院、各级检察院）、军事机关（各级军区）中从事公务的人员。

（2）参照公务员法管理的党、政、机关人员，例如各级党委中的从事公务的人员，也认为是国家机关工作人员。

（3）根据立法解释：①依照法律、法规规定行使职权的组织中从事公务的人员；②在受国家机关委托代表国家机关行使职权的组织中从事公务的人员；③虽未列入国家机关人员编制，但在国家机关中行使职权的人员，也属国家机关工作人员。

相关司法解释也对一些特定情形进行了提示性规定，例如，镇财政所中按国家机关在编干部管理的工作人员，合同制民警在依法执行公务期间，经人事部门任命但为工人编制的乡（镇）工商所所长，企业事业单位的公安机构在机构改革过程中尚未列入公安机关建制的工作人员在行使侦查职责时，海事局及其分支机构工作人员，都属于国家机关工作人员。

3. 渎职罪多个罪名法条中"徇私舞弊"的定位和含义。

本章有多个罪名法条中使用了"徇私舞弊"一词（其中第 399 条徇私枉法罪中使用了"徇私""徇情"）。关于其定位，除第 397 条（滥用职权罪、玩忽职守罪）第 2 款、第 408 条之一（食品监管渎职罪）将"徇私舞弊"规定为情节加重犯的情节以外，其他条文均将"徇私舞弊"（或"徇私""舞弊"；"徇私""徇情"）规定为罪名基本罪状的内容。亦即除第 397 条第 2 款（滥用职权罪、玩忽职守罪）以外，"徇私舞弊"都是犯罪的构成要件要素。

（1）"徇私"系主观的动机要素。

"徇私"一般指徇个人私情、私利，即行为人主观上有为了私情、私利而不秉公执法的动机。例如，《最高人民法院全国法院审理经济犯罪案件工作座谈会纪要》第 6 条第 4 项规定，徇私舞弊型渎职犯罪的"徇私"应理解为徇个人私情、私利。国家机关工作人员为了本单位的利益，实施滥用职权、玩忽职守行为，构成犯罪的，依照《刑法》第 396 条第 1 款（基本犯）的规定定罪处罚。

但是，广义的理解"徇私"，指的是不依照执行职务的标准和程序，合法、公正、有效的执行职务，亦即只要故意不秉公执法，就应认定为具有"徇私"动机，而无论是为了个人私情、私利，还是为了单位私情、私利。

（2）"舞弊"系客观的行为要素。

"舞弊"指行为人在客观上实施了滥用职权的渎职行为。在罪名条文明确规定了具体渎职行为的内容时，"舞弊"一词是对该具体渎职行为的归纳和概括。例如，《刑法》第 401 条（徇私舞弊减刑、假释、暂予监外执行罪）规定："司法工作人员徇私舞弊，对不符合减刑、假释、暂予监外执行条件的罪犯，予以减刑、假释或者暂予监外执行的"，其中的"舞弊"，即是指称之后的具体渎职行为"对不符合减刑、假释、暂予监外执行条件的罪犯，予以减刑、假释或者暂予监外执行的"。在罪名条文没有规定具体的渎职行为时，"舞弊"即是对特定渎职行为指称的省略语。例如，《刑法》第 418 条（招收公务员、学生徇私舞弊罪）规定"国家机关工作人员在招收公务员、学生工作中徇私舞弊"，其中的"舞弊"即是指明知不合格而招收、故意拒绝招收应当招收的合格人员等具体渎职行为。

将"徇私""舞弊"结合起来的"徇私舞弊"一词，实际上是与故意滥用职权的含义差不多的。虽形式上为罪名的构成要件要素，但一般而言并不需要进行特别判断，只要行为人故意实施了具体的滥用职权行为，就可认为是"徇私舞弊"。但第 397 条第 2 款加重情节除外。

4. 国家机关工作人员不亲自实施本章之罪的情况。

（1）指令。国家机关负责人员违法决定，或者指使、授意、强令其他国家机关工作人员违法履行职务或者不履行职务，构成刑法分则第九章规定的渎职犯罪的，应当依法追究刑事责任。

（2）集体研究。以"集体研究"形式实施的渎职犯罪，应当依照刑法分则第九章的规定追究国家机关负有责任的人员的刑事责任。对于具体执行人员，应当在综合认定其行为性质、是否提出反对意见、危害结果大小等情节的基础上决定是否追究刑事责任和应当判处的刑罚。

★ 5. 受贿后又实施渎职犯罪的罪数认定。

国家机关工作人员实施渎职犯罪并收受贿赂，同时构成受贿罪的，除刑法另有规定外（徇私枉法罪，民事、行政枉法裁判罪，执行判决、裁定滥用职权罪），以渎职犯罪和受贿罪数罪并罚。

择一重罪处断	国家机关工作人员收受贿赂，并实施徇私枉法罪，民事、行政枉法裁判罪，执行判决、裁定滥用职权罪三罪之一（记忆方法：联想法院刑庭、民庭、行政庭、执行庭）
数罪并罚（常态）	国家机关工作人员收受贿赂，并实施除上述三罪之外的其他渎职犯罪

（1）择一重罪处断（非常态）：国家机关工作人员收受贿赂，并实施徇私枉法罪、民事、行政枉法裁判罪、执行判决、裁定滥用职权罪三罪之一的，依照处罚较重的规定定罪处罚。

（2）数罪并罚（常态）：国家机关工作人员收受贿赂，并实施除徇私枉法罪，民事、行政枉法裁判罪，执行判决、裁定滥用职权罪三罪之外的其他渎职犯罪，以渎职犯罪和受贿罪数罪并罚。

★ 6. 国家机关工作人员与对象犯罪人构成共同犯罪及罪数认定。

无共谋不构成共犯，构成职务之罪	国家机关工作人员实施渎职行为，放纵他人犯罪或者帮助他人逃避刑事处罚，构成犯罪的，依照渎职罪的规定定罪处罚
有共谋仅利用职务，可构成共犯，同时与职务之罪择一重处	国家机关工作人员与他人共谋，利用其职务行为帮助他人实施其他犯罪行为，同时构成渎职犯罪和共谋实施的其他犯罪共犯的，依照处罚较重的规定定罪处罚
有共谋，既利用职务，又不利用职务，数罪并罚	国家机关工作人员与他人共谋，既利用其职务行为帮助他人实施其他犯罪，又以非职务行为与他人共同实施其他犯罪行为，同时构成渎职犯罪和其他犯罪的共犯的，依照数罪并罚的规定定罪处罚

（1）**无共谋不构成共犯，构成职务之罪。**国家机关工作人员实施渎职行为，放纵他人犯罪或者帮助他人逃避刑事处罚，构成犯罪的，依照渎职罪的规定定罪处罚。

（2）**有共谋仅利用职务，可构成共犯，同时与职务之罪择一重处。**国家机关工作人员与他人共谋，利用其职务行为帮助他人实施其他犯罪行为，同时构成渎职犯罪和共谋实施的其他犯罪共犯的，依照处罚较重的规定定罪处罚。

（3）**有共谋，既利用职务，又不利用职务，数罪并罚。**国家机关工作人员与他人共谋，既利用其职务行为帮助他人实施其他犯罪，又以非职务行为与他人共同实施其他犯罪行为，同时构成渎职犯罪和其他犯罪的共犯的，依照数罪并罚的规定定罪处罚。

拓展习题

关于渎职犯罪的罪数，以下说法正确的有（ ）[①]

A.监狱狱警甲收受服刑犯人乙的贿赂，编造虚假的减刑材料提交给法院，申请为乙减刑。则甲构成徇私舞弊减刑罪、受贿罪，应当数罪并罚

B.海关工作人员甲在查获好友乙走私大宗淫秽物品入境时，顾及朋友情谊，假装没有看见，让乙顺利通关。则甲构成走私淫秽物品罪的共犯

C.税务局工作人员甲与纳税人乙共谋，由乙虚报纳税资料，甲根据虚假纳税资料为乙违法减征税款 100 万元。则甲触犯徇私舞弊少征税款罪、逃税罪的共犯，应当依照处罚较重的规定定罪处罚

D.公安局局长甲事先与拐卖妇女犯罪分子乙事先通谋，对于被乙拐卖的妇女不予以解救；某次甲接到被拐卖妇女亲属的解救要求，但拒不对被乙拐卖的妇女予以解救。此外，甲还曾为乙实施拐卖行为提供过交通工具。则甲触犯不解救被拐卖的妇女罪、拐卖妇女罪的共犯，应当数罪并罚

解析：A 选项，C 选项，D 选项，见上文前述司法解释规定。

B 选项，没有共谋，不构成走私淫秽物品罪的共犯，按司法解释的规定只认定为放纵走私罪。

★一、滥用职权罪（故意）；玩忽职守罪（过失）

考点说明

本罪需要掌握的知识点主要有：（1）两罪的区别在于故意与过失。（2）两罪与本章其他犯罪是一般法与特别法的法条竞合关系。

相关法条

第 397 条【滥用职权罪；玩忽职守罪】**国家机关工作人员**滥用职权或者玩忽职守，致使公共财产、国家和人民利益遭受重大损失的，处三年以下有期徒刑或者拘役；情节特别严重的，处三年以上七年以下有期徒刑。本法另有规定的，依照规定。

国家机关工作人员*徇私舞弊*，犯前款罪的，处五年以下有期徒刑或者拘役；情节特别严重的，处五年以上十年以下有期徒刑。本法另有规定的，依照规定。

[①] **参考答案：** ACD

💡 知识点讲解

　　滥用职权罪，是指国家机关工作人员滥用职权，致使公共财产、国家和人民利益遭受重大损失的行为。玩忽职守罪，是指国家机关工作人员玩忽职守，致使公共财产、国家和人民利益遭受重大损失的行为。滥用职权罪、玩忽职守罪两罪的区别在于：滥用职权罪是故意犯，玩忽职守罪是过失犯。

罪名	滥用职权罪（故意犯）	玩忽职守罪（过失犯）
主体身份	国家机关工作人员	
行为	既可以是作为，也可以是不作为；不能以此来区分二者	
结果	重大损失	
责任形式	（对行为）故意	（对结果）过失
加重犯	徇私舞弊的	
追诉时效	以结果发生时（犯罪成立时）起算	

　　1. 两罪的主体身份（身份犯）：国家机关工作人员。

　　2. 两罪的行为：滥用职权行为、玩忽职守行为。

　　（1）滥用职权行为，指故意违法行使职务的行为。包括：①超越职权，擅自决定或处理没有具体决定、处理权限的事项；②玩弄职权，随心所欲地对事项作出决定或者处理；③故意不履行应当履行的职责，任意放弃职责；④以权谋私、假公济私，不正确地履行职责。

　　（2）玩忽职守行为，指过失的不履行或者不认真履行职责的行为。包括：①疏忽不履行，即行为人应当履行且有条件、有能力履行职责，但因疏忽等原因违背职责没有履行，如擅离职守等；②不正确履行，即在履行职责的过程中，马虎草率、粗心大意，违反职责规定。

　　滥用职权行为、玩忽职守行为既可以是作为，也可以是不作为，不能以作为与不作为来区分二者，二者的关键区分在于故意和过失。滥用职权行为也可以是不作为，例如，故意不履行职责的行为是不作为，系滥用职权行为；而玩忽职守行为也可以是作为，例如，马虎草率不正确履行职责的行为是作为，系玩忽职守行为。

　　3. 两罪均以实害结果为必要构成要素：致使公共财产、国家和人民利益遭受重大损失。

　　（1）滥用职权罪的结果要求低一些。一般要求造成死亡1人以上，或者重伤2人以上，或者重伤1人、轻伤3人以上，或者轻伤5人以上；或者造成个人财产直接经济损失10万元以上等。

　　（2）玩忽职守罪的结果要求高一些。一般要求造成死亡1人以上，或者重伤3人以上，或者重伤2人、轻伤4人以上，或者重伤1人、轻伤7人以上，或者轻伤10人以上；或者造成个人财产直接经济损失15万元以上。

　　4. 两罪的责任形式：故意（滥用职权罪）VS 过失（玩忽职守罪）。

　　（1）滥用职权罪的责任形式是故意。这里的故意，指对滥用职权行为的故意，亦即明知行为违背职责仍故意实施，即有滥用职权罪的故意。注意：滥用职权罪的故意不是对损害结果的故意。滥用职权罪中的损害结果，是"客观的超过要素"（罪量要素），无须行为人对此结果明知、希望与放任，只需有认识可能性，即能成立本罪的故意。

　　（2）玩忽职守罪的责任形式是过失。即出于疏忽、马虎草率、粗心大意，应当履行或正确履行职责而未履行，从而导致结果。有时也表现为监督过失，即行为人应当监督直接责任者却没有实施监督行为，导致了结果发生。

滥用职权罪与玩忽职守罪两罪之间的重要区别即在于责任形式，滥用职权罪是故意犯罪，玩忽职守罪是过失犯罪。由此，当国家机关工作人员在因不当履行职责而造成重大损害时，先看其是否故意实施违背职责的行为，如果故意违背职责，则构成滥用职权罪；如非故意违背职责，则看其是否存在过失，如系过失实施违背职责的行为，则构成玩忽职守罪。

5. 徇私舞弊的，系前两罪的加重犯。

6. 追诉时效起算点：结果发生时。

滥用职权、玩忽职守行为造成的重大损失当时没有发生，而是滥用职权、玩忽职守行为之后一定时间发生的，应从危害结果发生之日起计算滥用职权罪、玩忽职守罪的追诉期限。

 经典考题

【1】丙实施抢劫犯罪后，分管公安工作的副县长甲滥用职权，让侦办此案的警察乙想办法使丙无罪。乙明知丙有罪，但为徇私情，采取毁灭证据的手段使丙未受追诉。关于本案的分析，下列哪些选项是正确的？（　　）[①]（2014-2-63）

A. 因甲是国家机关工作人员，故甲是滥用职权罪的实行犯

B. 因甲居于领导地位，故甲是徇私枉法罪的间接正犯

C. 因甲实施了两个实行行为，故应实行数罪并罚

D. 乙的行为同时触犯徇私枉法罪与帮助毁灭证据罪、滥用职权罪，但因只有一个行为，应以徇私枉法罪论处

【2】关于渎职犯罪，下列哪些选项是正确的？（　　）[②]（2016-2-63）

A. 县财政局副局长秦某工作时擅离办公室，其他办公室人员操作电炉不当，触电身亡并引发大火将办公楼烧毁。秦某触犯玩忽职守罪

B. 县卫计局执法监督大队队长武某，未能发现何某在足疗店内非法开诊所行医，该诊所开张三天即造成一患者死亡。武某触犯玩忽职守罪

C. 负责建房审批工作的干部柳某，徇情为拆迁范围内违规修建的房屋补办了建设许可证，房主凭此获得补偿款90万元。柳某触犯滥用职权罪

D. 县长郑某擅自允许未经环境评估的水电工程开工，导致该县水域内濒危野生鱼类全部灭绝。郑某触犯滥用职权罪

★二、徇私枉法罪

考点说明

本罪需要掌握的知识点主要有：（1）本罪的犯罪构成要件：刑事诉讼中、司法工作人员、枉法行为。（2）受贿后徇私枉法，择一重罪处断。

---

① **参考答案：AD**

② **参考答案：CD**

📖 **相关法条**

第 399 条第 1 款【徇私枉法罪】司法工作人员徇私枉法、徇情枉法，对明知是无罪的人而使他受追诉、对明知是有罪的人而故意包庇不使他受追诉，或者在刑事审判活动中故意违背事实和法律作枉法裁判的，处五年以下有期徒刑或者拘役；情节严重的，处五年以上十年以下有期徒刑；情节特别严重的，处十年以上有期徒刑。

💡 **知识点讲解**

徇私枉法罪，是指司法工作人员在刑事诉讼中徇私枉法、徇情枉法，对明知是无罪的人而使他受追诉，对明知是有罪的人而故意包庇不使他受追诉，或者在刑事审判活动中故意违背事实和法律作枉法裁判的行为。即刑事诉讼中的侦、检、审人员故意乱判案。本罪的法益为刑事追诉活动的正当性以及公民的自由与权利。

（一）构成特征

主体身份（身份犯）：刑事司法工作人员	刑事诉讼中负有侦查、检察、审判、监管职责的司法工作人员。如刑警、检察官、法院刑庭审判人员、监狱侦查人员
时空环境：在刑事诉讼活动中，包括刑事附带民事诉讼之中	民事诉讼、行政诉讼中的司法工作人员故意乱判案，构成民事、行政枉法裁判罪
徇私枉法行为：违背事实和法律对刑事案件作枉法裁判	故意地有罪判无、无罪判有；重罪轻判、轻罪重判；其他乱判
责任形式：故意，出于徇私、徇情动机	因法律水平不高、事实掌握不全过失造成错判，不构成本罪；确有重大过失造成重大损失结果的，可触犯玩忽职守罪

1. **主体身份（身份犯）：刑事司法工作人员。** 指在刑事诉讼中负有侦查、检察、审判、监管职责的司法工作人员。常见的情形如刑警、检察官、法院刑庭审判人员、监狱侦查人员。

2. **时空环境：在刑事诉讼活动中，包括刑事附带民事诉讼之中。** 民事诉讼、行政诉讼中的司法工作人员故意乱判案，构成民事、行政枉法裁判罪。

3. **徇私枉法行为：违背事实和法律对刑事案件作枉法裁判。**

（1）对明知是无罪的人而使他受追诉。即对明知是无罪的人，采取伪造、隐匿、毁灭证据或者其他隐瞒事实、违反法律的手段，实行立案、侦查、起诉、审判、作为"逃犯"在网上通缉等。

（2）明知是有罪的人而故意包庇不使他受追诉。即对明知是有犯罪事实需要进行追诉的人：①采取伪造、隐匿、毁灭证据、故意不收集有罪证据，或者其他隐瞒事实、违反法律的手段，故意包庇使其不受立案、侦查、起诉、审判。②在立案后，采取伪造、隐匿、毁灭证据或者其他隐瞒事实、违反法律的手段，应当采取强制措施而不采取强制措施。③虽然采取强制措施，但中断侦查或者超过法定期限不采取任何措施，实际放任不管，以及违法撤销、变更强制措施，致使犯罪嫌疑人、被告人实际脱离司法机关侦控。

（3）在刑事审判活动中故意违背事实和法律，作出枉法判决、裁定。包括无罪判有罪、有罪判无罪，重罪轻判、轻罪重判；以及科刑时明显加重、减轻处罚；或者改变判决、裁定、决定理由，使法律后果实质上有重大不同。

4.责任形式: 故意, 出于徇私、徇情动机。 因法律水平不高、事实掌握不全而过失造成错判, 不构成本罪; 确有重大过失造成重大损失结果的, 可触犯玩忽职守罪。

(二)此罪与彼罪: 徇私枉法罪与包庇罪, 帮助毁灭、伪造证据罪, 妨害作证罪, 伪证罪的关系和区分

1. 司法工作人员利用本人具体承办该案件的职务便利包庇犯罪人, 帮助毁灭、伪造证据, 妨害证人作证, 作伪证的, 构成徇私枉法罪(理论上可认为是妨害司法类犯罪与徇私枉法罪的想象竞合犯)。

2. 一般公民或者没有具体承办该案件的司法工作人员, 包庇犯罪人, 帮助毁灭、伪造证据, 妨害证人作证, 作伪证的, 构成包庇罪, 帮助毁灭、伪造证据罪, 妨害作证罪, 伪证罪。

(三)罪数: 受贿后徇私枉法, 择一重罪处断

司法工作人员贪赃枉法, 有徇私枉法行为而又有受贿行为的, 依然处罚较重的规定定罪处罚。

📋 经典考题

【1】关于徇私枉法罪, 下列哪些选项是正确的? ( )① (2009-2-65)

A.甲(警察)与犯罪嫌疑人陈某曾是好友, 在对陈某采取监视居住期间, 故意对其放任不管, 导致陈某逃匿, 司法机关无法对其追诉。甲成立徇私枉法罪

B.乙(法官)为报复被告人赵某对自己的出言不逊, 故意在刑事附带民事判决中加大赵某对被害人的赔偿数额, 致使赵某多付 10 万元。乙不成立徇私枉法罪

C.丙(鉴定人)在收取犯罪嫌疑人盛某的钱财后, 将被害人的伤情由重伤改为轻伤, 导致盛某轻判。丙不成立徇私枉法罪

D.丁(检察官)为打击被告人程某, 将对程某不起诉的理由从"证据不足, 指控犯罪不能成立"擅自改为"可以免除刑罚"。丁成立徇私枉法罪

【2】丙实施抢劫犯罪后, 分管公安工作的副县长甲滥用职权, 让侦办此案的警察乙想办法使丙无罪。乙明知丙有罪, 但为徇私情, 采取毁灭证据的手段使丙未受追诉。关于本案的分析, 下列哪些选项是正确的? ( )② (2014-2-63)

A.因甲是国家机关工作人员, 故甲是滥用职权罪的实行犯

B.因甲居于领导地位, 故甲是徇私枉法罪的间接正犯

C.因丙实施了两个实行行为, 故应实行数罪并罚

D.乙的行为同时触犯徇私枉法罪与帮助毁灭证据罪、滥用职权罪, 但因只有一个行为, 应以徇私枉法罪论处

📋 拓展习题

关于渎职犯罪, 以下说法正确的有( )③

---

① **参考答案: ACD**

② **参考答案: AD**

③ **参考答案: C**

A.刑警甲为了报复A某，利用侦办某起杀人案件的便利，将A某的衣物、鞋置于犯罪现场，并以此为由将A某列为犯罪嫌疑人予以侦查拘留，甲构成滥用职权罪

B.某派出所民警乙负责对取保候审的B某进行监管，但乙故意对其放任不管，导致B某逃走，乙构成私放在押人员脱逃罪

C.税务机关工作人员丙收取C的钱财2万元后，违法为不符合免税条件的C办理免税手续，丙构成徇私舞弊不征、少征税款罪与受贿罪，应数罪并罚

D.某县公安局局长丁，在获知上级公安部门下达抓捕D的命令后，鉴于D是其好友，打电话通知D逃走，丁构成窝藏、包庇罪

解析：

A选项，构成徇私枉法罪。

B选项，取保候审的人不属"在押"人员，本案构成徇私枉法罪。

C选项，应当数罪并罚，正确。

D选项，构成帮助犯罪分子逃避处罚罪。

三、私放在押人员罪（故意）；失职致使在押人员脱逃罪（过失）

考点说明

本罪需要掌握的知识点主要有：（1）主体身份为负有监管职责的司法工作人员。（2）对象为在押的犯罪嫌疑人、被告人或罪犯。（3）私放在押人员罪与脱逃罪的共犯。

相关法条

第400条【私放在押人员罪】司法工作人员私放在押的犯罪嫌疑人、被告人或者罪犯的，处五年以下有期徒刑或者拘役；情节严重的，处五年以上十年以下有期徒刑；情节特别严重的，处十年以上有期徒刑。

【失职致使在押人员脱逃罪】司法工作人员由于严重不负责任，致使在押的犯罪嫌疑人、被告人或者罪犯脱逃，造成严重后果的，处三年以下有期徒刑或者拘役；造成特别严重后果的，处三年以上十年以下有期徒刑。

知识点讲解

私放在押人员罪，是指司法工作人员私放在押的犯罪嫌疑人、被告人或者罪犯的行为。失职致使在押人员脱逃罪，是指司法工作人员由于严重不负责任，致使在押的犯罪嫌疑人、被告人或者罪犯脱逃，造成严重后果的行为。

1.两罪的主体身份（身份犯）：司法工作人员，指对犯罪嫌疑人、被告人或罪犯负有监管职责的司法工作人员。

主要是监狱警察、看守所公安人员等监管机关的监管人；还包括被监管机关聘用、委托、委派承担监管职责的人员。例如被监管机关聘用受委托履行监管职责的工人等非监管机关在编监管人员；未被公安机关正式录用，但受委托履行监管职责的人员；以及受委派承担监管职责的狱医等人员。

2. 两罪的对象：在押（包括在羁押场所和押解途中）的犯罪嫌疑人、被告人或罪犯。

（1）犯罪嫌疑人、被告人或罪犯。私放被行政拘留、司法拘留以及劳动教养人员的，不成立本罪，可涉嫌滥用职权罪等。

（2）在押人员。对未被关押的犯罪嫌疑人、被告人或罪犯放任不管，令其脱离控制，不成立本罪，可涉嫌徇私枉法罪、滥用职权罪等。

3. 两罪的行为：私放行为，使其脱逃。

私放行为，即非法释放在押人员。包括作为、不作为。例如，伪造有关法律文书释放在押人员；明知罪犯脱逃而故意不阻拦、不追捕，等等。

4. 责任形式：（1）私放在押人员罪，故意；（2）失职致使在押人员脱逃罪，过失。

5. 私放在押人员罪与徇私枉法罪的关系：私放在押人员罪是负有监管职责的司法工作人员利用监管职责犯罪；徇私枉法罪是负有侦、检、审职责的司法工作人员利用侦检审职责犯罪。由此，如行为人使罪犯释放，要看其具体利用何种职责。

（1）侦查、起诉、审判人员利用职务上的便利，徇私枉法，对明知是有罪的人而故意包庇不使他受追诉或者故意宣告无罪，致使罪犯被释放的；或者明知是正在且应继续羁押的犯罪嫌疑人、被告人，枉法采取取保候审措施，致使罪犯被释放的。利用的是侦检审职责，故构成徇私枉法罪。

（2）监管人员通过伪造释放证、无罪判决书等释放在押人员的；或者监管人员擅自对在押人员实行取保候审的。利用的是监管职责，构成私放在押人员罪。

6. 私放在押人员罪与脱逃罪的共犯。

（1）非司法工作人员帮助在押人员脱逃的，构成脱逃罪的共犯。

（2）司法工作人员没有利用职务上的便利，而帮助在押人员脱逃，构成脱逃罪的共犯。

（3）司法工作人员主动私放在押人员时，司法工作人员构成私放在押人员罪，被释放的在押人员不成立脱逃罪，也不成立私放在押人员罪的共犯。

（4）在押人员脱逃时，司法工作人员故意不制止、不追捕；或者在押人员与司法工作人员相勾结，使在押人员脱逃。在押人员成立脱逃罪，司法工作人员同时触犯私放在押人员罪与脱逃罪的共犯，系想象竞合，应当择一重罪处断。

经典考题

深夜，警察丙上厕所，让门卫丁（临时工）帮忙看管犯罪嫌疑人乙。乙发现丁是老乡，请求丁放人。丁说："行，但你以后如被抓住，一定要说是自己逃走的。"乙答应后逃走，丁未阻拦。关于此事实，下列选项错误的是（　　）[1]（2011-2-91）

A. 乙构成脱逃罪，丁不构成犯罪

B. 乙构成脱逃罪，丁构成私放在押人员罪

C. 乙离开讯问室征得了丁的同意，不构成脱逃罪，丁构成私放在押人员罪

D. 乙与丁均不构成犯罪

---

[1] **参考答案：ABCD**

四、徇私舞弊减刑、假释、暂予监外执行罪

📖 **相关法条**

第 401 条【徇私舞弊减刑、假释、暂予监外执行罪】司法工作人员徇私舞弊，对不符合减刑、假释、暂予监外执行条件的罪犯，予以减刑、假释或者暂予监外执行的，处三年以下有期徒刑或者拘役；情节严重的，处三年以上七年以下有期徒刑。

💡 **知识点讲解**

徇私舞弊减刑、假释、暂予监外执行罪，指司法工作人员徇私舞弊，对不符合减刑、假释、暂予监外执行条件的罪犯予以减刑、假释、暂予监外执行的行为。大体上包括以下情形：

（1）刑罚执行机关的工作人员（如狱警、监管人员）对不符合减刑、假释、暂予监外执行条件的罪犯，捏造事实，伪造材料，违法报请减刑、假释、暂予监外执行的。

（2）审判人员对不符合减刑、假释、暂予监外执行条件的罪犯，徇私舞弊，违法裁定减刑、假释或者违法决定暂予监外执行的。

（3）监狱管理机关、公安机关的工作人员对不符合暂予监外执行条件的罪犯，徇私舞弊，违法批准暂予监外执行的。

（4）不具有报请、裁定、决定或者批准减刑、假释、暂予监外执行权的司法工作人员利用职务上的便利，伪造有关材料，导致不符合减刑、假释、暂予监外执行条件的罪犯被减刑、假释、暂予监外执行的。

（5）其他徇私舞弊减刑、假释、暂予监外执行应予追诉的情形。

五、帮助犯罪分子逃避处罚罪

📖 **相关法条**

第 417 条【帮助犯罪分子逃避处罚罪】有查禁犯罪活动职责的国家机关工作人员，向犯罪分子通风报信、提供便利，帮助犯罪分子逃避处罚的，处三年以下有期徒刑或者拘役；情节严重的，处三年以上十年以下有期徒刑。

💡 **知识点讲解**

帮助犯罪分子逃避处罚罪，是指有查禁犯罪活动职责的国家机关工作人员，向犯罪分子通风报信、提供便利，帮助犯罪分子逃避处罚的行为。

1. 主体身份（身份犯）：负有查禁犯罪活动职责的国家机关工作人员，但并不要求对该犯罪具有刑事追诉权限。包括司法工作人员，也包括其他国家机关工作人员。本罪是职务犯罪，必须利用查禁犯罪活动职责实施犯罪。

2. 帮助犯罪分子逃避处罚的行为（最典型的情况是向犯罪分子通风报信、提供便利），包括：

（1）向犯罪分子泄漏有关部门查禁犯罪活动的部署、人员、措施、时间、地点等情况的。

（2）向犯罪分子提供钱物、交通工具、通信设备、隐藏处所等便利条件的。

（3）向犯罪分子泄漏案情的。

（4）帮助、示意犯罪分子隐匿、毁灭、伪造证据，或者串供、翻供的。

（5）其他帮助犯罪分子逃避处罚应予追诉的情形。例如，公安人员对盗窃、**抢劫**的机动车辆，非法提供机动车牌证或者为其取得机动车牌证提供便利，帮助犯罪分子逃避处罚的。

3. 帮助犯罪分子逃避处罚罪与徇私枉法罪的关系：一定程度上，前者是后者的补充条款。

帮助犯罪分子逃避处罚罪的主体是负有查禁犯罪活动职责的国家机关工作人员，而负有查禁犯罪活动职责的国家机关工作人员，最典型的是负有侦、检、审职责的司法工作人员，刑法又对此类人员专门规定了徇私枉法罪。由此可以认为，帮助犯罪分子逃避处罚罪在一定程度上是徇私枉法罪的补充条款。对于负有查禁犯罪活动职责的国家机关工作人员，如系司法工作人员，如其利用职权包庇、帮助犯罪分子的情形，符合徇私枉法罪构成要件的，优先适用该罪名；如不符合徇私枉法罪构成要件的，才考虑帮助犯罪分子逃避处罚罪。

（1）负有侦、检、审职责的司法工作人员，利用查禁某一具体刑事案件的职责，在刑事追诉过程中，对明知是有罪的人而故意使其不受追诉的，构成徇私枉法罪。

（2）虽负责查禁某一具体刑事案件，但对于该案件没有刑事追诉职权的司法工作人员；或者负有侦、检、审职责的司法工作人员，在刑事追诉过程之外使有罪的人不受追诉，帮助犯罪分子逃避处罚的，成立帮助犯罪分子逃避处罚罪。例如，某省公安厅厅长甲在工作中知悉海关部门正在侦查乙的走私犯罪行为，并在知情下级县公安局正准备缉捕乙的情况下，打电话给乙通知乙出逃，甲构成帮助犯罪分子逃避处罚罪。

（3）虽属负有查禁犯罪活动职责的国家机关工作人员，但不属司法工作人员，帮助犯罪分子逃避处罚的，成立帮助犯罪分子逃避处罚罪。

4. 帮助犯罪分子逃避处罚罪与窝藏罪、包庇罪的区别：是否利用具体查禁该案的职责。

国家机关工作人员利用职务向犯罪分子通风报信、提供便利，帮助犯罪分子逃避处罚的，构成帮助犯罪分子逃避处罚罪；如未利用职务、与其职责无关联，则构成窝藏罪、包庇罪。例如，甲在A地杀人未被侦破时，逃到B地的朋友乙家（乙系当地民警），乙出门打听消息、提供钱财，帮甲逃走。乙并未利用查禁犯罪的职责，故构成窝藏罪。

六、执行判决、裁定滥用职权罪（故意）；执行判决、裁定失职罪（过失）

📖 **相关法条**

第399条第3款【执行判决、裁定失职罪；执行判决、裁定滥用职权罪】在执行判决、裁定活动中，严重不负责任或者滥用职权，不依法采取诉讼保全措施、不履行法定执行职责，或者违法采取诉讼保全措施、强制执行措施，致使当事人或者其他人的利益遭受重大损失的，处五年以下有期徒刑或者拘役；致使当事人或者其他人的利益遭受特别重大损失的，处五年以上十年以下有期徒刑。

💡 **知识点讲解**

执行判决、裁定滥用职权罪，是指司法工作人员在执行判决、裁定活动中，滥用职权，不依法采取诉讼保全措施、不履行法定执行职责，或者违法采取诉讼保全措施、强制执行措施，致使当事人或者其他人的利益遭受重大损失的行为。本罪为故意犯罪。执行判决、裁定失职罪，是指司法工作人员在执行判决、裁定活动中，严重不负责任，不依法采取诉讼保全措施、不履行法定执行职责，或者违法采取诉讼保全措施、强制执行措施，致使当事人或者其他人的利益遭受重大损失的行为。本罪为过失犯罪。

1. 主体身份（身份犯）：司法工作人员，指负有执行判决、裁定职责的司法工作人员。常见的如法院执行庭的法官等。

2. "判决、裁定"：指法院作出的生效判决、裁定。包括民事、行政方面的判决、裁定，诉讼保全措施；也包括部分刑事判决与裁定，如没收财产或罚金判决。但不能包括民事调解、仲裁文书等非审判行为的结论；当然，如果法院就民事调解、仲裁文书作出裁定，则也应认定为裁定。

3. 结果：本两罪需遭受重大损失的实害结果，才能成立犯罪。

4. 责任形式：（1）执行判决、裁定滥用职权罪，系故意。这里的故意，同样指对滥用执行判决、裁定职权行为具有故意，即明知行为违法仍然实施，而不是对损害结果的故意。（2）执行判决、裁定失职罪，系过失。

5. 罪数：受贿后又实施执行判决、裁定滥用职权罪的，择一重罪处断。

拓展习题

关于司法人员相关犯罪，以下说法不正确的有（　　　）①

A.乙因合同诈骗罪被判处有期徒刑，在监狱服刑期间因患病而被送入监狱医院住院治疗，监狱委托狱医甲负责对其进行监管。期间，乙提出回家的请求，甲出于对乙的同情，未经监狱机关批准私下准许乙回家三天，三天后乙如期回到监狱医院。因"脱逃"要求永久脱离监管，则甲不能构成私放在押人员罪，乙也不能构成脱逃罪

B.刑警甲为侦破丙涉嫌强奸一案，而对被害人乙实施殴打，逼取被害人乙的陈述，导致乙自杀身亡。因被害人不是证人，故甲不能构成暴力取证罪

C.法院执行庭的法官甲，在乙提交法院生效判决向其申请强制执行时，因其与乙有矛盾，明知其符合申请强制执行条件，而故意不予以受理，导致乙导致遭受重大损失，则甲构成拒不执行判决、裁定罪

D.被告人乙（19周岁）与他人一起对被害人实施轮奸后，被公安机关拘留，为使乙得到轻判，乙的母亲丙请户籍警甲将乙的年龄改为17周岁，则甲构成徇私枉法罪

解析：

A选项，受委派承担监管职责的狱医属于私放在押人员罪的主体，"脱逃"并不要求永久脱离监管，只要求违法脱离监管。

B选项，刑法中的"证人"包括被害人，本案可构成暴力取证罪。

C选项，法官甲利用执行职权故意不执行生效判决，构成执行判决、裁定滥用职权罪。拒不执行判决、裁定罪是被执行人、协助人、担保人等。

D选项，户籍警甲利用的行政职权，而不是利用刑事诉讼中的司法职权，故不构成徇私枉法罪，而构成滥用职权罪。

---

① 参考答案：ABCD

七、故意泄露国家秘密罪（故意）；过失泄露国家秘密罪（过失）

📖 相关法条

第398条【故意泄露国家秘密罪；过失泄露国家秘密罪】国家机关工作人员违反保守国家秘密法的规定，故意或者过失泄露国家秘密，情节严重的，处三年以下有期徒刑或者拘役；情节特别严重的，处三年以上七年以下有期徒刑。

非国家机关工作人员犯前款罪的，依照前款的规定酌情处罚。

💡 知识点讲解

故意泄露国家秘密罪，是指国家机关工作人员或其他有关人员，违反保守国家秘密法的规定，故意泄露国家秘密，情节严重的行为。过失泄露国家秘密罪，是指国家机关工作人员或其他有关人员，违反保守国家秘密法的规定，过失泄露国家秘密，情节严重的行为。

1. 本罪主体为一般主体。包括合法掌握国家秘密的人（如国家秘密的合法知悉者），以及偶然掌握国家秘密的人（例如偶然听得），或者非法掌握国家秘密但负有保密义务的人（如窃取到含有国家秘密的财物的人），包括国家机关工作人员或其他有关人员。

2. "泄露"：指违反保守国家秘密法的规定，使国家秘密被不应当知悉者知悉，或使国家秘密超出了限定的接触范围。泄露的方法包括提供阅读、准许复制、交谈、通信，在公共场所谈论国家秘密，提供属于国家秘密的设备或产品，在报刊上、网络上披露、张贴等。

3. 责任形式：对泄露国家秘密是故意的，构成故意泄露国家秘密罪；是过失的，构成过失泄露国家秘密罪。

4. 与其他涉密犯罪的关系。

（1）合法掌握国家秘密的人，明知对方为境外机构、组织、人员，而向其泄露国家秘密的，构成为境外机构、组织、人员非法提供国家秘密罪；明知对方是间谍人员而为其提供国家秘密，使其泄露的，构成间谍罪。

（2）对于国家秘密没有合法掌握权的人，非法获取国家秘密之后，又故意泄露该国家秘密的，因涉及同一对象、同一法益，宜从一重罪处断。

八、徇私舞弊不征、少征税款罪

📖 相关法条

第404条【徇私舞弊不征、少征税款罪】税务机关的工作人员徇私舞弊，不征或者少征应征税款，致使国家税收遭受重大损失的，处五年以下有期徒刑或者拘役；造成特别重大损失的，处五年以上有期徒刑。

💡 知识点讲解

徇私舞弊不征、少征税款罪，是指税务机关的工作人员徇私舞弊，不征或者少征应征税款，致使国家税收遭受重大损失的行为。

1. 主体身份（身份犯）：税务机关工作人员。

2.徇私舞弊不征、少征税款的行为：

（1）不征，是指违反税法规定，不向纳税人征收应征税款，即擅自免征。少征，是指违反税法规定，降低税收额或征税率进行征收，即擅自减征。

（2）"国家税收"：应作广义理解，包括国家税收（国税），也包括地方税收（地税）。

3.结果：致使国家税收遭受重大损失（10万元以上）。

4.责任：故意，具有徇私动机。过失不征、少征税款，致使国家利益遭受重大损失的，以玩忽职守罪论处。

5.徇私舞弊不征、少征税款罪与逃税罪的共同犯罪的关系。

（1）税务机关的工作人员，与逃税者无共谋，构成徇私舞弊不征、少征税款罪。

（2）税务机关的工作人员，与逃税者有共谋，相互勾结，不征或者少征应征税款的，触犯徇私舞弊不征、少征税款罪与逃税罪，系想象竞合，应当择一重罪处断。

📋 经典考题

税务稽查员甲发现A公司欠税80万元，便私下与A公司有关人员联系，要求对方汇10万元到自己存折上以了结此事。A公司交10万元汇到甲的存折上以后，甲利用职务上的便利为A公司免交80万元税款办理了手续应如何处理？（　　）① （2000-2-31、2002-2-10）

A.认定为徇私舞弊不征、少征税款罪，从重处罚

B.认定为受贿罪，从重处罚

C.认定为徇私舞弊不征、少征税款罪与受贿罪的竞合，从一重罪处罚

D.认定为徇私舞弊不征、少征税款罪与受贿罪，实行并罚

九、放纵走私罪

📖 相关法条

第411条【放纵走私罪】海关工作人员徇私舞弊，放纵走私，情节严重的，处五年以下有期徒刑或者拘役；情节特别严重的，处五年以上有期徒刑。

💡 知识点讲解

放纵走私罪，是指海关工作人员徇私舞弊，放纵走私，情节严重的行为。

1.主体身份（身份犯）：海关工作人员。

2.放纵走私的行为：放任、纵容走私。包括：

（1）不征关税。故意放纵走私，不缉查走私货物、物品，不依法征收关税。

（2）不处罚走私人。故意放纵走私罪犯或一般走私违法者，不进行处理、抓捕。

放纵走私，指对正在进行的走私行为不制止。如果走私行为已经实施完毕，而对走私犯罪分子予以窝藏、包庇，构成徇私舞弊不移交刑事案件罪，窝藏、包庇罪，或者包庇毒品犯罪分子罪等。例如，第349条第2款明确规定："缉毒人员或者其他国家机关工作人员掩护、包庇走私、贩卖、运输、制造毒品的犯罪分子的，依照包庇毒品犯罪分子罪的规定从重处罚。"

3.这里被放纵的"走私",既包括第三章第二节的走私犯罪（例如走私普通货物、物品罪，走私贵重金属罪，走私武器、弹药罪，走私淫秽物品罪等），也包括第六章第七节第347条的走私毒品罪。海关工作人员放纵走私毒品的，也构成放纵走私罪。

4.放纵走私罪与走私罪共同犯罪的关系。

（1）海关工作人员，与走私者无共谋，放纵走私的，构成放纵走私罪。

（2）海关工作人员，与走私者有共谋，放纵走私的，触犯放纵走私罪和走私犯罪，系想象竞合，应当择一重罪处断。

十、国家机关工作人员签订、履行合同失职被骗罪（过失）

📖 相关法条

第406条【国家机关工作人员签订、履行合同失职被骗罪】国家机关工作人员在签订、履行合同过程中，因严重不负责任被诈骗，致使国家利益遭受重大损失的，处三年以下有期徒刑或者拘役；致使国家利益遭受特别重大损失的，处三年以上七年以下有期徒刑。

💡 知识点讲解

国家机关工作人员签订、履行合同失职被骗罪，是指国家机关工作人员在签订、履行合同过程中，因严重不负责任被诈骗，致使国家利益遭受重大损失的行为。

1.主体身份（身份犯）：国家机关工作人员。

2.责任形式：过失。作为被骗者的国家机关工作人员在履行职责中因不负责任而被骗，虽为被害人，也可以构成犯罪。

3.结果：重大损失。

4.国家机关工作人员签订、履行合同失职被骗罪与签订、履行合同失职被骗罪的区别：主体身份不同。

本罪（国家机关工作人员签订、履行合同失职被骗罪）主体身份是国家机关工作人员。签订、履行合同失职被骗罪的主体身份是国有公司、企业、事业单位的直接负责的主管人员。

十一、不解救被拐卖、绑架妇女、儿童罪

📖 相关法条

第416条第1款【不解救被拐卖、绑架妇女、儿童罪】对被拐卖、绑架的妇女、儿童负有解救职责的国家机关工作人员，接到被拐卖、绑架的妇女、儿童及其家属的解救要求或者接到其他人的举报，而对被拐卖、绑架的妇女、儿童不进行解救，造成严重后果的，处五年以下有期徒刑或者拘役。

💡 知识点讲解

不解救被拐卖、绑架的妇女、儿童罪，是指对被拐卖、绑架的妇女、儿童负有解救职责的国家机关工作人员，接到被拐卖、绑架的妇女、儿童及其亲属的解救要求或者接到其他人的举报，而对被拐卖、绑架的妇女、儿童不进行解救，造成严重后果的行为。

1.主体身份：负有解救职责的国家机关工作人员。

2. 不解救行为：纯正不作为。有解救职责、能够解救而不解救。

3. 对象：被拐卖、绑架的妇女、儿童。

（1）"被拐卖的妇女、儿童"，既包括被拐卖但还没有出卖的妇女、儿童，也包括拐卖过程中以及拐卖后被收买的妇女、儿童。本罪的对象与聚众阻碍解救被收买的妇女、儿童罪（第242条）的对象"被收买的妇女、儿童"（只包括被收买的妇女、儿童，不包括被拐卖但还没有出卖的妇女、儿童）有所不同。

（2）"被绑架的妇女、儿童"，专门指称因拐卖妇女、儿童罪（第240条）而被控制、绑架的妇女、儿童。亦即，是作为拐卖妇女、儿童罪对象的妇女、儿童，而不是指因绑架罪（第239条）而被控制、绑架的妇女、儿童。

亦即负有解救职责的国家机关工作人员，不解救作为拐卖妇女、儿童罪对象的妇女、儿童，构成不解救被拐卖、绑架妇女、儿童罪；不解救作为绑架罪对象的妇女、儿童（以及男子），不构成不解救被拐卖、绑架妇女、儿童罪，而应构成滥用职权罪。

4. 结果：造成严重后果。

5. 本罪与拐卖类犯罪的关系。

（1）与拐卖者无共谋，不解救的，构成本罪。

（2）与拐卖者有共谋，不解救的，触犯不解救被拐卖、绑架妇女、儿童罪，拐卖犯罪的共同犯罪，系想象竞合，应当择一重罪处断。

拓展习题

以下关于滥用职权行为的情形说法正确的有（　　）[1]

A. 国家机关工作人员甲，在收受被执行人贿赂后与之通谋，以权谋私，利用其职权帮助被执行人妨害法院生效判决、裁定的执行，致使判决、裁定无法执行的，触犯受贿罪，滥用职权罪（或执行判决、裁定滥用职权罪），拒不执行判决、裁定罪，择一重处断或数罪并罚（受贿罪并罚）

B. 交通局工作人员乙，明知是登记手续不符合规定的机动车，仍徇私舞弊办理登记手续，致使数十辆被盗机动车被办理登记手续，其行为构成盗窃罪的共犯

C. 国家机关工作人丙管理石油开采工作，群众曾向其举报C某等人在该地未经依法批准擅自从事石油开采违法活动，丙前往调查，因受到C某的丰盛的招待，有意不对其行为进行查封、取缔，导致当地石油资源遭到巨大损失，丙的行为构成滥用职权罪

D. 某县县委书记丁，在签订招商引资合同时，明知对方可能存在重大诈骗嫌疑，为了政绩未履行细致审查职责，仍然执意签订合同，导致该县损失1000万，则丁构成滥用职权罪

解析：

A选项，如果利用审判职权不履行执行人妨害法院生效判决、裁定的执行，触犯执行判决、裁定滥用职权罪、受贿罪，择一重处断；如果利用其他职权，触犯受贿罪，又触犯滥用职权罪，拒不执行判决、裁定罪，受贿罪需要并罚。

B选项，C选项，参见相关司法解释，均构成滥用职权罪。

D选项，构成国家机关工作人员签订、履行合同失职被骗罪。

---

[1] **参考答案：AC**

第十章　军人违反职责罪

本章罪名的行为**主体为军人**（身份犯）。包括中国人民解放军的现役军官、文职干部、士兵及具有军籍的学员，中国人民武装警察部队的现役警官、文职干部、士兵及具有军籍的学员，以及执行军事任务的预备役人员和其他人员（第450条）。《刑法修正案（九）》取消了本章阻碍执行军事职务罪、战时造谣惑众罪两个罪名的死刑。

一、战时自伤罪

相关法条

第434条【战时自伤罪】战时自伤身体，逃避军事义务的，处三年以下有期徒刑；情节严重的，处三年以上七年以下有期徒刑。

知识点讲解

战时自伤罪，指参加作战或者担负作战任务的军人，在战时故意自伤身体，逃避军事义务的行为。

1. 主体身份：军人。包括解放军人员、武警部队人员、具有军籍的学员、执行军事任务的预备役人员和其他人员。

2. 时间：战时，指国家宣布进入战争状态、部队受领作战任务或者遭敌突然袭击时。部队执行戒严任务或者处置突发性暴力事件时，以战时论（第451条）。

3. 自伤：包括亲手伤害自己；利用他人的故意或过失行为伤害自己；将原轻微伤害故意加重。对于自伤没有程度的要求（不要求轻伤以上），只要达到足以逃避军事义务的程度即可。

4. 责任：故意，目的是为逃避军事义务。逃避军事义务，是指逃避临战准备、作战行动、战场勤务和其他作战保障等与作战有关的义务。

经典考题

可能构成战时自伤罪的情况是（　　）[1]（2004-2-84）

A. 预备役人员张某在战时为逃避征召，自伤身体

B. 战士李某为尽早脱离战场，在敌人火力猛烈向我方阵地射击时，故意将手臂伸出掩体之外，被敌人子弹击中，无法继续作战

---

[1] 参考答案：B

C.战士王某战时奉命守卫仓库，站岗时因困倦睡着，导致仓库失窃，为了掩盖过错，他用匕首自伤身体，谎称遭到抢劫

D.战士陈某为了立功当英雄，战时自伤身体，谎称在与偷袭的敌人交火时受伤

二、为境外窃取、刺探、收买、非法提供军事秘密罪

📖 相关法条

第431条第2款【为境外窃取、刺探、收买、非法提供军事秘密罪】为境外的机构、组织、人员窃取、刺探、收买、非法提供军事秘密的，处十年以上有期徒刑、无期徒刑或者死刑。

💡 知识点讲解

为境外窃取、刺探、收买、非法提供军事秘密罪，指军人为境外的机构、组织、人员窃取、刺探、收买、非法提供军事秘密的行为。

本罪（第431条）与为境外窃取、刺探、收买、非法提供国家秘密、情报罪（第111条）是一般法与特别法的关系。在两个要素上更为特别：（1）主体身份（身份犯）：军人。（2）行为对象：军事秘密。因此：

主体身份	对象人	对象	罪名	法条关系
军人	境外的机构、组织、人员	军事秘密	为境外窃取、刺探、收买、非法提供军事秘密罪	特别法
		非军事秘密的国家秘密、情报	为境外窃取、刺探、收买、非法提供国家秘密、情报罪	一般法
非军人		军事秘密		
		非军事秘密的国家秘密、情报		

三、盗窃、抢夺武器装备、军用物资罪

📖 相关法条

第438条【盗窃、抢夺武器装备、军用物资罪】盗窃、抢夺武器装备或者军用物资的，处五年以下有期徒刑或者拘役；情节严重的，处五年以上十年以下有期徒刑；情节特别严重的，处十年以上有期徒刑、无期徒刑或者死刑。

盗窃、抢夺枪支、弹药、爆炸物的，依照本法第一百二十七条（盗窃、抢夺枪支、弹药、爆炸物罪）的规定处罚。

💡 知识点讲解

盗窃、抢夺武器装备、军用物资罪，是指军职人员以非法占有为目的，盗窃或者夺取部队的武器装备或者军用物资的行为。这里的盗窃，不能是利用职务便利盗窃，军人利用职务便利盗窃武器装备、军用物资，构成贪污罪。此外，第438条第2款的"处罚"，指的是"定罪处罚"的意义。亦即军人盗窃、抢夺枪支、弹药、爆炸物的，构成盗窃、抢夺枪支、弹药、爆炸物罪（第127条）；盗窃、抢夺枪支、弹药、爆炸物以外的其他武器装备、军用物资的，才构成盗窃、抢夺武器装备、军用物资罪。

主体身份	行为	对象	罪名
军人	盗窃、抢夺	武器装备、军用物资	盗窃、抢夺武器装备、军用物资罪
		枪支、弹药、爆炸物	盗窃、抢夺枪支、弹药、爆炸物罪
一般公民		枪支、弹药、爆炸物	
		武器装备、军用物资	盗窃罪、抢夺罪

四、投降罪

相关法条

第 423 条【投降罪】在战场上贪生怕死，自动放下武器投降敌人的，处三年以上十年以下有期徒刑；情节严重的，处十年以上有期徒刑或者无期徒刑。

投降后为敌人效劳的，处十年以上有期徒刑、无期徒刑或者死刑。

知识点讲解

投降罪，是指在战场上贪生怕死，自动放下武器投降敌人的行为。主体身份是军人，地点为战场上。"自动放弃武器"，指在战场上能够使用武器进行有效抵抗却自动放弃抵抗的行为。"投降"，指向敌对一方表示屈服的行为。责任形式为故意，并出于贪生怕死的动机。